Kindheit als Privileg

Campus Historische Studien
Band 82

Herausgegeben von Monika Dommann, Rebekka Habermas, Stefan Rebenich, Frank Rexroth, Malte Thießen, Xenia von Tippelskirch und Michael Wildt

Wissenschaftlicher Beirat
Heinz-Gerhard Haupt, Ludolf Kuchenbuch, Jochen Martin, Heide Wunder

Katharina Kucher, PD Dr. phil., ist wissenschaftliche Mitarbeiterin am Leibniz-Institut für Ost- und Südosteuropaforschung in Regensburg und verantwortliche Redakteurin der »Jahrbücher für Geschichte Osteuropas«.

Katharina Kucher

Kindheit als Privileg

Bildungsideale und Erziehungspraktiken
in Russland (1750–1920)

Campus Verlag
Frankfurt/New York

Gedruckt mit freundlicher Unterstützung der Geschwister Boehringer Ingelheim Stiftung für Geisteswissenschaften in Ingelheim am Rhein

Zugleich Habilitationsschrift Universität Tübingen 2020

Ich widme dieses Buch meiner Familie

ISBN 978-3-593-51433-8 Print
ISBN 978-3-593-45009-4 E-Book (PDF)
ISBN 978-3-593-45010-0 E-Book (EPUB)

Das Werk einschließlich aller seiner Teile ist urheberrechtlich geschützt. Jede Verwertung ist ohne Zustimmung des Verlags unzulässig. Das gilt insbesondere für Vervielfältigungen, Übersetzungen, Mikroverfilmungen und die Einspeicherung und Verarbeitung in elektronischen Systemen.
Trotz sorgfältiger inhaltlicher Kontrolle übernehmen wir keine Haftung für die Inhalte externer Links. Für den Inhalt der verlinkten Seiten sind ausschließlich deren Betreiber verantwortlich.
Copyright © 2022. Alle Rechte bei Campus Verlag GmbH, Frankfurt am Main.
Umschlaggestaltung: Guido Klütsch, Köln
Umschlagmotiv: Junge mit Kanone, Porträt des Fürsten Michail Andreevič Obolenskij (Vasilij Andreevič Tropinin, um 1812) © Tropinin Museum, Moskau
Satz: publish4you, Roßleben-Wiehe
Gesetzt aus der Garamond
Druck und Bindung: Beltz Grafische Betriebe GmbH, Bad Langensalza
Beltz Grafische Betriebe ist ein klimaneutrales Unternehmen (ID 15985-2104-1001).
Printed in Germany

www.campus.de

Inhalt

1. Einleitung 7
2. Kindheit im Zeitalter der Aufklärung in Russland 37
   2.1 Kindheit, Erziehung, Schulbildung und pädagogische
       Vorstellungen bis zur Regierungszeit Katharinas II. 38
   2.2 »... daß die Quelle alles Guten und Bösen die Erziehung sei«:
       Katharina II. und die Formierung idealer Untertanen 48
   2.3 Kinder werden sichtbar(er): Kinderporträts,
       Lektüre und materielle Kultur 71
3. Kindheit im ersten Drittel des 19. Jahrhunderts:
   Erziehung als Dienst am Vaterland. 103
   3.1 Inszenierung und Idealisierung: Kindheit, Kanonen
       und Birken 104
   3.2 »Vieles, wenn nicht alles verdanke ich meiner Erziehung«:
       Jurij Samarins Kindheit in drei Spalten (1824–1831) 130
   3.3 Das Interesse an Kindheit wächst: Erziehung und Kindheit
       in der Publikationslandschaft des frühen 19. Jahrhunderts... 180
4. In der Ära der Reformen: Kindheit zwischen Tradition und
   Ausdifferenzierung während der 1860er bis 1890er Jahre. 209
   4.1 Neue Themen und fortbestehende Werte: Kindheitsbilder
       ab den 1850er Jahren 212
   4.2 »Die Erziehung meines Sohnes, des Grafen Sergej Dmitrievič,
       erfolgt unter meiner persönlichen Aufsicht«: Adlige
       Erziehungsprinzipien im Zeitalter der Großen Reformen.... 245
   4.3 Kindheit und gesellschaftlicher Wandel: Pädagogik und
       Lektüreempfehlungen 289

5. »Moderne Zeiten«: Kindheit im ausgehenden Zarenreich 329
   5.1 Childhood matters 332
   5.2 Ende der Privilegien? Werte und Wandel adliger Kindheiten in der Spätphase des Zarenreichs und nach der Oktoberrevolution 359
   5.3 Kindheit als Objekt der Professionalisierung: Pädagogik und Gesetzgebung. 384

6. Schluss: Kindheit als historische Kategorie. 403

Danksagung. 413

Quellen und Literatur 417

Abbildungen 461

Personen- und Sachregister 469

1. Einleitung

In unseren Medien hat das Thema Kinder Konjunktur. Es vergeht kein Tag, an dem nicht über die Situation von Kindern berichtet wird. Journalisten thematisieren Kinderarmut, Kindesmissbrauch, Bildungsdefizite, die Bedrohung von Kindern durch Krieg und Terrorismus und jüngst die verheerenden Auswirkungen der Corona-Krise auf die Lebenssituation von Kindern. Ebenso sind Kinder visuell omnipräsent – sowohl in positiven als auch negativen Zusammenhängen. Insbesondere Krisensituationen erfahren durch die Abbildung von Kindern eine verstärkte emotionale Aufladung. Man denke in diesem Zusammenhang an das Foto des nackten Mädchens, das während des Vietnamkriegs aus einer Napalm-Wolke flieht.[1] Ebenso erschütternd ist das Bild des ertrunkenen Alan Kurdi. Es zeigt den zweijährigen syrischen Jungen tot an einem türkischen Strand liegend. Das Bild wurde zum Symbol für das Flüchtlingsdrama im Sommer 2015.[2]

Gerne verwenden Politikerinnen und Politiker den Satz »Kinder sind unsere Zukunft«, wenn sie auf die Bedeutung der von ihnen vertretenen Inhalte verweisen möchten.[3] Kinder gelten als die Stützen oder sogar die Erbauer einer zukünftigen Gesellschaft. Auch die heute 19-jährige Klimaschutzaktivistin Greta Thunberg, die Millionen von Jugendlichen für die Klimastreik-

---

1 Gerhard Paul, Die Geschichte hinter dem Foto. Authentizität, Ikonisierung und Überschreibung eines Bildes aus dem Vietnamkrieg, in: Zeithistorische Forschungen/Studies in Contemporary History, Online-Ausgabe, 2, H. 2 (2005), (https://zeithistorische-forschungen.de/2-2005/4632 [8.2.2022]), Druckausgabe: S. 224–245.

2 »Solche Bilder brennen sich in die Netzhaut ein« (Interview von Peter Maxwill mit dem Medienethiker Alexander Filipovic, in: Spiegel online, 3.9.2015 (https://www.spiegel.de/kultur/gesellschaft/medienethiker-alexander-filipovic-foto-ist-kaum-auszuhalten-a-1051262.html, [19.12.2019]).

3 Exemplarisch: https://www.bundeskanzlerin.de/bkin-de/mediathek/die-kanzlerin-direkt/kinder-sind-unsere-zukunft-1148398 (8.2.2022).

bewegung mobilisierte, appellierte immer wieder: »Wir bitten euch Erwachsene, gebt uns eine Zukunft!«[4]

Das 1946 gegründete Kinderhilfswerk der Vereinten Nationen UNICEF publizierte 2019 anlässlich des dreißigjährigen Jubiläums der Konvention über die Rechte des Kindes eine Broschüre mit dem Titel »Jedes Kind hat das Recht auf eine Kindheit«.[5] Darin wird zwar darauf verwiesen, dass sich die Überlebens- und Entwicklungschancen von Kindern in vielen Ländern und Gesellschaftsbereichen verbessert haben. Dennoch gilt bis heute die Situation vieler Kinder als katastrophal. Sie haben ungleiche Startbedingungen, die in vielen Ländern durch soziale und politische Umbrüche und vor allem durch Kriege verschärft werden.[6]

Kinder machten und machen weltweit einen substanziellen Teil der Bevölkerung aus, der sich jeweils in Abhängigkeit von ökonomischen, medizinischen und gesellschaftlichen Faktoren verändert. In Deutschland waren beispielsweise im Jahr 1895 etwa 36,54 Prozent der Gesamtbevölkerung zwischen 0 und 14 Jahre alt; 2010 machte diese Altersgruppe etwa 15,65 Prozent aus.[7]

Der Kindheit kommt neben der existenziellen Bedeutung für jeden Einzelnen auch eine übergeordnete, eine gesellschaftliche Funktion zu. Kindheit ist immer eingebettet in den jeweiligen sozialen und politischen Kontext, in »gesellschaftliche Auf- und Umbrüche«.[8] Kindheit ist kein statisches Gebilde, sondern ein sich in Abhängigkeit vom jeweiligen familiären und sozioökonomischen Hintergrund »wandelndes Ideensystem«.[9] Jürgen Osterhammel bezeichnete Kindheit als Indikator des moralischen Zustandes eines Gemeinwesens. Seiner Meinung nach offenbart weniges »den Charakter ei-

---

[4] »Ihr liebt eure Kinder über alles. Aber im Moment wirkt das nicht so«, in: Die Welt online, 24.5.2019 (https://www.welt.de/politik/deutschland/article194133553/Greta-Thunberg-Ihr-liebt-eure-Kinder-ueber-alles-Aber-im-Moment-wirkt-das-nicht-so.html [8.2.2022]).

[5] Jedes Kind hat das Recht auf eine Kindheit. Eine Einführung in das Thema Kinderrechte, Mai 2019 (https://www.unicef.de/blob/195364/c6a35c5fca3acb1d29e00011a014338c/info-30-jahre-kinderrechte-2019-data.pdf [8.2.2022]).

[6] Ebd., S. 3.

[7] Rahlf, Thomas (Hg.), Deutschland in Daten. Zeitreihen zur Historischen Statistik, Bonn 2015, S. 32 (http://www.bpb.de/shop/buecher/zeitbilder/211002/deutschland-in-daten [8.2.2022]).

[8] Goehrke, Carsten, Russland. Eine Strukturgeschichte, Paderborn 2010, S. 172.

[9] Cunningham, Hugh, Die Geschichte des Kindes in der Neuzeit, Düsseldorf 2006, S. 12.

ner bestimmten Gesellschaft besser als die Art und Weise, wie sie mit Schwachen umgeht: mit Kindern, Alten, Behinderten, chronisch Kranken«.[10] Kindheit ist sowohl für die Gegenwart als auch die Vergangenheit eine aufschlussreiche soziale Kategorie. Kindheit trägt nicht nur dazu bei, eine bestimmte Lebensphase näher zu definieren, sondern ermöglicht es auch – vergleichbar mit den Gender Studies –, wesentliche Entwicklungen einer Epoche aus einer spezifischen Perspektive zu betrachten. Die Kindheitsforschung, im Sinne der interdisziplinären Childhood Studies, erweitert unser Wissen über Kinder und leistet einen Beitrag zur »allgemeinen Geschichte«. Sie fragt nach dem Verhältnis von Kindern zu Erwachsenen und befasst sich mit Entwicklungen, die gesamtgesellschaftliche Bedeutung haben. Dazu zählen die Bildungspolitik, Kriege, ökonomische Umbrüche wie die Industrialisierung, sozialer Wandel, Migration, Menschenrechte, medizinischer Fortschritt ebenso wie die Herausbildung einer Unterhaltungs- und Konsumkultur.[11]

Das 19. Jahrhundert war die Epoche eines politischen und sozioökonomischen Wandels, der in alle Bereiche von Staat und Gesellschaft hineinreichte und den Weg für die moderne Welt bereitete. Auch das Russische Kaiserreich durchlief im 19. Jahrhundert diesen Wandel, der sich dort sogar noch dramatischer ausnahm. Russland war von einem autokratischen Herrschaftssystem geprägt, das bis 1861 auf dem überkommenen System der Leibeigenschaft beruhte. Die strukturelle Rückständigkeit des Landes schlug sich in allen gesellschaftlichen Bereichen nieder. Die in adligen Kreisen geführten Diskussionen um Russlands Zukunft brachten zwar die nationale Identitätssuche zum Ausdruck, änderten aber an der Realität vorerst wenig. Erst Alexander II. reformierte ab den 1860er Jahren nach der Niederlage im Krimkrieg zentrale Bereiche des russischen Staates und ebnete damit sozialen und wirtschaftlichen Veränderungen den Weg. Die bestehende soziale und kulturelle Spaltung der russischen Gesellschaft löste sich damit jedoch kaum auf. Bis ins letzte Drittel des 19. Jahrhunderts standen bäuerliche und städtische Unterschichten, die sich mit der einsetzenden Industrialisierung entwickelten, einer europäisierten und privilegierten Oberschicht gegenüber.

---

10 Osterhammel, Jürgen, Die Verwandlung der Welt. Eine Geschichte des 19. Jahrhunderts, München 2009, S. 354.
11 Dazu zuletzt Winkler, Martina, Kindheitsgeschichte. Eine Einführung, Göttingen 2017, S. 11–12.

Diese Entwicklungen betrafen immer auch die Kindheit.[12] Sie war in Russland wie in anderen westeuropäischen Staaten vom ausgehenden 18. bis ins frühe 20. Jahrhundert tiefgreifenden Veränderungen unterworfen. Am Beginn der Entwicklung stand die Etablierung des modernen Konzepts der Kindheit im Sinne Jean-Jacques Rousseaus. Er hatte in seinem Roman »Emile oder über die Erziehung« (1762) die Kindheit als eigene Lebensphase thematisiert und für das Aufwachsen der Kinder »gemäß der Natur« plädiert.[13] Daran anschließend verklärte die Romantik mit der Wende zum 19. Jahrhundert Kinder zu höheren Wesen: Kindheit wurde zum Sinnbild und Ort für Moral und Tugend.

Die einsetzende Industrialisierung und die mit ihr einhergehenden sozialen Veränderungen betrafen Kinder in erheblichem Umfang, führten zu Kritik an deren miserablen Lebensbedingungen und einer wachsenden Empathie gegenüber armen Kindern. Charles Dickens' Roman »Oliver Twist«, der 1838 als Buch in England erschien und 1841 ins Russische übersetzt wurde, verankerte das Bild des mitleiderregenden Kindes im öffentlichen Bewusstsein.[14] Mit diesen Entwicklungen nahm das wissenschaftliche Interesse an der Kindheit zu. Seinen Ausdruck fand das in der Etablierung neuer Forschungsfelder wie Pädagogik, Pädiatrie oder Kinderpsychologie. In diesem Kontext etablierte sich die staatliche und private Kinderfürsorge; die Schulpflicht wurde ebenso diskutiert wie die Reglementierung industrieller Kinderarbeit. Am Ende des 19. Jahrhunderts besserte sich die Situation vieler Kinder der mittleren und unteren Schichten. Kindheit galt als schützenswerte Lebensphase.[15] Damit einhergehend entwickelte sich eine spezielle

---

12 Der folgende, sehr verdichtete Abriss über die Entwicklung der Konzeption von Kindheit in der westlichen Welt folgt den gängigen Ausführungen in Überblicksdarstellungen zur Geschichte der Kindheit; exemplarisch: Heywood, Colin, A History of Childhood. Children and Childhood in the West from Medieval to Modern Times, Cambridge 2001, S. 11–31 (»Changing Conceptions of Childhood«).
13 Rousseau, Jean-Jacques, Emile oder über die Erziehung, Stuttgart 2006.
14 Cunningham, Die Geschichte des Kindes in der Neuzeit, S. 112. Zur Rezeption von »Oliver Twist« in Russland vgl. Matveenko, Irina, Social'no-kriminal'nyj roman Č. Dikkensa »Oliver Tvist« v vosprijatii russkogo literaturnogo processa 1840-ch gg, in: Vestnik Tomskogo gosudarstvennogo universiteta, 331 (2010), S. 14–19 (https://cyberleninka.ru/article/n/sotsialno-kriminalnyy-roman-ch-dikkensa-oliver-tvist-v-vospriyatii-russkogo-literaturnogo-protsessa-1840-h-gg [8.2.2022]).
15 Pollock, Linda, Introduction, in: Brown, Marilyn R. (Hg.), Picturing children. Constructions of Childhood between Rousseau and Freud, Aldershot u. a. 2002, S. XV–XIX, hier S. XV.

Konsumkultur für Kinder. Kindheit hatte sich gewandelt: das »ökonomisch wertlose, aber emotional unbezahlbare Kind« betrat die Bühne.[16]

Kinder – Kindheit – Kindheitsgeschichte

Studien zu Kindheit beginnen häufig mit der Frage »Was ist ein Kind?«.[17] Die langen Ausführungen, die darauf üblicherweise folgen, belegen, dass die Beantwortung kompliziert ist. Zunächst lassen sich menschliche Wesen in einer bestimmten Lebensphase ab der Geburt als Kinder bezeichnen.[18] Doch wo liegen deren Altersgrenzen? Eine einheitliche juristische Definition gibt es nicht: In Deutschland zählt heute vor dem Gesetz als Kind, wer das 14. Lebensjahr noch nicht vollendet hat. Die bereits angesprochene UNO-Kinderrechtskonvention definiert Kinder als Menschen, die unter 18 Jahre alt sind.[19] Der Stellenwert von Kindern und die Sicht auf das Kindsein sind in verschiedenen Gesellschaften und Kulturkreisen von diversen Faktoren abhängig und deshalb unterschiedlich und im ständigen Wandel begriffen. Für die eine Gesellschaft ist es bis heute selbstverständlich, dass Kinder arbeiten, andere wiederum haben moralische Vorbehalte und Verbote gesetzlich fixiert.[20] Mancherorts markiert die Geschlechtsreife das Ende der Kindheit. Als biologische Zäsur ist sie allerdings nur bedingt hilfreich, weil der Zeitpunkt der Geschlechtsreife individuell variiert und sich im Laufe der Zeit veränderte – in westlichen Staaten tritt die Geschlechtsreife heutzutage im Durchschnitt mindestens vier Jahre früher ein als vor 200 Jahren.[21] Demzufolge verlaufen die körperliche Entwicklung und der geistige Reifeprozess von Heranwachsenden nicht zwingend synchron.[22] Zudem lässt sich weder in der gegenwartsbezogenen Kindheitsforschung noch in historischer Perspektive

---

16 Heywood, A History of Childhood, S. 27–30, dazu ausführlich: Zelizer, Viviana A., Pricing the Priceless Child. The Changing Social Value of Children, New York 1985.
17 Heywood, A History of Childhood, S. 7; Honig, Michael-Sebastian, Lebensphase Kindheit, in: Abels, Heinz; Honig, Michael-Sebastian; Saake, Irmhild; Weymann, Ansgar, Lebensphasen. Eine Einführung, Wiesbaden 2008, S. 9–76, hier S. 13–25.
18 Cunningham, Die Geschichte des Kindes in der Neuzeit, S. 14.
19 Vgl. Winkler, Kindheitsgeschichte, S. 14.
20 Stearns, Peter, Kindheit und Kindsein in der Menschheitsgeschichte, Essen 2007, S. 9–10.
21 Ebd., S. 10–11. Dabei spielen die klimatischen Bedingungen sowie die ausreichende Versorgung mit Nahrung eine wichtige Rolle.
22 Ebd.

das Kindesalter klar abgrenzen von dem sich anschließenden Jugendalter, der »Zwischenphase« zwischen Kindheit und Erwachsensein. Seit dem ausgehenden 19. Jahrhundert gilt dieses nicht mehr nur als »biologisches Durchgangsstadium zwischen Kindheit und Erwachsenensein«, sondern als »Etappe«, in der sich junge Menschen in ihrer Umgebung orientieren.[23] Dennoch blieb in der zweiten Hälfte des 19. Jahrhunderts beispielsweise in Russlands Jugendstrafrecht die Grenze zwischen Kindes- und Jugendalter fließend.

Für Historikerinnen und Historiker ist die gesellschaftlich und kulturell definierte Vorstellung von Kindheit in einer bestimmten Epoche verlässlicher zu fassen als die Kinder selbst.[24] Das liegt nicht nur in der schwierigen Definition dessen, was ein Kind ist, begründet, sondern auch darin, dass Kinder selten Zeugnisse hinterlassen. Der Nestor der Kindheitsgeschichte, Philippe Ariès, sprach in diesem Zusammenhang von einer »stummen Geschichte«.[25] Wir verfügen aber über einen umfangreichen Quellenkorpus, der die zeitgenössischen Vorstellungen Erwachsener über die Kindheit vermittelt. Für das 19. Jahrhundert können wir auf pädagogische Abhandlungen, Ratgeberliteratur, Belletristik und Kinderliteratur, Kinderzeitschriften, Tagebücher von Eltern und Lehrern, staatliche Gesetze und Satzungen sowie Gemälde und Fotografien zurückgreifen. Diese Quellen sind so vielseitig wie die damit verknüpften Vorstellungen von Kindheit. Eine strikte Trennung von Kind und Kindheit ist aber weder möglich noch sinnvoll. Vielversprechend hingegen sind die Beschreibung und Analyse der Beziehung zwischen »den Ideen über Kindheit und den konkreten Kindheitserfahrungen«, die allerdings meist auf Erinnerungen oder Beobachtungen Erwachsener beruhen.[26]

Lange Zeit wurde die Kindheit lediglich als »natürliches« Übergangsstadium verstanden: Kinder galten als »unfertige Erwachsene«, die zu sozialisieren waren.[27] Dieses Paradigma hielt sich in vielen Disziplinen hartnäckig.[28]

---

23 Kuhr-Korolev, Corinna, »Gezähmte Helden«. Die Formierung der Sowjetjugend 1917–1932, Essen 2005, S. 8. Dort auch (Anm. 4 und 5) ein Überblick über die Standardwerke zur historischen Jugendforschung.
24 Cunningham, Die Geschichte des Kindes in der Neuzeit, S. 12.
25 Einleitung zur englischen Übersetzung seines Buchs über die Geschichte der Kindheit (Ariès, Philippe, Centuries of Childhood. A Social History of Family Life, New York 1962, S. 10).
26 Cunningham, Die Geschichte des Kindes in der Neuzeit, S. 14.
27 Heywood, A History of Childhood, S. 2–3. Überblick zur Sozialisation: Honig, Lebensphase Kindheit, S. 37–43
28 Introduction, in: James, Allison; Prout, Alan (Hg.), Constructing and Reconstructing Childhood. Contemporary Issues in the Sociological Study of Childhood, London u. a. 1990, S. 1–6, hier S. 2.

Eine zentrale Rolle für ein neues Verständnis von Kindheit und für die modernen Childhood Studies spielte ab den 1980er Jahren insbesondere die Soziologie.[29] Dabei reichten die für Historikerinnen und Historiker durchaus fruchtbaren Ansätze von einer Auffassung des Kindes »als soziale Konstruktion« bis zu ethnologisch geprägten Herangehensweisen. Kindheit als »soziale Konstruktion« steht für die gesellschaftliche und kulturelle Bedingtheit des Verständnisses von Kindheit.[30] Ebenso gibt es Konzepte, die Kinder aus der Perspektive einer »Minderheit« analysieren.[31] Ein weiterer Ansatz, der auf den norwegischen Soziologen Jens Qvortrup zurückgeht, versteht Kindheit als feste Größe der Sozialstruktur. Danach handelt es sich bei der Kindheit zwar um eine individuelle Lebensphase, bezogen auf die Gesellschaft aber um ein strukturelles Merkmal, das auch in Phasen ihres Wandels erhalten bleibt.[32] Kindern wird zudem in der modernen sozialwissenschaftlichen Forschung eine *agency* zugeschrieben. Dieser Zugang verändert nicht nur die Konzeption von Kindheit, sondern trägt dazu bei, Kinder als »aktive Partizipanten einer Gesellschaft« wahrzunehmen.[33]

In der Geschichtswissenschaft erfolgte die »Entdeckung der Kindheit« 1960 mit der Veröffentlichung von Philippe Ariès' Monografie »L'enfant et la vie familiale sous l'ancien régime«.[34] Ariès' Ausgangspunkt war die Kritik am modernen Familienleben. Um die dahingehende Entwicklung zu verstehen, richtete er seinen Blick auf die sich wandelnde Idee von Kindheit. Er vertrat die These, dass es das, was wir Kindheit nennen, nicht immer gegeben habe und das Mittelalter eine Abgrenzung zwischen Kindern und Erwachsenen nicht kannte. Bei aller folgenden Kritik an Ariès' Monografie, insbesondere an seiner Quellenbasis und -interpretation, wurde anerkannt, dass sich die Konzeptionen von Kindheit in der historischen Entwicklung verändern.[35] Deshalb galt Ariès' Buch seit Beginn der 1970er Jahre, mit der

---

29 Für einen Überblick zu den *Childhood studies* vgl. Qvortrup, Jens (Hg.), The Palgrave Handbook of Childhood Studies, Houndmills u. a. 2011.
30 James, Allison; Jenks, Chris; Prout, Alan, Theorizing Childhood, Cambridge 1998, S. 26.
31 Ebd., S. 30–31.
32 Qvortrup, Jens, Childhood as a Structural Form, in: Ders. (Hg.), The Palgrave Handbook of Childhood Studies, S. 21–33.
33 James, Allison, Agency, in: Qvortrup (Hg.), The Palgrave Handbook of Childhood Studies, S. 34–45, hier S. 34.
34 Ariès, Philippe, L'enfant et la vie familiale sous l'ancien régime, Paris 1960, dt.: Ariès, Philippe, Geschichte der Kindheit, München ¹⁵2003.
35 Zur Geschichte der Auseinandersetzung mit Ariès' Studie vgl. zuletzt: Winkler, Kindheitsgeschichte, S. 19–26. Insbesondere breit angelegte Überblicksdarstellungen und

Durchsetzung der Sozialgeschichte, als Standardwerk. Seitdem erschien eine Vielzahl von Studien, in denen sich verschiedene Tendenzen ausmachen lassen. Ein Teil der Forscher rückte die Beziehungen zwischen Eltern und ihren Kindern in das Zentrum ihrer Untersuchungen: Lloyd de Mause vertrat in seinem 1970 erschienenen Sammelband die Meinung: »Die Geschichte der Kindheit ist ein Albtraum, aus dem wir erst gerade erwachen.«[36] Er entwickelte die These, dass die sich verändernden Eltern-Kind-Beziehungen der entscheidende Faktor für die historische Entwicklung seien, und etablierte den bis heute umstrittenen »psychohistorischen« Ansatz.[37] Mit Edward Shorters und Lawrence Stones Monografien folgten sozialhistorische Arbeiten, die ebenfalls die sich verändernde Haltung gegenüber Kindern im familiären Kontext ins Visier nahmen.[38] Michael Anderson forderte in seiner Studie eine stärkere Kontextualisierung von emotionalen und ökonomisch-demografischen Aspekten, die seit den 1960er Jahren ebenfalls intensiv erforscht wurden.[39] Seit den 1980er Jahren wandte sich die historische Forschung zunehmend den konkreten Lebenssituationen von Kindern zu und nahm sie auch als Akteure in den Fokus.[40] Die Debatten um die Historiografie der Kindheit halten an. Dies zeigte zuletzt 2020 die Diskussion, die in der »American Historical Review« unter dem Titel »Rethinking the History of Childhood« geführt wurde. Dabei setzten sich fünf Historikerinnen und Historiker aus unterschiedlichen geografischen und theoretischen Perspek-

---

    Einführungen arbeiten sich regelmäßig an dem französischen Autor ab und hoffen nicht selten, »[d]ie ›Geschichte der Kindheit‹ […] noch einmal neu zu erzählen« (Baader, Meike; Eßer, Florian; Schröer, Wolfgang, Einleitung, in: Dies. (Hg.), Kindheiten in der Moderne. Eine Geschichte der Sorge, Frankfurt am Main 2014, S. 17) oder sein Buch »nachdrücklich zu ersetzen« (Fass, Paula, Is There a Story in the History of Childhood?, in: Dies. (Hg.), The Routledge History of Childhood in the Western World, London 2013, S. 1–14, hier S. 1).

36 De Mause, Lloyd (Hg.), The History of Childhood, London 1974, hier dt.: Hört ihr die Kinder weinen. Eine psychogenetische Geschichte der Kindheit, Frankfurt am Main 1994, S. 12.

37 Zu Kritik an de Mause, vor allem in Bezug auf osteuropäische Themen siehe Scheidegger, Gabriele, Gewickelte russische Seelen. Osteuropäische Themen auf den Seiten des »Journal of Psychohistory«, in: Jahrbücher für Geschichte Osteuropas 49, 4 (2001), S. 581–601.

38 Shorter, Edward, The Making of the Modern Family, London 1976; Stone, Lawrence, The Family, Sex and Marriage in England 1500–1800, London 1977.

39 Anderson, Michael, Approaches to the History of the Western Family 1500–1980, London 1980.

40 Vgl. exemplarisch Pollock, Linda, Forgotten Children. Parent-Child Relations from 1500 to 1900, Cambridge 1983.

tiven mit Sarah Mazas Aufsatz »The Kids Aren't All Right: Historians and the Problem of Childhood« auseinander.[41] Maza hatte in ihrem Beitrag dafür plädiert, keine »history *of* children«, sondern eine »history *through* children« zu schreiben.[42] Dies ermögliche es ihrer Meinung nach Historikerinnen und Historikern, »große Fragen durch kleine Leute zu verfolgen«, weil Kinder oftmals als »Bausteine« für gesellschaftliche und politische Vorhaben und Ziele genutzt wurden.[43]

Zahlreiche Forschungen widmen sich der »materiellen Kultur« von Kindheit. Untersucht werden in diesem Zusammenhang Spielzeuge, Möbel, Kleidung oder »Landschaften«, die das Leben der Kinder »modellieren« und somit Aussagen über Kinder und Kindheitsvorstellungen zulassen.[44]

Eine wichtige Ergänzung für die Kindheitsgeschichte ist die Visual History, deren Bedeutung seit dem Iconic Turn stetig zunimmt.[45] Bilder, Gemälde und Fotografien können die Kindheitsforschung konstruktiv ergänzen, weshalb sie seit Jahrzehnten für die Kindheitsforschung genutzt werden.[46]

---

[41] American Historical Review, 125, 4 (2020): AHR Exchange: Maza, Sarah, The Kids Aren't All Right: Historians and the Problem of Childhood, S. 1261–1285. Reaktionen: Mintz, Steven, Children's History Matters, S. 1286–1292; Milanich, Nara, Comment on Sarah Maza's »the Kids Aren't All Right«, S. 1293–1295; Chapdelaine, Robin P., Little Voices: The Importance and Limitations of Children's Histories, S. 1296–1299; Pande, Ishita, Is the History of Childhood Ready for the World? A Response to »the Kids aren't All Right«, S. 1300–1305; Sandin, Bengt, History of Children and Childhood – Being and Becoming, Dependent and Independent, S. 1306–1316; Maza, Sarah, Getting Personal with Our Sources: A Response, S. 1317–1322.

[42] Maza, The Kids Aren't All Right, S. 1284

[43] Ebd., S. 1281.

[44] Vgl. Calvert, Karin, Children in the House. The Material Culture of Early Childhood, 1600–1900, Boston 1992; Derevenski, Joanna Sofaer (Hg.), Children and Material Culture, London 2000; Formanek-Brunell, Miriam, Made to Play House. Dolls and the Commercialization of American Girlhood, 1830–1930, Baltimore 1998; Rose, Clare, Children's Clothes since 1750, London 1989; Gutman, Marta; De Coninck-Smith, Ning (Hg.), Designing Modern Childhoods. History, Space, and the Material Culture of Children, New Brunswick, NJ u. a. 2008; vgl. auch zuletzt die Tagung »Mit der Geschichte spielen. Zur materiellen Kultur von Spielzeug und Spielen als Darstellung der Vergangenheit« (Salzburg 13.11.–15.11.2019).

[45] Zusammenfassend: Bachmann-Medick, Doris, Cultural turns. Neuorientierungen in den Kulturwissenschaften, Reinbek bei Hamburg 2006, S. 329–380, bes. S. 360–361; Gerhard, Paul, Von der historischen Bildkunde zur Visual History. Eine Einführung, in: Ders. (Hg.), Visual History. Ein Studienbuch, Göttingen 2006, S. 7–36; Winkler, Kindheitsgeschichte, S. 139–153.

[46] Prominentestes Beispiel für die Nutzung visueller Quellen ist in diesem Zusammenhang Philippe Ariès, der in seiner »Geschichte der Kindheit« Bilder von Kindern sehr

Vergleichbar mit Texten spiegeln sie eine zeitgenössische Interpretation von Kindheit wider und dienen damit als Projektionsfläche für die Visionen von Erwachsenen.[47]

Gegenstand und Fragestellung des vorliegenden Buches

Die vorliegende Studie nimmt die bislang kaum systematisch erforschte Kindheit im Russland des 19. Jahrhunderts in den Blick. Dabei beschränkt sie sich nicht auf eine gesellschaftliche Gruppe und wenige Aspekte, sondern versucht dem Phänomen Kindheit in angemessener Breite gerecht zu werden. Für das ausgehende 18. Jahrhundert bis Mitte des 19. Jahrhunderts liegt der Schwerpunkt der Untersuchung auf den Kindheitsvorstellungen des Adels, weil diese richtungsweisend waren und gut dokumentiert sind. Ab der zweiten Hälfte des 19. Jahrhunderts rücken auch andere sozialen Schichten in den Fokus. Die damit verbundenen Kindheitsvorstellungen lassen sich über die pädagogische Fachliteratur und im Umgang staatlicher Akteure und Institutionen mit Kindern erschließen.

Die Studie folgt neueren Zugängen der Childhood Studies, ohne sich auf einen Ansatz zu beschränken, und bezieht auch Aspekte der Visual History ein. Sie betrachtet Kindheit sowohl als soziale Konstruktion als auch als »eine permanente strukturelle Form, innerhalb derer alle Kinder ihre persönliche Kindheitsphase verbringen«.[48] Untersucht wird die Kindheit als Lebensphase,

---

    intensiv herangezogen hat. Er hat damit die Relevanz dieser Quellen unterstrichen, auch wenn er für seinen Umgang damit stark kritisiert wurde. Ihm wurde vorgeworfen, »die Geschichte der sich wandelnden Darstellungskonventionen« vernachlässigt zu haben und auch dem Erstellungszweck der Bilder keine Beachtung geschenkt zu haben (Burke, Peter, Augenzeugenschaft. Bilder als historische Quellen, Berlin 2003, S. 119).

47 Brown, Marilyn, Introduction, in: Dies. (Hg.), Picturing children. Constructions of Childhood between Rousseau and Freud, Aldershot u. a. 2002, S. 1–23, hier S. 2–4. Zur Thematisierung von Kindheit in Gemälden vgl. exemplarisch: Higonnet, Anne, Pictures of Innocence. The History and Crisis of Ideal Childhood, London 1998; dies., Picturing Childhood in the Modern West, in: Fass (Hg.), The Routledge History of Childhood, S. 296–312; Green, Anna, French Paintings of Childhood and Adolescence, 1846–1886, Burlington 2007; Allard, Sébastien; Laneyrie-Dagen, Nadeije; Pernoud, Emmanuel, L'enfant dans la peinture, Paris 2011; Perry, Claire (Hg.), Young America. Childhood in 19th-century Art and Culture, New Haven u. a. 2006 sowie einzelne Beiträge in dem Sammelband te Heesen, Kerstin (Hg.), Pädagogische Reflexionen des Visuellen, Münster u. a. 2014.

48 Qvortrup, Childhood as a Structural Form, S. 26.

die gesellschaftliche Akteure in ihrem jeweiligen Kontext mittels Erziehung gestalteten und als Projektionsfläche für ihre Vorstellungen nutzten. Damit zusammenhängend thematisiert die Arbeit auch die sich ergebenden sozialen Praktiken und deren Aushandlung zwischen Kindern und Erwachsenen. Diese Herangehensweise vermittelt zweifellos mehr Kenntnisse über die Kindheitsvorstellungen von Erwachsenen als über die Lebens- und Ideenwelt der Kinder selbst. Allerdings eröffnet dieser Zugang, im Sinne Mazas »through children«, die Möglichkeit, nicht nur etwas über Kinder und ihre Kindheit zu erfahren, sondern Kindheit auch als Kategorie zu nutzen, um einen Beitrag zur Kultur- und Gesellschaftsgeschichte Russlands im 19. Jahrhundert zu leisten.[49] Dabei soll der Blick insbesondere auf die Verflechtungen mit westeuropäischen Entwicklungen gerichtet werden. Ebenso steht der gesellschaftliche Wandel im Fokus, der sich bedingt durch die staatlichen Modernisierungsbestrebungen in der zweiten Hälfte des 19. Jahrhunderts vollzog. Die Arbeit fragt danach, wie sich in dieser Zeit die Vorstellungen und Praktiken von Kindheit im Russischen Kaiserreich entwickelten und in welcher Form dieser Prozess mit den politischen und sozioökonomischen Entwicklungen korrespondierte.

Im Zusammenhang mit diesem zunächst weitgefächerten Zugang und Anspruch ist vorab zu bemerken, dass es nicht möglich ist, von *der* Kindheit im 19. Jahrhundert zu sprechen, da die Welt des russischen Adels zwar mit der anderer Schichten, wie etwa der bäuerlichen, verknüpft war, aber doch weit von ihr entfernt lag. In den adligen Familien folgte die Gestaltung der Kindheit einem Muster, das zwar über feste Bestandteile verfügte, aber gleichzeitig in seinen Inhalten einem stetigen Wandel unterworfen war. Es gilt, diesen Wandel, der sich während des 19. Jahrhunderts vollzog, sicht- und erklärbar zu machen. Damit leistet das vorliegende Buch einen Beitrag zur Sozial- und Kulturgeschichte des Adels im Russischen Kaiserreich.

Vor dem Hintergrund, dass spätestens seit der Regierungszeit Peters I. westeuropäische Einflüsse im Russischen Kaiserreich eine essenzielle Rolle spielen, soll ebenfalls untersucht werden, in welchem Maß sie die zeitgenössischen russischen Erziehungsvorstellungen prägten. Gerade wohlhabende adlige Familien orientierten sich bei der Erziehung an der westeuropäischen Kultur. Zu klären ist, ob sie – wie häufig diskutiert – ihre Kinder tatsächlich zu »Fremden im eigenen Land« erzogen oder Kindheiten schufen, die

---

49 Dies in Anlehnung an Philippe Ariès, der in seiner Studie den Anspruch formulierte, traditionelle Gesellschaften durch das Phänomen der Kindheit zu interpretieren (Ariès, Die Geschichte der Kindheit, S. 47).

von Verflechtung und Transnationalität geprägt waren.[50] Mit der damit einhergehenden Frage nach der Verortung Russlands im europäischen Kontext greift die Arbeit eines der zentralen Themen der Russland-Historiografie auf. Dabei geht es um die ab den 1830er Jahren zwischen »Westlern« und »Slawophilen« vehement geführten Diskussionen, ob sich Russland in seiner Entwicklung an Westeuropa orientieren oder sein Vorbild im alten, orthodoxen Russland suchen sollte.[51] In modifizierter Form existiert diese Debatte bis heute.

Während der Reformzeit ab den 1860er Jahren wuchs das öffentliche und professionelle Interesse an der Kindheit anderer sozialer Schichten. Davon zeugen die dynamische Entwicklung der Pädagogik und die vielseitigen Aktivitäten von deren Fachvertretern. Auch das soziale Bewusstsein gegenüber armen Kindern und ihren miserablen Lebensbedingungen nahm zu. Kindheit hörte auf, ein Privileg der Bessergestellten zu sein. Vor diesem Hintergrund sollen sowohl die aufkommenden Kindheitsvorstellungen analysiert als auch hinterfragt werden, wie der Umgang mit Kindern und Kindheit sowie die Modernisierung des russischen Staates zusammenhingen. Zudem gilt es zu klären, über welche Gestaltungsmacht der Staat verfügte, ob die Debatten um Kindheit und Erziehung politisch motiviert waren, in welchem Maß diese Entwicklung auch die adlige Kindheit ergriff und damit unter Umständen einen Beitrag zum Niedergang dieses Stands leistete.

Am Ende werden die verschiedenen Untersuchungsebenen zusammengeführt. Dabei wird nicht nur gezeigt, wie sich Kindheit im Russland des 19. Jahrhunderts entwickelte, sondern auch wie Kindheit unser Wissen über die Verflechtung westeuropäischer und russischer Kultur sowie über die Folgen der staatlichen Modernisierung erweitern kann. Einschränkend sei an dieser Stelle angemerkt, dass sich die vorliegende Arbeit auf das europäische

---

50 Lotman, Iurii, The Poetics of Everyday Behaviour in Eighteenth-Century Russian Culture, in: Nakhimovsky, Alexander; Nakhimovsky, Alice (Hg.), The Semiotics of Russian Cultural History, Ithaca 1985, S. 67–94, hier S. 69.

51 Vgl. dazu im Überblick: Schelting, Alexander von, Russland und Europa im russischen Geschichtsdenken. Auf der Suche nach der historischen Identität, Ostfildern 1997 (Originalausgabe Bern 1948); Walicki, Andrzej, The Slavophile Controversy. History of a Conservative Utopia in Nineteenth-Century Russian Thought, Notre Dame, Ind. 1989; Engelstein, Laura, Slavophile Empire. Imperial Russia's Illiberal Path, Ithaca, NY u. a. 2016; Lebedewa, Jekatherina, Russische Träume. Die Slawophilen – ein Kulturphänomen, Berlin 2008.

Russland konzentriert und nicht-russische Ethnien insbesondere Polens, Mittelasiens und des Kaukasus nicht berücksichtigt werden konnten.

Forschungsstand zur Kindheit im vorrevolutionären Russland

Das östliche Europa und Russland beziehungsweise die Sowjetunion spielten und spielen in allgemeinen Überblicksdarstellungen zur Geschichte der Kindheit oder einschlägigen Nachschlagewerken kaum eine Rolle.[52] Steven Grant sprach 2009 in Hinblick auf Paula Fass' »Encyclopedia of Children and Childhood« sogar von einer »Russia gap«.[53] Auch Sarah Maze erwähnt in ihrem umfassenden Aufsatz »The Kids Aren't All Right« keine einzige Studie zur Kindheitsgeschichte in Russland.[54] Für diese faktische Nicht-Einbeziehung gibt es mehrere Gründe. Neben der Sprachbarriere wäre an dieser Stelle die offensichtliche Schwierigkeit zu nennen, die russischen Kindheit zwischen westlicher und nicht-westlicher Welt verorten. Zudem galt das Feld der Kindheitsforschung in Russland und für Russland lange als vernachlässigt.[55]

---

52 Exemplarisch: Heywood, A History of Childhood; Fass, Paula (Hg.), Encyclopedia of Children and Childhood in History and Society, 3 Bde., New York u. a. 2004; Cunningham, Die Geschichte des Kindes; Stearns, Childhood in World History; Foyster, Elisabeth (Hg.), A Cultural History of Childhood and Family, 6 Bde., London u. a. 2010, hier mit Bezug auf Bde. 4–6. Die wenigen Ausnahmen bilden: Hawes, Joseph M.; Hiner, Ray M. (Hg.), Children in Historical and Comparative Perspective. An International Handbook and Research Guide, New York 1991, darin: David Ransel mit einem Beitrag zu Russland und der Sowjetunion (Russia and the USSR, S. 471–489); und Morrison, Heidi (Hg.), The Global History of Childhood Reader, London 2012, darin: Kelly, Catriona, »Thank you for the Wonderful Book«. Soviet Child Readers and the Management of Children's Reading, 1950–75, S. 278–304.
53 Grant, Steven A., Rezension zu: Russian Children's Literature and Culture / Encyclopedia of Children and Childhood in History and Society / Children's World. Growing Up in Russia, 1890–1991 / Russkie deti. Osnovy narodnoi pedagogiki. Illiustrirovannaia entsiklopediia, in: Kritika 10, 3 (2009), S. 730–742, hier S. 742. Die einzigen Artikel mit Bezug zu Russland in Fass' dreibändigen monumentalen Werk sind von Andrew Wachtel (»Tolstoy's Childhood in Russia«) sowie von Susan Whitney zur Kommunistischen Jugend.
54 Siehe Anm. 41.
55 Eine der profundesten Kennerinnen der Materie, die Historikerin Ol'ga Košeleva, stellte noch 2012 fest: »In Russland existiert keine Geschichte der Kindheit« (Istorija detstva. Filipp Ar'es i Rossija, in: Bezrogov, Vitalij; Košeleva, Ol'ga (Hg.), Maloletnie poddannye bol'šoj imperii. Filipp Ar'es i istorija detstva v Rossii (XVIII–načalo XX veka), Moskau 2012, S. 9–18, S. 9). Mit dieser Aussage, die so nicht mehr zutreffend ist, knüpfte sie an die 1991 von David Ransel formulierte Feststellung an: »Russia has no history of child-

Eine Beschäftigung mit kulturhistorischen Themen wie der Kindheit in Russland setzte erst nach dem Zusammenbruch der Sowjetunion ein.[56] Inzwischen ist das Thema sowohl im Ausland als auch in Russland in der Forschungslandschaft fest verankert.[57] Das Interesse an diesem Thema manifestiert sich beispielsweise in dem seit 2007 an der Russländischen Geisteswissenschaftlichen Universität (RGGU) existierenden Seminar *Die Kultur der Kindheit. Normen, Werte und Praktiken* sowie der seit 2011 existierenden *Working Group Childhood in Eastern Europe, Eurasia and Russia* (ChEE-ER, vormals *Working Group on Russian Children's Literature and Culture*, WGRCLC).[58]

Allerdings gibt es nach wie vor viele Forschungslücken. Bislang ist es insbesondere die sowjetische Kindheit, der russische wie ausländische Forscherinnen und Forscher ihre Aufmerksamkeit schenken. Dies liegt vermutlich sowohl in den leichter zugänglichen Quellen als auch in den Bestre-

---

hood. Neither Russians themselves nor foreigners who study them have turned their attention to the subject of children in any but a cursory manner.« (Ransel, Russia and the USSR, S. 471). Ol'ga Koševela gilt als Pionierin der Kindheitsgeschichte in Russland. Bereits im Jahr 2000 veröffentlichte sie eine kommentierte Sammlung von Ego-Dokumenten des 16.–18. Jahrhunderts zum Thema »Kindheit« (»Svoe detstvo« v drevnej Rusi i v Rossii v ėpochi prosveščenija (XVI–XVIII vv.) Učebnoe posobie po pedagogičeskoj antropologii i istorii detstva, Moskau 2000).

56 Ausnahmen bildeten die Studien von Bronfenbrenner, Urie, Two Worlds of Childhood U. S. and U. S.S. R., New York 1970 sowie die kultur-anthropologische Studie des Soziologen Igor Kon, Rebenok i obščestvo. Istoriko-ėtnografičeskaja perspektiva, Moskau 1988.

57 Vgl. exemplarisch Sal'nikova, Alla, Rossijskoe detstvo v XX veke: istorija, teorija i praktika issledovanija, Kazan' 2007; Bezrogov, Vitalij; Kelli, Katriona (Hg.), Gorodok v Tabakerke. Detstvo v Rossii ot Nikolaja II do Borisa El'cina (1890–1990). Antologija Tekstov. Vzroslye o detjach i deti o sebe, 2 Bde., Moskau; Tver' 2008; Borisov, Sergej B., Russkoe detstvo XIX–XX vv. kul'turno-antropologičeskij slovar', 2 Bde., St. Petersburg 2012. Für einen Überblick bis 2008 siehe die von Bezrogov und Koševela zusammengestellte »Anfangsbibliografie«: »Detstvo i deti«, die u. a. in dem 2008 erschienenen Sonderheft »Detstvo« von Teorija mody. Odežda, Telo, Kul'tura (8) publiziert wurde.

58 Das Seminar an der RGGU verfügt über eine informative und umfangreiche Internetplattform (http://childcult.rsuh.ru [8.2.2022]), war maßgeblich an der Organisation großer Konferenzen zum Thema »Kindheit« beteiligt und gibt eine entsprechende Schriftenreihe heraus (Trudy seminara RGGU »Kul'tura detstva: normy, cennosti, praktiki«, darunter zum Erbe Philippe Ariès' in Russland: Bezrogov, Vitalij; Koševela, Ol'ga; Tendrjakova, Marija (Hg.), Maloletnie poddannye bol'šoj imperii: Filipp Ar'es i istorija detstva v Rossii (XVIII–načalo XX veka), Moskau 2012; Bezrogov, V.; Tendrjakova, M. (Hg.), Vsja istorija. URL der Working Group: https://cheeer.aseees.hcommons.org/resources (8.2.2022).

bungen zur Aufarbeitung der eigenen, jüngeren Vergangenheit begründet.[59] Forschungen zu Kindheit und angrenzenden Themen liegen bislang für das vorrevolutionäre Russland nur zu Einzelaspekten vor. Catriona Kellys 2007 erschienene Monografie »Die Welt der Kinder«, die den Zeitraum zwischen 1890 und 1991 abdeckt, hatte demzufolge Pioniercharakter. Sie gab einen ersten Überblick über die Geschichte der Kindheit im ausgehenden Zarenreich und belegte ein in der zweiten Hälfte des 19. Jahrhunderts deutlich anwachsendes Interesse an Kindern sowie eine zunehmende Ausdifferenzierung der Vorstellungen von Kindheit innerhalb der russischen Gesellschaft.[60] Elisabeth White publizierte 2020 im Rahmen der Bloomsbury-Reihe »History of Modern Russia« eine »Modern History of Russian Childhood«.[61] Dieses Buch belegt die Relevanz der Kindheit für die russische Geschichte. Allerdings legt auch diese aus Sekundärliteratur geschöpfte Überblicksdarstellung ihren Schwerpunkt auf die Zeitspanne vom ausgehenden Zarenreich bis zum Ende des 20. Jahrhunderts. Gut bearbeitet für das vorrevolutionäre Russland sind mittlerweile Themen, die Kindheit im Zusammenhang mit institutioneller Bildung, Kindheitswissenschaften, Pädagogik oder staatlicher Fürsorge beleuchten. Sie fragen nach der Adaption und Diffusion westlichen

---

59 Vgl. exemplarisch: Ball, Alan M., And Now My Soul is Hardened. Abandoned Children in Soviet Russia, 1918–1930, Berkeley 1994; Frierson, Cathy A.; Vilenskij, Semen S. (Hg.), Children of the Gulag, New Haven u. a. 2010; Kirschenbaum, Lisa A., Small Comrades. Revolutionizing Childhood in Soviet Russia, 1917–1932, New York u. a. 2001; Creuziger, Clementine G. K., Childhood in Russia: Representation and Reality, Lanham u. a. 1996; Žuravlev, Sergej; Sokolov, Andrej, »Sčastlivoe detstvo«, in: Social'naja istorija. Ežegodnik (1997), S. 159–202; Kelly, Catriona, Comrad Pavlik. The Rise and Fall of a Soviet Boy Hero, London 2005; Sal'nikova, Alla, Rossijskoe detstvo; Sal'nikova, Alla, Istorija eločnoj igruški, ili kak narjažali sovetskuju elku, Moskau 2011; Rüthers, Monica, Lauter kleine Gagarins. Kosmosfieber im sowjetischen Alltag, in: Myrach, Thomas u. a. (Hg.), Science & Fiction. Imagination und Realität des Weltraums, Berlin 2009, S. 220–240; dies., Kindheit, Kosmos und Konsum in sowjetischen Bildwelten der sechziger Jahre. Zur Herstellung von Zukunftsoptimismus, in: Historische Anthropologie 17, 1 (2009), S. 56–74; dies., Unter dem Roten Stern geboren. Sowjetische Kinder im Bild, Köln u. a. 2020; die Sammelbände von Bezrogov und Kelly (siehe oben); Balina, Marina; Rudova, Larissa (Hg.), Russian Children's Literature and Culture, New York, NY u. a. 2008; das Themenheft »Sovetskoe Detstvo. Meždu zabotoj i nakazaniem« (= Neprikosnovennyj zapas. Debaty o politike i kul'ture 58, 2, 2008) sowie Winkler, Martina (Hg.), Children on Display. Children's History, Socialism and Photography (= Jahrbücher für Geschichte Osteuropas 67, 1, 2019).
60 Kelly, Catriona, Children's World. Growing up in Russia, 1890–1991, S. 25–60.
61 White, Elisabeth, A Modern History of Russian Childhood. From the Late Imperial Period to the Collapse of the Soviet Union, London 2020.

Einflusses und thematisieren die Bildungsferne der russischen (bäuerlichen) Bevölkerung.[62] Zuletzt veröffentlichte Wayne Dowler in besagter Reihe des Bloomsbury-Verlags eine Geschichte der Bildung im modernen Russland, in der er eine Zusammenschau über deren »Ziele, Wege und Ergebnisse« von Peter I. bis Putin gibt.[63]

Auch zentrale und klassische sozialgeschichtliche Aspekte der Kindheitsgeschichte rückten in den letzten Jahren in den Fokus der Wissenschaftler. Boris Gorshkov untersuchte unlängst in einer schmalen Überblicksdarstellung die industrielle Kinderarbeit im Zarenreich und verwies darauf, dass in Russland zwar die Industrialisierung verspätet eingesetzt hatte, die Gesetzgebung zum Schutz der Kinder aber weitgehend mit der europäischen Entwicklung Schritt hielt.[64] Tatjana Mill legte 2010 eine rechtshistorische Studie zur »Entwicklung des Jugendstrafrechts im zaristischen Russland« vor. Auf der Basis publizierter Quellen zeigte sie akribisch, in welcher Form und mit welcher Dynamik nach den Großen Reformen in Fachkreisen die Ju-

---

62 Vgl. in Auswahl: Eklof, Ben, Russian Peasant Schools: Officialdom, Village Culture, and Popular Pedagogy, 1861–1914, Berkeley 1987; Demkov, M. I., Istorija russkoj pedagogiki, 3 Bde., Moskau 1909; Kusber, Jan, Eliten- und Volksbildung im Zarenreich während des 18. und in der ersten Hälfte des 19. Jahrhunderts. Studien zu Diskurs, Gesetzgebung und Umsetzung, Stuttgart 2004; Ransel, David L., Mothers of Misery. Child Abandonment in Russia, Princeton, New Jersey 1988; Iljucha, Olga P., Škola i detstvo v karel'skoj derevne v konce XIX–nacale XX v., St. Petersburg 2007; Byford, Andy, Turning Pedagogy into a Science. Teachers and Psychologists in Late Imperial Russia (1897–1917), in: Osiris 23 (2008), S. 50–81; ders., Parent Diaries and the Child Study Movement in Late Imperial and Early Soviet Russia, in: Russian Review 72, 2 (2013), S. 212–241; ders., Trauma and pathology. Normative Crises and the Child Population in Late Tsarist Russia and the early Soviet Union, 1904-1924, in: Journal of the History of Childhood and Youth 9, 3 (2016), S. 450–469; ders., Science of the Child in Late Imperial and Early Soviet Russia, Oxford 2020; Valkanova, Yordanka; Brehony, Kevin, The Gifts and »Contributions«. Friedrich Froebel and Russian Education (1850–1929), in: History of Education: Journal of the History of Education Society 35, 2 (2006), S. 189–207; Smith-Peter, Susan, Educating Peasant Girls for Motherhood. Religion and Primary Education in Mid-Nineteenth Century Russia, in: The Russian Review 66, 3 (2007), S. 391–405; Black, Joseph L., Citizens for the Fatherland. Education, Educators, and Pedagogical Ideals in Eighteenth Century Russia. With a translation of Book on the Duties of Man and Citizen (St. Petersburg 1783), Boulder 1979; Lehmann-Carli, Gabriela (Hg.), Russische Aufklärungsrezeption im Kontext offizieller Bildungskonzepte (1700–1825), Berlin 2001.

63 Dowler, Wayne, A History of Education in Modern Russia. Aims, Ways, Outcomes, London 2021.

64 Gorshkov, Boris B., Russia's Factory Children. State, Society, and Law, 1800–1917, Pittsburgh 2009.

gendkriminalität diskutiert wurde.⁶⁵ In der zweiten Hälfte des 19. Jahrhunderts befanden sich unterprivilegierte Kinder in russischen Städten häufig in Verhältnissen, die von Ausbeutung, Kriminalität, Prostitution oder Alkoholmissbrauch geprägt waren. Diese Entwicklungen sowie die Versuche von Staat und Gesellschaft, dem entgegenzuwirken, beschrieben Joan Neuberger, Irina Sinova und jüngst Pavel Ščerbinin am Beispiel Tambovs.⁶⁶ Psychohistorische Ansätze fragten immer wieder nach dem Zusammenhang zwischen der Tradition des Wickelns der Säuglinge und dem russischen Nationalcharakter und wiesen den Eltern-Kind-Beziehungen eine zentrale Rolle zu.⁶⁷ Dabei gingen Wissenschaftler zunächst von einem sehr negativ geprägten Verhältnis aus. Kinder galten im Extremfall sogar als »Feinde« und litten besonders in der bäuerlichen Welt unter mangelnder Fürsorge.⁶⁸ Anna Kuxhausens 2013 publizierte Monografie behandelt die Vorstellungen von Kindheit und Erziehung im Russland des 18. Jahrhunderts.⁶⁹ Anhand von

---

65 Mill, Tatjana, Zur Erziehung verurteilt. Die Entwicklung des Jugendstrafrechts im zaristischen Russland 1864–1917, Frankfurt am Main 2013.
66 Neuberger, Joan, Hooliganism. Crime, Culture, and Power in St. Petersburg, 1900–1914, Berkeley 1993, S. 158–215; Sinova, Irina V., Deti v gorodskom rossijskom sociume v vtoroj polovine XIX veka–načale XX v. Problemy socializacii, deviantnosti i žestokogo obraščenija, St. Petersburg 2014; Ščerbinin, Pavel Petrovič, »Pustite detej ko mne ...«. »Deti bedy« i popečitel'stvo do i posle 1917 goda, Tambov 2018.
67 Prominentester Vertreter dieser Forschungsrichtung ist der bereits erwähnte Lloyd deMause. Zum psychohistorischen Ansatz und der Kritik daran in Bezug auf osteuropäische Themen siehe Scheidegger, ›Gewickelte russische Seelen‹. Zur kulturellen Bedeutung des Wickelns der Säuglinge siehe Erikson, Erik, Kindheit und Gesellschaft, Stuttgart 1999, S. 379–383 (zuerst erschienen 1963); zuletzt: Ihanus, Juhani, Swaddling, Shame and Society. On Psychohistory and Russia, Helsinki 2001.
68 Dazu dominant Dunn, Patrick P., »Der Feind ist das Kind«. Kindheit im zaristischen Rußland, in: deMause (Hg.), Hört ihr die Kinder weinen, S. 535–564. Diese lange vorherrschende Meinung wurde in den letzten Jahren überzeugend hinterfragt. Jüngst wandte sich Katy Turton den Eltern-Kind-Beziehungen unter neuen Vorzeichen zu, indem sie auf die bislang kaum untersuchte Präsenz von Kindern in der revolutionären Bewegung verwies. Sie betrachtete die gegenseitige Beziehung politisch engagierter Eltern und ihrer Kinder und zeigte, dass Elternschaft die entsprechenden Karrieren durchaus beeinflussen konnte. Anhand der von der Autorin zahlreich angeführten Beispiele eröffnen sich zwar »neue Einsichten« in die Alltagsgeschichte der revolutionären Bewegung, die Grundlinien der Revolution müssen allerdings unter Berücksichtigung dieses Aspekts nicht neu geschrieben werden (Turton, Katy, Children of the Revolution. Parents, Children, and the Revolutionary Struggle in Late Imperial Russia, in: Journal of the History of Childhood and Youth 5, 1 (2012), S. 52–86, hier S. 52).
69 Kuxhausen, Anna, From the Womb to the Body Politic. Raising the Nation in Enlightenment Russia, Madison 2013.

Themen wie Schwangerschaft und Geburtshilfe bis hin zu physischer Entwicklung und moralischer Instruktion unterstreicht die Autorin den Zusammenhang zwischen Erziehung und nationaler Identität. Dabei stützt sie sich vor allem auf die zahlreich erschienene Ratgeberliteratur und knüpft mit diesem Ansatz an Catriona Kellys Werk »Refining Russia« an.[70]
Die adligen Familien des 18. und beginnenden 19. Jahrhunderts galten als patriarchalisch und autoritär strukturiert. Die Erziehung der Knaben war auf den Staatsdienst, die der Mädchen auf ihre späteren Rollen als Ehefrau und Mutter ausgerichtet. Man ging davon aus, dass Kinder häufig in physischer und emotionaler Distanz zu ihren Eltern aufwuchsen und familiäre Nähe bei ihren Ammen oder Kinderfrauen suchten und fanden.[71] Diese lange vorherrschende Meinung wurde in den letzten Jahren hinterfragt. Von Seiten der Literaturwissenschaft verwies Andrew Wachtel auf die Ausbildung des »Mythos der russischen Kindheit« seit der Veröffentlichung der »Pseudoautobiografien« Lev Tolstojs (1852) und Sergej Aksakovs (1858).[72] Historikerinnen und Historiker begannen mittels kultur- und alltagsgeschichtlicher Ansätze die häusliche Sphäre des russischen Adels sowie die emotionalen Beziehungsgeflechte innerhalb der Familien neu zu vermessen.[73] Sie zeigten, dass Eltern sich um ihre Kinder bemühten, verwiesen auf enge Eltern-Kind-Beziehungen und lieferten damit einen wichtigen Beitrag für eine Ausdifferenzierung des Konzeptes der adligen Kindheit. Besonders zu erwähnen ist in diesem Zusammenhang die Arbeit John Randolphs. Randolph verfasste die Geschichte der Familie Bakunin auf breiter Quellenbasis und eröffnete durch das Prisma

---

70 Kelly, Catriona, Refining Russia. Advice Literature, Polite Culture, and Gender from Catherine to Yeltsin, Oxford 2001.
71 Vgl. exemplarisch Raeff, Marc, Home, School, and Service in the Life of the 18th-Century Russian Nobleman, in: The Slavonic and East European Review 40 (95), 1962, S. 295–307; Tovrov, Jessica, The Russian Noble Family. Structure and Change, New York u. a. 1987; zur psychologischen Dimension der familiären Beziehungen siehe auch die entsprechend gefassten Beiträge in Ransel, David L. (Hg.), The Family in Imperial Russia. New Lines of Historical Research, Urbana u. a. 1978.
72 Wachtel, Andrew Baruch, The Battle for Childhood. Creation of a Russian Myth, Stanford 1990.
73 Roosevelt, Priscilla, Life on the Russian Country Estate. A Social and Cultural History, New Haven, London 1995; Cavender, Mary W., Nests of the Gentry. Family, Estate, and Local Loyalties in Provincial Russia, Newark 2007; Hughes, Michael, ›Independent Gentlemen‹. The Social Position of the Moscow Slavophiles and its Impact on their Political Thought, in: The Slavonic and East European Review 71, 1 (1993), S. 66–88; Belova, Anna, Četyre vozrasta ženščiny. Povsednevnjaja žizn' russkoj provincial'noj dvorjanki XVIII–serediny XIX vv., St. Petersburg 2010.

der Familiengeschichte einen neuen Blick auf die russische Geistesgeschichte in der ersten Hälfte des 19. Jahrhunderts. Für die vorliegende Studie gab Randolphs Buch einen wichtigen Impuls, da er die Bedeutung des Familienlebens hervorhob und überzeugend zeigte, wie eng die vermeintlich private Sphäre der Familie mit öffentlichen Interessen verbunden war.[74] In den vergangenen Jahren rückten gleichfalls die häusliche Erziehung sowie deren wesentliche Akteure in den Vordergrund. Steven Grant beleuchtete erstmals ausführlich die Njanja, die in der russischen Gesellschaft und Kultur so wichtige und omnipräsente Figur der Kinderfrau.[75] Sie stellte in vielen Fällen eine wichtige emotionale Bezugsperson für die Kinder dar und wurde gleichzeitig wegen ihrer bäuerlichen Herkunft »ein potentes Symbol der Tugenden des russischen Lebens« und somit ein wichtiges Bindeglied zwischen dem Adel und den Bauern.[76] Ein weiterer unabdingbarer Bestandteil adliger Erziehung waren die im Haushalt lebenden ausländischen Gouvernanten und Hauslehrer, die über einen Zeitraum von mehreren Jahren erheblichen Einfluss auf die Kinder haben konnten. Die Forschungen zu diesen beiden Personengruppen spiegeln sowohl familiäre Abläufe, Vorstellungen und Organisation von Erziehung als auch immer die Auseinandersetzung mit der fremden und der eigenen Kultur wider.[77] Erziehung und Bildung der Kinder waren eines der zentralen Anliegen innerhalb der Familien und folgten meist festen Mustern.[78] Genderorientierte Studien belegen, dass

---

74 Randolph, John, The House in the Garden. The Bakunin Family and the Romance of Russian Idealism, Ithaca 2007. Mit der Wechselbeziehung von öffentlicher Politik und Privatleben befasste sich zuletzt auch Barbara Alpern Engel in ihrer Monografie »Marriage, Household and Home in Modern Russia. From Peter the Great to Vladimir Putin« (London 2021).
75 Grant, Steven A., The Russian Nanny, Real and Imagined. History, Culture, Mythology, Washington 2012.
76 Ebd., S. 310.
77 Solodjankina, Ol'ga, Inostrannye guvernantki v Rossii (vtoraja polovina XVIII–pervaja polovina XIX vekov), Moskau 2007; Čudinov, A. V.; Rževckij, V. S. (Hg.), Frankojazyčnye guvernery v Evrope XVII–XIX vv., Moskau 2011; Tchoudinov, Alexandre; Rjéoutski, Vladislav (Hg.), Le précepteur francophone en Europe. XVIIe–XIXe siècles, Paris 2013; Rjéoutski, Vladislav (Hg.), Quand le français gouvernait la Russie. L'éducation de la noblesse russe 1750–1880, Paris 2016; Rževckij, Vladislav; Fedjukin, Igor'; Berelovič, Vladimir (Hg.), Ideal vospitanija dvorjanstva v Evrope XVII–XIX veka, Moskau 2018.
78 Korotkova, Marina V., Sem'ja, detstvo i obrazovanie v povsednevnoj kul'ture moskovskogo dvorjanstva v XVIII–pervoj polovine XIX vv. (unveröffentlichte Dissertation), Moskau 2010; Glagoleva, Olga E., Dream and Reality of Russian Provincial Young Ladies: 1700–1850, Pittsburgh 2000; Zimin, Igor', Povsednevnaja žizn' Rossijskogo impe-

sich auch die Väter aktiv in die Bildung und Erziehung ihrer Kinder einbrachten. Besonders eindrücklich zeigte dies Katherine Pickering-Antonova in ihrer auf Ego-Dokumenten beruhenden Studie der Familie Čichačev.[79] Gegenstände neuerer und quellennaher Forschungen sind ferner die rechtliche Stellung von Kindern sowie die besitzrechtlichen Beziehungen innerhalb der adligen Familie.[80] Über die Darlegung der gesetzlichen Grundlagen hinaus nutzten Historikerinnen auch für Fragen zur Sorgerechtsproblematik oder zum Status unehelicher adliger Kinder gewinnbringend kulturhistorische Ansätze.[81] Anhand zahlreicher Beispiele und unterschiedlicher Quellen arbeiteten sie auf Eltern projizierte Moralvorstellungen sowie individuelle Praktiken im Umgang mit illegitimen Kindern heraus.

Mehrere materialgesättigte Monografien erschienen in den letzten Jahren zu klassischen Gegenständen der materiellen Kultur der Kindheit.[82] Dabei beziehen sich die häufig deskriptiven Analysen von Kleidung, Brettspielen und illustrierten Kinderbüchern im Wesentlichen auf die privilegierte adlige Kindheit, weil anderen Gesellschaftsschichten der Besitz und Gebrauch solcher Gegenstände bis zu ihrer Massenproduktion im letzten Drittel des

---

ratorskogo dvora. Detskij mir imperatorskich rezidencij. Byt monarchov i ich okruženie, Moskau; St. Petersburg 2010, S. 46–167; Šokareva, Alina, Dvorjanskaja sem'ja. Kul'tura obščenija russkoe stoličnoe dvorjanstvo pervoj poloviny XIX veka, Moskau 2017; Wedel, Lilija, Lebens-, Mentalitäts- und Kulturwelten des russischen Adels zwischen Tradition und Wandel am Beispiel der Gouvernements Moskau, Tver' und Rjazan' 1762–1861, Hamburg 2018; Kusber, Eliten- und Volksbildung, S. 87–89; Murav'eva, Ol'ga S., Kak vospityvali russkogo dvorjanina, St. Petersburg 1999; Bokova, Vera M., Otroku blagočestie bljusti … Kak nastavljali dvorjanskich detej, Moskau 2010.

79 Pickering Antonova, Katherine, An Ordinary Marriage. The World of a Gentry Family in Provincial Russia, New York u. a. 2013, S. 157–201.

80 Veremenko, Valentina A., Dvorjanskaja sem'ja i gosudarstvennaja politika Rossii (Vtoraja polovina XIX–načalo XX v.), St. Petersburg 2007, S. 387–576.

81 Glagoleva, Olga E., The Illegitimate Children of the Russian Nobility in Law and Practice, 1700–1860, in: Kritika 6, 3 (2005), S. 461–499; Engel, Barbara Alpern, Breaking the Ties that Bound the Politics of Marital Strife in Late Imperial Russia, Ithaca u. a. 2011, S. 232–259.

82 Für ein steigendes Interesse an diesem Thema spricht ebenso die 2009 publizierte russische Übersetzung von Karin Calverts Monografie Children in the House. The Material Culture of Early Childhood, 1600–1900, Boston, 1992 (Kal'vert, Karin, Deti v dome. Material'naja kul'tura rannego detstva, 1600–1900, Moskau 2009). Wechselnde Ausstellungen sowie Publikationen des Spielzeugmuseums in Sergiev Posad befassen sich ebenfalls regelmäßig mit der materiellen Kultur der Kindheit (http://museumot.ru [8.2.2022]).

19. Jahrhunderts weitgehend verwehrt blieb.⁸³ 1830 erschienen erstmals mehr Kinderbücher russischer Autoren als Übersetzungen; eine eigene russische Kinderliteratur begann sich zu entwickeln.⁸⁴ Ben Hellman verfasste 2013 die letzte Überblicksdarstellung zur Kinderliteratur in Russland und der Sowjetunion.⁸⁵ Verschiedene Ausstellungen, aufwendig gestaltete Bücher und Bildbände wissenschaftlicher und populärwissenschaftlicher Provenienz zeugen ferner von einem regelrechten Boom der visuellen Kultur der russischen Kindheit.⁸⁶ Allerdings wurden Gemälde und Fotografien bislang kaum systematisch als Quellen herangezogen.⁸⁷

Die Erforschung der Geschichte der Kindheit im Russischen Kaiserreich nimmt also an Fahrt auf, und die bearbeiteten Themen sind so vielfältig wie das 19. Jahrhundert selbst. Vor diesem Hintergrund erscheint es an der Zeit, den Versuch zu unternehmen, die bestehende Forschungslücke zwischen Kuxhausens und Kellys Studien mit einer Überblicksdarstellung zur Geschichte der Kindheit im Russland des 19. Jahrhunderts zu schließen.

Aufbau des vorliegenden Buches

Für einen möglichst umfassenden Zugang zur Kindheit wird eine größere Zeitspanne im Leben der Kinder, von der Geburt bis circa 12–14 Jahren, betrachtet. Dies bietet den Vorteil, Übergänge, Brüche und Kontinui-

---

83 Kostjuchina, Marina, Detskij Orakul. Po stranicam nastol'no-pečatnych igr, Moskau 2013; dies., Igruška v detskoj literature, St. Petersburg 2008; Serebrjakova, Ksenija, Detskij kostjum. XVIII–pervoj četverti XX veka, Moskau 2010; Seslavinskij, Michail, Girljanda iz knig i kartinok. Detskoe čtenie v dorevoljucionnoj Rossii, 2 Bde., Moskau 2011.
84 Seslavinskij,Girljanda iz knig, Bd. 1, S. 43.
85 Hellman, Ben, Fairy Tales and True Stories. The History of Russian Literature for Children and Young People (1574–2010), Boston; Leiden 2013.
86 Vasjutinskaja, Elena-Florens V. (Hg.), Dva veka russkogo detstva. Portrety, bytovye sceny, kostjum, mebel', risunki, učebnye tetradi, pis'ma, knigi, igruški. XVIII–načalo XX veka, Moskau 2006; Nevolina, Ekaterina, Moj angel. Detskij portret v russkoj živopisi, Moskau 2004; Lavrent'eva, Elena, Štul'man, V., Detstvo moe. Deti v russkoj fotografii vtoroj poloviny XIX–načala XX vv., Moskau 2008; Lavrent'eva, Elena V. (Hg.), Semejnyj albom. Fotografii i pis'ma 100 let nazad. Iz kollekcii Eleny Lavrente'voj, Moskau 2005; dies. (Hg.), Chorošo bylo žit' na dače ... Dačnaja i usadebnaja žizn' v fotografijach i vospominanijach, Moskau 2008; Grekov, V. A. (Hg.), Detskij dvorjanskij portret v sobranii muzeja igruški. Al'bom-katalog, Sergiev Posad 2011.
87 Vgl. dazu: Kucher, Katharina, Die visualisierte Kindheit im Russland des 19. Jahrhunderts. Stilisierte Welten zwischen Kanonen, Birken und Schulbänken, in: Jahrbücher für Geschichte Osteuropas 60, 4 (2012), S. 510–532.

täten in verschiedenen Phasen der Kindheit zu erkennen. Diese umfassen: das Säuglingsalter (bis ca. 2 Jahre), die Kindheit (bis ca. 7 Jahre) sowie die Übergangsphase zwischen Kindheit und Jugend sowie die Knaben- beziehungsweise Mädchenjahre (bis ca. 12–15 Jahre).[88] In ihrem Schwerpunkt befasst sich die Arbeit mit der Kindheit in der Phase nach dem Säuglingsalter, das heißt ab dem Zeitpunkt, zu dem sich Eltern, familiäre Bezugspersonen oder entsprechendes Personal bemühten, die Kinder gezielt zu erziehen. Dabei werden auch geschlechtsspezifische Charakteristika und Zuschreibungen berücksichtigt.

Um das »lange« 19. Jahrhundert, dessen Ende mit dem Jahr 1914 festgesetzt wird, zu bewältigen, wird das Thema sowohl entlang zeitlicher als auch inhaltlicher Interpretationslinien bearbeitet. Diese erstrecken sich über vier Kapitel, die jeweils in drei Unterkapitel unterteilt sind. Die Arbeit setzt hinführend mit dem 18. Jahrhundert ein (Kapitel 2), betrachtet dann das erste Drittel des 19. Jahrhunderts (Kapitel 3), gefolgt von der Reformära (Kapitel 4), um mit dem ausgehenden 19. und frühen 20. Jahrhundert (Kapitel 5) ihren Abschluss zu finden. Einschränkend sei angefügt, dass dieses Buch keine erschöpfende Darstellung der Kindheit in Russland bieten kann, weil fast jeder Aspekt des Phänomens Kindheit genug Stoff für eine eigene Studie wäre. Um die Bearbeitung sinnvoll zu gestalten, werden deshalb inhaltliche Schwerpunkte gesetzt. Dies bedeutet keinesfalls, dass die Themen, die weniger intensiv beachtet werden, von nachgeordneter Bedeutung sind. Beispielsweise finden Fragen zu religiöser Erziehung oder zur rechtlichen Stellung von Kindern punktuell durchaus Berücksichtigung, werden aber nicht durchgängig vertieft. Um die fortschreitende Veränderung des Phänomens Kindheit zu fassen, wird oftmals von »Ausdifferenzierung« gesprochen. Angemerkt sei an dieser Stelle, dass dieser Begriff weniger konzeptionell, sondern vielmehr zur Bezeichnung der anhaltenden Auffächerung und Pluralisierung von Feldern, Institutionen und Vorstellungen eingesetzt wird.

Mit Ausnahme des Kapitels über das 18. Jahrhundert sind alle drei folgenden Kapitel nach einem identischen Schema angelegt. Der Einstieg erfolgt immer über visuelle Quellen, weil sowohl Gemälde als auch – für das ausgehende 19. Jahrhundert – Fotografien Ausdruck zeitgenössischer Vorstellungen von Kindheit sind. Anhand der unterschiedlichen Bildzeugnisse werden für den jeweiligen Zeitabschnitt wichtige, die Kindheit betreffende Themen und

---

88 Eine vergleichbare Periodisierung hat sich auch für Catriona Kellys Monografie bewährt und wird zunächst übernommen, vgl. Kelly, Children's World, S. 16.

Darstellungskonventionen herausgearbeitet und im historischen Kontext verortet. Einige der Themen werden im weiteren Verlauf wieder aufgegriffen, um sie im Detail zu untersuchen. Das zweite Unterkapitel rekonstruiert anhand ausgewählter Beispiele adlige Kindheiten und deren Ausprägungen im Detail, um Aussagen zu Werten und deren Wandel treffen zu können. Im dritten Teil der Kapitel richtet sich der Blick auf die vorherrschenden Erziehungskonzepte und die wachsende Professionalisierung der Pädagogik. Zudem werden Publikationen für Kinder untersucht sowie private und staatliche Maßnahmen zur Verbesserung der Situation von Kindern beleuchtet.

Ihren Ausgangspunkt nimmt die Untersuchung im 18. Jahrhundert, weil Kindheit für das 19. Jahrhundert ohne das Wissen um die Entwicklungen im Zeitalter der Aufklärung nicht einzuordnen ist. Dabei geht es zunächst um Vorstellungen von Kindheit bis zur Regierungszeit Katharinas II. (1762–1796). Familiäre Rahmenbedingungen und Erziehungsprinzipien werden ebenso wie Bildungsbestrebungen und neu geschaffene Lehrinstitutionen insbesondere seit der Regierungszeit Peters I. (1682–1725) betrachtet. Unter Katharina II. spielten staatsdienstliche Erziehungsansätze eine zentrale Rolle. Dies schlug sich sowohl in Publikationen als auch der Gründung verschiedener Institutionen nieder, zu denen Waisenhäuser und Lehranstalten zählten, darunter das berühmte Smol'nyj-Institut. Neben diesen Einrichtungen wird der zeitgenössische Diskurs zu Fragen von Kindheit, Erziehung und (Aus-)Bildung exemplarisch analysiert. Im letzten Teil des Kapitels geht es darum, in welcher Form Kinder im ausgehenden 18. Jahrhundert sichtbar wurden. Dafür werden Porträts von Kindern und die erste in Russland erschienene Kinderzeitschrift herangezogen und betrachtet, wie sich die Produktion spezieller Kinderbücher im Zarenreich entwickelte.

Für die Kinderporträts des ersten Drittels des 19. Jahrhunderts werden die Interpretationskategorien »nationales Bewusstsein«, »adlige und bäuerliche Lebenswelten« sowie »Kindheit und Familie« genutzt, um zu verfolgen, wie zentrale zeitgenössische Themen Eingang in die Darstellung von Kindheit fanden. Daran anschließend wendet sich das dritte Kapitel der Kindheit des Slawophilen Jurij Samarin (1819–1876) zu. Das Unterkapitel fragt nach Vorstellungen und Praktiken adliger Erziehung gleichermaßen wie nach der Verortung dieser exemplarischen Kindheit zwischen Russland und Westeuropa. Abschließend richtet sich der Blick sowohl auf die Diskussion von Erziehungskonzepten in verschiedenen, neugegründeten Zeitschriften als auch auf die Anfänge von Kinderliteratur und deren Rezeption im Russischen Kaiserreich.

Das vierte Kapitel behandelt die Ära der Reformen und erfasst eingangs auf ausgewählten Gemälden eine Vielzahl von Kindheitsmotiven. Dabei sind Sozialkritik und gesellschaftlicher Wandel die dominierenden Themen. Das zweite Unterkapitel betrachtet abermals den Adel und untersucht am Beispiel Sergej Šeremetevs (1844–1918), wie adlige Kindheit Mitte des 19. Jahrhunderts geprägt war und inwieweit gesellschaftliche und politische Veränderungen die damit verbundenen Erziehungsprinzipien erschütterten. Weiter wird der Mythos der russischen adligen Kindheit hinterfragt, dem Lev Tolstoj mit seinem 1852 erschienenen Erstlingswerk »Kindheit« Vorschub leistete. Abschließend thematisiert das Kapitel die sich rapide entwickelnde pädagogische Publikationslandschaft, beschreibt Formen der Lektüreempfehlungen für Kinder und fragt danach, inwieweit die Auseinandersetzung mit Pädagogik und Kindheit politisch motiviert war.

Das ausgehende 19. Jahrhundert und frühe 20. Jahrhundert geben den Zeitrahmen des letzten Kapitels vor, das im Vergleich zu den vorangehenden episodischer angelegt ist. Dies ist sowohl der Quellenlage als auch den dynamischen sozialen, kulturellen und politischen Entwicklungen dieser Phase geschuldet. Mit der Durchsetzung der Fotografie wurden Kinder verstärkt mit der Kamera porträtiert, weshalb im ersten Teilkapitel ausgewählte Fotografien im Hinblick auf die Vorstellungen von Kindheit interpretiert werden. Daran anschließend richtet sich der Blick abermals auf die adlige Kindheit, um zu sehen, wie sehr das gesellschaftspolitische Klima und die ökonomische Situation Einfluss auf Praktiken und Werte der Familien hatten. Dabei überschreitet dieses Unterkapitel die Schwelle von 1917, weil die Entwicklung und der Stellenwert der adligen Kindheit ohne die Einbeziehung des »Russlands jenseits der Grenzen«, der Emigration, nicht darzustellen und einzuordnen sind. Abschließend werden die vielschichtigen Aspekte des gesellschaftlichen und politischen Wandels in ihren Auswirkungen auf die Kindheit im ausgehenden Zarenreich exemplarisch am Beispiel der Entwicklung des Jugendstrafrechts behandelt.

Quellen

Kinder hinterließen selbst nur wenige Textzeugnisse. Überliefert sind zwar von ihnen gefertigte Bilder, Schulmaterialen wie Aufsätze sowie Tagebücher und Briefe. Diese Quellen sind wichtig, aber mit Einschränkungen zu nutzen. Die Aussagekraft der Bilder ist begrenzt; unterrichtsbezogene Materialien wie Aufsätze behandeln häufig Themen, die wenig Aussagen über Kinder und deren Erlebnis- und Vorstellungswelten zulassen. Ausnahmen bilden Aufsätze, die die eigenen Erfahrungen der Kinder in bestimmten Kontexten thematisieren.[89] Ego-Dokumente wie Tagebücher und Briefe müssen grundsätzlich im Hinblick auf ihre Entstehung gelesen werden. Im Fall von Kindern gilt dies verstärkt, da insbesondere jüngere Kinder nur bedingt über das schrieben, was sie bewegte. Sie versuchten meist, den Erwartungen Erwachsener gerecht zu werden, und erhielten Vorgaben zur Abfassung der jeweiligen Texte.[90]

Vor diesem Hintergrund greift das vorliegende Buch hauptsächlich auf Quellen zurück, die von Erwachsenen verfasst wurden. Dabei stellt sich die Frage, wie die Quellen sinnvoll auszuwählen sind, um einen Zugang zur »Kindheit« zu finden. Nachdem »Erziehung« für die Ausgestaltung von Kindheit elementar war und ist, nutzt die Studie in erheblichem Umfang den Zugang über diese Kategorie. Dabei spielen im Russischen – ähnlich wie im Deutschen – drei Begriffe eine wichtige Rolle: *Vospitanie* bezeichnet Erziehung im moralischen Sinn, *obrazovanie* steht für akademische beziehungsweise schulische Bildung und *obučenie* für Unterricht und Ausbildung. Dies gilt grundsätzlich für die Untersuchung der adligen Kindheit wie für andere soziale Schichten. Allerdings sind die adlige Erziehung und die damit verknüpften Vorstellungen in der ersten Hälfte des 19. Jahrhunderts zugänglicher als die von nichtadligen Kindern, weil deren Familien ihre Vorstellungen von Kindheit kaum verschriftlichten. Die Aristokratie legte großen Wert auf die standesgemäße Erziehung und Ausbildung ihrer Kinder. Deshalb finden sich in den zahlreichen, bislang aber nur punktuell bearbeiteten Familienarchiven häufig Dokumente, die dies belegen. Dabei variieren die Materialien. Sie reichen von der Korrespondenz der Eltern mit Hauslehrern und Gouvernanten, Unterrichts- und Stundenplänen, Aufsätzen der Kinder, Schreibübungen und Zeugnissen bis hin zu Erziehungsinstruktionen und Erziehungstagebüchern. Formale Lehr- und Unterrichtsmaterialien und

---

89 Ein Beispiel dafür sind die knapp 3.000 Aufsätze, die russische Schülerinnen und Schüler zum Thema »Meine Erinnerung seit 1917 bis zum Eintritt ins Gymnasium« im Exil zwischen 1923 und 1925 abfassten.
90 Der Hauslehrer Jurij Samarins diktierte beispielsweise seinem Zögling ein Reisetagebuch (RGB NIOR, f. 265, kart. 88, ed. chr. 10 (18 l.)). Die Kinder der Familie Korsakov führten regelmäßig ein Tagebuch. Die Eintönigkeit vieler Einträge lässt darauf schließen, dass die Kinder die Tagebücher nicht aus eigenem Antrieb heraus führten: »Schlechtes Wetter, es war windig, wir gingen nicht spazieren«; »Gutes Wetter, wir fuhren spazieren« (RGB NIOR, f. 137, kart. 45, ed. chr. 1, l. 4ob–5, 19.12.1838; 23.12.1838).

Zeugnisse sagen zwar etwas über den bewältigten Stoff und die erbrachten Leistungen der Kinder aus, vermitteln aber wenig Kenntnisse über die Bedeutung, die den Inhalten zugemessen wurde, und die Absichten, die hinter den Erziehungsanstrengungen steckten. In dieser Hinsicht sind Erziehungsinstruktionen, die Korrespondenz zwischen Eltern und Lehrpersonal sowie Erziehungstagebücher deutlich aufschlussreicher.

Als besonders ergiebig für die vorliegende Studie erwiesen sich für die Phasen bis Mitte des 19. Jahrhunderts zwei Dokumente, die nach heutigem Kenntnisstand außergewöhnlich sind. Zum einen handelt es sich um das fast 600-seitige Erziehungstagebuch, das der französische Erzieher und Hauslehrer Jurij Samarins, Adolphe Pascault, zwischen 1824 und 1831 führte.[91] Im Vergleich zu anderen vorliegenden Erziehungstagebüchern, die knapp und schematisch gehalten sind, legte der französische Hauslehrer seine Lehr- und Erziehungsziele ausführlich dar, berichtete minutiös über die Entwicklung und das Verhalten seines Zöglings, beschrieb die innerfamiliäre Kommunikation und reflektierte regelmäßig sein Tun.[92] Damit liegt eine einzigartige, akribische Beschreibung einer adligen Kindheit vor. Ergänzt wird diese durch das Tagebuch des zeitweise parallel agierenden russischen Hauslehrers. Ebenso liefert die Korrespondenz zwischen den Eltern und Pascault weitere Hinweise.

Zum anderen zeigt die fast vierzigseitige Erziehungsinstruktion, die Dmitrij Šeremetev 1853 für seinen Sohn Sergej formulierte und über die Jahre anpasste, die Vorstellungen von adliger Kindheit Mitte des 19. Jahrhunderts. In diesem Dokument sind sowohl Lehrinhalte, moralische Prinzipien, Maßnahmen zur Ausprägung der politischen Gesinnung sowie Ernährungspläne als auch Vorschriften zur Freizeitgestaltung und Regeln des sozialen Umgangs festgehalten.[93] Ergänzend dazu konnten weitere Erziehungsin-

---

91 Alle genannten Dokumente im Zusammenhang mit der Familie Samarin befinden sich im Nachlass der Familie (Fond 265), der in der Staatlichen Russländischen Bibliothek (Rossijskaja gosudarstvennaja biblioteka, RGB) in der Wissenschaftlichen Forschungsabteilung »Handschriften« (Naučno-issledovatel'skij otdel rukopisej, NIOR) in Moskau aufbewahrt wird.

92 Im Nachlass der Familie Korsakov findet sich ein solches »Journal« des französischen Hauslehrers, der die Fortschritte seines Schülers, Sergej Korsakov, dokumentierte. Er beschränkte sich allerdings auf die Leistungen im Unterricht und knappe Bemerkungen zum Verhalten seines Schülers (RGB NIOR, f. 137, kart. 33, ed. chr. 42).

93 Die Erziehungsinstruktion für Sergej Šeremetev liegt in dem Teil des Familienarchivs der Šeremetevs (F. 137), das im Russländischen Staatsarchiv für alte Akten (Rossijskij gosudarstvennyj archiv drevnych aktov, RGADA) in Moskau aufbewahrt wird. Die anderen erwähnten Instruktionen befinden sich im Familienarchiv der Šeremetevs, das im

struktionen der Familie und die Memoiren, die Sergej Šeremetev über seine Kindheit und Jugend verfasste, herangezogen werden. Zwar haben sowohl Samarins Erziehungstagebuch als auch Sergej Šeremetevs Erziehungsinstruktion in verschiedenen Publikationen knappe Erwähnung gefunden, eine gründliche Analyse liegt bislang jedoch nicht vor. Neben diesen beiden besonderen Quellenbeständen beruht die vorliegende Untersuchung auf publizierten Textquellen, die sich über unterschiedliche Gattungen verteilen.[94] Zu nennen sind staatliche Reglements und Erziehungspläne, die insbesondere im 18. Jahrhundert während der Regierungszeit Katharinas II. im Rahmen der verstärkten Institutionalisierung staatsbürgerlicher Erziehung eine wichtige Rolle spielten. Exemplarisch sei hier auf Ivan Beckojs »Allgemeinen Erziehungsplan« von 1764 oder das Gründungsstatut des Smol'nyj-Instituts verwiesen. Katharina formulierte zudem für ihre Enkel Aleksandr und Konstantin eine ausführliche Erziehungsanweisung, die keinesfalls als privates Dokument zu verstehen ist. Weiter spielen Erziehungsratgeber und Traktate zu Themen der Erziehung wie die von Ekaterina Daškova und Nikolaj Novikov eine wichtige Rolle für das zeitgenössische Verständnis von Kindheit.

Große Bedeutung für die Erschließung der Kindheit im ausgehenden 18. und 19. Jahrhundert kommt Zeitschriften zu.[95] Die vorliegende Studie nutzt ein breites Spektrum dieses Quellentyps. Dabei handelt es sich sowohl um Organe, die speziell für Kinder herausgegeben wurden, als auch um Publikationen, die sich mit Fragen der Erziehung auseinandersetzten. Einschränkend sei angemerkt, dass lediglich die Journale hier aufgeführt werden, die für die vorliegende Arbeit einer ausführlichen Analyse unterzogen wurden. Zahlreiche andere werden kursorisch behandelt. An erster Stelle ist die von Novikov initiierte »Kinderlektüre für Herz und Verstand« (»Detskoe čtenie dlja serdca i razuma«) zu nennen. Sie erschien zwischen 1785 und 1789 und war die erste russischsprachige Zeitschrift, die sich explizit an Kinder als Leserinnen und Leser wandte. Für den Beginn des 19. Jahrhunderts wurden mehrere Zeitschriften genutzt: zunächst Nikolaj Karamzins »Bote Europas« (»Vestnik Evropy«), der zwar keine spezifische fachliche Ausrichtung hat-

---

Russländischen staatlichen historischen Archiv (Rossijskij gosudarstvennyj istoričeskij archiv, RGIA) in St. Petersburg aufbewahrt wird.

94 Die vollständigen bibliografischen Nachweise der genannten Titel finden jeweils an den betreffenden Stellen im Text.

95 Die vollständigen Angaben zu den Zeitschriften wie Erscheinungszeitraum und Namensveränderungen sind an den entsprechenden Stellen im Text aufgeführt.

te, aber regelmäßig zu Fragen der Erziehung Artikel publizierte. Des Weiteren sind die Journale »Der Patriot« (»Patriot«) und der »Freund der Jugend« (»Drug junošestva«) zu nennen, die sowohl Lektüre für Kinder als auch Abhandlungen über Erziehung enthielten. Einhergehend mit der Herausbildung eines professionellen Interesses an Themen der Erziehung und Kindheit ab Mitte des 19. Jahrhunderts stieg die Zahl der pädagogischen Zeitschriften sprunghaft an, die unterschiedliche Ziele verfolgten und alle gesellschaftlichen Schichten in den Blick nahmen. Das vorliegende Buch stützt sich insbesondere auf folgende Journale: »Zeitschrift für Erziehung« (»Žurnal dlja vospitanija«), »Der Lehrer« (»Učitel'«), »Die Gouvernante« (»Guvernantka«), Lev Tolstojs »Jasnaja Poljana«, das »Pädagogische Blatt der St. Petersburger Frauengymnasien« (»Pedagogičeskij listok Sankt Peterburgskich ženskich gimnazii«), »Der Kindergarten« (»Detskij sad«) und »Der Bote der Erziehung« (»Vestnik Vospitanija«).

Ergänzend erwies sich die zeitgenössische Auseinandersetzung mit Werken der Kinderliteratur als überaus aufschlussreich. Exemplarisch sei auf die zahlreichen Rezensionen des Literaturkritikers Visarion Belinskij (1811–1848) verwiesen, auf die 1862 erschienene Sammelbesprechung von Feliks Toll' und die umfangreiche Bibliografie von Kristina Alčevskaja von 1888. Ihr mehrbändiges Werk zeichnete sich dadurch aus, dass sie auch die Reaktionen von Schülerinnen und Schülern auf das Gelesene einbezog.

Literarische Werke finden in der vorliegenden Arbeit ebenfalls Beachtung. Der Mythos der russischen adligen Kindheit, der sich ab Mitte des 19. Jahrhunderts entfaltete, ist ohne Lev Tolstojs Trilogie »Kindheit«, »Knabenjahre«, »Jugend« (»Detstvo«, »Otročestvo«, »Junost'«) und Sergej Aksakovs »Familienchronik« (»Semejnaja Chronika«) und »Die Kinderjahre Bagrovs des Enkels« (»Detskie gody Bagrova-vnuka«) nicht zu verstehen und zu erklären.

Die vorliegende Studie nutzt die im Laufe des 19. und frühen 20. Jahrhunderts abgefassten Memoiren, die sich immer auch, wenngleich in unterschiedlichem Umfang, der Kindheit widmeten. Für die Spätphase des 19. Jahrhunderts sind sie für die adlige Kindheit besonders bedeutsam, weil für diese Zeit nach heutigem Kenntnisstand weder private Erziehungsinstruktionen noch -tagebücher verfügbar sind. Unter Beachtung der gebotenen Quellenkritik liefern sie wertvolle Binnenansichten. Die Spanne der für das 19. Jahrhundert einbezogenen Autorinnen und Autoren (in Auswahl) reicht von Alexander Herzen, Jurij Samarin, Fedor Buslaev, Boris Čičerin, Nikolaj Vrangel' über Vera Figner, Elizaveta Vodovozova bis zu Vladimir Nabokov,

Nina Berberova und Sergej Trubeckoj. Für die soziale Situation von Kindern im ausgehenden 19. Jahrhundert boten die Publikationen engagierter Juristen wie Dmitrij Dril' und Michail Gernet wertvolle Einblicke. Abschließend sei auf die visuellen Quellen verwiesen, die für die vorliegend Arbeit eine wichtige Rolle spielen. Sie geben der Kindheit im Kontext von historischen Entwicklungen und damit einhergehenden Darstellungskonventionen ein Gesicht. Im Unterschied zu vielen Studien werden Gemälde und Fotografien von Kindern nicht zur Illustration herangezogen, sondern als Quellen systematisch interpretiert. Dabei greift die Arbeit auf bekannte und weniger bekannte Gemälde des ausgehenden 18. bis Ende des 19. Jahrhunderts zurück. Für die Fotografien werden exemplarisch ein Bildband von 1913, »Die Welt der Kinder« (»Mir Detej«), dessen Auswahl auf einem Wettbewerb basierte, eine sechsbändige Zusammenstellung von Fotografien emigrierter Adelsfamilien (»La Noblesse Russe«) sowie die Kollektion von Fotografien, die über das Internetportal »Die Geschichte Russlands in Fotografien« (»Istorija Rossii v fotografijach«) abrufbar sind, genutzt.

Die Schreibweise der Namen erfolgt nach der deutschen wissenschaftlichen Transliteration. Sehr gebräuchliche Eigennamen – wie beispielsweise die der Zaren – und manche geografische Namen werden in deutscher Schreibung wiedergegeben. Es heißt demzufolge nicht Aleksandr I., sondern Alexander I., nicht Kiev, sondern Kiew.

Die Arbeit greift auf eine Vielzahl publizierter Quellen zurück. Lagen diese in deutscher Übersetzung vor (wie beispielsweise im Fall einiger Memoiren oder Beckojs Erziehungsplan), wurde daraus zitiert und nicht aus dem russischen Original übersetzt.

Alle Übersetzungen im vorliegenden Text wurden, sofern nicht anders angemerkt, von der Verfasserin angefertigt.

2. Kindheit im Zeitalter der Aufklärung in Russland

Um eine Geschichte der Kindheit im Russland des 19. Jahrhunderts zu erzählen, muss der Blick zunächst auf das 18. Jahrhundert gerichtet werden. Dieses gilt auch in Russland als der Zeitraum, in dem im Kontext der Aufklärung die »Entdeckung der Kindheit« erfolgte. Ein wesentlicher Indikator dafür ist das gesellschaftliche und staatliche Interesse an Erziehung und Bildung, an der Formierung »neuer Menschen« vom Kindesalter an. Die Neuerungen des 18. Jahrhunderts treten vor dem Hintergrund der vorpetrinischen, religiös geprägten Vorstellungen von Kindheit deutlich zu Tage, verstehen doch die verfügbaren Quellen aus der Zeit vor 1700 die Kindheit in erster Linie als eine Phase, in der die Voraussetzungen geschaffen werden sollten für eine religiös gefestigte Persönlichkeit als Bestandteil einer patriarchal geordneten und fest in der Gesellschaft verankerten Familie.

Wichtige Quellen, um den Komplex, der die Ausprägung von Kindheit im 18. Jahrhundert maßgeblich konstituiert, zu fassen, sind die staatliche Bildungspolitik und pädagogische Schriften. Wichtige Anhaltspunkte bieten weiter die Malerei und die Entwicklung einer materiellen und intellektuellen Kultur für Kinder in Form von Kleidung, Spielen und Literatur. Für alle diese Bereiche lassen sich seit Peter I. und insbesondere mit der Regierungszeit Katharinas II. entscheidende Dynamiken feststellen und Veränderungen belegen, die weit in das 19. Jahrhundert hineinreichten. Wesentliches Kennzeichen aller angesprochenen Bereiche war der vielfältige Einfluss der europäischen Aufklärung, die im Rahmen eines intensiven Wissens- und Kulturtransfers in Russland Einzug hielt und die Rezeption und Konzeption von Kindheit mitprägte.

Dieses Kapitel stellt nach einer knappen Rückschau auf die Entwicklungen vor 1700 pädagogische Leitdiskurse des 18. Jahrhunderts in Form von Erziehungsplänen, Kinder-Lektüren und staatlichen Maßnahmen wie die Gründung des Smol'nyj-Instituts bei gleichzeitiger »Sichtbarwerdung« von Kindern im Rahmen einer sich ausbildenden materiellen Kultur vor und fragt nach Ansprüchen und Spezifika von Erziehungsvorstellungen und -praktiken. Angesichts des intensiven Transfers westeuropäischen Gedankenguts in fast allen die Kindheit betreffenden Bereichen stellt sich weiter die Frage nach der Existenz einer nationalen, einer russischen Kindheit. Eine Herangehensweise, die die bekannte Dichotomie russisch vs. ausländisch ausspielt, erscheint wenig fruchtbar. Die Ausführungen gehen deshalb von der Annahme aus, dass sich im Russland des 18. Jahrhundert ein bestimmter Typ von Kindheit herausbildete, dessen Spezifik die Transnationalität war – konstituiert durch ausländische Einflüsse einerseits und russische Kultur und Umgebung andererseits.

2.1 Kindheit, Erziehung, Schulbildung und pädagogische Vorstellungen bis zur Regierungszeit Katharinas II.

Das Verhältnis von Eltern und Kindern im alten Russland schien von klaren Vorstellungen geprägt gewesen zu sein.[1] So zeugen die Kapitel 15–18 des Domostroj, des altrussischen Hausbuches aus dem 16. Jahrhundert, von den auf die Familien projizierten pädagogischen Vorstellungen.[2] Dabei hatten Eltern die Pflicht, ihre Kinder »in guter Zucht (und Ordnung) zu erziehen«, sie »Gottesfurcht und Sittsamkeit und jeglichen Anstand zu lehren«.[3] Befanden sich die Kinder beiden Geschlechts bis zu ihrem siebten Lebensjahr hauptsächlich unter Aufsicht der Mütter, übernahmen die Väter in Ermangelung eines »formalen Schulsystems« fortan die Ausbildung der Söhne; die berufliche Qualifikation konnte auch außerhalb der Familie erlangt werden.[4] Müt-

---

1 Boškovska, Nada, Die russische Frau im 17. Jahrhundert, Köln u. a. 1998, S. 150ff.
2 Der Domostroj ist eine Sammlung von Verhaltensanweisungen aus dem 16. Jahrhundert und wird dem Protopopen Sil'vestr zugeschrieben, wobei angenommen wird, dass die Sammlung auf einer Kompilation von Sittenkodizes aus dem 15. Jahrhundert basiert. Ausführlich zu Geschichte und Rezeption des Textes vgl. Pouncy, Carolyn, The Origins of the Domostroj. A Study in Manuscript History, in: Russian Review 46 (1987), S. 357–373.
3 Die folgenden Ausführungen beziehen sich auf Birkfellner, Gerhard (Hg.), Domostroj (Der Hausvater): Christliche Lebensformen, Haushaltung und Ökonomie im alten Rußland, Bd. 1, Osnabrück 1998, S. 199–224.
4 Pouncy, Carolyn (Hg.), The Domostroi. Rules for Russian Households in the Time of Ivan the Terrible, Ithaca u. a. 1994, S. 31; Boškovska, Die russische Frau im 17. Jahrhundert, S. 153.

ter vermittelten ihren Töchtern die Fertigkeiten, die diese für ihr künftiges Dasein als Ehefrau und Mutter benötigten. Generell galten Schläge, nicht anders als im Westeuropa der damaligen Zeit, als probates Erziehungsmittel: »Bei der Unterweisung und Belehrung und (wenn man ihnen) Ratschläge gibt, soll man sie körperlich züchtigen: Züchtige die Kinder in der Jugend, dann verschaffst du dir Ruhe in deinem Alter«, heißt es in Kapitel 15.[5] In Kapitel 17 wird nochmals bekräftigt:

»Züchtige deinen Sohn von seiner Jugend an [...]. Und werde nicht müde, den Knaben zu schlagen [...]. Erziehe ein Kind unter Drohungen, und du findest Frieden und Segen an ihm. [...] und laß ihm in der Jugend keine Eigenmächtigkeiten durchgehen, sondern brich ihm die Rippen, solange er heranwächst. Wenn er aber (einmal) verstockt ist, gehorcht er dir nicht (mehr), und er wird dir zum Verdruß und Seelenschmerz; und dein Haus wird abkommen, Hab und Gut verfallen und von den Nachbarn (wirst du) Tadel und Hohn von den Feinden (ernten); von der Obrigkeit (wirst du) Geldbußen und bösen Ärger (erfahren).«[6]

Im Falle der Töchter ging es hauptsächlich darum, deren Jungfräulichkeit zu bewahren, rechtzeitig die Bereitstellung einer Mitgift zu sichern und den Mädchen Gottesfurcht und Handfertigkeit zu vermitteln.

In dem Essay »Dva vospitanija« (»Zwei Erziehungen« bzw. »Two Childhoods«) hat Vasilij Ključevskij 1893 Vorstellungen von Kindheit im alten Russland und im katharinäischen Zeitalter anhand des Domostroj und Ivan Beckojs Statuten »Über das Aufziehen beider Geschlechter« aus dem Jahr 1764 verglichen.[7] Bezüglich des Domostroj unterstrich Ključevskij die Bedeutung der Familie im Sinne einer erweiterten Sippe, als Schule, in der die Väter als Lehrer fungierten. Er hob hervor, dass das altrussische Hausbuch, dessen Anweisung bezüglich der Kindererziehung für einen modernen Menschen mitunter grausam anmutet, Plan und nicht unbedingt Praxis häuslicher Erziehung war und die erwähnten körperlichen Strafen differenziert als Ausdruck pädagogischer Anteilnahme zu betrachten seien: »Es war bekannt, dass eine liebende Hand nicht schlägt, um Schmerz zu verursachen, verletzt dies doch auf jeden Fall denjenigen, der schlägt, mehr als den Geschlagenen.«[8] Er unterstrich die Relevanz der anderen im alten Russland

---

5 Birkfellner (Hg.), Domostroj, Bd. 1, S. 199.
6 Ebd., S. 217.
7 Siehe die Übersetzung von Okenfuss, Max J., V. O. Kliuchevskii on Childhood and Education in Early Modern Russia, in: History of Education Quarterly 4 (1977), S. 417–447.
8 Ebd., S. 425–426 (Zitat).

gebräuchlichen Erziehungspraxis des »visuellen Modells«, des »gelebten Beispiels«, für das die »moralische Atmosphäre« eine »kontinuierliche Vertiefung« darstellte »bei der das Kind Informationen, Ansichten, Gefühle und Gewohnheiten« aufnehmen konnte.[9] Schulen, die öffentlich zugänglich waren, existierten bis zu den 1680er Jahren kaum. In erster Linie war es deshalb Aufgabe der Eltern, ihren Kindern eine elementare Bildung (Lesen, Schreiben, religiöse Unterweisung) zu vermitteln. Vereinzelte Versuche, Kinder zu unterrichten, insbesondere seitens der Kirche, hatte man sich als private Zirkel vorzustellen, »die sich um einige gelehrte Mönche scharten«.[10] Dabei kamen die wichtigsten Bildungsimpulse aus der Ukraine. Mit dem Friedensschluss von Andrusovo 1667 wurde die Südwestexpansion des Zarenreiches auf Kosten Polen-Litauens vertraglich besiegelt. Dies führte dazu, dass Russland nun über Bildungseinrichtungen eines Teils der Ukraine verfügte.[11] Eine zentrale Institution stellten die von Petr Mohyla nach »west- und mitteleuropäischen, insbesondere an jesuitischen Kollegien« orientierte Akademie in Kiew dar sowie die zum Schutz der Orthodoxie errichteten Bruderschaftsschulen.[12] Dabei waren die bis Mitte des 17. Jahrhunderts existierenden Bildungsbemühungen und die Pädagogik im Wesentlichen auf die »Verteidigung des religiösen Glaubens« ausgerichtet.[13]

In der zweiten Hälfte des Jahrhunderts begann sich dies mit dem wachsenden Einfluss der Aufklärung zu verändern. In dem pädagogischen Traktat »Graždanstvo obyčaev detskich« (»Die Anerkennung kindlicher Gewohnheiten«) ist zwar als Ziel »die Erziehung im christlichen Geist« neben dem »Studium der freien Wissenschaften« und der »Aneignung prächtiger Gewohnheiten« genannt; das Kapitel zur christlichen Erziehung steht aber erst an dritter Stelle und fällt vergleichsweise knapp aus.[14] Alltagspraktische Ratschläge zu Kleidung, Haushalt, Spiel und Konversationspraktiken, die durchaus Parallelen zum Domostroj aufweisen, verleihen dem Text einen weltlichen Charakter. Besonders bedeutsam ist die Schrift, weil sie sich unmittelbar an Kinder wendet und spielerisch-beispielhaft Verhaltensregeln

---

9 Ebd., S. 426.
10 Hildermeier, Manfred, Geschichte Russlands. Vom Mittelalter bis zur Oktoberrevolution, München 2013, S. 398.
11 Kusber, Eliten- und Volksbildung im Zarenreich, S. 35.
12 Ebd., S. 34–35.
13 Black, Citizens for the Fatherland, S. 15.
14 Buš, Vladimir V., Pamjatniki starinnogo russkogo vospitanija, Petrograd 1918, S. 14–15.

vermittelt. Über die Provenienz des Textes gibt es unterschiedliche Meinungen: Den einen gilt der Text als eine zu Beginn der 1670er Jahre angefertigte Übersetzung von Erasmus von Rotterdams »De civilitate morum puerilium« (1530) durch den in Kiew ausgebildeten Mönch Epifanij Slavineckij. Andere wiederum argumentieren, dass es keine Übersetzung, sondern ein von Epifanij selbst verfasster Text sei. Für den vorliegenden Zusammenhang ist diese Frage zweitrangig.[15] Hervorzuheben ist, dass im letzten Drittel des 17. Jahrhunderts ein russischsprachiger Ratgebertext publiziert wurde, der sich unmittelbar an Kinder richtete, wenngleich auch nicht an alle, sondern, wie der Literaturwissenschaftler und Ethnograf Vladimir Buš 1918 feststellte, insbesondere an den adligen Nachwuchs.[16]

Im Zuge der skizzierten Entwicklungen kam es zur Formierung eines »säkularen Interesses« am Unterricht und dessen genereller Nützlichkeit.[17] Dynamik erfuhr der »Schulgründungsprozess« unter Fedor, dem Sohn Aleksej Michailovičs. Simeon Polockij, Schüler der Kiewer Mohyla-Akademie, Hofpoet und Lehrer des Carevič, setzte sich für die Gründung einer slawisch-lateinischen Akademie in Moskau ein, die allerdings erst nach seinem Tod unter Leitung der Brüder Lichudy ihren Betrieb aufnahm.[18] Simeon Polockij war aber nicht nur ein Verfechter der Aufklärung und Initiator einer Lehranstalt; er verfasste auch pädagogische Schriften, in denen er die zentrale, prägende Rolle der Eltern hervorhob: »Gutes wie Böses für die Kinder kommt von den Eltern, nicht von der Natur, durch Lehre, durch das Vorbild der Eltern.«[19]

---

15 Ebd., S. 16–18. Buš schreibt den Text dem an der Kiewer Bruderschaftsschule ausgebildeten Mönch Epifanij Slavineckij zu und wendet sich gegen die Annahme, dass es sich bei dem Text um eine Übersetzung von »De civilitate morum puerilium« (1530) handelt, vgl. dazu: Ol'ga E. Koševela, Graždanstvo obyčaev detskich, in: Bim-Bad, Boris M. (Hg.), Pedagogičeskij ènciklopedičeskij slovar', Moskau 2003 (http://www.otrok.ru/teach/enc/txt/4/page92.html [8.2.2022]).
16 Buš, Pamjatniki starinnogo russkogo vospitanija, S. 18. Auch wenn für Russland vor dem 18. Jahrhundert nur eine überschaubare Zahl von Erziehungsratgebern erschien, kann an dieser Stelle die Meinung von Ol'ga Koševela nicht geteilt werden. Sie stellte fest, dass es im Vergleich zu »Ländern der katholischen und protestantischen Traditionen« im Alten Russland praktisch keine Anleitungen zur Erziehung von Kindern gab, vgl. Koševela, »Svoe detstvo« v Drevnej Rusi, S. 8. Zur Kritik an Koševela in diesem Punkt siehe auch Dolgov, Vadim, Detstvo kak social'nyj fenomen v kontekste drevnerusskoj kul'tury XI–XIII vv. Otnošenie k rebenku i stadii vzroslenija, in: Social'naja istorija. Ezegodnik 2007, S. 67–86, hier S. 75.
17 Black, Citizens for the Fatherland, S. 15.
18 Hildermeier, Geschichte Russlands, S. 399.
19 Zitiert nach Demkov, Istorija russkoj pedagogiki, Bd. 1, S. 301.

Des Weiteren spielten Kinder als Erben in der vorpetrinischen Zeit eine wichtige Rolle. Zwar waren Status und Geschlecht bezüglich des Erbes von Bedeutung, aber auf der Basis von Brauch und Recht wurde immer angestrebt, alle (legitimen) Kinder gleichwertig mit einem Erbteil zu versorgen. Eine Enterbung der Kinder war rechtlich fast unmöglich.[20] Das Erben war aus diesem Grund eine der »wichtigen Dominanten in der Geschichte der russischen Kindheit«.[21]

Kinder waren aber nicht nur aus materieller und statusbezogener Sicht von Bedeutung. Auch im »emotionalen Raum« Familie hatten Kinder offensichtlich schon vor dem 18. Jahrhundert ihren festen Platz, wenngleich die Quellenbasis nur punktuelle Aussagen zulässt.[22] Wegen der hohen Kindersterblichkeit beispielsweise waren sogenannte Heiler, Hexen und Zauberer auf die »Behandlung von Säuglingen und Kleinkindern« spezialisiert. Dies bezeugt das Engagement der Familien für die fragile Gesundheit ihrer Nachkommen.[23] Briefwechsel aus dem 17. Jahrhundert belegen zudem, dass Interesse, »liebevolle Zuwendung« und fürsorgliche Anteilnahme gegenüber Kindern und deren Wohlbefinden regelmäßig bekundet wurden.[24]

Kindheit spielte demzufolge schon lange vor dem 18. Jahrhundert eine Rolle in der russischen Kultur und Gesellschaft. Allerdings war die Kindheit über weite Strecken ein Durchgangsstadium, in dem die Voraussetzungen für das Erwachsenenleben im Kontext der herrschenden Wertvorstellungen geschaffen werden sollten. Veränderungen deuteten sich Ende des 17. Jahrhunderts verstärkt an. Deshalb ist Max Okenfuss zu dem Schluss gekommen, dass »die Kindheit [...] in Russland in den 1690er Jahren entdeckt [wurde]«.[25] Er stellte dies im Zusammenhang mit Karion Istomins Fibel fest, die im Jahr 1696 erschien. Okenfuss begründete seine Feststellung mit dem bis dato nicht üblichen »lebhaften Gebrauch von Grafiken« und Illustrationen, um Kindern Grammatik und Religion nahezubringen. Okenfuss sieht diese Entwicklung in Zusammenhang mit John Lockes Plädoyer für eine radikale Wort-Objekt-Methode, die es Kindern erleichterte, das Lesen zu

---

20 Košeleva, Ol'ga E., Deti kak nasledniki v russkom prave s drevnejšich vremen do petrovskogo vremeni, in: Social'naja istorija. Ežegodnik 1998/99, S. 177–202, hier S. 201.
21 Ebd.
22 Boškovska, Die russische Frau im 17. Jahrhundert, S. 154.
23 Ebd., S. 156 (Zitat S. 141).
24 Ebd., S. 136, 155–161.
25 Okenfuss, Max J., The Discovery of Childhood in Russia. The Evidence of the Slavic Primer, Newtonville 1980, S. 22.

lernen.²⁶ Diese pädagogische Neuerung spricht für eine Berücksichtigung der kindlichen Lernfähigkeit und somit für eine sich verändernde Wahrnehmung von Kindern.

Utilitarismus unter Peter I.

Unter Peter I. wuchs aus ganz pragmatischen Gründen die Aufmerksamkeit gegenüber Erziehung und Bildung.²⁷ Insbesondere unter dem Eindruck des langwierigen Nordischen Kriegs (1700–1721) sowie angesichts der anhaltenden Schwierigkeiten bei der Reform des russischen Staats wurde deutlich, dass gut ausgebildete Untertanen sowohl für militärische Erfolge als auch für einen politisch funktionierenden und wirtschaftlich mächtigen Staat unabdingbar waren. Neben der Entsendung von Untertanen zu Ausbildungszwecken ins Ausland wurden Schulen geschaffen – häufig mit ausländischen Lehrkräften – mit dem Ziel, dem großen und unmittelbaren Bedarf an technischem Personal gerecht zu werden. Insgesamt war diesen Vorhaben wenig Erfolg beschieden. Einzelne Institutionen wie die 1701 gegründete Moskauer Mathematik- und Navigationsschule bestanden längere Zeit und entwickelten Modellcharakter.²⁸ 1714 verfügte Peter per Ukas die Einrichtung mathematischer Elementarschulen, der sogenannten Ziffernschulen. Um das Bildungsniveau künftiger Staatsbediensteter zu heben, ordnete der Zar an, dass für alle Söhne des Adels und des Beamtenstandes der Besuch dieser neugegründeten Schulen verpflichtend sei. Dem folgte die Strafandrohung für die Missachtung des Gesetzes im gleichen Ukas: wer kein Abschlusszeugnis vorweisen konnte, durfte nicht heiraten.²⁹ Der Aufbau der Schulen zog sich allerdings hin, weil die notwendigen Mittel für Ausstattung und Personal fehlten.³⁰ Sie konnten nur mit Unterstützung der Kirche funktionieren und waren wechselnden Reglements bezüglich der Zielgruppe unterworfen. Zudem kamen sie den Bedürfnissen der Bevölkerung wenig entgegen, weshalb

---

26 Ebd., S. 24.
27 Black, Citizens for the Fatherland, S. 23ff.
28 Kusber, Eliten- und Volksbildung im Zarenreich, S. 40 (Zitat), 41–42.
29 Ukas teilweise abgedruckt in: Volkov, Genrich; Egorov, S. F.; Kopylov, A. N. (Hg.), Antologija pedagogičeskoj mysli Rossii XVIII v., Moskau 1985, S. 28.
30 Tuchtenhagen, Ralph, Zentralstaat und Provinz im frühneuzeitlichen Nordosteuropa, Wiesbaden 2008, S. 264.

ihnen keine dauerhafte Existenz beschieden war.[31] Im Hinblick auf die elementare Bildung war das kirchliche Schulwesen erfolgreicher, drang es doch auch an die Peripherie Russlands vor.[32] Neben dem Aus- und Umbau von Lehranstalten sprechen bebilderte Publikationen, Fibeln, die nach dem Vorbild Johann Amos Comenius' »Orbis pictus« gestaltet waren, für eine wachsende Aufmerksamkeit gegenüber Kindern. Dabei standen die staatlichen, auf die Zukunft ausgerichteten Interessen im Vordergrund: Kindheit wurde als eine effizient zu gestaltende Übergangsperiode und Voraussetzung für ein nützliches Erwachsenenleben angesehen.[33] Einhergehend mit den Bildungs- und Modernisierungsbestrebungen entwickelte sich auch der pädagogisch-philosophische Diskurs weiter. Er betonte die Wahrnehmung von Kindheit als prägende Lebensphase, die darauf abzielte, einen »neuen Typ« von russischem Bürger« zu schaffen.[34] Zum Ausdruck kam dies in dem 1717 von Peter angeregten und in sieben Auflagen erschienenen Ratgeber »Junosti čestnoe zercalo ili pokazanie k žitejskomu ochoždeniju« (»Der ehrenhafte Spiegel der Jugend oder Angaben zum alltäglichen Leben«), der neben Bibelauszügen und Heiligenlegenden auch von westlichen Quellen entlehnte weltliche Benimmregeln für junge Adlige enthielt. Unter anderem wurde empfohlen, bei Tisch »nicht wie ein Schwein zu fressen«, »sich nicht die Finger abzulecken« und »um seinen Teller keinen Zaun aus Knochen, Rinden oder Brot zu errichten«.[35] Weiter sollten im Hinblick auf eine Karriere am Hof Fremdsprachen und Tänze erlernt werden.[36] Die »Kombination von Lehrbuch, Katechismus und säkular geprägten Handlungsanweisungen sowie der Adressatenkreis«, der Adel, machten den Ratgeber zu etwas »qualitativ Neuem« im Kontext der Erziehungsschriften des Zarenreiches.[37] Ebenfalls große Verbreitung fand das Unterweisungsbuch »Pervoe učenie otrokom« (»Die erste Leh-

---

31 Wittram, Reinhard, Peter I. Czar und Kaiser. Zur Geschichte Peters des Großen in seiner Zeit, 2 Bde., Göttingen 1964, hier Bd. 2, S. 198–202.
32 Zum Ausbau der geistlichen Seminare unter Peter I. siehe Kusber, Eliten- und Volksbildung im Zarenreich, S. 54–57.
33 Zu Fibeln und Lehrbüchern vgl. ausführlicher Demkov, Istorija russkoj pedagogiki, Bd. 2, S. 59–76, sowie Okenfuss, The Discovery of Childhood in Russia, S. 43–56.
34 Kuxhausen, Anna, From the Womb to the Body Politic, S. 14; Black, Citizens for the Fatherland, S. 31 (Zitat).
35 Junosti čestnoe zercalo, in: Volkov u. a. (Hg.), Antologija pedagogičeskoj mysli Rossii XVIII v., S. 37.
36 Kuxhausen, From the Womb to the Body Politic, S. 14.
37 Kusber, Eliten- und Volksbildung im Zarenreich, S. 64.

re des Knaben«) des Theologen und Kirchenpolitikers Feofan Prokopovič.[38] Zwischen 1720 und 1724 erschien es in insgesamt 14 Auflagen. Es richtete sich an ein breiteres Publikum und propagierte eine hierarchische Erziehung zum Wohle von Familie und Staat.[39] Erziehung und Bildung wurde ebenfalls im »Geistlichen Reglement« von 1721 thematisiert, dessen Autor zu weiten Teilen ebenfalls Prokopovič war. Neben Lehrplänen fanden sich Anweisungen für die geistlichen Seminare, bestimmt für Schüler zwischen 10 und 15 Jahren. Die Schüler sollten die Schulen drei Jahre lang besuchen, um »die offensichtlichen Vorteile einer solchen Erziehung« schätzen zu lernen.[40] Die petrinische Zeit brachte bei allen unternommenen Anstrengungen und zunehmendem Interesse an Kindern keine allgemein gültige neue Konzeption von Kindheit hervor. Allerdings deutet sich in der pragmatischen Ausrichtung von Erziehung und Bildung auf die künftige Tätigkeit der Kinder an, dass zumindest für Teile der Bevölkerung –hauptsächlich für den Nachwuchs von Adligen, Geistlichen und Beamten – die Schulen zu einem Mittel der Erziehung wurden. Kinder erhielten nicht länger nur durch das Beisammensein mit Erwachsenen eine Ausbildung und Erziehung.[41]

Staatliches Engagement im Bildungswesen nach 1725

Für die Jahre zwischen Peters Tod und der Regierungszeit Katharinas II. kann man nur bedingt von einer Weiterentwicklung des Bildungswesens sprechen.[42] Die geistlichen Schulen erfuhren relativ kontinuierliche Aufmerksamkeit durch die Kaiserinnen Anna und Elisabeth; Gymnasien wurden mit durchwachsenem Erfolg eröffnet, einige der von Peter gegründeten Fachschulen wurden aufgelöst, andere, wie die Ziffernschulen, gingen in

---

38 Feofan Prokopovič (1681–1736) studierte an der Geistlichen Akademie in Kiew, war Igumen (Vorsteher) des Höhlenklosters in Kiew sowie Erzbischof von Novgorod und Pskov. Er fungierte als Berater Peters I. für dessen Kirchenreform, die 1721 mit dem »Geistlichen Reglement« das Patriarchat auflöste und dieses durch den »Heiligsten Regierenden Synod«, die oberste staatliche Kirchenbehörde, ersetzte. Vgl. Onasch, Konrad, Prokopowitsch, Feofan, in: Bautz, Friedrich (Hg.), Biographisch-Bibliographisches Kirchenlexikon (BBKL), Hamm (Westfalen) 1994, Sp. 995–998.
39 Kusber, Eliten- und Volksbildung im Zarenreich, S. 65.
40 Black, Citizens for the Fatherland, S. 30.
41 Okenfuss, The Discovery of Childhood in Russia, S. 56; Ariès, Geschichte der Kindheit, S. 47; sowie Kusber, Eliten- und Volksbildung im Zarenreich, S. 69.
42 Black, Citizens for the Fatherland, S. 44. Zur Bewertung dieser Phase siehe Kusber, Eliten- und Volksbildung im Zarenreich, S. 71ff.

neuen Schultypen auf, in diesem Fall in den Garnisonsschulen für die Kinder von Soldaten.⁴³ Adelskorps wurden gegründet, ebenfalls auf der Basis von bestehenden Fachschulen. Sie trugen bei allen Problemen und Mängeln zur Europäisierung des Adels bei. Das Lehrprogramm für die 13- bis 18-jährigen Zöglinge war den Bildungsplänen westeuropäischer militärischer Lehranstalten, insbesondere Frankreichs, Dänemarks und Preußen entlehnt. Die russischen Kadettenanstalten verfolgten einen breiten Bildungsanspruch, um ihre Absolventen nicht nur auf eine militärische Karriere, sondern auch auf eine Tätigkeit in der Zivilverwaltung vorzubereiten. Neben militärischen Fachkenntnissen vermittelten die Korps die wesentlichen Komponenten adliger Erziehung: Jurisprudenz, Fremdsprachen, Geschichte, Tanzen, Reiten und Fechten.⁴⁴ Dem Landkadettenkorps kam mit seiner umfangreichen Bibliothek und seinen Theateraufführungen große Bedeutung im kulturellen Leben Petersburgs zu.⁴⁵

Vereinzelt kamen auch Leibeigene in den Genuss von Bildung.⁴⁶ Einige gutsbesitzende Adlige, wie die Kurakins, unterhielten ihre eigenen Schulen. Hier wurden ihre Leibeigenen zum Zwecke der Unterhaltung zu Musikern und Künstlern ausgebildet oder ihnen wurden Kenntnisse des Lesens und Schreibens vermittelt, um sie zur Unterstützung bei der Verwaltung der Güter heranziehen zu können.⁴⁷ In ihrem Ukas zur Gründung der Moskauer Universität und der beiden zugehörigen Gymnasien 1755 unterstrich Kaiserin Elisabeth die Verbindung von Moral und Erziehung, von Patriotismus, staatlichem Wohlergehen und Bildung. Sie vertrat die Ansicht, dass häusliche Erziehung ungeeignet war, künftige Staatsbedienstete adäquat auszubilden. Diese sei sogar eine »Zeitverschwendung«, da die »jungen Jahre« für den Unterricht am geeignetsten seien und deshalb der Besuch entsprechender Lehranstalten ermöglicht werden sollte.⁴⁸ Pädagogisches Gedankengut entwickelte sich auch nach Peters Tod. Vasilij Tatiščev, der als erster Historiker Russlands gilt, nutzte 1733 die zur damaligen Zeit weitverbreitete Form des Dialogs, um in dem »Gespräch zweier Freunde über den Nutzen von Wis-

---

43 Ebd., S. 83.
44 Aurova, Nadežda N., Ot kadeta do generala. Povsednevnaja žizn' russkogo oficera v konce XVIII–pervoj polovine XIX v., Moskau 2010, S. 38.
45 Ebd., S. 39.
46 Kusber, Eliten- und Volksbildung im Zarenreich, S. 91. Zu den bildungspolitischen Entwicklungen in der Phase zwischen Peter I. und Katharina II. vgl. Black, Citizens for the Fatherland, S. 44–69.
47 Black, Citizens for the Fatherland, S. 47.
48 Ebd., S. 51–52.

senschaft und Schulen« seine Ansichten zu formulieren.⁴⁹ Die Fragen und Antworten verwiesen auf die Notwendigkeit von Bildung – insbesondere für den Adel – zum Nutzen des Staates. Zudem umriss Tatiščev seine Vorstellungen von Lehranstalten.⁵⁰ In den moralischen Instruktionen (»Duchovnaja moemu synu«), ein »fingiertes Testament« für seinen Sohn Efgav, ebenfalls ein übliches literarisches Genre der Zeit, betonte er 1734 neben der Notwendigkeit, moralische und religiöse Werte zu achten, den Wert von Kenntnissen der Geschichte und Geografie Russlands und gab Anweisungen für ein gutes Familienleben.⁵¹

Eine Intensivierung der Fragen von Bildung und Erziehung setzte Mitte des Jahrhunderts ein.⁵² Michail Lomonosov, Universalgelehrter, Reformer der russischen Sprache und neben Ivan Šuvalov Mitinitiator der 1755 gegründeten Moskauer Universität, engagierte sich für ein »Russland-orientiertes Lernprogramm« und publizierte in den zwischen 1755 und 1764 erschienenen »Monatlichen Abhandlungen« (»Ežemesjačnye sočinenija«) zu Fragen von Bildung und Erziehung.⁵³ In der Zeitschrift wurden sowohl russische Originalbeiträge als auch Übersetzungen und Rezensionen westeuropäischer pädagogischer Literatur unterschiedlicher und mitunter streitbarer Richtungen publiziert. Damit wurden zeitgenössische Fragen auch einer der Fremdsprachen nicht mächtigen interessierten Leserschaft zugänglich gemacht.⁵⁴ Antike Autoren (Aristoteles, Platon, Sokrates) mit ihrer »Vermittlung von Werten und moralischer Lebensführung bei gleichzeitiger Betonung der Pflichten des Bürgers gegenüber dem Staatswesen« fanden ebenfalls im Repertoire der Zeitschrift große Beachtung.⁵⁵ Zudem sprechen die erschienenen Übersetzungen einschlägiger westlicher Erziehungsliteratur seit der Mitte des 18. Jahrhunderts für ein wachsendes Interesse an diesen Fragen: 1747 wurden Jean-Baptiste Morvan de Bellegardes »L'education parfait«, 1759

---

49 Kusber, Eliten- und Volksbildung im Zarenreich, S. 75.
50 Demkov, Istorija russkoj pedagogiki, Bd. 2, S. 92–97.
51 Ebd., S. 89–92; Kusber, Eliten- und Volksbildung im Zarenreich, S. 75. Sowohl das »Gespräch« als auch die moralischen Instruktionen Tatiščevs erschienen nicht zu seinen Lebzeiten und wurden deshalb vermutlich nur von einem überschaubaren Kreis von Zeitgenossen wahrgenommen.
52 Kusber, Eliten- und Volksbildung im Zarenreich, S. 95ff.
53 Zu den pädagogischen Ansichten Lomonosovs vgl. ausführlich: Demkov, Istorija russkoj pedagogiki, Bd. 2, S. 129–155.
54 Kuxhausen, From the Womb to the Body Politic, S. 15.
55 Kusber, Eliten- und Volksbildung im Zarenreich, S. 114.

John Lockes »Some Thoughts Concerning Education« und 1763 François
Fénelons »Traité de l'education des filles« ins Russische übertragen.⁵⁶

2.2 »... daß die Quelle alles Guten und Bösen die Erziehung sei«: Katharina II. und die Formierung idealer Untertanen

Im Hinblick auf einen funktionierenden Staat hatte Peter I. den Adel zu lebenslangem Dienst verpflichtet. Für die Mitglieder der Aristokratie war die Bekleidung hochrangiger Ämter im zivilen oder militärischen Bereich ein unabdingbarer Baustein ihres Status und Standesbewusstseins. Für die große Gruppe der kleinen und mittleren Grundbesitzer bedeutete der Dienst hingegen eine enorme Belastung, weil sie sich nicht um ihre Güter kümmern konnten, oft von ihren Familien getrennt leben und in der Regel zwei Wohnsitze unterhalten mussten. Unzufriedenheit herrschte auf beiden Seiten. Nicht nur der Adel fühlte sich überstrapaziert. Auch auf Seiten des Staates wurde erkannt, dass die Zwangsverpflichtung Unwilliger einer effizienten Verwaltung des russischen Reiches wenig zuträglich war.⁵⁷ Bereits unter Peters Nachfolgerinnen wurden Einschränkungen der Dienstzeit durchgesetzt. Zarin Anna reduzierte sie auf 25 Jahre. Das gleiche Gesetz gestattete den Dienstpflichtigen, zum Nutzen der häufig vernachlässigten Güter einen Sohn »zu Hause zu lassen«, allerdings nur unter der Voraussetzung, dass dieser »lesen und schreiben lernte, um für den lokalen Zivildienst gerüstet zu sein«.⁵⁸ Während der kurzen Regierungszeit Peters III. wurde die »förmliche Dienstpflicht« schließlich ganz aufgehoben. Jeder Adlige konnte nach dem Erlass des Manifestes vom 8. Februar 1762 frei entscheiden, »ob er dienen wollte, oder nicht«.⁵⁹ Aber auch nach Abschaffung der »sehr heilsame[n] Verordnungen« hoffte man staatlicherseits, dass »der ganze wohlgeborene Russische Adel durch diese Unsere ihm und seinen Nachkommen erwiesene Kaiserliche Huld [...] statt sich Unseren Diensten [...] zu entziehen, vielmehr

---

56 Kuxhausen, From the Womb to the Body Politic, S. 14–15, sowie weiterführende Literatur ebd. in Fußnote 12. Vgl. auch Kelly, Refining Russia, S. 18–22.
57 Hildermeier, Geschichte Russlands, S. 574–575.
58 Ebd., S. 574.
59 Ebd., S. 575.

angereizet werden, mit Lust und Freude in selbigen zu treten«.[60] Explizit und ausführlich wurde darauf verwiesen, dass der Adel für eine angemessene und dem Staat nützliche Ausbildung seiner Nachkommen zu sorgen hatte. Mit zwölf Jahren waren die Kinder, denen die »Landesväterliche Vorsorge« galt, dem »Herolds-Contoir [...] anzugeben«. Die Erziehungsberechtigten hatten den Wissensstand der Kinder nachzuweisen,

»wo sie ihre Studien weiter fortzusetzen gedenken, entweder im Reiche auf den auf Unsere Kosten errichteten Schulen und Academien; oder in fremden Ländern, oder auch zu Hause mittelst Privatunterweisung von geschickten Lehrern, falls das Vermögen der Eltern solches erlaubet; wogegen sich Niemand bey Unserer schweren Ungnade unterstehen soll, seine Kinder, ohne einigen Unterricht in den Wissenschaften, die dem Adel anständig sind, aufwachsen zu lassen.«[61]

Die Konsequenzen für die Missachtung dieser Verantwortung, dieses Dienstes am Vaterland, wurden am Ende des Manifests eindringlich umrissen:

»[...] auch seine Kinder [...] auf das sorgfältigste zu erziehen: wie Wir denn hiermit allen Unseren getreuen Unterthanen und wahren Söhnen des Vaterlandes anbefehlen, alle diejenigen, welche nirgends und auf keine Weise gedienet, auch, so wie sie selbst ihre Zeit in Faulheit und Müßiggang zubringen, ihre Kinder zum Vortheil des Vaterlandes zu keinen nützlichen Wissenschaften angehalten, als solche, die das allgemeine wohl nicht beherzigen, zu verachten und sich ihrer zu entziehen. Maßen sie auch weder Zutritt an Unserm Hofe haben, noch in öffentlichen Gesellschaften und bey feyerlichen Gelegenheiten geduldet werden sollen.«[62]

Staatlich verordnete Erziehung

Katharina II. folgte ihrem Mann Peter III. nur wenige Monate nach dessen Antritt auf den Thron. Er war durch einen Staatsstreich seines Amtes enthoben und einige Tage später ermordet worden. Geboren als Sophie Auguste Friederike von Anhalt-Zerbst hatte sie den russischen Thronfolger Peter Fedorovič, später Peter III., 1745 geheiratet. Sie galt als belesen und an Fragen der Bildung äußerst interessiert, war mit der entsprechenden zeitgenössischen europäischen Literatur vertraut und teilte die grundlegende Über-

---

60 Manifest vom 8. Februar 1762: Über die Verleihung der Freiheit dem ganzen Russischen Adel. Deutsche Übersetzung zitiert nach: Helbig, Gustav Adolf Wilhelm von, Biographie Peter des Dritten, Bd. 2, Tübingen 1808, S. 221–228, hier S. 222, 228.
61 Zitiert nach Helbig, Biographie Peter des Dritten, S. 227.
62 Zitiert nach ebd., S. 228.

zeugung »der Aufklärung, dass sich die Gesellschaft durch Erziehung bessern ließe«.[63] Ihr Ziel war ein funktionierendes Gemeinwesen durch die Formierung aktiver und ihrem Vaterland dienender Untertanen. Deshalb gewann die Vorstellung von Kindheit als einer entscheidenden Lebensphase, die es zu gestalten galt, entscheidend an Kontur. Katharinas großes Interesse an Pädagogik zeigte sich in ihren bildungspolitischen Absichtserklärungen, in zahlreichen Schriften, bei den von ihr geförderten Politikern sowie in der Gründung von Lehreinrichtungen und speziellen Wohltätigkeitsinstitutionen.

Katharina machte Ivan Beckoj, der 1704 als unehelicher Sohn eines Mitglieds der Familie Trubeckoj geboren wurde, zu ihrem bildungspolitischen Berater. Ausgebildet in Dänemark und im Dienst an verschiedenen Botschaften in Europa sowie am Hof in St. Petersburg, musste Beckoj 1747 wegen der Beteiligung an Hofintrigen Russland verlassen. Die Jahre seines Pariser Exils bis 1762 nutzte er, um sich mit den neuesten Erziehungstheorien und Wohlfahrtseinrichtungen in Europa vertraut zu machen und Kontakte mit führenden Schriftstellern der Aufklärung zu pflegen.[64] So gerüstet kehrte er nach Russland zurück, wo er im Laufe der Jahre sowohl Präsident der Akademie der Künste, Kurator des Moskauer und Petersburger Findlingshauses als auch der »Gesellschaft für wohlgeborene Mädchen«, des Smol'nyj-Instituts, wurde.[65] Seine grundsätzlichen Vorstellungen von staatsdienlicher Erziehung brachte Beckoj in dem – in enger Zusammenarbeit mit der Zarin abgefassten – »Allgemeinen Erziehungs-Plan« von 1764 zum Ausdruck.[66] Dafür zog er neben anderen Quellen auch Rousseaus »Emile« zurate, trotz der Skepsis der Kaiserin gegenüber diesem Erziehungswerk.[67] In dem Plan wurden

---

63 De Madariaga, Isabel, Katharina die Grosse. Das Leben der russischen Kaiserin, Wiesbaden 2004, S. 184; Kusber, Eliten- und Volksbildung im Zarenreich, S. 118 und die dortigen Literaturverweise in Fußnote 120. Ausführlich zu Fragen der Erziehung und verschiedenen Aspekten der Entwicklung des Bildungswesens unter Katharina II. vgl. die umfassende Darstellung bei Demkov, Istorija russkoj pedagogiki, Bd. 2, S. 217–621.
64 Ransel, Mothers of Misery, S. 31–34.
65 Ausführlich zu Beckoj vgl. Kusber, Eliten- und Volksbildung im Zarenreich, S. 120ff.; Black, Citizens for the Fatherland, S. 70ff.; Demkov, Istorija russkoj pedagogiki, Bd. 2, S. 279–292.
66 General'noe učreždenie o vospitanii oboego pola junošestva, konfirmovannoe Eja Imperatorskim veličestvom 1764 goda marta 12 dnja, St. Petersburg 1766. Im Folgenden wird die deutsche Übersetzung von 1765 verwendet: Beckoj, Ivan I., Allgemeiner Erziehungs-Plan, von Ihro Kayserl. Majestät den 12ten März 1764 bestätiget, St. Petersburg 1765.
67 Barran, Thomas Paul, Russia reads Rousseau. 1762–1825, Evanston 2002, S. 58. Katharina untersagte 1763 den Import von »Emile« nach Russland, gestattete aber, dass Teil V stark gekürzt 1779 ins Russische übersetzt und publiziert wurde, vgl. Marker, Gary, Pu-

zunächst die Bildungsbemühungen Peters I. als erfolglos eingestuft, konnte doch »Russland bis auf den heutigen Tag noch keine solche Bürger erschaffen, die man anderswo den Mittel- oder Dritten Stand nennet«.[68] Die Erfahrung habe gezeigt, dass die reine Aneignung von Wissen »noch keinen guten und wahren Bürger mache, sondern sogar bei vielen Gelegenheiten Unheil anrichte, wenn ein Mensch nicht von zarter Kindheit an in der Tugend erzogen« worden sei, woraus folge, »daß die Quelle alles Guten und Bösen die Erziehung sei«. Damit sie gelinge, müsse man die »besten und gründlichsten Mittel« erwählen. Von zentraler Bedeutung seien dabei eine »neue Generation oder neue Mütter und Väter«, die die »wahren und gründlichsten Grundsätze der Erziehung« an ihre Nachkommen weitergeben. Diese neue Generation von Eltern würde durch die Einrichtung von »Erziehungsschulen für Kinder beiderlei Geschlechts« geschaffen werden, die die Schülerinnen und Schüler ab dem fünften oder sechsten Lebensjahr besuchen sollten, da genau in diesem Lebensalter der Übergang vom »Schlummer zur Erkenntnis« erfolge. Die Zöglinge sollten – zum Schutz vor »üblen Sitten« und zur Verinnerlichung der »Grundsätze der Tugend« – bis zum Alter von 18 oder 20 Jahren in der Schule bleiben und möglichst von Kontakten zur Außenwelt abgeschirmt leben. Zentral in diesem Konzept war die Vermittlung der »Furcht Gottes«, auf deren Basis die Kinder »ihrem Stande gemäße Sitten-Regeln« erlangen könnten. Weiter sollten die Kinder einen »Trieb zur Arbeitsamkeit« vermittelt bekommen, um den »Müßiggang als die Quelle alles Bösen und Laster« nicht aufkommen zu lassen. Neben »anständigem Betragen«, das auch »Mitleid mit Armen und Unglücklichen« einschloss, müssten den Schülerinnen und Schülern in der Lehranstalt weiter die wesentlichen Grundsätze der Ökonomie sowie der sorgsame Umgang mit Eigentum beigebracht werden, kurzum alle »Tugenden und Eigenschaften, die zu einer guten Erziehung gehören«. Dadurch würden »wahre Bürger und nützliche Glieder des Vaterlandes« hervorgebracht werden. Wissen sollte den Mädchen und Knaben entsprechend ihren Neigungen vermittelt werden – da »niemand in einer Sache weit kommt«, wenn er dazu gezwungen würde. Voraussetzung für das Gelingen der Erziehungsschulen seien eine gesunde Umgebung: Dazu gehörten die frische Luft im Klassenzimmer gleichermaßen wie die Vermeidung des Gebrauchs von Kupfergeschirr, »unschuldige

---

blishing, Printing and the Origins of Intellectual Life in Russia. 1700–1800, Princeton 1985, S. 251; Kelly, Refining Russia, S. 31.

68 Beckoj, Allgemeiner Erziehungs-Plan, S. 4. Die folgenden Ausführungen und Zitate ebd., S. 5–7.

Spiele und Ergötzungen« sowie die sorgfältige Auswahl von kompetentem Lehrpersonal. Das »ambitionierteste Projekt« Beckojs war die Einrichtung der zunächst maßgeblich durch Spenden finanzierten Waisenhäuser (*vospitatel'nye doma*) in Moskau (1764), St. Petersburg (1770) und weiteren Städten des Russischen Kaiserreiches.[69] In dieser »kontrollierten Umgebung«, so der Plan, sollte aus ausgesetzten und unehelichen Kindern »eine neue Generation aufgeklärter Bürger« geschaffen werden.[70] Orientiert an westeuropäischen Vorbildern zeichnete sich das Moskauer Waisenhaus im Vergleich dazu durch eine äußerst liberale Aufnahmepraxis aus – da »nahezu jedes Kind willkommen war«.[71] Die Waisenhäuser verfügten über angegliederte Geburtskliniken, die es Frauen ermöglichten, ihre Kinder anonym und unter sicheren Bedingungen auf die Welt zu bringen und diese anschließend in der Obhut der Einrichtung zu lassen.[72] Vorgesehen war, die Kinder zunächst für zwei Jahre von Ammen versorgen zu lassen, sie dann vier Jahre spielerisch an ihre Umgebung heranzuführen und mit sechs Jahren ihre schulische Ausbildung zu beginnen. Nach koedukativem Unterricht bis zum Alter von 14 Jahren sollten die Mädchen im Anschluss daran hauswirtschaftliche, die Jungen handwerkliche oder kaufmännische Kenntnisse erwerben.[73] Die Praxis gestaltete sich allerdings schwierig. Das Hauptproblem war die enorm hohe Sterblichkeitsrate in den Einrichtungen. Im Gründungsjahr 1764 wurden in Moskau 523 Kinder aufgenommen, von denen 424 starben: 81 Prozent. In den folgenden beiden Jahren besserte sich Situation etwas, aber 1767 starben fast alle der 1.089 aufgenommenen Kinder vor Ablauf des Jahres. Besonders die fehlenden Kapazitäten für die notwendige Versorgung der Säuglinge traf die Einrichtungen schwer. Es standen zu wenige Ammen zur Verfügung, und auch generell reichten die Kenntnisse über die medizinischen Aspekte des Aufziehens von Kindern nicht aus. Entgegen der Prämisse, Kinder in beobachteter Umgebung aufwachsen zu lassen, wurden Kinder bei Ammen in den Dörfern untergebracht. Doch auch diese Maßnahme senkte die Kindersterblichkeit nur geringfügig.[74] Noch während Katharinas Regierungszeit

---

69 Ransel, Mothers of Misery, S. 31.
70 Ebd., S. 45.
71 Ebd., S. 38. Eine Ausnahme bildeten Kinder von Leibeigenen, die nur mit Zustimmung ihres Besitzers aufgenommen werden konnten – eine Regel, die sich nur schwer anwenden ließ, da Personen, die ein Kind abgaben, nicht befragt werden durften (ebd.).
72 Ebd., S. 40–41.
73 Kusber, Eliten- und Volksbildung im Zarenreich, S. 127.
74 Ransel, Mothers of Misery, S. 45–59.

scheiterte das Projekt. Beleg dafür waren neben der hohen Sterblichkeit auch die geringen Erziehungserfolge. Bei einem Besuch des Moskauer Waisenhauses nahm Katharina 1775 die Kinder als »schwerfällig, verschwiegen und schwermütig« wahr; die Kaiserin Marija Fedorovna ging nach Katharinas Tod in ihrem Urteil noch weiter. Sie stellte fest, die Zöglinge seien die von allen Bürgern »am wenigsten nützlichen für ihr Land«.[75] Dennoch wurde an den Grundprinzipien des Beckoj'schen Systems der Waisenfürsorge bis Mitte des 19. Jahrhunderts festgehalten.[76]

Das Smol'nyj-Institut

Eine weitere, vielbeachtete Institution war die 1764 von Katharina eingerichtete Kaiserliche Erziehungsgesellschaft adliger Mädchen (*Imperatorskoe vospitatel'noe obščestvo blagorodnych devic*). Mit ihrer Einrichtung legte die Kaiserin den Grundstock dafür, dass weiterführende Bildung, wie sie Knaben in den Kadettenkorps erhielten, auch adligen Mädchen zuteilwerden konnte. Diese Erziehungsinstitution wurde – aufgrund des Ortes ihrer Unterbringung in einem zunächst als Kloster geplanten Gebäude – Smol'nyj-Institut genannt (abgekürzt auch nur der Smol'nyj).[77] Angelehnt an das Vorbild des *Maison Royale de Saint Louis* in St.-Cyr bei Versailles sollten dort zunächst adlige und später auch – in einer getrennten Abteilung – in etwa gleich viele nichtadlige Mädchen eine ihren künftigen Aufgaben entsprechende Erziehung und Bildung erhalten.[78] Bedeutend war der Smol'nyj in doppelter Hinsicht: Zum einen bezog man Vorstellungen des »Allgemeinen

---

75 Zitiert nach ebd., S. 59.
76 Ebd., S. 88.
77 Ebert, Christa, Erziehung des idealen Menschen? Das Smol'nyj-Institut – Katharinas Modellversuch für Frauenbildung in Russland, in: Lehmann-Carli, Gabriela (Hg.), Russische Aufklärungsrezeption im Kontext offizieller Bildungskonzepte (1700–1825), Berlin 2001, S. 261–282, hier S. 261. Zur Geschichte des Smol'nyj: Čerepnin, N. P., Imperatorskoe vospitatel'noe obščestvo blagorodnych devic. Istoričeskij očerk 1764–1914, 3 Bde., St. Petersburg 1914, siehe: https://smolny.livejournal.com/2147.html [8.2.2022]. Das 1914 erschienene dreibändige Werk stellt bis heute die wichtigste Grundlage für Studien zum Smol'nyj dar.
78 Auch wenn die »äußere Organisation« von St.-Cyr übernommen wurde, schuf Katharina nach Meinung Voltaires eine Erziehungsgesellschaft »plus que St.-Cyr« (zit. nach Demkov, Istorija russkoj pedagogiki, Bd. 2, S. 382), eine Institution, deren Ansprüche, wie man beim Vergleich der Curricula feststellen kann, höher als die in St.-Cyr waren (vgl. auch Black, Citizens for the Fatherland, S. 156–158).

Erziehungsplans« sowie der Waisenhäuser zumindest partiell in die Konzeption der Lehranstalt ein.⁷⁹ Zum anderen war es die erste Institution in Russland, die sich ausdrücklich und exponiert die Ausbildung von Frauen, einer neuen *graždanka* (Bürgerin), auf die Fahnen geschrieben hatte. Damit zeigte sich Katharina auf der Höhe der Zeit. Denn die allgemeine Mädchenbildung wurde ein Teil der »Erziehung eines neuen Menschen«. Dazu gehörten auch die europaweiten Diskussionen um die Erziehung der Prinzessinnen und künftigen Herrschermütter.⁸⁰

Für die jungen Frauen konnten die Jahre im Smol'nyj eine wichtige Übergangszeit zwischen ihrem Leben bei den Eltern und der Heirat darstellen. Das Ziel der Schule war eine gemeinschaftliche Erziehung zu Bescheidenheit und Askese als Gegengewicht zur verschwenderischen Lebensweise des Adels.⁸¹ Des Weiteren sollte die Ausbildung persönlicher und moralischer Tugenden ein Sozialverhalten zum Wohle des Staates befördern. Dabei wurde weit über das zu unterrichtende Individuum hinausgedacht: Die Schülerinnen sollten mittels der für sie vorgesehenen Mutterrolle als Multiplikatorinnen fungieren, indem sie auf einer klar abgesteckten Wertebasis eigenständig Verantwortung für ihre Kinder übernahmen und sie gleichfalls zu neuen Menschen im Sinne guter Staatsbürger erzogen.⁸²

Damit bildeten die *smoljanki* ein familienähnliches Gemeinwesen, das als kleine Einheit »die Struktur der großen, autokratisch regierten Staatsfamilie reproduzierte«.⁸³ Dies entsprach den Vorstellungen Katharinas, wie sie sie 1767 in den Artikeln ihrer »Instruktion für die Verfertigung eines neuen Gesetzbuches«, der späteren »Großen Instruktion«, formulierte:

»348. Die Regeln der Erziehung sind die ersten Grundsätze, die uns vorbereiten, gute Bürger zu werden.
349. Jede einzelne Familie muß nach dem Plane der großen Familie, die alle in sich begreift, regieret werden.«⁸⁴

---

79 Vgl. dazu: Čerepnin, Imperatorskoe vospitatel'noe obščestvo, Bd. 1, S. 55–65.
80 Kolbach, Claudia, Aufwachsen bei Hof. Aufklärung und fürstliche Erziehung in Hessen und Baden, Frankfurt am Main u. a. 2009, S. 19.
81 Ebert, Erziehung des idealen Menschen?, S. 270.
82 Ebd., S. 265.
83 Ebd., S. 269.
84 N. N., Katharina der Zweiten, Kaiserin und Gesetzgeberin von Rußland. Instruction für die zu Verfertigung des Entwurfs zu einem neuen Gesetzbuche verordnete Commißion, Riga u. a. 1768, S. 101, zitiert nach Kusber, Eliten- und Volksbildung im Zarenreich, S. 141.

Das Erziehungsziel war ein »staatstreue[r] Untertan«, ein »Erfüller der Gesetze im Sinne Montesquieus«, auf dessen Schrift »Vom Geist der Gesetze« viele Kapitel der »Großen Instruktion« zurückgehen.[85] Die Familie wurde in dieser Zeit häufig als Metapher für den Staat verwendet, mit dem Vater an der Spitze bzw. im Falle Katharinas der gütigen Mutter. Die Gemeinschaft des Smol'nyj stellte durch die restriktive Regelung der Beziehungen zwischen den Töchtern und ihren Eltern ähnlich dieser Metapher tatsächlich für viele Jahre eine »Ersatzfamilie« dar. Mit dem Eintritt der Mädchen im Alter zwischen sechs und acht Jahren gaben die Eltern – ganz im Sinne Beckojs – mit »Federschwung und Notarsiegel« das Recht an der Kindheit und Erziehung ihrer Töchter ab.[86] Die eidesstattliche Erklärung der Erziehungsberechtigten machte die Mädchen de facto zu Waisen. Die Eltern gaben ihr Einverständnis dazu, die Töchter für die gesamte Schulzeit von zwölf Jahren in der Lehranstalt zu belassen. Darüber hinaus durften sie ihre Kinder laut Institutssatzung nur unter Aufsicht auf dem Schulgelände sehen, »in einer Umgebung, die die Möglichkeit länger andauernder und freimütiger Gespräche ausschloss«.[87]

Die anfallenden Kosten für den Besuch der kaiserlichen Erziehungsgesellschaft wurden auf unterschiedliche Art und Weise gedeckt. Neben der privaten Finanzierung durch die Eltern und Verwandten bestand auch die Möglichkeit einer öffentlichen Förderung oder der direkten Unterstützung durch die Monarchin. Im Anschluss an die Schulzeit musste die Fürsorge nicht zwangsläufig enden. Für jedes Mädchen wurden mit Eintritt in die Schule fünfzig Rubel auf ein Sparbuch einbezahlt, so dass die Schülerinnen beim Verlassen des Instituts über eine bestimmte Summe verfügten. Mittellose Mädchen wurden in Form von Patenschaften unterstützt, und nicht wenige erhielten durch die Beziehungen Anstellungen als Hofdamen, Kammerzofen und Gouvernanten.[88] Einzelne Absolventinnen konnten nach Be-

---

85 Ebert, Erziehung des idealen Menschen?, S. 265.
86 Kuxhausen, From the Womb to the Body Politic, S. 128.
87 Zit. nach Čerepnin, Imperatorskoe vospitatel'noe obščestvo, Bd. 1, S. 128.
88 Ebert, Erziehung des idealen Menschen?, S. 272; ausführlich zu den finanziellen Praktiken bezüglich des Smol'nyj und seiner Zöglinge: Nash, Carol, Students and Rubels. The Society for the Education of Noble Girls as a Charitable Institution, in: Bartlett, Roger; Cross, Anthony; Rasmussen, Karen (Hg.), Russia and the World of the Eighteenth Century. Proceedings of the III. International Conference of the Study Group on Eighteenth-Century Russia, held at Indiana University, Bloomington; Columbus 1988, S. 258–272. Die Pädagogin und Kinderschriftstellerin Elizaveta Vodovozova weist in ihren Memoiren ausdrücklich darauf hin, dass eine Anstellung als Gouvernante insbe-

endigung der Schulzeit noch bis zu drei Jahre in der Institution bleiben, einige wurden Mitglieder des Lehrkörpers und Beschäftigte des Smol'nyj erhielten zudem die Möglichkeit, im Ruhestand in der Lehranstalt zu leben.[89] Darüber hinaus bestanden die unter den *smoljanki* geknüpften Freundschaftsbande und Netzwerke oft ein Leben lang.[90] Konzipiert war der Smol'nyj für 200 adlige Schülerinnen, die in vier Alterskohorten für jeweils drei Jahre unterrichtet wurden. Zu erkennen waren die einzelnen Gruppen an verschiedenfarbiger Kleidung, die an Unterrichtstagen »einfach und frei« aus einem Wollstoff gefertigt sein sollte. Für Sonn- und Feiertage hingegen durften es Seidenkleider in den entsprechenden Farben sein.[91] Der Lehrplan umfasste, gestaffelt nach dem Alter der Schülerinnen, Religion, Fremdsprachen, Zeichnen, Arithmetik, Handarbeiten, Geschichte und Geografie, Hauswirtschaft und Naturwissenschaften. In der letzten Klasse wurde der gesamte Stoff wiederholt und insbesondere die Hauswirtschaftslehre vertieft, um die Absolventinnen auf ihr vorgesehenes Dasein als Ehefrauen und Mütter vorzubereiten.[92]

In dem Gründungsstatut des Smol'nyj war die Trias der religiösen, moralischen und physischen Erziehung verankert und betont: Die Schülerinnen sollten morgens und abends beten, den Gottesdienst regelmäßig besuchen, den Predigten aufmerksam folgen und dort ein angemessenes Verhalten zeigen.[93] Es galt darüber hinaus eine weltliche Tugendhaftigkeit zu erwerben: »Höflichkeit, Sanftmut, Enthaltsamkeit, sittliches Verhalten, ein reines, gutes und gerechtes Herz […], Bescheidenheit und Großmut und mit einem Wort, eine Abwendung von allem, was man Stolz und Ehrgeiz nennen kann.«[94] Die »Sorge« um die physische Erziehung schlug sich in einer Reihe hygienischer Maßgaben wie häufigem Händewaschen, dem beständigen Wechseln der Tischwäsche, regelmäßigen Spaziergängen, einer guten Durchlüftung der Zimmer und kühlen Temperaturen während der Schla-

---

sondere für die weniger wohlhabenden jungen Frauen oft die einzige Arbeitsmöglichkeit war, vgl. Vodovozova, Elizaveta Nikolaevna, Na zare žizni, Moskau 1964, S. 547.
89 Kuxhausen, From the Womb to the Body Politic, S. 134–135; Nash, Students and Rubels, S. 26.
90 Kuxhausen, From the Womb to the Body Politic, S. 135.
91 Čerepnin, Imperatorskoe vospitatel'noe obščestvo, Bd. 1, S. 57–58, ebd., S. 125, ebd., S. 58–59, ebd., S. 127. Dort auch genauer zur Kleidung der Schülerinnen. Hervorgehoben waren die »Zöglinge der Kaiserin«, die grüne Kleider mit weißen Schürzen trugen.
92 Ebert, Erziehung des idealen Menschen?, S. 271.
93 Čerepnin, Imperatorskoe vospitatel'noe obščestvo, Bd. 1, S. 57–58.
94 Ebd., S. 125.

fenszeit nieder.⁹⁵ Ebenfalls wurde – ganz im Geist der Aufklärung – im Alltag streng darauf geachtet, die Schülerinnen nicht zu »verweichlichen«. Deshalb durften die Matratzen der Betten gut, aber »nicht zu weich« sein. Die Ernährung sollte »einfach und gesund sein« und die Mahlzeiten vorrangig aus Fleisch und Gemüse bestehen. An Getränken waren Wasser und Milch vorgesehen – Kaffee, Tee und Kakao galten als gesundheitsschädlich.⁹⁶

Der Schulalltag war streng geregelt und hierarchisch organisiert; die Zöglinge befanden sich Tag und Nacht unter permanenter Beobachtung von Aufpasserinnen, des Lehrkörpers und nicht zuletzt der Kaiserin selbst. Auch außerhalb des Unterrichts mussten sich die Schülerinnen sinnvoll beschäftigen: die Älteren sollten sich um die Jüngeren kümmern, sie wurden angehalten, sich in die Organisationsfragen der Küche einzubringen, dem Theaterspielen oder unter Aufsicht von Erzieherinnen »streng ausgewählter« Lektüre zu widmen.⁹⁷

Auch wenn die Schülerinnen durch Eintritt in den Smol'nyj dem Einfluss ihrer Familien entzogen wurden, bedeutete dies keinesfalls, dass Katharina sie »fern von der Gesellschaft« aufwachsen lassen wollte. Gerade im Hinblick auf die Schaffung einer »neuen Art von Menschen« galt es, sie der Gesellschaft zu präsentieren. Dies erfolgte an Sonntagen oder zu festlichen Anlässen, an denen die *smoljanki* in den Räumlichkeiten des Instituts Theaterstücke aufführten, Konzerte gaben, das Ende eines Schuljahres feierten und Bälle veranstaltet wurden. Zu diesen Gelegenheiten fanden sich die Petersburger Gesellschaft, der Hof gleichermaßen wie ausländische Gäste ein.⁹⁸ Unternahmen die Schülerinnen Spaziergänge in der Stadt, sorgten sie für Aufsehen.⁹⁹

1782 wurde im Zusammenhang mit der Absicht Katharinas, ein landesweites Schulsystem einzurichten, die »Kommission für die Einrichtung von Volksschulen« etabliert.¹⁰⁰ Diese überprüfte noch im selben Jahr die Bil-

---

95 Ebd., S. 58–59.
96 Ebd., S. 127.
97 Black, Citizens for the Fatherland, S. 158. Im Wesentlichen bestand die Lektüre aus historischer oder erbaulicher Literatur. In der Bibliothek des Instituts fanden sich in erster Linie Bücher in französischer Sprache (Šerichina, E. I., Smol'nyj. Istorija zdanij i učreždenij, St. Petersburg 2002, S. 121).
98 Čerepnin, Imperatorskoe vospitatel'noe obščestvo, Bd. 1, S. 290–291.
99 Ebd., S. 143–149.
100 Ausführlich dazu vgl. Kusber, Eliten- und Volksbildung im Zarenreich, S. 183–211; Čerepnin, Imperatorskoe vospitatel'noe obščestvo, Bd. 1, S. 198–210. Zur Schulreform Katharinas II. vgl. Smagina, Galina, Die Schulreform Katharinas II. Idee und Realisie-

dungsergebnisse des Smol'nyj, um festzustellen, welche Bestandteile des dortigen Unterrichtssystems für die Volksschulen tauglich wären.
Bei aller Strahlkraft des Smol'nyj waren die Erkenntnisse der Kommission ernüchternd. Es wurden »gravierende Mängel« festgestellt, und die Bildungsziele der Lehranstalt waren keinesfalls erreicht worden: Die Absolventinnen hatten in allen Fächern Wissensdefizite. Sprachen, darunter auch das Russische, beherrschten die *smoljanki* häufig so schlecht, dass es ihnen schwerfiel, sich über »die einfachsten und gebräuchlichsten Dinge« zu äußern. Als Gründe für diese Entwicklung wurden die fehlende Qualifikation und die ebenfalls unzureichenden Sprachkenntnisse vieler, meist aus dem Ausland stammender Lehrkräfte ausgemacht. Zudem fehlten geeignete Lehrbücher; auch die Disziplin im Unterricht ließ zu wünschen übrig.[101] Im Zuge dieser Erkenntnisse verlor Beckoj die Gunst Katharinas und seinen Einfluss auf die Lehranstalt. An seiner Stelle führte der österreichisch-serbische Pädagoge Theodor Janković de Mirievo im Auftrag der Monarchin sowohl eine Reform des Lehrplans als auch der Unterrichtsmethoden durch, im Zuge derer die Ausbildung von Lehrern fortan größere Aufmerksamkeit erhielt.[102]

Im Hinblick auf die Persönlichkeitsentwicklung der Mädchen fiel das Urteil ebenfalls negativ aus: Durch die Isolation während ihrer Schulzeit galten sie als weltfremd und naiv; statt staatsbürgerlichen Bewusstseins hätten sich »Herzenseinfalt und bedingungslose Ergebenheit gegenüber dem Hof« bei ihnen entwickelt.[103] Die Abschottung gegen die eigenen Eltern veranlasste eine Absolventin sogar dazu, von den *smoljanki* als »Gefangenen« zu sprechen. Dennoch, Briefe der Schülerinnen an Katharina, Beckoj und die Leiterin des Smol'nyj, Sophie de Lafont, brachten auch große Dankbarkeit zum Ausdruck; Memoiren hoben »Erinnerungen an die glückliche Zeit« hervor und betonten die »Früchte der guten Erziehung«, die sich in allen Lebenssituationen als hilfreich erwiesen.[104] Ehemänner lobten die Tugenden ihrer Angetrauten, die das Institut durchlaufen hatten. Ganz in diesem Sinne wur-

---

rung, in: Scharf, Claus (Hg.), Katharina II., Russland und Europa. Beiträge zur Internationalen Forschung, Mainz 2001, S. 479–503.
101 Ebert, Erziehung des idealen Menschen?, S. 274.
102 Zu Janković de Mirievo vgl. Polz, Peter, Theodor Janković und die Schulreform in Russland, in: Lesky, Erna (Hg.), Die Aufklärung in Ost- und Südosteuropa. Aufsätze, Vorträge, Dokumentationen, Köln 1972, S. 119–174.
103 Ebert, Erziehung des idealen Menschen?, S. 275.
104 Rževskaja, G. I., Pamjatnye zapiski, in: Bokova, Vera Michajlovna; Zacharova, Larisa (Hg.), Institutki. Vospominanija vospitannic institutov blagorodnych devic, Moskau 2008, S. 33–66, hier S. 37.

de nach 1783 im Zuge der Reformen das ursprüngliche Erziehungsziel umformuliert: Nicht mehr die »gebildete Bürgerin, sondern die ›gute Hausfrau, treusorgende Ehefrau und fürsorgliche Mutter‹« galt es fortan zu schaffen.[105] Die Kommission erachtete es in diesem utilitaristischen Sinn für notwendig, einen speziellen Ratgeber zu den »Pflichten von Ehefrauen und Müttern« zusammenzustellen. Darin sollte es insbesondere um die wesentlichen Prinzipien der Kindererziehung, Kriterien für die Auswahl des Lehrpersonals sowie die Grundlagen der Hauswirtschaft in Adelshäusern gehen.[106] Die hier knapp skizzierte Entwicklung des Smol'nyj während der Regierungszeit Katharinas II. zeigt, dass das Projekt von einer großen Diskrepanz zwischen Realität und Anspruch geprägt war und nur sehr bedingt von der »Erschaffung eines idealen Menschen durch Erziehung in einer geschlossenen Lehranstalt« gesprochen werden kann.[107] Kritiker der Institutserziehung waren gar der Meinung, dass die Absolventinnen die Einrichtungen als »Wachspuppen« verließen.[108]

Dennoch dürfen bei aller berechtigten Kritik die positiven Effekte der Einrichtung nicht außer Acht gelassen werden. Die *institutka* hat als literarisches – meist negatives – Stereotyp bis ins 20. Jahrhundert Bestand gehabt. Dies zeugt zwar von ihrem negativen Image, verweist aber gleichzeitig auch auf die Verankerung eines kulturellen Mythos, der auf die Präsenz von Schülerinnen und die gesellschaftliche Auseinandersetzung mit ihr zurückgeht.[109] Schlüssig erscheint in diesem Zusammenhang die Argumentation Anna Kuxhausens, die dem Smol'nyj in der Kombination mit dem allgemeinen Interesse an Mädchenbildung auch einen »langfristigen Effekt« zuschreibt: Am Ende des 18. Jahrhunderts war es in adligen Familien nicht nur eine Prestigefrage, sondern Common Sense, den Töchtern eine schulische Bildung zukommen zu lassen – sei es in einer Lehreinrichtung oder

---

105 Čerepnin, Imperatorskoe vospitatel'noe obščestvo, Bd. 1, S. 205.
106 Ebd.
107 Ebd., S. 285.
108 N. N., Ot redakcii, in: Pedagogičeskija Stat'i žurnala učitel' za 1861 god, St. Petersburg 1866, S. 5–23, hier S. 12.
109 Kuxhausen, From the Womb to the Body Politic, S. 124. Vgl. zu dieser Fragestellung auch Lauer, Reinhard, Falsche und schlechte Bildung: Bildungskritik in den Komödien Denis Fonvizins, in: Lehmann-Carli, (Hg.), Russische Aufklärungsrezeption, S. 383–390. Eine Beschreibung der unterschiedlichen Institutka-Typen nimmt Anna Engel'gardt in ihren Memoiren ausführlich vor; siehe Engel'gardt, Anna, Očerki institutskoj žizni bylogo vremeni, in: Bokova; Zacharova (Hg.), Institutki, S. 127–214, hier S. 163–179.

durch einen Hauslehrer.¹¹⁰ Darüber hinaus darf bei aller Kritik an der Unterrichtspraxis des Smol'nyj nicht vergessen werden, dass viele Absolventinnen aufgrund der Wahrnehmung pädagogischer Aufgaben – als Lehrerin bzw. Gouvernante in einer Lehranstalt oder in einem privaten Haushalt sowie als Mutter – durchaus neue Ideen in die russische Gesellschaft einbringen konnten. Bildung und Erziehung hatten in diesem Zusammenhang nicht nur einen aufklärerischen Aspekt, sondern auch einen imperialen: Die *smoljanki* verschlug es als Ehefrauen und Mütter an die »entlegensten Orte Russlands«, wo sie ihre erworbene Bildung und Erziehung im privaten und öffentlichen Rahmen wirken lassen konnten.¹¹¹

Die Erziehungsgesellschaft für adlige Mädchen, die zum Ausgangspunkt für die Gründung zahlreicher Lehranstalten wurde, verweist auf den hohen Stellenwert von Bildung und Erziehung im letzten Drittel des 18. Jahrhunderts. Davon zeugen auch Katharinas Anstrengungen, das Elementarschulwesen zu reformieren. Zu diesem Zweck holte sie 1782 den bereits erwähnten Theodor Janković de Mirievo nach Russland. Dieser hatte sich in der zweiten Hälfte der 1770er Jahre mit der Einführung des österreichischen dreistufigen Schulsystems im Banat einen Namen gemacht.¹¹² Seine Aufgabe bestand darin, die neu geschaffene Petersburger »Kommission zur Einrichtung von Lehranstalten« zu beraten. Die Kommission entwickelte eine rege Tätigkeit und erreichte die »Grundlegung eines staatlichen Elementarschulwesens«.¹¹³ Janković machte sich insbesondere um die Lehrerausbildung und die Begründung des pädagogischen Schrifttums in Russland verdient; auch die Reform adliger Lehranstalten fiel in seinen Zuständigkeitsbereich. 1786 trat schließlich das Volksschulstatut in Kraft, dessen Programm maßgeblich auf Janković zurückging. Darin war die Beschränkung auf zwei Elementarschultypen vorgesehen, die in den Zentren der Gouvernements und Bezirke etabliert werden sollten. Außen vor blieb dabei allerdings die Landbevölkerung.¹¹⁴ Zur Pflichtlektüre avancierte die Schrift des österreichischen Schulreformators Johann Felbiger, »Anleitung zur Rechtschaffenheit«, die Janković als

---

110 Kuxhausen, From the Womb to the Body Politic, S. 140. In diesem Zusammenhang ist auch darauf zu verweisen, dass bis Mitte des 19. Jahrhunderts die Zahl entsprechender Institute – zumindest im urbanen Raum – beträchtlich anstieg.
111 Čerepnin, Imperatorskoe vospitatel'noe obščestvo, Bd. 1, S. 287.
112 Polz, Theodor Janković, S. 125–127.
113 Ebd., S. 132.
114 Ebd., S. 156–164. Dort auch ausführlicher die Lehrpläne der einzelnen Klassen (S. 158).

»Von den Pflichten des Menschen und Bürgers« (»O dolžnostjach čeloveka i graždanina«) ins Russische übersetzt hatte.¹¹⁵ Der von Peter I. sehr utilitaristisch geprägte Bildungsanspruch wurde unter Einfluss westeuropäischen aufklärerischen Gedankenguts, insbesondere Rousseaus, um den Aspekt der ganzheitlichen Erziehung und Charakterbildung erweitert. Aber auch Katharinas Bemühungen waren ausgesprochen zielorientiert. Sie wollte nichts Geringeres als mittels Erziehung gute und nützliche Staatsbürgerinnen und Staatsbürger schaffen. Die Befreiung des Adels aus der Dienstpflicht 1762, die damit erfolgte Aufwertung des privaten und familiären Lebens in Kombination mit einem gesteigerten Interesse an und Engagement für Bildung und Erziehung, insbesondere auch der moralischen, fügten dem petrinischen utilitaristischen Impetus eine neue Dimension hinzu. Ressourcen wurden nun auf allen Ebenen mobilisiert, was die vordergründig klare Trennung von privat und öffentlich, von familienbezogen und dienstlich grundsätzlich in Frage stellte.

Katharinas Erziehungsinstruktion

Katharinas eigene Ansichten zu Erziehungs- und Bildungsfragen finden sich am deutlichsten formuliert in ihrer 1784 verfassten Anweisung für Nikolaj Ivanovič Saltykov, dem Erzieher ihrer Enkel Aleksandr (geb. 1778) und Konstantin (geb. 1779).¹¹⁶ Die Kaiserin, die sich wenig »direkt und unmittelbar« an der Erziehung ihres Sohns Paul beteiligt hatte, war ihren beiden Enkeln »in mütterlicher Liebe« zugewandt.¹¹⁷ Von der intensiven Anteilnahme an der Entwicklung ihrer Enkel zeugt Katharinas Briefwechsel mit Friedrich Melchior Grimm.¹¹⁸ Katharina wollte ihre Enkel »so einfach wie möglich«

---

115 Black, Citizens for the Fatherland, S. 134–136. Das gesamte Dokument ist ebenda in englischer Übersetzung abgedruckt (S. 213–266); das Lehrbuch liegt ebenfalls in deutscher zeitgenössischer Übersetzung vor (Von den Pflichten des Menschen und des Bürgers, ein Lesebuch für die Volksschulen in den Städten des russischen Reichs, hg. auf den allerhöchsten Befehl der regierenden Kaiserin, Katharina der Zweiten, St. Petersburg 1785).
116 Ekaterina II, Instrukcija Knjazju Nikolaju Ivanoviču Saltykovu, in: Sočinenija imperatricy Ekateriny II, St. Petersburg 1849, Bd. 1, S. 197–248.
117 Demkov, Istorija russkoj pedagogiki, Bd. 2, S. 245. Die Organisation der Erziehung von Katharinas Sohn Paul hatte im Wesentlichen dessen Großmutter, die Zarin Elisabeth, übernommen (ausführlich dazu ebd., S. 237–245). Vgl. dazu auch das Narrativ bei Glinskij, Carskie deti i ich nastavniki, S. 139–159.
118 Demkov, Istorija russkoj pedagogiki, Bd. 2, S. 268.

erziehen und maß der physischen Entwicklung sowie der Aneignung handwerklicher Fertigkeiten große Bedeutung bei. Zudem hob sie hervor, dass Aleksandr im Alter von sieben Jahren bereits »ordentlich Englisch sprach, Französisch und Deutsch lernte«.[119] Um diese guten Anlagen weiter zu entwickeln, bezog sie in ihrer Instruktion für Saltykov auf über fünfzig Seiten zum gesamten Spektrum der Erziehung ihrer Nachkommen detailliert Stellung. Sie betonte einleitend ihr generelles und über viele Jahre entwickeltes Interesse an der Erziehung junger Menschen, verwies auf den Status der jungen Großfürsten und hob hervor, dass für die Erziehung ein »gesunder Verstand«, Ehrlichkeit und große Zuwendung unabdingbar seien.[120] Die Basis einer guten Erziehung, die für Katharina Tugendhaftigkeit, Höflichkeit, gutes Benehmen und angeeignetes Wissen umfasste, stellten ihrer Meinung nach ein gesunder Körper und der Glaube an Gott dar. Um bei der Erziehung ihrer Enkel nichts dem Zufall zu überlassen, formulierte sie klar strukturierte Richtlinien, die sie in sieben Abschnitte unterteilte.[121] Saltykov hatte sie stets über Fortschritte, aber auch über Schwierigkeiten auf dem Laufenden zu halten, da sein Dienst, die Erfüllung der Erziehungsaufgaben, zum künftigen Nutzen des Staates (*imperija*) geschah.[122]

Die Maßnahmen zur Aufrechterhaltung und Kräftigung der Gesundheit (Abschnitt A) reichten dabei von Vorschriften zur Kinderkleidung, die »einfach und leicht«, bis hin zu den Mahlzeiten, die ebenfalls »einfach«, »wenig gewürzt und gesalzen« sein sollten. Die Kinder hatten sich sommers wie winters an der frischen Luft aufzuhalten, und die Temperatur in ihren Gemächern durfte auch in kalten Jahreszeiten 13 bis 14 Grad nicht übersteigen. Sie sollten schwimmen lernen, Dampfbäder nehmen und zur Abhärtung in kaltem Wasser baden; bei Krankheit durfte nur im absoluten Notfall Medizin verabreicht werden. Streng war darauf zu achten, dass die Großfürsten leicht gekleidet, nicht zu weich und ohne Kopfbedeckung ausreichend schliefen.[123] Bei Spiel und Vergnügen waren den Kindern möglichst viele Freiheiten zu lassen, um ihre Neigungen zu erkennen und ein »fröhliches Gemüt« zu befördern; völlige Untätigkeit der Kinder durfte es

---

119 Ebd., S. 254.
120 Ekaterina II, Instrukcija Knjazju Nikolaju Ivanoviču Saltykovu, S. 199–200.
121 Sie berücksichtigt dabei die gängige Einteilung: bis sieben Jahre Kindesalter, darauffolgend bis ca. 15 Jahre die Knabenzeit, die dann in die Jugend übergeht (ebd., S. 202).
122 Ebd., S. 202.
123 Ebd., S. 205. Abschnittsbezeichnungen im Original.

nicht geben. Leichte »Übungen« sollten die Neugier der Großfürsten ohne Zwang stimulieren.[124] Saltykov hatte die positive Geisteshaltung der Kinder zu befördern (Abschnitt B).[125] Katharina erwartete von den Kindern gute religiöse Kenntnisse, die von einem ausgewählten Geistlichen durch Katechismen übermittelt werden sollten. Weiter stand der unbedingte Gehorsam gegenüber der Monarchin und ihrer Macht außer Frage. Keinesfalls geduldet würden Eigensinn, die Anwendung körperlicher Gewalt gegen andere oder sich selbst, das Quälen von Tieren sowie Lüge, Betrug und Ungerechtigkeit. Gutes Benehmen, Höflichkeit und zwischenmenschlicher Respekt seien von den Kindern zu verinnerlichen. Dabei müssten ihre Umgebung entsprechend sorgfältig ausgewählt werden und »Gespräche, Erzählungen und Gerüchte, die die Liebe zum Guten schmälern«, von den Kindern ferngehalten werden.[126] Niemals dürften die Kinder auf jemanden herabschauen oder in gebieterischem Ton mit anderen sprechen.[127]

Wissen und Bildung (Abschnitt E) galt es spielerisch zu vermitteln. Die Lehrer waren angewiesen, Drohungen zu vermeiden, um die Lust am Lernen zu wecken.[128] Zur Aneignung des Lesens und Schreibens sah Katharina eine Auswahl von Texten vor, mit denen die Großfürsten sich intensiv befassen sollten. Dazu gehörten das »Russische Alphabet mit bürgerlichen Grundlehren«, »Chinesische Gedanken über das Gewissen«, das von ihr verfasste »Märchen über den Carevič Chlor« sowie »Ausgewählte russische Sprichwörter«.[129]

Des Weiteren mussten (Fremd-)Sprachen beherrscht werden, wenngleich dies zunächst den Tugenden nachgeordnet war. Sprachen sollten zunächst mündlich, in der Unterhaltung mit den Großfürsten vermittelt werden. Katharina hob in diesem Zusammenhang hervor, dass die russische Sprache auf keinen Fall zu kurz kommen dürfe. Mit den Kindern sei »Russisch zu lesen und zu sprechen« und sich zu bemühen, dass sie die Sprache möglichst gut beherrschten.[130] Geografie, insbesondere Russlands, Astronomie, Mathe-

---

124 Ebd., S. 205.
125 Ebd., S. 209.
126 Ebd., S. 213.
127 Ebd., S. 220.
128 Ebd., S. 223–224.
129 Ebd., S. 225.
130 Ebd., S. 226, 229.

matik, Geschichte, Moral, die »Regeln bürgerlicher Gesetze«[131] sowie wirtschaftliche Informationen zu Russland sollten die übrigen Lerninhalte ergänzen.[132] Zum Bildungskanon gehörten weiter Sportarten wie Fechten oder Reiten und militärische Grundkenntnisse. Mit fortschreitendem Alter waren die Kenntnisse über Russlands Geschichte, staatliche Organisation, Geografie und Bräuche zu vertiefen. »Freie Zeit« stand den Großfürsten nur in begrenztem Maße zu.[133]

Im letzten Abschnitt der Instruktion ging es um die Rechte und Pflichten der Erzieher (Abschnitt Ž). Alle Lehrer, die maßvoll und den Kindern zugewandt sein mussten, hatten dem Erzieher Saltykov wöchentlich einen Rapport über die Fortschritte der Brüder zu geben, damit dieser gegebenenfalls auf Uneinigkeiten und Missverständnisse reagieren konnte.[134] Die Erzieher sollten ihren Zöglingen niemals von der Seite weichen, sie keinesfalls mit den Dienstboten alleine lassen und dafür sorgen, dass die Kinder nichts erhielten, was nicht ausdrücklich von ihren Erziehern angeordnet wurde. Geduld und Aufmerksamkeit forderte Katharina bei der Erfüllung dieser Aufgaben. Dazu gehörte auch, dass die Erzieher darauf achteten, dass die Kinder sich nicht erschreckten, ihre Neugier geweckt und ihre Fragen beantwortet wurden. Bei Aufregung sollten die Kinder ohne Leidenschaft beruhigt werden und niemals etwas bekommen, was sie unter Tränen einforderten. Sonderwünschen, wie dem Verlangen der Kinder nach bestimmten Farben und Materialien bei ihrer Kleidung, durfte nicht nachgegeben werden; Spielsachen hatten nützlich zu sein und den Großfürsten nur »in Maßen« zur Verfügung zu stehen. Gutes Verhalten sollte gelobt, Strafen vermieden werden. Erwiesen sich diese allerdings als unvermeidbar, durften sie ausschließlich von den Eltern oder Katharina selbst verhängt werden.[135]

Katharinas ausführliche Anweisungen für Saltykov sind in mehrerer Hinsicht von Bedeutung. Sie zeigen, dass sich die Kaiserin, die in regem Austausch mit westeuropäischen Aufklärern stand, darunter Voltaire und Diderot, innerhalb des europäischen Diskurses mit ihren Vorstellungen auf Augenhöhe befand. Die Erziehungsinstruktion steht im Kontext der westlichen Aufklärungspädagogik, die sich neben der »Erziehung der bürgerlichen

---

131 Dafür hielt Katharina die »Große Instruktion«, die Gouvernementsordnung oder russische Gesetze für geeignet und notwendig (ebd., S. 228).
132 Ebd., S. 228–230.
133 Ebd., S. 231–232.
134 Ebd., S. 232–234.
135 Ebd., S. 234–244.

Schichten [...] explizit auch die Prinzenerziehung auf ihre Fahnen geschrieben« hatte. Darin sahen die französischen Enzyklopädisten ein »wesentliches Medium der Aufklärung«, weil sie davon ausgingen, dass »eine Verbesserung der gesellschaftlichen Ordnung« nur möglich war, »wenn man Einfluss auch auf die Ausbildung des künftigen Regenten nahm«.[136] Katharina zielte mit ihren für die beiden Großfürsten formulierten Vorstellungen nicht nur auf deren Erziehung und die damit antizipierte Verbesserung des Gemeinwesens ab: In Form einer Publikation als Ratgeber für Eltern sollten die in der Instruktion dargelegten Erziehungsvorstellungen ihren Weg auch in die oberen Gesellschaftsschichten finden.[137]

Eltern in der Pflicht: Ekaterina Daškova und Nikolaj Novikov

Katharinas Erziehungsanweisung ist fester Bestandteil des sich im letzten Drittel des 18. Jahrhunderts entwickelnden Diskurses zu Fragen der Kindheit, Erziehung und (Aus-)Bildung. In diesen Kontext zählen auch die Ausführungen Ekaterina Romanovna Daškovas, einer hochgebildeten Vertreterin der russischen Aufklärung, Vertrauten Katharinas und Vorsitzenden der St. Petersburger sowie der Russländischen Akademie der Wissenschaften.[138] Daškova veröffentlichte 1783 in der zweiten Ausgabe der Zeitschrift »Sobesednik ljubitelej rossijskogo slova« (»Gesprächspartner der Liebhaber der russischen Sprache«) die Abhandlung »Über den Sinn des Wortes ›Erziehung‹«. Hier setzte sie sich mit den Entwicklungsetappen der Vorstellungen von Erziehung (*vospitanie*) in Russland auseinander und skizzierte ihre Vorstellungen einer idealen Erziehung. Sie erläuterte die Erweiterung des Erziehungsverständnisses von der Vermittlung eines religiösen und beschränkten Wissenskanons zu Zeiten der Vorväter über die zweckorientierte Ausrich-

---

136 Kolbach, Aufwachsen bei Hof, S. 17–18. Zu den Bemühungen französischer Aufklärer wie Condillac, Voltaire, Diderot, Mirabeau, Du Pont oder Grimm, die Praxis der Prinzenerziehung mitzugestalten, siehe ebd.
137 Kuxhausen, From the Womb to the Body Politic, S. 22.
138 Daškova, Ekaterina, O smysle slova ‚vospitanie', in: Volkov u. a. (Hg.), Antologija pedagogičeskoj mysli Rossii XVIII v., S. 282–288. Zum biografischen Werdegang Daškovas vgl. Preuß, Hilmar, Vorläufer der Intelligencija?! Bildungskonzepte und adliges Verhalten in der russischen Literatur und Kultur der Aufklärung, Berlin 2013, S. 97–110, sowie ausführlich Smagina, Galina, Spodvižnica Velikoj Ekateriny. Očerki o žizni i dejatel'nosti direktora Peterburgskoj Akademii nauk knjagini Ekateriny Romanovny Daškovoj, St. Petersburg 2006.

tung unter Peter I. bis hin zu einer immer noch praktizierten übertriebenen und oberflächlichen Orientierung an der französischen Kultur.[139] Ihrer Meinung nach ließen adlige Eltern häufig Tiefgang in der Erziehung vermissen, weil Luxus und Vergnügen in den Haushalten dominierten. Daškova unterstrich, dass es bei der Erziehung keinesfalls um die Förderung eines »äußeren Talentes« wie Tanzen oder Fechten und vorrangig um den Erwerb von Fremdsprachen oder einzelnen Wissenschaften gehen sollte, sondern um eine ganzheitliche und aufeinander abgestimmte Entwicklung der Kinder. Diese könne nur aus der Trias von physischer, moralischer und intellektueller Erziehung hervorgehen.[140] Die Liebe zur Wahrheit und zum Vaterland, die Achtung religiöser und bürgerlicher Gesetze verstand sie als moralische Tugend, die es zu vermitteln galt. Dies betraf ihrer Meinung nach insbesondere den Adel, der in seiner Eigenschaft als Funktionselite lernen konnte, mit Macht verantwortungsbewusst umzugehen.[141]

Mit diesen Ansichten befand sich Daškova in bester Gesellschaft, wie der Blick auf einen im gleichen Jahr von Nikolaj Novikov veröffentlichten Essay zeigt. Novikov (1744–1818), Freimaurer, Publizist und Herausgeber, war eine zentrale Gestalt der russischen Aufklärung.[142] Er half wesentlich dabei, »Kultur und Bildung in den entferntesten Ecken Russlands zu verbreiten und eine ganze Generation von russischen Adligen zu unterweisen«.[143] Novikov verlegte Kinder- und Schulbücher, unterstützte Schulen, gab verschiedene Zeitschriften heraus, darunter auch Satirejournale, die den Argwohn Katharinas hervorriefen. Besonders hervorzuheben ist in diesem Zusammenhang die von ihm initiierte »Kinderlektüre für Herz und Verstand« (»Detskoe čtenie dlja serdca i razuma«) – das erste Journal in Russland, das sich speziell an Kinder richtete und von 1785 bis 1789 erschien.[144]

Fast zeitgleich mit Katharinas Erziehungsinstruktion und Daškovas Ausführungen veröffentlichte Novikov 1783 die Schrift »Über die Erziehung und Unterweisung von Kindern. Mit einer Ansicht zur Verbreitung nützlichen Wissens und der Förderung des allgemeinen Wohlergehens« als Beilage

---

139 »Unsere Väter wünschten uns irgendwie zu erziehen, nur nicht russisch und, dass wir durch unsere Erziehung keinesfalls russisch werden.« (Daškova, O smysle slova ‚vospitanie', S. 284).
140 Ebd., S. 287–288.
141 Ebd., S. 286–287; Preuß, Vorläufer der Intelligencija?!, S. 126.
142 Ausführliche Literaturhinweise zu Novikov und seinem Schaffen, vgl. zuletzt die Ausführungen und Anmerkungen bei Preuß, Vorläufer der Intelligencija?!, S. 175–198.
143 Raeff, Marc, Russian Intellectual History. An Anthology, New York u. a. 1978, S. 6.
144 Ausführlicher dazu Kapitel 2.3 im vorliegenden Buch.

der Zeitung »Moskovskie Vedomosti« (»Moskauer Nachrichten«).¹⁴⁵ Dieses Traktat ist – nach durchaus gängiger Praxis dieser Zeit – kein original von Novikov verfasster Text, sondern ein Korpus, der auf verschiedenen Vorlagen basiert, »ein Musterbeispiel für die kulturelle Übersetzung in Russland im Kontext des Novikov-Kreises. Aus unterschiedlichen Quellen – in diesem Fall vorzugsweise deutschen – wurde ein neuer russischer Text erstellt.«¹⁴⁶ Von Interesse für die vorliegende Studie sind weniger die detailreichen Ausführungen zur physischen, sittlichen und intellektuellen Erziehung – diese spiegeln die im 18. Jahrhundert gängige, von der Aufklärung geprägte Auffassung wider –, sondern insbesondere die Einleitung. Hier befasste sich Novikov mit dem Stand der Erziehung sowie deren Aufgaben und Hindernissen im russischen Kontext. Aber auch diese Einleitung, die lange Novikov zugeschrieben wurde, ist über Strecken ein adaptierter Text, der unter anderem auf eine Übersetzung von Christoph Martin Wielands »Der goldne Spiegel oder die Könige von Scheschian« (1772) zurückgehen soll.¹⁴⁷ Der Text wurde von Novikov in Russland und für eine russische Leserschaft publiziert. Wielands Text – wie auch die zahlreichen anderen ausländischen Vorlagen – erfuhr so eine »Umfunktionalisierung im Zuge der Übersetzung«: Der ursprüngliche Kontext wurde »ausgeblendet« und die Argumentation auf die russische Leserschaft abgestimmt. Aus diesem Grund lassen sich aus dem Text durchaus Idealvorstellungen von Kindheit, Erziehungspraktiken innerhalb adliger Familien als auch die Verzahnung von Erziehung, Familie und Gemeinwesen im ausgehenden 18. Jahrhundert in Russland ablesen.¹⁴⁸

---

145 Novikov, Nikolaj Ivanovič, O vospitanii i nastavlenii detej. Mit einigen Kürzungen abgedruckt in: Volkov u. a. (Hg.), Antologija pedagogičeskoj mysli Rossii XVIII v., S. 288–329. Die Tatsache, dass Marc Raeff 1966 die Einleitung von Novikovs »Über die Erziehung und Unterweisung von Kindern. Mit einer Ansicht zur Verbreitung nützlichen Wissens und der Förderung des allgemeinen Wohlergehens« für seine Anthologie der »Russian Intellectual History« auswählte und übersetzte, schwächt die Argumentation Anna Kuxhausens, die 2013 konstatierte, dass Novikov nicht unbedingt für seine Auseinandersetzung mit Fragen der Erziehung bekannt sei (Kuxhausen, From the Womb to the Body Politic, S. 11). Einen Überblick zur Herausgebertätigkeit Novikovs gibt Marker, Publishing, Printing and the Origins, S. 122–134.
146 Preuß, Vorläufer der Intelligencija?!, S. 193. Ebd. ausführlich zu den verschiedenen »Vorlagen« für Novikovs Text, S. 192–212.
147 Preuß, Vorläufer der Intelligencija?!, S. 192. Insbesondere das 15. Kapitel des zweiten Teils von Wielands Werk thematisiert die staatstragende Bedeutung der Erziehung für die Jugend, die sich in Zügen auch bei Novikov findet, vgl. Wieland, Christoph Martin, Der goldne Spiegel oder die Könige von Scheschian, Bd. 4, Leipzig 1772, S. 193–232.
148 Ebd., S. 198.

Die Bedeutung von Erziehung – sowohl für den Staat als auch die Familie – stand für Novikov außer Frage. Wie viele seiner Zeitgenossen teilte er die Ansicht, dass Erziehung nur funktionieren konnte, wenn Staat und Familie zusammenspielten. Regulative Maßnahmen hielt er für sinnlos, wenn »Ehrlichkeit, Aufrichtigkeit, Ordnungsliebe, Bescheidenheit und echte Vaterlandsliebe« den Bürgern fremd seien.[149] Aus diesem Grund sollte sich jeder Familienvater »aus Dienstverpflichtung und eigenem Interesse« für die Erziehung seiner Kinder einsetzen. Ein Hauptproblem sah er in der Tatsache, dass in wohlhabenden Elternhäusern zwar ein ganzer Stab mit den Kindern befasst sei, aus Mangel an pädagogischem Wissen aber dort die Nachkommen häufig zur Oberflächlichkeit erzogen würden, weil die Verantwortlichen die wichtigste aller Aufgaben, die »Erziehung des Herzens«, vernachlässigten.[150] Wie Beckoj, Daškova und Katharina plädierte auch er dafür, die Neigungen und Begabungen der Kinder zu beachten und die Erziehung auf der Trias der physischen, moralischen und wissensvermittelnden (intellektuellen) Erziehung aufzubauen – letztere in Abhängigkeit vom jeweiligen sozialen Hintergrund. Die Eltern sah er dabei in der Verantwortung für die Kinder, für die Familie und für den Staat.[151] Weiter spielten die Lebensumstände eine große Rolle. Deshalb galt es diese so zu gestalten, dass sie nicht zum Hindernis für eine gute Entwicklung der Kinder würden. In diesem Zusammenhang wurden vier Punkte genannt. Zunächst sollte die Lebensweise der Eltern vorbildlich sein. Dazu gehörte, dass sie sinnvollen Beschäftigungen nachgingen – die Mutter vor allem im Haushalt, der Vater in seinem Arbeitszimmer. Insbesondere der männlichen Leitfigur maß er große Bedeutung zu, galt es doch zu verhindern, dass aus den Söhnen »verweichlichte Männer« würden. Zudem hielt er die Eltern an, sich aktiv in die Ausbildung ihrer Kinder einzubringen und die Hauslehrer wenigstens eine Stunde pro Tag zu unterstützen.[152] Der Haushalt der Familie, den er mit einer »Miniaturregierung« verglich, musste bis ins kleinste Detail eine gut organisierte, ordentliche und saubere Umgebung sein. Im Glauben an die positive Wirksamkeit der äußeren Strukturen auf die inneren ging er davon aus, dass die Kinder

---

149 Vgl. die englische Übersetzung der Einleitung von Marc Raeff: Nikolai Novikov, On the Upbringing and Instruction of Children. With a View to the Dissemination of Useful Knowledge and the Promotion of General Well-Being, in: Marc Raeff (Hg.), Russian Intellectual History. An Anthology, New York u. a. 1978, S. 68–86, hier S. 68.
150 Ebd., S. 70.
151 Ebd., S. 73–74.
152 Ebd., S. 76–77.

in einem geordneten Rahmen »bürgerliche und soziale Tugenden« besonders gut erlernen könnten. Gesellschaftliche Akzeptanz sei untrennbar mit diesen Tugenden verbunden, während »Schlampigkeit«, insbesondere bei Frauen, zu sozialer Ausgrenzung führe.[153] Als dritten Punkt nannte Novikov den unbedingten Respekt der gesamten Familie sowie der Dienstboten gegenüber dem Erziehungspersonal. Der Hauslehrer sollte als Freund der Familie behandelt werden, Lehrmaterialien zur Verfügung gestellt und regelmäßig sein Gehalt ausbezahlt bekommen sowie in einer angemessenen hierarchischen Position im Haushalt stehen. Bei der Auswahl sei allerdings höchste Vorsicht geboten und die Eltern dürften sich keinesfalls von der ausländischen Herkunft blenden lassen, denn es würde bei weitem nicht ausreichen,

»als Franzose geboren zu sein, um Französisch perfekt zu sprechen und zu verstehen. In Frankreich wie auch in anderen Ländern, spricht das gemeine Volk seine eigene Sprache schlecht und versteht sie noch weniger; eine gute Kenntnis jedweder Sprache kann nur aus Büchern entnommen und eine korrekte Aussprache nur durch Umgang in guter Gesellschaft erlangt werden – beides keine Wirkungsfelder der einfachen Bevölkerung. So finden wir unter den Franzosen Menschen, die Französisch so schlecht sprechen wie unsere eigene einfache Bevölkerung Russisch.«[154]

Zu überprüfen sei neben den Sprachkenntnissen, ob der Tutor logisch denke, ein gutes Wissen seiner Fächer besitze, ein anständiger Mensch sei, gute Umgangsformen pflege und sich auf Kinder einstellen könne. Problematisch war für Novikov die unverrückbare Tatsache, dass es in Russland nicht genügend ausgebildete Lehrer gab und gute ausländische Tutoren nur von sehr wohlhabenden Familien bezahlt werden konnten. Hinzu kam, dass viele Ausländer die russische Sprache nicht beherrschten und ihnen die Landeskultur fremd war.[155] Auf die Frage »Wollen wir die Ausbildung unserer Söhne Ausländern überlassen?« antwortete er: »Nicht vollumfänglich«.[156] Wichtig sei es, künftige Lehrer gut auszubilden und sie mittels Praxis auf ihre Tätigkeit in Adelshaushalten vorzubereiten. Dafür müssten seiner Meinung nach die wohlhabenden Familien ihre Häuser öffnen, um den künftigen Hauslehrern eine der Erziehung ihrer (der adligen) Kinder angemessene Ausbildung zu ermöglichen. Dies würde letztlich dem Allgemeinwohl dienen. Die ausführliche Behandlung der Hauslehrer und deren Qualifikation in dem Traktat ist im Kontext der großen Defizite in diesem Bereich im ausgehen-

---

153 Ebd., S. 78.
154 Ebd., S. 83.
155 Ebd., S. 84.
156 Ebd.

den 18. Jahrhundert zu sehen.¹⁵⁷ Es mangelte an Lehrern, zudem waren viele schlecht ausgebildet. Elisabeth bemühte sich, per Ukas 1757 die Lehrtätigkeit von Ausländern zu regeln. Darin war bei Strafe von 100 Rubeln vorgeschrieben, dass ausländische Hauslehrer, die in Privathäusern oder ebensolchen Schulen in Russland unterrichten wollten, ihre Befähigung durch ein Examen an der Petersburger Akademie oder der Moskauer Universität nachweisen mussten.¹⁵⁸

Wie in anderen europäischen Staaten setzte sich auch in Russland eine gebildete und einflussreiche Schicht zunehmend mit Fragen von Erziehung und Bildung im Zusammenhang mit der Formierung guter, dem Staatswohl verpflichteter Untertanen auseinander. Die vorgestellten Texte sind ein aussagekräftiger Ausschnitt des in der zweiten Hälfte des 18. Jahrhunderts entstandenen Schriftguts, weil die Verfasserinnen und Verfasser aufgrund ihrer Stellung über Einfluss verfügten. Zu erkennen ist, dass Erziehung ein weit gefasster Begriff war. Er schloss aus medizinischer Sicht sowohl das Aufziehen und Heranwachsen von Kindern als auch in pädagogischer Perspektive die Erziehung und Prägung von Kindern innerhalb der Familie sowie die verschiedenen Formen der (Aus-)Bildung ein. Alle Autoren brachen das Thema Erziehung vom übergeordneten staatlichen Anspruch auf konkrete Anweisungen und praxisbezogene Reflexionen herunter. Dabei kristallisierte sich heraus, dass nicht nur die Kinder der Erziehung bedurften, sondern auch deren Eltern. Sie fungierten zum einen als Vorbilder und waren zum anderen für die Rahmenbedingungen verantwortlich, in denen sich Kindheit abspielte. Beckoj favorisierte in seinem Erziehungsplan gar die weitgehende Trennung der Kinder von ihren Familien, um sie von deren negativem Einfluss fernzuhalten. Auch wenn diese Vorgabe in Katharinas Musterlehranstalt, dem Smol'nyj, durchaus umgesetzt wurde, hinkte die institutionel-

---

157 Diese Missstände sind auch Gegenstand entsprechender Abhandlungen in Satirezeitschriften sowie beispielsweise in Fonvizins Komödie »Der Minderjährige« (»Nedorosl«). Auch der französische Botschaftssekretär Messelière charakterisiert in seinen Erinnerungen an die Jahre 1757–1759 die Situation in Russland anschaulich: »Über uns brach eine Masse an verschiedenartigsten Franzosen herein, die größtenteils Unannehmlichkeiten mit der französischen Polizei hatten [...]. Wir waren erstaunt und bekümmert, dass wir in vielen Häusern angesehener Bürger Deserteure, Pleitiers, Wüstlinge und viele Damen entdeckten, die allein aus leidenschaftlicher Zuneigung zu Frankreich mit der Erziehung ihrer Kinder [...] beauftragt wurden [...]« (zit. nach Solodjankina, Inostrannye guvernantki v Rossii, S. 46–47).
158 Solodjankina, Inostrannye guvernantki v Rossii, S. 48; Preuß, Vorläufer der Intelligencija?!, S. 203.

le Realität dem Anspruch, »gute und wahre Bürger« hervorzubringen, hinterher. Kindheit wurde ohne Zweifel als eine sich vom Erwachsenendasein grundsätzlich unterscheidende Lebensphase verstanden. Kinder sollten die Möglichkeit haben, sich unter Anleitung zu entfalten und eigene Vorlieben zu entwickeln, um dann auf Basis einer bewusst gestärkten Physis, einer internalisierten »Gottesfurcht«, einer moralisch-sittlich gefestigten Tugendhaftigkeit und einer guten Bildung als Erwachsene zum Wohl des Gemeinwesens wirken zu können. Kinder waren auch in Russland Projektionsfläche für die Hoffnung auf eine bessere Zukunft, sie waren eine nationale Ressource. Die Sorge um ihr Wohlergehen wurde zu einem Indikator für Russlands sozioökonomischen und kulturellen Zustand. Erziehung wurde als Chance Russlands gesehen, seine Mängel zu kompensieren.[159]

Am Ende des 18. Jahrhunderts war der die Erziehungs- und Bildungsbemühungen unter Peter I. prägende utilitaristische Aspekt keineswegs verschwunden – er existierte in ausdifferenzierter und erweiterter Form durchaus weiter. Dennoch hatten europäisches Gedankengut, staatliches Engagement für Bildung und Wohlfahrt sowie der nicht zuletzt durch die Befreiung des Adels aus der Dienstpflicht ermöglichte Rückzug ins Privatleben dafür gesorgt, dass sich Kindheit sowohl als Ideensystem als auch als soziale Praxis wandeln konnte. Von diesem grundlegenden Wandel zeugten nicht nur pädagogische Schriften, sondern auch die Darstellung von Kindern in der Malerei und die sich am Ende des 18. Jahrhunderts rasant entwickelnde materielle Kultur der Kindheit in Form von Büchern, Spielen und Kleidung für Kinder.

2.3 Kinder werden sichtbar(er): Kinderporträts, Lektüre und materielle Kultur

Für die Erforschung der Kindheit haben visuelle Quellen eine große Bedeutung. Deshalb werden sie seit mehreren Forschergenerationen kontinuierlich herangezogen.[160] Bilder spiegeln ähnlich wie Texte einen Diskurs wider, der aus sich wandelnden kulturellen und sozialen Codes besteht. Sie nehmen Bezug auf bestimmte historische Momente und fungieren als Flächen, auf die »Fragen von Erwachsenen« und deren Identitätssuche projiziert

---

159 Kuxhausen, From the Womb to the Body Politic, S. 11, 22.
160 Vgl. Einleitung, bes. Anm. 43.

werden.[161] Anhand von Bildbeispielen lassen sich sowohl die Rezeption der Kindheit selbst als auch gesellschaftliche Entwicklungen reflektieren. Somit tragen Bilder dazu bei, die Wahrnehmung von Kindern und Kindheit im gesellschaftspolitischen Kontext zu gestalten, und erlauben Rückschlüsse auf den Stellenwert von Kindern. Kinderporträts zeigen, wann Kinder nicht mehr als kleine Erwachsene gesehen wurden, wann die Welt der Kinder als eine eigene verstanden wurde und wie sich Erziehungsvorstellungen veränderten. In den berühmten Kinderporträts des 18. Jahrhunderts von Thomas Gainsborough, Joshua Reynolds oder Thomas Lawrence zeigt sich so immer weniger die Darstellung des Kindes als repräsentativ abgebildetes Wesen, das »der Erwachsene nach Belieben [...] zu einem nützlichen Teil der Gesellschaft formen konnte, sondern als Persönlichkeit, deren Charakter von Natur aus gut war und [...] nur behutsam gefördert werden musste«.[162] Bei den Kindern gezielt positionierte Gegenstände sind oftmals Ausdruck für den Stellenwert von Bildung, die soziale Position einer Person und den vorgesehenen Karriereweg. Der Hintergrund eines Bildes kann auf den Einfluss einer bestimmten geistigen Richtung hinweisen oder das Verhältnis zur eigenen Nation andeuten.

Kinderporträts

Mit der Europäisierung des russischen Staates durch Peter I. setzte sich die weltliche Porträtmalerei in Russland durch.[163] Im Zuge dessen entstanden zu Beginn des 18. Jahrhunderts die ersten weltlichen Gemälde von Kindern. Dabei waren viele der Maler europäische Künstler, die in Russland arbeiteten.[164] Auf den Porträts sind Kinder an der Darstellung ihrer Gesichter – zwischen »puppenhaft« und »erwachsen« – zu erkennen.[165] Bei vielen Bil-

---

161 Brown, Marilyn R., Introduction, in: Dies. (Hg.), Picturing Children. Constructions of Childhood between Rousseau and Freud, Aldershot u. a. 2002, S. 1–23, hier S. 4.
162 Neumeister, Mirjam (Hg.), Die Entdeckung der Kindheit. Das englische Kinderporträt und seine europäische Nachfolge (Katalog der gleichnamigen Ausstellung im Städel Museum, Frankfurt am Main, 20.4.–15.7.2007), Köln 2007, S. 22.
163 Zu dieser Entwicklung vgl. Napp, Antonia, Russische Porträts. Geschlechterdifferenz in der Malerei zwischen 1760 und 1820, Köln u. a. 2010, S. 35–54.
164 Goldovskij, Grigorij Naumovič, Detskij Portret. Katalog vystavki, Leningrad 1990, S. 6.
165 Nach Meinung von Vasjutinskaja ist dies das Ergebnis einer »psychologischen Unbestimmtheit im Verhältnis zur Kindheit im russischen Leben« zwischen der »Tradition des Domostroj« und »westlichen Einflüssen« (Vasjutinskaja, Dva veka russkogo detstva, S. 12).

Abb. 1: Porträt des Großfürsten Pavel Petrovič in der Kindheit (A. P. Losenko, 1759)

dern handelt es sich um Porträts des dynastischen Nachwuchses (Abb. 1). Dieser wurde nicht selten – nach französischem Vorbild – auch in Gestalt antiker Götterfiguren dargestellt.[166] Dominierte in der ersten Hälfte des 18. Jahrhunderts noch die Darstellung der Kinder als kleine Erwachsene, begann sich dies ab Mitte des Jahrhunderts zu ändern. Im Zuge der Rezeption und Durchsetzung des Gedankenguts der Aufklärung wurden Kinder in der westeuropäischen Malerei ebenso wie in Russland zu einem zentralen Sujet bedeutender Künstler. Adlige Kinder wurden auf den Porträts der zwei-

---

166 Vasjutinskaja, Dva veka russkogo detstva, S. 12–13; vgl. die Kinderporträts der Cesarevna Elizaveta Petrovna (I. N. Nikitin, ca. 1712–1713), der Cesarevna Anny Petrovny (I. N. Nikitin, vor 1716), des Carevič Petr Petrovič als Eros (Louis Caravaque, o. J.), des Carevič Petr Alekseevič und der Carevna Natal'ja Alekseevna als Apollon und Diana, 1722? [sic!], ebd. S. 38–39.

Abb. 2: Knabe mit Büchern (unbekannter Künstler, 1770er Jahre)

ten Hälfte des 18. Jahrhunderts in Teilen immer noch wie eine »bezaubernde Staffage« dargestellt, und ihre »kindliche Natur« ist auf ihnen nur schwer auszumachen. Aber viele Künstler begannen, die Kindheit in immer mehr Facetten abzubilden.[167] Zunächst ist auf die Gemälde zu verweisen, die den sozialen Status und das künftige Erwachsenendasein zum Ausdruck bringen. Auf diesen wurden die Jungen im Hinblick auf den zu absolvierenden Kriegs- beziehungsweise Verwaltungsdienst und die damit verbundene frühe Einschreibung in die Rangtabelle in Uniform dargestellt. Die Mädchen setzte man mit Blick auf ihre künftige Rolle als Ehefrau, Mutter oder »höhere Dame« in Szene.[168]

---

167 Goldovskij, Detskij Portret, S. 8; Vasjutinskaja, Dva veka russkogo detstva, S. 13.
168 Vgl. beispielsweise die Darstellung des Großfürsten Pavel Petrovič (unbekannter Künstler, 1760er Jahre) in der Uniform eines Feldwebels der Leibgarde des Izmajlovskij Re-

Abb. 3: Lehrer mit zwei Schülern (M. I. Bel'skij, 1773)

Das zentrale Thema im Kontext der Aufklärung war die auf den Kinderporträts präsente Darstellung von Erziehung und Bildung. Auf dem aus den 1770er Jahren stammenden »Porträt eines Knaben mit Büchern« (Abb. 2) sehen wir beispielsweise einen – im Vergleich zum Hintergrund des Bildes in hellen Farben gehaltenen – Knaben, der an einem Tisch sitzend den Betrachter über die linke Schulter anblickt. Er stützt sich mit dem Ellenbogen auf drei Bücher, hat den linken Zeigefinger wie ein Lesezeichen zwischen zwei Buchseiten stecken und streckt die rechte Hand zu einer weisenden

---

giments, das Porträt des neunjährigen Fedor Nikolajevič Golicyn von I. Ja. Višnjakov aus dem Jahr 1760 oder das 1760 von I. P. Argunov angefertigte Gemälde Elizaveta Petrovna Strešnevas (Vasjutinskaja, Dva veka russkogo detstva, S. 54, 50, 87). Die Bürde der Erwartung kommt auf dem 1759 von A. P. Losenko gemalten Porträt des fünfjährigen Großfürsten Pavel Petrovič (Abb. 1) besonders zum Ausdruck. Dies wird nicht nur durch die entsprechende Kleidung erreicht, sondern auch durch das Porträt Peters I., seines Urgroßvaters, welches das Kind in den Händen hält (Vasjutinskaja, Dva veka russkogo detstva, S. 60).

Abb. 4: Porträt von R. S.Ржevskaja und N. M. Davydova (D. Levickij, 1772)

Geste aus. Der Junge wirkt, als wäre die in den pädagogischen Schriften geforderte »Erweckung der Neugier« auf Zusammenhänge und Themen bei ihm auf fruchtbaren Boden gefallen. Ein pädagogisches Ideal bildet auch das von M. I. Bel'skij im Jahr 1773 angefertigte Gemälde »Lehrer mit zwei Schülern« (Abb. 3) ab. Es zeigt eine Unterrichtsszene, die nicht von Strenge und »seelenlosem« Drill geprägt ist, sondern einen Lehrer, der seinen Schülern in wohlwollender Geduld und Sympathie zugewandt ist.

Die von Dmitrij Levickij in den Jahren von 1772 bis 1776 geschaffenen sieben Porträts von *smoljanki* erweitern das Thema noch um den Aspekt der Mädchen- bzw. Frauenbildung. Die Gemälde sind zwar nicht als eine Serie geschaffen worden, aber sie stellen dennoch eine eng miteinander verknüpf-

Abb. 5: *Porträt von E. N. ChrušČeva und E. N. Chovanskaja (D. Levickij, 1773)*

te Reihe dar, die wesentliche Charakteristika des Institutslebens abbildet.[169] Zunächst wird auf den Porträts die Altersspanne der Schülerinnen zwischen sechs und 18 Jahren dargestellt: Auf drei der Gemälde sind die Mädchen in den ihrer Alterskohorte vorgeschriebenen Kleidern, die den gleichen Schnitt, aber unterschiedliche Farben haben, abgebildet (Abb. 4–6). Zudem wird auf das Miteinander von jungen und älteren Schülerinnen verwiesen: Anastasija Michajlovna Davydova, zum Zeitpunkt der Porträtierung sechs Jahre alt, ist auf dem ersten Gemälde gemeinsam mit der zwölfjährigen Feodosija StepanovnaRževskaja dargestellt. Die beiden Mädchen stehen nebeneinander,

---

169 Goldovskij, Grigorij N., »Smoljanki« D. G. Levickogo (k istorii bytovanija), in: Abakumov, Aleksej; Epatko, Jurij G. (Hg.), Dmitrij Levickij »Smoljanki«. Novye otkrytija. K 275-letiju so dnja roždenija chudožnika, St. Petersburg 2010, S. 4–13, hier S. 5.

Abb. 6: Porträt von E. I. Nelidova (D. Levickij, 1773)

die Ältere schaut den Betrachter an, die Jüngere blickt respektvoll zur Älteren auf (Abb. 4). Wie in Kapitel 2.2 beschrieben, präsentierten sich die *smoljanki* regelmäßig einer ausgewählten Öffentlichkeit in Form von Theater-, Tanz- oder musikalischen Aufführungen in den Räumlichkeiten des Instituts. Dieser Aspekt erweist sich als zentrales Motiv Levickijs, das er durch die entsprechenden Ballett-, Theater- oder Tanzkostüme (Abb. 5–7, 10) ebenso wie durch die Porträtierung Glafira Alymovas beim Harfenspiel zum Ausdruck brachte (Abb. 8). Insbesondere das »Triptychon« der 1776 entstande-

Abb. 7: Porträt von A. P. Levšina (D. Levickij, 1775)

nen Gemälde (Abb. 8–10) ist aufschlussreich: Es bringt die »ethischen Ideen der Aufklärung über die Vorherbestimmtheit des Menschen durch die Natur, die Geburt, die Zugehörigkeit zu den ›Verstandeswesen‹ sowie durch Bildung und Erziehung final und formierend, in Entsprechung zum Programm des Smol'nyj«, zum Ausdruck.[170] Das Bildnis Ekaterina Molčanovas (Abb. 9), die an einem Tisch sitzt, auf dem eine Vakuumpumpe steht und zwei Bü-

---

170 Goldovskij, »Smoljanki« D. G. Levickogo, S. 5.

Abb. 8: Porträt von G. I. Alymova (D. Levickij, 1776)

cher liegen, und zudem noch ein Buch in der linken Hand hält, steht für die Wissenschaft; die tanzende Natalija Borščeva (Abb. 10) für das Theater und die auf der Harfe spielende Alymova (Abb. 8) für die Musik. Die im Laufe von vier Jahren entstandenen Porträts können in mehrerer Hinsicht als Dokumentation eines Entwicklungsprozesses verstanden werden. Zum einen werden die dargestellten Schülerinnen von Porträt zu Porträt älter. Stehen auf dem ersten Gemälde die beiden Schülerinnen ohne die Ausübung einer bestimmten Tätigkeit im Zentrum, ändert sich dies mit den folgenden Gemälden, auf denen die Mädchen entweder Theater spielen, tanzen, Musik machen oder sich mit Wissenschaft befassen. Im Mittelpunkt der Gemälde (Abb. 5–10) stehen junge Mädchen, die sich ganz im Sinne Katharinas

Abb. 9: *Porträt von E. I. Molčanova (D. Levickij, 1776)*

beschäftigen und sich auf dem besten Weg zu befinden scheinen, nach Abschluss ihrer Ausbildungszeit zum Aufbau einer neuen Gesellschaft beitragen zu können.

Am Beispiel des Porträts von Aleksej Grigor'evič Bobrinskij (Abb. 11), des unehelichen Sohnes Katharinas II., das F. S. Rokotov 1764 anfertigte, lässt sich eine weitere Facette, die Intimität, erkennen. Es scheint, als hätte der Maler die Romantik und ihre Verklärung der Kinder als höchste Wesen der Menschheit antizipiert.[171] Das Porträt zeigt den ungefähr zweijährigen Jungen in einem eleganten Kleidchen auf einem roten Kissen vor grünem

---

171 Vasjutinskaja, Dva veka russkogo detstva, S. 16; Goldovskij, Detskij Portret, S. 13.

Abb. 10: Porträt von N. S. Borščeva (D. Levickij, 1776)

Hintergrund sitzend. Mit seiner rechten Hand hält der Junge mit festem Griff eine Klapper, die linke Hand ruht in seinem Schoß. Das Gemälde huldigt dem Charme des Kleinkindes: Die zierlichen Hände sind weich, das Gesicht rund, die Wangen rosig und der Blick freundlich, unschuldig und offen. Allerdings lässt sich auf den zweiten Blick noch etwas anderes erkennen: Die Klapper ist zwar ein typisches Attribut der Kindheit, allerdings hat sie durchaus auch Ähnlichkeit mit einem Zepter, weshalb sie ebenso als Indiz für die »kaiserliche Macht« gedeutet werden kann. Die Darstellung des Kindes in seiner Welt schlägt somit doch eine Brücke in das Erwachsenen-

Abb. 11: Porträt Aleksej Grigor'evič Bobrinskijs als Kleinkind (F. S. Rokotov, um 1764)

leben.[172] Einen intimen Charakter haben auch die Gemälde im Stile eines »naiven Realismus«, bei denen es sich um nicht-offizielle Porträts handelt, die von semiprofessionellen Künstlern geschaffen wurden. Diese Stilrichtung existierte bis Mitte des 19. Jahrhunderts und brachte aufgrund ihrer »erinnernden Bedeutung« insbesondere Kinder-, aber auch Familienporträts hervor, die sich durch »direkten Bezug zum Leben« und eine »verblüffende Eindringlichkeit« bei der Darstellung der »auf ihre Weise bedeutenden Welt der Kinder« auszeichneten. Auf diesen Gemälden sind Kinder häufig mit Attri-

---

172 V. A. Grekov, Igruški v detskich portretach, in: Chudožnik 1–2 (2009), S. 112–114, hier S. 113. Angemerkt sei an dieser Stelle auch, dass es ein sehr ähnliches Gemälde des späteren Zaren Paul (unbekannter Künstler, o. J.) gibt, vgl. Nevolina, Moj angel, S. 14.

buten wie Musikinstrumenten, Tieren – häufig Hunde – und Spielsachen abgebildet.[173]

Kleidung

Die verstärkte Präsenz von Kindern und der Kindheit in der Malerei des ausgehenden 18. Jahrhunderts zeigt, dass bestimmte Aspekte wie künftiger Lebensweg, Bildung und Erziehung, kindliches Wesen und Intimität besondere Berücksichtigung fanden. Neben der Darstellung der Kinder selbst kann man auch eine sich verändernde materielle Kultur auf den Bildern ausmachen. Die Abbildung von Kindern mit Büchern, Spielsachen oder in spezieller, ihrem Alter angepasster Kleidung dient der Charakterisierung der Kindheit als bestimmte Lebensphase und belegt eine entsprechende materielle Kultur. Die Kinderporträts im angesprochenen Zeitraum spiegeln zudem die allmähliche Veränderung der Kleidungspraxis wider. Abgesehen von den Kleidchen, die Mädchen wie Jungen bis zum Alter von drei oder vier Jahren trugen, existierte lange Zeit keine spezielle Kinderkleidung. Die Stücke, die die Kinder trugen, waren lediglich in der Größe angepasst und engten die Kinder häufig ein. Mit Beginn des 18. Jahrhunderts wurden die Schnitte zwar etwas »freier«, viele modische Ergänzungen aber beibehalten. Deshalb änderte sich für die Kinder zunächst wenig. Hand in Hand mit der sich verändernden Vorstellung von Kindheit durch den Einfluss Rousseaus wandelte sich auch die Haltung gegenüber der Kinderkleidung. Erste Versuche, Kinder mittels ihrer Kleidung aus der Welt der Erwachsenen zu lösen, wurden Mitte des 18. Jahrhunderts unternommen. Zu nennen ist hier die Husarenuniform für Knaben, die sich im ersten Drittel des 19. Jahrhunderts großer Popularität erfreuen sollte. Sie zeichnete sich allerdings mehr durch spezielle Verzierungen an den Nähten als durch kindgerechten Zuschnitt aus, weshalb sie Rousseau als ein für Kinder ungeeignetes Kleidungsstück ansah.[174] Katharina II. achtete auch auf die passende Kleidung ihrer Enkelsöhne. Deshalb

---

173 Goldovskij, Detskij Portret, S. 11–12. Vgl. zudem die abgebildeten Gemälde bei Vasilij Polikarov, Obrazy detstva (O detskom potrete XVII–načala XX v.), in: Naše Nasledie 26 (1993), S. 22–31, hier S. 24, sowie insbesondere das »Porträt eines Mädchens mit Blume und Vögel« eines unbekannten Künstlers (Mitte 19. Jahrhundert; ebd., S. 25). Entsprechende Familienporträts finden sich auch bei Evgenija Petrova, Portret sem'i, St. Petersburg 2014, z. B. S. 39, 50.
174 Serebrjakova, Detskij kostjum, S. 79–80.

Abb. 12: Porträt der Großfürsten Aleksandr Pavlovič und Konstantin Pavlovič
(R. Brompton, um 1781)

ließ sie spezielle Kleidungsstücke nach ihrem Entwurf für die beiden Knaben anfertigen, die Zeitzeugen als »sehr rational« beeindruckten.[175] Die Großfürsten trugen, wie auf dem 1781 von Richard Brompton angefertigten Gemälde zu sehen (Abb. 12), weite Jacken mit übereinander gewickelten Rockschößen, die von einem breiten Gürtel zusammengehalten und mit Fransen verziert waren, über kurzen weiten Hosen.[176] Experimente dieser Art fanden zunächst wenig Widerhall in der Gesellschaft. Aber kritische Zeitgenossen, wie Nikolaj Novikov, plädierten nachhaltig dafür, Kinderkleidung ausrei-

---

175 Ebd., S. 83.
176 Ebd.

Abb. 13: Porträt von Elizaveta Petrovna Strešneva in der Kindheit (I. P. Argunov, 1769)

chend weit und bequem zu schneiden.¹⁷⁷ Änderungen stellten sich in den 1790er Jahren ein. Orientiert am Vorbild englischer Matrosen und Bauern setzte sich europaweit ein Anzug für Jungen mit bequemen langen Hosen und einer kurzen, eingeknöpften Jacke mit Kragen durch.¹⁷⁸ Ein deutsches Modemagazin bewarb diesen sogenannten »Skeleton«, der zum Kennzeichen für drei- bis achtjährige Jungen werden sollte, gar als »bequeme und funktio-

---

177 Wie sowohl in den Ausführungen zum Smol'nyj als auch im Zusammenhang mit der Erziehungsanweisung für Sal'tikov erwähnt, teilte die Kaiserin diese Auffassung.
178 Serebrjakova, Detskij kostjum, S. 84. Interessant ist in diesem Zusammenhang, so die Autorin, dass sich dieses neue Kleidungsstück, das von adligen Sprösslingen getragen wurde, zwar aus der Sphäre der Erwachsenen, aber aus niederen Schichten stammte. Ihrer Meinung nach lag es in den starren Standesgrenzen Russlands begründet, dass diese Art von Einflüssen nur auf dem Umweg über das westliche Europa nach Russland gelangen konnte.

Abb. 14: Porträt von E. A. Naryškina in der Kindheit (V. L. Borovikovskij, Beginn der 1790er Jahre)

nale Kleidung für Kinder auf der Basis der Theorien von John Locke«.¹⁷⁹ Für die Mädchen war die Mode in der zweiten Hälfte des 18. Jahrhunderts noch wenig flexibel. Häufig waren sie gezwungen, wie ihre Mütter eng geschnürte Korsetts unter ihren Kleidern zu tragen, die sich nur in der Größe von denen der Erwachsenen unterschieden (Abb. 13).¹⁸⁰ Dies veränderte sich erst grundlegend, als namhafte Aufklärer durch das gängige Schönheitsideal die

---

179 Rose, Children's Clothes, S. 50.
180 Vgl. beispielsweise das Porträt von Elizaveta Strešneva in der Kindheit (Abb. 13) oder das Porträt eines Mädchens (Carl Ludwig Christineck, 1781), in: Vasjutinskaja, Dva veka russkogo detstva, S. 89, die junge Mädchen in typischen Kleidern mit eng geschnürten Taillen zeigen.

Gesundheit des »weiblichen Organismus« gefährdet sahen.[181] Zum Ende des Jahrhunderts setzten sich zunächst für die jüngeren und später auch für die älteren Mädchen Kleider durch »mit tiefem Ausschnitt und einem breiten Gürtel um die Taille«. Sie befreiten die Mädchen – zumindest bis zum Alter von zehn Jahren vom Tragen eines enggeschnürten Korsetts.[182] Die Kinderporträts von Elena Naryškina (Abb. 14) oder Anna Labzina mit ihrem Pflegekind zeigen die Durchsetzung dieser Mode auch in Russland.[183]

»Kinderlektüre für Herz und Verstand«

Nikolaj Novikov schaltete sich nicht nur publizistisch in Debatten um die Erziehung ein, indem er sich an die verantwortlichen Erwachsenen wandte; er bemühte sich auch in Form einer Kinderzeitschrift mit ausgewählter Lektüre Substantielles beizutragen. Von 1785 bis 1789 erschien zu der von ihm verantworteten Zeitung »Moskovskie vedomosti« die Beilage »Detskoe čtenie dlja serdce i razuma«, die Novikov in den Jahren 1785 bis 1787 selbst herausgab.

In der ersten Ausgabe des Journals wandte sich Novikov direkt an seine jungen Leserinnen und Leser, um ihnen zu erklären, warum er sich zu diesem Schritt entschlossen hatte. Er verwies darauf, dass es keinerlei spezielle Lektüre für Kinder in russischer Sprache gab. Es erschien ihm nicht plausibel, warum nur die des Deutschen oder Französischen mächtigen in den Genuss einer adäquaten Lektüre kommen sollten. Aber die Kinder, die aufgrund der fehlenden Möglichkeiten ihrer Eltern keine Fremdsprachen beherrschten, lasen entweder gar nicht oder mussten sich mit einem nicht ihrem Alter entsprechenden Lesestoff begnügen. Die Qualität der fremdsprachigen Literatur stand für ihn außer Frage. Deshalb empfahl er diese explizit zur Lektüre. Dennoch prangerte Novikov auch an dieser Stelle die Vormachtstellung des Französischen an und verurteilte diejenigen seiner Landsleute, die, »statt mit der Muttermilch die Liebe zum Vaterland aufzusaugen«, sich gegen alles

---

181 Serebrjakova, Detskij kostjum, S. 89.
182 Ebd., S. 110–111.
183 Porträt E. A. Naryškinas in der Kindheit (V. L. Borovikovskij, Beginn 1790er Jahre) und ebenfalls von Borovikovskij das Porträt A. E. Labzinas mit ihrer Pflegetochter (1803) in: Serebrjakova, Detskij kostjum, S. 91.

Russische wandten.[184] Ziel der Publikation sei Lesestoff in russischer Sprache, Texte für die Jugend zur Verfügung zu stellen, die »den besten deutschen Schriften folgten«.[185] Die Inhalte sollten abwechslungsreich und altersgerecht sein. Religiöse Texte und Themen hatten eine hohe Priorität. Sie galten als unabdingbar für das Erlangen von Glück und Zufriedenheit. Zudem bekam jede Ausgabe des Journals ein Bibelzitat als Epigraf vorangestellt, um junge Leser konsequent an ihre Pflichten gegenüber Gott, dem Herrscher, ihren Eltern und allen Mitmenschen zu erinnern. Moralische Märchen sollten zu besserem Verhalten erziehen. So wurde die Geschichte des kleinen Fedors erzählt: Er schlief stets zu lange und verschwendete damit seine Zeit. Eines Tages aber wachte er sehr früh auf und war so fasziniert davon, dass er in diesem Moment beschloss, ein neues Leben zu beginnen.[186] Kleine belehrende Anekdoten hatten die Absicht, den Kindern den Sinn elterlicher Fürsorge zu vermitteln und sie vor Ungemach wie dem Verschlucken von Nadeln oder der Erkältungsgefahr durch kaltes Wasser zu warnen.[187] »Zur Bereicherung des Verstandes« plante Novikov, Texte aus der Physik, der Naturgeschichte oder der Geografie zu publizieren.[188] Bei der daran anschließenden Vorstellung aller an der Publikation Beteiligten wurde explizit darauf verwiesen, dass die meisten an Fragen der Erziehung höchst interessierten Personen Russen seien, die selbst Kinder hatten. Einzelne Herausgebernamen nannte er nicht; aus der Vielzahl der Unterstützer stellte er nur einen, der das Pseudonym *Dobroserd* (Gutherz) trug, »namentlich« vor:

»Er ist nicht mehr ganz jung, klug, bewegt sich immer in guter Gesellschaft, hat viele gute Bücher gelesen und verfügt über ein fröhliches Wesen. Er liebt Kinder sehr und sein größtes Vergnügen ist es, so viel Zeit wie möglich mit ihnen zu verbringen. Er ist immer freundlich zu ihnen, erzählt ihnen etwas aus der Geschichte und anderen Wissenschaften, oder Fabeln, gibt ihnen Bilder und andere ansprechende Gegenstände und beteiligt sich mitunter auch an den Spielen der Kinder. Aus diesem Grund lieben ihn alle Kinder, die ihn kennen und freuen sich, wenn sie ihn sehen.«[189]

---

184 N. N., Blagorodnomu rossijskomu junošestvu, in: Detskoe čtenie dlja serdca i razuma 1 (1785), S. 3–8, hier S. 4.
185 Ebd., S. 4.
186 Hellman, Fairy Tales and True Stories, S. 11.
187 N. N., Povest' o Seleme i Ksamire, in: Detskoe čtenie dlja serdca i razuma 1 (1785), S. 8–16.
188 N. N., Blagorodnomu rossijskomu junošestvu, S. 5.
189 Ebd., S. 7–8.

Dobroserd führte mit den Kindern in einer für sie zugänglichen Sprache Gespräche über Naturphänomene, die Struktur des Universums, die Antike oder die Geografie ferner Länder wie Indien und China. *Dobroserd* fungierte ebenso wie die fiktiven Unterhaltungen zwischen einem Vater und seinem Sohn – z. B. über die Frage, warum manche Menschen arm und andere reich sind – als Stilmittel. Auf diese Weise sollten die jungen Leser zwischen sechs und zwölf Jahren direkt angesprochen und für bestimmte Inhalte interessiert werden.[190]

Die meisten in dem Journal publizierten Texte waren Übersetzungen bzw. Adaptionen aus ausländischen Quellen, insbesondere aus Joachim Campes »Kleiner Kinderbibliothek«, eine Anthologie unterschiedlicher Texte für Kinder. Die Verbreitung dieses Kanons half, in Russland eine »Enzyklopädie kindlicher Tugenden und Laster« anzulegen.[191]

In den ersten beiden Erscheinungsjahren wurde das Journal von Novikov selbst und ohne Vorzensur herausgegeben. 1787 spitzte sich die Situation für Novikov zu.[192] Ab 1787 sorgte eine »heftige Zensurwelle« für grundlegende Veränderungen auf dem Buchmarkt.[193] Ebenso veränderte Katharina unter dem Eindruck der Französischen Revolution und des Pugačev-Aufstands ihre positive Haltung gegenüber den Idealen der Aufklärung.[194] Novikov konnte seinen Pachtvertrag für die Universitätsdruckerei nicht verlängern und wurde 1792 schließlich zu 15 Jahren Festungshaft verurteilt.

Die Leserinnen und Leser des Journals waren, wie von Novikov eingangs betont, keinesfalls nur privilegierte adlige Kinder. Eine in der Zeitschrift abgedruckte Liste der Abonnenten verweist auf Kaufleute, Beamte, Schreiber und Geistliche als Bezieher der Zeitschrift.[195] Auch wenn ein »breiter Kreis von Kindern« das »Detskoe čtenie« las, war das Journal dennoch vor allem auf eine adlige Leserschaft ausgerichtet. Dies zog sich wie ein roter Faden durch die publizierten Texte und zeigte sich beispielsweise in der Diskussion

---

190 N. N., Razgovor meždu otcom i cynom o tom, dlja čego v svete odni bedny a drugie bogaty, in: Detskoe čtenie dlja serdca i razuma 3 (1785), S. 129–137. Ausführlich zur Frage von sozialen Problemen in den Beiträgen des Journals vgl. Privalova, E. P., Social'naja problema na stranicach žurnala Novikova »Detskoe čtenie dlja serdca i razuma«, in: XVIII vek. Sbornik 11 (1976), S. 104–112.
191 Hellman, Fairy Tales and True Stories, S. 10–11, Zitat S. 11.
192 Vgl. zu Novikov und den Einschränkungen durch die Zensur in den 1780er Jahren Marker, Publishing, Printing and the Origins, S. 219–226.
193 Preuss, Vorläufer der Intelligencija?!, S. 189.
194 Hellman, Fairy Tales and True Stories, S. 13.
195 Babuškina, Antonina P., Istorija russkoj detskoj literatury, Moskau 1948, S. 109.

von Fragen der »Ehre und Pflichten des Adels«. Dabei ging es allerdings weniger um den erblichen Stand als vielmehr darum, »wer adlig dachte, fühlte und handelte«.[196] Auch wurden unterschiedliche adlige Positionen – von vorurteilsbeladen und dünkelhaft bis liberal und kultiviert – exemplarisch vorgestellt.[197] Soziale Fragestellungen wurden vor allem in den ersten beiden Erscheinungsjahren nicht ausgeklammert. Allerdings verbreiteten die Texte »die Ideologie der führenden Kreise«, stellten die soziale Schichtung der Gesellschaft nicht in Frage und in »nicht wenigen Werken« war die Forderung nach »demütiger Unterordnung« gegenüber der Macht herauszulesen.[198] Viele der publizierten »Gespräche« vermittelten den jungen Lesern, sich »mit ihrem Schicksal zufrieden zu geben« und keinesfalls danach zu streben, den dafür vorgegebenen Rahmen zu verlassen.[199] Auch wenn viele der publizierten Texte Übersetzungen waren, funktionierten sie in ihrer Aussage auch im russischen Kontext, da sie sich problemlos auf die dortigen Verhältnisse übertragen ließen.[200]

Im Zuge des Vorgehens gegen Novikov übernahmen 1787 Nikolaj Karamzin und Aleksandr Petrov die Herausgabe des Kindermagazins. Es veränderte mit dem Wechsel der Verantwortlichen auch seine inhaltliche Orientierung und büßte zunächst seine Vielseitigkeit ein.[201] Publiziert wurden fortan längere Beiträge, die sich an ältere Kinder richteten.[202] Der »mora-

---

196 Privalova, Social'naja problema na stranicach žurnala Novikova, S. 104. Zur Biografie Privalovas vgl. die Informationen auf der Seite der Russischen Nationalbibliothek in St. Petersburg (http://www.nlr.ru/nlr_history/persons/info.php?id=1147 [8.2.2022]).
197 Privalova, Social'naja problema na stranicach žurnala Novikova, S. 107.
198 Ebd., S. 106.
199 Ebd., S. 105.
200 Ebd., S. 106–107.
201 Beketova, N. A., Pervyj period detskoj žurnalistiki, in: Pokrovskaja, A. K.; Čechova, N. V. (Hg.), Materialy po istorii russkoj detskoj literatury (1750–1855). Trudy komissii po istorii russkoj detskoj literatury, Bd. 1, Moskau 1927, S. 92–133, hier S. 94. Ausführlich zu den Mitarbeitern des Journals vgl. E. P. Privalova, O sotrudnikach žurnala »Detskoe čtenie dlja serdca i razuma«, in: XVIII vek. Sbornik 6 (1964), S. 258–268.
202 Ein Blick in die Inhaltsverzeichnisse der Jahre 1785 und 1786 zeigt, dass pro »Teil« (die jährlichen Nummern waren jeweils in vier »Teilen« zusammengefasst) zwanzig bis dreißig unterschiedliche Texte untergebracht waren; vgl. exemplarisch: Detskoe čtenie dlja serdca i razuma 1–4 (1785), jeweils auf S. 207–208; 1787 und 1788 waren es dann nur noch zwei bis fünf Erzählungen; Detskoe čtenie dlja serdca i razuma 9 (1787), S. 206; 10 (1787), S. 208; 11 (1787), S. 208; 12 (1787), S. 207; 13–15 (1788), jeweils S. 208. Dies änderte sich erst wieder mit Teil 16, 1788, in dessen Inhaltsverzeichnis wieder neun Titel/Texte genannt werden, bevor zum Ende des Erscheinens 1789 die Zahl und die Vielfalt der veröffentlichten Text wieder deutlich zunahmen: 17, S. 208 (18 Titel); 18, S. 208 (21

lische Kodex« der französischen Oberschichten gewann durch die literarischen Erzeugnisse von Stéphanie-Félicité de Genlis die Oberhand in dem Journal.[203] De Genlis war eine französische Schriftstellerin (1746–1830), deren Erziehungsromane und pädagogische Schriften im Geiste Rousseaus insbesondere bei jungen Mädchen auf Begeisterung stießen. Karamzin übersetzte und publizierte 1787 »Les veillées du château« und »Nouveaux contes moraux et nouvelles historiques« aus dem Jahr 1784 als Fortsetzungen unter dem Titel »Abende auf dem Land« (»Derevenskie večera«) in »Detskoe čtenie«.[204] Die Tatsache, dass sowohl bei Dostoevskij in »Erniedrigte und Beleidigte« als auch in Tolstojs »Krieg und Frieden« auf die Lektüre von de Genlis verwiesen wird, spricht für den nachhaltigen Einfluss, den die Lektüre auf russische Leserinnen und Leser ausübte.[205]

In »Detskoe čtenie« wurde die zeitgenössische russische Umgangssprache erstmals in die Kinderliteratur als ein neuer Sprachstil eingeführt: »Hier wurde im Grunde die klassizistische Sprache […] des Hofes, der Minister und Würdenträger zerstört.«[206] Karamzin selbst veröffentlichte in dem Journal seine erste sentimentale Erzählung, »Evgenij und Julija«, die er im Untertitel als »wahres russisches Märchen« bezeichnete.[207]

Für die jungen Leser hatte das Journal einen hohen Stellenwert. Der Schriftsteller Sergej Aksakov beispielsweise war außer sich vor Freude, als er von einem Nachbarn einige Ausgaben des Kinderjournals geschenkt bekam:

»Er ließ mir einen Packen Bücher bringen und schenkte mir – o Glück! – die ›Kinderlektüre für Herz und Verstand‹ […] Ich war so erfreut, daß ich dem alten Herrn fast um den Hals gefallen wäre. Außer mir vor Vergnügen hüpfte und rannte ich heim […]. Aus Angst, jemand könne mir meinen Schatz wegnehmen, eilte ich schnurstracks durch den Flur in das Kinderzimmer, legte mich ins Bett, zog den Vorhang über mich, schlug das erste Heft auf – und vergaß alles, was um mich war. […] Mutter erzählte mir später, daß ich wie ein Irrer gewesen sei, nichts gesprochen, nichts begriffen habe, was man zu mir sagte, und zu Tisch habe gehen wollen. Man war gezwungen, mir das Heft fortzunehmen […]. Sie verschloß die Hefte in ihrer

---

Titel); 19, S. 206 (20 Titel); 20, S. 207–208 (21 Titel); in den letzten Teilen finden sich wieder regelmäßig Beiträge mit naturwissenschaftlichem Inhalt.
203 Beketova, Pervyj period detskoj žurnalistiki, S. 95.
204 Hellman, Fairy Tales and True Stories, S. 12.
205 Ebd. Belinskij äußerte sich sehr despektierlich über diese Art der überaus populären Literatur für Kinder: »Arme Kinder, soll Gott Euch vor Pocken, Masern und den Werken von Bercken, Genlis und Bouilly schützen« (zit. nach Babuškina, Istorija russkoj detskoj literatury, S. 82).
206 Babuškina, Istorija russkoj detskoj literatury, S. 107.
207 Dazu Hellman, Fairy Tales and True Stories, S. 12.

Kommode und gab mir nur immer ein einziges Heft, und auch dies zu festgesetzten Stunden, die sie selbst bestimmte. [...] In meinem kindlichen Verstand vollzog sich ein völliger Umschwung, eine neue Welt eröffnete sich vor mir. Ich erfuhr in der »Erörterung über den Donner«, was Blitz, Luft, Wolken seien, wurde über die Bildung von Regen und die Herkunft des Schnees belehrt. Viele Naturerscheinungen [...] erhielten Sinn und Bedeutung und wurden noch interessanter für mich. [...] Die Abhandlungen zur Sittenlehre machten weniger Eindruck auf mich [...].«[208]

Der Pädagoge und Arzt Nikolaj Pirogov lobte das breite Spektrum der Zeitschrift (»herrlich«), und der Kritiker Visarion Belinskij bemitleidete gar die zeitgenössischen jungen Leser: »Arme Kinder, wir waren glücklicher als ihr: wir hatten das ›Detskoe čtenie‹ Novikovs.«[209]

Für eine positive und nachhaltige Rezeption der Zeitschrift sprechen nicht nur die entsprechenden Verweise in den Memoiren, sondern auch die Tatsache, dass nach Einstellung der Zeitschrift im Jahr 1789 ihre zwanzig Bände bis 1819 noch in drei Auflagen erschienen.[210]

Kinderbücher

In der russischen Kinderliteratur stellte das Journal »Detskoe čtenie« die »wichtigste Errungenschaft« im ausgehenden 18. Jahrhundert dar.[211] Hand in Hand mit dem wachsenden Interesse an Kindern und der Kindheit seitens von Pädagogen, Übersetzern und Schriftstellern wurden ab den 1770er Jahren Bücher für Kinder in deutlich steigender, wenngleich noch immer geringer Zahl publiziert. Dies sowie die Verteilung der Genres lassen sich aus den beiden folgenden Tabellen ablesen.

---

208 Sergej T. Aksakov, Bagrovs Kinderjahre, Zürich 1978, S. 26–28.
209 Zitate von Pirogov und Belinskij nach Privalova, E. P., »Detskoe čtenie dlja serdca i razuma« v ocenke čitatelej kritiki, in: XVIII vek. Sbornik 7 (1966), S. 254–258, hier S. 256, dort auch ausführlich zur »Bewertung durch Leser und Kritiker«.
210 Hellman, Fairy Tales and True Stories, S. 13; Jones, Gareth, Russia's First Magazine for Children. Novikov's Detskoe Chtenie dlia Serdtsa i Razuma (1785–1789), in: Bartlett; Cross; Rasmussen (Hg.), Russia and the World of the Eighteenth Century, S. 177–185, hier S. 185.
211 Čechov, N. V., Očerki istorii russkoj detskoj literatury, in: Pokrovskaja, A. K.; Čechov, N. V. (Hg.), Materialy po istorii russkoj detskoj literatury 1750–1855, Bd. 1, Moskau 1927, S. 17–87, hier S. 49.

Tabelle 1: Anzahl publizierter Kinderbücher (Übersetzungen und Originale)[212]

Jahre des 18. Jahrhunderts	Anzahl der Bücher		
	Originale	Übersetzungen	Insgesamt
1747 bis einschl. 1760	2	25	27
1770er Jahre	9	18	27
1780er Jahre	19	61	80
1790er Jahre	25	68	93
Gesamt	55	172	227

Unter den 172 (76 Prozent) übersetzten Büchern machten die Übertragungen aus dem Französischen 46 Prozent und aus dem Deutschen 35 Prozent aus; die restlichen 19 Prozent entfielen auf sonstige Sprachen.[213]

Tabelle 2: Verteilung der Genres in Kinderbüchern (Übersetzungen und Originale)[214]

Arten der Bücher	Anzahl der Bücher			
	Originale	Übersetzungen	Insgesamt	Prozentual
Märchen	4	7	11	5 %
Fabeln	2	6	8	3 %
Erbauliche Literatur	20	63	83	40 %
Erzählungen und Geschichten	5	30	35	15 %
Populärwissenschaftliches	20	56	76	33 %
Theaterstücke	2	4	6	2 %
Spiele und Rätsel	1	6	7	2 %
Gesamt	55 (24 %)	172 (76 %)	227	100 %

Wie in Tabelle 1 zu sehen, war die erbauliche Literatur die am stärksten vertretene Kategorie. Titel wie »Anleitung zu Glück und Glückseligkeit«, »Der

---

212 Ebd., S. 27.
213 Čechov, Očerki istorii russkoj detskoj literatury, S. 28. Übersetzungen aus dem Englischen spielten für den hier angesprochenen Zeitraum keine Rolle.
214 Ebd. Die Zahlen wurden originalgetreu aus der zitierten Quelle übernommen. In der Spalte »Originale« wird dort irrtümlich 55 als Gesamtzahl und nicht die korrekte Summe von 54 angegeben; in der Spalte »Insgesamt« 227 anstelle von 226. Ebenso sind die gerundeten Prozentzahlen in der letzten Spalte nicht immer präzise, insbesondere für die »Erbauliche Literatur«: korrekt wäre 37 %.

Weg zu Sittsamkeit«, »Ratschläge einer Erzieherin an ihre Schülerin« oder »Die Jünglingsschule oder erbauliche Gespräche« zeugen von der eindeutigen Ausrichtung dieser Literatur. Märchen wurden zu dieser Zeit selten speziell für junge Leser publiziert – meist wurden diese über die Kinderfrauen mündlich an die sich in ihrer Obhut befindlichen Kinder weitergegeben. Darüber hinaus lasen Kinder Märchen, die für Erwachsene bestimmt waren, die häufig in allegorischer Form erbauliche Botschaften vermittelten und sich aus Volksepen und internationalen Erzählungen speisten.

Große Bedeutung hatten populärwissenschaftliche Werke im ausgehenden 18. Jahrhundert, insbesondere Enzyklopädien, deren Stellen- und Symbolwert im Jahrhundert der Aufklärung nicht hoch genug veranschlagt werden kann. Auch die meisten Bücher dieser Art wurden von Novikov und seinen Mitarbeitern herausgegeben. Die Übernahme der Moskauer Universitätsdruckerei durch Novikov im Jahr 1779 markierte eine Zäsur: Novikov legte die »populärsten und wichtigsten« Bücher für Kinder, die bis dato erschienen waren, erneut auf, darunter »Anweisung für den Sohn« (G. Teplov 1760) und »Gedichte für hochwohlgeborene Mädchen des ersten Alters« (A. Sumarokov 1774). Dabei spielten für ihn die Erschwinglichkeit und der Inhalt die zentrale Rolle. Die Aufmachung der Bücher war nachgeordnet, und »Einfach- und Bescheidenheit, das Fehlen einer großen Anzahl von Gravuren und Vignetten« galten als Charakteristikum ihrer Gestaltung.[215] Hervorzuheben ist »Kinderphilosophie, oder erbauliche Gespräche zwischen einer Dame und ihren Kindern«, welches Andrej Bolotov, ein »Landbesitzer, erfahrener und gelehrter Agronom und aktiver Schriftsteller«, zwischen 1776 und 1779 für die von ihm in Bogorodick initiierte Pensionatsschule publizierte.[216] Dieses zweibändige Werk orientierte Bolotov an dem populären »Magasin des enfants« von Jeanne-Marie Leprince de Beaumont aus dem Jahr 1756, das in Russland als »Detskoe učilišče« (1761–1768) bekannt war. Bolotov behandelte darin »religiöse und moralische Fragen«, die im Rahmen von Gesprächen zwischen einer Mutter und ihren zwei Kindern ganz im Sinne der Aufklärung und auf der Basis »einer religiösen Weltsicht« behandelt wurden. Sie war angereichert mit der profunden Kenntnis der zeitgenössischen Forschung, welche die »Ordnung des Universums« erklärte.[217]

Bolotov, der sich aktiv mit der Erziehung seiner Kinder befasste, schrieb zudem für die Kinder seiner Schule Theaterstücke. Eines davon, »Die un-

---

215 Seslavinskij, Girljanda iz knig i kartinok, Bd. 1, S. 35.
216 Čechov, Očerki istorii russkoj detskoj literatury, S. 30.
217 Hellman, Fairy Tales and True Stories, S. 8.

glücklichen Waisen«, wurde publiziert und stellte eine Art Kinderversion von Denis Fonvizins klassizistischem Stück »Der Brigadier« (»Brigadir«) dar.[218] Zwischen 1783 und 1785 schuf Aleksandr Šiškov »echte Dichtung für Kinder« in Gestalt der »Kinderbibliothek«. Gedichte, Märchen, erbauliche Gespräche, Fabeln und Theaterstücke, im Wesentlichen Übersetzungen und Adaptionen aus Campes »Kleiner Kinderbibliothek«, sorgten – ähnlich wie im Falle von »Detskoe čtenie« für nachhaltigen Eindruck bei mehreren Generationen von jungen Lesern.[219]

Vielen Kindern wurde das Lesen sehr früh beigebracht, im Alter von vier Jahren oder fünf Jahren, von Familienangehörigen, einem Leibeigenen, Nachbarn oder Geistlichen. Der Alltag bot den Kindern bis weit ins 19. Jahrhundert hinein wenig Abwechslung – sie waren häufig sich selbst überlassen, und Spielsachen gab es nur wenige. Aus diesem Grund spielte die Lektüre – zwangsläufig – eine große Rolle, wenngleich der Zugriff auf spezielle Bücher für Kinder, gerade in der Provinz, begrenzt war. Häufig gab es nur »Kalender, Losbücher (*sonniki*), Liederbücher, ›Georg – ein englischer Lord‹, ›Bova Korolevič‹ und einige Bücher geistlichen Inhalts«.[220] Die Hauptquelle der Lektüre war die väterliche Bibliothek, und die Lesepraxis der Kinder hing sehr stark von deren Ausstattung und Ausrichtung ab. Manche verfügten über eine große Anzahl französischer Literatur, andere sammelten russische Bücher und mancherorts dominierten die Journale. Abhängig von den Interessen und dem Geschmack ihrer Besitzer variierten die inhaltlichen Schwerpunkte, die von erbaulicher über mystische, von unterhaltender bis hin zu naturwissenschaftlicher oder historischer Literatur reichten. In Ermangelung spezieller Kinderbücher, die erst ab den 1790er Jahren für Kinder bis zum Alter von zehn bis elf Jahren in größerer Zahl erschienen, lasen Kinder, was Erwachsene lasen.[221]

---

218 Čechov, Očerki istorii russkoj detskoj literatury, S. 31.
219 Hellman, Fairy Tales and True Stories, S. 13. Jakov Grot stellte in Bezug auf seine kindliche Lektüre fest: »Alles, was ich damals (in der ersten Kindheit) gelesen habe, alle Bücherhelden, die damals meine kindliche Seele bewegten, leben alle in ihrem Reiz in meiner Erinnerung. [...] Sogar einige Bilder sind mir unauslöschlich geblieben. Vor allem diejenigen, die mein Herz berührten. [...] Besonders erinnere ich mich an die ›Kinderbibliothek‹ Campes. Das zeugt vom Nutzen des Buches [...]. Und auch Aksakov urteilte ähnlich: Die ›Kinderbibliothek‹, besonders die Kinderlieder, die ich schnell auswendig lernte, führte zu Begeisterung [...].« Zit. nach Dlugač, R. V., Deti i knigi, in: Pokrovskaja; Čechov (Hg.), Materialy po istorii russkoj detskoj literatury, Bd. 1, S. 264–301, hier S. 285.
220 Dlugač, Deti i knigi, S. 267.
221 Insgesamt waren, wie Dlugač in ihrer Untersuchung belegt, zwischen 1770 und 1850 nur 10–14 Prozent der von Kindern gelesenen Bücher speziell für diese Altersgruppe verfasste Lektüre (Dlugač, Deti i knigi, S. 74).

Das Lesen in der Familie war wesentlicher Bestandteil im Leben vieler Kinder und bis weit in das 19. Jahrhundert hinein prägendes Moment für die künftigen Lesegewohnheiten.[222] Nicht selten wurden die Landsitze – wie zahlreiche Kindheitserinnerungen insbesondere für den Beginn des 19. Jahrhunderts belegen – durch das literarische Interesse und die Belesenheit ihrer Besitzer zu »kulturellen Zentren«, von deren Existenz auch die anwesenden Kinder profitierten. Petr Semenov-Tjan-Šanskij erinnerte sich beispielsweise: »Bei uns versammelten sich Gäste, um zu hören, wie mein Vater laut ... die Werke Puškins, Žukovskij und russische Theaterstücke las ... Und wir Kinder kamen zusammen, um mit dem gleichen Vergnügen zuzuhören, und begeisterten uns derart für Dichtung, dass ich im Alter von 4 bis 5 Jahren viele Gedichte Puschkins auswendig lernte, die ich bis heute kann.«[223]

Viele Kinder beherrschten Fremdsprachen – insbesondere Französisch, aber auch Deutsch und Englisch – oder arbeiteten mit ihren Hauslehrern intensiv am Spracherwerb. Dabei war die Lektüre von Literatur im Original ein wesentlicher und erfolgreicher Bestandteil der von den Lehrern angewandten Methode der Sprachvermittlung.[224] Außerhalb der häuslichen Sphäre, in den Lehranstalten, war – wie bereits im Zusammenhang mit dem Smol'nyj erwähnt – der Zugang zu Literatur reglementiert. Sergej Glinka verweist in seinen Erinnerungen beispielsweise darauf, dass im Landkadettenkorps, unter Leitung von Friedrich von Anhalt, für das »zweite Alter« der Zöglinge (10–11 Jahre) noch Campe-Abende veranstaltet wurden, wohingegen das »dritte Alter« (12–15 Jahre) bereits über eine eigene Bibliothek verfügte. Bereitgehalten wurden Zeitschriften wie »Zritel'« (»Der Zuschauer«), »Merkurij« (»Merkur«), »Akademičeskie novosti« (»Akademische Neuigkeiten«) und der »Moskovskij žurnal« (»Moskauer Journal«) Karamzins. Zudem standen den jungen Lesern die »Bibel in drei Sprachen«, das »Werk Basilius des Großen auf Französisch« sowie – um die Jugend mit den Ereignissen der Französischen Revolution vertraut zu machen – die Schriften von Hugo Grotius, Jakob Friedrich von Bielfeld und anderen zur Verfügung.[225] Viele der politisch orientierten, ausländischen Schriften wurden allerdings im Zuge der verschärften Zensurpolitik Mitte der 1790er Jahre aus der Bibliothek wieder

---

222 Dlugač, Deti i knigi, S. 270.
223 Zitiert nach ebd., S. 269. Dort finden sich auch weitere Beispiele, welche die zentrale Bedeutung des Lesens in den Familien für die Kinder belegen.
224 Ebd., S. 276.
225 Ebd., S. 272.

entfernt.[226] Für Kinder, deren Eltern über eine gut ausgestattete Bibliothek verfügten, konnte der Eintritt in eine Lehranstalt somit durchaus eine Einschränkung ihres Lesehorizontes bedeuten.[227] Erziehungsvorstellungen von Erwachsenen drangen im ausgehenden 18. Jahrhundert nicht nur mittels literarischen Angebots, sondern auch in Form von Brettspielen (Gesellschaftsspielen) in die Welt des aristokratischen Nachwuchses ein. Über den Hof Katharinas II. hatte das Brettspiel in Russland als »ausländische Belustigung« Erwachsener wie Kinder in adlige Kreise Eingang gefunden.[228] Die Blütezeit dieser Spiele setzte erst im Laufe des 19. Jahrhunderts in Form von inhaltlicher und gestalterischer Ausdifferenzierung sowie einer gesteigerten Verbreitung im Zusammenhang mit neuen Produktionsmethoden ein. Dennoch sollen sie im vorliegenden Kontext knapp erwähnt werden, waren doch russische wie ausländische Aufklärer vom pädagogischen Nutzen solcher Spiele überzeugt und diskutierten dies in ihren Publikationen.[229] Die Wertschätzung des spielerischen Lernens und damit zusammenhängend von Kinderrätseln, ethnografischen, geografischen und historischen Wissensspielen, Zahlenlottos oder Strategiespielen und deren Einbindung in den familiären Alltag trug zur wachsenden Ausdifferenzierung des Unterhaltungsangebots für die Kinder bei. Dies bezeugt einmal mehr die gestiegene Aufmerksamkeit, die dieser Gesellschaftsgruppe entgegengebracht wurde.[230]

Von den »gegenstandslosen« und spontanen Spielen, denen Kinder allein nachgehen konnten, unterschieden sich die Brettspiele insofern, als sie speziell von Erwachsenen für Kinder in bestimmter pädagogischer Absicht gemacht worden waren. »Moralische Ideen«, allgemeinbildendes Wissen oder politische Botschaften konnten so spielerisch in die Gesellschaft transportiert werden. Ohne großen Aufwand ließen sich zeitgenössische Themen aufgreifen und bei Bedarf jederzeit in neuer Auflage inhaltlich nachjustieren. Zu bedenken ist auch, dass Brettspiele generationenübergreifend genutzt wurden. Sie setzten keine Kenntnisse oder eine regelmäßige Praxis voraus und erfreuten sich vor allem in einem Land mit speziellem »Naturfaktor« – das heißt witterungsbedingten langen Abenden zu Hause – großer Beliebtheit. Ähnlich wie das Lesen wirkten Gesellschaftsspiele dem eintönigen Leben auf

---

226 Ebd., S. 272–273.
227 Ebd., S. 273.
228 Kostjuchina, Detskij Orakul, S. 28.
229 Ebd., S. 31.
230 Ebd., S. 174, 232, 251–252, 273.

den Landgütern entgegen.²³¹ Auch die Spiele waren Träger eines Kulturtransfers: Bis in die 1830er Jahre wurden sie »kistenweise auf Bestellung des Adels« aus England, Frankreich und Deutschland importiert, weil erst ab dem zweiten Drittel des 19. Jahrhunderts eine russische Produktion in nennenswertem Maß begann.²³² An der Verankerung der Spielepraxis in den adligen Familien und damit in der russischen Kultur waren zudem die zahlreichen ausländischen Gouvernanten und Hauslehrer substantiell beteiligt. Oft waren sie es, die diese Form des kindlichen Vergnügens in die Adelsfamilien einbrachten und die Spiele zu Erziehungs- und Lernzwecken einsetzten.²³³

Dieses Kapitel thematisiert die insbesondere mit der Regierungszeit Katharinas II. voranschreitende »Entdeckung der Kindheit«. Dafür herangezogen wurden die Parameter Bildung und Erziehung auf staatlicher sowie gesellschaftlicher Ebene, die visuelle Darstellung von Kindern, die Entwicklung des Lektürespektrums sowie die Herausbildung einer entsprechenden materiellen Kultur. Die Anstrengungen, die zur (Aus-)Bildung künftiger Staatsbürger seit Peter I. unternommen wurden, blieben utilitaristisch, wurden aber zugleich umfassender und ausdifferenzierter. Neben der fachlichen Qualifikation spielte die Persönlichkeitsentwicklung der jungen Untertaninnen und Untertanen auf der Basis klar abgesteckter Tugenden eine immer größere Rolle. Unter dem Einfluss der Aufklärung schuf Katharina II. neue Erziehungsinstitutionen und propagierte zugleich Ideen, wie Erziehung zu gestalten sei.

Selbst wenn Projekten wie den Waisenhäusern mit angegliederten Schulen oder dem Smol'nyj nur sehr begrenzter Erfolg beschieden war, begannen sich während ihrer Regierungszeit Erziehungsvorstellungen und auch -praktiken grundlegend zu wandeln. In Russland wurde wie auch in anderen europäischen Staaten die Kindheit verstärkt als Projektionsfläche für eine durch Erziehung definierte Zukunft genutzt. Dabei fiel im Einzelfall der Zugang zu diesen Fragestellungen im Zarenreich fast noch radikaler aus als in westeuropäischen Staaten, wie am Beispiel des Curriculums des Smol'nyj oder den Beckoj'schen Vorstellungen bezüglich der Waisenhäuser zu sehen war.

Bei allen Einschränkungen, die durch die Zensur existierten, wurde dennoch – wie am Beispiel der Publikationstätigkeit Novikovs erkenntlich – modernem Gedankengut gewisse Entfaltungsmöglichkeiten geboten. Dies wirkte nicht nur in staatliche Strukturen, sondern auch in die adligen Fami-

---

231 Ebd., S. 6–8.
232 Ebd., S. 32.
233 Ebd., S. 37.

lien hinein. Sie wurden in zahlreichen Publikationen über Kindererziehung belehrt und nahmen offensichtlich die neuen Ideen an. Dies wird im folgenden Kapitel ausführlich diskutiert. Neben dem aufklärerischen Impetus war es auch die Aufhebung der Dienstpflicht für den Adel, die den Boden dafür bereitete, dass die Erziehung der Kinder mehr Aufmerksamkeit erhielt. Generell erfuhren häusliche und familiäre Belange im späten 18. Jahrhundert zunehmende Wertschätzung, wenngleich viele Väter nach wie vor im Dienst standen und sich nicht permanent bei ihren Familien aufhalten konnten. Zudem waren die Familie und ihre Erziehungspraktiken keinesfalls eine rein private Angelegenheit; vielmehr diente dieser Raum »staatlichen und gesellschaftlichen Projektionen«.[234]

Die Entwicklung eines Konzepts von Kindheit im Russland des 18. Jahrhunderts ist ohne die Einbeziehung des intensiven Transfers westeuropäischen Gedankenguts nicht denkbar. Die Rezeption und die Übersetzung von Erziehungstraktaten und Literatur für Kinder, die Orientierung an institutionellen Strukturen im Fall von Lehranstalten, die Übernahme ausländischer Spiele sowie die Darstellungskonventionen von Kindern in der Malerei belegen dies deutlich. Notwendigerweise stellt sich die Frage nach der Existenz einer nationalen, einer russischen – insbesondere adligen – Kindheit. Offensichtliche Faktoren könnten dazu verleiten, diese Frage zu verneinen: eine Herrscherin deutscher Abstammung und ihre Erziehungsvorstellungen, das Französische als *lingua franca* in vielen adligen Familien, die Orientierung an ausländischen Institutionen und Instruktionen sowie die in zahlreichen Haushalten beschäftigten ausländischen Gouvernanten und Hauslehrer. Eine solche Antwort würde aber weder der Konzeption noch der sozialen Praxis der Kindheit in Russland gerecht werden. Andreas Renner unterstrich in Bezug auf die »russische Aufklärung« die Notwendigkeit, zu differenzieren und eine dem Gegenstand – zwischen ausländischem Einfluss und lokaler Anpassung – gerecht werdende Formulierung zu finden.[235] Auch wissen wir dank der einschlägigen Untersuchung von Michelle Marrese, dass sich viele Familien bestens mit einem Bilingualismus beziehungsweise Bikultura-

---

[234] Vgl. dazu Kucher, Katharina; Winning, Alexa von, Privates Leben und öffentliche Interessen. Adlige Familie und Kindheit in Russlands langem 19. Jahrhundert, in: Jahrbücher für Geschichte Osteuropas 63, 2 (2015), S. 233–255, hier S. 234.
[235] Renner, Andreas, Die Autokratie der Aufklärung, in: Kraus, Alexander; Renner, Andreas (Hg.), Orte eigener Vernunft. Europäische Aufklärung jenseits der Zentren, Frankfurt am Main 2008, S. 125–142, hier S. 135. Er schlägt in diesem Zusammenhang vor, besser von »Aufklärung in Russland« als von russischer Aufklärung zu sprechen.

lismus arrangiert hatten und die ausländische Kultur und die russische Tradition keinesfalls zwingend als Opposition empfanden.[236] Ausgehend von dieser These wäre zu überlegen, ob nicht das Konzept einer »transnationalen Kindheit«, das von Nicole Himmelbach und Wolfgang Schröer für die Erforschung der aktuellen »globalisierten Sorge« um Kinder in schwierigen Lebenssituationen und Arbeitsverhältnissen formuliert wurde, für die Kindheit im Russland des ausgehenden 18. und 19. Jahrhunderts fruchtbar gemacht werden könnte.[237] Die *Transnational studies* gehen davon aus, dass Kindheiten sich nicht im »Container nationaler Grenzen« konstituieren, sondern verorten sie »reflexiv« in einem Nationalstaat mit großer Aufmerksamkeit »gegenüber Grenzen verflechtender Konstellationen«.[238] Das »Nationale« wird demzufolge »über ganz unterschiedliche soziale, ökonomische und kulturelle Prozesse in Kindheiten hergestellt«.[239] Die der russischen adligen Kindheit eigene Transkulturalität, die sich durch ausländische Prägung einerseits und russische Kultur und Umgebung andererseits konstituierte, wäre so Kennzeichen eines bestimmten Typs von Kindheit, der sich im ausgehenden 18. Jahrhundert herausbildete. Im 19. Jahrhundert kam dieser Typ von Kindheit zu seiner Blüte. Deshalb wird weiter nach der Wechselwirkung russischer Spezifika und ausländischer Einflüsse gefragt werden. Dabei war auch diese Kindheit kein statischer Zustand, sondern befand sich in permanenter Weiterentwicklung und Anpassung. Dies hing mit einem nach 1812 einsetzenden nationalen Bewusstsein ebenso zusammen wie mit dem wachsenden wissenschaftlichen Interesse an Kindheit und einer verstärkten Aufmerksamkeit gegenüber benachteiligten Kindern.

---

236 Marrese, Michelle, »The Poetics of Everyday Behavior« Revisited. Lotman, Gender, and the Evolution of Russian Noble Identity, in: Kritika: Explorations in Russian and Eurasian History 11, 4 (2010), S. 701–739, hier S. 736–739.
237 Himmelbach, Nicole; Schröer, Wolfgang, Die transnationale Kindheit, in: Baader; Eßer; Schröer (Hg.), Kindheiten in der Moderne, S. 492–507.
238 Ebd., S. 493.
239 Ebd., S. 494.

3. Kindheit im ersten Drittel des 19. Jahrhunderts: Erziehung als Dienst am Vaterland

Die Entwicklung des Ideensystems und der sozialen Praxis von Kindheit schritt im ersten Drittel des 19. Jahrhunderts voran. Die visuelle Darstellung von Kindern und ihren Lebenswelten zeigt im Vergleich zum 18. Jahrhundert eine Ausdifferenzierung der Kindheitsvorstellungen. Die Entwicklung der Kinderliteratur lässt erkennen, dass ab den späten 1820er Jahren, der Zeit der Romantik, Kinder als eine Gesellschaftsgruppe wahrgenommen wurden, die literarisch entsprechend ihrer Fähigkeiten und Neigungen und mit Rücksicht auf ihre Entwicklung angesprochen werden sollte. Damit nahm die Kindheit als eigene Welt weiter Formen an. Kinder waren nicht nur künftige Untertanen, sondern Menschen, denen in einer bestimmten Lebensphase besondere Aufmerksamkeit entgegenzubringen war. Gleichzeitig entpuppen sich bei genauem Hinsehen viele Publikationen als Projektionsfläche erwachsener Vorstellungen vom künftigen nützlichen Staatsbürger.

Der Krieg gegen Napoleon und das Jahr 1812 sorgten für einen Patriotismus, der sich über literarische Erzeugnisse und familiäre Diskurse auch im kollektiven Kindergedächtnis ablagern sollte. Das Bewusstsein für nationale Aspekte von Erziehung nahm in dieser Zeit zu, weshalb Russland, seine Geografie, Ethnografie und Geschichte zunehmend in den Lern- und Lebenshorizont von Kindern gerückt wurde. Dennoch lassen sowohl Publizistik und Literatur als auch die exemplarisch vorgestellte Kindheit von Jurij Samarin klar erkennen, dass der ausländische, insbesondere französische Einfluss auf adlige Kindheit und Erziehung ungebrochen war. Es kam keinesfalls zur Ablösung des aus dem 18. Jahrhundert wirkenden Kindheitsmodells, sondern zu dessen Erweiterung und Ausdifferenzierung im Zuge von gesamteuropäischen Prozessen nationaler Erziehung. Im Sinne der *Histoire croisée* lohnt sich für ein besseres Verständnis dieser hybriden Form der Kindheit ein Wechsel der Perspektive.[1] Dabei lässt sich fragen, ob nicht das,

---

1 Pernau, Transnationale Geschichte, S. 50.

was aus russischer Perspektive wie das Eindringen von etwas Fremdem erschien, sich im gesamteuropäischen Kontext als kollektives Phänomen erweist und nicht gerade in der Zusammenführung der unterschiedlichen Welten die Spezifik der russischen adligen Kindheit bestand.

3.1 Inszenierung und Idealisierung: Kindheit, Kanonen und Birken

Der Maler Orest A. Kiprenskij (1782–1836), Absolvent der Petersburger Kunstakademie, schuf 1808/09 ein Porträt des ungefähr zwölfjährigen Aleksandr A. Čeliščev (Abb. 15). Es zeigt einen Knaben vor einem sehr dunklen Hintergrund, der über seine linke Schulter blickt. Die Silhouette des Kindes ist vor ein dunkelbraunes Oval gesetzt, das wiederum von einer schwarzen Fläche umrandet ist und so die Figur plastisch hervortreten lässt. In klaren und hellen Farben sind lediglich das Gesicht des Jungen gehalten, ebenso sein Hals, der teilweise von einem weißen Hemdkragen bedeckt ist, und ein Stück einer leuchtend roten Weste mit zwei Knöpfen, zu sehen unter einem dunkelblauen aufgeklappten Mantel- oder Jackenkragen. Čeliščev hat schwarze Haare, die das blasse Gesicht von der Stirn bis an die Wangenknochen umspielen. Die Gesichtszüge sind fein, der Blick aus den großen dunklen Augen ernst und tief, gerichtet gleichzeitig »durch den Betrachter hindurch und in sich selbst«.[2] Mit dem ausschließlichen Einsatz der hellen Farben für Gesicht, Hals und einen Teil des Brustbereichs scheint das Licht geradezu aus dem Knaben selbst herauszustrahlen.[3]

Kiprenskijs Bildnis, das manchen als »Manifest des Kinderporträts der Romantik« gilt, markierte den Beginn einer neuen Ära der Darstellung von Kindern und Kindheit in der russischen Malerei im Übergang vom Sen-

---

[2] Gosudarstvennaja Tret'jakovskaja Galereja, Kiprenskij, Orest A., »Portret A. A. Čeliščeva« (https://www.tretyakovgallery.ru/collection/portret-aleksandra-aleksandrovicha-chelishcheva [8.2.2022]).

[3] Gerne wird bei diesem Porträt darauf verwiesen, dass der Maler hier bereits die Zukunft des Dargestellten beschworen hat: Ausgebildet im Pagencorps nahm er als Fünfzehnjähriger am Krieg gegen Napoleon teil, wurde Mitglied des Wohlfahrtsbundes und 1822 Major des Jäger-Regiments. Er lebte als Gutsbesitzer im Medynsker Gebiet und gilt vielen als Vorbild des jugendlichen Helden Petja Rostov in Tolstojs »Krieg und Frieden« (Vasjutinskaja, Dva veka russkogo detstva, S. 108; Zimenko, Vladislav M., Orest Adamovič Kiprenskij, 1782–1836, Moskva 1988, S. 99).

Abb. 15: Porträt von A. A. Čeliščev (Orest A. Kiprenskij, 1790er Jahre)

timentalismus zur Romantik.[4] Dabei kann nach Ansicht V. M. Zimenkos das Gemälde wegen seines Kolorits und seiner Bildkomposition durchaus als »Nachklang des 18. Jahrhunderts« verstanden werden.[5] Kinder wurden insbesondere seit dem letzten Drittel des 18. Jahrhunderts in der klassizistischen Darstellung zwar zunehmend von Erwachsenen abgegrenzt, aber durch die Wahl entsprechender Attribute und die räumliche Inszenierung kamen Rationalismus, pädagogisch geprägte Vernunft sowie projizierte Vorstellungen der Erwachsenen deutlich zum Ausdruck. Die Kindheit wurde als »Vorbereitungsphase zur Herausbildung eines Erwachsenen« dargestellt, und die »Kinderporträts als solche waren von den für das 18. Jahrhundert typischen Porträttypen überschattet«.[6] Im Zeitalter der (Früh-)Romantik veränderte sich unter dem Eindruck der Französischen Revolution und der beginnenden Industrialisierung der Blick auf die Kindheit. Im Fahrwasser von Schriftstellern wie Victor Hugo, William Wordsworth oder Jean Paul wurde diese Lebensphase als »natürliches und urwüchsiges Stadium der Tu-

---

4 Goldovskij, Detskij portret, S. 17.
5 Zimenko, Orest Adamovič Kiprenskij, S. 96.
6 Cunningham, Die Geschichte des Kindes in der Neuzeit, S. 111 (erstes Zitat). Sarab'janov, Dmitrij V., Orest Adamovič Kiprenskij, Leningrad 1982, S. 36 (zweites Zitat).

gend« verstanden, das den »korrupten Erwachsenengesellschaften« als überlegen galt.⁷ Auch Maler interpretierten sie neu und stilisierten sie häufig zum »Alter der Unschuld«.⁸ Zentrale Bedeutung kam in diesem Zusammenhang dem deutschen Maler Philipp Otto Runge zu. Seine Kinderdarstellungen, sei es in Einzel- oder Gruppenporträts, zwingen den Betrachter förmlich in die Welt der Kinder hinein.⁹ Genannt sei an dieser Stelle das berühmte Gemälde »Die Hülsenbeckschen Kinder« von 1805/06. Die drei, große Vitalität ausstrahlenden Kinder sind auf dem Gemälde so im Vordergrund platziert, dass der Betrachter sich mit ihnen auf Augenhöhe und damit in einer von ihnen vermessenen Welt wiederfindet.¹⁰

Auch in Russland, das sich in die gesamteuropäische Entwicklung einordnete, entstand ein »Kult der Kindheit«, der diese Lebensphase als »idealen Zustand« stilisierte und zum »Depot von Empfindsamkeit und Gefühl« für das gesamte Erwachsenenleben verklärte.¹¹

Neben Kiprenskijs Gemälde von Aleksandr Čeliščev gilt das Porträt, das Vasilij A. Tropinin (1776–1857) 1818 von seinem Sohn Arsenij (Abb. 16) anfertigte, als weiterer Meilenstein des Kinderporträts in Russland.¹² Das Bild zeigt einen – ebenfalls ernst blickenden – elfjährigen Knaben, der aber im Unterschied zu Kiprenskijs Gemälde seinen konzentrierten Blick nicht auf den Betrachter, sondern an diesem vorbei richtet. Der Hintergrund ist auf der linken Seite in dunkler Farbe und auf der restlichen Fläche weitgehend hell gehalten. Dadurch, dass der Junge nach links schaut, kommt es auf dem Gemälde zu einem interessanten Spiel von Licht und Schatten: Die eine Gesichtshälfte ist erleuchtet, die andere dem Licht abgewendet. Die so erzeugten Lichtverhältnisse »modellieren das zarte, feine Gesicht des Knaben«.¹³ Im Vergleich zu dem Porträt Čeliščevs bringt Tropinins mehr dem Sentimentalismus verpflichtetes Bildnis Intimität zum Ausdruck und verleiht »dem leib-

---

7 Heywood, A History of Childhood, S. 26–27; Thomas, Greg M., Impressionist Children. Childhood, Family, and Modern Identity in French Art, New Haven u. a. 2010, S. xvii (Zitat).
8 So der Titel des wegweisenden Gemäldes, das Joshua Reynolds 1788 von seiner Großnichte Offy anfertigte.
9 Rosenblum, Robert, The Romantic Child. From Runge to Sendak, London 1988, S. 9.
10 Ebd., S. 31.
11 Brown, Marilyn R., Images of Childhood, in: Fass (Hg.), Encyclopedia of Children and Childhood, Bd. 2, 2004, S. 449–463, hier S. 454.
12 Zimenko, Orest Adamovič Kiprenskij, S. 98.
13 Ebd.

*Abb. 16: Porträt von Arsenij Vasilevič Tropinin, Sohn des Künstlers
(Vasilij Andreevič Tropinin, 1818)*

eigenen Kind Freiheit und Zuversicht« sowie »unmittelbare Lebensfreude«.[14] Interessanterweise stellt die Autorin Nina Bojko in einem diesem Gemälde gewidmeten Aufsatz einen Zusammenhang zwischen diesem Bildnis Tropinins und seiner Entlassung aus der Leibeigenschaft her: Die Ausstellung des Bildes in Moskau stieß auf große und positive Resonanz. Deshalb wurden das außer Frage stehende Talent Tropinins und sein unfreier Status »auch in den oberen Kreisen zum Gesprächsthema«.[15] 1823 wurde der Maler schließlich in die Freiheit entlassen. Selbst wenn das Porträt Arsenij Tropinins für die künstlerische Anerkennung des Vaters kaum allein ausschlaggebend war, so trug das Gemälde des Kindes dazu bei, auf den Maler aufmerksam zu machen und damit den gesellschaftlichen Druck auf dessen Gutsherrn zu erhöhen, ihn aus der Leibeigenschaft zu entlassen. Das Porträt des Kindes wirkte in diesem Zusammenhang als Akteur, weil es sich um ein berührendes und

---

14 Ebd., S. 99; Tropinin, Vasilij, Portret Arsenija Vasil'eviča Tropina.
 (https://www.tretyakovgallery.ru/collection/portret-arseniya-vasilevicha-tropinina [8.2.2022]).
15 Bojko, Portret syna, S. 248. Sie führt aus, dass es sogar den Vorschlag gegeben haben soll, Markovs Spielschulden mit der Freiheit Tropinins zu begleichen.

Emotionen auslösendes Porträt handelte, das die Betrachter dazu bewog, soziale Ungerechtigkeit zu thematisieren.[16]
Bei Kiprenskij ist das Kind »Träger erwachender Gedanken«. Ihm schien es mehr um die Darstellung des »Zustands« zu gehen; Tropinin hingegen wollte insbesondere den menschlichen Charakter zum Ausdruck bringen.[17] Dennoch, bei aller Unterschiedlichkeit der porträtierten Kinder ist beiden Bildern der Fokus auf die kindliche Persönlichkeit und deren Psychologie gemeinsam. Diese Intensität wird nicht zuletzt dadurch unterstützt, dass die Maler im Vergleich zu vielen anderen Kinderporträts auf beigegebene Gegenstände, Attribute und die Positionierung in einer klar identifizierbaren Umgebung verzichteten, die Lebensalter, soziale Situation, Status oder künftige Bestimmung des dargestellten Kindes unterstreichen.[18] Das Kind entwickelte sich in der Romantik zu einer zentralen Gestalt des 19. Jahrhunderts. Dabei war die Darstellung von Kindern keinesfalls einheitlich, sondern ebenso wie das Jahrhundert selbst von großer Vielfalt geprägt.

Die am Beginn des Kapitels stehende Zusammenschau von Gemälden ermöglicht es, anhand der Kategorisierung von Motiven und Darstellungskonventionen Themen herauszuarbeiten, die Aussagen über die Konzeption von Kindheit und deren Verankerung im zeitgenössischen Kontext zulassen. Die Debatten um Kindheit und Erziehung, die beispielsweise in Zeitschriften geführt wurden, konzentrierten sich zu Beginn des 19. Jahrhunderts in hohem Maß auf den adligen Nachwuchs. Aus diesem Grund erfährt die adlige Kindheit im vorliegenden Zusammenhang besondere Aufmerksamkeit. Auf der Basis eines Erziehungstagebuchs wird die Ausgestaltung einer solchen Kindheit im Detail betrachtet. Dabei geht es neben den formulierten Erziehungsvorgaben insbesondere um deren praktische Umsetzung. Ergänzend zeigen Publikationen über und für Kinder ebenso wie die materielle Kultur das wachsende Interesse einer privilegierten Öffentlichkeit an der Kindheit. Eine Annäherung an die Kindheit im frühen 19. Jahrhundert über die drei genannten Themenkomplexe erscheint sinnvoll, weil es so möglich ist, repräsentative Vorstellungen mit der konkreten Ausgestaltung von Kindheit zu verknüpfen.

---

16 Zur emotionalen Wirkweise visueller Medien vgl. Frevert, Ute; Schmidt, Anne, Geschichte, Emotionen und die Macht der Bilder in: Geschichte und Gesellschaft 37,1 (2011), S. 5–25, bes. S. 21–23, sowie Gestwa, Klaus; Kucher, Katharina, Visuelle Geschichte Russlands: der Blick auf das 19. Jahrhundert, in: Jahrbücher für Geschichte Osteuropas 60, 4 (2012), S. 482–488, hier S. 485.
17 Sarab'janov, Orest Adamovič Kiprenskij, S. 37.
18 Goldovskij, Detskij portret, S. 17.

Kindheit und nationales Bewusstsein

Bereits am Ende des 18. Jahrhunderts hatte sich die Auseinandersetzung mit der eigenen Identität im Zarenreich verstärkt: Nach Jahren der »*Rezeption*« folgte die innehaltende *Reflexion*, verbunden mit der Suche nach der eigenen *Identität*«.[19] Die Idealisierung Europas, insbesondere Frankreichs, war durch die Französische Revolution und die darauffolgenden politischen Ereignisse nachhaltig erschüttert worden.[20] Allerdings fiel die Abwendung von Frankreich gerade dem frankophilen russischen Adel schwer und sollte sich als ein langwieriger Prozess gestalten. In diesem Kontext verwies Nikolaj Karamzin, einer der Gründungsväter des russischen Nationalismus, 1802 mit seinem Beitrag »Über die Liebe zum Vaterland und den nationalen Stolz« in der Zeitschrift »Vestnik Evropy« (der »Bote Europas«) eindringlich auf die Vorzüge der russischen Sprache,

»die reicher an Harmonien als das Französische [ist], besser geeignet für die Ergüsse der Seele. [...] Mensch und Nation mögen mit Nachahmung beginnen, aber nach einer gewissen Zeit müssen sie selbst werden, um mit Recht sagen zu können: ›ich existiere moralisch‹.«[21]

Diese Tendenz führte im Verbund mit dem Einmarsch der napoleonischen Truppen zur Entstehung eines Nationalismus, der sich in allen Facetten des russischen Lebens niederschlug. Um 1812 fertigte Tropinin ein weiteres Kinderporträt an, in diesem Fall mit einigen Attributen. Das Bild, »Junge mit Kanone, Porträt des Fürsten Michail Andreevič Obolenskij« (Abb. 17), zeigt einen circa siebenjährigen Jungen, der an einem Tisch sitzt und ein aufgeschlagenes Buch in der Hand hält. Der hellste Punkt dieses Bildes ist das Gesicht des Jungen. Er trägt ein aufgeknöpftes weißes Hemd und darüber eine schwarze Jacke. Die Buchseiten heben sich im Kontrast zum dunkel gehaltenen Hintergrund ebenfalls hell ab. Der Junge hält das Buch aber nicht einfach in der Hand, es ist auf das Rad einer Spielzeugkanone gestützt.

Eine Kanone gilt in der Kunstsymbolik als Attribut der heiligen Barbara, der Schutzpatronin der Artilleristen. Gleichzeitig kann diese Kriegswaf-

---

19 Hildermeier, Geschichte Russlands, S. 851.
20 Martin, Alexander M., Russia and the Legacy of 1812, in: Lieven, Dominic C. B. (Hg.), The Cambridge History of Russia, Bd. 2: Imperial Russia, 1689–1917, Cambridge 2006, S. 145–162, hier S. 146–147.
21 Karamzin, O ljubvi k otečestvu i narodnoj gordosti, in: Vestnik Evropy, 1, 4 (1802), S. 67–69.

Abb. 17: Junge mit Kanone, Porträt des Fürsten Michail Andreevič Obolenskij (Vasilij Andreevič Tropinin, um 1812)

fe als Berufskennzeichen für Feldherren und Militäringenieure dienen.[22] Im vorliegenden Fall kommt der Spielzeugkanone eine doppelte Funktion zu: Einerseits wird durch dieses beigegebene Spielzeug das »Kindsein« der dargestellten Person unterstrichen. Zum anderen verweist die Kanone auf die geplante Karriere des Porträtierten, der im Alter von 13 Jahren in das Pagenkorps eintreten und zunächst eine militärische Laufbahn einschlagen sollte.[23] Wir wissen nicht, wann genau dieses Bild entstand, da eine präzise Angabe fehlt.[24] Die Tatsache, dass dieses Kinderporträt das einzige ist, dem Tropinin ein kriegerisches Spielzeug als kindliches Attribut beigegeben hat, spricht da-

---

22 Kanone, in: Kretschmer, Hildegard, Lexikon der Symbole und Attribute in der Kunst, Stuttgart 2008, S. 209.

23 R. V., Obolenskij, Michail Andreevič, in: Ėnciklopedičeskij slovar' Brokgauza i Efrona, Bd. 21a, 1897, S. 546.

24 Das Tropinin-Museum gibt auf dem zugehörigen Informationstäfelchen das Entstehungsjahr mit »1810er Jahre« an. In der Sekundärliteratur und auch in Ausstellungen des Tropinin Museums (»Mir i vojna. 1812 god«) wird das Gemälde dem Jahr 1812 zugeordnet. Der abgebildete Knabe, Michail Obolenskij, wurde 1805 geboren und war demzufolge 1812 sieben Jahre alt. Dieses Alter würde dem auf dem Bild dargestellten Knaben durchaus entsprechen.

für, dass Tropinin den Jungen unter dem Eindruck der Ereignisse von 1812 gemalt hat.²⁵ Neben dem militärisch geprägten Aspekt spielt das Streben nach Bildung auf dem Gemälde eine Rolle; dieses wird durch das aufgeschlagene Buch als »Sinnbild der Weisheit, des Wissens und der Gelehrsamkeit« symbolisiert.²⁶ Im vorliegenden Kontext kann das aufgeschlagene Buch als Verweis auf die ab 1802 erfolgten staatlichen Bildungsmaßnahmen verstanden werden. Diese reichten von der Einrichtung eines eigenen Ministeriums über Reform und Erweiterung des Schulwesens bis hin zur Neugründung der Universitäten Dorpat, Wilna, Char'kov, Kazan' sowie St. Petersburg.²⁷ In dieser Zeit stiegen sowohl die Zahl der militärischen Ausbildungsstätten für Knaben als auch die der Institute für Mädchen; ebenso fiel die Einrichtung der berühmten Institutionen adliger Ausbildung, der Höheren Schule für Rechtskunde 1805 und des Lyzeums von Carskoe Selo 1811 in die erste Hälfte der Regierungszeit Alexanders I.²⁸

Das auf den Knaben projizierte Streben nach Bildung und das Antizipieren des künftigen Staats- beziehungsweise Militärdienst bringen die Verpflichtung zum Ausdruck, dem Vaterland zu dienen. Das porträtierte Kind verkörpert eine ernsthafte Anteilnahme am Schicksal Russlands und ist zugleich Aufforderung, sich für dessen Zukunft einzusetzen. Somit kann Tropinins Gemälde in den patriotischen Schub eingeordnet werden, der in der Folge von 1812 durch das Land ging. Kinder als die Hoffnungsträger der Nation wurden von dieser Welle keineswegs nur als Projektionsfläche erfasst. Zeitgenössische Publikationen für Kinder und Jugendliche waren auch darauf ausgerichtet, die Ereignisse von 1812 in deren Bewusstsein zu verankern, um bei der jungen Generation die »Adaption nationalen Denkens« zu be-

---

25 Auf seinen anderen Kinderporträts sind diese mit Vögeln (Stieglitzen), Musikinstrumenten und Büchern abgebildet (vgl. Nevolina, Moj angel, S. 57–58).
26 Buch, Buchrolle, in: Kretschmer, Lexikon der Symbole und Attribute in der Kunst, S. 72.
27 Demkov, Istorija russkoj pedagogiki, Bd. 3, S. 115–126; Hildermeier, Geschichte Russlands, S. 839–842.
28 Aurova, Ot kadeta do generala, S. 44–47; Demkov, Istorija russkoj pedagogiki, Bd. 3, S. 47–54; Sinel, Allen, The Socialization of the Russian Bureaucratic Elite, 1811–1917. Life at the Tsarskoe Selo Lyceum and the School of Jurisprudence, in: Russian History 3, 1 (1976), S. 1–31; Michajlova, Ljudmila B., Carskosel'skij Licej i tradicii russkogo prosveščenija, St. Petersburg 2006; Disson, Julia, Privileged Noble High Schools and the Formation of Russian National Elites in the First Part of the 19th Century, in: Historical Social Research 33, 2 (2008), S. 174–189.

Abb. 18: Schlafender Hirtenjunge (Aleksej Venecianov, 1823–1826)

fördern, das in der damaligen »akuten Bedrohungssituation des russischen Reiches« zu Tage trat.[29]

Diese Entwicklung schlug sich auch in der »Repräsentation der Landschaft« nieder.[30] Auf den Kinderporträts des frühen 19. Jahrhunderts sind Landschaften zu sehen, die sich noch nicht zuordnen lassen und keinesfalls als typisch russisch identifizierbar sind.[31] Erst der Maler Aleksej Venecianov, dessen Schaffen in die Zeit der nationalen Bewusstseinsbildung nach 1812 fiel, änderte dies. Sein zwischen 1823 und 1826 entstandenes Gemälde »Schlafender Hirtenjunge« (Abb. 18) lässt keinen Zweifel an der nationalen Zuordnung von Mensch und Landschaft. Es ist eine Visualisierung dessen, was Hans Rogger als die Verwandlung des »arkadischen Schäfers« in den

---

29 Golczewski, Frank; Pickhan, Gertrud, Russischer Nationalismus. Die russische Idee im 19. und 20. Jahrhundert, Göttingen 1998, S. 18.

30 Ely, Christopher, This Meager Nature. Landscape and National Identity in Imperial Russia, DeKalb 2009, S. 59.

31 Vgl. das Gemälde des Fürsten A. I. Barjatinskij in der Kindheit mit Schaukelpferd (Marguerite-Virgine Chardon/Ancelot 1817) oder das Porträt des jungen Vasilij Dmitrevič Obreskov (unbekannter Künstler, erste Hälfte des 19. Jahrhunderts). Abbildungen: Vasjutinskaja, Dva veka russkogo detstva, S. 116, 118.

»russischen *mužik*« (Bauern) bezeichnet hat.[32] Venecianov (1780–1847) kam über die Auseinandersetzung mit den niederländischen Meistern zu seinem Stil. Bereits früh war er bemüht, keine holländischen Landschaften zu reproduzieren, sondern die Eindrücke seiner eigenen, russischen Umgebung wiederzugeben.[33] Insbesondere nach seinem Umzug auf das Gut Safonkovo im Gouvernement Tver' zeigten seine Gemälde eine Besinnung auf die ihn umgebende Natur und die bäuerliche Welt Russlands.[34] Auf dem Gemälde Venecianovs ist im rechten Vordergrund ein im Sitzen schlafender Hirtenjunge abgebildet. Sein Oberkörper lehnt an einer Birke, das linke Bein ist angewinkelt und das rechte ausgestreckt. Der Hirte trägt braune Wickelstiefel, helle Hosen und einen hellen Kittel, der auf Hüfthöhe von zwei Bändern sowie einem roten Gürtel zusammengehalten wird. Er ist vor dem Hintergrund eines kleinen Flusses platziert. Auf dem gegenüberliegenden Ufer steht ein eingezäuntes Gelände mit zwei Bauernhütten. Davor schreitet eine Bäuerin, erkennbar als solche an ihrer Kopfbedeckung und ihrem Kleid, mit einem Wassersattel den Fluss entlang. Um die beiden strohgedeckten Bauernhütten sind einige Tannen zu sehen. Im Hintergrund erheben sich zwei sanfte Hügel, auf denen Getreide angepflanzt sein könnte, und am Horizont ist als dunkler Streifen ein Wald zu erkennen. Der Himmel geht von einem kräftigen Türkisblau in ein müdes Hellblau über, durchsetzt mit einzelnen Wölkchen.

Das Gemälde weist eine einfache Formensprache auf und wendet sich so von manchen akademischen Konventionen ab. Es idealisiert die bäuerliche Welt und ist eine der Bukolik verpflichtete Vision des Landlebens, ein russisches Arkadien, in dem die Menschen unbelastet in idyllischer Natur leben.[35] Bedeutsam ist, dass es sich bei der Darstellung des Hirten nicht um einen Erwachsenen, sondern um einen Jungen handelt, auf den die Visionen projiziert werden. Sein Lebensalter steht für die Zukunft in einer idealisierten russischen Welt.

Die Stilisierung des russischen Volkstums in Venecianovs Gemälde lässt sich nahtlos in den entstehenden russischen Nationalismus einordnen, den

---

32 Rogger, Hans, National Consciousness in Eighteenth-Century Russia, Cambridge 1960, S. 137.
33 Benua, Aleksandr, Istorija russkoj živopisi v XIX veke, St. Petersburg 1902, S. 71–73.
34 Benua, Istorija russkoj živopisi v XIX veke, S. 71–73. Für Alexander Benois nimmt Venecianovs Gemälde des schlafenden Hirtenjungen die Atmosphäre der abgezehrten nördlichen Landschaft vorweg, die Michail Nesterovs Gemäldezyklus, den er dem heiligen Sergius von Radonesch (Sergij Radonežskij) widmete, zum Audruck brachte.
35 Ely, This Meager Nature, S. 71–73.

im ersten Drittel des 19. Jahrhunderts eine doppelte Dynamisierung vorantrieb: Zum einen verkündete Sergej Uvarov, der Minister für Volksaufklärung unter Nikolaus I., 1832 mit der staatsideologischen Trias von »Orthodoxie, Autokratie und Volkstum (*narodnost'*)« die nationale Begründung des russischen Staates, die explizit das »Volk« als Stütze miteinbezog.[36] Zum anderen suchten die Slawophilen in den 1830er und 1840er Jahren die Zukunft des Landes in der Verklärung religiöser und kultureller Traditionen des vorpetrinischen Russlands.[37]

Adlige und bäuerliche Lebenswelten

Weit über das erste Drittel des 19. Jahrhunderts hinaus gibt es eine beträchtliche Anzahl von Bildern, auf denen Kinder in stilisierter bäuerlicher Kleidung abgebildet sind.[38] Beispiele sind das Porträt eines »Jungen mit Ball« (Z. Petrovskij, 1825, Abb. 19), das Porträt des Senators Aleksandr Aleksandrovič Bašilov mit seinen Neffen und seiner Nichte (E. Krendovskij, Abb. 20), das Porträt der Kinder von Petr Nikolaevič Ermolov (P. Z. Zacharov-Čečenec, 1839), das Gemälde »Im Zimmer« (I. F. Chruckij, 1854, Abb. 21) oder das Bild »Auf der Datscha. Mädchen beim Beerenputzen« (N. M. Bykovskij, 1880, Abb. 22). Kinder waren bis ins frühe 19. Jahrhundert auf Porträts ähnlich repräsentativ gekleidet wie Erwachsene. Dies veränderte sich in vielen europäischen Ländern nicht zuletzt unter dem Einfluss Rousseaus. Dieser hatte für eine ihrer »Natur« und ihren »natürlichen Bedürfnissen« entsprechende Kleidung plädiert. Auf den ersten Blick könnte die Tatsache, dass die Kinder von Adligen und der gebildeten Oberschicht häufig in bäuerlichen, traditionellen Gewändern abgebildet wurden, mit Rousseaus Vorstellungen

---

36 Golczewski, Pickhan, Russischer Nationalismus, S. 22–23; Schmidt, Christoph, Russische Geschichte 1547–1917, München 2009, S. 74–75; Utz, Raphael, Rußlands unbrauchbare Vergangenheit. Nationalismus und Außenpolitik im Zarenreich, Wiesbaden 2008, S. 139–147; ausführlich zu Uvarov: Whittaker, Cynthia H., The Origins of Modern Russian Education. An Intellectual Biography of Count Sergei Uvarov, 1786-1855, DeKalb 2011.

37 Golczewski, Pickhan, Russischer Nationalismus, S. 24–28. Zur Bedeutung der Slawophilen und ihres Denkens vgl. ausführlich Walicki, The Slavophile Controversy; Riasanovsky, Nicholas, Russland und der Westen. Die Lehre der Slawophilen. Studie über eine romantische Ideologie, München 1954; Engelstein, Slavophile Empire; Lebedewa, Russische Träume.

38 Vasjutinskaja, Dva veka russkogo detstva, S. 26.

Abb. 19: Junge mit Ball (Z. Petrovskij, 1825)

korrespondieren. Aber Rousseau verabscheute den französischen Brauch, »wohlhabende Knaben dadurch zu bestrafen, dass sie bäuerliche Kleidung tragen mussten«.[39] Deshalb sollten noch weitere Aspekte bedacht werden.

Das Tragen traditioneller russischer bzw. von Traditionen inspirierter Kleidung war in den Oberschichten im postpetrinischen Russland durchaus üblich – selbst Katharina II. trug bisweilen russische Tracht.[40] In den ersten Jahrzehnten des 19. Jahrhunderts wurden slawophile Ideen immer populärer und förderten die Stilisierung des Volkstümlichen. Aleksandr Puškin bekleidete sich während seiner Verbannung in Michajlovskoe gerne mit einem ein-

---

39 Rose, Children's Clothes since 1750, S. 48.
40 Yefimova, Luisa V.; Aleshina, Tatyana S., Russian elegance. Country and city fashion from the 15th to the early 20th Century, London 2011, S. 9.

Abb. 20: Porträt des Senators Aleksandr Aleksandrovič Bašilov mit seinen Neffen und seiner Nichte, den Kindern des Grafen de Bal'men (E. F. Krendovskij, um 1824)

fachen Bauernhemd und machte sich damit verdächtig.[41] Ieronim Jasinskij beschreibt in seinen Memoiren den Fall eines georgischen Adligen, der sein »Russischsein« (*russkost'*) dadurch zum Ausdruck brachte, dass er sich wie ein »alter russischer Fürst kleidete«.[42] Auch die Dekabristen Pavel Pestel', Anton Bestužev, Vil'gel'm Kjuchel'beker und Kontratij Ryleev schrieben dem »russischen Gewand« die Bedeutung eines nationalen Bekenntnisses zu.[43]

---

41 Rogger, National Consciousness in Eighteenth-Century Russia, S. 137–138.
42 Jasinskij, zit. nach Martianova, Irina Ju., Mesto nacional'nogo samosoznanija v povsednevnoj žizni detej rossijskich dvorjan po vospominanijam XIX-načala XX veka, in: Izvestija Rossijskogo gosudarstvennogo pedagogičeskogo universiteta imeni A. I. Gercena 114 (2009), S. 59–65, hier S. 63.
43 Vgl. dazu Lemberg, Hans, Die nationale Gedankenwelt der Dekabristen, Köln 1963, S. 121–123.

Abb. 21: Im Zimmer (I. F. Chruckij, 1854)

Später legten Vertreter der Slawophilen wie Konstantin Aksakov und Aleksej Chomjakov als Zeichen ihrer inneren Haltung altrussische volkstümliche Kleidung an. Für Aksakov war dies der Versuch des Individuums, »in Wahrheit zu leben« und den Sittenkodex (»*mores*«) einer Gesellschaft neu zu definieren.[44]

Ein frühes Beispiel für die Darstellung eines Kindes in stilisierter volkstümlicher Bekleidung ist das in den 1820er Jahren entstandene Gemälde »Junge mit Spielzeug« (Abb. 23) eines unbekannten Künstlers. Es handelt sich dabei um ein Porträt Vladimir Dmitrievič Filosofovs (1820–1894), des

---

44 Hughes, ›Independent Gentlemen‹, S. 83. Wie Hughes beschreibt, blieb diese »Semiotik des Protests« keinesfalls folgenlos. Chomjakov wurde zu einem Treffen mit der Großfürstin aufgrund seiner Kleidung nicht zugelassen. Selbst das Drängen des gemäßigten Slawophilen Jurij Samarin konnte seine Freunde nicht dazu bewegen, sich den herrschenden, europäischen Kleidernormen anzupassen.

Abb. 22: Auf der Datscha. Mädchen beim Beerenputzen (N. M. Bykovskij, 1880)

Sohns von Dmitrij Nikolaevič Filosofov, Adelsmarschall des Novorževsker Landkreises im Gouvernement Pskov.[45]

Das Gemälde zeigt im Vordergrund einen ungefähr dreijährigen Knaben, der in einem Kinderstuhl mit Tisch sitzt und seine Füße auf einer Querstrebe des Tisches abstützt. Neben ihm ist ein Hund mit wachem Blick in Richtung des Kindes platziert. Hunde, die auf Gemälden häufig für Treue und Wachsamkeit stehen, verweisen gerade auf Kinderporträts »neben ihrer Funktion als Spielgefährte und Standessymbol auch auf eine Erziehung

---

45 Vasjutinskaja, Dva veka russkogo detstva, S. 123.

Abb. 23: *Junge mit Spielzeug (Unbekannter Künstler, 1820er Jahre)*

zur Tugendhaftigkeit«.[46] Im Hintergrund sind zwei Säulen zu sehen sowie ein kleines Stück eines dunklen, schmiedeeisernen Geländers, über dem ein großes Stück Stoff hängt. Durch das Geländer kann man einen Ast erahnen. Es verweist darauf, dass das Kind auf einer Terrasse sitzt. Das Kind trägt ein »rotes russisches Hemd« und die passenden roten Hosen dazu. Das Hemd reicht über die Knie; der Halsausschnitt wird durch einen Knopf geschlossen. Der Kragen ist mit einer goldenen Zierborte mit dunklen kleinen Kreuzen eingefasst. Zu dieser Kleidung trägt der Junge Schuhe aus weichem Material (Leder oder Stoff), die jeweils durch eine dünne Kordel zusammengehalten werden. Das linke Hosenbein ist etwas hochgerutscht und gibt den Blick auf eine mit einem weißen Strumpf bekleidete Wade frei.

---

46 Hund, in: Kretschmer, Lexikon der Symbole und Attribute in der Kunst, S. 196.

Der Junge schaut dem Betrachter mit offenem Blick in die Augen, seine rechte Hand ist nicht zu sehen, sein linker Arm liegt angewinkelt auf dem Tisch. Auf diesem befinden sich einige Gegenstände. Zum einen steht dort die Porzellanfigur eines Kinderengels, daneben ein Podest mit drei bis vier Vögeln, die kreisförmig angeordnet sind und deren Schnäbel sich berühren. Vermutlich handelt es sich bei dieser Figurengruppe um eine Spieluhr. Des Weiteren liegt auf dem Tisch eine sich wölbende Unterlage aus dünnem Holz oder Karton, auf der sich ein Holzsoldat, eine Kutsche, zwei Holzpferdchen sowie ein hinten auf der Kutsche stehender Mann befinden. Für Aleksandr Benua, der in seinen Erinnerungen dieses Bild beschreibt, war es von besonderem Interesse:

»[…] Spielsachen, von denen eine aus Spielkarten herausgearbeitete Kutsche mit einem angespannten Pferdepaar besonders interessant war. Das Besondere an diesem sorgfältig und mit Können ausgeführten Gemälde war die Tatsache, dass es das Werk des leibeigenen Künstlers der Filosofovs war, der auch der Hersteller der Kutsche und des übrigen verstreuten Spielzeugs war.«[47]

Die dargestellte Kleidung des Kindes trägt zwar volkstümliche Merkmale; das Material ist aber von edler Beschaffenheit; auch die Farbe lässt auf eine höhere Herkunft schließen, gilt doch Rot als Ersatz für Purpur und damit als königliche Farbe der Herrscher oder des Adels.[48] An diesem Bild lässt sich feststellen, dass es durch den künstlerischen Rückgriff auf nationale Attribute in der Kleidung eine Hinwendung zum »Eigenen« gab und dies als Ausdruck eines wachsenden nationalen, vermeintlich volksnahen Selbstbewusstseins gelesen werden kann. Gleichzeitig verleiht das rote Hemd dem Gemälde einen repräsentativen und sozial distinktiven Charakter, vergleichbar mit den Darstellungen von Kindern in Uniform. Diese Wirkung des Gemäldes bekräftigt auch die Tatsache, dass es sich bei dem Künstler um einen Leibeigenen der Familie handelte. Das Kind sitzt hinter seinem Tisch wie hinter einer Schranke, die die gesellschaftlichen Gruppen trennt. Ebenso verweist das Spielzeug, insbesondere die Kutsche, auf den Status des dargestellten Knaben. Kutschen waren ein beliebtes und gerade für die in den Provinzen lebenden und sehr mobilen Adligen ein notwendiges Transportmittel.[49] Für viele adlige Kinder

---

47 Benua, Moi vospominanija, S. 506, zit. nach Vasjutinskaja, Dva veka russkogo detstva, S. 123.
48 Farben, in: Kretschmer, Lexikon der Symbole und Attribute in der Kunst, S. 122.
49 Vgl. dazu Širle (Schierle), Ingrid, Peremena mest. Dvorjanstvo v raz'ezdach i v gostjach, in: Glagoleva, Ol'ga; Širle, Ingrid (Hg.), Dvorjanstvo, vlast' i obščestvo v provincial'noj Rossii XVIII veka, Moskau 2012, S. 598–623. Auf die Kutsche als familiäres Ereignis verweist beispielsweise auch der Eintrag in der von der Familie Korsakov auf ihrem

waren die Kutschfahrten fest im Alltag verankert. In den Tagebucheinträgen der Kinder der Familie Korsakov, einer sehr wohlhabenden Familie, die ab Ende der 1820er Jahre auf ihrem Landsitz Tarusovo im Gouvernement Moskau lebte, finden sich fast täglich die Einträge »wir fuhren spazieren«; auch Hinweise auf den Kutschentyp wie »Wir fuhren im Cabriolet« fehlen nicht.[50] Zudem waren Kutschen wichtige Statussymbole. Sie zeigten den Rang ihres Besitzes an: In der 1722 von Peter I. eingeführten Rangtabelle war nicht nur eine Stufenleiter von 14 Ämterkategorien festgelegt worden, sondern auch eine Prestigehierarchie, die »jeden Rang mit bestimmten Attributen der äußeren Erscheinung (Kleidung, Kutsche, Verkehr bei Hofe usw.) ausstattete«.[51] Dennoch zeigt dieses Bild bei aller zum Ausdruck kommenden Standesdistinktion, dass das volkstümlich-bäuerliche Element Bestandteil der visuellen Darstellung adliger Kindheit war.

Nicht nur in den bildlichen Darstellungen, auch im Lebensalltag adliger Kinder lassen sich viele bäuerliche Elemente finden. Bis zu einem Lebensalter von sechs bis sieben Jahren gab es intensive Kontakte zwischen den Schichten. Die bäuerlichen Ammen und Kinderfrauen verbrachten sehr viel Zeit mit den ihnen anvertrauten adligen Kindern. Sie waren *die* dem Volk verbundenen nationalen Bezugspersonen. Die Kinderfrau (Njanja) brachte den Kindern die traditionellen Märchen, Lieder und Bräuche bei und ergänzte so das Familienleben, das häufig stark französisch geprägt war. Die Njanja wurde zum Topos in der russischen Kultur, der sich besonders anschaulich in der Mythisierung von Arina Rodionovna, der Njanja Aleksandr Puškins, manifestierte.[52] Im Fall Puškins, so der Mythos, inspirierte die durch seine Kinderfrau übermittelte Folklore einige seiner wichtigsten Poeme.[53]

Landgut Tarusovo gepflegten Familienzeitung »Zemljak«. In der ersten Ausgabe vom 1.6.1844 wird in der Rubrik »Innere Neuigkeiten« auf die neue Kutsche der Familie sowie auf die Fahrten der einzelnen Familienmitglieder verwiesen (RGB NIOR, f. 137, kart. 243, ed. chr. 1, l. 2.).

50 Umfassend zur Familie Korsakov: Fatueva, L. A., »Miloe Tarusovo, kak ne ljubit' tebja!«, in: Russkaja usad'ba, 13–14 (2012), S. 742–839. Zu den Ausfahrten vgl. exemplarisch das Tagebuch von Aleksandr Semenovič Korsakov (1831–1962), das er in den Jahren 1838–1839 führte (RGB NIOR, f. 137, kart. 45, ed. chr. 1); ein Verweis auf ein Cabriolet findet sich u. a. bei Aleksej Semenovič Korsakov (1836–1874) (RGB NIOR, f. 137, kart. 57, ed. chr. 1, l. 10ob. [11.10.1844]).

51 Hildermeier, Manfred, Der russische Adel von 1700 bis 1917, in: Wehler, Hans-Ulrich (Hg.), Europäischer Adel. 1750–1950, Göttingen 1990, S. 166–216, hier S. 173–174.

52 Vgl. dazu zuletzt ausführlich Grant, The Russian Nanny, S. 15–38.

53 Ebd., S. 18; Lauer, Reinhard, Aleksandr Puškin. Eine Biographie, München 2006, S. 141–143.

Abb. 24: Die Panaev-Kinder mit ihrer Njanja (Aleksandr Venecianov, 1841)

Bilder, die Ammen und Kinderfrauen allein mit ihren Schützlingen oder zusammen mit deren Familien zeigen, visualisieren die weitverbreitete Verflechtung zwischen Familie und Dienstboten, zwischen Oberschicht und bäuerlichem Milieu, die – wenn auch in unterschiedlicher Ausprägung – ein Bestandteil der adligen Kindheit und des adligen Familienlebens war. Exemplarisch zu nennen wäre das Gemälde »Die Panaev-Kinder mit ihrer Njanja« (1841) von Aleksandr Venecianov (Abb. 24), auf dem die Kinderfrau am äußersten linken Rand fast zu übersehen ist und im Vergleich zu den fünf Kindern in sehr dunklen Tönen abgebildet wird. Auch auf dem Familienporträt (1830) von Fedor Petrovič Tolstoj ist die Njanja nur im Hintergrund des Bilds in einer Zimmerflucht zu erkennen (Abb. 25). Nikolaj Ge visualisierte das Verhältnis der Njanja zu ihrem Schützling auf seinem Gemälde »Moja njanja« ebenfalls eindrucksvoll, und Ilja Repin verewigte seine Frau, seine drei Kin-

Abb. 25: Familienporträt (Fedor Petrovič Tolstoj, 1830)

der und die Njanja 1879 auf dem Gemälde »Auf dem Feldrain«.[54] Auch das gemeinsame Kinderspiel von adligem Nachwuchs und Kindern der – meist leibeigenen – Bauern und Dienstboten, insbesondere auf den Landsitzen, das beispielsweise Alexander Herzen und Petr Semenov-Tjan-Šanskij in ihren Erinnerungen erwähnen, trug zur Verflechtung der Sphären bei.[55] Adlige Kinder genossen dort mehr Freiheit und vertrieben sich mit den Sprösslingen der Dienstboten sowie mit den Dorfkindern die Zeit. Aber in der Sphäre des gemeinsamen Spiels standen die herrschenden Hierarchien niemals in Frage; adlige Kinder konnten sich häufig gegenüber ihren bäuerlichen Altersgenossen viel herausnehmen.[56] Außerdem bewegten sich die Kinder, wenn sie sich auf

---

54 Vasjutinskaja, Dva veka russkogo detstva, S. 211; Lebedeva, I. V., Nikolaj Nikoalevič Ge 1831–1894. K 180-letiju so dnja roždenija, Moskau 2011, S. 148.
55 Herzen, Alexander, Mein Leben. Memoiren und Reflexionen, Berlin (DDR) 1962, S. 93; Semenov-Tjan'-Šanskij, P. P., Memuary. Detstvo i junost' (1827–1855), St. Petersburg 1917, S. 85.
56 Goehrke, Carsten, Russischer Alltag, Eine Geschichte in neun Zeitbildern vom Frühmittelalter bis zur Gegenwart, 3 Bde., Zürich 2003–2005, hier Bd. 2, S. 121–122; Raeff, Marc, Origins of the Russian Intelligentsia. The Eighteenth-Century Nobility, New

Landgütern aufhielten, auf ihren täglichen Spaziergängen und -fahrten durch die bäuerliche Umgebung und nahmen diese – wenngleich durch die Brille ihrer höheren Standeszugehörigkeit – aufmerksam wahr.[57] Nach derzeitigem Kenntnisstand gibt es kein Gemälde, auf denen explizit Kinder verschiedener Schichten bei gemeinsamen Aktivitäten dargestellt sind. Sind Adels- und Bauernkinder gemeinsam abgebildet, werden sie in Situationen dargestellt, die die Standesunterschiede betonen.[58] Dem durchaus existierenden schichtenübergreifenden Moment wurde offensichtlich zu wenig Relevanz beigemessen, um es zu visualisieren, oder die herrschenden Standesvorstellungen ließen dies einfach nicht zu. Dabei handelte es sich keinesfalls um ein spezifisch russisches Phänomen. Auch in den Erinnerungen preußischer Adliger findet sich das gemeinsame Spiel als »Topos der ›Volksverbundenheit‹«, das nur auf den ersten Blick eine Überwindung der Standesunterschiede war. Letztlich übten die Kinder in diesem Zusammenhang »Herrschaftshaltungen und -verhältnisse« ein.[59] So blieb beispielsweise bei arrangierten Manövern die entscheidende Schlacht aus, weil die Bauernkinder es nicht wagten, sich »gegen den Sohn des ›gnädigen Herrn‹ [...] zur Wehr zu setzen.«[60]

Kindheit und Familie

Viele der Kinder entwickelten ein inniges, sich nicht selten bis ins Erwachsenenalter fortsetzendes Verhältnis zu ihren Dienstboten und pflegten mitunter ein vergleichsweise distanziertes emotionales Verhältnis zu den eigenen

---

York u. a. 1966, S. 122–126; Nikulina-Kositskaia, Liubov, Notes, in: Clyman, Toby W.; Vowles, Judith (Hg.), Russia through Women's Eyes. Autobiographies from Tsarist Russia, New Haven 1996, S. 109–157, hier S. 112–114.

57 Vgl. beispielsweise das Tagebuch von Aleksandr Semenovič Korsakov (1831–1862), der sich mit seiner Familie auf dem Landgut Tarusovo aufhielt. Dort finden sich regelmäßig Einträge wie »Gutes Wetter, wir gingen im Dorf spazieren.« (RGB NIOR, f. 137, kart. 45, ed. chr. 1, l. 16 [2.3.1939]).

58 Vgl. beispielsweise das Gemälde »Die Beglückwünschung der Jungen im Haus des Gutsbesitzers« von Grigorij Mjasojedov aus dem Jahr 1861 (https://commons.wikimedia.org/wiki/File:Grigorij_Grigorjewitsch_Mjassojedow_002.jpg [8.2.2022]).

59 Funck, Marcus; Malinowski, Stephan, Geschichte von oben, in: Historische Anthropologie 7, 2 (1999), S. 236–270, hier S. 255.

60 Ebd.; Funck gibt hier mehrere Beispiele für die Grenzen des gemeinsamen Spiels von adligen Kindern und Landkindern, vgl. besonders die Anm. 66, 67.

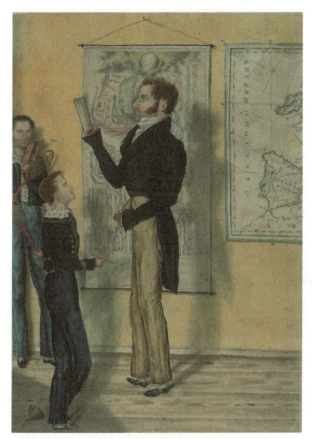

Abb. 26: *Die Geografiestunde (Unbekannter Künstler, erste Hälfte des 19. Jahrhunderts)*

Eltern.[61] Die Ursachen dafür sind vielschichtig. Zum einen waren die Eltern oftmals abwesend, weil die Familien mehrere Wohnsitze unterhielten, die Väter ihrem Dienst an anderen Orten als dem Wohnort nachgingen und die Mütter ihre gesellschaftlichen Verpflichtungen intensiv wahrnahmen. Briefwechsel, die Kinder mit ihren Eltern führten, belegen, dass die Trennung

---

61 Vgl. das erwähnte Beispiel des Dichters Puškin und seiner Kinderfrau oder Michail Bakunin, der 1854 seinen letzten Tag in Priamuchino auf dem Weg in die Verbannung mit seiner alten Kinderfrau verbrachte (Carr, Edward Hallett, Michail Bakunin, New York 1975, S. 232). Auch das 1909 angefertigte Gemälde von Leon Bakst, das Sergej Djagilev mit seiner Njanja zeigt, legt Zeugnis von einer langanhaltenden Beziehung ab, vgl. Grant, The Russian Nanny, S. 208–210.

Abb. 27: Familienporträt mit Lehrer (Unbekannter Künstler, 1830/40er Jahre)

von den Eltern eine schmerzliche Alltäglichkeit war.⁶² Dazu kommt, dass in manchen der adligen Familien – allerdings deutlich seltener, als lange Zeit von der Forschung angenommen – selbst bei Anwesenheit der Eltern eine Atmosphäre emotionaler Kälte herrschen konnte.⁶³ Wenn die Kinder älter wurden, kamen mit den Hauslehrern und Gouvernanten weitere Bezugspersonen für die Kinder hinzu, wie zahlreiche Memoiren belegen. Verantwort-

---

62 Siehe beispielsweise den Brief von Aleksandr Semenovič Korsakov an seine Eltern: RGB NIOR, f. 137, kart. 43, ed. chr. 1, l. 9 (22.9.1839); ebd., l. 11–11ob: Beschreibung über Tränen beim Abschied von den Eltern, die Kinder wissen, dass die Eltern zwei Monate abwesend sein werden (17.12.1841).

63 Zum Forschungsstand bezüglich der emotionalen Atmosphäre in den russischen adligen Familien siehe zuletzt Grant, Steven A., The Russian Gentry Family. A Contrarian View, in: Jahrbücher für Geschichte Osteuropas 60, 1 (2012), S. 1–33. Er kommt zu dem Schluss, dass in sehr vielen adligen Familien mindestens ein Elternteil den Kindern liebevoll zugewandt war (ebd., S. 24). Die Studien von John Randolph, Mary Wells Cavender oder Katherine Pickering Antonova sowie die Kindertagebücher und Briefe der oben bereits genannten Familie Korsakov zeigten ebenfalls, wie eng und positiv besetzt die Beziehungen zwischen Eltern und Kindern sein konnten.

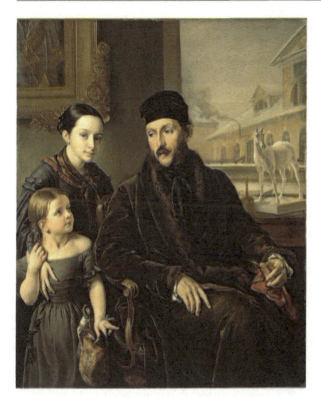

Abb. 28: Porträt von D. P. Voejkov mit seiner Tochter V. D. Voejkova und der englischen Miss Sorok (Vasilij Andreevič Tropinin, 1842)

lich für die Erziehung des Nachwuchses, blieben sie in vielen Fällen lange in den Familien, teilweise über die Erfüllung ihrer Erziehungsaufgaben hinaus, und lebten dabei eng mit ihren Zöglingen zusammen.[64] Gemälde wie »Die Geografiestunde« (Abb. 26), »Familienporträt mit Lehrer« (Abb. 27) sowie Tropinins »Porträt von D. P. Voejkov mit seiner Tochter V. D. Voejkova und der englischen Miss Sorok« (Abb. 28) bringen diese Facette der adligen Kindheit zum Ausdruck.

Mädchen wurden häufig mit ihren Brüdern zusammen unterrichtet und konnten auch, wie zahlreiche Beispiele belegen, eine umfassende Bildung erlangen. Thematisiert wurde dies ebenfalls – wenngleich seltener als im Falle des männlichen Nachwuchses – auf Gemälden, wie beispielsweise

---

64 Vgl. Solodjankina, Inostrannye guvernantki v Rossii, S. 143–146 und 201–210. Dazu ausführlich Kapitel 3.2 im vorliegenden Buch.

I. Smirnovskijs »Porträt zweier Mädchen« aus dem Jahr 1810. Auf diesem Hüftbild sind zwei ca. 12- bis 14-jährige Mädchen in weißen Empirekleidern dargestellt. Sie halten sich gegenseitig im Arm; das links stehende Mädchen hält symbolträchtig ein aufgeschlagenes Buch mit rotem Einband zur Lektüre. Dennoch war weibliche Bildung nicht wie bei den Knaben auf den Eintritt in eine Kadettenanstalt, die Universität oder den daran anschließenden Dienst ausgerichtet, sondern maximal auf den Besuch einer Institution wie dem Smolnyj und die anschließende standesgemäße Heirat und Familiengründung.[65]

Kinder waren ein wesentlicher Bestandteil des Familienverbundes. Davon zeugen nicht nur die Porträts des Nachwuchses, sondern seit dem letzten Drittel des 18. Jahrhunderts auch die wachsende Zahl von Familienporträts, die sowohl in den Hauptstädten als auch in der Provinz angefertigt wurden. Mit Beginn des 19. Jahrhunderts setzten sich ferner Gemälde durch, die weniger den Status und vielmehr die »häusliche Behaglichkeit« und die »familiäre Harmonie« in den eigenen Wänden betonten.[66]

Kindliches Wesen, Status und Vorstellungen im Wandel

Die Porträts von Kiprenskij und Tropinin markieren – im Einklang und unter dem Einfluss der gesamteuropäischen Romantik – zweifellos den wichtigsten Einschnitt in Bezug auf die Visualisierung und damit die Wahrnehmung von Kindern. Vor dem Hintergrund der geistigen Strömungen des 18. Jahrhunderts dominiert nicht mehr der Vorgriff auf das Erwachsenenleben diese beiden Halbporträts, sondern die Hervorhebung des kindlichen Wesens, seiner Unschuld und Empfindungen. Dennoch gilt es in Anbetracht der zeitgleich entstandenen, aber anders ausgerichteten Gemälde zu überlegen, wie nachhaltig diese Zäsur tatsächlich war.

Lässt man die besprochenen Bilder Revue passieren, ist zu erkennen, wie stark Themen und Ausdrucksformen des 18. Jahrhunderts noch nachklingen. So sind Statusporträts zu Beginn des 19. Jahrhunderts weiterhin fester Be-

---

65 Vgl. Kapitel 2.2 im vorliegenden Buch.
66 Šarikova, Ljubov', Semejnyj al'bom Russkogo muzeja, in: Afanas'eva (Hg.), Portret sem'i, S. 5–15, hier S. 8. Exemplarisch für ein deutlich statusorientiertes Gemälde sei hier das »Familienporträt« von E. S. Sorokin aus dem Jahr 1844 genannt (Vasjutinskaja, Dva veka russkogo detstvo, S. 150, Staatliches Museum der Bildenden Künste der Republik Tatarstan).

standteil des Bilderkanons. Allerdings veränderte sich im Einzelfall die Darstellungsform, was auf die Rezeption zeitgenössischer Einflüsse verweist. Das Porträt des unbekannten Künstlers von V. D. Filosofov nutzt beispielsweise noch eindeutige »Statussymbole und nobilitierende Bildmotive«.[67] Anders hingegen kommt in den etwa zeitgleich entstandenen Porträts der Geschwister Tomilov der Status der Kinder zum Ausdruck. Aleksandr Varnek platziert den adligen Nachwuchs in den eigenen Wänden, nutzt insbesondere für die Gesichter der Kinder helle Farben und eine klare, fast schlichte Darstellung, die das Mobiliar und die beigefügten Gegenstände auf ein Minimum reduziert, um die Aufmerksamkeit des Betrachters zu binden. Wenngleich die Attribute, für das Mädchen eine Puppe und für den Knaben ein Federballschläger – Symbol adligen Zeitvertreibs –, klar den gesellschaftlichen Status untermauern und – vor allem im Fall des Mädchens – auf das künftige Dasein als Mutter verweisen, lässt sich doch eine viel stärkere Akzeptanz des kindlichen Wesens und damit dieser spezifischen Lebensphase ausmachen.

Die den Kindern auf den Porträts beigegebenen Gegenstände – das sich erweiternde Spektrum an Spielsachen einerseits sowie die Bücher andererseits – verweisen sowohl auf eine sich stetig entwickelnde und offensichtlich grenzüberschreitende materielle Kultur als auch auf die Relevanz von Bildung und die Rezeption pädagogischer Konzepte. Zudem manifestieren sich in den kindlichen Kleidungsstücken sowie in der Auswahl des Hintergrunds die Auseinandersetzung mit der eigenen Nation beziehungsweise die Durchsetzung eines wachsenden Patriotismus vor dem Hintergrund der Ereignisse von 1812.

Die Gemälde des frühen 19. Jahrhunderts stehen aufgrund von nachweislichen Kontinuitäten und einer doch anhaltenden Orientierung an dem bevorstehenden Erwachsenenleben weniger für *eine* sich radikal durchsetzende veränderte Vorstellung von Kindheit, sondern vielmehr für deren Ausdifferenzierung, die alte und neue, westliche und russische Vorstellungen zusammenbringt und Kindheit zu einem Raum der Verflechtungen macht.

Wenngleich auf einzelnen Gemälden eine Auseinandersetzung mit der bäuerlichen Welt beziehungsweise den gesellschaftlichen Hierarchien auszumachen ist, waren es in erster Linie adlige Kinder und ihre Familien, die dargestellt wurden. Die prägenden Vorstellungen von Kindheit waren zu diesem Zeitpunkt weitgehend ein Privileg der Oberschichten, das sich im weiteren

---

67 Napp, Russische Porträts, S. 172. Die Autorin stellt diese typischen Kennzeichen im Zusammenhang mit dem Porträt von Aleksandr Kurakin von Johann Baptist Lampi exemplarisch heraus.

Verlauf des 19. Jahrhunderts auflösen sollte. Dies bedeutet keinesfalls, dass andere gesellschaftliche Schichten nicht über Kindheiten beziehungsweise Vorstellungen von Kindheit verfügten. Die adlige Kindheit hat allerdings in Russland wie auch in anderen Ländern aufgrund ihrer visuellen und schriftlichen Präsenz eine kulturelle Leitfunktion innegehabt. Aus diesem Grund ist es für das Verständnis von Kindheit im Russland des ersten Drittels des 19. Jahrhunderts unabdingbar, die adlige Kindheit als Ideensystem und als soziale Praxis im Hinblick auf den Umgang mit den oben herausgearbeiteten Themen – Verständnis von Kindheit, Erziehungsmuster, Bildungsziele, Patriotismus, Verhältnis zur bäuerlichen Welt, Kindheiten im familiären Kontext – zu untersuchen.

3.2 »Vieles, wenn nicht alles verdanke ich meiner Erziehung«: Jurij Samarins Kindheit in drei Spalten (1824–1831)

»Sie kennen meinen Vater nicht. Aber weil ich ganz offen mit Ihnen sein muss und möchte, sollte ich einige Worte über ihn verlieren. Er opferte für mich seine Stellung in der Gesellschaft und am Hof, jeglichen Ehrgeiz, er verließ Petersburg für immer und widmete sich, als er nach Moskau übersiedelte, ausschließlich meiner Erziehung. Dies war ein großes Opfer und ein konsequentes Opfer, denn bis zum letzten Tag seiner Kuratel (*popečitel'nost'*), bis zur letzten Kleinigkeit, begleitete mich seine ständige und nicht nachlassende Sorge durch alle Phasen des Lernens und der Erziehung; vieles, wenn nicht alles, verdanke ich meiner Erziehung; ich bin ihm zu Dank verpflichtet, dass viele schädliche und eitle Neigungen, die alle bei mir vorhanden waren, sich nicht in mir entwickelten; schließlich gab er mir die Fähigkeit, Gedanken so zu fassen und sie mir zu eigen zu machen – dies wäre mir bei einem anderen Lebensstil und anderer Erziehung sicherlich nicht möglich gewesen. Seine ganzen Hoffnungen auf mich zu konzentrieren, seine ganze Fürsorge und seinen ganzen Ehrgeiz, den er sich selbst versagt hatte, führte dazu, dass mein Vater mich als seine Schöpfung ansah […].«[68]

Diese Zeilen, die Jurij Samarin (1819–1876) 1846 an Nikolaj Gogol' richtete, verweisen auf eine intensive Beziehung zwischen Vater und Sohn und die große Bedeutung, die Fedor Samarin offensichtlich der Erziehung seines Erstgeborenen beimaß. Im Folgenden soll sie im Detail ausgeleuchtet wer-

---

68 Samarin, Jurij, Pis'mo N. V. Gogolju, 6.7.1846, in: Russkaja Starina, 7 (1889), S. 171–172.

den. Dabei geht es nicht darum, eine biografische Studie einer Lebensphase Jurij Samarins zu verfassen, sondern an seinem Beispiel adlige Kindheit und Erziehung zu vermessen. Eine nachgeordnete Rolle spielt die Tatsache, dass es sich bei Jurij Samarin um einen bekannten Slawophilen und Publizisten handelte, der sich mit Schriften zu Politik, Religion und Philosophie profilierte, als Staatsbediensteter für das Baltische Komitee des Innenministeriums in St. Petersburg und Riga tätig war und sich darüber hinaus als Mitglied der »Redaktionskommission« in Samara an der Gestaltung der Bauernbefreiung aktiv beteiligte.[69]

Die Samarins waren eine sehr wohlhabende adlige Familie, die über Landgüter, Dörfer und Ländereien (über 67.000 Desjatinen) bei Moskau, Tula, Samara sowie Simbirsk verfügte und zudem einige tausend leibeigene Bauern besaß.[70] Damit gehörte sie zu dem nur einen Prozent der Gutsbesitzer im europäischen Teil des Russischen Kaiserreiches, die mehr als 1.000 Leibeigene ihr Eigentum nannten.[71] Adlige besaßen im Gouvernement Tula beispielsweise durchschnittlich 102, die Šeremet'evs hingegen fast 150.000 Seelen. Neben der Zahl der Leibeigenen waren eine gute Bodenbeschaffen-

---

69 Die meisten biografischen Arbeiten zu Jurij Samarin befassen sich mit seinen geistesgeschichtlichen Positionen und kaum mit dessen familiären Hintergrund, so beispielsweise Nol'de, Boris Emmanuilovič, Jurij Samarin i ego vremja, Paris 1926; Hucke, Gerda, Jurij Fedorovič Samarin. Seine geistesgeschichtliche Position und politische Bedeutung, München 1970; komprimiert und mit den wesentlichen Literaturangaben versehen: Thaden, Edward C., Yurii Fedorovich Samarin, in: The Modern Encyclopedia of Russian and Soviet history, Bd. 33, Gulf Breeze 1983, S. 56–61; Christoff, Peter K., An Introduction to Nineteenth Century Russian Slavophilism, Bd. 4: Iu. F. Samarin, Princeton 1991. Nur wenige Studien thematisieren den familiären Kontext Jurij Samarins, zu verweisen ist in diesem Zusammenhang auf die Arbeiten von Komarovskaja, Antonina, Molodye gody Jurija Samarina, in: Bogoslovksij Sbornik 3 (2001), S. 284–311; dies., Otec i syn Samariny, in: Moskovskij Žurnal 2 (2001), S. 7–14; dies., Studenčeskie gody Jurija Samarina, in: Bogoslovksij Sbornik 7 (2001), S. 273–278; Ivanova, L. V., Domašnjaja škola Samarinych, in: Dies. (Hg.), Mir russkoj usad'by. Očerki, Moskau 1995, S. 20–33 sowie Skorochodova, S. I., Vospitanie Ju. F. Samarina kak istok mirovozzrenija, in: Nauka i škola 2 (2012), S. 168–172.
70 67.000 Desjatinen entsprechen ca. 73.000 ha. Zum Vergleich: Die Familie Šeremetev besaß in den 1840er Jahren gut 700.000 ha, die Voroncevs ca. 270.000 ha (Hildermeier, Der russische Adel, S. 186). Die genaue Zahl der Leibeigenen im Besitz der Samarins ist schwer festzustellen, Hughes schreibt, dass die Familie mindestens 2.500 leibeigene Bauern besaß (Hughes, The Moscow Slavophiles, S. 72), Ivanova hingegen gibt an, dass die Samarins im Jahr 1852 allein im Moskauer Gouvernement mehr als 4.000 leibeigene Bauern ihr Eigentum nannten (Domašnjaja škola Samarinych, S. 21).
71 Hildermeier, Der russische Adel, S. 184–185, dort auch zu den Schwierigkeiten, die Besitzverhältnisse des russischen Adels zu greifen.

heit und eine günstige infrastrukturelle Lage für die Profitabilität der Güter wichtig. Diese Voraussetzungen erfüllten die Ländereien der Samarins.[72] Der mit diesem Besitz verbundene Wohlstand schuf die Grundlage für einen standesgemäßen Lebensstil, zu dessen Bestandteilen ein entsprechender Landsitz, modische Kleidung, der regelmäßige Erwerb von Büchern und Zeitschriften für die eigene Bibliothek, die aktive Teilnahme am gesellschaftlichen Leben, Reisen ins europäische Ausland sowie die angemessene Erziehung und Bildung für den Nachwuchs gehörten.[73]

Ganz diesem Lebensmuster verpflichtet, reiste die Familie Samarin 1823 aus St. Petersburg nach Paris und hielt sich mit ihren Kindern bis 1824 dort auf. Jurijs Schwester Marija war 1821 auf die Welt gekommen, der Bruder Michail wurde im Mai 1824 in Paris geboren. Fedor Vasilievič Samarin (1784–1853) hatte als Offizier am Krieg gegen Napoleon teilgenommen und war seit 1816 als Kammerherr im zivilen Staatsdienst beschäftigt. Er verfolgte mit dieser ausgedehnten Reise, für die er sich vom Dienst hatte beurlauben lassen, zwei Ziele: Zum einen sollte sie seiner angeschlagenen Gesundheit zugutekommen, zum anderen galt es, einen geeigneten französischen Hauslehrer für den fünfjährigen Jurij zu finden und zu engagieren.[74] Dabei suchte er den Rat des einschlägig ausgewiesenen Abbé Dominique-Charles Nicolle. Dieser hatte in St. Petersburg 1794 ein angesehenes Adelsinternat gegründet und es bis 1805 geleitet. In diesem Pensionat wurde Französisch, Latein, Geografie, Geschichte, Mathematik, Tanz, Fechten, Reiten und Zeichnen unterrichtet und großer Wert auf »moralische Prinzipien« gelegt, die »Glück und Stabilität für Familien und Staaten schaffen« sollten.[75] Namhafte Familien, darunter die Orlovs, Naryškins, Golicyns, Gagarins und Menšikovs, schickten ihre Söhne zur Ausbildung in diese Lehranstalt, die bis zur Ausweisung der Jesuiten aus St. Petersburg 1815 existierte.[76] Später war Nicolle Gründungsdirektor des Lyzeums Richelieu in Odessa, das 1817 von Alexander I. per Ukas eingerichtet worden war. Im Zuge wachsender Schikanen gegenüber katholischen Geistlichen und der Verbannung der Jesuiten aus

---

72 Hughes, The Moscow Slavophiles, S. 73.
73 Hildermeier, Der russische Adel, S. 185, zu den Kosten dieses (oft westlich geprägten) Lebensstils vgl. Kahan, The Costs of Westernization, S. 44ff.
74 Komarovskaja, Molodye gody Jurija Samarina, S. 288.
75 Frappaz, Z., La vie de l'Abbé Nicolle, Paris 1857, zit. nach Schlafly, True to the Ratio Studiorum?, S. 426.
76 Schlafly, True to the Ratio Studiorum?, S. 426–428.

Russland 1820 kehrte der Nicolle nach Paris zurück, wo er 1821 zum Rektor der Akademie berufen wurde.[77] Der Abbé empfahl den damals 23-jährigen Adolphe Pascault.[78] Pascault kam 1800 in der bretonischen Kleinstadt Auray als Sohn eines Obersts zur Welt. Nachdem er seine Eltern bereits im Alter von fünf Jahren verloren hatte, besuchte er auf Kosten des Staates das Lyzeum in Moulins in Zentralfrankreich, das er 1818 mit Auszeichnung beendete. Im Anschluss an eine Lehrtätigkeit an diesem Lyzeum berief man ihn zum »Professor für Französisch, Latein und Griechisch« an das Kollegium von Puy-en-Velay im Südosten der Auvergne, wo er sich zudem intensiv mit der Geschichte der Naturwissenschaften befasste. 1823 ging das Kollegium in die Zuständigkeit der Jesuiten über; Pascault wurde bis zu seiner weiteren Verwendung nach Paris abberufen.[79] In diese Zeit ohne Anstellung fiel der Kontakt zur Familie Samarin. Am 1. Januar 1824 unterzeichnete Pascault einen Vertrag, in dem neben seinem Salär festgelegt wurde, dass der Lehrer so lange in der Familie bleiben sollte, »bis das letzte Kind sein Studium an der Universität aufgenommen hat«.[80] Dass in diesem einseitigen Dokument die Beschäftigung des Hauslehrers für einen Zeitraum von ca. zehn Jahren hervorgehoben wurde, belegt, wie systematisch Fedor Samarin die Bildung seiner Kinder, insbesondere seiner Söhne, anlegte, um ihnen später eine universitäre Ausbildung zu ermöglichen.

Ihre exklusive Stellung verdeutlicht ebenso die Art und Weise, wie die Familie den Hauslehrer und Erzieher Jurijs auswählte. Sie wandte sich mit ihrem Anliegen direkt in Frankreich an eine so ausgewiesene Persönlichkeit wie den Abbé Nicolle und konnte vor Ort mit Pascault einen nachweislich qualifizierten Lehrer engagieren. In Russland konnte es sich schwierig gestalten, einen gut ausgebildeten Hauslehrer zu finden. Dies lag auch in der Tatsache begründet, dass –nach ersten Bemühungen ab 1812 – erst 1834 mit der

---

77 Schuppener, Die Jesuiten im Bildungswesen Russlands, S. 608; Treadgold, The West in Russia and China, S. 138; Frappaz, La vie de l'Abbé Nicolle, S. 154; Nicolle, Charles Dominique, in: Condette, Jean-François, Les recteurs d'académie en France de 1808 à 1940, Bd. 2: Dictionnaire biographique, Paris 2006, S. 293–294.
78 Ivanova, Domašnjaja škola Samarinych, S. 26.
79 Pako (Pascault), Adol'f Ivanovič, in: Biografičeskij slovar' professorov, S. 200.
80 Ivanova, Domašnjaja škola Samarinych, S. 26. Vertraglich festgelegt wurde für Pako für die Jahre 1824–1826 ein jährliches Salär von 2.000 Francs, für die Jahre 1827–1829 2.500 Francs, für die darauffolgenden Jahre bis 1834 3.000 Francs und zusätzlich eine am Jahresende fällige Prämie von 1.000 Francs (RGB NIOR, f. 265, kart. 131, ed. chr. 14).

von Nikolaus I. verabschiedeten »Verordnung über häusliche Erzieher und Lehrer« diese Art des Unterrichts und seines Personals reglementiert wurde und eine überprüfte Qualifikation des Lehrpersonals Voraussetzung für dessen Tätigkeit wurde.[81] Die Verpflichtung Pascault war nicht nur der Unterrichtsauftakt für Jurij; sie war auch Bestandteil weitergefasster Bildungsbemühungen der Samarins für ihre Kinder und galt Zeitgenossen sowie Biografen als Grundstein der sogenannten »Hausschule« (*Domašnjaja škola*), an die sich der Philologe Fedor Buslaev wie folgt erinnerte:

»In dieser Zeit bereiteten die reichen und angesehenen Adligen ihre Söhne auf die Examina zur Aufnahme an die Universität bei sich zu Hause vor, nicht nur auf ihren Gütern, sondern auch in Moskau selbst, wo es zwar ein sehr gutes Adelsinstitut gab, dies allerdings eher dem mittleren Adel mit begrenzten Mitteln vorbehalten war. In den Gymnasien lernten insbesondere die Kinder der Stadtbürger und örtlichen Beamten und, wie schon bekannt ist, erhielten dort dürftige Kenntnisse, die den Ansprüchen des gebildeten Hochadels nicht entsprechen konnten. Deshalb sahen es die gebildeten und wohlhabenden Familien als Notwendigkeit an, für ihre Kinder vollwertige Hausschulen zu gründen. Solch eine beispielhafte Schule unterhielt Fedor Vasil'evič Samarin in Moskau seit der Kindheit Jurij Fedorovičs für alle seine Söhne. Diese häusliche Lehranstalt ist eine meiner besten Erinnerungen an das alte Moskau, weil ich selbst als Lehrer und Examinator jahrelang beteiligt war und die Vorzüge des Familienoberhauptes beurteilen kann, der mit Herzblut, strenger Genauigkeit und beispielhafter Vernunft den Verpflichtungen als Direktor und Inspektor seiner eigenen Schule nachkam. Im Sommer wurde diese Musterschule aus dem Moskauer Haus der Samarins, das sich an der Ecke der *Tverskaja* und *Gazetnyj pereulok* befand, auf ihr 20 Verst von Moskau entferntes Gut Izmalkovo verlagert, und das Lernen ging ohne irgendeine Unterbrechung in der bekannten Struktur weiter. [...] Mit ei-

---

81 N. N., Položenie o domašnych nastavnikach i učiteljach (1.7.1834). Ukaz Pravitel'stvujuščemu Senatu, in: Sbornik postanovlenij po Ministerstvu Narodnoago Prosveščenija, St. Petersburg 1834, Bd. 2, S. 785–798. Ausführlich zur Situation der Hauslehrer vgl. Solodjankina, Inostrannye guvernantki v Rossii, S. 43ff; Trošina, Svetlana, Guvernerstvo v domašnem obrazovanii Rossii pervoj poloviny XIX veka (unveröffentlichte Dissertation), Moskau 1995, S. 12–66; zur Erziehung in den Familien: Bolotina, M. V., »Rossijskoe junošestvo dolžno byt' vospityvaemo ... chotja i v domach svoich, no vsegda v Rossii«. Semejnoe obrazovanie v Rossii v pervoj polovine XIX v., in: Vestnik Rossijskogo universiteta družby narodov 2, 12 (2008), S. 24–31; speziell zu den französischen Hauslehrern und Gouvnernanten vgl. Solodjankina, Ol'ga Ju., Francuzkie guvernery i guvernantki v moskovskom i peterburgskom učebnych okrugach, (1820-e–1850-e gg.), in: Francuzkij ežegodnik. Frankojazyčnye guvernery vo Evrope XVII–XIX vv. (2011), S. 127–149. Pako selbst wurde 1836 Mitglied der Kommission, die die Kenntnisse der Hauslehrer überprüfte (ebd., S. 137).

nem Vierspänner wurden täglich mit einer Pünktlichkeit auf die Minute die Lehrer aus der Stadt geholt und wieder zurückgebracht.«[82]

Die Erziehung seiner Kinder war, wie der Zeitzeuge Boris Čičerin berichtete, das Hauptanliegen Fedor Samarins, der aus diesem Grund 1826 den Staatsdienst quittierte. Er ließ sich auch nicht von der Zarin Marija Fedorovna mit der Aussicht auf einen Senatorenposten in St. Petersburg umstimmen. Seine Entscheidung begründete er mit der Überzeugung: »Der beste Dienst, den ich derzeit meinem Vaterland erweisen kann, besteht darin, diese fünf Staatsbürger zu erziehen.«[83] Alles, was die Erziehung betraf, geschah offensichtlich unter seiner Anleitung. Fedor Samarin

»mischte sich selbst in Kleinigkeiten ein und wollte alles selbst lenken, er gab den jungen Kräften und Anstrengungen nicht den geringsten Raum. Dies betraf in erster Linie die älteren Kinder, die jüngeren erfreuten sich schon größerer Freiheit.«[84]

Die im Familienarchiv der Samarins erhaltenen Quellen belegen daher in erster Linie eine intensive Auseinandersetzung mit der Erziehung und dem schulischen Werdegang des erstgeborenen Jurij. Die zweifellos hervorgehobene Stellung des Knaben innerhalb der Familie wird durch die Zeilen Jurij Samarins an Gogol bestätigt. Ebenso bekräftigte Buslaev diese mit der Beobachtung, dass es Fedor Samarin persönlich war – und nicht wie damals üblich der Erzieher oder Hauslehrer –, der den 16-jährigen Jurij zu den Vorlesungen an die Moskauer Universität begleitete.[85] Dennoch steht außer Frage, dass allen Kindern der Familie, auch den Töchtern, eine hervorragende Bil-

---

82 Buslaev, Fedor I., Moi vospominanija, Moskau 1897, S. 520–521. Dazu auch Ivanova, Domašnjaja škola Samarinych.
83 Zit. nach: Komarovskaja, Molodye gody Jurija Samarina, S. 28.
84 Čičerin, Boris N., Vospominanija. Moskva sorokovych godov. Putešestvie za granicu, Moskau 2010, S. 214–215.
85 »[...] sollte ich noch etwas über eine Besonderheit sagen, durch die sich einige der Studenten aus dem höchsten Stand von ihren Mitstudierenden unterschieden. Von ihnen gab es in unserem Auditorium fünf oder sechs Personen. Im Verlauf des ganzen ersten Jahres wurde jeder von ihnen von seinem Hauslehrer oder Erzieher begleitet, die ebenfalls an allen Vorlesungen teilnahmen. Diese Begleiter saßen nicht auf den Bänken bei den Studenten, sondern auf Stühlen zu beiden Seiten des Katheders. [...] Diese [...] Aufsicht durch die Erzieher fiel uns nicht auf, sie schien im Zusammenhang damit zu stehen, dass es gestattet war, ohne Reifeprüfung an die Universität zu kommen, und die elterliche Sorge um ihre nicht volljährigen Studenten erschien damals nicht ungewöhnlich. [...] Unter den Aufsichtspersonen (*pristavniki*), die notgedrungen mit ihren Zöglingen an den Vorlesungen teilnahmen, befand sich [...] zur Anleitung und Schutz seines eigenen Sohnes [...] Fedor Samarin.« (Buslaev, Moi vospominanija, S. 520–521).

Abb. 29: Fedor V. Samarin mit seiner Tochter Marija (Jule Vernet, 1824)

Abb. 30 Sofija Ju. Samarina mit ihrem Sohn Jurij (Jule Vernet, 1824)

dung zuteil wurde, die – wie in diesem Fall Memoiren belegen – in der Moskauer Gesellschaft der 1840er Jahre durchaus auffiel.[86] Interessant sind in diesem Zusammenhang zwei 1824 von dem französischen Maler Jules Vernet (1792–1843) angefertigte Miniaturen, die Jurij und Marija mit jeweils einem Elternteil zeigen – hier die kleine Marija mit ihrem Vater in einer Bibliothek: Das Mädchen steht im Vordergrund, der Vater hält ein Buch in der Hand, das Mädchen ein Spielzeug, eine Harlekinpuppe. Jurij hingegen steht neben seiner Mutter in einer typischen Porträtsituation, allerdings ohne Attribute, die Wissen und Bildung so direkt symbolisieren wie das Porträt von Vater und Tochter (Abb. 29, 30).

Pascault entwickelte – unter Mitwirkung des Abbé Nicolle – ein verpflichtendes Curriculum für Jurij.[87] Der Abbé hatte diesbezüglich nicht nur wegen seiner institutionellen Tätigkeiten in Petersburg und Odessa Erfah-

---

[86] Dies belegen die Erinnerungen Boris Čičerins: »Sie [Marija] hatte eine hervorragende Bildung und […] konnte die brillantesten und kultiviertesten Gespräche führen« (Čičerin, Vospominanija, S. 215). Zum hohen Stellenwert der Ausbildung weiblicher Familienmitglieder vgl. auch Hughes, These Independent Gentlemen, S. 70–71.

[87] Samarin, Jurij Fedorovič, in: Russkij biografičeskij slovar', S. 134.

rungen erworben, sondern bereits im Jahr 1819 für den jungen Grafen Aleksandr Nikitič Volkonskij (geb. 1811) einen Erziehungsplan für einen Zeitraum von zwölf Jahren entworfen.[88]

Dokumentation einer standesgemäßen Erziehung

Jurij Samarins Erziehungsplan liegt uns nicht als separates Dokument vor. Allerdings führte Pascault, der sich in Russland in Pako umbenannte, auf Wunsch Fedor Samarins ein ausführliches Tagebuch, um die Entwicklung Jurijs akribisch zu dokumentieren.[89] Dieses Tagebuch, das aus vier Teilen besteht, umfasst insgesamt 580 Seiten und erstreckt sich über einen Zeitraum von mehr als sechs Jahren, vom 13. März 1824 bis zum 24. Juli 1831. Dem eigentlichen Tagebuch sind allgemeine Bemerkungen zur Kindheit als speziellem Lebensalter sowie Vorstellungen über den angemessenen Umgang mit Kindern vorangestellt. Dabei wird die von Natur aus gegebene Beobachtungsgabe der jungen Menschen hervorgehoben, die eine zentrale Rolle für die spätere Arbeit an ihrem Verstand spielt. Die natürliche Neugier (»Die Augen, Ohren und Sinne sind weit geöffnet«) sollte deshalb unterstützt und die Vernunft des Kindes keinesfalls zu früh gefordert werden, weil »seine Seele ganz vom Gefühl bestimmt« wird. Dieses Gefühl müsse deshalb geweckt und die Liebe zum Schöpfer genährt werden. Um das Ziel allen Strebens, die »moralische und religiöse Erziehung, die intellektuelle Erziehung« zu erreichen, galt es, den Verstand zu fördern, indem man dem Kind alters- und entwicklungsgerechte Themen anbiete.[90] Am Ende dieser Bemerkungen betonte Pako:

»Die Natur möchte, dass wir fühlen, bevor wir etwas kennen, bevor wir über unsere Gefühle urteilen. Diese wechselseitige Beziehung zwischen dem Geist und dem Körper zeigt die Notwendigkeit, das eine zu vervollständigen, um zur Vollkommenheit des anderen zu gelangen. Die körperliche Erziehung verbindet sich mit den beiden vorhergehenden [der moralischen und intellektuellen Erziehung; Anm. K. K.] [...], in ihrer Vereinigung erreichen sie die Perfektion.«[91]

Im Anschluss daran finden sich instruktive Ausführungen zu der bekannten Trias *Physique, Moral, Intellectuel* im konkreten Hinblick auf Jurijs Entwicklung.

---

88 Nikol', Zapiska Abbata Nikolja.
89 RGB NIOR, f. 265, kart. 99, ed. chr. 1–4.
90 Ebd., ed. chr. 1, l. 2.
91 Ebd., l. 2–2ob.

In der Rubrik *Physique* wurde die Stärkung des Körpers beschworen: das Waschen nur mit kaltem Wasser, regelmäßige Übungen und Spaziergänge, das Spiel mit Reifen, Ball und Seil. Mit der Geschmeidigkeit des Körpers sollte auch der physische und geistige Mut gefördert werden. Dabei sollte sich das Kind von seinen echten Bedürfnissen zu »rennen, zu hüpfen und zu schreien« leiten lassen. Als bedeutsam wurden Ruhephasen eingestuft, insbesondere das Einhalten regelmäßiger Schlafzeiten. Auch hier folgte – vergleichbar mit den Vorgaben Katharinas für ihre Enkel – der Hinweis, dass das Kind in einem harten Bett, niemals mit Daunendecke und ohne Kopfbedeckung zu schlafen hatte. Ratsam sei es, vor dem Schlafengehen gymnastische Übungen durchzuführen, um Albträumen vorzubeugen und das Kind müde zu machen.[92]

Die Ausführungen in der Spalte *Moral* unterstrichen die Bedeutung unbedingten Gehorsams, der für die Kindheit das darstellte, was der Verstand im Erwachsenenalter war. Dabei galt es, so Pako, unter Aufbietung allen pädagogischen Geschicks den Gehorsam einzuüben, um ihn dann von einem Reflex in Vertrauen zu seinem Lehrer und Freund zu überführen. Dieses Vertrauen wiederum sei die Voraussetzung, um alle »Mängel, alle verborgenen Laster, die das schönste Lebensalter, die Adoleszenz und Jugend« negativ beeinflussen können, zu bekämpfen. Als negativste Eigenschaft, da vorsätzlich, hob der Hauslehrer das Lügen des Kindes hervor, das sich seiner Meinung nach nur durch konsequente Bestrafung ausmerzen ließe. Dabei müsse das Lügen von dem als natürlich eingeschätzten Hang der Kinder zum »Erfinden« getrennt werden. Den Jähzorn Jurijs stufte er als altersbedingt ein, hob aber hervor, dass man ihm keinesfalls das Gefühl geben sollte, »die Oberhand über sein Gegenüber zu gewinnen«. Unbedingt zu festigen sei in diesem Alter die »Seelenstärke«. »Lächerlichen Ängsten« dürfe auf keinen Fall nachgegeben werden; Angst im Dunkeln und kleine Verletzungen müssten mit Tapferkeit ertragen werden.[93]

Die dritte Rubrik *Intellectuel* unterstrich den vorbereitenden Charakter dieser Lebensphase als »Basis, auf die sich das mühsame Gebilde des Unterrichts aufbaut«. Pako sah es als seine Aufgabe an, Jurijs Geschmack zu entwickeln, damit dieser zu erkennen lerne, was gut und was schlecht sei, um so auch seinen Geist zu schulen. Er wollte dem Kind altersgerechte Erzählungen anbieten, so »ungekünstelt wie die Natur«. Von Märchen sei er fernzuhalten, weil die »Vorliebe für alles Wunderliche« dem entgegenstand, was

---

92 Ebd., l. 4–5.
93 Ebd., l. 4–6ob.

es zu entwickeln galt. Jurijs Vorliebe für das Malen sollte durch die gezielte Lenkung seiner Aufmerksamkeit in die umgebende Welt gestärkt werden. Eine große Herausforderung für Pako war die Förderung der sprachlichen Entwicklung, die Fähigkeit zu formulieren. Bis zu seinem achten Lebensjahr sollte Jurij so gut wie möglich Russisch und Französisch lesen können, über Kenntnisse in Grammatik und Rechtschreibung sowie – in Absprache mit dem Geistlichen – des Alten und Neuen Testaments verfügen. Zur Schulung des Gedächtnisses waren Fabeln auswendig zu lernen; zudem standen für Jurij mathematische Grundlagen und »ausgewählte Handlungen der Geschichte seines Landes« auf dem Programm.[94]

Die von Pako formulierten Ansprüche und Absichten sowie die Betonung der auf John Locke zurückgehenden Trias überraschen wenig. Fast alle Punkte, die in Katharinas Erziehungsinstruktion angesprochen wurden, sowie die Vorstellungen Novikovs oder Daškovas von Kindheit und Erziehung finden sich auf den einleitenden Seiten des Tagebuches wieder. In dieser Hinsicht reihte sich das Dokument nahtlos in den von der Aufklärung geprägten pädagogischen Kanon des 18. Jahrhunderts ein.[95] Augenfällig hingegen sind der Umfang des Tagebuchs, die akribische Erziehungsdokumentation sowie deren schematische Umsetzung mittels einer strikt durchgehaltenen Einteilung in die Spalten *Physique, Morale, Intellectuel/Instruction*, die ein Erziehungstagebuch in Tabellenform ergab (Abb. 31, 32)[96] Damit könnte Pako einem Muster gefolgt sein, das von Marc-Antoine Jullien, auch bekannt als Jullien de Paris, ein Revolutionär und Anhänger Pestalozzis, zu Beginn des 18. Jahrhunderts entwickelt wurde.

Jullien (1775–1848) gilt als Begründer der vergleichenden Erziehungswissenschaften. Er widmete sich ab 1801 verstärkt Fragen der Erziehung und hatte als einer der ersten versucht, eine »Wissenschaft der Erziehung«, einen »rationalen Rahmen für die täglichen Realitäten der Erziehung« zu etablieren.[97] 1808 veröffentlichte er einen »Allgemeinen Essay der physischen, mo-

---

94 Ebd., l. 4–6.
95 Vgl. die Ausführungen in Kapitel 2 im vorliegenden Buch.
96 Mit dem Beginn der Aufzeichnungen über die Lernfortschritte wird die Rubrik von Pako als *Instruction* geführt.
97 Gautherin, Jaqueline, Marc-Antoine Jullien (,Jullien de Paris'), in: Prospects: The Quarterly Review of Comparative Education XXIII, 3/4 (1993), S. 757–773, S. 3. Zu Biografie und Werk Marc-Antoine Julliens vgl. Goetz, Helmut, Marc-Antoine Jullien de Paris, 1775–1848. L'évolution spirituelle d'un révolutionnaire. Contribution a l'histoire de précurseurs des organisations internationales du XXe siecle, Paris 1962, sowie Palmer, Robert R. (Hg.), From Jacobin to Liberal. Marc-Antoine Jullien, 1775–1848, Princeton 1993.

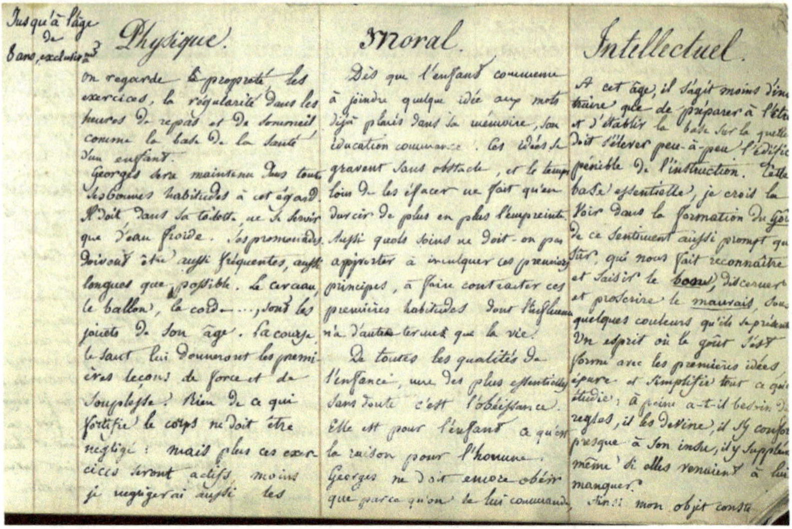

Abb. 31: Tagebuch Pako (RGB NIOR, f. 265, kart. 99, ed. chr. 1, l. 4)

ralischen und geistigen Erziehung, der einem praktischen Erziehungsplan für die Kindheit, die Adoleszenz und die Jugend folgt«.[98] Das Werk sollte, so Jullien, sowohl »Erziehungstheorie« als auch »praktischer Plan« für Eltern und Lehrer sein. Er setzte auf eine ideale Erziehung insbesondere der Kinder reicher Familien, die »auf die ganze Gesellschaft einen mächtigen Einfluss ausüben sollten«.[99] Das den Erziehungsprämissen der Aufklärung verpflichtete Werk mit der bekannten Betonung der Erziehungsbestandteile *Physique*,

---

Zur Einschätzung von Jullien als Begründer der Vergleichenden Erziehungswissenschaften vgl. zusammenfassend und exemplarisch Knobloch, Phillip D. Th., Die Konstituierung der Vergleichenden Erziehungswissenschaft im kulturellen Kontext von modernity/coloniality, in: Hummrich, Merle; Pfaff, Nicolle; Dirim, İnci u. a. (Hg.), Kulturen der Bildung. Kritische Perspektiven auf erziehungswissenschaftliche Verhältnisbestimmungen, Wiesbaden 2016, S. 19–28, hier S. 22–24; Adick, Christel, Vergleichende Erziehungswissenschaft. Eine Einführung, Stuttgart 2008, S. 17–20.

98 Der Untertitel des Werkes lautet »Recherchen über die Erziehungsprinzipien und -fundamente, die den Kindern der ersten Familien eines Staats zu geben sind, damit die Nation mit hohem Tempo der Zivilisation und Blüte entgegen geht« (Jullien de Paris, Marc-Antoine, Essai général d'éducation physique, morale et intellectuelle. Suivi d'un plan d'éducation-pratique pour l'enfance, l'adolescence et la jeunesse, ou recherches sur les principes et les bases de l'éducation à donner aux enfants des première familles d'un État, pour accélérer la marche de la Nation vers la civilization e la prospérité, Paris 1808).

99 Jullien, Essay general d'education, S. 138.

Abb. 32: *Tagebuch Pako (RGB NIOR, f. 265, kart. 99, ed. chr. 1, l. 14)*

Moral, Intellectuel ist in drei große Kapitel gegliedert. Neben theoretischen und methodischen Ausführungen des Essays ist es vor allem die im dritten Teil erörterte Praxis in Form von »analytischen und synoptischen Tabellen«, die im vorliegenden Kontext von Interesse ist.[100] Diese Tabellen, die Jullien für jedes Lebensjahr von Geburt bis zum Alter von 26 Jahren exemplarisch erstellte, sind in fünf Spalten – betitelt mit *Ordre des Années, Education Physique, Education Morale, Education Intellectuelle ou Instruction, Emploi du Temps* – aufgeteilt. Sie hatten das Ziel, »das Voranschreiten und die praktische Ausführung des vorgeschlagenen Plans nach der Gliederung in die drei Zweige der Erziehung, der Verteilung der Methoden diverser Unterrichtsobjekte und der Zeitpläne« zu dokumentieren (Abb. 33).[101] Die Parallelität und Korrespondenz der einzelnen Einträge, die Jullien mit »Rädchen, die man sich drehen sieht«, verglich, sollten seiner Meinung nach helfen, Prozesse zu beobachten und gegebenenfalls zu korrigieren. Zudem könnten auch andere von dem Festgestellten profitieren, denn das, so Jullien, was eine »Skizze für uns« ist, könnte »fruchtbar für andere« sein. Die Tabellen könnten so als ein »Kompass« der Erziehung dienen.[102] Die Methode des Tagebuch-

---

100 Ebd., S. 156ff.
101 Ebd.
102 Ebd.

Abb. 33: Marc Antoine Jullien, Essai général d'éducation physique, morale et intellectuelle suivi d'un plan d'éducation pratique, Paris 1808, S. 168–169

schreibens thematisierte Jullien auch in seinem zweiten, erstmals 1808 erschienenen Werk »Versuch über die Verwendung der Zeit« sowie 1815 in einem weiteren Buch.[103] Der Umfang dieses Œuvres zeigt deutlich, dass das Abfassen eines Tagebuchs für Jullien systematischer Bestandteil von »Erzie-

---

103 Jullien de Paris, Marc-Antoine, Essai sur une méthode qui a pour objet de bien régler l'emploi du temps, premier moyen d'être heureux: à l'usage des jeunes gens de l'âge de 16 à 15 ans: Extrait d'un travail plus général, plus étendu, sur l'éducation, Paris 1808 (dt.: Versuch über die beste Methode, die Zeit als erstes Mittel zum glücklichen Leben gehörig anzuwenden, Regensburg 1811); ders., Agenda général; ou mémorial portatif universel pour l'anné 18 …; Libret pratique d'emploi du temps composé de tablettes utiles, et commodes d'un usage journalier, Paris 1815 (dieses Werk besteht zu einem wesentlichen Teil aus Tabellenvorlagen für verschiedene Lebensbereiche von täglichen Aufzeichnungen, über Ausgaben, Namen und Adressen bis zu Korrespondenz und Bibliografischem).

hungskonzeption« sowie als »Instrument der Beobachtung und Diagnostik« diente.[104]

Vor diesem Hintergrund lässt sich das Tagebuch Pakos und dessen Struktur besser einordnen. Abgesehen von der fehlenden letzten Spalte – dem genauen Zeitplan – entspricht das Erziehungstagebuch Jurijs gänzlich den von Jullien entworfenen Tabellen. Dies überrascht im zeitgenössischen Kontext wenig, waren doch Pako und der beratende Abbé Nicolle mit den aktuellen pädagogischen Diskursen und daher auch mit dem Gedankengut Julliens vertraut – hatte dieser doch einschlägige Monografien und Beiträge in der von ihm herausgegebenen »Revue Encyclopédique« publiziert.[105]

---

104 Hess, Remi, Die Praxis des Tagebuchs. Beobachtung – Dokumentation – Reflexion, Münster u. a. 2009, S. 46–47.

105 Gautherin, Marc-Antoine Jullien („Jullien de Paris"), S. 2; Samarin, Dmitrij, Samarin, Jurij Fedorovič, in: Polovcov, Aleksandr A. (Hg.), Russkij biografičeskij slovar', Bd. 18, St. Petersburg 1904, S. 133–146, hier S. 134.

Wenngleich im Umfang deutlich geringer und in den Ausführungen weniger detailliert und umfassend, erinnern die Aufzeichnungen Pakos in Zügen zudem an das Tagebuch, das der Leibarzt Louis' XIII., Jean Héroard, ab dessen Geburt 1601 über einen Zeitraum von 26 Jahren führte.[106] Der Mediziner dokumentierte auf ca. 6.000 Seiten täglich die Entwicklung, Befindlichkeiten, Beschäftigungen und sozialen Kontakte Louis' XIII. Er hinterließ damit eine Quelle, die in mehrerer Hinsicht von zentraler Bedeutung ist. Die meisten Historiker nutzten das Dokument, um den *intake* (»was ihm gesagt oder getan wurde«) und *output* (»wie er darauf reagierte«) des Prinzen nachzuvollziehen »als Zeichen seiner physischen und mentalen Entwicklung und seiner sich verändernden Position in der ihn umgebenden Welt«.[107] Ihr Interesse galt in diesem Zusammenhang auch den »vielen großen Persönlichkeiten« des In- und Auslands, die sich im Umfeld des künftigen Königs bewegten.[108] Philippe Ariès, der in seiner bahnbrechenden Studie das Tagebuch insbesondere für die Darstellung der Themen »Kleidung«, »Spiel« und »kindliche Sexualität« nutzte, unterstrich die Bedeutung des Tagebuches für die »Geschichte der Kindheit«:

»Dem Tagebuch des Arztes Héroard haben wir es zu verdanken, dass wir uns vorstellen können, wie das Leben eines Kindes zu Beginn des 17. Jahrhunderts ausgesehen hat [...]. Wenngleich es sich in Héroards Aufzeichnungen um einen französischen Kronprinzen, den zukünftigen Ludwig XIII. handelt, haben wir es mit einem exemplarischen Fall zu tun, denn am Hof Heinrichs IV. ließ man den Kindern der königlichen Familie, den legitimen wie den Bastarden, die gleiche Behandlung angedeihen wie allen anderen Kindern von Adel auch [...].«[109]

Ariès' Annahme der Repräsentativität des Tagebuchs wurde keinesfalls von allen geteilt, die sich mit der Schrift befassten. Kritiker hoben hervor, dass es sich bei dem beschriebenen Kind um »eine ganz besondere Person – den Dauphin von Frankreich« – handelte »und vieles in den Berichten [...] nur in diesem engen Kontext Bedeutung« hat. Weiter ließe »die übertriebene Aufmerksamkeit, die in Héroards Tagebuch der phallischen Entwicklung des Prinzen geschenkt wird«, auf die notwendige »Zeugungsfähigkeit« des künftigen Monarchen schließen und nicht auf die »Einstellung gewöhnlicher

---

106 Zur Geschichte dieses Tagebuchs, seiner publizierten Varianten und historiografischen Nutzung vgl. Marvick, Elizabeth Wirth, Louis XIII and His Doctor. On the Shifting Fortunes of Jean Héroard's Journal, in: French Historical Studies 18, 1 (1993), S. 279–300.
107 Marvick, Louis XIII and his Doctor, S. 282.
108 Ebd.
109 Ariès, Geschichte der Kindheit, S. 126.

Eltern«. Zudem wurde die »Verschrobenheit des Arztes« ins Feld geführt, »seine »manipulative Einmischung«, die dem »*Journal* einen pathologischen Zug« verliehen und es »unrepräsentativ für die zu dieser Zeit herrschenden Normen der Kindererziehung werden lässt«.[110]

Das vierbändige pädagogische Tagebuch Pakos ist in seiner Systematik und Kontinuität – nach heutigem Kenntnisstand – ähnlich wie das Héroards ein Dokument mit Seltenheitswert. Es ist kein intimes Tagebuch, auch wenn es intime Beschreibungsmomente in Bezug auf das Verhalten oder das Befinden Jurij Samarins gibt. Es ist den sogenannten »extimen« Tagebüchern zuzurechnen. Dabei geht es um ein »Schreiben, das kommuniziert und mit anderen als potentiellen oder echten Dialogpartnern« geteilt werden kann. Tagebücher können an dieser Stelle zu einem regelmäßigen Austausch führen oder gar in eine Korrespondenz übergehen.[111] Das Tagebuch Pakos ist eine Quelle, die »am Rande der Textsorte Selbstzeugnis« liegt; über weite Strecken trägt es den Charakter einer Erziehungsschrift, wobei das Kind »Beobachtungs- und Reflexionsobjekt« ist.[112] Zudem gab es einen klaren Adressaten der Aufzeichnungen, Fedor Samarin. Er war nicht nur Jurijs Vater, sondern auch Pakos Arbeitgeber. Deshalb muss bei der Rezeption des Tagebuches auch das Abhängigkeitsverhältnis, in dem der Franzose stand, bedacht werden. Die frühen Briefe Pakos an Fedor Samarin belegen, dass der Franzose fast unterwürfig versuchte, auf die Erziehungsvorstellungen Fedor Samarins einzugehen. Für Pako ist das Tagebuch demzufolge nicht nur Medium der Dokumentation, sondern auch eine Legitimierung seiner Tätigkeit und damit ein Dokument, das Zeugnis über den Hauslehrer selbst ablegt. Mit dem Tagebuch schuf er – ganz im Sinne Julliens – einen Text, der seine Erziehungstätigkeit reflektierte und dokumentierte; darüber hinaus diente es als Basis für die Kommunikation mit Fedor Samarin über die Entwicklung seines Sohns. Diese Funktion des Tagebuchs belegt ein Briefwechsel zwischen Pako und Fedor Samarin in den Jahren 1824 und 1825, als sich Samarin häufig nicht bei seiner Familie aufhielt. In seinen Briefen an Jurijs Vater erklärte Pako immer wieder sein pädagogisches Vorgehen und verwies dabei auch auf das Tagebuch sowie den Prozess der Abfassung desselben:

---

110 Marvick, Elizabeth W., Natur und Kultur. Trends und Normen der Kindererziehung in Frankreich im siebzehnten Jahrhundert, in: deMause, Lloyd (Hg.), Hört ihr die Kinder weinen, Frankfurt am Main ⁹1997, S. 364–421, hier S. 368–369.
111 Hess, Die Praxis des Tagebuchs, S. 9.
112 Piller, Private Körper, S. 169.

»Um neun Uhr jedoch ist unwiderruflich die Stunde der Ruhe, dann beginnt für mich der Augenblick der Einsamkeit und der Arbeit. Die Geschichte, die Lektüre, das Verfassen eines Erziehungsplans, des Tagebuchs, beschäftigt mich ständig. […] Letzteres ist vielleicht das, was mich am meisten beschäftigt: Gewiss, die Art, in der es abgefasst ist, ist weit davon entfernt, alle Reflexionen wiederzugeben. […] Aber wie kann man diese vielen Ideen wegschieben, die sich mir aufdrängen, dass ich die Feder nehme, um die Beobachtungen, die mir die Spiele und die Beschäftigungen des Tages nahelegen, zu skizzieren. […] Und ich gehe so durch die Wochen, Monate und suche in der Vergangenheit die Vorzeichen für die Zukunft […].«[113]

An anderer Stelle des Briefs hielt Pako fest, dass »das Schweigen des Tagebuchs« für eine gut verlaufene Woche spricht, oder erwähnte bei der Beschreibung von Streitigkeiten Jurijs mit seiner Schwester die entsprechenden Verweise im Tagebuch.[114] Ein Brief an Fedor Samarin begann auch mit dem Satz: »Ich habe mein Tagebuch durchgeblättert, um irgendwelche Beobachtungen zu finden, die es verdienen an den Anfang meines Briefes gestellt zu werden […].«[115]

Das »Rote Buch«, wie das Tagebuch auch genannt wurde, war ein fester Bestandteil nicht nur im Alltag des Lehrers, sondern auch des Schülers.[116] Jurij Samarin war sich von Beginn an darüber im Klaren, dass sein Lehrer dieses Tagebuch führte, und brachte dies – so Pakos Verweise im Tagebuch und den Briefen – auch zur Sprache. So forderte Jurij beispielsweise Pako im kindlichen Affekt sogar auf, über sein Fehlverhalten und die folgende Bestrafung zu berichten, wohlwissend, dass genau dies Konsequenzen nach sich ziehen konnte, informierte sich der Vater doch nach Abwesenheit in dem Tagebuch über das Verhalten seines Sohnes.[117] Am 28./29. Oktober 1828 beispielsweise führte die Lektüre des Tagebuchs dazu, dass Jurij mehrere Tage in seinem Zimmer verbringen und das Essen allein in einem separaten Raum zu sich nehmen musste.[118] Aus Furcht vor Konsequenzen wurde Pako deshalb von Jurij in entsprechenden Situationen gebeten, Notizen in dem »Roten Buch« zu streichen, wie ein Eintrag vom 10. August 1826 belegt:

---

113 Pako an F. Samarin (2.7.1824), RGB NIOR, f. 265, kart. 197, ed. chr. 25, l. 3ob.
114 Ebd., l. 3; Pako an F. Samarin (9.7.1824), ebd., l. 5.
115 Pako an Samarin (25.1.1825), ebd., l. 11.
116 Pako an Samarin (24.7.1825), ebd., l. 18.
117 RGB NIOR, f. 265, kart. 99, ed. chr. 1, l. 43ob, 17.11.1824.
118 Ebd., ed. chr. 3, l. 27ob, 18./29.10.1828.

»[…], aber ich nahm das rote Buch und trug sein Verhalten darin ein. Er versprach mir, vernünftiger zu sein, wenn ich es löschen würde, aber ich antwortete, dass in dem roten Buch niemals etwas gestrichen würde.«[119]

Pako verwies seinen Schüler regelmäßig auf das »Rote Buch«, das so zum Erziehungsinstrument wurde, um Druck bzw. Macht auszuüben. Davon zeugt auch eine Situation, in der Pako Jurijs schlechtes Verhalten gegenüber einem Bediensteten zwar einen Tag vor Abreise Fedor Samarins im Tagebuch dokumentierte. Allerdings stellte er seinem Zögling in Aussicht, dass er bei gutem Benehmen im Laufe der kommenden Woche »nichts zu erwarten habe« – vorausgesetzt der Vater »verlangt nicht, vor seiner Abreise [in dem Tagebuch] zu lesen«.[120] Neben seiner dokumentarischen Funktion kam dem Tagebuch somit eine weitere Bedeutung zu: Es wurde zur Schnittstelle, zum gestaltenden Moment in der Beziehung zwischen Vater und Sohn.

Pako dokumentierte fast täglich und über einen langen Zeitraum hinweg sowohl die aristokratische Erziehungspraxis als auch die Reaktion seines Zöglings darauf. Er lieferte damit eine »dichte Beschreibung«, die nicht durch Erinnerungslücken oder eines mit großer Distanz verklärenden Erklärungsmusters beeinträchtigt ist, wie es beispielsweise bei Memoiren der Fall sein kann. Im Sinne von Clifford Geertz beobachtete und interpretierte Pako die Entwicklung seines Zöglings und gewährt so einen tiefen Einblick in wesentliche Aspekte adliger Kindheit in Russland.[121] Darüber hinaus überliefert Pako mit seinem Tagebuch die Praxis der in Russland tätigen französischen Hauslehrer, »Quand le français gouvernait la Russie« (»Wie der Franzose Russland regierte«), wie der Titel einer jüngst erschienenen Dokumentation lautet.[122]

Pako beschrieb über Jahre akribisch, wie sich Jurij entwickelte. Die Einträge waren nicht immer gleichmäßig verteilt, die Schwerpunkte variierten nach Alter des Kindes, der Jahreszeit bzw. den Aktivitäten der Familie. Die große Aufmerksamkeit, die Pako in dem Tagebuch der *Physique* widmete, verweist (wie bereits hervorgehoben) in aller Deutlichkeit auf die pädagogischen Vorstellungen und Ansprüche des 18. Jahrhunderts, deren Wurzeln wiederum weiter zurückreichen. Das Locke'sche Diktum: »Ein gesunder Geist in einem gesunden Leib, das ist eine kurze aber vollständige Beschrei-

---

119 Ebd., ed. chr. 1, l. 127, 10.8.1826.
120 Ebd., ed. chr. 3, l. 29, 8.11.1828.
121 Geertz, Clifford, Dichte Beschreibung. Beiträge zum Verstehen kultureller Systeme, Frankfurt am Main ⁵1997.
122 Rjéoutski, Quand le français gouvernait la Russie.

bung eines glücklichen Zustandes in dieser Welt« hatte auch in Jurijs Erziehung seinen unverrückbaren Platz.[123]

Die von Pako unter *Physique* vorgenommenen Einträge eröffnen ein weites Spektrum, das von Aufenthaltsorten der Familie bis hin zu Jurijs Sozialverhalten reichte. Die Spalte ähnelt einem familiären Koordinatensystem, das die Präsenz und emotionale »Position« Jurijs, aber auch anderer Familienmitglieder widerspiegelt.

Pako dokumentierte in dieser Spalte stets den Aufenthaltsort der Familie, die Mobilität der einzelnen Familienmitglieder sowie besondere familiäre Ereignisse. So lassen sich Reisen nachvollziehen. 1824 und 1825 beispielsweise hielten sich die Samarins im Ausland auf, vor allem in Paris. Vor ihrer Rückkehr nach Russland unternahmen sie im September 1825 ausgedehnte Reisen durch die Schweiz über Frankreich nach Italien.[124] Weiter ging es über Innsbruck nach Bayern (Mittenwald, München) und Sachsen (Dresden – wo sich die Familie ebenfalls länger aufhielt), bevor die Familie über Frankfurt an der Oder, Küstrin, Marienburg, Königsberg, Tilsit, Riga, Dorpat und Narva am 19. September in St. Petersburg ankam.[125] Mit dem Grenzübertritt ins Russische Kaiserreich differenzierte Pako in den ersten beiden Spalten bei der Datumsangabe zwischen dem gregorianischen Kalender, der im westlichen Europa (Frankreich, Preußen) galt, und dem in Russland die Zeit bestimmenden julianischen Kalender in der zweiten Spalte.[126] Zu der Reise durch Italien bis nach Dresden existiert auch ein Tagebuch, das Pako nach Diktat des sechsjährigen Jurij anfertigte.[127] Darin sind in der Ich-Form kleine Erlebnisse, das Wetter, das umfangreiche Besichtigungsprogramm sowie einige emotionale Regungen Jurijs – beispielsweise die Traurigkeit, wenn sein Lehrer weggeht – beschrieben.[128]

---

123 Locke, John, Gedanken über Erziehung, Stuttgart 2002, S. 7.
124 Besuchte Orte in der Schweiz: Schaffhausen, Zürich, Bern, Lausanne, Genf; in Frankreich: Chambery, Lens-Lebour; in Italien: Turin, Alessandria, Genua, Pavia, Mailand, Parma, Bologna, Siena, Rom – wo sich die Familie mehrere Monate aufhielt –, Terni, Foligno, Ancona, Rimini, Bologna, Ferrara, Padua, Venedig, Verona, Rovereto.
125 RGB NIOR, f. 265, kart. 99, ed. chr. 1, l. 32ob–l. 82ob, 6.8.1824–19.9.1825.
126 Ebd., l. 81ob, 22./10.9.1825. Waren die Datumsangaben anfangs in der zweiten Spalte übereinandergeschrieben, änderte sich dies mit dem 19. September 1825, ab dort wurde in der ersten Spalte das Datum nach dem gregorianischen Kalender und in der zweiten Spalte nach dem julianischen Kalender (Russland) notiert (ebd., l. 82ob). Alle Datumsangaben werden im vorliegenden Buch nach der zweiten Spalte, dem julianischen Kalender angegeben.
127 RGB NIOR, f. 265, kart. 88, ed. chr. 10 (18 l.).
128 Ebd., l. 5.

Nach der Rückkehr der Familie nach Russland vermerkte Pako weiterhin die Aufenthaltsorte. Das waren zunächst St. Petersburg, ab 1826, nachdem Fedor Samarin den Dienst quittiert hatte, Moskau und in den Sommern verschiedene Landsitze. Die Monate vor dem Umzug nach Moskau verbrachte die Familie beispielsweise in Ivanovskoe, wohin sie am 1. Juni 1826 von St. Petersburg über Tver' gereist war.[129] Fedor Samarin hatte dort ein Haus für seine Familie gemietet und Jurij genoss das Landleben offensichtlich sehr, wie seine 1842 aufgezeichneten Erinnerungen belegen:

»Ich war nicht älter als sieben Jahre, als wir Petersburg verließen und nach Moskau umzogen. An diese Zeit habe ich viele lebendige Erinnerungen, und ich zähle sie zu den besten in meinem Leben. [...] In der Freiheit lebend, den größten Teil des Tages draußen verbringend, eintönig und ohne Zerstreuungen, gewöhnte ich mich an diesen Ort und fing an, ihn heiß zu lieben; meine sensible Kinderseele stellte sich auf diese Umgebung ein, und die Eindrücke dieser Zeit blieben ihr für immer. [...] Bis heute kann ich nicht ohne Erregung an das Dorf Ivanovskoe denken. Dort erfolgte das erste Erwachen meines Bewusstseins, die erste freudige Wahrnehmung des Lebens. Im Grunde seit dieser Zeit begann ich mich selbst zu erinnern. [...]. Genau seit diesem Sommer, den ich in Ivanovskoe verbracht habe, fange ich an, mich an meine Eindrücke, meine Gedanken, meine Gefühle zu erinnern; seit dieser Zeit erkenne ich mich selbst in meinen Erinnerungen wieder. Meine Tage verbrachte ich mit für Kinder typischen Beschäftigungen: Ich rannte durch den Garten, ging fischen und an Tagen mit schlechtem Wetter blies ich Seifenblasen, aber diese Beschäftigungen waren nicht mein Ziel, sie dienten mir nur als Vorwand zu anderen unbestimmten und höheren Vergnügungen – Ich erinnere mich, wie ich bei schönem Wetter, immer um ein Uhr, in die Spitze einer großen Birke, die vor dem Haus stand, kletterte und [...] die untergehende Sonne beobachtete. Lange saß ich oben auf einem großen Ast, begleitete regungslos und schweigend die durchsichtigen Wolken, die nach Westen zogen, dann nahm ich das Bedürfnis zu beten wahr und Tränen tropften aus meinen Augen. Ein ähnliches Vergnügen bereitete es mir, am Fluss zu stehen und den Lauf des Wassers zu beobachten [...]. All dies war neu für mich [...] als würde ich die Welt Gottes das erste Mal sehen [...]. Meine Eltern und mein Erzieher, mein geliebter Pako, nahmen vielleicht mein seltsames Verhalten, mein Schweigen und meine Nachdenklichkeit nicht wahr, vielleicht bemerkten sie es auch und beachteten es nicht. [...] Sie gaben mir die vollkommene Freiheit, meine Seele und meinen Körper zu entwickeln [...], sie dachten nicht daran, den natürlichen Gang des Lebens zu beschleunigen oder zu verlangsamen. Dies war eine famose Zeit, eine Zeit der völligen Freiheit, in der ich niemandem verpflichtet war.«[130]

---

129 RGB NIOR, f. 265, kart. 99, ed. chr. 1, l. 115–127.
130 Samarin, Vospominanija ot detstva (1842), RGB NIOR, f. 265, kart. 89, ed. chr. 4, zit. nach: Komarovskaja, Molodye gody Jurija Samarina, S. 294–295.

Die Zufriedenheit Jurijs mit der »zwanglosen« Zeit in Ivanovskoe, deren Beschreibung allerdings deutliche Züge einer nachträglichen Idealisierung trägt, spiegelt sich auch in Pakos Tagebuch wider. Für die Zeit dort finden sich insgesamt weniger Einträge in der Rubrik *Physique*. Das lässt darauf schließen, dass die Tage weniger strikt strukturiert waren. Der Aufenthalt verging mit Fischen, Besuchen bei Nachbarn – der Familie Tutolmin – und langen Spaziergängen. Unterrichtet wurde unregelmäßig. Auch Jurijs Verhalten schien besser als sonst gewesen zu sein, wenngleich Pako einige Zwischenfälle notierte, die erzieherische Konsequenzen erforderten.[131] Pako stellte in seinen Aufzeichnungen fest, dass Jurij, nachdem die Familie am 11. August Ivanovskoe verlassen hatte, sich wenig für Moskau, wo die Familie ein Haus in der Bronnaja Straße bezog, erwärmen konnte: »Er vermisste das Land.«[132] Für Jurij begann dort ein neues Leben: »die Jahre des Lernens«, die nach einem strikten Plan organisiert wurden und für deren Erfolg Fedor Samarin weder »Ausgaben noch Mühen« scheute.[133]

Die Mobilität einzelner Familienmitglieder, insbesondere des Vaters, aber auch der Mutter oder des Russisch-Tutors, wurden von Pako ebenfalls in der Rubrik *Physique* festgehalten. Besonders in den frühen Jahren stehen die Eintragungen meist in Verbindung mit Jurijs emotionaler Reaktion darauf, die in Teilen auch in der Rubrik *Moral* vermerkt wurden. »Die Abreise war ein großes Thema unserer Gespräche heute. Die Freude, den Papa wiederzusehen, war das, wovon er am meisten sprach.«[134] Am 13. Juli 1825 notierte Pako: »Er spricht oft von der Abreise seines Vaters, von dem Vergnügen, dass dieser haben wird, wenn er ihm vor dessen Rückkehr einen kleinen Brief schreiben wird.«[135] Am 23. April 1826 versprach Jurij nach Abreise seines Vaters, »vernünftig und gehorsam« zu sein.[136] Im Sommer desselben Jahres war die »Ankunft seines Vaters« mit »Tadel« verbunden, auf den »großer Kummer« folgte.[137] Auch die An- und Abwesenheit der Mutter wurde von Pako registriert. Am 22. November 1826 reiste sie nach Kaluga zu ihrem Vater und Jurij, und seine Schwestern planten für ihre Rückkehr eine Aufführung, die sie am 3. Dezember 1826 darboten: eine kleine Komödie, einen Dialog und

---

131 RGB NIOR, f. 265, kart. 99, ed. chr. 1, l. 115–127.
132 Ebd., l. 127ob.
133 Komarovskaja, Molodye gody Jurija Samarina, S. 299.
134 RGB NIOR, f. 265, kart. 99, ed. chr. 1, l. 32, 5.8.1824.
135 Ebd., l. 69, 13.7.1825.
136 Ebd., l. 110, 23.4.1826.
137 Ebd., l. 126ob, 4.8.1826. Die Entschuldigung Jurijs bei seinem Vater erfolgte zwei Tage später, allerdings vermerkte Pako diese in der Rubrik *Morale* (6.8.1826).

eine Fabel von Ivan Krylov: »Maman war zufrieden«.[138] Offensichtlich wurden die Eltern nach Abwesenheit gelegentlich mit Darbietungen begrüßt. Im März 1827 erfreuten die Kinder ihren Vater nach dessen Rückkehr aus St. Petersburg nicht nur mit auswendig gelernten Dialogen, sondern auch mit einem »russischen Tanz«.[139] Die Liste der An- und Abwesenheiten ließe sich noch lange fortsetzen; sie waren fester Bestandteil des Familienalltags ebenso wie die permanente Mobilität einzelner Familienmitglieder. Dies ist keinesfalls eine Besonderheit, ausgedehnte Reisen und wechselnde Aufenthaltsorte gelten als Charakteristikum der aristokratischen Lebensweise.[140] Die beschriebenen Begrüßungsriten der Kinder verweisen ebenfalls auf eine gängige Inszenierung familiärer Wertschätzung, wie wir sie auch von anderen Familien dieses Standes kennen.

Vor allem in den ersten drei Bänden des Tagebuchs fanden zudem familiäre Ereignisse regelmäßig ihren Niederschlag in der ersten Spalte. So wurden die Geburten einiger Geschwister Jurijs (6.6.1824: Michail, 18.6.1825: Ekaterina, 30.8.1826: Aleksandr, 25.6.1829: Nikolaj) sowie einzelne Taufen erwähnt. Hervorzuheben ist besonders diejenige Ekaterinas, deren Taufpate Jurij wurde.[141] Im Zusammenhang mit deren Geburt führte Pako aus, dass insbesondere Jurijs Schwester Marija, »Macha«, viele Fragen stellte und sich nicht erklären konnte, »wie ihre Mutter, die gestern noch mit ihr im Garten spazieren ging, heute krank ist. Sie bemerkte auch, wie ihr Vater nach seiner Ankunft überrascht war, ihre Mutter im Bett zu finden.«[142] Weiter wurden Geburts- und Namenstage einzelner Familienmitglieder erwähnt. Im Zusammenhang mit Jurijs Geburtstagen vermerkte Pako stets »Geschenke«.[143] Aus den Aufzeichnungen geht weiter hervor, dass Feiertage wie Ostern (»Ostern. Spielsachen. Große Freude – Eierrollen«) oder Weihnachten (»Weihnachten: Ein charmanter Tag. Die Geschenke wurden geöffnet«) im Familienkreis festlich begangen wurden und kein Unterricht stattfand (»Pfingsten

---

138 Ebd., l. 140ob–141.
139 Ebd., ed. chr. 2, l. 7ob.
140 Dazu ausführlich vgl. Širle [Schierle], Peremena mest: Dvorjanstvo v raz'ezdach i v gostjach.
141 Geburten in der genannten Reihenfolge: RGB NIOR, f. 265, kart. 99, ed. chr. 1, l. 24; ebd., l. 65ob; ebd., l. 130; ebd., ed. chr. 3, l. 50ob. Von Vladimir (geb. 1827) wird nur die Taufe am 15.10.1827 erwähnt (ebd., ed. chr. 2, l. 47), von Petr (geb. 1830) und Dmitrij (geb. 1831) weder Taufe noch Geburt. Zur Taufe Ekaterinas: ebd., ed. chr. 1, l. 69ob, 19.7.1825.
142 Ebd., l. 65ob.
143 Vgl. exemplarisch ebd., l. 19ob; ebd., ed. chr. 2, 12ob.

und der darauffolgende Tag: unterrichtsfrei«).[144] Regelmäßig erwähnte Pako in dieser Rubrik oder in der Spalte *Moral* Besuche, die die Familie oder Jurij mit seinem Erzieher unternahmen, sowie Gäste, insbesondere Kinder, die im Haus Samarin empfangen wurden.[145] Spielgefährten von Jurij waren die Sprösslinge der Familie Gagarin; vor allem mit Ivan Gagarin verband ihn eine lange Freundschaft.[146]

Neben familiären Ereignissen finden sich in der Rubrik einige wenige Bezugnahmen auf zentrale nationale Geschehnisse. Am 27. November 1825 vermerkte Pako seine Hilflosigkeit, weil »der Tod Alexander I. eine Fülle von Fragen seitens [Jurijs] hervorbrachte«, von denen der Erzieher »mehr als die Hälfte« zu beantworten sich nicht imstande sah.[147] Dieser Eintrag spricht einerseits dafür, dass der Tod des Zaren ein so wichtiges Thema in der Familie war, dass auch der sechsjährige Jurij sich damit befasste, und andererseits für die eingeschränkte Landeskompetenz des französischen Hauslehrers. Den Trauerzug anlässlich der Beerdigung Alexanders I. beobachtete Pako mit Jurij am 19. März vom Haus des Großvaters aus. Allerdings war der Trauerzug nur eine Randnotiz Pakos; zwei Drittel des Eintrags befassten sich damit, wie Jurij auf zwei im selben Zimmer befindliche Hunde reagierte.[148]

Physis

Das »Körperliche« im strengen Sinne, das Pako in dieser Spalte ebenfalls akribisch dokumentierte, umfasste Jurijs physische Entwicklung in weit gefasstem Sinn. Der Erzieher notierte, ob Jurij »gut« oder »schlecht« aufgestanden war, wie er sich beim Anziehen verhielt und ob er die Morgentoilette zufriedenstellend sowie in angemessener Zeit verrichtete.[149] Im August 1828 fin-

---

144 Exemplarisch: Ostern: ebd., ed. chr. 1, l. 109, 18.4.1826; Weihnachten: ebd., l. 142ob, 25.12.1826; Pfingsten: ebd., ed. chr. 4, l. 14, 24.5.1830.
145 Vgl. exemplarisch: ebd., ed. chr. 3, l. 13, 28.6.–2.7.1828; ebd., l. 13ob, 8.7.1828; ebd., ed. chr. 2, l. 56, 28.1.1828.
146 Ebd., ed. chr. 1, l. 130ob, 5.9.1826; ebd., ed. chr. 2, l. 22, 23, 28.6.1827, 5.7.1827. Zum Bruch der Freundschaft kam es 1842, als Ivan Gagarin zum Katholizismus übertrat (Komarovskaja, Molodye gody, S. 290).
147 RGB NIOR, f. 265, kart. 99, ed. chr. 1, l. 89, 27.11.1825.
148 Ebd., l. 105–105ob, 19.3.1826.
149 Exemplarisch Aufstehen: ebd., l. 30, 15.7.1824; ebd., l. 32, 1.8.1824; ebd. l. 77, 8.8.1825; Anziehen: ebd., l. 126, 1.8.1826; Morgentoilette: ebd., l. 94, 27.12.1825; ebd., l. 106, 18.3.1826; ebd., ed. chr. 2, l. 31ob, 12.9.1828.

den sich einige Einträge, die Pakos Bemühen deutlich widerspiegeln, Jurij zu einer Beschleunigung seiner Morgentoilette anzuhalten. Aufgrund von Jurijs Langsamkeit bei der Morgentoilette gab Pako ihm eine feste Zeit vor und vermerkte täglich, um wie viele Minuten Jurij diese überzog.[150] Festgehalten wurde ebenfalls, dass Jurij häufig die Hände zwischen die Beine steckte, »eine Angewohnheit«, die, so der Erzieher, daher kommt, dass er »spät das Bedürfnis befriedigt, das ihn bedrängt« – also die Toilette aufzusuchen. In einzelnen Fällen führte dies dazu, dass er sich einnässte.[151] Pako wachte auch über den Schlaf seines Schützlings, den er genau beobachten konnte, weil er das Zimmer mit ihm teilte.[152] In das Tagebuch wurden sowohl eine Einschätzung des Einschlafprozesses, die Qualität und die Regelmäßigkeit des Schlafes als auch Träume und Ängste eingetragen.[153] Besonders die Furcht des Kindes vor der Dunkelheit und der Nacht sowie deren Überwindung waren ein immer wiederkehrendes Motiv, dem sich Pako sowohl in der Rubrik *Physique* als auch *Moral* regelmäßig widmete.[154]

Sämtliche Unpässlichkeiten in Verlauf und Dauer fanden ihren Niederschlag im Tagebuch. Dabei lässt sich eine familiäre Binnenperspektive in der Erwähnung aller gängigen und altersspezifischen Erkrankungen oder kleinen Unfälle feststellen. Notiert wurde alles von einer veränderten Gesichtsfarbe über Schnupfen und erhöhte Temperatur bis hin zu Verbrennungen an der Hand und Schmerzen, die durch das Wachsen der Zähne bedingt waren, sowie die ärztliche Konsultation.[155] Dieses minutiös gelistete Interesse an Jurijs körperlicher Verfassung und seinem gesundheitlichen Zustand lässt sich in den seit dem 18. Jahrhundert auch in Russland wachsenden Bemühungen des Staats um die Gesundheit seiner Untertanen verorten. Diese fanden ihren Niederschlag im medizinischen Wissenstransfer aus dem Ausland, der verstärkten Ausbildung von Medizinern sowie in Maßnahmen der Seuchen-

---

150 Ebd., ed. chr. 3, l. 19–20ob, 15.8.1928–24.8.1828.
151 Ebd., ed. chr. 1, l. 14, 13.3.1824; ebd., 14.3.1824; ebd., l. 42, 8.11.1824; l. 70ob, 22.7.1825, l. 71ob, 27.7.1825.
152 Ebd., ed. chr. 1, l. 92, 16.12.1825.
153 Ebd., l. 44ob, 28.12.1824; ebd., l. 84ob, 19.10.1825; ebd., l. 93ob.
154 Ebd., l. 84ob, 18.10.1825; ebd., l. 85ob, 2.11.1825; ebd., l. 89–89ob, 28.11.1825.
155 Vgl. exemplarisch Gesichtsfarbe: ebd., l. 69, 16.7.1825; Schnupfen, Temperatur: ebd., l. 17, 6.4.1824; ebd., l. 19–19ob, 28./29./30.4.1824; ebd., l. 69, 13.7.1825; Verbrennen der Hand am Ofen: ebd., l. 132, 15.9.1826; Zahnschmerzen: ebd., l. 35ob, 10.9.1824; ebd., l. 86, 8.11.1825; ebd., l. 91ob, 12.12.1825 (hier berichtete Pako über Jurijs Mut, sich selbst einen Zahn zu ziehen); Arzt: ebd., ed. chr. 2, l. 39, 23.8.1827. Ausführlich beschreibt Pako auch einen Sturz Jurijs aus dem Fenster in Florenz. Zu aller Erleichterung und Erstaunen hatte Jurij diesen unbeschadet überstanden (ebd., ed. chr. 1, l. 121ob, 12.7.1826).

bekämpfung im Russischen Kaiserreich.[156] Folgt man den Ausführungen Michel Foucaults, so begann im 18. Jahrhundert allerdings nicht so sehr das »Zeitalter der sozialen Medizin als vielmehr das der reflektierten Noso-Politik« – Bio-Politik –, die Kontrolle über die Körper der Untertanen ausübte.[157] In diesen Zusammenhang ordnet er die »Privilegierung der Kindheit« und die entsprechende Verantwortung der Familie ein. Eltern waren nun verpflichtet, sich um das körperliche Wohl und das Gedeihen ihrer Nachkommen aktiv zu kümmern. Familie war nicht länger ein sich selbst ergebendes »Netz von Relationen«, sondern musste ein »dichtes, saturiertes, permanentes, kontinuierliches physisches Milieu werden, das den Körper des Kindes umfängt, stützt und fördert«. Die Gesundheit der Kinder wurde zum »verpflichtendsten Ziele der Familie« erklärt, das sich in Publikationen und innerfamiliären Prinzipien widerspiegelte.[158] Für Foucault wird die Familie zum »Scharnier« zwischen der »Gesundheit des sozialen Körpers« und dem individuellen Bedürfnis.[159] Die Sorge um Jurijs physische Verfassung war – wie vieles andere in seiner Erziehung – demzufolge keine Privatangelegenheit, sondern eine Form des Dienstes am Vaterland.

Eine andere Dimension von Krankheit ist die im Tagebuch von Pako vermerkte Cholera, eine Epidemie, die Russland in den Jahren 1830/31 heimsuchte. Sie erreichte im September 1830 Moskau und veranlasste viele Menschen, die Stadt in Panik zu verlassen.[160] Am 21. September 1830 schrieb Pako, dass die Lehrer für Jurij aus Angst vor der Cholera nicht erschienen sind. Am 3. Oktober notierte er eine weitere Unterbrechung des Unterrichts; erst am 1. November findet sich der Hinweis »Die Lehrer sind zurückgekehrt«.[161] Die Familie Samarin schien von der Krankheit verschont geblieben zu sein, wenngleich durch das Engagement Fedor Samarins die Cholera sicher Thema in der Familie war. Als Mitglied des neu gegründeten Cholera-Komitees

---

156 Renner, Andreas, Russische Autokratie und europäische Medizin. Organisierter Wissenstransfer im 18. Jahrhundert, Stuttgart 2010, S. 11–13, 129ff.
157 Foucault, Michel, Die Politik der Gesundheit im 18. Jahrhundert, in: Österreichische Zeitschrift für Geschichtswissenschaft 8, 3 (1996), S. 311–326, hier S. 312.
158 Ebd., S. 318–319.
159 Ebd., S. 320.
160 Zur Cholera in Moskau 1830 vgl. McGrew, Roderick E., Russia and the Cholera, 1823–1832, Madison 1965, S. 76.
161 RGB NIOR, f. 265, kart. 99, ed. chr. 4, 21.9.1830 (l. 18ob), 3.10.1830 (l. 19), 1.11.1830 (l. 19ob.); auch im Tagebuch Nadeždins (ebd., ed. chr. 5) findet sich für die Zeit zwischen dem 24.9. und 10.11.1830 der Hinweis auf die Epidemie und ihre einschränkende Wirkung auf den Unterricht.

engagierte er sich für das Gemeinwesen und unterstützte den Kampf gegen die Seuche durch die Eröffnung eines speziellen Krankenhauses.[162] Großen Raum in der Rubrik *Physique* nahmen neben den Kutschausfahrten die Spaziergänge am jeweiligen Wohnort ein. Während des Aufenthaltes in Paris waren die Tuilerien ein bevorzugter Ort und in St. Petersburg die Perspektive, wie der Nevskij Prospekt bis ins ausgehende 18. Jahrhundert hieß. Zu den regelmäßigen Aktivitäten Jurijs im Freien, im Garten, zählten das Klettern auf Bäumen und gymnastische Übungen.[163] Auf dem Land, beispielsweise in Ivanovskoe im Sommer 1826, verbrachte er zudem viel Zeit mit Angeln.[164] War es wegen schlechten Wetters nicht möglich, das Haus zu verlassen, dokumentierte Pako auch dies.[165]

Weiter erfährt das kindliche Spiel große Beachtung in Pakos Tagebuch. Regelmäßig erwähnt er das Seilspringen, das Reifentreiben, das Ballspielen, die Beschäftigung mit Papierdrachen und das Schaukeln als Aktivitäten, die Jurij Freude bereiteten.[166] Im Haus galten Lotto, Kartenspiele, Blinde Kuh, das Amüsement durch die Harlekin-/Kasperlepuppen (*Polichinelles*), das Zeichnen und insbesondere das Billardspiel als bevorzugter Zeitvertreib Jurijs.[167] Für die wichtige Rolle der Harlekinpuppen spricht die Tatsache, dass Jurijs Schwester Marija auf dem Miniaturporträt mit ihrem Vater aus dem Jahr 1824 (vgl. Abb. 3.16) genau eine solche Puppe in der Hand hält. Jurij schätzte seine Spielsachen, wenngleich er es nicht immer schaffte, sie in Ordnung zu halten. Bekam er etwas Neues geschenkt, war die Freude stets groß.[168] Das Spielen war nicht nur in pädagogischer Hinsicht von Bedeutung. In seiner Bewertung der Entwicklung Jurijs nach drei Jahren, am Ende des Jahres 1826, unterstrich Pako – in der Rubrik *Moral* – einen ganz prak-

---

162 Komarovskaja, Otec i syn Samariny. Zur Mobilisierung Moskauer Bürger im Kampf gegen die Cholera vgl. McGrew, Russia and the Cholera, S. 77ff.
163 Tuilerien: RGB NIOR, f. 265, kart. 99, ed. chr. 1, l. 14, 15.3.1824, ebd., 16.3.1824; Petersburg Perspektive: ebd., l. 107, 28.2.1826; Klettern (ebd., l. 22, 29.5.1824, ebd., l. 31ob, 23.7.1824).
164 Ebd., l. 117, 15.6.1826, ebd., l. 119, 25.6.1826, ebd., l. 91ob, ebd., l. 110, 25.4.1826.
165 Exemplarisch: ebd., l. 62, 19.5.1825, ebd., l. 17, 5.4.1824, ebd., l. 19, 27.4.1824, ebd., l. 85, 25.10.1825.
166 Exemplarisch: ebd., l. 14ob, 16.3.1824, ebd., l. 77, 16.8.1825.
167 Ebd., l. 62ob, 19.5.1825 (Kartenspiel); ebd., l. 16 ob, 4.4.1824 (Blinde Kuh); ebd., l. 85, 25.10.1825 (Kasperle); ebd., l. 88, 18.11.1825 (Billard); ebd., l. 17ob, 13.4.1824 (Zeichnen); ebd., l. 127 ob, 13.8.1826 (bekommt Palette, Pinsel und Farben geschenkt).
168 Ebd., l. 46, 21.12.1824.

tischen Aspekt: »Die Notwendigkeit, unsere langen Winterabende zu füllen, führte dazu, dass wir uns 1.000 Spiele ausdachten.«[169]

Verhalten und Strafen

Eine große Anzahl der Notizen Pakos spiegelt die intensive Auseinandersetzung des Hauslehrers mit dem sozialen Verhalten seines Zöglings wider. Sehr genau beobachtete er Jurijs Umgang mit den einzelnen Familienmitgliedern, den übrigen im Haushalt lebenden Bezugspersonen sowie mit Besucherinnen und Besuchern. Das Tagebuch offenbart, dass Jurijs Verhalten für die ganze Familie belastend sein konnte. Wutanfälle, Streitsucht, Störungen und unflätiges Benehmen bei Tisch, Schimpfworte, Unverschämtheiten, Unaufmerksamkeit im Unterricht und verbale Attacken gegenüber seinem Umfeld waren an der Tagesordnung. *Désobéissant* (Ungehorsam), *reproche* (Tadel) beziehungsweise *reprocher* (tadeln) sowie *caprices* (Capricen/Launen, Eigensinn) sind das dominante Vokabular vieler Eintragungen nicht nur in der Rubrik *Physique,* sondern auch in der Spalte *Moral.* Wie auch bei anderen Themen, bei diesem aber besonders deutlich, verschwimmen die Grenzen der Kategorisierung. Deshalb wird Jurijs Verhalten in diesem Zusammenhang rubrikübergreifend diskutiert.

Minutiös vermerkte Pako über Jahre sämtliche Nuancen des Benehmens. Neben Streitereien und Handgreiflichkeiten unter den Geschwistern (»Seine Manie zu schlagen, ist so stark wie nie«, »Beim Spielen hat er seine Schwester geschlagen«),[170] die häufig von Jurij ausgingen, fand schlechtes Verhalten gegenüber anderen Kindern zu Hause und bei Besuchen regelmäßig Erwähnung.[171] Am 29. August 1826 erhielten Jurij und seine Schwester eine Einladung an den Hof, um dort an einer Soiree teilzunehmen. Pako teilte Jurij allerdings mit, dass seine Schwester allein gehen würde, da Jurijs Anwesenheit wegen seines unberechenbaren Verhaltens »in keiner Weise angenehm« sei.[172] Ungezogenheiten und aufsässiges Verhalten leistete sich Jurij sowohl

---

169 Ebd., l. 144ob.
170 Ebd., l. 42, 5.11.1825, ebd., l. 138, 25.10.1826.
171 Vgl. exemplarisch für Verhalten gegenüber seinen Geschwistern, insbesondere seiner Schwester: ebd., l. 16ob, 1.4.1824, ebd., l. 118, 18.6.1826, ebd., ed. chr. 3, l. 25, 11.10.1828; gegenüber anderen Kindern und bei Besuchen: ebd., l. 1, 21.4.1828.
172 Ebd., ed. chr. 1, l. 130.

gegenüber seinen Eltern als auch seinen Lehrern, insbesondere auch gegenüber Pako.

Pako notierte akribisch, wie und in welcher Form Jurijs Verhalten bei seinen Eltern auf Kritik stieß. Dabei lässt sich unschwer erkennen, dass es in erster Linie die Mutter war, die mit seinem Benehmen konfrontiert war.[173] Fedor Samarin hielt sich häufig nicht bei seiner Familie auf, was in den frühen Jahren durch seine dienstlichen Verpflichtungen bedingt war.[174] Nachdem er den Staatsdienst quittiert hatte, verbrachte er zwar deutlich mehr Zeit mit seiner Familie, war aber dennoch tageweise bzw. tagsüber abwesend.[175] Zudem schien Jurij sein Benehmen an den jeweiligen Elternteil anzupassen. Fedor Samarins Autorität wog – wie das Tagebuch, die Erinnerungen von Zeitgenossen und auch seine Briefe belegen – schwerer als die der Mutter. Jurij schien die Strenge seines Vaters zu fürchten und die Milde seiner Mutter, die beispielsweise der Zeitgenosse Boris Čičerin beschrieb, auszunutzen.[176] Dies manifestiert sich in Pakos Eintragung vom 15. Juni 1827: Die Mutter warf Jurij offensichtlich an diesem Tag beim Abendessen vor, dass er sich in Anwesenheit des Vaters gut und in dessen Abwesenheit schlecht benehmen würde.[177] Am 15. Dezember 1828 vermerkte Pako, dass Fedor Samarin vor seiner Abreise Jurij tadelte und ihn daran erinnerte, dass er sich bereits früher so schlecht benommen habe, dass seine Mutter »sich nicht zurückhalten konnte zu weinen«.[178]

---

173 Vgl. exemplarisch: ebd., l. 35, 7.9.1824, ebd., ed. chr. 2, l. 106, 20.3.1826, ebd., ed. chr. 3, l. 33ob, 2.12.1828.
174 So schrieb er im Januar 1826 an A. P. und A. Ju. Obolenskij: »Welch unruhiges Leben, das ich seit unserer Ankunft führe, mich hat das aus dem Konzept gebracht, und meine ganze Zeit vergeht mit Scheinverpflichtungen. Diese Zeit wird für mich von Tag zu Tag schwerer und mit Ungeduld male ich mir die glückliche Zeit aus, in der mich der Herr in den Ruhestand versetzt. Ich brauche dies für meine Gesundheit, für mein Familienglück – für die Erziehung der Kinder, für meine Angelegenheiten: Das sind die Gründe, warum ich mir diesen Wechsel wünsche« (zit. nach: Komarovskaja, Molodye gody Jurija Samarina, S. 293).
175 Vgl. exemplarisch: RGB NIOR, f. 265, kart. 99, ed. chr. 1, l. 110, 23.6.1826, ebd., l. 138, 28.10.1826, ebd., ed. chr. 4, l. 10, 18.2.1830.
176 »Die Strenge des Vaters wurde durch die Sanftmut der Mutter gedämpft. Sof'ja Jur'evna war in jeder Hinsicht eine herausragende Frau, klug, wohltätig, gläubig und dennoch mit einem etwas skeptischen Blick auf das Leben und die Menschen. Sie war immer gelassen und zurückhaltend, sprach wenig, manchmal verlor sie eine ironische Bemerkung« (Čičerin, Vospominanija, S. 215).
177 RGB NIOR, f. 265, kart. 99, ed. chr. 2, l. 20.
178 Ebd., ed. chr. 3, 15.12.1828.

Wiederkehrende Einträge widmete Pako Jurijs Behandlung der Dienstboten und der Kindermädchen. Dabei gab es Ausschläge in zwei Richtungen: Kritisiert wurden sowohl die unangemessene Nähe zu den Dienstboten als auch die schlechte Behandlung derselben. Jurij vergriff sich häufig im Ton, ließ die Untergebenen seinen Jähzorn spüren, fand Spaß daran, sie herumzuschicken, verbreitete Ärger, wenn sie ihm halfen, sich anzuziehen, sprach sie nicht mit dem Namen an, machte sich über sie lustig und wurde ihnen gegenüber sogar handgreiflich. Es kam vor, dass sich Jurij auf die Hausangestellten »schleuderte« oder sich ihnen gegenüber aggressiv verhielt. So gab Jurij eines Morgens zu, dem Dienstboten »ein paar Tritte versetzt zu haben«. Auf die Frage, warum er dies getan habe, antwortete er »ohne Veranlassung«. Weitere Eintragungen belegen, dass dies kein Einzelfall war.[179]

Das schlechte Verhalten schien dem Vater in keiner Weise tolerabel. Dieses konsequente Vorgehen kann als Hinweis auf die Ablehnung einer »despotischen häuslichen Umgebung« (Anna Kuxhausen) gelesen werden, wie sie beispielsweise Katharina II. in ihren Memoiren beschrieb:

»Der Hang, zu tyrannisieren ist hier mehr als in irgendeinem bewohnten Teil der Welt ausgeprägt: Es wird Kindern vom zartesten Alter an eingeprägt, da sie das Verhalten ihrer Eltern gegenüber den Hausgestellten beobachten, wo ist das Heim, das über keine Fallen, Ketten, Peitschen und andere Instrumente verfügte, um die kleinsten Fehler zu bestrafen auf Seiten derer, die die Natur in diese unglückliche Klasse platziert hat, die ihre Ketten nicht brechen kann, ohne Gewalt auszuüben.«[180]

Unter dem schlechten Verhalten Jurijs litten neben den Dienstboten auch die Lehrer des Knaben. Sowohl Pako als auch Nikolaj Ivanovič Nadeždin, der 1826 zusätzlich engagierte russische Hauslehrer, notierten wiederholt Fälle, in denen sich Jurij ihnen gegenüber schlecht verhielt. Das Spektrum reichte hier von Unverschämtheiten, Beschimpfungen (Jurij bezeichnete Pako als »bösen Mann«), »groben Antworten, die er sich permanent erlaubte«, »Unhöflichkeiten, die alle Grenzen überschritten«, Unaufmerksamkeit während des Unterrichts, Störung oder Verweigerung desselben, indem er sich beispielsweise »die Ohren zuhielt, um mich [Nadeždin] nicht zu hören«.[181]

---

179 Ebd., ed. chr. 1, l. 125ob, 30.7.1826, ebd., ed. chr. 3, l. 10ob–11, 11.6.1828.
180 Maroger, Dominique (Hg.), The Memoirs of Catherine the Great, New York 1961, S. 136.
181 Pako exemplarisch: RGB NIOR, f. 265, kart. 99, ed. chr. 1, l. 142, 16.12.1826; ebd., ed. chr. 3, l. 16.8.1828, Nadeždin exemplarisch: ebd., ed. chr. 5, l. 1, 5.10.1828, ebd., l. 2ob, 22.10.1828, ebd., l. 10, 22.2.1829.

Körperliche Übergriffe gegen den Erzieher und Lehrer Pako kamen ebenfalls vor.[182] Waren dies in den frühen Jahren (1825–1828) Situationen, in denen Jurij aus mangelndem Bewusstsein angezeigter Distanz, dem Eifer des Spiels oder kindlichem Zorn heraus agierte, verweist ein Brief Pakos an Sof'ja Jurev'nja aus dem Jahr 1834 – zu diesem Zeitpunkt war Jurij bereits mindestens 14 Jahre alt – auf eine andere Dimension des Kräftemessens.[183] Pako beschrieb eine Situation, in der es zwischen ihm und »Georges«, wie er Jurij seit 1827/28 nannte, zu Unstimmigkeiten darüber kam, ob noch ein Spaziergang zu unternehmen sei. Das Gespräch verlief unerfreulich, Pako missfiel Jurijs »Ton« und nach einigem Wortwechsel bat er darum, »ihn in Ruhe zu lassen« und sein »Zimmer zu verlassen«.[184] Die weitere Situation beschrieb Pako wie folgt:

»Von diesem Moment an kann ich mich nicht mehr erinnern, denn ich war von einer Emotion heimgesucht, die noch immer anhält. Eine einzige Vorstellung ist geblieben: Ich sehe mich Georges aus meinem Zimmer drängen, ich sehe ihn Widerstand leisten, mich zu bedrängen, mich zu packen, [...] mich in den Korridor zu zerren [...]: Ich sah den Bediensteten und der fragte, ob er mich befreien sollte; dann sah ich Michel von der Treppe kommen, der sagte: »Schau her, Maman«. Das ist alles, was mir im Kopf geblieben ist. Es scheint mir auch, ohne ganz sicher zu sein, nah an meiner Türe, dass George lachte, es als Scherz ansah, was es aber nicht war: Ich glaube ihn schließlich während des Kampfes sagen gehört zu haben: »wenn ich jetzt loslassen würde, wäre ich ein Feigling«. [...] Es liegt mir fern, Georges dafür schuldiger zu machen als er ist. Ich erkläre als erstes, dass ich ihm ein Beispiel sein sollte an Gelassenheit, Zurückhaltung, und dass ich ihn behandeln sollte, wie ein Kind in seinem Alter. [...] Aber es ist weder mir noch Georges angemessen, dass ich so aus einer Familie scheide, die ich für lange Zeit wie meine eigene empfunden habe. Ich bin demzufolge noch bereit zu bleiben, ich werde die Schande ertragen, wieder vor die Hausangestellten zu treten, die mich gefangen in den Händen meines Schülers gesehen haben, und vor all diejenigen, denen es erzählt wurde und die es bezeugt haben. Ich setze meine Sorge um Michel fort, obgleich ich denke, dass sein Respekt vor mir erschüttert wurde. Aber es ist an M. Samarine [Fedor Samarin] und Ihnen, zu entscheiden, welcher Lehrer passend für Georges sein wird, in dem Moment, in dem es notwendig ist, dies zu beurteilen.«[185]

---

182 Ebd., ed. chr. 1, l. 34, 28.8.1824, ebd., l. 69ob–70, 21.7.1825, ebd., l. 105, 10.3.1826, ebd., ed. chr. 2, l. 47, 16.10.1928.
183 Ebd., kart. 197, ed. chr. 24, l. 1–2ob. Der Brief ist ohne Datierung, nachdem Pako aber von »zehneinhalb Jahren« (l. 2), die er in der Familie sei, spricht, wurde er aller Wahrscheinlichkeit nach im Jahr 1834 verfasst.
184 Ebd., l. 1.
185 Ebd., l. 1–2ob.

Die Ausführungen Pakos und Naveždins zeigen, dass Jurij mit seinem Verhalten permanent die vorgesehenen Grenzen überschritt. Sie belegen zugleich, dass die Disziplinierung des Kindes den pädagogischen Alltag prägte. Bestrafungen regelte Pako nicht allein, sondern in stetigem Austausch mit Fedor und Sof'ja Samarin. Diese Trennung von Lehr- und disziplinarischer Autorität weist Analogien zu den Praktiken in den Kadettenanstalten auf. Auch dort hatte der Lehrkörper nicht die Strafgewalt, diese lag bei den Aufsehern, Offizieren und Direktoren der Einrichtungen.[186] Anhand des Tagebuchs lassen sich somit viele Facetten eines permanenten Disziplinierungsprozesses nachvollziehen. Jurij musste wegen seines schlechten Benehmens häufig getrennt von der Familie – an einem Extratisch bzw. in einem anderen Zimmer – seine Mahlzeiten einnehmen.[187] Weitere Bestrafungen waren das Anlegen einer bestimmten Weste, das »in die Ecke stellen«, der Zimmerarrest und der Entzug von Zuneigung durch die Eltern oder den Erzieher.[188] Darüber hinaus war die Züchtigung des Kinds mit der Peitsche (*fouet*) und der Rute (*verge*) keine Seltenheit:

»Er machte seine Mutter so wenig zufrieden in der Kutsche, dass die Mutter gezwungen war, ihm die Peitsche zu geben.«[189]
»Er hatte seine Launen und Wutanfälle während derer er mich schlug. Er hat die Peitsche bekommen. Diese Bestrafung hat großen Eindruck bei ihm hinterlassen: er gestand ein: ›Ich hätte nicht gedacht‹, sagte er, ›dass die Peitsche so schmerzhaft ist.‹«[190]
»Die Angewohnheit, während des Spiels gedankenlos zu schlagen, hat ihm heute eine kräftige Strafe beschert. Sein Vater hat ihm die Rute gegeben.«[191]
»Einige Launen (*caprices*) haben ihm die Rute seiner Mutter eingebracht.«[192]
»Er war ungehorsam. Seine Mutter hat ihm nicht verziehen, er hat wieder die Rute bekommen.«[193]
»Beim Spiel hat er seine Schwester geschlagen und erhielt von seinem Papa die gleiche Anzahl an Ohrfeigen, die er gegeben hat, zurück.«[194]

---

186 Beyrau, Dietrich, Militär und Gesellschaft im vorrevolutionären Russland, Köln u. a. 1984, S. 139–140.
187 RGB NIOR, f. 265, kart. 99, ed. chr. 1, l. 70ob–71, 23./24.7.1825.
188 In der genannten Reihenfolge: ebd., l. 21, 1.4.1824, ebd., l. 128ob, 24.8.1826, ebd., l. 125 ob, 20.7.1826, ebd., l. 69, 21.7.1825, ebd., l. 133, 25.9.1826, ebd., l. 70ob, 22.7.1825.
189 Ebd., l. 35, 28.9.1825.
190 Ebd., l. 34, 28.8.1824.
191 Ebd., l. 43, 13.12.1824.
192 Ebd., l. 63ob, 1.6.1825.
193 Ebd., l. 63ob, 3.6.1825.
194 Ebd., l. 138, 25.10.1826.

»Die Lektüre des Tagebuchs war auch heute nicht vorteilhaft, sein Vater hat sich entschieden, ihm die Rute zu geben; wir haben uns für ihn eingesetzt, wir werden an seinem Verhalten sehen, ob er es einsieht.«[195]
Körperliche Bestrafung galt in der Familie Samarin offensichtlich als probates Erziehungsmittel. Und selbst, wenn die Eltern ihren Sohn nicht physisch züchtigten, nutzten sie die Rute, um Druck auf sein Verhalten auszuüben:

»Er war ungehorsam gegenüber seinem Russischlehrer, und sein Vater ließ die Rute in sein Zimmer bringen. Ich bin mehrmals tagsüber auf die Schmach einer solchen Bestrafung in seinem Alter zurückgekommen, genau mit der einfachen Drohung, wird er vollkommen überzeugt.«[196]
»[N]ach Tadel wegen seines schlechten Verhaltens während der Woche verurteilte ihn sein Vater dazu, allein am Tisch zu essen. Außerdem ließ er eine Rute bringen, die im Zimmer in Sichtweite abgelegt wurde. Juša war sehr sensibel für die Tadel seines Vaters und die Schmach der Drohung. Nach Rückkehr aus der Kirche bat er seinen Vater um Verzeihung, der diese annahm.«[197]

Explizite Untersuchungen zu Strafpraktiken adliger Familien im vorrevolutionären Russland fehlen leider. Deshalb besitzen Pakos Aufzeichnungen in ihrer Kontinuität und Dichte über wichtige familiäre Binnenansichten hinaus Aussagekraft, da – um dem Soziologen Igor Kon zu folgen – die »in den Familien herrschende Disziplin und die Bestrafungen der Kinder untrennbar mit dem Verständnis der jeweiligen Gesellschaft von der herrschenden normativen Ordnung und dem Bild der Persönlichkeit des Menschen« verbunden sind.[198]

Körperstrafen und die körperliche Züchtigung waren im Russischen Reich generell weit verbreitet. Bis zu den Reformen Alexanders II. machten sie »den Kern der russischen Strafjustiz« aus.[199] Dabei wurde das Alter der Straffälligen nur punktuell mildernd berücksichtigt, wenn auch im 18. Jahrhundert die Strafmündigkeit, die in den verschiedenen Vorstellungen und Regelungen von 12 bis 17 Jahren reichte, Gegenstand von Debatten in den Gerichten, Kollegien und dem Heiligen Synod war.[200] Auch Katharina II.

---

195 Ebd., ed. chr. 2, l. 62ob, 4.3.1828.
196 Ebd., l. 21ob, 25.6.1827.
197 Ebd., l. 35, 25.9.1827.
198 Kon, Igor' S., Telesnye nakazanija detej v Rossii. Prošloe i nastajaščee, in: Istoričeskaja psichologija i sociologija istorii 1 (2011), S. 74–101, hier S. 76.
199 Schmidt, Christoph, Ständerecht und Standeswechsel in Rußland 1851–1897, Wiesbaden 1994, S. 61.
200 Schrader, Abby M., Languages of the Lash. Corporal Punishment and Identity in Imperial Russia, DeKalb 2002, S. 112–113.

nahm sich dieser Frage an. Sie legte 1765 in einem nicht veröffentlichten Ukas die Volljährigkeit und damit die Strafmündigkeit auf 17 Jahre fest bei gleichzeitiger Unterscheidung dreier Alterskategorien für das Strafmaß: 15- bis 17-Jährige konnten zu Peitschenhieben verurteilt werden, die Zehn- bis 15-Jährigen zu Hieben mit der Rute und die unter Zehnjährigen sollten ihren Eltern zur »häuslichen Disziplinierung« (*domašnjaja rasprava*) übergeben werden. Allerdings blieben die Vorgaben zur Altersdifferenzierung und die Form der Einbeziehung der Hintergründe der verübten Straftat vage, weshalb das Strafmaß entsprechend ungenau festgelegt wurde. Dies änderte sich erst mit der Einführung des Strafgesetzbuches von 1845, das klarer bestimmte, wie die unterschiedlichen Altersgruppen bestraft werden sollten.[201] Allerdings machten die »gesetzlichen Strafen« nur einen geringen Teil der körperlichen Züchtigung der Kinder aus; hauptsächlich fand diese in den Familien und den Lehranstalten statt.[202]

Privilegierte Gruppen, zunächst der Adel, dann die Kaufleute der ersten und zweiten Gilde, der Klerus, Bauern in Amtsfunktion, später auch Hochschulabsolventen und Menschen ab 70 Jahren wurden seit der katharinäischen Zeit nach und nach von der Körperstrafe ausgenommen.[203] Allerdings erstreckte sich das Privileg, zu denen zu gehören, die keiner körperlichen Bestrafung ausgesetzt werden sollten, nicht auf deren Kinder. Wie bereits im vorangehenden Kapitel am Beispiel des *Domostroj* gezeigt wurde, war die körperliche Züchtigung der Kinder unverrückbarer Bestandteil der Erziehung und galt als Ausdruck elterlicher Sorge.[204] Diese »altrussische Pädagogik« prägte lange das Verhältnis der jeweils Verantwortlichen – die Erziehungsberechtigten oder die Vertreter entsprechender Institutionen – gegenüber den Kindern. Veränderungen im pädagogischen Denken lassen sich im Laufe des 18. Jahrhunderts ausmachen, wobei die Infragestellung des autoritären und gewalttätigen Umgangs mit Kindern mit einer kritischen Haltung gegenüber der autoritären Staatlichkeit einhergehen konnte.[205] Unter dem Einfluss westlicher Aufklärer, insbesondere Rousseaus, bemühten sich einzelne Reformer, auch in Russland

---

201 Ebd., S. 114–115.
202 Kon, Igor' Semenovič, Bit' ili ne bit'?, Moskau 2013, S. 159. Von der Härte der Volkspädagogik zeugen auch zahlreiche Sprichwörter wie beispielsweise »Weniger füttern, mehr schlagen – so wächst ein guter Junge heran« sowie die »erbauliche Literatur«, die sich an die Eltern richtete (ebd., S. 160).
203 Schmidt, Ständerecht und Standeswechsel, S. 61–62.
204 Kon, Telesnye nakazanija detej v Rossii, S. 79. Vgl. dort auch Verweise auf weitere Quellen, die diese Einstellung belegen.
205 Ebd., S. 160.

die pädagogische Praxis neu auszurichten. Wie bereits an anderer Stelle ausgeführt, verurteilte Ivan Beckoj die Körperstrafe für Kinder. Er vertrat die Ansicht, Kinder durch vorbildliches Verhalten der Erwachsenen anzuleiten und sie maximal durch »Rüge« und »Tadel« zu bestrafen.[206] Von der Realität waren diese Vorstellungen allerdings weit entfernt. Die Prügelstrafe blieb in vielen Lehrinstitutionen bis weit ins 19. Jahrhundert hinein an der Tagesordnung. Besonders in den Kirchenschulen, aber auch in den Dorfschulen und den Lehreinrichtungen für die Kriegswaisen, die sogenannten Kantonisten, wurde die körperliche Bestrafung der Kinder als »nützlich und notwendig« angesehen und entsprechend praktiziert.[207] Dazu kamen in diesen Anstalten gewaltsame Übergriffe von Mitschülern, gegen die sich die Opfer kaum wehren konnten.[208] In den auf adlige Zöglinge ausgerichteten Institutionen, den Gymnasien, Pensionaten und Kadettenanstalten, waren die Verhältnisse insgesamt geordneter, aber Schläge und Rutenhiebe waren auch dort an der Tagesordnung.[209] Noch unter Alexander I. war die Ausübung der Körperstrafe in den Gymnasien zwar reglementiert und in Teilen sogar verboten; allerdings wurden die Vorgaben häufig ignoriert, weshalb die Schüler unter der Willkür der verantwortlichen Lehrer und Direktoren litten.[210] Besonders stark von der körperlichen Züchtigung waren die Zöglinge der kirchlichen Seminare betroffen.[211] Zum Ende der Regierungszeit Alexanders I. und mit Nikolaus I. wurde die körperliche Bestrafung in den Gymnasien wieder in umfangreichem Maße zulässig; sie blieb bis in die 1850er Jahre weitgehend unangetastet.[212] In den Kadettenanstalten wurde die unter Alexander I. verbotene Züchtigung mit der Rute durch seinen Bruder Nikolaus wieder eingeführt.[213] Am Beispiel des Richelieu-Lyzeums in Odessa lässt sich der »Wandel der pädagogischen Ansichten in Regierungskreisen« in Bezug auf den Einsatz der Rute als Mittel der Bestrafung in Lehr-

---

206 Veselova, Aleksandra Ju., Vospitatelnyj dom v Rossii i konceptcija vospitanija I. I. Beckogo, in. Otečestvennye zapiski 3 (2004) (http://magazines.russ.ru/oz/2004/3/2004_3_14.html [8.2.2022]).
207 Kon, Bit' ili ne bit'?, S. 162. Dort ausführlicher zu den Praktiken in den einzelnen Lehranstalten unter Einbeziehung von Memoiren, S. 162–172.
208 Ebd., S. 169–170.
209 Ebd., S. 173.
210 Ebd., S. 174; Timofeev, A. G., Telesnoe nakazanie, in: Ènciklopedičeskij slovar' F. A. Brokgauza i I. A. Èfrona, Bd. 34, St. Petersburg 1907, S. 290–295.
211 Timofeev, A. G., Istorija telesnych nakazanij v russkom prave, St. Petersburg 1897, S. 220–221.
212 Kon, Telesnye nakazanija detej v Rossii, S. 80.
213 Ebd., S. 192.

anstalten nachvollziehen. In der Satzung des Lyzeums von 1817 wurde die Züchtigung mit der Rute als »außergewöhnliche Strafe« definiert, deren Verhängung die Zustimmung der Leitung erforderte. 1820 bezeichnete man sie als »Körperstrafe« und 1828 als »Bestrafung durch die Rute«.[214] Die negativen Auswirkungen der Körperstrafe in den Kadettenastalten umriss Aleksandr Puškin, den Nikolaus I. selbst beauftragt hatte, seine Meinung zur »Volkserziehung« zu formulieren, 1826 überaus deutlich:

»Es gilt, die Körperstrafe unbedingt abzuschaffen. Den Zöglingen (der Kadettenanstalten) müssen früher die Regeln der Ehre und der Menschenliebe eingeflößt werden, man darf nicht vergessen, dass sie das Recht der Rute und Peitsche über die Soldaten haben werden; eine zu harte Erziehung macht aus ihnen Henker, keine Anführer.«[215]

Die klare Position, die der Dichter mit diesen Zeilen bezog, schien er in seinem eigenen familiären Umfeld nicht vertreten zu haben. Puškins Schwester Ol'ga verwies in einem Brief an ihren Ehemann 1835 darauf, dass Aleksandr seinem Sohn, der erst zwei Jahre alt war, gleichermaßen wie seiner Tochter Maša die Rute gab, aber »im Übrigen ein zärtlicher Vater war«.[216] Puškins pädagogische Praktiken waren bei weitem kein Einzelfall.[217] Davon zeugen zahlreiche Memoiren. Dies unterstrich auch Stephen Grant in seiner Untersuchung zur adligen Familie im 18. und 19. Jahrhundert. Exemplarisch zeigt er anhand der Familien Baten'kov und Vjazemskij, dass die Eltern aus erzieherischen Gründen regelmäßig die Hand oder die Rute gegen ihre Kinder erhoben. Diese Praxis war keinesfalls auf Russland beschränkt; auch in deutschen Adelsfamilien gehörten »schon bei geringen Vergehen Schläge mit der Reitpeitsche und dem Knotenstock […], ›Jagdhiebe‹ und ›Schellen‹ zu den gewöhnlichen Bestrafungsmitteln«.[218] Allerdings verurteilten die Gezüchtigten diese Maßnahmen in der Retrospektive ihrer Erinnerungen keinesfalls, sondern werteten sie als Ausdruck der elterlichen Sorge um das moralische Wohlergehen ihrer Kinder.[219] Zudem galt die Züchtigung mit der Rute im

---

214 Timofeev, Istorija telesnych nakazanij v russkom prave, S. 220.
215 Aleksandr Puškin, O narodnom vospitanii, zit. nach: Demkov, Istorija russkoj pedagogiki, Bd. 3, S. 54.
216 Vgl. Kon, Bit' illi ne bit'?, S. 226.
217 Barašev, M. A., Vospitanie i obrazovanie russkogo dvorjanstva vtoroj poloviny XVIII–načala XIX vekov, Vladimir 2005, S. 19.
218 Funck, Marcus; Malinowski, Stephan, »Charakter ist alles!« Erziehungsideale und Erziehungspraktiken in deutschen Adelsfamilien in Kaiserreich und Weimarer Republik, in: Jahrbuch für historische Bildungsforschung 6 (2000), S. 71–92, hier S. 78.
219 Grant, The Russian Gentry Family, S. 12–13.

rechtlichen Sinn nicht als »ernste Strafmaßnahme«. Deshalb wurde sie in erster Linie für Minderjährige verhängt und erst im Laufe der Zeit bei »unbedeutenden Gesetzesverstößen« für Erwachsene angewandt.[220] Man kann davon ausgehen, dass die Wahrnehmung der Bestrafung durch die Rute als eine Kindern angemessene auch jenseits des öffentlich-strafrechtlichen Rahmens verbreitet war und in die Familien, auch in die der Samarins, hineinwirkte: Die Hiebe mit der Rute reflektierte Pako stets als erzieherische Maßnahme.[221] Folgt man der zitierten Annahme Kons, so steht die Erziehungspraxis der Samarins für eine intensive Auseinandersetzung mit dem pädagogischen Reformdenken des 18. Jahrhunderts bei gleichzeitiger Verankerung in autoritären Mustern. Deren Hintergrund bildeten sowohl traditionelle Denkweisen als auch die wachsende gesellschaftliche Disziplinierung im Übergang von der Herrschaft Alexanders I. zu der seines Bruders.

Lernen

Lassen sich in den Spalten *Physique* und *Moral* die notierten Inhalte nicht immer eindeutig zuordnen, so stellt die Rubrik *Instruction* in Pakos Tagebuch eine klar gefasste Kategorie dar. Aufgelistet sind Lernziele, Bildungsinhalte und die Bewertungen der jeweiligen Leistungen in den einzelnen Fächern. Es ist die Spalte, die insgesamt am wenigsten Fließtext enthält. Die Notizen sind häufig stichwortartig und vermerken schematisch Jurijs »Lernalltag«. An vielen Stellen steht die Abkürzung »id.« (*idem*) für sich wiederholende Lernpraktiken oder -inhalte.[222]

Die sich insgesamt auf fast sieben Jahre erstreckenden Aufzeichnungen lassen sich in mehrere Abschnitte unterteilen. Erste Erziehungsetappe waren die Jahre 1824–1826, eingefasst zwischen den einleitenden Ausführungen als Auftakt des Tagebuches und den resümierenden Bemerkungen am Ende des Jahres 1826. In dieser Zeit begann Jurij Französisch sowie Russisch zu lesen und zu schreiben, Fabeln auswendig zu lernen und sich mit Zahlen zu befassen. Hinsichtlich der Sprachen gab es klare Zuständigkeiten zwischen dem Hauslehrer und den Eltern. Jurijs Mutter und seltener auch der

---

220 Evreinov, Nikolaj N., Istorija telesnych nakazanij v Rossii, St. Petersburg 1913, S. 80; Timofeev, Istorija telesnych nakazanij v russkom prave, S. 212–214.
221 Vgl. exemplarisch RGB NIOR, f. 265, kart. 99, ed. chr. 2, l. 21ob, 25.6.1827, ebd., kart. 197, ed. chr. 25, l. 13ob (Brief Pakos an F. Samarin, 8.6.1825).
222 Vgl. exemplarisch: RGB NIOR, f. 265, kart. 99, ed. chr. 1, l. 15, 20ob.

Vater lasen mit ihrem Sohn regelmäßig Russisch, Pako war für die französische Lektüre zuständig. Akribisch vermerkt der Hauslehrer Tag für Tag, ob die Lektüre stattfand (»Er hat mit seiner Mutter gelesen«, »wir haben einige Zeilen Französisch buchstabiert«), sie ausfiel (»er las weder mit seiner Mutter noch mit mir«) und wie die Lesefähigkeiten des Kindes beurteilt wurden (»Er hat seine Mutter mit der Lektüre zufriedengestellt«, »Er hat mit seiner Mutter gelesen, die weniger zufrieden war als an den anderen Tagen«, »Sein Papa ist sehr zufrieden mit seiner Lektüre«, »er hat gut gelesen«, »Wir haben den ganzen Morgen Französisch gelesen, und trotz der Ähnlichkeit mancher französischer und russischer Buchstaben und dem Unterschied in der Aussprache der beiden Sprachen irrt er sich nie«, »Er mag es, allein zu lesen, oft nimmt er sein Buch«).[223] Pako dokumentierte in gleicher Weise die Schreibübungen, die ab Oktober 1824 intensiviert wurden (»er fährt fort, sich mit Strichen und Kreisen zu beschäftigen, aber ist beim Formen der Buchstaben immer ungeduldig«, »er hat ein wenig geschrieben«, »Er beginnt, die Feder gut zu halten«).[224]

Einen zentralen Stellenwert hat der Zeichenunterricht, für den Ende 1825 ein spezieller Lehrer engagiert wurde.[225] Dieser arbeitete mehrmals wöchentlich mit Jurij und gab ihm einerseits Gelegenheit, seinen künstlerischen Neigungen nachzugehen, und vermittelte ihm andererseits Fertigkeiten für das Erlernen des Schreibens.[226] Dies ist keinesfalls außergewöhnlich, waren Zeichenstunden doch fester Bestandteil, ein »institutionalisiertes Moment in der Erziehung junger Fürsten«.[227] Das Zeichnen galt nicht nur als Ausdruck von Denkvermögen – der Umsetzung einer Idee in ein Bild –, sondern enthielt seit dem späten 18. Jahrhundert auch die Vorstellung, dass es »die Seele des Menschen bilde« und somit helfe, den Charakter zu formen.[228]

---

223 Exemplarisch in der Reihenfolge der Nennung: ebd., l. 15ob, ebd. l. 16ob, l. 15, l. 19, l. 26ob, l. 39ob (20.10.1824), l. 42ob (8.11.1824), l. 44ob (6.11.1824).
224 Exemplarisch in der Reihenfolge der Nennung: ebd., l. 39ob (18.10.1824), l. 40ob (23.10.1824), l. 40ob (26.10.1824), l. 43 (15.11.1824).
225 Ebd., l. 88 (21.11.1825).
226 Ebd., l. 46 ob (28.11.1824): »liebt es sehr zu zeichnen«; ebd., l. 48 (5.1.1825), ebd., l. 49ob (14.1.1825), ebd., l. 55 (16.3.1825).
227 Jaeger, Friedrich, Enzyklopädie der Neuzeit, Bd. 12, Stuttgart 2010, S. 888; Meiner, Jörg, Zeichnungen und Zeichen. Die Weltsicht Friedrich Wilhelms IV. auf dem Papier, in: Meiner, Jörg; Werquet, Jan (Hg.), Friedrich Wilhelm IV. von Preußen, Berlin 2014, S. 31–46, hier 31.
228 Meiner, Die Weltsicht Friedrich Wilhelms IV. auf dem Papier, S. 31–32.

Neben der permanenten Einschätzung samt Dokumentation der Lernleistungen durch Pako und die übrigen Lehrer überprüfte auch Jurijs Vater die Lernfortschritte seines Sohnes.[229] Dies geschah zum einen, indem er Jurij mündlichen Prüfungen unterzog, und zum anderen mittels regelmäßiger Durchsicht des Tagebuchs und von Jurijs Heften.[230] War der Vater zufrieden, belohnte er dies mit Geschenken. Erschienen ihm Jurijs Leistungen nicht angemessen, tadelte oder bestrafte er ihn.[231] Jurij zeigte seinen Eltern seine Lernfortschritte auch durch Briefe, die er ihnen schrieb, oder durch Geschenke wie von ihm selbst verfasste Fabeln oder Landschaftsgemälde, die er anlässlich von Namens- oder Geburtstagen übergab.[232]

Jurijs Verhalten während der Unterrichtsstunden dokumentierten sowohl Pako als auch Nadeždin kontinuierlich in ihren Tagebüchern. Schlug der Schüler allzu sehr über die Stränge, informierten die Lehrer Fedor Samarin oder setzten den Unterricht aus.[233]

Pakos ausführliches Tagebuch ist nicht nur inhaltliches Zeugnis über Verhalten, Lernfortschritte und Aktivitäten. Der Franzose koordinierte in Absprache mit Jurijs Vater dessen gesamte Bildung. Pako vermerkte den Stundentausch zwischen den einzelnen Lehrern, die Bezahlung derselben, die Handhabung der Unterrichtsstunden bei Aufenthalten auf dem Land, die Erstellung von Zeitplänen sowie die Aufteilung der Zeit, die Jurij entweder mit Pako oder Nadeždin verbrachte.[234] Pako strukturierte Jurijs Unterricht und den seiner jüngeren Geschwister. Auch wenn sich in dem Tagebuch die

---

229 Pako dokumentiert nicht nur seine Lehrerfahrungen mit Jurij, vereinzelt hält er auch das Urteil der anderen Lehrer fest. Am 18.9.1827 verweist er darauf, dass Jurij dem Musikunterricht wenig Aufmerksamkeit entgegenbringt (RGB NIOR, f. 265, kart. 99, ed. chr. 2, l. 43ob), und der Zeichenlehrer bittet ihn z. B. am 19.6.1828, die Unzufriedenheit mit seinem Zögling im Tagebuch zu vermerken (ebd., ed. chr. 3, l. 12).
230 Ebd., ed. chr. 1, l. 105ob (16.3.1826), ebd., ed. chr. 2, l. 33ob (21.9.1827), ebd., ed. chr. 5, l. 7ob (6.1.1829).
231 Ebd., ed. chr. 1, l. 105ob (16.3.1826), ebd., ed. chr. 2, l. 66ob (24.3.1828), ebd., ed. chr. 3, l. 2, (27.4.1828), ebd., ed. chr. 5, l. 5ob (3.12.1828), ebd., l. 6 (13.12.1828).
232 Ebd., ed. chr. 1, l. 139 (2.12.1826), ebd., l. 132ob (17. sowie 20.9.1826).
233 Ebd., ed. chr. 3, l. 8 (30.4.1828), ebd., l. 19 (16.8.1828) ebd., ed. chr. 5, l. 1ob (12.10.1828), Verweigerung des Unterrichts: ebd., ed. chr. 2, l. 15 (15.5.1827).
234 Stundentausch: ebd., ed. chr. 1, l. 97 (19.1.1826), ebd., ed. chr. 2, l. 43 (15.9.1827), die Bezahlung des Zeichenlehrers erfolgte offensichtlich alle zehn Stunden mit 50 Rubel, deren Erhalt dieser mit seiner Unterschrift im Tagebuch quittierte. Exemplarisch: ebd., l. 130ob (3.9.1826); ebd., l. 141ob (9.12.1826). Anpassung an Aufenthalt auf dem Land: ebd., l. 114ob, 21.6.1826, Stundenpläne: vgl. exemplarisch: ebd., ed. chr. 2, l. 29ob (o.D., 5/6.9.1827?), Aufteilung der Zeit zwischen Pako und Nadeždin: RGB NIOR, f. 265, kart. 99, ed. chr. 3, l. 22ob (10.9.1828).

meisten Eintragungen um Jurij drehen, geht aus Randnotizen hervor, dass Pako und die übrigen Lehrer die Brüder und Schwestern ebenfalls unterrichteten. Zudem liegen für Volodja, Nikolaj, Petr und Michail detaillierte Lehrpläne für Latein, Deutsch und Russisch in tabellarischer Form vor.[235]

Jurijs Curriculum ist zunächst nicht in Form eines festen Stundenplans definiert. Pako umriss 1826 die Lernziele in verschiedenen Abschnitten als Auftakt des Tagebuchs, um diese am Ende des Jahres einem Rückblick zu unterziehen. Dabei hielt er sich nicht mit der Frage auf, ob Jurij für sein Alter genug gelernt hatte. Er verwies zunächst darauf, dass die Familie sich in den ersten Monaten seiner Tätigkeit auf Reisen befand. Erst während des Januars 1826 habe in St. Petersburg das begonnen, was man »eine Einführung in seine Studien« nennen konnte.[236] Pako führte aus, dass Jurij zu gleichen Teilen in Russisch und Französisch unterrichtet wurde, und hob hervor, dass er sich im Französischen mit »großer Leichtigkeit« ausdrücke und seine Aussprache »perfekt« sei. Pako listete daran anschließend die von ihm behandelten allgemeinen Aspekte der Grammatik auf (»Was ist Sprache«, »Was ist Schrift«, »Worte«, »Sätze,«, »Wortarten« etc.).[237] Große Bedeutung maß Pako der Schulung des Gedächtnisses zu und verlangte diesbezüglich von seinem Schüler große Genauigkeit. Insbesondere die Fabeln von La Fontaine, Florian, Lamoth und Buffon kannte Jurij laut Pako sehr gut auswendig.[238] Weiter vermerkte Pako Jurijs Kenntnisstand im Rechnen, Zeichnen (»er malt kleine Gesichter«), Geschichte (»Er kennt die biblische Geschichte, das Alte und Neue Testament gut.«), Religion (hier verweist Pako auf das Tagebuch des russischen Lehrers) und Latein. Pako führt aus, dass er, wenn er mit Jurij in einem Zimmer schläft, die Sprache und ihre Grammatik in das tägliche Zusammenleben einbaut (»ich spreche mit ihm beim Aufstehen lateinisch«) und Naždin dies entsprechend mit dem Griechischen handhabe.[239]

Für die kommenden Jahre (1827–1831) lässt sich aus den Aufzeichnungen erkennen, dass Jurijs Erziehung und Ausbildung sich – wenig überraschend – systematisch in Richtung Wissensvermittlung verschob. Neben der Einschätzung des Unterrichtsverlaufs durch den Lehrer selbst (»hat die Stunde gut aufgenommen«, »der Unterricht lief schlecht«, »wenn Aufmerksam-

---

235 Ebd., ed. chr. 15, o.S. und o.D.
236 Ebd., ed. chr. 1, l. 143ob–144 (o.D.).
237 Ebd., l. 144–145 (o.D.).
238 Ebd., l. 145ob (o.D.). Hier findet sich eine genaue Aufzählung der Fabeln.
239 Ebd., l. 145ob (o.D.).

keit auf das Gedächtnis und die Intelligenz antwortet, dann werde ich nichts zu wünschen übrig haben«), dem regelmäßigen Abfragen durch das Lehrpersonal und den Vater traten insbesondere am Ende der 1820er und zu Beginn der 1830er Jahre Examina durch einbestellte externe Prüfer hinzu.[240] Mit Beginn des Jahres 1827 war der Unterricht einer stärkeren Strukturierung unterworfen, da Jurij nun in sein achtes Lebensjahr eingetreten war, »die fixierte Epoche für den Beginn seiner Studien«.[241] Mitte 1827 umriss Pako in einer detaillierten Aufstellung den für Jurij vorgesehenen Unterrichtsstoff, den er sich während des Aufenthaltes der Familie auf dem Land aneignen sollte. Die Fächer Russisch, Religion und Griechisch wurden auf Russisch unterrichtet, in Französisch, Rechnen und Latein unterwies Pako seinen Schüler auf Französisch beziehungsweise Latein. Der dieser Auflistung folgende Stundenplan belegt die Strukturierung von Jurijs Tag zwischen 10 Uhr und 20.30 Uhr:[242]

Aufstehen im Moment des Erwachens	
10.00–11.00 Uhr	Grammatik
11.00–11.30 Uhr	Pause
11.30–12.30 Uhr	Zeichnen
12.30–13.30 Uhr	Pause
13.30–14.00 Uhr	Griechisch oder Latein
14.00–17.00 Uhr	Pause und Essen
17.00–ca. 18.00 Uhr	Religion oder Rechnen oder Geografie
18.00–20 oder 20.30 Uhr	Spaziergang

Am Ende des Plans ist zudem festgehalten, dass je nach Bewegungsdrang Jurijs besondere Übungen auf dem Programm stehen, wie z. B. das Klettern auf Bäume, das Springen über Gräben oder Balancieren.[243]

---

240 Überprüfung des Wissens durch die Hauslehrer bzw. den Vater (exemplarisch): ebd., ed. chr. 2, l. 2 (3.1.1827); ebd., l. 33ob (21.9.1827).
241 Ebd., l. 19. In diesem Zusammenhang merkte Pako an, dass die erfolgte Übersiedlung auf das Land und Abwesenheiten seines Vaters einen früheren Beginn des systematischen Unterrichts gestört hätten.
242 Ebd., l. 19ob (o.D.).
243 Ebd., l. 19ob (o.D.).

Ab Anfang September entwarf Pako einen neuen, dem Leben in der Stadt angepassten Stundenplan für den Winter 1827/28.[244] Am Ende des Jahres 1827 erfolgte wieder eine Einschätzung von Jurijs physischer und moralischer Entwicklung, allerdings nicht seiner Lernfortschritte (die Spalte wurde von Pako nicht ausgefüllt). Dabei unterstrich Pako, wie wichtig es sei, dass Jurij »mit jedem Jahr, das er sich von der Kindheit entfernt, auch die alterstypischen Angewohnheiten« hinter sich lässt und ein seinem Alter entsprechendes Betragen an den Tag lege.[245] Interessanterweise wechselte Pako in dieser Zeit die Adressierung Jurijs. Sprach er in seinem Tagebuch bislang von Jurij überwiegend von »Juša«, ein Diminutiv, wechselte er Anfang des Jahres 1828 zu »Georges«, der französischen Variante des Namens Jurij.[246]

Im März 1828 musste Jurij wieder Prüfungen »über sich ergehen lassen«.[247] Pako betonte bei dieser Gelegenheit nochmals die Einteilung des Lernstoffes in zweijährige »Epochen«, als deren Beginn er Jurijs Geburtstag, den 21. April, ansetzte. Nachdem sich dieser Tag, der als formale Zäsur hinsichtlich des Lernplans blieb, häufig in die Nähe von Ostern fiel und es aufgrund der Feiertage allgemein weniger Verpflichtungen gab, wurden Jurijs Examina immer in diesem Zeitraum abgehalten.[248] Im Anschluss an die Prüfungen erhielt Jurij einige Tage Pause, bevor sich der Unterricht in der bereits beschriebenen Art fortsetzte.[249]

Im Spätsommer 1828 kam es zu einer grundlegenden Umstrukturierung von Jurijs Lernalltag:

»Heute wurde die Aufteilung der Zeit und Tätigkeiten verändert. Er wird den ganzen Tag mit dem einen oder dem anderen Lehrer verbringen und anfangen, sich allein um alles zu kümmern. (siehe die Pläne, die in der Bibliothek hängen). Dienstag, Donnerstag und Samstag sind die Tage, die ich mit ihm verbringen werde.«[250]

Von diesem Moment an veränderte sich auch die Tagebuchführung, insbesondere die Eintragungen in der Spalte *Intellectuel*. Bis zu dieser Zäsur berichtete Pako zwar an vielen Stellen ausführlich über Jurijs Lernfortschritte,

---

244 Ebd., l. 29ob (o.D.).
245 Ebd., l. 51 (o.D.). Er spricht u. a. an, dass Jurij sich nicht auf Personen stürzen soll, mit denen er spielen möchte oder sich versteckt, wenn eine unbekannte Person den Raum betritt. Er soll »ohne Affektiertheit« grüßen, ohne den Kopf wegzudrehen.
246 Ebd., l. 57 (3.2.1828).
247 Ebd., l. 65–66 (19.–24.3.1828).
248 Ebd., l. 65ob (19.3.1828).
249 Ebd., l. 67 (28.3.1828).
250 Ebd., ed. chr. 3, l. 22ob (10.9.1828).

aber keinesfalls durchgehend systematisch. Für viele Tage fehlen in der Spalte die Eintragungen bzw. beschränken sich auf ein Minimum, wie die Erwähnung der Zeichenstunde, die Pako aufgrund seiner Verantwortung für die Organisation akribisch zählte.[251] Ab dem 11. September nahmen Pakos Aufzeichnungen bezüglich Jurijs schulischer Ausbildung knappe und schematische Züge an. Er vermerkte meist nur noch das Unterrichtsfach und dessen Bewertung; ausführlichere Einschätzungen und Beobachtungen des Lernprozesses finden sich deutlich seltener.[252] Ab dem 1. April 1829 fanden wieder turnusmäßige Prüfungen statt, von denen Jurij einen Teil vor Moskauer Professoren, die abends in das Haus der Samarins kamen, ablegen musste. Für den darauf folgenden Zeitraum (10.–14.4.1829) vermerkte Pako hohes Fieber bei seinem Schüler und fügte zudem den Hinweis »er ist seinen religiösen Pflichten nachgekommen« ein, bevor er am 24. April darauf verwies, dass nun wieder ein neuer Stundenplan für Jurij galt.[253] Die Eintragungen Pakos bezüglich Jurijs Bildung von April 1829 bis zum 22. Mai 1831 fielen knapp aus und gingen kaum über Bewertungen hinaus (»Exzerpt: schwach.– Grammatik gut.– Rezitieren – gut. – Übersetzung gut (Zeichnen 326) – Wiederholung des Russischen.«).[254]

1831 waren die Einträge noch knapper, die Examina hingegen beschrieb Pako ausführlich. Wie üblich war Jurij zunächst eine Woche von seinem Vater darauf vorbereitet und befragt worden (6.–12.3.). Für die eigentlichen Prüfungen kamen wieder Moskauer Professoren ins Haus (13.–28.3.), die Pako namentlich aufführte (»Katchenovski, Ternovskij und Koutnevitch«). »Georges« wurde in Griechisch, russischer Geografie (insbesondere über die Ethnografie, die Nationen, die in Russland leben) sowie die Vor- und Frühgeschichte befragt. Geprüft wurde Pakos Schüler ebenfalls in Französisch sowie in Versbau. M. Perret, der Prüfer, stellte bei dieser Gelegenheit Fortschritte im Vergleich zum Vorjahr fest. Abends musste Jurij anhand von Beispielen seine Kenntnisse in Latein sowie im Russischen in der Analyse der Zeitformen, der Chrie[255] und des Satzbaus unter Beweis stellen, was er gut konnte und – so Pako – von dem profitierte, was »M. Nadejdine« ihm in

---

251 Vgl. exemplarisch: ebd., l. 3 (1.5.1828).
252 Vgl. exemplarisch: ebd., l. 25 (3.–11.10.1828), l. 34ob (9.–15.12.1828).
253 Ebd., l. 46 (10.–24.4.1829).
254 Vgl. exemplarisch: ebd., ed. chr. 4, l. 6ob (13.12.1829).
255 Eine Chrie ist die schriftliche Ausarbeitung eines Satzes beziehungsweise einer Spruchweisheit in einem Aufsatz nach einem festgelegten Schema. Sie galt seit der Antike als Vorübung zur Rhetorik und prägte das Gliederungsschema für Schulaufsätze (Wilpert, Gero von, Sachwörterbuch der Literatur, Stuttgart 2013, S. 104).

Bezug auf Rhetorik und Logik (»für die Analyse des Satzbaus, die die Kantschen Kategorien in Erinnerung rufen«) beigebracht hatte.[256] Das erhaltene Tagebuch Naveždins spiegelt Jurijs Lernfortkommen ab dem 1. Oktober 1828 noch schematischer wider als Pakos Aufzeichnungen. Die Einträge betreffen in erster Linie Unterrichtsinhalte und die erbrachten Leistungen des Schülers in den von dem Russischlehrer im Wesentlichen unterrichteten Fächern Russisch, Griechisch, Altes Testament und russische Geografie. Meist sind die Einträge knapp (»Die Übersetzung war ordentlich«, »Griechisch – schlecht«, »Altes Testament – sehr ordentlich«, »Er hat die Fabeln wiederholt und ziemlich gut auswendig gelernt«).[257] Naveždin ging nur punktuell auf Jurijs Verhalten ein und bemängelte knapp Unaufmerksamkeit, grobe Wortwahl, nicht angemessenen Ton, schlechtes Verhalten gegenüber seinen Geschwistern.[258] Obwohl auch Naveždin seine Beobachtungen in ein Buch mit drei Spalten eintrug, ist im Vergleich zu Pakos Aufzeichnungen leicht zu erkennen, dass der Russischlehrer der Trias *Physique – Moral – Intellectuel* nur bedingt folgte. Abgesehen von den knappen Notizen zu Jurijs (Lern-)Verhalten finden sich kaum Bemerkungen zu Jurijs allgemeiner Entwicklung, wie z. B. seine körperliche Verfassung oder Beschäftigungsvorlieben betreffend.[259] Zur Erklärung seien hier drei naheliegende Gründe erwähnt. Zunächst die Tatsache, dass ein nicht geringer Teil des Tagebuchs (16.10.1826–1.10.1828) von Naveždin nicht erhalten ist. Darauf wird im Findbuch des Fonds der Samarins in der RGB NIOR ausdrücklich verwiesen.[260] Wir wissen nicht, in welchem Umfang Naveždin in den ersten beiden Jahren im Dienst der Samarins seine Beobachtungen notierte. Jurij war 1826 erst sieben Jahre alt. Wie auch Pakos Tagebuch zeigt, waren die nicht-unterrichtsbezogenen Eintragungen im frühen Kindsalter umfangreicher als nach dem Eintritt in die ernsthafte Studienphase im achten Lebensjahr. Zudem befasste sich Pako deutlich länger, intensiver und in verantwortlicherer Position mit der Erziehung Jurijs, weshalb es durchaus plausibel ist, dass seine Aufzeichnungen ausführlicher und inhaltlich breiter angelegt waren – wie der direkte Vergleich des Zeitraums Oktober 1828 bis August 1829 zeigte.

---

256 RGB NIOR, f. 265, kart. 99, ed. chr. 4, l.24ob–25ob (6.–24.3.1831).
257 Vgl. exemplarisch: ebd., ed. chr. 5, l. 1–1ob. (1.–12.10.1828).
258 Vgl. Anm. 203.
259 Vgl. den Eintrag am 1.10.1828, der auf Zahnschmerzen des Kindes verweist (ebd., ed. chr. 5, l. 1), oder der Hinweis am 11.11.1828, in dem Naveždin auf Jurijs Vorliebe für Seifenblasen einging (ebd., l. 7ob–8).
260 RGB NIOR, f. 265 Samariny, S. 70.

Verflochtene Welten

Pakos über viele Jahre intensiv geführtes Tagebuch und ergänzend – wenngleich in geringerem Umfang – Naděždins Aufzeichnungen liefern eine außergewöhnlich dichte Beschreibung einer adligen Kindheit und Erziehung im Russland der 1820er Jahre. Welche weiterführenden Erkenntnisse lassen sich für das Verständnis von Kindheit in Russland daraus gewinnen?

Sichtbar wird in der Beschreibung Pakos das familiäre Gefüge der Samarins, in dem es klare Zuständigkeiten gab. Zwar beteiligte sich Sof'ja Jur'evna aktiv an der Erziehung Jurijs, aber es war der Vater, der die Bildungsinhalte bestimmte und die Erziehung fast obsessiv überwachte. Mit dieser selbstgewählten Aufgabe ist Fedor Samarin ein weiteres Beispiel eines russischen Adligen und Vaters, der sich im ersten Drittel des 19. Jahrhunderts intensiv in die Erziehung seiner Kinder einbrachte. Wie Katherine Pickering Antonova zeigen konnte, verstand auch Andrej Čichačev (1798–1875), ein Adliger aus dem Gouvernement Vladimir, sein Engagement für die Erziehung seiner Kinder in den 1820er und 1830er Jahren als »väterliche, männliche Verpflichtung« zu einem »Dienst an Zar und Menschheit«.[261] Ebenso widmete sich Semen Korsakov auf seinem 1827 erworbenen Gut Tarusovo intensiv der Erziehung seiner Kinder.[262] Mary Wells Cavender hat in ihrer Studie über die »Adelsnester« im Gouvernement Tver' gezeigt, dass viele Adlige, selbst wenn sie sich aus dem Staatsdienst zurückzogen, das Leben in der Provinz keinesfalls als Privatangelegenheit, sondern als »Variante« des Dienstes verstanden.[263] Die Bewahrung des Besitzes, die Verwaltung der Güter mit der paternalistischen Kontrolle der Bauern und die Demonstration familiärer Harmonie trugen zur Strahlkraft adligen Familienlebens bei. Die Landgüter konnten zu Außenposten kaiserlicher Macht und imperialer Kul-

---

261 Pikkering Antonova, Kėtrin, Kto otvečal za vospitanie detej v XIXv.? Predstavlenija A. I. Čichačeva o vospitanii kak o službe gosudarstvu, in: Vestnik RGGU 37, 2 (2015), S. 59–71, hier S. 63. Ausführlich zu den Erziehungsaktivitäten Andrej Čichačevs vgl. das Kapitel »The Education of Aleksei« in ihrem Buch »An Ordinary Marriage«, S. 157–181.

262 Fatueva, »Miloe Tarusovo, kak ne ljubit' tebja!«, S. 809–810. Semen Korsakov quittierte zwar erst 1845 seinen Dienst, konnte aber bereits zuvor sehr viel Zeit mit seiner Familie verbringen, da seine Anwesenheit in St. Petersburg, wo er im Justizministerium beschäftigt war, nicht permanent erforderlich war (ebd. S. 811).

263 Wells Cavender, Nests of the Gentry, S. 107; Kucher; von Winning, Privates Leben und öffentliche Interessen, S. 238.

tur werden.²⁶⁴ Auch die Familie Bakunin, wie John Randolph eindrücklich belegt hat, pflegte das »idyllische« Dasein auf dem Familiengut Prjamuchino nicht als »demonstrativen Rückzug aus dem offiziellen Leben«.²⁶⁵ Aleksandr Bakunin verfasste für die Unterrichtung seiner Kinder »lange Geschichtslehrbücher« und unternahm mit ihnen ausgedehnte »botanische Spaziergänge durch die Gärten von Prjamuchino«.²⁶⁶

Jurijs Eltern zeigten bei aller Strenge, die vor körperlicher Züchtigung ihres Sohnes keinesfalls Halt machte, und bei allem Anspruch, der in Jurijs Curriculum seinen Ausdruck fand, große Anteilnahme an der Entwicklung des Kindes sowie emotionale Zugewandtheit. Damit gehören die Samarins zu der Gruppe gebildeter russischer adliger Familien, die bewusst ein intensives Familienleben führten und zelebrierten. Das Verlassen der höfischen Umgebung stellte auch bei ihnen keinen ernsthaften Rückzug aus der offiziellen Sphäre dar. Jurijs Erziehung spiegelt das Bemühen wider, kanonisierte Werte und Inhalte nach eigenen Vorstellungen zu vermitteln. Die Akribie, die Fedor Samarin dabei an den Tag legte, bekräftigt das Verständnis des väterlichen Engagements als Variante des Dienstes am Vaterland.

In den detaillierten Schilderungen von Freizeitvergnügungen und Spielen in Pakos Tagebuch lässt sich ein klares Verständnis von Kindheit als einer eigenen Lebenssphäre ausmachen. Gleichzeitig verweisen die beschriebenen Unterrichtsinhalte sowie die permanenten Disziplinierungsbemühungen auf eine starke Ausrichtung der kindlichen Lebenswelt auf das Erwachsenendasein. Mit diesen Merkmalen sowie der omnipräsenten Trias von *Physique – Moral – Intellectuel* ist Jurijs Kindheit über weite Strecken noch fest in den Vorstellungen des 18. Jahrhunderts verankert. Zudem offenbart das Tagebuch, dass die Erziehung in erheblichem Ausmaß nach ausländischem – französischem – Vorbild erfolgte. Dies wurde keinesfalls als Widerspruch wahrgenommen, sondern selbstverständlich gelebt. Vor diesem Hintergrund ermöglicht es Pakos Tagebuch, nicht nur die Entwicklung und Formierung einer Kindheit zu studieren. In dem akribisch geführten Dokument wird

---

264 Randolph, The House in the Garden, S. 24; Kucher; von Winning, Privates Leben und öffentliche Interessen, S. 238–239.
265 Randolph, The House in the Garden, S. 23.
266 Zu den Aktivitäten Aleksandr Bakunins: Randolph, The House in the Garden, Zitat S. 104. Zur Rolle der Väter in der Erziehung vgl. auch Puškareva, Natal'ja, Die häusliche Erziehung adliger Mädchen in Russland am Ende des 18. und zu Beginn des 19. Jahrhunderts. Inhalte, Entwicklung und die Rolle der Mütter, in: Wilhelmi, Anja (Hg.), Bildungskonzepte und Bildungsinitiativen in Nordosteuropa (19. Jahrhundert), Wiesbaden 2011, S. 259–277, hier S. 265, 275–276.

zudem nachvollziehbar, wie Kindheit als soziale Praxis in zwei kulturellen Kontexten, dem ausländischen und dem russischen, funktionierte. Besonders deutlich zeigt sich die Bikulturalität in der Sprachenfrage; gleichzeitig ist dies aber auch ein Punkt, an dem sich Zeichen des Bewusstseinswandels ablesen lassen.

Wie in vielen russischen Adelsfamilien war Französisch die dominante Sprache bei den Samarins, die Jurij bereits früh las und fließend mit perfekter Aussprache beherrschte.[267] Ebenso wurde Jurij an den einschlägigen Lektürekanon in dieser Sprache herangeführt. Dennoch war die Praxis der russischen Sprache von Beginn an sowohl in dem Briefwechsel Pakos mit Fedor Samarin als auch in dem Tagebuch ein regelmäßig angesprochenes Thema.[268] Bei allen Bemühungen ließen die Kenntnisse der russischen Sprache offensichtlich zu wünschen übrig, was Pako am 29. Dezember 1825 zu folgendem Eintrag veranlasste:

»Obwohl er in Russland ist, lernt er seine Sprache kaum. Das liegt zweifellos daran, dass ich die ganze Zeit mit ihm zusammen bin. Wenn ich der Einzige wäre, der mit ihm Französisch spricht [...], würde er vielleicht sein Russisch verbessern.«[269]

Um diesem Defizit entgegenzuwirken – bessere Russischkenntnisse wurden als zwingend notwendig angesehen –, engagierte Fedor Samarin im Oktober 1826 den bereits erwähnten 21-jährigen Nikolaj Ivanovič Naždin als zweiten Hauslehrer für seinen Sohn. Naždin war der Sohn eines Dorfgeistlichen, der nach seinem Studium an den Seminaren von Rjazan' und Moskau am Rjazan'er Seminar Literatur und Deutsch lehrte. 1826 ging er nach Moskau, wo er mit Michail Kačenovskij, Hochschullehrer und Redakteur des »Vestnik Evropy«, in Kontakt kam und ab 1828 in der Zeitschrift publizierte. 1831 gründete Naždin das Journal »Teleskop« und veröffentlichte dort 1836 Petr Čaadaevs folgenreichen Ersten Philosophischen Brief, der die geistige Rückständigkeit Russlands im Vergleich zu Westeuropa anprangerte. Nikolaus I. ließ daraufhin Čaadaev für wahnsinnig erklären, den »Teleskop« schließen und Naždin in die Verbannung nach Nordwestrussland schicken.[270] Die Lehrtätigkeit im Hause Samarin in den 1820er und frühen

---

267 RGB NIOR, kart. 99, ed. chr. 1, l. 144 (o.D.).
268 Ebd., kart. 197, ed. chr. 25, l. 1ob (Brief Pakos an F. Samarin, 25.6.1824).
269 Ebd., kart. 99, ed. chr. 1, l. 94ob, 29.12.1825.
270 N. N., Naždin, Nikolaj Ivanovič, in: Ênciklopedičeskij slovar' F. A. Brokgauza i I. A. Êfrona, Bd. 20, St. Petersburg 1897, S. 432–434; N. N., Naždin, Nikolaj Ivanovič, in: Polovcov, Aleksandr A. (Hg.), Russkij biografičeskij slovar', Bd. 11, St. Petersburg 1914, S. 19–34; ausführlich zur Bedeutung Čaadaevs und zu dem »Teleskop-Skandal«

1830er Jahren wird von Biografen Nadeždins neben der Bekanntschaft mit Kačenovskij als prägend für dessen weitere Entwicklung eingestuft. Besonders die »umfassende Bibliothek der Samarins«, »die vor allem aus den neuesten französischen Büchern bestand«, spornte den jungen Lehrer an, »seine Bildung zu vervollständigen«.[271] Nadeždin lehrte Jurij Russisch, Katechismen, Griechisch, Geschichte und – bis zur Anstellung eines speziellen Lehrers – auch Deutsch. Im Hinblick auf die Forcierung des intensiveren Erwerbes des Russischen ist zunächst die am 27. Dezember 1826 getroffene Entscheidung hervorzuheben:

»Gerade weil er nicht genug Russisch spricht, weil er nicht ausreichend viel Zeit mit seinem Russischlehrer verbringt, wurde beschlossen, dass für einige Monate meine Präsenz in seiner [Jurijs; Anm. K. K.] Nähe vom Aufstehen bis zum Schlafengehen durch M. Nadejdine ersetzt wird. In der Konsequenz bedeutet dies, dass M. Nadejedine sich bei ihm niederlassen wird.«[272]

Die Tatsache, dass ein Lehrer mit Jurij das Zimmer teilte, entsprach einer üblichen Praxis, die immer wieder an die aktuellen Anforderungen angepasst wurde.[273] So legte Fedor Samarin in einem Brief vom 6. Februar 1827 an Pako fest, dass Naždin nur noch bis zum 1. März 1827 bei Jurij schlafen und danach Pako wieder in das Zimmer seines Schülers zurückkehren sollte. Einige Jahre später (23.3.1829) vermerkte Pako, dass der Deutschlehrer mit Jurij das Zimmer teilen würde.[274] Die Dominanz der französischen Sprache, *lingua franca* bei den Samarins, schien allerdings auch durch die Bemühungen Nadeždins nicht gebrochen worden zu sein: Jurij Samarin erinnerte sich viele Jahre später daran, dass er in der Aufnahmeprüfung für die Moskauer Universität wie viele seiner adligen Kommilitonen schwere orthografische Fehler machte.[275]

---

vgl. Schelting, Alexander von, Russland und Europa im russischen Geschichtsdenken. Auf der Suche nach der historischen Identität, Bern 1948, S. 13–74.
271 N. N., Nadeždin, in: Russkij biografičeskij slovar', S. 19.
272 RGB NIOR, f. 265, kart. 99, ed. chr. 1, l. 143 (27.12.1826).
273 Neben der Sprachförderung diente die permanente Nähe von Lehrer und Schüler natürlich auch der Beobachtung der Zöglinge. Dies dokumentieren auch andere Erziehungspläne, wie beispielsweise der für den achtjährigen Fürsten Aleksandr Volkonskij, den der Abbé Nicole 1819 entworfen hatte: Dort heißt es unter »Schutzmaßnahmen«: »Der Schüler wird in einem Zimmer mit seinem Erzieher schlafen« (Zapiska Abbata Nikolja o vospitanii molodogo knjazja A. N. Volkonskogo, S. 493. Dieser Satz ist mit einer Fußnote versehen, die erläutert, dass in dem Pensionat des Abbés in St. Petersburg jedes Schülerzimmer mit einem geheimen Fenster zur Beobachtung ausgestattet war).
274 RGB NIOR, f. 265, kart. 135, ed. chr. 8, l. 9ob, ebd., kart. 99, ed. chr. 3, l. 44ob.
275 Samarin, Jurij, Socinenija, Bd. 9, Moskau 1989, S. XIII.

Neben der russischen Sprache und den russischen Lerninhalten im weitesten Sinne nahm der Franzose Pako in seinen Aufzeichnungen auch auf Russland selbst Bezug, indem er die Aufenthaltsorte der Familie vermerkte und von den Gesprächen mit seinem Zögling berichtete. Am 21. März 1825, als die Familie noch in Italien weilte, unterhielten sie sich ausführlich über russische Städte, Flüsse, Soldaten und *Petruška*, die russische Variante des »Kasperle«.[276] Jurij war der Meinung, dass dies alles in Russland schöner sei – ausgenommen die Standbilder, die gefielen Jurij so gut, dass er sie am liebsten mit nach Russland nehmen wollte.[277] Im Zuge der Rückkehr von der langen Auslandsreise »konnten weder er [Jurij; Anm. K. K.] noch seine Schwester genug von den Fragen und Antworten über dieses Russland bekommen, wo sie sich seit ein paar Tagen befanden«. Manches rief Begeisterung hervor. Bei der Fahrt über das weite Land rief er »Oh! Wie ist Russland groß!« Beim Anblick des bescheidenen Zimmers in dem Gasthof, in dem sie übernachteten, bemerkte Jurijs Schwester: »Maman, Russland ist nicht schön.«[278] Pako notierte den Tod des Zaren 1825 und den Trauerzug einige Monate später, die große Choleraepidemie 1830 sowie die Spaziergänge zunächst in St. Petersburg, wo sie über den Nevskij Prospekt flanierten, und später in Moskau, wo er mit Jurij die »großartige Illumination des Kremls« sah.[279] Die regelmäßigen Aufenthalte auf dem Land, der Besuch von Klöstern ebenso wie die Ausflüge in die Umgebung der Güter sowie die Besuche bei befreundeten Familien wie den Gagarins oder den Tutolmins waren fester und von Pako vermerkter Lebensbestandteil der Familie Samarin.[280]

In der verdichteten Zusammenschau von Curriculum und Sprachkompetenz, Aufenthaltsorten und personellen Zuständigkeiten, kindlichen Verhaltensweisen und erzieherischen Maßnahmen, familiären Riten und materieller Umgebung lässt sich ablesen, wie kulturelle Prägung angelegt wurde. Dabei ist offensichtlich, dass in der Familie großer Wert auf die umfassende Vermittlung russischer kultureller Werte, von der Sprache bis zur Geografie, gelegt wurde bei gleichzeitiger intensiver Pflege der französischen Sprache

---

276 Zu Petruška vgl. Kelly, Catriona, Petrushka. The Russian Carnival Puppet Theatre, Cambridge; New York 2010.
277 RGB NIOR, f. 265, kart. 99, ed. chr. 1, l. 56–56ob, 21.3.1825.
278 Ebd., l. 81ob, 29./11.9.1825.
279 Ebd., l. 107 (8.4./28.3.1826), l. 128 (22.9.1826).
280 Vgl. exemplarisch: ebd., l. 127 (11.8.1826); ebd., ed. chr. 2, l. 15ob–29 (17.5.–29.8.1827), Aufenthalt in Golubino; Besuche: ebd., l. 14ob, 4.5.1827; ebd., ed. chr. 1, l. 124, 23.7.1826, ebd., l. 127, 10.8.1826. Bei Nadeždin finden sich diesbezüglich keine Einträge, allerdings sind dessen Aufzeichnungen insgesamt wesentlich knapper.

und westlichen Kultur. Die konsequente Aufteilung von Jurijs Zeit zwischen Pako und Nadeždin, die sich in den Tagebüchern beider Lehrer widerspiegelt, belegt diese parallel geführte Prägung besonders eindrücklich. Jurij Samarins Verwurzelung in zwei Kulturwelten zeigt die Familie als Ort praktizierter Bilingualität und Bikulturalität. Damit reihen sich die Samarins nahtlos in die Reihe der russischen Familien ein, die sich mit diesem Zustand gut arrangiert hatten. Dieses Phänomen hat Michelle Marrese bereits 2010 untersucht. Ihr Ausgangspunkt war die von Jurij Lotman aufgestellte These, dass

»in und nach der petrinischen Zeit der russische Adlige ein Fremder im eigenen Land war. Als Erwachsener musste er mittels unnatürlicher Methoden lernen, was man sich üblicherweise durch direkte Erfahrung in der frühen Kindheit aneignet. Was seltsam und ausländisch war, nahm den Charakter einer Norm an. Sich gut zu benehmen bedeutete, sich wie ein Ausländer zu benehmen, das heißt in einer künstlichen Weise, entsprechend der Normen einer fremden Lebensweise.«[281]

Als Reaktion auf diesen Ansatz versuchte Marrese in ihrem quellengesättigten Aufsatz, ein »konkurrierendes Porträt des russischen Adels im 18. und 19. Jahrhundert anzubieten«.[282] Im Gegensatz zu Lotman, der insbesondere literarische Texte nutzte, wertete Marrese Korrespondenzen adliger Familien aus, die ihr eine »komplexere Perspektive auf die sozialen Rollen und die kulturelle Identität adliger Männer und Frauen« eröffneten.[283] Sie kam auf dieser Basis zu der Überzeugung, dass die russische Elite durch einen unkomplizierten »kulturellen Bilingualismus« geprägt war und die »Vertrautheit mit russischen und westlichen Lebensstilen es den Adligen ermöglichte, in variierender Intensität an der europäischen Kultur teilzuhaben, ohne sich dem Gefühl, zu Russland zu gehören, zu entziehen«.[284] Die Sprachenfrage stand auch bei Marrese im Zentrum der Aufmerksamkeit. Anhand vieler Beispiele veranschaulichte sie überzeugend, dass Fremdsprachen, insbesondere das Französische, von vielen selbstverständlich genutzt wurden, dies aber keinesfalls zwangsläufig eine Entfremdung von der russischen Heimat bedeutete.[285] Vielmehr war die gängige Nutzung vor allem des Französischen adliges Distinktionsmittel, der Ausdruck von »Zugehörigkeit zu einer grö-

---

281 Lotman, The Poetics of Everyday Behavior, S. 69.
282 Marrese, The Poetics of Everyday Behavior Revisited, S. 705.
283 Ebd. Marrese nutzte für ihre Studien 30 Familienarchive mit Hunderten von Briefen (ebd., S. 717).
284 Ebd., S. 705.
285 Ebd., S. 730.

ßeren Gemeinschaft der europäischen Elite«. In diesem Sinne ist auch der selbstverständliche Wechsel zwischen den Sprachen in den Briefen der von Marrese untersuchten adligen Familien zu deuten.[286] Ein Phänomen, dass sich genauso bei den Samarins findet: Auch in den Briefen von Jurijs Vater waren »französische Redewendungen mit der russischen Alltagssprache eng verflochten«.[287] Ebenso gehörte es auch bei den Samarins zur »Definition des sozialen Status«, ihren Kindern eine hervorragende häusliche Bildung und Erziehung zukommen zu lassen, deren unabdingbarer Bestandteil ausländische Lehrer und das Erlernen von Fremdsprachen auf muttersprachlichem Niveau waren.[288] Das Engagement Pakos war keinesfalls eine prestigegetriebene Abgabe der Erziehungsverantwortung in die Hände eines Ausländers, wie sie seit dem 18. Jahrhundert häufig kritisiert wurde.[289] Fedor Samarins Ziel war eine grundlegende Erziehung, deren Komponenten er im Detail hinterfragte und mitprägte. Davon zeugt der Briefwechsel zu Jurijs Erziehung mit Pako gleichermaßen wie das für ihn verfasste Erziehungstagebuch. Für Fedor Samarin war es auch nicht widersprüchlich, einerseits am Krieg gegen Napoleon teilgenommen zu haben und andererseits für seine Kinder einen französischen Lehrer zu engagieren, der mit der französischen Sprache auch das Wissen und die Kultur Frankreichs und Europas vermittelte. Diese Ambivalenz war bekanntermaßen keine Seltenheit – bis in die Zeit Nikolaus I. war die Frankophonie so prestigeträchtig wie verbreitet und konnte Hand in Hand mit glühendem russischen Patriotismus gehen.[290] In diesem Sinne sind auch Jurijs Kindheit und die anderer Kinder seines Standes zu verorten. Sie bestand nicht aus zwei Welten, sondern war ein Raum, in dem verschiedene kulturelle Parameter zusammenliefen und zu dem verschmolzen, was adlige russische Kindheit ausmachte. Für ein Kind wie Jurij Samarin war es alltäglich, nationale Kontexte zu wechseln: das heißt, sich vormittags mit französischer Lektüre und lateinischen Übersetzungen zu befassen und nachmittags mit der Mutter russische Texte zu lesen und die Freiheiten des Landlebens in der russischen Provinz zu genießen. Pakos minutiöse Auf-

---

286 Ebd., S. 718.
287 Komarovskaja, Molodye gody Jurija Samarina, S. 288.
288 Marrese, The Poetics of Everyday Behavior Revisited, S. 723.
289 Hughes, These Independent Gentlemen, S. 71.
290 Offord, Francophonie in Imperial Russia, S. 379. Ein vielzitiertes Beispiel in diesem Zusammenhang ist Fedor Rostopčin, Oberkommandierender von Moskau während der Invasion Napoleons, Mitinitiator des Brandes 1812, Verfasser antifranzösischer Traktate, der französische Konversationsgepflogenheiten in Paris und in Russland auf höchstem Niveau praktizierte (ebd., S. 383–385).

zeichnungen zeigen Kindheit nicht als Ort nationaler Entfremdung, sondern als einen Zusammenhang, in dem verschiedene kulturelle Einflüsse und Prägungen verknüpft und verflochten wurden. Die von Marrese genutzten Briefwechsel zeigen, dass viele adlige Familien in selbstverständlicher Bikulturalität agierten. Pakos Tagebuch demonstriert, wie – gewissermaßen durch eine parallel geführte Kindheit – die Voraussetzungen für genau diese Lebensweise und -welt geschaffen wurden.

3.3 Das Interesse an Kindheit wächst: Erziehung und Kindheit in der Publikationslandschaft des frühen 19. Jahrhunderts

Die zu Beginn des Kapitels vorgestellten Gemälde haben eine starke Ausdifferenzierung von Kindheitsvorstellungen zu Beginn des 19. Jahrhunderts gezeigt. Jurij Samarins im Detail vermessene Kindheit verwies mit ihrer Verankerung in den Idealen der europäischen Aufklärung des 18. Jahrhunderts auf eine von Transkulturalität geprägte Lebensphase. Zur weiteren Einkreisung des zu Beginn des 19. Jahrhunderts vorherrschenden Verständnisses von Kindheit werden nun die Entwicklungen in der Pädagogik und Literatur für Kinder untersucht. Dies sind bekanntlich für das Verständnis von Kindheit und Erziehung zentrale Bereiche. An ihnen lassen sich sowohl Auseinandersetzungen um den Ist-Zustand von Erziehungsvorstellungen als auch Perspektiven auf die Zukunft ablesen und damit Rückschlüsse auf die Vorstellungen von Kindheit ziehen. Keinesfalls gilt es, eine vollumfängliche Geschichte der Pädagogik und Kinderliteratur des frühen 19. Jahrhunderts zu schreiben. Vielmehr wird anhand ausgewählter Beispiele die Entwicklung des Stellenwertes und des Verständnisses von Kindheit und Erziehung im ersten Drittel des 19. Jahrhunderts ausgelotet. Das Hauptaugenmerk wird auf der Entwicklung pädagogischer Ansichten und nicht auf der Genese der institutionellen (Schul-)Bildung liegen, die für die Regierungszeit Alexanders I. gut untersucht ist.[291] Die gesellschaftliche Relevanz pädagogischer Themen und damit auch der Stellenwert der Kindheit lassen sich exempla-

---

291 Zur Bildungspolitik unter Alexander I. vgl. Kusber, Eliten- und Volksbildung; Demkov, Istorija russkoj pedagogiki, Bd. 3; Whittaker, The Origins of Modern Russian Education; Alston, Patrick L., Education and the State in Tsarist Russia, Stanford 1969;

risch an einschlägigen Beiträgen in dem von Karamzin begründeten Journal »Vestnik Evropy« gleichermaßen wie an Fachzeitschriften und der Ratgeberliteratur ablesen. Auffällig ist, dass die Grenzen zwischen pädagogischen Journalen und Publikationsorganen, die sich speziell an eine junge Leserschaft richteten, oft fließend sind.

Adlige Öffentlichkeit und Erziehung

Die Zeitschrift »Vestnik Evropy«, der »Bote Europas«, gilt als die »Mutter aller russischen Zeitschriften«. Sie erlaubt es, den Stellenwert von Themen wie Erziehung und Kindheit zu überprüfen.[292] Das Journal, das nach Lockerung der Zensur unter Alexander I. zwischen 1802 und 1830 zweimal monatlich erschien, deckt exakt den Zeitraum ab, der im Zentrum des Interesses steht und war zudem das einzige seiner Art, das im frühen 19. Jahrhundert über eine so lange Phase durchgehend erschien.[293] Die Zeitschrift, die sich in erster Linie an eine adlige Leserschaft richtete, ist einem liberal-konservativen Milieu zuzurechnen. Man kann es charakterisieren als »patriotisch und dennoch kosmopolitisch, für Bildung und die Herrschaft des Gesetzes engagiert, anti-revolutionär, Anhänger der Leibeigenschaft, aber gegen ihren Missbrauch«.[294] Jede Ausgabe war in zwei Bereiche aufgeteilt, »Literatur und Verschiedenes« sowie »Politik«. Veröffentlicht wurden einerseits Literaturübersetzungen aus dem Deutschen, Englischen und Französischen, zum anderen druckte die Zeitschrift russische Originaltexte ab.[295] Die Leitung des »Vestnik Evropy« oblag zunächst dem Schriftsteller und Historiker Nikolaj Karamzin, der die Zeitschrift nachhaltig prägte.[296] Er hatte sich im ausgehenden 18. Jahrhundert bereits durch die Herausgabe der literarischen Zeit-

---

Hildermeier, Geschichte Russlands, S. 838–850; Dowler, A History of Education, S. 37–62.
292 Mazaev, M., Vestnik Evropy in: Ènciklopedičeskij slovar' F. A. Brokgauza i I. A. Èfrona, Bd. 7, St. Petersburg 1892, S. 646–647, wörtlich heißt es dort »rodonačal'nik russkoj žurnal'noj pressy«.
293 Todd, William Mills, Periodicals in Literary Life of the Early Nineteenth Century, in: Martinsen, Deborah A. (Hg.), Literary Journals in Imperial Russia, Cambridge 1998, S. 37–63, hier S. 48.
294 Todd, Periodicals in Literary Life of the Early Nineteenth Century, S. 48.
295 Poludenksij, M., Ukazatel' k Vestniku Evropy 1802–1830, Moskau 1861, S. XII.
296 Ausführlich zu Karamzin und dem »Vestnik Evropy« vgl. Cross, Anthony G., N. M. Karamzin's Messenger of Europe, in: Herald of Europe, September (2004), S. 1–26.

schrift »Moskovskij Žurnal« einen Namen gemacht. Hier hatte er nicht nur seine Briefe und Tagebuchnotizen, sondern auch einige seiner bekannten sentimentalistischen Erzählungen wie »Die arme Lisa« oder »Frol Silin« veröffentlicht. In den 1780er Jahren gehörte er zu dem Kreis um Nikolaj Novikov, in dessen Zeitschrift »Detskoe čtenie dlja serdce i razuma« er ebenfalls publiziert hatte.[297] Neben Karamzin zählten in der frühen Phase auch Gavril Deržavin, Ivan Dmitriev, Vasilij Žukovskij, Vasilij Puškin und Andrej Turgenev zu den Mitarbeitern und Autoren; Aleksandr Puškin publizierte 1814 seine ersten Verse im »Vestnik Evropy«.[298] Karamzin leitete die Zeitschrift allerdings nur bis zu seiner Ernennung zum Reichshistoriografen Ende Oktober 1803, danach widmete er sich gänzlich der Abfassung seiner »Geschichte des russischen Staates«.[299] Von ihm übernahm zunächst der Schriftsteller und Journalist Pankratij Sumarokov die Redaktion des Journals. In den Folgejahren leitete sie der Historiker, Literaturkritiker und spätere Universitätsprofessor Michail Kačenovskij, einer der Professoren, die Jurij Samarins Lernfortschritte prüften. Zwischenzeitlich oblag diese Aufgabe dem Dichter Vasilij Žukovskij sowie dem Schriftsteller und Journalist Vladimir Izmajlov (1814/15).[300] Damit zusammenhängend ergaben sich Veränderungen in der inhaltlichen Ausrichtung und in der Struktur der Rubriken.[301] Dennoch blieb der »Vestnik Evropy« mit 1.200 Abonnenten lange eine zentrale Institution in der politisch-literarischen Landschaft des frühen 19. Jahrhunderts.[302] Zu den Literaturkritikern unter den Autoren zählte in der späteren Phase auch der russische Hauslehrer Jurij Samarins, Nikolaj Nadeždin.[303] Ab 1820 tat sich die zunehmend konservative Zeitschrift mit Polemiken gegen Aleksandr Puškin und die romantische Strömung hervor, bevor sie 1830 ihr Erscheinen einstellte.[304]

Nikolaj Karamzin maß der Erziehung große Bedeutung bei. Er betrachtete sie als eine »patriotische Angelegenheit«, die keinesfalls Ausländern

---

297 Esin, Boris I., Istorija russkoj žurnalistiki XIX veka, Moskau 2008, S. 18. Zu Novikov und »Detskoe čtenie dlja serdce i razuma« siehe Kapitel 2 im vorliegenden Buch.
298 Mazaev, M., Vestnik Evropy, S. 646.
299 Poludenskij, Ukazatel' k Vestniku Evropy, S. VII–VIII.
300 Ebd., S. X.
301 Ebd., S. XII, zur Entwicklung nach Karamzins Abgang vgl. N. N., Russkaja literatura. Istoričeskoe i kritičeskoe obozrenie Rossijskich Žurnalov, vychodivšich v svete v prošlom 1820 godu, in: Syn Otečestvo, 1 (1821), S. 3–20, hier S. 8ff.
302 Todd, Periodicals in Literary Life of the Early Nineteenth Century, S. 48.
303 Mazaev, M., Vestnik Evropy, S. 646.
304 Burns, Pushkin's Poltava, S. 21 sowie 52 (Fußnote 6).

überlassen werden sollte. Er begrüßte die Bildungsinitiativen Alexanders I. euphorisch, wie er zuvor Katharina II. für ihre nationalen Schulprojekte gepriesen hatte. 1802 beschrieb er ausführlich eine neu eröffnete adlige Lehranstalt in einer Provinzstadt (»T.«) und hob hervor, dass diese auch »armen adligen Kindern« sowie den »nicht reichsten Adligen« Bildungschancen bieten konnte. Weiter klagte er, dass Erziehung zu einem »Luxusgegenstand« geworden sei und es allenthalben an Lehrkräften mangelte:

»Sich zu Hause einen Lehrer zu halten, einen Franzosen oder Deutschen, kostet heutzutage jährlich ungefähr 1.000 Rubel; nicht jeder kann sich das leisten: und es ist so schwer, einen guten zu finden. Die Wellen der Revolution haben uns einige ordentliche Franzosen hingeworfen, aber jetzt erwartet jeder von ihnen eine Taube mit einem Ölzweig, um aus der nördlichen Arche (so sagte es mir ein Emigrant) an die Ufer seines Vaterlandes zurückzukehren.«[305]

In den deutschen Lehrern sah Karamzin keinen würdigen Ersatz, da sie schlecht Französisch sprächen; russische Lehrer waren kaum vorhanden. Weiter beklagte er die Tatsache, dass Eltern zu wenig Zeit mit ihren Kindern verbrächten; zu sehr seien sie von anderen Dingen eingenommen. Noch könne seiner Meinung nach nicht auf die Ausländer im Bildungswesen verzichtet werden, aber es sei unabdingbar, entsprechende Maßnahmen zu ergreifen; zudem sollten Eltern sich aktiv um die moralische Erziehung ihrer Kinder kümmern, damit »unter dem Zepter Alexanders« niemand mehr die Russen übersehen könne.[306]

Diesen Ausführungen folgten kontinuierlich weitere Artikel, die sich mit Fragen von Bildung, Erziehung und Kindheit befassten. Die staatstragende Bedeutung russischer Bildungsinstitutionen wurde regelmäßig betont und ausführlich beschrieben.[307] Dabei richtete die Zeitschrift ihr Augenmerk insbesondere auf das Adelspensionat der Moskauer Universität. Dieser Fokus war durch Michail Kačenovskij (»M. K-ij«), vorgegeben, der nicht nur Herausgeber des »Vestnik Evropy« war, sondern auch Professor der Moskauer Universität, Lehrer des Adelspensionats sowie Mitglied in dessen Vorstand.[308]

---

305 N. N., O novych blagorodnych učiliščach, zavodimych v Rossii. Pis'mo iz T*, in: Vestnik Evropy 2, 8 (1802), S. 358–366.
306 Ebd., S. 362.
307 Vgl. exemplarisch: Vagabond, Antoinette; Vagabond, Charles, O pansione dlja modnogo vospitanija devic, in: Vestnik Evropy 36, 22 (1807), S. 127–134.
308 N. N., Kačenovskij, Michail Trofimovič, in: Biografičeskij slovar' professorov i prepodavatelej Imperatorskogo moskoskogo Universiteta, Bd. 1, Moskau 1855, S. 383–403; N. N., Kratkoj otčet blagorodnogo Pansiona pri Imperatorskom Moskovskom Unver-

In einem längeren Beitrag würdigte er 1804 ausführlich die Arbeit dieser Lehranstalt.[309] Er unterschied deren Praxis sowohl deutlich von der häuslichen Erziehung, die nur dann von guter Qualität sei, wenn man »ganze Fakultäten herbeilocken« könnte, als auch von den Pensionaten, die Ausländer in Russland betrieben. Dort würden den Kindern in erster Linie die »französische Aussprache und die Tanzkunst« beigebracht. Für ihn jedenfalls stand fest, dass es keine bessere Ausbildungsstätte für adlige Kinder zwischen 8 und 14 Jahren gab.[310] Die Abhandlungen zur inhaltlichen Ausrichtung dieser Schule hoben stets die »Treue zum Zaren« und die moralische Verpflichtung zum »Dienst am Vaterland« hervor.[311] Regelmäßig veröffentlichte der »Vestnik Evropy« Reden, Poeme und Predigten, die anlässlich der Begrüßung und Verabschiedung von Schülerjahrgängen oder beispielsweise anlässlich der Wiederaufnahme des Lehrbetriebs nach dem Krieg gegen Napoleon 1814 gehalten wurden. Hinzu kamen Gedichte, mit denen Zöglinge Zar und Gott priesen, Besprechungen publizierter literarischer Erzeugnisse der Schüler, wie der Sammelband »Utrennjaja Zarja« (»Morgenröte«), Berichte von Festversammlungen, auf denen Schüler Reden hielten, Gedichte oder der Abdruck pädagogisch motivierter »Gespräche«.[312] Letztere wurden zu Themen geführt wie »Die Notwendigkeit des Unterrichts in jedem beliebigen Dienst« oder »dass man sich insbesondere mit seiner Muttersprache befassen soll«.[313] Die den

---

sitete, so vremeni vozobnovlenija ego, s 1814–1817-go po 1817-j god, in: Vestnik Evropy 97, 1 (1818), S. 71–76; Popov, Gavril, Reč' o glavnych objazannostijach obrazovannogo molodogo čeloveka, vstupajuščego v obščestvo, in: Vestnik Evropy 97, 1 (1818), S. 3–23.
309 Kačenovskij, M., Vzgljad na Blagorodnyj Pansion pri Imperatorskom Moskovskom Universitete, in: Vestnik Evropy 17, 19 (1804), S. 223–239.
310 Ebd., S. 224–226.
311 Popov, Reč' o glavnych objazannostijach obrazovannogo molodogo čeloveka, S. 4.
312 Vgl. exemplarisch für Gedichte der Zöglinge: M., EGO IMPERATORSKOMU VELIČESTVU ot vernopoddanych vospitannikov Blagorodnago Pansiona, učreždennago pri Imperatorskom Moskovskom Universitete, in: Vestnik Evropy 48, 24 (1809), S. 301–302; Prokopovič-Antonskij, Nikolaj, Stichotvorenija. K bogu, in: Vestnik Evropy 79, 2 (1815), S. 94–98. Zur Besprechung des publizierten Sammelbandes »Utrennjaja Zarja« vgl.: N. N., Utrennjaja Zarja. Trudy vospitannikov Universitetskogo blagorodnogo pansiona. Knižka III, Moskva, 1805, in: Vestnik Evropy 26, 6 (1806), S. 120–125; Bericht einer Festversammlung: N. N., Moskovskie zapiski, in: Vestnik Evropy 55, 1 (1811), S. 59–61; Terent'ev, A., Poučitel'noe slovo v naputstvovanie vypuskaemych vosptiannikov Universitetskogo blagorodnogo pansiona, proiznesennoe v Moskve 29 Marta, v den' toržestvennogo sobranija, in: Vestnik Evropy 135, 7 (1824), S. 165–175.
313 Kološin, Akim, Razgovor o neobchodimosti učenija vo vsjakoj službe, in: Vestnik Evropy 91, 1 (1817), S. 3–13; F. S., Razgovor o tom, čto preimuščestvenno zanimat'sja dolžno jazykom otečestvennym, in: Vestnik Evropy 61, 3 (1812), S. 173–202.

Schülern dieser Institution zuteil werdende Aufmerksamkeit zeugt von der großen Bedeutung, die der Erziehung und Ausbildung der jungen Untertanen im staatlich-gesellschaftlichen Gefüge zugeschrieben wurde. In Abhandlungen über Profil und Praxis einzelner Lehranstalten gingen die Autoren regelmäßig auf negative Entwicklungen und Erfahrungen ein, bevor sie die Vorzüge einer neuen Einrichtung hervorhoben.[314] Diskutiert wurden zudem die Vor- und Nachteile von häuslicher und institutioneller Erziehung, dabei plädierten die Autoren zumeist für den Unterricht in einer Lehranstalt.[315]

Erziehung spielte auch in Texten, die sich nicht mit institutioneller Bildung auseinandersetzten, eine wichtige Rolle. Verschiedene Beiträge griffen elterliche Ignoranz gegenüber ihren Kindern auf. Öfters betonten Autoren, dass sich die Eltern zu wenig in die Erziehung einbrächten, weil sie zu sehr mit anderen Dingen beschäftigt seien. Sie vertrauten ihre Kinder »mürrischen Alten« an, die nicht die Bürde strenger Belehrungen auf sich nähmen, oder »törichten Kinderfrauen und Leichtsinnigen«.[316] Unangemessene Erziehungsmethoden fanden ebenfalls Beachtung. 1804 publizierte der »Vestnik« einen Briefwechsel zwischen dem Vorsteher eines Pariser Pensionats und einem Vater, der diesen um einen Rat bat. Um seinem unfolgsamen Sohn Gehorsam beizubringen, hatte der Vater einen Hund, der die Anweisungen seines Herrn, nicht befolgte, vor den Augen seines fünfjährigen Sohnes erschießen lassen. Dies hinterließ bei dem Kind einen solchen Eindruck, dass es sich noch zwei Wochen nach dem Ereignis seinem Vater gegenüber in tiefem Gehorsam übte. Die Reaktion auf die Beschreibung dieser Art von Erziehung fiel äußerst kritisch aus.[317] Andere Texte hoben die Verantwortung gegenüber Kindern in der Vergangenheit hervor, als Mütter ihre Kinder noch selbst stillten und nicht in Erwägung zogen, Erzieher oder Gouvernanten beschäftigen.[318] Dazu kamen Beschreibungen von Kindhei-

---

314 Vgl. exemplarisch: N. N., Načertanie vnov'-zavodimogo častnogo učilišča dlja vospitanija blagorodnych detej, in: Vestnik Evropy 72, 21 (1813), S. 117–139, hier S. 121–127.
315 Vgl. Anm. 328 zum Moskauer Adelspensionat. Zu dieser Fragestellung wurden nicht nur russische Autoren herangezogen. Das belegt 1820 die Übersetzung eines Artikels aus dem Polnischen »Von was kann das Vaterland mehr Nutzen erwarten, von der häuslichen oder von der öffentlichen Erziehung?« (N. N., Ot domašnego li vospitanija, ili ot publičnogo bolee ožidat' nadobno pol'zy dlja blaga obščestva, in: Vestnik Evropy 114, 24 (1820), S. 283–290).
316 N. N., O pamjati, in: Vestnik Evropy 71, 18 (1813), S. 123–138, hier S. 132.
317 N. N., Nečto o vospitanii, in: Vestnik Evropy 15, 9 (1804), S. 62–67.
318 N. N., Mysli o Rossii, ili nekotorye zamečanija o graždanskom i nravstvennom sostojanii Russkich do carstvovanija Petra Velikogo, in: Vestnik Evropy 31, 2 (1807), S. 107–120.

ten historischer Persönlichkeiten wie Paul I. oder Peter I.[319] Berichte über aktuelle pädagogische Methoden zählten ebenfalls zum Repertoire der Zeitschrift. Aufmerksamkeit erfuhren die Ansätze des schweizerischen Pädagogen Johann Heinrich Pestalozzi und der Bell-Lancester-Schule.[320] Kritisiert hingegen wurde das Lehrbuch eines Herrn Mantel, das sich zwar großer Beliebtheit erfreute, aber inhaltliche Mängel aufweise.[321] Auf die intensive Rezeption Rousseaus verwies die bereits in Kapitel 2.2 erwähnte Erzählung »Der junge Philosoph« von Vladimir Izmajlov. Deren Protagonist wurde von seinem Vater nicht nur nach Rousseau'schen Prinzipien erzogen, sondern trug sogar den Namen Emile.[322] In der Zeitschrift publizierte literarische Texte berührten ebenfalls die Themen Erziehung und Kindheit; exemplarisch sei hier auf die entsprechenden Satiren Kantemirs oder die Memoiren der Stéphanie-Félicité de Genlis verwiesen.[323] Mitunter war auch die Frauenbildung ein Thema, entweder in Form von sachlichen Artikeln (»Über die Erziehung von Frauen«) oder in Briefen. Hier spielten Fragestellungen wie Erziehungsschwerpunkte für Mädchen und damit zusammenhängende Beobachtungen eine Rolle.[324]

Großen Raum im »Vestnik Evropy« beanspruchte die Auseinandersetzung mit ausländischen Erziehungseinflüssen. Konstant kritisiert wurde insbesondere die »Gallomanie«, die nach Meinung vieler Autoren in Russland vorherrschte. Auch Karamzin brachte seine Ansichten zu diesem Thema in Beiträgen für den »Vestnik Evropy« zum Ausdruck. [325] Unter der Überschrift »Seltsames« berichtet er (Pseudonym O. O.) von einem Franzosen, der in

---

319 Zur Kindheit Pauls I. siehe: N. N., Nekotorye izvestija o detstve pokojnogo Imperatora Pavla pervogo, in: Vestnik Evropy 52, 15 (1810), S. 193–240.
320 Vgl. exemplarisch: N. N., O novoj metode vospitanija, izobretennoj Pestalocciem, Švejcarskim pedagogom, in: Vestnik Evropy 27, 11 (1806), S. 183–204. Pestalozzi findet zudem an vielen anderen Stellen im »Vestnik Evropy« Erwähnung. Zur Bell-Lancester-Methode: N. N., O metode Bellja i Lankastera, in: Vestnik Evropy 96, 21 (1817), S. 26–35.
321 N. N., Ob učebnoj knige G-na Mantelja, in: Vestnik Evropy 26, 6 (1806), S. 113–116.
322 Izmajlov, Vladimir, Molodoj Filosof, in: Vestnik Evropy 8, 5 (1803), S. 3–24, hier S. 8 (die Fortsetzung der Erzählung war im darauffolgenden Heft des »Vestnik« abgedruckt).
323 N. N., Kritičeskij razbor Kantemirovskych satir, in: Vestnik Evropy 50, 6 (1810), S. 126–150; N. N., Stat'ja iz vospominanij Felicii, in: Vestnik Evropy 20, 7 (1805), S. 210–217.
324 N. N., O vospitanii ženščin, in: Vestnik Evropy 57, 10 (1811), S. 146–150; N. N., Pis'mo k izdatelju Parižskogo modnogo žurnala, in: Vestnik Evropy 18, 22 (1804), S. 99–105; N. N., Pis'mo k odnoj Nemeckoj Dame, Načal'nice učebnoj zavedenija, in: Vestnik Evropy 172, 11 (1830), S. 188–201.
325 Cross, N. M. Karamzin's Messenger of Europe, S. 11.

der Nähe von Paris ein Pensionat für junge russische Adlige betrieb und dafür warb, ihm Kinder zur Ausbildung zu schicken. Er versprach, »ihnen alles Notwendige beizubringen, insbesondere die russische Sprache«;[326] für Karamzin eine abwegige Vorstellung. Zwar erachtete er es als selbstverständlich, den Kindern Unterrichtsstunden in den Sprachen zukommen zu lassen, die »für einen adligen Russen notwendig sind und ihm als Mittel der Bildung dienen«.[327] Doch hielt er nichts von einer Schulbildung außerhalb Russlands, im Gegenteil, er sah darin die Gefahr der Entfremdung:

»Wir kennen das erste und heiligste Gesetz der Natur, dass Mutter und Vater für die Moral ihrer Kinder sorgen sollen, die der wichtigste Bestandteil der Erziehung ist; wir wissen, dass jeder in seinem Vaterland aufwachsen und sich an dessen Klima, Gebräuche, Charakter der Bevölkerung, Lebensweise und Herrschaftsform gewöhnen sollte; wir wissen, dass nur in Russland gute Russen geschaffen werden können – und wir für das Glück des Staates weder Franzosen noch Engländer brauchen.«[328]

An anderer Stelle plädierte der »Vestnik« für die Förderung russischer Lehrer, um nicht vollständig auf ausländisches Personal angewiesen zu sein. Er verwies darauf, dass es für das Volk erniedrigend sei, wenn »Bedarf an ausländischem Verstand besteht«.[329] Mit der Gründung der Universitäten Char'kov und Kazan' wurde die Hoffnung verbunden, »Erzieher für die russische Jugend« auszubilden.[330]

Ein Beitrag aus dem Jahr 1802 hob verwundert hervor, dass in russischen Büchern, die für Kinder zum Thema »Moral« publiziert wurden, stets Beispiele von »Ehrenhaftigkeit« aus ausländischen und nicht aus russischen Quellen ausgewählt wurden.[331] Ein anderer Artikel stellte befremdet fest, dass viele Russen, obwohl »in Russland geboren und erzogen, wirken wie Franzosen«.[332]

---

326 N. N., Strannost', in: Vestnik Evropy 1, 2 (1802), S. 52–57, hier S. 52.
327 Ebd., S. 52–53.
328 Ebd., S. 53.
329 N. N., O novych blagorodnych učiliščach, S. 363–364.
330 N. N., Reč', govorennaja v sobranii Char'kovskogo Dvorjanstva Deputatom ego, Kolležskim sovetnikom Karazinym, isprosivšim vysočajšee soizvolenie na osnovanie v gorode Char'kove universiteta, in: Vestnik Evropy 10, 16 (1803), S. 235–243, hier S. 239; N. N., Reč', govorennaja pri toržestvennom otkrytii Imperatorskogo Kazanskogo Universiteta, in: Vestnik Evropy 77, 18 (1814), S. 83–105.
331 N. N., Russkaja čestnost', in: Vestnik Evropy 3, 10 (1802), S. 139–143, hier S. 140.
332 N. N., Vypiski, izvestija, zamečanija, in: Vestnik Evropy 63, 12 (1812), S. 317–320, hier S. 317.

Für den Autor eines weiteren Beitrags war es nicht nachvollziehbar, dass so viele Eltern ihre Kinder von Franzosen erziehen ließen, um ihnen ideale Bedingungen des Spracherwerbs zu bieten: »Fordert denn das Vaterland, dass alle Kinder zum allgemeinen Wohl als Dolmetscher ausgebildet werden?«[333] Manch einer befand, dass die Kinder, die nun nicht mehr Fibeln und Gebetsbücher lasen, mit der Lektüre »ihnen unverständlicher französischer Philosophie« gequält würden.[334]

Im Jahr 1826 setzte sich der Pädagoge Nikolaj Certelev in mehreren Beiträgen mit Fragen der Erziehung auseinander. Er war der Meinung, dass »die Moral des Volkes von der Erziehung und den Gesetzen« abhing. Daher befürwortete er eine gesetzliche Vereinheitlichung und Kontrolle der Erziehung sowie die vollständige Anpassung von häuslicher und institutioneller Schulbildung:

> »Unterstellt die Hauslehrer vollständig der örtlichen Leitung, erlegt dieser eine strenge Kontrolle der genauen Befolgung der herrschenden Regeln auf, macht die Eltern verantwortlich für die Nichtbeachtung der Gesetze, die die Erziehung betreffen. […] Dann werden die Reichen, die in ihren Häusern, und die Armen, die in öffentlichen Institutionen erzogen werden, eine einheitliche Vorstellung von Glaube, Vaterland, Tugend, Wissenschaft, Künsten erhalten und einen ähnlichen Charakter haben, sie werden Söhne eines Vaterlandes sein […].«[335]

Zudem fragte er, ob die Russen überhaupt den Reichtum der Muttersprache kennen können, wenn man ihnen schon »in der Wiege französische Lieder gesungen hat«.[336] »Fremdsprachen zu beherrschen« war seiner Meinung nach »nützlich«, die Muttersprache aber »unabdingbar«. »Russisch« erzogene adlige Kinder würden, so Certelev, als »gute und anständige russische Adlige« dem Vaterland ihre Abstammung beweisen und »sich nicht durch nichtigen Prunk auszeichnen, sondern durch Liebe zum Vaterland und den Thron«.[337]

Die Reihe der Artikel, die sich mit der Relevanz und den Formen von Erziehung befassten, ließe sich noch lange fortsetzen. Allerdings konzentrierten sich die Ausführungen – ganz im Einklang mit der Ausrichtung des »Vestnik

---

333 N. N., Razgovory o slovesnosti, in: Vestnik Evropy 58, 13 (1811), S. 34–51, hier S. 38.
334 N. N., Moi Peterburgskie sumerki, in: Vestnik Evropy 51, 9 (1810), S. 72–81, hier S. 76–77.
335 N. N., O tom, čto nravstvennost' naroda zavisit ot vospitanija i zakonov, in: Vestnik Evropy 149, 16 (1826), S. 260–270, hier S. 263.
336 O pogrešnostjach v otnosenii k otečestvennomu vospitaniju, in: Vestnik Evropy 159, 5 (1826), S. 57–74, hier S. 68.
337 Ebd., S. 73.

Evropy« – auf den adligen Nachwuchs. Eine Auseinandersetzung mit sozialen Fragen und solchen, die die Kindheit anderer Schichten oder marginaler Gruppen betrafen, fand lediglich vereinzelt statt. Themen in diesem Zusammenhang waren Notsituationen von Kindern. Beispielsweise wandten sich zwei Kinder aus Kiew in einem Brief mit der Bitte um Unterstützung an den Herausgeber des »Vestnik Evropy«, nachdem sie und ihre Mutter bei einem Brand alles verloren hatten.[338] Unter dem Titel »Der gutherzige Gutsbesitzer« wurde über einen fürsorglichen Gutsbesitzer im Gouvernement Voronež berichtet. Er ließ für seine Bauern solide Häuser errichten, um die Lebensbedingungen zu verbessern und damit auch Gesundheit der Kinder zu fördern.[339]

Des Weiteren wurden Bildungsinitiativen und Schulen für Bauernkinder angesprochen und gleichsam mit medizinischen Fragen erörtert.[340] Die Zeitschrift veröffentlichte ein Rezept für eine »Medizin gegen Keuch- und Krampfhusten bei Kindern« und berichtete an anderer Stelle über Pockenerkrankungen bei Kindern nach der Impfung.[341] Am Rande befasst sich die Zeitschrift mit der materiellen Kultur für Kinder. So wurde berichtet, dass sich die medizinische Schule in Paris dafür aussprach, mit Kupfer und Blei verzierte Kinderspielsachen aus gesundheitlichen Gründen zu verbieten, oder sie wies auf die Beliebtheit von Glasspielzeug hin, das in London besonders kunstvoll hergestellt würde.[342] Für Kinder geeignete Literatur ebenso wie spezielle Kinderlektüre wurden gelegentlich vorgestellt.[343] Darüber hinaus druckte der »Vestnik Evropy« kindgerechte Erzählungen und Gedichte

---

338 N. N., Pis'mo k izdatelju Vestnika Evropy, in: Vestnik Evropy 59, 18 (1811), S. 159–161.
339 N. N., Dobroj pomeščik, in: Vestnik Evropy 35, 20 (1807), S. 281–289, S. 284.
340 Vgl. exemplarisch: Certelev, Nikolaj, O narodnom vospitanii, in: Vestnik Evropy 146, 4 (1826), S. 141–253, dazu: N. N., Nekotorye zamečanija na stat'ju: O narodnom vospitanii, in: Vestnik Evropy 147, 7 (1826), S. 177–191; N. N., Pervyj institut v Rossii dlja vospitanija detej glucho-nemych ot roždenija, in: Vestnik Evropy 23, 18 (1805), S. 90–97; N. N., Kratkie vypiski, izvestija i zamečanija, in: Vestnik Evropy 88, 13 (1816), S. 66–75.
341 N. N., Lekarstvo ot kokljuša, ili sudorožnogo detskogo kašlja, in: Vestnik Evropy 16, 13 (1804), S. 70; N. N., O pojavlenii detskoj natural'noj ospy posle privivnoj korovej, in: Vestnik Evropy 107, 17 (1819), S. 48–50.
342 N. N., Pariž, in: Vestnik Evropy 4, 13 (1815), S. 80–81; N. N., Anglijskaja promyšlennost', in: Vestnik Evropy 31, 3 (1807), S. 190.
343 Vgl. exemplarisch: N., O knižnoj torgovle i ljubvi ko čteniju v Rossii, in: Vestnik Evropy 9, 3 (1802), S. 57–64, hier S. 57–58; N. N., Uvedomlenie o izdanii Novogo detskogo čtenija, in: Vestnik Evropy 120 (1821), S. 238–239; N. N., Uvedomlenie o Detskom čtenii na 1823-j god, in: Vestnik Evropy 127, 22 (1822), S. 171–174; N. N., Moim detjam, in: Vestnik Evropy 74, 5 (1814), S. 3–17.

ab, die kindliches Handeln zum Thema hatten, darunter das Poem »Ein Kinderchor für die kleine Nataša« von Aleksandr Merzljakov.³⁴⁴ In diesem Gedicht beschreibt der Autor den Alltag der beliebten kleinen Nataša, indem er einen Kinderchor als Erzähler einsetzte. Auch an anderen Orten publizierten im ersten Drittel des 19. Jahrhunderts verschiedene Autoren ihre pädagogischen Überlegungen. Ivan Bogdanovič (1758–1831), Dichter und Adelsmarschall, veröffentlichte 1807 das Buch »Über die Erziehung der Jugend«. Bei aller Wertschätzung Lockes und Rousseaus bot es eine Anleitung zu einer auf Russland bezogenen Erziehung. Dabei bezeichnete Bogdanovič »die Liebe zum Vaterland und den Wunsch, diesem nützlich zu sein«, als seinen Ausgangspunkt.³⁴⁵ In den einzelnen Kapiteln formulierte er Anweisungen für die verschiedenen Altersstufen (6–10 Jahre, 10–13 Jahre, 14–16 Jahre). Raum erhielten Fremdsprachen, aber auch die russische Sprache, genauso wie die Nationalgeschichte. Die Bedeutung von Moral und Religiosität hob er gleichermaßen wie die Notwendigkeit hervor, bei älteren Schülern individuell bevorzugte Fächer besonders zu fördern. Gegenstand seiner Ausführungen waren nicht nur Knaben, sondern auch Mädchen. Frauen besaßen seiner Meinung nach gleiche Fähigkeiten wie Männer. Er sah es als ungerecht an, ihnen Kenntnisse vorzuenthalten, die letztlich auch ihren Aufgaben als Ehefrauen und Mütter zugutekommen würden.³⁴⁶ Der adlige Schriftsteller Parfenij Engalyčev (1769–1829), der in seiner Jugend zum Kreis Novikovs gehörte, appellierte in seinem Werk an die Eltern. Er vertrat die Ansicht, dass »jeder vernünftige Mensch« die Verpflichtung habe, seinen Kindern »körperliche Gesundheit, grundlegenden Verstand, eine standhafte Seele, eine gute Moral, ein gutes Herz« zukommen zu lassen.³⁴⁷ Vasilij Popugaev (1778/79–ca. 1816), Dichter, Übersetzer und Kritiker der Leibeigenschaft, setzte sich in mehreren Traktaten mit Fragen der Erziehung auseinander. Er plädierte für eine »öffentliche

---

344 Merzljakov, Aleksandr [Mrzlkv], Chor detej malen'koj Nataše, in: Vestnik Evropy 58, 13 (1811), S. 11–18.
345 Bogdanovič, Ivan F., O vospitanii junošestva, in: Lebedev, Petr A. (Hg.), Antologija pedagogičeskoj mysli Rossii pervoj poloviny XIX v., Moskau 1987, S. 103–114, hier S. 101.
346 Ebd., S. 103–114.
347 Demkov, Istorija russkoj pedagogiki, Bd. 3, S. 127. Zwei Texte von Engalyčev sind hier vor allem zu nennen: O fizičeskom i nravstvennom vospitanii (1824), in: Lebedev (Hg.), Antologija pedagogičeskoj mysli Rossii pervoj poloviny XIX v., S. 162–165 sowie Slovar' fizičeskogo i nravstvennago vospotanija (1827), in: ebd., S. 165–169.

Erziehung« und betonte dabei die Relevanz von Geschichte.³⁴⁸ Der Pädagoge Anton Prokopovič-Antonovskij (1763–1848), Direktor des Adelspensionats der Moskauer Universität, Rektor der Universität und Mitglied der »Gesellschaft der Liebhaber der russischen Sprache«, hielt 1798 an der Moskauer Universität die Rede »Über Erziehung«, die 1818 veröffentlicht wurde.³⁴⁹ Darin setzte er sich kritisch mit Rousseau auseinander, sprach sich gegen eine Isolierung der Schüler aus und betonte die Bedeutung frühkindlicher Erziehung. Auch er diskutierte die Vor- und Nachteile von privater und öffentlicher Ausbildung, mahnte große Sorgfalt bei der Auswahl der Lehrer an und sah wenig Nutzen darin, Kinder auf Reisen in die Fremde zu schicken.

Ausführlich zu Fragen der Erziehung äußerte sich auch der bereits erwähnte Vasilij Žukovskij. Als Herausgeber des »Vestnik Evropy« nahm er 1808 die aus dem Französischen übersetzte Textsammlung »Die Schulen der Armen« von Jeanne-Marie Leprince de Beaumont zum Anlass, sich für Bildungsmöglichkeiten der nicht-privilegierten Schichten auszusprechen. Die Erziehung zu Tugendhaftigkeit mittels der Ausprägung guter Gewohnheiten hob er als langjähriger Lehrer des Carevič Aleksandr, dem späteren Alexander II., hervor; 1845 setzte er sich in dem Traktat »Was ist Erziehung« kritisch mit Rousseau und dessen Vorstellungen auseinander. Er lehnte die von Rousseau postulierten erzieherischen Freiräume ab, weil sie seiner Meinung nach »leicht gesagt und geschrieben sind«, aber wenig mit den realen Verhältnissen in Einklang stünden: »Sein [Rousseaus; Anm. K. K.] Schüler weiß nicht, was Demut ist, er hat nicht einmal Gewohnheiten. Er fügt sich nur den Notwendigkeiten, und das, was er gestern machte, hat keinen Einfluss auf das, was er heute macht.«³⁵⁰

Erste Fachzeitschriften: »Patriot« und »Freund der Jugend«

Das wachsende pädagogische Interesse lässt sich auch in dem Versuch erkennen, Fachzeitschriften zu etablieren. 1804 gab der als Redakteur des »Vest-

---

348 Ausführlich dazu: Lebedev, Petr A., Vasilij Vasil'evič Popugaev, in: ders. (Hg.), Antologija pedagogičeskoj mysli Rossii pervoj poloviny XIX v., S. 86–88.
349 Zu Prokopovič-Antonskij vgl. Demkov, Istorija russkoj pedagogiki, Bd. 2, S. 434–454, eine ausführliche Wiedergabe der Rede dort ab S. 438.
350 Die angesprochenen Texte finden sich in Auszügen in: Lebedev (Hg.), Antologija pedagogičeskoj mysli pervoj poloviny XIX v., S. 116–130, Zitate S. 129–130. Ausführlich zu Žukovskij vgl. zuletzt Vinitsky, Ilya, Vasily Zhukovsky's Romanticism and the Emotional History of Russia, Evanston 2015.

nik Evropy« bereits erwähnte Vladimir Izmailov (1773–1830) die Zeitschrift »Patriot« (»Der Patriot«) heraus, die sich an Eltern und Erzieher, Kinder und junge Menschen richtete.[351] Einleitend verwies der Herausgeber auf die große Bedeutung von Bildung und Erziehung und äußerte seine Unzufriedenheit mit der zeitgenössischen Literatur und Herangehensweise. Er hob die Relevanz einschlägiger Autoren wie Locke, Rousseau, Jean-François de Saint-Lambert sowie de Genlis hervor und stellte fest: »In Zeiten, in denen die gelehrte Republik in Europa in verschiedene Parteien aufgeteilt ist, schwanken die jungen Gemüter zwischen den Schriftstellern des letzten Jahrhunderts und unserem [...].«[352] Dabei betonte er, dass die Jugend die »alten Stützen« verloren habe und noch keine neuen besitze. Auf dieser heranwachsenden Generation laste aber das »Schicksal der Menschheit«, weshalb es galt, sie auf ein »nützliches Ziel« auszurichten und mit der Zeitschrift die »vernünftigen Familienväter« des Vaterlandes zu unterstützen, um in den »jungen Herzen alle guten Grundsätze zu verankern«. Inhaltlich sah er sich verpflichtet, sich

»weder an die enzyklopädische Schule, die die christliche Wahrheit widerlegen, noch an die Anhänger der Ducray-Genlis-Sekte[353] zu hängen, sondern den Bannern der aufrichtigen Weisen zu folgen, die die Bedeutung aller alten Einrichtungen, die über die Jahrhunderte geweiht wurden, fühlen, die sich nicht erlauben, den Gang der Ereignisse zu beschleunigen und das Recht der Zeit zu rauben.«[354]

Die meisten Beiträge in der konservativ ausgerichteten Zeitschrift waren Übersetzungen, beispielsweise aus den Werken Pestalozzis, Fenelons und Rousseaus.[355] Izmailov selbst verfasste – ganz seinen Forderungen in der Einleitung folgend – einen Artikel über die »alte russische Erziehung« und mahnte, daraus »alles Gute zu entlehnen«.[356] Weiter finden sich in der Zeitschrift Abhandlungen über die physische Erziehung, Spiele und Vergnügun-

---

351 N. N., Vvedenie, in: Patriot 1, Janvar' (1804), S. 5–23, hier S. 5.
352 Ebd., S. 21.
353 François Guillaume Ducray-Duminil (1761–1819) war ein französischer Schriftsteller, in dessen moralisch-didaktisch ausgerichteten Werken die Protagonisten, häufig junge Menschen, schwere Hindernisse in ihrem Leben überwinden mussten, um ihr Ziel zu erreichen. Zu seinen bekanntesten Erzählungen gehören »Viktor, ou, L'enfant de la forêt« sowie »Jules, ou, Le toit paternel«. Vgl. Astbury, Katherine, Rezension zu Łukasz Szkopiński, L'Œuvre romanesque de François Guillaume Ducray-Duminil. Par Łukasz Szkopiński, in: French Studies 71, 3 (2017), S. 418–419.
354 N. N., Vedenie, S. 21–22.
355 Zur Ausrichtung der Zeitschrift vgl. auch Beketova, Očerk russkoj detskoj žurnalistiki, S. 96–97.
356 N. N., O russkom starinnom vospitanii, in: Patriot 2, Fevral' (1804), S. 3–19, hier S. 18.

gen, Naturwissenschaften, russische Schulen, Methoden des Zeichenunterrichts sowie Berichte über Neuerscheinungen in Frankreich, Deutschland, England, Italien und Russland.[357] Der »Patriot« stellte sein Erscheinen nach nur einem Jahr ein, da sich Izmailov ab 1805 einer anderen Aufgabe widmete: Auf seinem Gut bei Moskau richtete er ein Pensionat ein, wo er versuchte, seine Zöglinge ganz im Sinne Rousseaus zu erziehen.[358]

Eine weitere Wegmarke der russischen pädagogischen Publizistik war die zwischen 1807 und 1815 erschienene Zeitschrift »Drug Junošestva« (»Der Freund der Jugend«), deren Titel 1813 um den Zusatz »und jeden Alters« ergänzt wurde. Auch diese Zeitschrift hatte eine Doppelfunktion. Einerseits veröffentlichte sie erziehungswissenschaftliche Beiträge, die sich an Eltern und Erzieher richteten, andererseits stellte sie Lesestoff für junge Leser, insbesondere ältere Kinder und Jugendliche bereit.

Der Herausgeber Maksim Nevzorov (1762–1827), Mediziner, Dichter und Publizist aus dem Umfeld Novikovs, fühlte sich berufen, »die Bildung von Herz und Verstand zu fördern und den körperlichen Fähigkeiten so viel Beachtung wie möglich zu schenken«.[359] Er hob 1807 einleitend hervor, dass der »Drug Junošestva« Werke veröffentlichen würde, die bei seinen Lesern »die Liebe zu Gott, dem Herrscher, dem Vaterland und den ihnen Nahestehenden wecken würde«.[360] Die Geschichte von Politik und Naturwissenschaften, Geografie und Statistik sowie Wirtschafts- und Verwaltungsübungen, passende Lektüre für beide Geschlechter und Hinweise für die Bewahrung der Gesundheit galt es, so Nevzorov, ansprechend in Form von Fabeln, Märchen, Gesprächen, Biografien oder kleinen Theaterstücken aufzubereiten.[361] Zur Veröffentlichung ließ der stark gläubige Herausgeber nur zu, was im Einklang mit seinen Vorstellungen stand. Demzufolge waren die meisten Beiträge religiös-philosophisch geprägt. Der Ton in der Zeitschrift war »polemisch und moralisch«.[362] Die Artikel warnten vor dem schädli-

---

357 Vgl. Inhaltverzeichnisse Patriot I, II, 1804.
358 Lebedev, Petr A., Škola i pedagogičeskaja mysl' Rossii pervoj poloviny XIX v. (do reform 60-x gg.), in: Ders. (Hg.), Antologija pedagogičeskoj mysli Rossii XIX v., S. 7–26, hier S. 14.
359 N. N., Predislovie, in: Drug junošestva, 1 (1807), S. VII–XIV, hier S. XI.
360 Ebd., S. XI.
361 Ebd., S. XII.
362 Ebd., S. XIV; Nevzorov, Maksim I., Uvedomlenie ob izdanii žurnala Drug junošestva, na 1812 god, in: Drug junošestva, 10 (1811), S. 126–128, hier S. 128. Zur Einschätzung der Zeitschrift vgl. auch: Hellman, Fairy Tales and True Stories, S. 18; Beketova, Očerk russkoj detskoj žurnalistiki, S. 100.

chen Einfluss des Kartenspiels, thematisierten die gegenseitigen Pflichten von Kindern und Eltern und mahnten, keine Zeit »unnütz zu vergeuden«.[363] Oden und Gedichte priesen Gott. Stand das Journal bei seiner Gründung 1807 unter der Losung »Sine Jove nec pedem move« (»Ohne Gott kann man nicht einmal den Fuß bewegen«), fügte Nevzorov im Januar 1809 auf Russisch »S nami Bog'« (»Mit uns ist Gott«) hinzu.[364] Ab diesem Zeitpunkt verstärkte sich die religiöse Prägung nochmals deutlich.[365]

Rein unterhaltende Texte in Form von Satiren, Epigrammen, Liebesgeschichten oder Komödien lehnte der Herausgeber ab, er wollte »keinem Geschmack dienen, der [...] so schlecht ist, dass er uns mehr Schaden als Nutzen zufügt«. Im Gegenteil, erklärter Wunsch war, diesen »auszurotten«.[366] Zeitgenössische Literatur wurde kaum publiziert, und ihre Besprechung (bei ausführlicher Wiedergabe des Originaltextes) konnte, wie am Beispiel von Friedrich Schillers »Räuber« zu sehen, durchaus kritisch ausfallen: Nevzorov sah in diesem Werk moralische Werte bedroht.[367]

Neben den zahlreichen religiös-moralischen Ergüssen finden sich regelmäßig pädagogische Abhandlungen. Diese beschreiben »Übungen, die für eine adlige Erziehung notwendig sind«, vergleichen institutionelle (*obščestvennyj*) mit häuslicher Erziehung, betonen die »Verpflichtung von Müttern, ihre Kinder zu stillen«, oder verweisen auf den Nutzen und die Notwendigkeit, seine Muttersprache zu beherrschen.[368] Inhaltlich decken sich die Themen, Werte und Prinzipien weitgehend mit denjenigen, die bereits am Beispiel des »Vestnik Evropy« beschrieben wurden. Der »Drug Junošestva« bot seinen

---

363 N. N., O vrednoj strasti k igre kartežnoj, in: Drug junošestva, 5 (1807), S. 115–124; N. N., Objazannosti roditelej k detjam, in: Drug junošestva, 2 (1807), S. 107–111 sowie ebd. 3 (1807), S. 120–124. Interessanterweise finden sich in der gleichen Ausgabe auch Vorgaben für die gegenseitigen »Verpflichtungen« von »Herren und Bediensteten« (Drug junošestva, 2 [1807], S. 111–119), N. N., Ne dolžno vremeni terjat' naprasno, in: Drug junošestva, 8 (1807), S. 103–115.
364 Drug Junošestva, 1 (1809).
365 Beketova, Očerk russkoj detskoj žurnalistiki, S. 100.
366 Nevzorov, Maksim I., Uvedomlenie ob izdanii žurnala Drug junošestva, na 1812 god, in: Drug junošestva, 10 (1811), S. 126–128, hier S. 127.
367 Nevzorov, Maksim I., Kritičeskoe razsmotrenie Šillerovoj tragedii »Razbojniki«, in: Drug junošestva, 2 (1811), S. 94–154.
368 N. N., O upražnenijach, nužnych dlja blagorodnogo vospitanija, in: Drug junošestva, 7 (1807), S. 112–123; N. N., Reč' o sravnenii obščestvennogo vospitanija s domašnim, in: Drug junošestva, 12 (1807), S. 67–101; N. N., Ob objazannostjach materej kormit' detej svoich, in: Drug junošestva, 1 (1808), S. 1–5; Bazilevskij, Petr, O pol'ze učenija voobšče, i v osobennosti o pol'ze i neobchodimosti znanija jazyka otečestvennogo, in: Drug junošestva, 6 (1812), S. 79–86.

jungen Lesern zudem patriotisch gefärbte Schriften wie die 1809 veröffentlichte »elementare Übung über das Vaterland für den jungen Russen« in der für die pädagogische Literatur üblichen Form eines Gesprächs:

»Frage: Wer bist Du?
Antwort: Ein Russe!
F.: Warum nennst Du dich Russe?
A.: Weil meine Heimat [*rodina*] Russland ist, weil ich zum russländischen [*rossijskij*] Volk gehöre und Russland [*Rossija*] mein Vaterland [*otečestvo*] ist.
F.: Was ist eine Heimat und was ist das Vaterland?
A.: Heimat nennt man den Ort, an dem ein Mensch geboren wurde; und Vaterland das Gebiet oder den Staat, wo sich die Heimat befindet.
F.: Wie heißen alle Menschen, die in einem Vaterland leben?
A.: *Söhne des Vaterlandes* [kursiv im Original] oder *Bürger* [*graždanami*] dieses Staates. [...]
F.: Wozu sind wir unserem Vaterland verpflichtet?
A.: Zu allem. Wir sind auf seiner Erde geboren, atmen seine Luft, wachsen beschützt von seinen Gesetzen auf; und genau deshalb sollen wir es mehr lieben als alles andere und es bis zum letzten Tropfen Blut gegen die Einfälle fremder Völker verteidigen. [...]
F.: Wie soll man sich der Kenntnis über sein Vaterland annähern?
A.: Man soll sich zunächst seine Geschichte, seinen Glauben, seine örtlichen Gegebenheiten aneignen; dann: die Gesetze, die Form seiner Regierung; welche Überschüsse man durch den Handel produzieren kann und welche Beziehung man zu den Überlegungen der übrigen Kaiserreiche hat, die mit ihm in einem Teil der Welt liegen.«[369]

Ab 1812 bezogen sich die Beiträge in der Zeitschrift auf den Russlandfeldzug Napoleons und die Besetzung Moskaus. Diese bewegenden Ereignisse thematisierten ausführlich Oden (»Anlässlich des Kriegs mit den Franzosen im Jahr 1812«, »Das Gefühl vom Glück des Vaterlandes«), Berichte (»Mein Auszug aus Moskau während der französischen Invasion«), Reflexionen (»Gedanken in den Trümmern des Kremls«) und Erzählungen (»Der Soldat, der seinen Arm verlor«, »Ein Spaziergang durch das brennende Moskau«).[370]

---

[369] N. N., Pervonačal'nyj urok junomu rossijaninu ob otečestve, in: Drug junošestva, 9 (1809), S. 74–82, Zitate S. 74–75, 79–80, 82.
[370] Nevzorov, Maksim I., Oda. Na slučaj vojny s francuzami. 1812 goda, in: Drug junošestva, 7 (1812), S. 131–135; Vikulin, Sergej, Čuvstvie otečestvennago sčastija, in: Drug junošestva, 5 (1813), S. 74–77; Nevzorov, Maksim I., Ischod moj iz Moskvy vo vremja našestvija francuzov, in: Drug junošestva, 10 (1812), S. 140–150; Andreev, I., Mysli na razvalinach Kremlja, in: Drug junošestva, 1 (1813), S. 46–49; Vinogradov, Michail, Bezrukoj ostavnoj soldat, in: Drug junošestva, 3 (1813), S. 134–141; Vinogra-

Kinderliteratur

Der Krieg gegen Napoleon und der Stolz auf die eigene Identität blieben in den Folgejahren zentrale Bezugspunkte erwachsener Erinnerungsbemühungen und ließen das Interesse an geografischen und historischen Themen und nationalen Helden wachsen. 1815 erschien das von Ivan Terebenev gefertigte, aus 34 einzelnen Karten bestehende und bis heute bekannte Alphabet »Geschenk für Kinder zur Erinnerung an die Ereignisse des Jahres 1812«. Es basiert auf den populären *lubki*, den Volksbilderbögen. Die von Terebenev, Aleksej Venecianov und Ivan Ivanov entworfenen Radierungen zeigen auf jeder Karte eine Karikatur Napoleons oder seiner Armee; darunter steht ein Zweizeiler, der mit dem jeweiligen Buchstaben der Alphabetskarte beginnt. Dieses Alphabet ist besonders erwähnenswert, weil es sich als erste satirische Publikation mit patriotischem Inhalt speziell an Kinder richtete.[371] Auch der Schriftsteller und Herausgeber des patriotisch-monarchistischen »Russkij vestnik«, (»Russischer Bote«), Sergej Glinka (1776–1847), verschrieb sich in seinen Publikationen wie den »Russischen historischen und moralischen Erzählungen« (1817–1819, 1823–1825) ganz dem Patriotismus. Er orientierte sich stark an der »moralischen Größe« der russischen Vergangenheit und warnte vor schädlichen ausländischen, insbesondere französischen Einflüssen.[372] Die von ihm zwischen 1819 und 1825 herausgegebene Zeitschrift für junge Leser, »Neue Kinderlektüre« (»Novoe detskoe čtenie«), folgte ebenfalls dieser Linie.[373] Eine »klassische russische Geschichte für Kinder« schrieb Aleksandra Išimova auf der Basis von Karamzins »Geschichte des russischen Staates« und anderen Quellen. Die Autorin und ab 1841 Herausgeberin des Journals »Sternchen« (»Zvezdočka«), eine Bewunderin Puškins, präsentierte ihre Geschichte des Vaterlandes als »faszinierendes Drama mit Helden und Schurken, großen und tragischen Momenten«.[374]

---

dov, Michail, Putešestvie po sožžennoj Moskve, in: Drug junošestva, 4 (1813), S. 38–53, ebd., 6, 1813, S. 36–55, ebd., 7, 1813, S. 101–120.
371 Norris, Stephen M., A War of Images. Russian Popular Prints, Wartime Culture, and National Identity, 1812–1945, DeKalb 2006, S. 33–34; Seslavinskij, Girljanda iz knig i Kartinok, S. 72; Benua, Istorija russkoj živopisi v XIX veke, S. 67; Terebenev, I. I., Azbuka 1812 goda, St. Petersburg 1815 (http://www.museum.ru/museum/1812/Library/Azbuka/pl.html [8.2.2022]).
372 Hellman, Fairy Tales and True Stories, S. 19–20.
373 Ebd., S. 20–21; Beketova, Očerk russkoj detskoj žurnalistiki, S. 103–105.
374 Hellman, Fairy Tales and True Stories, S. 43. Ausführlich zu Aleksandra Išimova vgl. Fomina, Ju. V., Išimova, A. O., in: Pokrovskaja; Čechov (Hg.), Materialy po istorii russ-

Andrej Pervo, der ab 1836 eine russische Geschichte in Bildern, den sogenannten »Kinder-Karamzin«, herausgab, ließ in seinem Vorwort keinen Zweifel an der Bedeutung historischen Wissens für die Stiftung patriotischen Bewusstseins:

»Ihr liebt es, ihr jungen Leser, Geschichten über alte Ritter und Krieger zu hören, Erzählungen über Hexen und Zauberer, die nur in diesen Büchern, die für Euch herausgegeben werden, zu lesen sind? Anstelle dieser Märchen, dieser Sagen, dieser unwirklichen Erzählungen, aus denen ihr keinen Nutzen zieht, biete ich Euch die Geschichte eures Vaterlandes, eurer teuren Heimat. [...] Wenn man euch fragt› wer seid Ihr?‹ Antwortet ihr: ›Russen‹. ›Und was ist russisch?‹ Das wisst ihr nicht; ihr müsst eure gute Mutter fragen, dass sie euch erklärt, was dieses ›Russische‹ ist [...]. Dann wird euch euer kluges Mütterchen die Geschichte eurer bemerkenswerten Heimat erzählen, genau diese Geschichte, die ich euch jetzt anbiete. [...] Ihr werdet erfahren, wie die Feinde ins Land kamen, wo ihr jetzt ruhig spielt, und wie Zar Alexander diesen ernstzunehmenden Haufen vernichtete; wie eure Eltern und Verwandten ihr Leben und ihren Besitz im unvergesslichen Jahr 1812 opferten.«[375]

Des Weiteren wurden die Erinnerungen an den Krieg in den Familien tradiert und schienen fast Repertoirecharakter gehabt zu haben, wie der Tagebucheintrag eines Elfjährigen belegt: »Wir spielten Soldaten. Ich malte für Papa, Papa erzählte uns von seinem Feldzug.«[376] Und für Alexander Herzen waren die »Erzählungen vom Brand von Moskau, von der Schlacht von Borodino und an der Beresina, von der Einnahme von Paris« »Wiegenlieder«, »Kindermärchen«, »Ilias« und »Odyssee« in einem.[377]

Nicht nur Kriege und Helden, auch Geografie, Ethnografie und Landeskunde fanden Eingang in die für junge Menschen bestimmte Literatur. Viktor Burjanov (1810–1888), eigentlich Vladimir Burnašov, lud seine Leserinnen und Leser zu Spaziergängen durch die Welt, Russland und St. Petersburg ein.[378] Während dieser fiktiven Spaziergänge beschrieb der Autor die Umgebung und ihre Bewohner, streute passende Gedichte ein, stellte Fragen und

---

koj detskoj literatury, S. 215–224; Čechov, Nikolaj V., Detskaja literatura (s priloženiem »Bibliografii po voprosam detckoj literatury i detskago čtenija«, sostavlennoj E. A. Korol'kovym), Moskau 1909, S. 65.
375 Prevo, Andrej (Hg.), Živopisnyj Karamzin, ili russkaja istorija v kartinach, St. Petersburg 1838, S. I–V.
376 Tagebucheintrag von Sergej Semenovič Korsakov am 12.1.1833 (RGB NIOR, f. 137, kart. 34, ed. chr. 1, l. 11ob).
377 Herzen, Mein Leben, S. 25.
378 Burjanov, V., Progulki s detmi po zemnomu šaru, St. Petersburg 1836; Progulki s detmi po Rossii (St. Petersburg 1837); ders., Progulki s detmi po St. Peterburgu i ego okrestnostjam, St. Petersburg 1838.

gab Antworten. Allerdings wurde der Autor für Fehler, Inhalt und den Stil seiner »endlosen Spaziergänge« insbesondere von Belinskij stark kritisiert:

»Der Tscherkesse wirft seinem Pferd eine Burka (18) über den Kopf und stürzt sich vom Ufer in den Podumok (19), obwohl die Ufer des Podumok fast in gleicher Höhe mit dem Wasserspiegel liegen und das Wasser des Flusses selbst so tief ist, dass es einem Sperling bis an die Knie reicht; riesige vom Unwetter gefällte Kiefern liegen quer über den reißenden Strömen und dienten Herrn Burjanow als Brücken, obwohl es in der Umgebung von Pjatigorsk weder auf dem Maschuk noch auf dem Beschtau, noch auf anderen in der Nähe befindlichen Bergen reißende Ströme oder Kiefern [...] gibt.«

»Der Spaziergang mit Kindern durch St. Petersburg‹ besteht aus einer äußerst langweiligen und unmotivierten Aufzählung von Petersburger Gebäuden und Sehenswürdigkeiten. Auch hier hätte man die bestehenden Möglichkeiten besser auswerten können; denn in Petersburg gibt es kein einziges Gebäude, bei dessen Betrachtung man sich nicht unwillkürlich an Ereignisse und Einzelheiten aus der Zeit seines berühmten Gründers Peter, des Stolzes und Ruhmes unserer Nation und seiner großen Nachfolger erinnert. Auch Herr Burjanow befasst sich damit an einigen Stellen, aber seine Schilderungen sind fade, kalt und pedantisch und beziehen sich mehr auf die Breite und Höhe der Wände [...]. Nein, das ist kein Buch für Kinder; seine Lektüre ist für sie langweilig, ermüdend und fruchtlos. [...] Man wird uns sagen: ›Das fesselt die Kinder und hält sie von Unarten und Dummheiten ab.‹ Nehmen wir an, es wäre so, was für einen Nutzen aber bringt es? Nein, laßt die Kinder lieber unartig sein und Dummheiten machen [...].«[379]

»Spaziergänge« waren auch die Basis von Tischspielen, die sich insbesondere in den 1830er bis 1850er Jahren großer Beliebtheit erfreuten.[380] Die Spiele bestanden aus Karten, die als Hintergrund einen dem russischen Publikum bekannten und beliebten Ort abbildeten, sowie aus »sozialen und ethnografischen Typen der Bewohner Russlands«, die vor Spielbeginn ausgeschnitten werden mussten.[381] Das Spiel »Heuplatz« (1851) beispielsweise ließ den beliebten Marktplatz der Hauptstadt mit sich dort versammelnden Händlern und Besuchern lebendig werden. Das Spiel »Handelsreihen« (1856) machte das imposante Gebäude, die Ladenbesitzer, die Käufer und sogar die »Kutschen vornehmer Persönlichkeiten« greifbar.[382]

---

[379] Hellman, Fairy Tales and True Stories, S. 61–63; Belinskij, Vissarion G., Ausgewählte pädagogische Schriften, Berlin (DDR) 1953, S. 57 (erstes Zitat), S. 59 (zweites Zitat).
[380] Kostjuchina, Detskij Orakul, S. 128–147.
[381] Ebd., S. 130.
[382] Ebd.

Mit der Einstellung des »Drug Junošestva« verschwand für einen längeren Zeitraum ein Publikationsorgan mit explizit pädagogischer Programmatik. Erst zu Beginn der 1830er Jahre erschien mit dem in Reval 1832 herausgegebenen Journal »Raduga« (»Der Regenbogen«) wieder eine Zeitschrift, die sich vor allem erziehungswissenschaftlichen Fragen widmete. Allerdings, so der Pädagoge Michail Demkov, erwies sie sich »bei genauerem Hinsehen« als »farbloses Journal« und die pädagogischen Artikel als »oberflächlich«.[383] Erst das 1833/34 erschienene St. Petersburger »Pädagogische Journal« (»Pedagogičeskij žurnal«) konnte für sich verbuchen, »das erste pädagogische Journal in russischer Sprache mit seriöser Ausrichtung zu sein«.[384] Ziel der Zeitschrift war es, einerseits Eltern Wissen bereitzustellen, das sie in die Erziehung ihrer Kinder einbringen könnten, und andererseits junge Menschen beim Ergreifen eines pädagogischen Berufes zu unterstützen.[385] Die in die vier Rubriken »Theorie und Praxis der Erziehung«, »Geschichte der Pädagogik«, »Pädagogische Literatur« und »Verschiedenes« gegliederte Zeitschrift ging systematisch an Erziehungsfragen heran und belegt ein wachsendes professionelles Interesse an pädagogischen Themen. Allerdings zeigt der kurze Erscheinungszeitraum von zwei Jahren, dass sich die Etablierung einer solchen Zeitschrift schwierig gestaltete. 1843 starteten Petr Redkin, Rechtsgelehrter, Professor und Rektor der Kaiserlichen Universität St. Petersburg, und der Historiker und Slawophile Dmitrij Valuev einen neuen Versuch und gaben für immerhin sechs Jahre die »Bibliothek für Erziehung« (»Biblioteka dlja vospitanija«) heraus. Auch diese Zeitschrift richtete sich sowohl an Erwachsene als auch an Kinder beziehungsweise junge Leser. Dabei verantwortete Redkin den erziehungswissenschaftlichen Teil der Zeitschrift und Valuev die Auswahl der Lektüre für Kinder. Die einzelnen, nicht regelmäßig erscheinenden Ausgaben hatten verschiedene Schwerpunkte, die von unterschiedlichen Autoren bedient wurden. Naturwissenschaftliche Texte wie beispielsweise die Abhandlung »Über den Einfluß äußerer Bedingungen auf das Leben von Tieren« des Zoologen Karl Rouillier zeigen die Bemühungen, jungen Lesern komplexe wissenschaftliche Fragen zu vermitteln, und verweisen darüber hinaus darauf, dass Wissenschaftler ernsthaftes Interesse an einer kindgerechten Vermittlung ihrer Themen hatten.[386] Bei der Auswahl der

---

383 Demkov, Istorija russkoj pedagogiki, Bd. 3, S. 463.
384 Ebd.
385 Ebd., S. 463–464.
386 Rul'e, Karl F., O vlijanii naružnych uslovij na žizn' životnych, in: Biblioteka dlja vospitanija 2, 1 (1845), S. 51–86; Machova, Ksenija A., K istorii žurnalov dlja detej. »Biblio-

literarischen Texte achteten die Herausgeber auf Qualität und publizierten Werke namhafter russischer Autoren, darunter Aleksandr Puškin, Michail Lermontov, Anton Del'vig, Nikolaj Jazykov und Evgenij Baratynskij. Zudem wurden Übersetzungen ausgewiesener ausländischer Schriftsteller wie E. T. A. Hoffmann, Wilhelm Hauff und Charles Dickens abgedruckt.[387] Im erziehungswissenschaftlichen Teil des Journals kamen ebenso russische wie ausländische Autoren zu Wort: Petr Redkin setzte sich mit Fragen der Pädagogik und des Unterrichts auseinander (»Auf was soll sich die Wissenschaft der Erziehung gründen?«, »Über das Erlernen neuer Sprachen«), Fedor Buslaev analysierte »Die Schulung der Muttersprache im Elementarunterricht«, und die erste Ausgabe der »Biblioteka« bestand aus dem Abdruck von Maria Edgeworths »Practical Education« aus dem Jahr 1798.[388] Nach dem Tod Valuevs 1845 übernahmen die Slawophilen Aleksej Chomjakov und Stepan Ševyrev die Redaktion des Journals und publizierten verstärkt Texte, die mit religiöser Prägung auf Russlands Vergangenheit ausgerichtet waren. Nach Meinung Belinskijs hatten die Beiträge der »Biblioteka« allerdings bereits 1844 »kirchendienerische« Tendenzen aufgewiesen.[389] Petr Redkin entschloss sich 1847, eine neue Zeitschrift herauszugeben, die »Neue Bibliothek für Erziehung« (»Novaja biblioteka dlja vospitanija«), mit der er an die frühe Phase der »Biblioteka« anknüpfte und ein breites Spektrum an Themen und inwie ausländischer Literatur veröffentlichte. Dies fand auch den Zuspruch Belinskijs: »Das einzige Buch von Büchern dieser Art, die in der letzten Zeit erschienen sind, das man Familienvätern empfehlen kann.«[390] Allerdings erschien auch diese Zeitschrift nur zwei Jahre lang. Zu einer dauerhaften Etablierung pädagogischer Zeitschriften kam es erst in der zweiten Hälfte der 1850er Jahre.

Die Zahl an Literatur, die sich speziell an junge Leser richtete, nahm im ersten Drittel des 19. Jahrhundert zu. Dabei spielten, wie bereits ausgeführt,

---

teka dlja vospitanija« i »Novaja biblioteka dlja vospitanija«, in: Vestnik RGGU 12, 134 (2014), S. 37–47, hier S. 39.
387 Machova, K istorii žurnalov dlja detej, S. 39.
388 Redkin, Petr, Na čem dolžna osnovyvat' nauka vospitanija, in: Biblioteka dlja vospitanija 3, 2 (1846), S. 1–46; Redkin, Petr, Ob izučenii novych jazykov, in: Vestnik dlja vospitanija 1 (1847), S. 28–90; Buslaev, Fedor I., O vospitanie v načal'nom obučenii rodnomu jazyku, in: Vestnik dlja vospitanija 1, 2 (1843), S. 1–27; Edževort, M., Praktičeskoe vospitanie, in: Vestnik dlja vospitanija 1, 1 (1843), S. 1–363. Ausführlich zum Inhalt der Zeitschrift vgl. Machova, K istorii žurnalov dlja detej, S. 38–43.
389 Machova, K istorii žurnalov dlja detej, S. 41–42.
390 Zit. nach Machova, K istorii žurnalov dlja detej, S. 44.

historische Werke eine wichtige Rolle. Ebenso waren verschiedene Enzyklopädien sowie die 1815–1829 publizierte Zeitschrift »Kindermuseum« (»Detskij Muzej«) auf die Vermittlung von Wissen ausgerichtet. Das luxuriös, mit Schautafeln und Texten in drei Sprachen ausgestattete Journal erschien in 154 Ausgaben und präsentierte unter anderem »Tiere, Pflanzen, Früchte, Minerale, Trachten unterschiedlicher Nationalitäten, antike Gegenstände mit erklärenden Untertiteln.«[391]

Mit dem Aufkommen der Romantik nahm das Interesse an Märchen in den 1830er und 1840er Jahren zu.[392] Zu dessen Etablierung trug 1826–1829 maßgeblich der »Gesprächspartner der Kinder« (»Detskij Sobesednik«) bei. Diese Zeitschrift erschien als Beilage zu den Journalen »Sohn des Vaterlandes«, »Nördliches Archiv« und »Nördliche Biene« und publizierte unter Mitarbeit der Kinderschriftstellerin Anna Zontag ausländische Märchen in Übersetzungen.[393]

Als Geburtsstunde einer originalen und populären russischen Kinderliteratur gilt die Veröffentlichung von Antonij Pogorel'skijs (Pseudonym für Aleksej Perovskij) Märchen »Das schwarze Huhn oder die unterirdischen Bewohner« (»Černaja kurica, ili podzemnye žiteli«). Ein ebenfalls bis heute bedeutendes Märchen dieser Zeit war Vladimir Odoevskijs (1803–1869) »Die Stadt in der Tabakbox« (»Gorodok v tabkerke«), erschienen 1834, in dem ein Kind als Mittler zwischen zwei Realitäten fungiert. 1840 veröffentlichte der Autor die populäre Sammlung »Großvater Irinejs Märchen und Geschichten für Kinder«.[394] Die Märchen von Puškin und Žukovskij, die für erwachsene Leser verfasst wurden, entwickelten sich im Laufe der Zeit ebenfalls zu Klassikern der russischen Kinderliteratur, ebenso wie Petr Eršovs »Buckliges Pferdchen« (»Konek-Gorbunok«) Kultstatus erreichte. Viele dieser Märchen, die in Russland als Ausdruck »einer Suche nach einem authentischen ›Volksgeist‹« galten, beruhten allerdings auf ausländischen Vorbildern.[395] Anna Achmatova wies nach, dass Puškins Märchen »Der goldene Hahn« (»Skazka o zolotom petuške«) auf Washington Irvings »The Legend of the Arabian Astrologer« zurückging, und Mark Azadovskij machte auf die Verwandtschaft zwischen dem »Märchen von der toten Zarin und den sieben Recken«

---

391 Hellman, Fairy Tales and True Stories, S. 22.
392 Ebd., S. 25–26.
393 Beketova, Očerk russkoj detskoj žurnalistiki, S. 110; ebd., S. 25.
394 Čechov, Detskaja Literatura, S. 39.
395 Hellman, Fairy Tales and True Stories, S. 24.

(»Skazka o mertovoj carevne i o semi botatyrajach«) und »Schneewittchen« der Brüder Grimm aufmerksam.[396] Das bedeutendste Genre in der Zeit der Romantik stellte in Russland wie im europäischen Ausland das »Moralische Märchen« dar, »einfache Geschichten«, in denen »Tugenden belohnt und Laster bestraft wurden, boshafte Kinder entweder Stigmatisierung oder moralische Verwandlung erfuhren«.[397] Boris Fedorov (1796–1875) war als Autor von über 1.000 Gedichten und 100 Erzählungen der unangefochtene Meister dieses Literaturtyps, den er zudem als Herausgeber der »Neuen Kinderbibliothek« (»Novaja detskaja biblioteka«), 1827–1829, 1831 und 1833, verbreitete. Populär war das Genre in der ersten Hälfte der 1830er Jahre zudem in literarischen Anthologien und der Zeitschrift »Theater für Kinder« (»Detskij teatr«).[398]

Die Bedeutung von Kinderliteratur in der ersten Hälfte des 19. Jahrhunderts zeigt sich nicht nur in der Ausdifferenzierung der Publikationslandschaft, sondern auch an der Zunahme von Neuerscheinungen, wie die folgenden beiden Tabellen belegen.[399]

Tabelle 1: Literatur für Kinder 1800–1829

Bucharten	1830–1839			1840–1854		
	Original	Übers.	Gesamt	Original	Übers.	Gesamt
Märchen	12	11	23	13	16	29
Fabeln	3	3	6	5	1	6
Erbauliche Reden	36	11	47	34	9	43
Erzählungen und Geschichten	54	44	98	132	65	197
Wissenschaftlich-populär	24	27	51	52	26	78
Theaterstücke	4	–	4	10	–	10
Spiele und Vergnügen	8	3	11	21	3	24
Fibeln	2	–	2	6	–	6
Gesamt	143	99	242	273	120	393

---

396 Ebd., S. 32–33.
397 Hellman, Fairy Tales and True Stories, S. 46.
398 Ebd., S. 47–48.
399 Čechov, Očerki istorii russkoj detskoj literatury, S. 57–58 (Tabelle I), S. 75–76 (Tabelle II).

Tabelle 2: Literatur für Kinder 1830–1854

Bucharten	1800–1809			1810–1819		
	Original	Übers.	Gesamt	Original	Übers.	Gesamt
Märchen	3	4	7	2	–	2
Fabeln	–	4	4	–	11	11
Erbauliche Reden	6	21	27	8	17	25
Erzählungen und Geschichten	8	14	22	12	27	39
Wissenschaftlich-Populäres	6	11	17	15	29	44
Theaterstücke	3	2	5	3	1	4
Spiele und Vergnügen	1	1	2	4	–	4
Fibeln	–	1	1	2	–	2
Gesamt	27	58	85	46	85	131

Bucharten	1820–1829		
	Original	Übers.	Gesamt
Märchen	1	4	5
Fabeln	–	6	6
Erbauliche Reden	7	20	27
Erzählungen und Geschichten	22	36	58
Wissenschaftlich-Populäres	13	31	44
Theaterstücke	2	–	2
Spiele und Vergnügen	9	5	14
Fibeln	2	–	2
Gesamt	56	102	158

Im Zeitraum zwischen 1800 und 1830 betrug die Gesamtzahl der Bücher für Kinder 374. Davon waren 34 Prozent Originalliteratur und 66 Prozent Übersetzungen, davon wiederum 55 Prozent aus dem Französischen, 24 Prozent aus dem Deutschen und weniger als 3 Prozent aus dem Englischen. In den Jahren 1830–1854 erschienen insgesamt 635 Bücher, darunter 66 Prozent Originalliteratur und nur noch 34 Prozent Übersetzungen, davon wiederum 53 Prozent aus dem Französischen, 22 Prozent aus dem Deutschen und 9 Prozent aus dem Englischen. Klar tritt die Zunahme der Märchenbücher ab 1830 hervor. Die erbauliche und wissenschaftliche Literatur, die Publikation von Spielen sowie Erzählungen und Geschichten legten ebenfalls zu. Bei den Fabeln hingegen ist kaum Zuwachs zu verzeichnen.

Diese Zahlen belegen zweifellos die verstärkte Wahrnehmung von Kindern als eine von der Erwachsenenwelt separierte Lesergruppe. Dies spricht für ein Verständnis von Kindheit als einer eigenen Lebensphase, die sich in der Zeit der Romantik herausbildete. Es spricht aber auch für Autoren in einer Publikationslandschaft, die sich geschäftstüchtig an diese Nachfrage anpassten und keine »Bücher schufen«, sondern sie »für den Weihnachts- und Ostermarkt« produzierten.[400] Visarion Belinskij war derjenige, der die Kinderliteratur seiner Zeit am schärfsten kritisierte. Als einer der aufmerksamsten Rezensenten von Kinderliteratur während der 1830er und 1840er Jahre verfasste er über 60 Besprechungen von Kinderbüchern und mehr als 70 Kritiken zu Lehrbüchern der Grammatik, Rhetorik, Geschichte und Geografie.[401] Dabei beklagte er, dass man der Kinderliteratur noch weniger Aufmerksamkeit zukommen ließ als der Erziehung, die

»Einfluß auf das Schicksal aller politischen Gesellschaften [hat]. Sie bildet entweder wahrhafte, ergebene Söhne des Vaterlandes heran oder bringt nutzlose Glieder hervor (die zu nichts zu gebrauchen sind). [...] Sie ist der Pfeiler aller politischen Gesellschaften, die Quelle des nationalen Wohlstandes [...].«[402]

Ihm ging es darum, dass die Kinder »Menschlichkeit« (Humanität) erlangten und in ihnen nicht der »zukünftige Beamte, Dichter, Handwerker, sondern der Mensch« gesehen wird.[403] Die meisten Kinderbücher genügten seinen Ansprüchen nicht. Es waren insbesondere Krylovs Fabeln, Odoevskijs Märchen, Išimovas, Polovojs und Solov'evs Bücher über russische Geschichte und Redkins Zeitschrift »Novaja biblioteka«, die seinen Zuspruch fanden. Er empfahl Kindern ab zwölf Jahren, Bücher für Erwachsene zu lesen.[404] Letzteres schien ein verbreitetes Phänomen gewesen zu sein. Memoiren belegen, dass viele Kinder, insbesondere aus wohlhabenden Adelsfamilien, vorrangig Lektüre für Erwachsene lasen.[405]

Ausdifferenzierung und Transnationalität von Kindheit

Dieses Kapitel befasste sich mit der Entwicklung des Ideensystems und der sozialen Praxis von Kindheit im ersten Drittel des 19. Jahrhunderts. Dabei zeigte die visuelle Darstellung von Kindern und ihren Lebenswelten im Ver-

---

400 Hellman, Fairy Tales and True Stories, S. 74.
401 Belinski, Ausgewählte pädagogische Schriften, S. 31; Belinskij, Vissarion G., Svod Belinskogo o detskoj literature, St. Petersburg 1884.
402 Belinski, Ausgewählte pädagogische Schriften, S. 40.
403 Demkov, Istorija russkoj pedagogiki, Bd. 3, S. 172.
404 Hellman, Fairy Tales and True Stories, S. 75–76.
405 Dlugač, Deti i knigi, S. 284–285.

gleich zum 18. Jahrhundert eine Ausdifferenzierung der Kindheitsvorstellungen. Die Entwicklung der Kinderliteratur lässt erkennen, dass ab den späten 1820er Jahren, der Zeit der Romantik, Kinder verstärkt als eine eigene Gruppe der Gesellschaft wahrgenommen wurden, die literarisch entsprechend ihren Fähigkeiten und Neigungen und mit Rücksicht auf ihre Entwicklung angesprochen werden sollte. Damit nahm die Kindheit als eigene Welt Formen an. Kinder waren nicht nur künftige Untertanen, sondern Menschen, denen in einer bestimmten Lebensphase besondere Aufmerksamkeit entgegenzubringen war. Gleichzeitig entpuppten sich bei genauem Hinsehen viele Publikationen als Projektionsfläche erwachsener Vorstellungen vom künftigen nützlichen Staatsbürger. Die Gründung der ab 1836 erschienenen »Zeitschrift für die Lektüre der Schüler von Militärlehranstalten« (»Žurnal dlja čtenija voenno-učebnych zavedenij«) belegt den Nutzen, den sich die Verantwortlichen von speziell angepasstem Lesestoff versprachen. Ebenso trugen die einschlägigen Beiträge – exemplarisch sei hier auf die Debatte um Vor- und Nachteile von institutioneller und häuslicher Erziehung verwiesen – sowohl im »Vestnik Evropy« als auch in den fachspezifischen Organen über weite Strecken utilitaristische Züge. Sie sind im Zusammenhang mit der repressiven Politik dieser Zeit zu verorten.

Der Krieg gegen Napoleon und das Jahr 1812 sorgten für einen Patriotismus, der sich über literarische Erzeugnisse und familiäre Diskurse auch im kollektiven Kindergedächtnis ablagern sollte. Das Bewusstsein für eine nationale Erziehung nahm in dieser Zeit zu, weshalb Russland mit seiner Geografie, Ethnografie und Geschichte zunehmend in den Lern- und Lebenshorizont von Kindern gerückt wurde. Dennoch lassen sowohl Publizistik und Literatur als auch das Beispiel Jurij Samarin klar erkennen, dass der ausländische, insbesondere französische Einfluss auf adlige Kindheit und Erziehung ungebrochen war. Es kam keinesfalls zur Ablösung des aus dem 18. Jahrhundert wirkenden Kindheitsmodells, sondern zu dessen Erweiterung und Ausdifferenzierung im Zuge von gesamteuropäischen Prozessen nationaler Erziehung.

Das Konzept einer »transnationalen Kindheit« lässt sich damit für die russische adlige Kindheit fruchtbar machen. Pakos Beschreibung von Jurij Samarins Kindheit belegt detailliert Transfer, Rezeption und Anpassung von Wissen und Vorstellungen. Russland war in dieser Hinsicht aber kein Sonderfall. Jüngste Forschungen zu Ländern wie Böhmen, Holland, Italien, Polen, Preußen, die rumänischen Fürstentümer und Schweden zeigen, dass Französisch am Hof und in der Aristokratie gesprochen wurde. Es erfüllte dort wie in Russland die Funktion einer »Elitensprache«, die in den Salons vorherrschte, in der Briefe und Tagebücher geschrieben sowie Erziehungsvorstellungen formuliert wurden.[406] Französisch galt als Vehikel der Kultur einer Elite, »die nicht auf bestimmte Nationen beschränkt war, sondern sich über Europa verteilte, weshalb die russische Elite keinesfalls außergewöhnlich, sondern Teil des paneuropäischen Musters war.«[407]

Die dichte Beschreibung der Erziehung Jurij Samarins eröffnete die Möglichkeit, eine privilegierte adlige Kindheit exemplarisch zu vermessen. Dabei offenbarte sich insbesondere in der strikten Trias *Physique, Moral, Intellectuel* noch eine starke Prägung durch die Vorstellungen des 18. Jahrhunderts. Zwar belegte der minutiös beschriebene und reflektierte Tagesablauf die Wahrnehmung von Kindheit als einer eigenen Lebensphase, der mittels Spiel, Ansprache und Curriculum Tribut gezollt wurde. Allerdings lässt das Tagebuch keinen Zweifel daran, dass diese Kindheit auf das Erwachsenenleben ausgerichtet war. Fedor Samarin nahm im geschützten häuslichen Rahmen großen Anteil an der Erziehung seiner Kinder. Er hoffte wie andere seiner Generation, dass das Aufwachsen fern der Hauptstadt in den »Grenzen eines geordneten Familienlebens« die moralische und geistige Entwicklung seiner Kinder fördern und ihnen als Erwachsene helfen würde, »ihre Integrität« in einer »verdorbenen Gesellschaft« zu wahren.[408] In diesem Zusammenhang spielt das spezifische Milieu eine Rolle, auf das Michael Hughes bereits 1993 in einem Aufsatz über die Herkunft und Lebensweise der Slawophilen verwiesen hat. Jurij Samarin, Ivan Kireevskij und Aleksej Chomjakov stammten allesamt aus dem wohlhabenden, landbesitzenden Adel.[409] Dieser soziale Status sorgte für Unabhängigkeit – eine Karriere im Staatsdienst war für die männlichen Nachkommen nicht zwingend. Ziel war es vielmehr, wie es Fedor Samarin formuliert hatte, die Kinder zu künftigen »Staatsbürgern« zu erziehen, die ihren Platz in der Gesellschaft angemessen ausfüllen würden. Die Freiräume, die Jurij in seiner Kindheit bei allem Reglement und aller Disziplinierung erlebt hatte und das Leben in einer kulturell verfloch-

---

406 Argent; Rjéoutski, Conclusion, S. 247. Die beiden Autoren beziehen sich mit diesen Aussagen auf den von ihnen 2014 mitherausgegebenen Sammelband »European Francophonie«.
407 Ebd., S. 247. Zu diesem Ansatz siehe auch die Sammelrezension von Alexander Martin zu dem Band von Argent und Rjéoutski und drei weiteren Studien (The Alienated Russian Nobility?, in: Kritika 21, 4 [2020], S. 861-875).
408 Hughes, These Independent Gentlemen, S. 69–70.
409 Ebd.

tenen Welt können somit den Blick, mit dem der erwachsene Jurij Samarin auf Russland schaute, durchaus geschärft haben.

Die Auswertung pädagogischer und literarischer Schriften für Kinder bekräftigt die Annahme einer Transnationalität der Kindheit ebenso. Hier zeigten sich konstante Verflechtungen, sei es durch literarische Adaptionen oder durch die intensive Einbeziehung und Propagierung westlicher Erziehungsmethoden. Die Kindheit war ein zentraler Raum, in dem verschiedene in- und ausländische Einflüsse zusammenliefen und verschmolzen.

Inwieweit das Konzept der transnationalen Kindheit auch für die zweite Hälfte des 19. Jahrhunderts trägt, wird im Folgenden zu sehen sein. Die langanhaltenden Einflüsse des 18. Jahrhunderts sowie die schleppende Durchsetzung einer pädagogischen Öffentlichkeit weisen das frühe 19. Jahrhundert als eine Zeit des Übergangs aus. Das Ende dieser Phase lässt sich in den 1850er Jahren verorten. In dieser Zeit wächst einhergehend mit den wirtschaftlichen, politischen und sozialen Veränderungen die Sorge um weniger privilegierte Kinder, was dazu führte, dass Kindheit einen neuen Stellenwert erhielt.

4. In der Ära der Reformen: Kindheit zwischen Tradition und Ausdifferenzierung während der 1860er bis 1890er Jahre

Wenige Gemälde aus dem 19. Jahrhundert hinterlassen einen so starken Eindruck wie Vasilij Perovs »Trojka. Die Lehrlinge des Meisters ziehen Wasser« (Abb. 34). Das 1866 entstandene Gemälde ist bis heute Sinnbild einer Kindheit unter unerträglichen Bedingungen. Gedeckt, in Erdfarben gehalten, zeigt das Bild drei Kinder, die einen Schlitten ziehen, auf dem ein großes Fass mit teilweise gefrorenem Wasser steht und ein kleineres liegt. Ein Erwachsener, der Meister, hält das große Fass und hilft das schwere Gefährt bergauf zu schieben. In entgegengesetzter Richtung kann man einen Mann in einem grauen Mantel schemenhaft erkennen, der offensichtlich ungeachtet der Bürde der Kinder weitergeht. Diese Szene spielt sich in einer düsteren, winterlichen Landschaft ab. Der mit Schnee bedeckte Weg führt an unwirtlichen Klostermauern vorbei, über deren Kanten ein scharfer Schneewind weht. Im Hintergrund ist die schummrige Silhouette Moskaus zu erkennen, am trüben Himmel fliegen drei dunkle Vögel, vermutlich Krähen, deren Umrisse sich am Horizont auflösen. Die drei Kinder, zwei Jungen und ein Mädchen, sind in einfache dunkle Mäntel gehüllt und tragen keine Handschuhe. Die einzige sich von der Düsterheit abhebende Farbe ist der Rock des Mädchens, von dem durch das Ausschreiten ein Stück rosagemusterter Stoff unter dem Mantel hervorschaut. Die Gesichter der Kinder sind hell und gut sichtbar, obwohl sie sich dem Betrachter nicht zuwenden. Das Mädchen, das vom Betrachter aus gesehen rechts geht, blickt nach unten, der Junge in der Mitte schaut mit fast leerem Ausdruck in die Wegrichtung und der Knabe neben ihm zieht mit dem Kopf und seinem Körper nach links. Ein kleiner Hund begleitet mit munteren Schritten die Gruppe. Das Antlitz der Kinder drückt Leiden, Anstrengung und stille Hoffnungslosigkeit aus. Die Kinder bewegen sich zwar in Richtung der Betrachterin oder des Betrachters, ziehen aber mit Ausrichtung auf die linke Ecke des Bildes letztlich doch an ihm vorbei.

Abb. 34: Trojka. Die Lehrlinge des Meisters ziehen Wasser (Vasilij Perov, 1866)

Perov schuf die »Trojka« in Zeiten gesellschaftlichen, politischen und ökonomischen Wandels. Mitte des 19. Jahrhunderts prägte Rückständigkeit sowohl die Wirtschaft als auch die Infrastruktur des Russischen Kaiserreiches. Der verlorene Krimkrieg hatte die Strukturschwäche des Landes schonungslos offenbart, weshalb sich Alexander II. zu den »großen« Reformen entschloss. Diese umfassten die Befreiung der Bauern aus der Leibeigenschaft (1861), die Einführung gewählter regionaler Selbstverwaltungsorgane, die Zemstva (1864), sowie einer entsprechenden städtischen Selbstverwaltung (1870). Weiter kamen Bildungs-, Justiz- und Heeresreformen (in der genannten Reihenfolge: 1863/64, 1864, 1874) zum Tragen.[1] Wenngleich nicht alle Ziele

---

1 Hildermeier, Geschichte Russlands, S. 884–940. Ausführlich zu den Großen Reformen: Zacharova, Larisa G., Velikie reformy v Rossii. 1856–1874, Moskau 1992; Lincoln, W. Bruce, The Great Reform. Autocracy, Bureaucracy, and the Politics of Change in Imperial Russia, DeKalb 1990; Eklof, Ben; Bushnell, John; Zakharova, Larissa (Hg.), Russia's Great Reforms, 1855–1881, Bloomington 1994; Baberowski, Jörg, Autokratie und Justiz. Zum Verhältnis von Rechtsstaatlichkeit und Rückständigkeit im ausgehenden Zarenreich 1864–1914, Frankfurt am Main 1996; Schedewie, Franziska, Selbstverwaltung und sozialer Wandel in der russischen Provinz. Bauern und Zemstvo in Voronež, 1864–1914, Heidelberg 2006; Benecke, Werner, Militär, Reform und Gesellschaft im Zarenreich.

der Reformen erreicht wurden, griffen sie doch nachhaltig in die bestehenden politischen, gesellschaftlichen und ökonomischen Strukturen des Staates ein. Im Zusammenhang mit der vergleichsweise spät einsetzenden Industrialisierung kam es im letzten Drittel des 19. Jahrhunderts in Russland zu mächtigen Modernisierungs- und Urbanisierungsschüben. Wachsende Bildungsmöglichkeiten brachten einerseits neue Akteure hervor und förderten andererseits die Ausdifferenzierung bestehender gesellschaftlicher Gruppen. Zudem entstanden in den akademischen Milieus einhergehend mit der Entwicklung im Westen neue Forschungsfelder, deren Ergebnisse in der sich rapide ausbreitenden Fachpresse veröffentlicht und diskutiert wurden. In den industriellen Zentren bildete sich eine Arbeiterschaft heraus, deren Verwurzelung im bäuerlichen Milieu noch lange anhielt. Mobil waren die Bauern allerdings nicht erst seit 1861, auch in Zeiten grundherrlicher Verfügungsgewalt hatten sich Bauern als »Wanderhändler und -arbeiter« außerhalb ihrer Heimatregion verdingt.[2] In den Städten kristallisierten sich neue Ober- und Mittelschichten heraus. Ihnen gehörte auch die Intelligencija an, eine Gruppe Gebildeter, die zum autokratischen System in Opposition stand.

Diese gesellschaftlichen Veränderungen stellten auch einen Einschnitt in Bezug auf die Kindheit und deren Rezeption dar. Die realen Lebensbedingungen vieler Familien und damit auch die ihrer Kinder wandelten sich. Damit einhergehend erfuhr die Kindheit als Lebensphase eine zunehmend wachsende und ausdifferenzierte Aufmerksamkeit im privaten und öffentlichen Leben. Politisch konform denkende ebenso wie kritisch eingestellte Pädagogen und Schriftsteller meldeten sich zu Wort und beanspruchten Deutungshoheit über Erziehung und damit auch über die Kindheit. Zudem schufen Maler unterschiedlichster Prägung Bilder von Kindern und lieferten so ihren Beitrag zur Interpretation von und zu den Erwartungen an Kindheit.

Das Kapitel fragt danach, ob Kindheit im Zeitalter der Reformen und der beginnenden Gegenreform neu vermessen wurde oder ob basierend auf vorhandenen Einsichten und Praktiken sich das bereits existierende Verständnis von Kindheit erweiterte. In Anknüpfung an die Ausführungen zum ersten Drittel des 19. Jahrhunderts und die fortschreitenden Diskussionen

---

Die Wehrpflicht in Russland 1874–1914, Paderborn u. a. 2006; Emmons, Terence, The Russian Landed Gentry and the Peasant Emancipation of 1861, Cambridge 1968; Sinel, Allen, The Classroom and the Chancellery. State Education Reform in Russia under Count Dmitry Tolstoi, Cambridge, Mass. 1973.

2 Hildermeier, Geschichte Russlands, S. 1181.

um Russlands Verhältnis zu Europa soll untersucht werden, ob Kindheit in der Reformphase des 19. Jahrhunderts weiterhin von Transnationalität geprägt war. Für das Zeitalter während der Regierungszeit Alexanders II. wird ebenso zu klären sein, inwiefern die nachweislich von verschiedenen Lagern intensiv geführten Auseinandersetzungen um Erziehungs- und Bildungsansprüche die Kindheit zu einem Vehikel politischer Debatten machten. Eingangs stehen auch in diesem Kapitel visuelle Quellen im Fokus, um herauszuarbeiten, welche mit der Kindheit verknüpften Motive sich ausmachen lassen und inwiefern sich die Darstellungskonventionen verändert haben. Davon ausgehend werden vor dem Hintergrund des politischen und sozialen Wandels seit Mitte des 19. Jahrhunderts zentrale Themen weiter verfolgt, um sie im Detail zu untersuchen. Abermals soll die adlige Kindheit in den Blick genommen werden. Am Beispiel der Erziehungsinstruktion für Sergej Šeremetev (1844–1918), wirkmächtiger literarischer Zeugnisse wie Tolstojs »Kindheit« und adligen Memoiren gilt es zu überprüfen, ob sich der Mitte des Jahrhunderts einsetzende Wandel auch in der adligen Erziehung niederschlug. Der letzte Teil des Kapitels behandelt den sich ab den späten 1850er Jahren rapide entwickelnden und ausdifferenzierenden Bereich der Pädagogik und die von offizieller Seite formulierten Lektüreempfehlungen für Kinder.

4.1 Neue Themen und fortbestehende Werte: Kindheitsbilder ab den 1850er Jahren

Kindheit und Sozialkritik in den Gemälden der Peredvižniki

Die erfolgreiche Etablierung der Peredvižniki, der sogenannten Wandermaler, ist im Kontext des sozialen Wandels Mitte des 19. Jahrhunderts zu verorten. Die Gruppe, zu deren Gründungsmitgliedern Vasilij Perov zählte, wurde ab den 1860er Jahren fester Bestandteil der öffentlich wahrgenommenen Malerei. Ihre erste Ausstellung fand 1871 in St. Petersburg statt. Diese Künstlergruppe stand dem liberalen Ethos der literarischen Intelligencija und deren Visionen einer reformierten Gesellschaft nahe. Die Peredvižniki waren Maler, die sich nicht mehr den strengen und engen Konventionen der Akademie und deren künstlerischen und inhaltlichen Vorgaben beugen wollten, sondern sich in nationaler Perspektive und einer dem Realismus verpflichteten Malweise »zeitgenössischen Sujets« zuwandten, nicht zuletzt um soziale Missstände und Ungerechtigkeit zu dokumentieren.³ Die sozialkritisch geprägte Künstlergruppe war zwar stark im europäischen Kontext verankert; sie brachte aber mit ihrer nationalen Fokussierung eine eigene Bildtradition hervor und trug so zur Ausprägung einer Visualität bei, die charakteristisch für Russland in der zweiten Hälfte des 19. Jahrhunderts wurde.⁴ Die Entwicklung in der Malerei war keine singuläre Erscheinung. In der Musik wandte sich das »Mächtige Häuflein« (»Mogučaja kučka«), darunter Modest Musorgskij, von ausländischen Opern ab und versuchte eine national-russische Musik mit »naturalistischem« Deklamationsstil zu schaffen.⁵ In der Literatur setzte sich der literarische Realismus durch. Seine Ausdrucksform stand für eine spezifische Weltsicht, »deren wesentliches Charakteristikum in der ›analytischen Behandlung gesellschaftlicher Erscheinungen‹ (A. Flaker)« bestand und damit eine gesellschaftskritische Dimension von großer Tragweite entfaltete.⁶

Während Kinderporträts im frühen 19. Jahrhundert meist adligen Nachwuchs zeigten, bewirkten soziale und politische Veränderungen ab der Jahrhundertmitte einen deutlichen visuellen Wandel: Zum einen erweiterte sich die thematische Bandbreite erheblich; zum anderen rückte eine kritische Sicht auf die Realität in den Blick der Maler. In diesem Zusammenhang fanden die Kinder der unteren Schichten verstärkt Eingang in die visuelle Sphäre.

Das für Perovs Genremalerei ungewöhnlich großformatige Bild »Trojka« lässt sowohl Einflüsse des französischen Realismus, der Düsseldorfer Schule als auch der holländischen Genremalerei des 17. Jahrhunderts und der »beißend ironischen Bilder« William Hogarths erkennen.⁷ Rosalind Gray verweist in diesem Zusammenhang auf den »ungeschminkten Realismus und die soziale Reflexion, die in Nekrasovs Literatur in dieser Zeit entwickelt

---

3 Jackson, David, Aufruhr und Tradition. Die Kunst der Peredwischniki, in: Mössinger, Ingrid; Ritter, Beate (Hg.), Die Peredwischniki. Maler des russischen Realismus (Katalog anlässlich der Ausstellung »Die Peredwischniki. Maler des Russischen Realismus« in den Kunstsammlungen Chemnitz vom 26. Februar bis 28. Mai 2012), Chemnitz 2012, S. 16–36, hier S. 21–25.
4 Hedström, Per, Die Peredvižniki und Europa, in: Mössinger; Ritter (Hg.), Die Peredwischniki, S. 40–53, hier S. 43.
5 Lauer, Reinhard, Geschichte der russischen Literatur. Von 1700 bis zur Gegenwart, München ²2009, S. 270–271.
6 Lauer, Geschichte der russischen Literatur, S. 270.
7 Ebd., S. 42.

wurde. Er folgte dem Diktum Černyševskijs, dass Kunst dazu dienen muss, das Leben zu verbessern.«[8]

Der Maler greift mit diesem Bild die Kinderarbeit als gesellschaftlichen Missstand auf, der während der 1860er Jahre vehement diskutiert wurde. Die Kinderarbeit war in Russland – wie in anderen europäischen Ländern auch – in allen Wirtschaftsbereichen gängige Praxis und spielte für die Entwicklung der industriellen Wirtschaft eine große Rolle.[9] Kinder wurden als ungelernte Arbeitskräfte eingesetzt und machten Mitte des 19. Jahrhunderts ca. 15 Prozent der Industriearbeiter aus. Diese Kinderarbeit war einerseits der Not geschuldet; sie galt andererseits Mitte des 19. Jahrhunderts noch als Selbstverständlichkeit und als Bestandteil der Erziehung. Manche Zeitgenossen gingen gar so weit, die in den Fabriken arbeitenden Kinder nicht als Opfer anzusehen, weil diese Tätigkeit sie vor dem harten Alltag auf dem Land bewahrte.[10]

Seit dem frühen 19. Jahrhundert gab es erste Schritte, Kinderarbeit zu regulieren. In den 1860er Jahren wurden in unterschiedlichen Kommissionen die Lage der Kinder und die Möglichkeiten gesetzlicher Vorgaben intensiv, aber letztlich erfolglos debattiert: Sowohl die Produktivität der Industrie als auch das von vielen Familien bitter benötigte Kindereinkommen schienen dadurch gefährdet.[11] 1882 wurde schließlich gesetzlich bestimmt, dass Kinder unter zwölf Jahren nicht in der Industrie arbeiten durften. Zwölf- bis Fünf-

---

8 Gray, Rosalind P., Russian Genre Painting in the Nineteenth Century, Oxford 2000, S. 171.

9 Gorshkov, Russia's Factory Children, S. 9. Vgl. dazu: Kucher, Katharina, Rezension zu: Gorshkov, Boris B.: Russia's Factory Children. State, Society, and Law, 1800–1917. Pittsburgh 2009, in: H-Soz-u-Kult, 11.8.2010 (http://www.hsozkult.de/publicationreview/id/reb-13939 [8.2.2022]).

10 Gorshkov, Russia's Factory Children, S. 11–13.

11 Die Gesetze, die sowohl die Dauer der Arbeitszeit reglementierten als auch die Nachtarbeit für bis zu 18-Jährige verboten, waren weder 1865 noch 1869 realisierbar. 1874 legte eine unter P. N. Igant'ev neu organisierte Kommission einen Gesetzentwurf vor, der vorsah, dass Kinder unter zwölf Jahren nicht und zwischen 14 und 18 Jahren nur zehn Stunden täglich beschäftigt werden durften. Darüber hinaus sollten Arbeitgeber zur Gewährung von Ausbildung und medizinischer Versorgung verpflichtet werden. 1875 debattierte die Industriellenversammlung die Regulierung des Schulbesuchs. Wie bereits in den 1860er Jahren wurden die meisten der Gesetzesvorschläge nicht umgesetzt, aber die Entwürfe und die damit verbundenen öffentlichen Diskussionen etablierten einen Diskurs über Kinder und eine ihnen angemessene Arbeit. Die wachsende Relevanz des Themas belegen die immer zahlreicher erscheinenden Artikel in medizinischen Fachorganen und politisch-literarischen Zeitschriften ebenso wie das Aufgreifen von Kinderarbeit in der Literatur, vgl. Gorshkov, Russia's Factory Children, S. 16–39.

Abb. 35: Das letzte Geleit (Vasilij Perov, 1865)

zehnjährigen war es nur erlaubt, acht Stunden täglich beschäftigt zu sein. Nachts sowie an Sonn- und Feiertagen war Kinderarbeit unzulässig.[12]

Perovs Gemälde lässt sich in die während der 1860er Jahre geführten Diskussionen zur industriellen Kinderarbeit sowie in die 1865 erfolglos verlaufenen Debatten zur Verabschiedung entsprechender gesetzlicher Maßnahmen einbetten.[13] Damit ist die Botschaft des Gemäldes aber noch nicht vollständig dechiffriert. Die von den drei Kindern verrichtete Tätigkeit hat mit in-

---

12 Gorshkov, Russia's Factory Children, S. 16–30. In der Realität war die Umsetzung nicht immer zu kontrollieren, dennoch bleibt festzuhalten, dass die Industrialisierung in Russland zwar später als in der westlichen Welt eingesetzt hat, die Gesetzgebung aber konform mit der europäischen Entwicklung ging und in Russland tatsächlich im erforderlichen Moment zum Tragen kam, vgl. Gorshkov, Russia's Factory Children, S. 146. Ausführlich zu Kinderarbeit vor 1905 in Russland vgl. auch Puttkamer, Joachim von, Fabrikgesetzgebung in Russland vor 1905. Regierung und Unternehmerschaft beim Ausgleich ihrer Interessen in einer vorkonstitutionellen Ordnung, Köln u. a. 1996, S. 97–143.
13 Gorshkov, Russia's Factory Children, S. 105.

Abb. 36: Die Schlange am Brunnen (Vasilij Perov, 1865)

dustrialisierter Arbeit nichts zu tun. Was wir sehen, ist eine archaisch anmutende Szene, in der Kinder wie Zugtiere eine unverhältnismäßig schwere und vergleichsweise wertlose Last ziehen müssen. Zwar sind es auch in anderen Werken Perovs Kinder, deren trostlose und hoffnungslose Lage die erschütternde Wirkung der Gemälde potenziert. Exemplarisch seien hier »Das letzte Geleit« (1865, Abb. 35) sowie »Die Schlange am Brunnen« (1865, Abb. 36) genannt.[14] Allerdings stehen auf keinem seiner Gemälde Kinder so sehr im Mittelpunkt wie bei der »Trojka«. Die Kinder sind auf diesem Bild das personifizierte Gegenteil von Moderne und Dynamik, wie sie mit der Industrialisierung – bei aller Kritik an den herrschenden sozialen Verhältnissen – assoziiert wurden. Davon ausgehend lässt sich die These formulieren, dass Perovs »Trojka« eine weitgreifende Darstellung der wirtschaftlichen und infrastrukturellen Unterentwicklung des Russischen Kaiserreiches ist. Die drei Kinder sind eine Projektionsfläche. Ihre erbärmlichen Figuren verkörpern die in vielen ökonomischen und sozialen Bereichen fast hoffnungs-

---

14 Benua, Istorija russkoj živopisi, S. 238–239.

Abb. 37: Reparaturarbeiten an der Eisenbahnstrecke (Konstantin Savickij, 1874)

lose Rückständigkeit Russlands, weshalb sich das Bild als Plädoyer für eine Modernisierung des russischen Staates lesen lässt.

Grundsätzlich gibt es kaum Bilder, die Kinderarbeit in der Industrie oder einem ihr nahen Bereich zeigen. Eine Ausnahme bildet das Gemälde »Reparaturarbeiten an der Eisenbahnstrecke« (1874, Abb. 37) Konstantin Savickijs, eines Malers, der ebenfalls zu den Peredvižniki gehörte.[15] Das Bild wurde 1874/75 im Rahmen der 3. Ausstellung der Wandermaler in St. Petersburg und Moskau gezeigt und gilt als eine der ersten Darstellungen von Arbeitern in der russischen Malerei. Im vorliegenden Kontext ist von besonderem Interesse, dass nicht nur Erwachsene, bäuerliche Saisonarbeiter, sondern auch eine ganze Reihe von Kindern bei schwerer Arbeit abgebildet sind: In der prallen Sonne ziehen Jungen unterschiedlichen Alters mit Steinen gefüllte Schubkarren, die von den Erwachsenen geschoben werden. Die Knaben – der jüngste ist geschätzt zwölf Jahre alt – bewegen ihre Last wie Treidler mit Hilfe eines umgehängten Gurtes. Die Wirkung des Bildes wird durch eine »komplexe [...] Komposition aus mehreren Diagonalen«, die eine stetige Bewegung der Arbeiterkolonnen suggeriert, verstärkt.[16] Das 1894 entstandene und in gedeckten Farben gehaltene Gemälde »Arme Leute sammeln Kohle in einer stillgelegten Grube« (Abb. 38) von Nikolaj Kasatkin steht ebenfalls

---

15 Mössinger; Ritter (Hg.), Die Peredwischniki, S. 223.
16 Ebd., S. 222.

Abb. 38: Arme Leute sammeln Kohle in einer stillgelegten Grube (Nikolaj Kasatkin, 1894)

eindrücklich für den harten Alltag im beginnenden Industriezeitalter.[17] Frauen – darunter auch eine Greisin und eine stillende Mutter – graben gleichermaßen wie Kinder in den Abraumbergen einer aufgelassenen Grube nach Kohleresten.

Die Tatsache, dass Kinder keine Darstellung in der Malerei bei mechanisierter Arbeit in Manufakturen oder Fabriken finden, mag zunächst erstaunen. Bei der Virulenz des Themas, das in den beschriebenen Diskussionen und Maßnahmen durchaus öffentlich zum Ausdruck kam, wäre grundsätzlich zu erwarten, dass sich eine sozialkritische Malerei auch diesem Thema zuwandte. Dies geschah aber nicht. Allerdings bildete Russland diesbezüglich keine Ausnahme. Wie Anne Green zeigen konnte, fehlen auch in Frankreich Darstellungen von Kindern bei industrieller Arbeit.[18] Sie macht mehrere Gründe für diese »Lücke« aus. Zunächst führt sie eine mögliche »Flucht in die Bilder ländlicher Arbeit« an, die im Vergleich zur industriellen Tätigkeit noch mit »Freiheit« und besseren Lebensumständen assoziiert worden

---

17 Mössinger; Ritter (Hg.), Die Peredwischniki, S. 98–99.
18 Green, Anna, French Paintings of Childhood and Adolescence, 1846–1886, Burlington 2007, S. 68.

Abb. 39: Kinder, die Ostereier rollen lassen (Nikolaj Andreevič Košelev, um 1855)

sei.[19] Weiter geht sie davon aus, dass der »visuelle Ausschluss industrialisierter Kinderarbeiter« eng mit »bourgeoisen Sensibilitäten« zusammenhänge, da die potentiellen Rezipienten der Gemälde diese Art der »Anklage« nicht sehen wollten.[20] Hinzu kam, dass aufgrund von gesetzlichen Bestimmungen zur Beschäftigung von Kindern in der Industrie sowie zur Schulpflicht die Zahl der in der Industrie beschäftigten Kinder sank.[21] Befand sich 1839–1845 in Frankreich unter acht Arbeitskräften noch ein Kind, betrug das Verhältnis in den 1860er Jahren nur noch 1:14 und sank im letzten Viertel des Jahrhunderts weiter.[22] Auch in Russland reduzierte sich nach 1882 die Zahl der in der

---

19 Ebd.
20 Ebd.
21 Zum Rückgang der Kinderarbeit in der Industrie vgl. Heywood, A History of Childhood, S. 140–144.
22 Heywood, Colin, Childhood in Nineteenth-Century France. Work, Health and Education Among the »Classes Populaires«, Cambridge 1988, S. 106–107.

Abb. 40: Das Knöchelspiel (Vladimir Egorevič Makovskij, 1870)

Industrie tätigen Kinder erheblich: Innerhalb von zwei Jahren waren zwei Drittel weniger Minderjährige in den Fabriken beschäftigt.[23] Der Rückgang der Kinderarbeit darf aber keinesfalls ausschließlich auf eine wirksam gewordene Gesetzgebung zurückgeführt werden. Deutlichen Einfluss auf deren Abbau nahmen sowohl die wirtschaftliche Rezession in den frühen 1880er Jahren als auch technische Innovationen, vor allem in der Textilindustrie, die im Russischen Kaiserreich den Bedarf an Kinderarbeit senkten.[24]

Waren die Bauern – mit Ausnahme einiger Werke wie »Abendessen« (1770) von Ivan Ermenev, »Das Mittagessen der Bauern« (1774) von Michail Šibanov oder »Die Bauernfamilie vor dem Essen« (1824) von Fedor Solncev – bis in die erste Hälfte des 19. Jahrhunderts entweder als »Staffage« auf Landschaftsgemälden oder in romantisierter Form dargestellt, änderte sich dies nun.[25] Spätestens ab den 1860er Jahren ist eine kritische Darstellung des bäuerlichen Milieus und der Bauernkinder als Genre deutlich zu erkennen.

---

23 Puttkamer, Fabrikgesetzgebung in Russland, S. 134.
24 Gorshkov, Russia's Factory Children, S. 150–151.
25 Abbildungen der Gemälde in der Reihenfolge ihrer Nennung: Gray, Russian Genre Painting, Abb. 51, 6, 7. Zur Darstellung der Bauern ebd., S. 72–74.

Abb. 41: Schlafende Kinder (Vasilij Perov, 1870)

Dies steht im Zusammenhang mit einem wachsenden Interesse an den unteren Gesellschaftsschichten und ihren Lebensverhältnissen, das nach 1861 und aufgrund der sozialen Folgen der einsetzenden Industrialisierung nicht nur Maler, sondern auch Schriftsteller und eine interessierte Bildungsschicht entwickelten.[26]

Die Gemälde »Kinder, die Ostereier rollen lassen« (um 1855, Abb. 39) und »Der Hausierer« (1865) von Nikolaj Košelev, »Das Knöchelspiel« (1870, Abb. 40) von Vladimir Makovskij, Vasilij Perovs »Schlafende Kinder« (1870, Abb. 41) und »Die Kraniche ziehen« (1891, Abb. 42) von Aleksej Stepanov rücken die agrarisch geprägte Welt in den Vordergrund; sie stellen eine häufig bescheidene, aber noch vergleichsweise intakte Sphäre der bäuerlichen Kindheit dar. Vasilij Maksimovs »Der zukünftige Ernährer« (1869,

---

26 Vgl. dazu Frierson, Cathy A., Peasant Icons. Representations of Rural People in Late Nineteenth-Century Russia, New York u. a. 1993, bes. S. 116 ff.

Abb. 42: Die Kraniche ziehen (Aleksej Stepanov, 1891)

Abb. 43: Der zukünftige Ernährer (Vasilij Maksimov, 1869)

Abb. 44: *Verwaist (Nikolaj Kasatkin, 1881)*

Abb. 43) oder Nikolaj Kasatkins »Verwaist« (1881, Abb. 44) stilisieren hingegen das Elend der Bauernkinder in dramatischer, fast plakativer Weise.

Andere Gemälde verweisen in der Gestalt von Kindern eindrücklich auf die tiefen Einschnitte, die die bäuerliche Lebenswelt erfuhr. Makovskijs »Treffen« (1883, Abb. 45) zeigt eine Mutter in einfacher bäuerlicher Kleidung, die ihren geschätzt zwölfjährigen Sohn, der in einer Werkstatt arbeitet oder ausgebildet wird, besucht. Der blonde Junge ist barfuß. Er trägt ein einfaches Hemd, eine hochgeschlagene Hose und darüber eine große Schürze. Die kindliche Gestalt ist auf diesem Bild in die raue Arbeitswelt der Erwachsenen platziert. Das am Boden liegende Bündel, der besorgte mütterliche Blick, der an die Wand gelehnte Stock und die Tatsache, dass die ältere Frau im Mantel auf einem Stuhl sitzt, verweisen darauf, dass sie einen weiten Weg zurückgelegt hat. Der barfüßige Junge mit umgebundener Schürze beißt, ohne aufzublicken, in das mitgebrachte Gebäck. Das sichtbare Schweigen zwischen Mutter und Sohn verstärkt die Wirkung dieses Bildes, das die Konsequenzen bäuerlicher Armut deutlich visualisiert. Aleksej Korzuchin illustrierte 1870 mit der »Rückkehr aus der Stadt« (1870, Abb. 46) ebenfalls eine Lebenswelt im Übergang. Das Gemälde zeigt einen Bauern und dessen Familie in ihrer ärmlichen Hütte. Der Ankömmling sitzt auf einem Stuhl und

Abb. 45: *Treffen (Makovskij, 1883)*

verteilt mitgebrachte Geschenke. Das Zentrum der Szene bilden drei Kinder, die in hellen Farben gehalten sind: ein Kleinkind, das in einem Hemdchen auf dem Boden sitzt, ein ungefähr vierjähriges Mädchen, das vor dem Vater steht und ihr Kleidchen hochhält, damit er die mitgebrachte Holzkette hineinlegen kann, und eine ältere Schwester im Hintergrund, die mit einem lilafarbenen Band beschenkt wurde.

Abb. 46: Rückkehr aus der Stadt (Aleksej Korzuchin, 1870)

Bildungsmöglichkeiten

Die Alphabetisierung als »kultureller Basisprozess« war ein weiteres zentrales Thema des 19. Jahrhunderts, das eng mit der Kindheit verknüpft ist. Dabei ging es um weit mehr als die funktionale Aneignung elementarer Kenntnisse. Lesen und Schreiben wurden in industrialisierten Gesellschaften zu Voraussetzungen, ohne die niemand am gesellschaftlichen Leben und Wohlstand teilnehmen konnte. Die entstehende Dynamik versprach Aufbruch und Weiterentwicklung, barg aber für die »Besitzer von Macht und Wissen« durchaus Gefahren. Soziale Ungerechtigkeit, die Kritik daran und die daraus abgeleiteten Ansprüche konnten von Kundigen formuliert und verbreitet werden. Die »Demokratisierung‹ des Zugangs zu schriftlichen Kommunikationsinhalten« konnte zu »Umschichtungen in Prestige- und Machthierarchien« führen und »neue Möglichkeiten des Angriffs auf bestehende Ordnungen« eröffnen.[27] In diesem Zusammenhang sei darauf verwiesen, dass die

---

[27] Osterhammel, Die Verwandlung der Welt, S. 1120.

Abb. 47: Die kostenlose Zemstvo-Schule (Aleksandr Morozov, 1865)

großen Revolutionen in Frankreich und Russland stattfanden, als in den beiden Staaten eine Alphabetisierungsrate von 50 Prozent erreicht war.[28]

Wie in anderen europäischen Staaten bemühten sich in Russland staatliche und kirchliche Stellen, eine möglichst flächendeckende Grundschulbildung zu ermöglichen. Alexander I. gründete 1802 das Ministerium für Volksaufklärung und erließ 1804 ein Bildungsstatut. Das Ministerium versuchte, das Schulwesen zu reorganisieren und das Netz an Elementar- und höheren Schulen sowie Universitäten zu erweitern.[29] Nachhaltige Veränderungen für die ländliche Bevölkerung stellten sich allerdings erst mit den Großen Reformen ein. Wichtigste Maßnahmen waren die Etablierung der Zemstva und der Erlass des Schulstatuts von 1864, in dessen Folge die Zahl der ländlichen Schulen wuchs.[30] Allerdings verhinderte eine chronische Unterfinanzierung die rasche und flächendeckende Ausbreitung des elementaren Schulwesens auf dem Lande. Deshalb kam die Beseitigung des Anal-

---

28 Eklof, Russian Peasant Schools, S. 3.
29 Schmidt, Russische Geschichte, S. 63; Ekloff, Russian Peasant Schools, S. 24–25. Viele der geplanten Schritte wurden nicht verwirklicht, aber dennoch stieg die Zahl der Schulen, auch der Elementarschulen, langsam an.
30 Alston, Education and the State, S. 61.

Abb. 48: Die Rückkehr aus der Schule (Gavriil Rybakov, 1884)

phabetentums nur schleppend voran.³¹ In den 1890er Jahren veränderte sich dies, weil die Schulen zunehmend mit staatlichen Haushaltsmitteln finanziert wurden.³² 1911 besuchten immerhin in 34 Gouvernements mit Zemstvo-Verwaltung 53 Prozent und im Russischen Kaiserreich insgesamt 44,2 Prozent der Acht- bis Elfjährigen eine Schule.³³

Der wachsende Anspruch, dass Kinder zur Schule gehen sollten, schlug sich in Russland wie in anderen Ländern bis ins ausgehende 19. Jahrhundert in zahlreichen Gemälden von Schulszenen und -kindern nieder.³⁴ Besonders die Wissensvermittlung innerhalb des bäuerlichen Milieus fand das Interesse der Künstler. Das 1865 von Aleksandr Morozov geschaffene Gemälde »Die kostenlose Zemstvo-Schule« (Abb. 47) nahm unmittelbar Bezug auf die Bildungsbemühungen und deren Akzeptanz im Rahmen der Reformen. Es zeigt im Inneren eines einfachen Holzhauses einen großen Raum, in dem

---

31 Eklof, Russian Peasant Schools, S. 83.
32 Ebd., S. 88–89.
33 Ebd., S. 285.
34 Green, French Painting of Childhood and Adolescence, S. 68.

zwei lange Tische samt Bänken stehen. Insgesamt sind 15 Schülerinnen und Schüler unterschiedlichen Alters sowie drei Lehrerinnen zu sehen. Ihre taillierten Kleider mit weit ausgestellten Röcken heben sie von der Umgebung ab und weisen sie deutlich als Angehörige einer anderen gesellschaftlichen Sphäre aus. Die barfüßigen Kinder, die an den Tischen verteilt sitzen und stehen, ein Junge kniet sogar vor einer Bank, wirken konzentriert und wissbegierig, fast staunend. Nur ein Knabe befindet sich in der rechten Ecke des Bilds abseits des Lerngeschehens. Er hält sein Heft vor den Mund und fixiert mit fragendem, fast erschrockenem Blick den oder die Betrachterin. Ein weiteres Beispiel für dieses Genre stellt Gavriil Rybakovs Werk »Die Rückkehr aus der Schule« (1884, Abb. 48) dar. Zu sehen sind drei Bauernjungen und ein -mädchen, die mit einfachen Fellmänteln bekleidet den Heimweg von der Schule durch eine schneebedeckte Landschaft zurücklegen. Sie haben ihre Bücher unter ihre Arme geklemmt und schreiten stolz und fröhlich voran. Nur das Mädchen hat den Blick gesenkt und folgt der Gruppe als letzte.[35]

Die Gemälde von Nikolaj Bogdanov-Bel'skij (1868–1945), einem aus der Bauernschicht stammenden späten Vertreter der Peredvižniki, zählen zu den bekanntesten Beispielen des Genres. Das 1895 entstandenen Gemälde »Die Kopfrechnung. In der Volksschule von S. A. Račinskij« (Abb. 49) zeigt ein Klassenzimmer, in dem sich neben dem Lehrer, der am Rand des Zimmers vor einer Wand aus Holzbalken sitzt, elf Schüler aufhalten:[36] eine Situation, die Bogdanov-Bel'skij bestens vertraut sein musste, da er selbst diese Schule besucht hatte.[37] Die Schüler des bekannten Pädagogen Račinskij stehen um eine Tafel, auf der eine Rechenaufgabe angeschrieben steht. Fast alle rechnen hochkonzentriert. Die Kinder tragen traditionelle Kleidung, weiße und rote um die Taille gegürtete Bauernhemden, Hosen und gewickelte Stiefel. Ihre Gesichter zeigen Ernsthaftigkeit und Bildungswillen. Auffällig ist ein Schüler im Vordergrund, denn er ist dem Betrachter zu- und von der Gruppe abgewandt. Er scheint in die Aufgabe oder in Gedanken vertieft und wird von

---

35 Vasjutinskaja, Dva veka russkogo detstva, S. 195.
36 Sergej Račinskij (1836–1902) war ein angesehener Wissenschaftler und Pädagoge, der sich ab 1875 in Tatev, Gouvernement Smolensk, dem Aufbau von Bauernschulen widmete und regelmäßig zu Fragen der schulischen Elementarbildung publizierte (N. N., Račinskij, Sergej Aleksandrovič, in: Ènciklopedičeskiij slovar' F. A. Brokgauz i I. A. Efron, Bd. 26, St. Petersburg 1907, S. 390–391; Demkov, Istorija russkoj pedagogiki, Bd. 3, S. 434–446). Zu Nachlass und Œvre Račinskijs vgl. Luchta, A. V., »Tatevskij dnevnik« S. A. Račinskogo (oktjabr'–nojabr' 1882 goda), in: Vestnik PSTGU IV: Pedagogika. Psichologija 3 (2006), S. 165–207.
37 Luchta, Tatevskij dnevnik S. A. Račinskogo, S. 168.

Abb. 49: Die Kopfrechnung. In der Volksschule von S. A. Račinskij (Nikolaj Bogdanov-Bel'skij, 1895)

seinem Lehrer sehr genau beobachtet. Im Vergleich zur Kleidung seiner Mitschüler wirkt diejenige dieses Jungen abgerissen und schmutzig, sein Hemd ist am rechten Ärmel ausgerissen. Ein anderes Werk des Malers von 1899, »Am Eingang zur Schule« (Abb. 50), zeigt ebenfalls einen Protagonisten, der am Rand der Gemeinschaft zu stehen scheint. Der Junge im Vordergrund wendet dem Betrachter den Rücken zu, verharrt an der Türe des Klassenzimmers und blickt hinein. Zu sehen sind in diesem Raumausschnitt acht Bauernkinder, die bis auf einen aufblickenden Knaben so in ihre Aufgaben vertieft sind, dass sie den Jungen an der Tür nicht bemerken. Die Kleidung des Jungen ist zerfetzt und geflickt, der Beutel auf seinem Rücken sowie die Umhängetasche und der lange Stab, auf den er sich aufstützt, verweisen darauf,

Abb. 50: *Am Eingang zur Schule (Nikolaj Bogdanov-Bel'skij, 1899)*

dass er einen weiten Weg hinter sich gebracht hat. Er scheint an der Schwelle zu einer »neuen, unbekannten« Welt angekommen, »die durchdrungen ist vom Licht der Aufklärung und ihm die Hoffnung verheißt, eines Tages einen würdigen Platz im Leben einzunehmen«.[38] Im Katalogbegleittext zu diesem Bild heißt es, dass der Maler weniger an das »Gewissen und Mitgefühl

---

38 Mössinger; Ritter (Hg.), Die Peredwischniki, S. 82.

des Betrachters« appellierte, sondern versuchte, »Kreativität, Wissbegier sowie die seelische und körperliche Schönheit seiner Protagonisten sichtbar zu machen«.[39] Diese Aussage trifft für das Gros der auf den beschriebenen Gemälden abgebildeten Protagonisten sicherlich zu. Für die jeweils am Rand stehenden Kinder, die sich auf den Gemälden meist im Vordergrund befinden, muss die Aussage in Zweifel gezogen werden. Für sie scheint noch Unklarheit darüber zu herrschen, ob sie in der »Welt der Aufklärung«, in der Gemeinschaft der anderen Bauernkinder ihren Platz finden werden. Zu erkennen ist in ihnen ein Moment der Ungewissheit, vielleicht auch der Unberechenbarkeit oder sogar die Bedrohung der bestehenden Ordnung durch die am Rande Stehenden. Vor allem die beiden Bilder Bogdanov-Bel'skijs sind vielschichtig und realitätsnah. Es stellt sich die Frage, ob das Thema auf diesen beiden Gemälden tatsächlich die Bauernkinder sind, deren Wissensdurst erfolgreich gestillt wird. Vielleicht geht es vielmehr um die an den Rand gedrängten Kinder und die Frage, wie diese durch staatliche oder private Fürsorge in das bestehende Sozialgefüge eingegliedert werden können. Dieses Thema war im Laufe des 19. Jahrhunderts allgegenwärtig und spiegelte sich besonders in den Erlässen und Debatten über die Zugangspraktiken zu Waisenhäusern wider. Grundsätzlich wurde versucht, die seit der Zeit Beckojs vorherrschende Praxis der unbeschränkten Aufnahme der Kinder in die überforderten Institutionen zu beschränken (vgl. Kap. 2.2.). Zum einen gab es Subsidienprogramme für ledige Mütter, zum anderen war seit 1797 die Zahl der in den Waisenhäusern selbst lebenden Kinder auf 500 Personen beschränkt.[40] 1837 verbot Nikolaus I., dass Zöglinge der Waisenhäuser eine Ausbildung erhalten sollten, und übergab die Schulen, die den hauptstädtischen Institutionen angeschlossen waren, dem Militär zur Nutzung für die verwaisten Kinder der Armeeangehörigen.[41] Die Bemühungen des Staates, die Zahl der den Waisenhäusern übergebenen Kinder zu senken, zeitigten allerdings wenig Erfolg. Statistiken belegen, dass sich zwischen 1823 und 1888 die Zahl der in Moskau aufgenommenen Kinder von 4.655 auf 17.114 fast vervierfachte.[42]

Die überwiegende Mehrheit der aufgenommenen Kinder wurde ab einem Alter von drei Monaten in Pflegefamilien auf dem Land untergebracht,

---

39 Ebd.
40 Ransel, Mothers of Misery, S. 82.
41 Ebd., S. 77.
42 Jablokov, Nikolaj V., Prizrenie detej v vospital'nych domach, St. Petersburg 1901, S. 44.

Abb. 51: Die Überprüfung der Zöglinge des Waisenhauses (Vasilij Kalistov, 1866)

das Pflegegeld übernahm die jeweils zuständige Anstalt.[43] Im Jahr 1882 waren 33.501 Kinder als Zöglinge dem Petersburger Waisenhaus zugeordnet, von denen 31.242 auf dem Land in Pflegschaft waren.[44] Lediglich im Einzelfall war für sie ein späterer Aufenthalt in den Städten zur Ausbildung möglich.[45] Um das Aufwachsen der Pflegekinder auf dem Land zu überwachen, wurden Bezirke geschaffen, in denen Aufseher mit einem Stab an Ärzten den gesundheitlichen Zustand der Zöglinge zweimal monatlich überprüfen sollten. Im Krankheitsfall sollte medizinische Hilfe geleistet werden, darüber hinaus waren die Einheiten dafür zuständig, das Geld für die Pflegschaft der Kinder auszuhändigen und deren Geldbestand zu überprüfen sowie Ammen für die Arbeit im Waisenhaus zu akquirieren.[46] Genau diesen Vorgang schildert das Gemälde »Die Überprüfung der Zöglinge des Waisenhauses« von Vasilij Kalistov (Abb. 51) aus dem Jahr 1866. Es zeigt Kinder unterschiedli-

---

43 Ebd., S. 38; Ransel, Mothers of Misery, S. 70.
44 A. Ja., Vospitatel'nye doma, in: Ènciklopedičeskij slovar' F. A. Brokgauza i I. A. Èfrona, Bd. 7, St. Petersburg 1892, S. 274–280, hier S. 279. Exemplarisch zur Situation von Waisenkindern und dem institutionellen Umgang mit ihnen im Gouvernement Tambov in der zweiten Hälfte des 19. Jahrhunderts vgl. Ščerbinin, »Pustite detej ko mne ...«, S. 31–195.
45 Ransel, Mothers of Misery, S. 76.
46 Jablokov, Prizrenie detej v vospitatel'nych domach, S. 38.

chen Alters, die einen schüchternen bis verängstigten Eindruck machen. Sie werden in Begleitung der für sie verantwortlichen Bauernfrauen zwei Männern vorgeführt, die sich aufgrund ihrer dunklen Anzüge als Obrigkeitspersonen identifizieren lassen. Es fällt auf, dass keiner der beiden die Kinder eines Blickes würdigt. Der eine schaut über ein sich verbeugendes Mädchen hinweg auf ein Dokument, das ihm die Bauernfrau entgegenhält, die das Kind begleitet. Der andere sitzt an einem Tisch, die rechte Hand zu einer Trinkgeste erhoben, und lässt sich von einem Bauer ein Glas einschenken. Das Wohl der Kinder scheint nur bedingt das Anliegen der Inspektoren zu sein. Damit verweist dieses Gemälde nicht nur auf die Situation der Kinder, sondern auch auf die Missstände, die bei der Organisation und Verwaltung des Pflegschaftswesens herrschen konnten und zu Beginn des 20. Jahrhunderts in der Zeitschrift »Arbeitshilfe« (*Trudovaja Pomošč'*) wie folgt dargestellt wurden:

»Es wurden immer mehr Kinder [in die Waisenhäuser] gebracht, für die es nicht genügend Ammen gab, nicht genügend Plätze, man wandte sich um Hilfe an Erzieherinnen auf dem Land, von ihnen gab es auch zu wenige, die Ausgaben für deren Anwerbung müssten erhöht werden. Aber die Kinder wurden trotzdem über die Dörfer verteilt. Dennoch – ich spreche jetzt nicht einmal über die Sterblichkeit durch unkontrollierte Ernährung und Pflege in den schmutzigen Bauernhütten – ist ihre Überwachung unbedingt notwendig, aber damit sind kleine Beamte beauftragt, deren Zahl der Verteilung der Pflegeplätze nicht angemessen ist, deren moralische Qualitäten unbefriedigend sind, im Ergebnis entspricht der Aufwand an Arbeit und Mitteln nicht den wohltätigen Zielen der Einrichtung: Aus der enormen Zahl der in die Institution aufgenommenen Kinder erfährt nur eine unbedeutende Minderheit die Wohltaten der Anstalt. Während diese *Minderheit* unter den Augen einer aufmerksamen Leitung in den Sälen des Waisenhauses mit Milch der Ammen gefüttert wird oder diese aus einem Fläschchen im Hof trinkt, sich darauf vorbereitet, Arzt oder Beamter zu werden, Französisch und Latein lernt, tanzt und singt, stirbt die *Mehrheit* dieser ebenfalls unglücklich Geborenen in den rauchfanglosen Hütten der Pflegemütter, die sie unkontrolliert mit dem, was Gott schickte, füttern, hilft in der einfachen Wirtschaft ihrer Mütterchen, lernt das Land zu bearbeiten, auf dem sie schließlich registriert wird.«[47]

Aus diesen Zeilen wird deutlich, dass die Kinder, die auf Kalistovs Werk zu sehen sind, zu denjenigen zählten, die überhaupt ihre ersten Lebensjahre überstanden hatten. Die hohe Sterblichkeitsrate unter den Kindern, insbesondere den Säuglingen, die von den Waisenhäusern aufgenommen und in

---

47 Ebd., S. 39–40.

die Dörfer weiterverteilt wurden, stellte im 19. Jahrhundert eine immense Herausforderung für den Staat dar. Zwischen 1846 und 1866 starben durchschnittlich 72 Prozent der Kinder unter einem Jahr, die vom St. Petersburger Waisenhaus in die Pflegschaftsbezirke übergeben wurden.[48] Zahlen des Moskauer Waisenhauses der Jahre 1880–1889 belegen zudem, dass noch zu Beginn der 1880er Jahre die Überlebenschance von Kindern unter einem Jahr, die in der Institution selbst großgezogen wurden, fast dreimal höher als bei den in den Dörfern lebenden Pflegekindern war.[49] Eine Verbesserung der Situation trat erst ab 1891 ein.[50] Eine gesetzlich verschärfte Aufnahmepraxis der Waisenhäuser bei gleichzeitiger materieller Unterstützung für die Mütter, die ihre Kinder zunächst bei sich behielten und stillten, sorgte dafür, dass mehr Kinder bei ihren Müttern beziehungsweise Eltern aufgezogen wurden und somit die Zahl der zu versorgenden Kinder in den Heimen und Dörfern zurückging. Wenngleich es in den Folgejahren immer wieder zu einer Verschlechterung der Situation kam, sank die Sterblichkeit unter den sich in Obhut befindlichen Säuglingen und erreichte auch in Krisenphasen nie mehr die Raten der 1870er und 1880er Jahre.[51] Hinzu kam, dass Zemstvo-Ärzte und -Statistiker in Publikationen auf die katastrophalen Zustände aufmerksam machten und stets hervorhoben, dass die Säuglingssterblichkeit in Russland vier- bis fünfmal so hoch war wie in entwickelten westlichen Staaten. Sie trugen dazu bei, das öffentliche Bewusstsein für diese Probleme zu schärfen. Dies führte dazu, dass ab den 1880er Jahren gesellschaftliche Organisationen wie die »Kinderhilfe« (*Detskaja pomošč'*) in St. Petersburg auf den Plan traten, die sich gezielt der Unterstützung bedürftiger Kinder widmeten.[52]

Neben der Elementarbildung war es auch die Mädchenbildung, die in der zweiten Hälfte des 19. Jahrhunderts visualisiert wurde. Michail Petrov (1841–1917) widmete 1872 diesem Genre sein Bild »Die Pensionatsschülerinnen« (Abb. 52).[53] Zu sehen sind drei Mädchen einer privaten Lehranstalt in typischer Kluft: dunkle einfache Kleider, darüber weiße Schürzen sowie ebensolche große umhangartige Krägen. Zwei der Schülerinnen beugen sich

---

48 Siehe die entsprechende Tabelle in: Ransel, Mothers of Misery, S. 76.
49 Vgl. die Statistiken in: A. Ja., Vospitatil'nye doma, S. 277–278.
50 Ausführlich zu den Veränderungen nach 1891 siehe Ransel, Mothers of Misery, S. 106–129.
51 Ransel, Mothers of Misery, S. 128.
52 Ebd., S. 102.
53 Vasjutinskaja, Dva veka russkogo detstva, S. 202.

Abb. 52: Die Pensionatsschülerinnen (Michail Petrov, 1872)

über einem Tisch, die dritte steht in der Nähe der geöffneten Tür und schaut wachsam, ob sich jemand dem Zimmer nähert. Offensichtlich sind die Mädchen mit etwas beschäftigt, was sie nicht entdeckt wissen wollen.

Mitte des 19. Jahrhunderts waren die Bildungsmöglichkeiten insbesondere für nichtadlige Mädchen im Russischen Kaiserreich immer noch stark eingeschränkt. Zwar hatte Marija Fedorovna, Ehefrau Pauls I., bis 1828 neue Institute und Anstalten für adlige wie nichtadlige Mädchen auch jenseits der Hauptstädte einrichten lassen; insgesamt lernten 3.420 Schülerinnen an privaten Pensionaten. Allerdings befanden sich diese mehrheitlich im Baltikum und in den Westprovinzen des Russischen Kaiserreiches. Rechnet man noch die Elementarschulen hinzu, gab es 1824 im Russischen Kaiserreich 5.835 Schülerinnen im Vergleich zu 55.021 Schülern.[54] Unter Nikolaus I. wurde bei der Mädchenbildung vor allem auf die moralische und religiöse Erziehung Wert gelegt. Die Bildungspolitik forcierte zudem einen Ausbau der staatlichen Lehranstalten, um bessere Kontrolle über die vermittelten Inhal-

---

54 Pietrow-Ennker, Bianka, Rußlands »Neue Menschen«. Die Entwicklung der Frauenbewegung von den Anfängen bis zur Oktoberrevolution, Frankfurt am Main 1999, S. 137.

te ausüben zu können. Dies hatte zur Folge, dass 1833 verboten wurde, neue Privatpensionate in den Hauptstädten zu errichten. Zudem kontrollierten ab 1834 Inspektoren die Lerninhalte der Pensionate. Hauslehrer konnten nur noch mit einem staatlichen russischen Zertifikat zugelassen werden. Auch wenn karitative Initiativen verschiedene Lehranstalten für Mädchen einrichteten, blieb deren Zahl unter den Lernenden gering. 1834 erhielten im Russischen Reich 214.387 Knaben im Vergleich zu 30.964 Mädchen eine Schulbildung. Davon entfielen 18.478 Schülerinnen auf die Elementarschulen und nur 104 auf die Kreisschulen. Häufig gab es in den Gouvernements lediglich private Pensionate für die weiterführende Bildung der weiblichen Schülerschaft. 1856 betrug die Zahl der Schülerinnen an staatlichen Schulen 51.632, die der Schüler 482.802.[55] Veränderungen traten unter Alexander II. ein; 1858 sorgte Bildungsminister Norov – entgegen der Widerstände aus konservativen Kreisen – für den Ausbau der weiterführenden Schulbildung von Mädchen.[56] Im Zuge dessen wurden sowohl Progymnasien für die Töchter von Kaufleuten und Handwerkern gegründet als auch Gymnasien für adlige Mädchen mit einer geisteswissenschaftlichen Ausrichtung etabliert. Mit hohem lokalen Engagement gelang es, weitere Lehranstalten zu errichten. Zudem erweiterten die Pensionate und kirchlichen Schulen ihr Bildungsangebot. Dies führte dazu, dass in den 1890er Jahren immerhin 79.000 Schülerinnen eine weiterführende Schule besuchten.[57]

Ein Gegenentwurf zu vielen Gemälden, die Mädchen mit geschlechtsspezifischen Attributen wie Blumen zeigen oder sie fast süßlich in Szene setzen, ist ein Bildnis von Ivan Polključnikov aus dem Jahr 1865. Auf diesem ist ein etwa zwölfjähriges Mädchen zu sehen, das hochkonzentriert mit einem Stereoskop Bilder betrachtet (Abb. 53). Das Gesicht und die Hände sind in helles Licht getaucht; zusammen mit der dunklen, schlichten Kleidung und dem schmucklosen Hintergrund wird der Moment der Fokussierung perfekt inszeniert. Dieses Mädchen scheint ernsthafte Interessen zu verfolgen und nicht kurzweiligen Zeitvertreib zu suchen. Damit verweist das Porträt des Mädchens auf einen Typus russischer Frau, der ab den 1860er Jahren zunehmend nach höherer Bildung und sinnvoller Tätigkeit strebte. Es war genau

---

55 Ebd., S. 138.
56 Fieseler, Beate, Besonderheiten des mittleren Mädchenbildungswesens im Russischen Reich (19. Jahrhundert), in: Wilhelmi (Hg.), Bildungskonzepte und Bildungsinitiativen, S. 278–291, hier S. 282.
57 Clements, Barbara Evans, A History of Women in Russia. From Earliest Times to the Present, Bloomington 2012, S. 117.

Abb. 53: Mädchen durch ein Stereoskop schauend (Ivan Polključnikov, 1865)

in dieser Zeit, als Pädagogen wie Konstantin Ušinskij traditionelle Bildungsvorstellungen reformierten, die ersten russischen Studentinnen an ausländische Universitäten (insbesondere nach Zürich) gingen und Frauen sich beruflich zu qualifizieren begannen.[58]

---

58 Eine lebendige Beschreibung der Veränderungen im Smol'nyj unter Ušinskij findet sich bei Wodowosowa, Jelisaweta Nikolajewna, Im Frührot der Zeit. Erinnerungen 1848–1863, Weimar 1972, S. 303–322. Zur Entwicklung der akademischen Bildung russischer Frauen: Lichačeva, Elena, Materialy dlja istorii ženskago obrazovanija v Rossii, 4 Bde., St. Petersburg 1890–1901, hier Bd. 4, S. 453–492; Neumann, Daniela, Studentinnen aus dem Russischen Reich in der Schweiz (1867–1914), Zürich 1987; Rogger, Franziska; Bankovski, Monika; Frey-Wettstein, Franziska, Ganz Europa blickt auf uns! Das schweizerische Frauenstudium und seine russischen Pionierinnen, Baden 2010; Pietrow-Ennker, Russlands »neue Menschen«, S. 221–235, 257–311.

Kindheit und Familie

Parallel zu den Bildern, die den Anbruch einer neuen Zeit markieren, finden wir Porträts, die sich kaum von Kinder- und Familienbildnissen des frühen 19. Jahrhunderts unterscheiden. Exemplarisch sei hier auf das Porträt Nicaise de Keyser verwiesen, das er 1848 von den Söhnen des Grafen A. M. Gorčakov anfertigte (Abb. 54) und dies ganz im Stil des ausgehenden 18. Jahrhunderts hielt: Die Knaben lehnen mit aufgeschlagenem Buch an einer Brüstung vor einem roten Vorhang. Das von Ivan Makarov gemalte Porträt der Schwestern Perov aus dem Jahr 1859 steht in klarem Kontrast zu den oben angeführten Bildern, die Mädchen im Zusammenhang mit Bildung und deren Institutionen zeigen (Abb. 55). Auf diesem ovalen Bildnis sind zwei Mädchen in weißen Kleidchen mit großen roten Schleifen zu sehen. Das eine schaut direkt zum Betrachter, während das Mädchen im

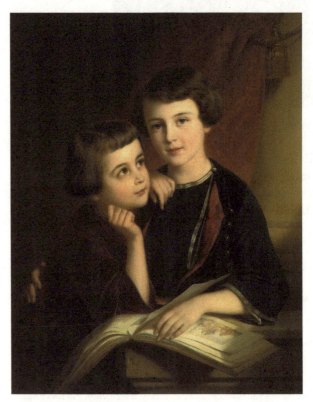

Abb. 54: Porträt der Söhne des Grafen A. M. Gorčakov (Nicaise de Keyser, 1848)

Abb. 55: *Die Schwestern Perov (Ivan Makarov, 1859)*

Hintergrund über den Kopf ihrer Schwester hinweg auf die linke Seite des Bildes blickt. Ihre herausgestellte Kindlichkeit verweist auf eine starke Verwurzelung in der Romantik. Der für seine Porträts berühmte britische Maler Thomas Lawrence (1769–1830) schuf 1823 ein Bild der Calmady-Kinder, zwei Schwestern im Alter von drei und fünf Jahren (Abb. 56). Das Bild strahlt eine große Lebendigkeit aus, nicht zuletzt durch die sinnliche Wiedergabe der rosigen Haut des Mädchens, seiner weichen Haare und der zarten Stoffe. Das ältere Mädchen hält die jüngere Schwester liebevoll im Arm, das Kleinkind strahlt vor Lebensfreude, es scheint mit Armen und Beinen zu strampeln und schaut mit strahlenden Augen aus dem Gemälde heraus. Durch den runden Bildausschnitt werden die beiden Schwestern dicht aneinandergerückt und die Nähe und Vertrautheit der Geschwister betont. Das Gemälde feierte in einer Ausstellung der Royal Academy in London einen

Abb. 56: *Die Calmady-Kinder (Thomas Lawrence, 1823)*

großen Erfolg und fand ab 1825 als Farblithografie große Verbreitung. Später wurde das Bild als »Inbegriff des kindlichen Liebreizes« zum beliebten Motiv für Keksdosen und Pralinenschachteln.[59] Die ungewöhnliche runde Form des Porträts wiederum verweist auf ein italienisches Vorbild aus dem 16. Jahrhundert.[60] Stellt man die Gemälde Makarovs und Lawrences nebeneinander, so erscheinen die Perov-Schwestern nicht nur aufgrund des runden Bildausschnitts als eine Variante der Calmady-Kinder, sondern auch wegen der lieblichen Darstellung der Mädchen. Dies belegt einmal mehr, dass sich die Kindheitsvorstellungen der russischen Maler in einem gesamteuropäischen Kontext bewegten.

Für die Familienporträts der zweiten Hälfte des 19. Jahrhunderts lässt sich eine ähnliche Diversität wie in der Darstellung von Kindern beobachten. Ei-

---

59 Neumeister, Die Entdeckung der Kindheit, S. 184–186. Das Bild der Calmady-Kinder war aber bei weitem nicht das einzige, das kommerzialisiert wurde. John Millais Gemälde »Seifenblasen« von 1886 wurde ebenfalls als Motiv eines Werbeplakats für Pear's-Seife verwendet, vgl. Burke, Augenzeugenschaft, S. 117–120.
60 Neumeister, Die Entdeckung der Kindheit, S. 187.

Abb. 57: Familienporträt (Ivan Chruckij, 1854)

nerseits finden wir Mitte des 19. Jahrhunderts entstandene Gemälde, die ihre Wurzeln deutlich im ausgehenden 18. Jahrhundert haben und mit typischen Attributen ausgestattet sind. Als Beispiel sei das »Familienporträt« von Ivan Chruckij aus dem Jahr 1854 genannt (Abb. 57). Es zeigt eine Mutter, die ein Buch in der Hand hält, mit ihren drei Kindern. Die vier Personen sind in eine Parklandschaft platziert, das jüngste Kind, ein Junge im russischen Hemd, steht neben seiner Mutter und richtet seinen Blick auf die Betrachter. Die anderen beiden Kinder sitzen zur Linken der Mutter, der ältere Knabe hat ein aufgeschlagenes Buch auf den Knien und das neben ihm sitzende Mädchen liest in einem Heft. Weiter gibt es zahlreiche Porträts, die Familien in ihrem Haus zeigen, sowie Hüftporträts, versehen mit Blumen, Vorhängen oder dekorativen Bauelementen.[61] All diesen Bilder ist gemein, dass sie arran-

---

61 Vgl. beispielsweise Puškarev, Prokofii, Semejnaja Kartina, Portret sem'i Puškarevych, 1846; Boloskov, Aleksej, Za čajnym stolom. Komnata v usad'be G. S. Tarnovskogo »Kačanovka« Černigovskoj gubernii, 1851; unbekannter Künstler, Semejnyj portret,

Abb. 58: Familienporträt (auf dem Balkon) (Fedor Slavjanskij, 1851)

gierte Familienszenen zeigen, die die Porträtierten überwiegend schweigend und in ernsthafter Pose abbilden. Eine veränderte Repräsentation von Familie übermittelt hingegen der Maler Fedor Slavjanskij auf dem 1851 gemalten Porträt seiner eigenen Familie (Abb. 58). Er hält einen privaten Moment von scheinbarer Belanglosigkeit fest. Ein Mann lehnt an der Balkontür und schaut auf seine dort sitzende Frau, als ob er etwas zu ihr gesagt hat und nun ihre Reaktion abwartet. Sie hält ein freundliches, barfüßiges kleines Kind auf dem Schoß und wendet sich ihm zu. Ein etwas älterer Junge reitet fröhlich

1840er Jahre; Lankov, Efim, Semejnyj portret, 1846, alle in der genannten Reihenfolge in: Petrova (Hg.), Portret sem'i, S. 48–49, 64, 51, 58.

auf seinem Schaukelpferd; ein kleines Mädchen kniet lachend hinter ihrem umgekippten Puppenwagen und lässt sich auch durch die mahnenden Worte der Großmutter oder Kinderfrau nicht irritieren. Durch die beiseite geschobenen Vorhänge der Veranda scheint die Sonne. Blauer Himmel, üppige Grünpflanzen, ein farblich harmonierender Teppich, auf dem die Puppe und die zugehörigen Deckchen liegen, runden das Familienidyll ab. Dieses Bild veranschaulicht im Vergleich zu den übrigen Gemälden große Lebendigkeit sowie ein emotional geprägtes Miteinander, was insbesondere der Darstellung der drei Kinder geschuldet ist: Der Maler lässt sie nicht in einer repräsentativen Pose erstarren, sondern ein altersgerechtes Verhalten demonstrativ zur Schau tragen.

Die angesprochenen Gemälde zeigen im Anschluss an die bereits analysierten Werke des ersten Drittels des 19. Jahrhunderts ein deutlich erweitertes Spektrum dargestellter Kindheiten, eine Verschiebung der thematischen Schwerpunkte sowie sich verändernde Darstellungskonventionen. Damit vollzog sich die visuelle Entwicklung von Kindheit in vergleichbarer Form wie im westlichen Europa, die Anne Higonnet 1998 wie folgt definierte:

»Die romantische Kindheit machte schnell Schule. Nach ihrer Einführung Mitte des 19. Jahrhunderts erfolgte ihre Streuung [*diffusion*] während des 19. Jahrhunderts. Schrittweise durchdrang die visuelle Erfindung der Kindheit das allgemeine Bewusstsein und ging mit der Ausbreitung von Bildtechnologien einher, die verstärkt vielfältige und umfassende Arten von Bildern, Künstlern und Rezipienten hervorbrachten.«[62]

Es war in den entsprechenden Gemälden unschwer zu erkennen, dass ein wesentlicher Teil der vorgestellten Bilder den ökonomischen, sozialen und politischen Wandel aufnahm, den das russische Kaiserreich seit den Großen Reformen ab den 1860er Jahren durchlief. Das große Interesse an bäuerlichen Lebenswelten und die erhebliche Aufmerksamkeit für benachteiligte Kinder fallen ebenso auf wie die gleichzeitig fortdauernde Visualisierung des adligen beziehungsweise bessergestellten Nachwuchses. Zu den Bildtraditionen des ausgehenden 18. Jahrhunderts kamen der sozial aufmerksame Blick der Wandermaler und die verstärkte Fokussierung auf behütete Kinderwelten hinzu, wie sie Maler häufig dann vornahmen, wenn sie ihre eigenen Kinder porträtierten.

---

62 Higonnet, Anne, Pictures of Innocence. The History and Crisis of Ideal Childhood, London 1998, S. 9.

Es waren die Auseinandersetzungen um die elementare Schulbildung für Mädchen und Jungen, die Arbeitsbedingungen in den Fabriken, die Kranken- und Sozialfürsorge, die dazu beitrugen, dass die Öffentlichkeit im Verlauf des 19. Jahrhunderts Kinder zunehmend als beschützenswerte Wesen wahrnahm. Damit einhergehend spielte ab Mitte des 19. Jahrhunderts die einsetzende Professionalisierung eine wichtige Rolle, die sich in der Herausbildung eigener Wissenschaftszweige wie Pädiatrie, Pädagogik und Jugendstrafrecht samt entsprechenden Publikationsorganen niederschlug. Berufspädagogen, Schriftsteller, Ärzte und Juristen wie Konstantin Ušinskij, Nikolaj Bunakov, Vladimir Stojunin, Petr Lesgaft, Lev Tolstoj, Nikolaj Dobroljubov, Nikolaj Pirogov oder Dmitrij Dril' bemühten sich um neue Ansätze und versuchten, diese auch für benachteiligte Kinder und Jugendliche fruchtbar zu machen. Die visuelle Darstellung von Kindern hatte in diesem Prozess eine wichtige Funktion: Bilder von Kindern tragen stets ein starkes emotionales Moment in sich und entfalten – auch im Vergleich zur Schriftlichkeit – eine starke Wirkmächtigkeit. Die genannten Faktoren veränderten die Vorstellungen von Kindheit und damit auch die soziale Praxis nachhaltig: Kindheit hörte auf, ein Privileg der Oberschicht zu sein.

Auch die ab Mitte des 19. Jahrhunderts in Russland entstandenen Gemälde weisen in ihrer Vielfältigkeit unterschiedliche Einflüsse auf. Sie bringen Tradition und Modernisierungsbestrebungen, adlige Welten und bäuerliche Lebensumstände, Folgen von Urbanisierungs- und Migrationsprozessen sowie westliche und russische Konventionen zum Ausdruck. Damit bekräftigen sie die These, dass es sich bei der Kindheit keinesfalls um einen homogenen, sondern um einen von vielfältiger Verflechtung geprägten sozialen Raum handelt.

Um die fortschreitende Ausdifferenzierung von Kindheitsvorstellungen in der zweiten Hälfte des 19. Jahrhunderts angemessen verorten zu können, sind deshalb sowohl die adlige Kindheit und ihre Erziehungsmuster erneut zu vermessen als auch die von Sozialkritik und Reformdenken geprägten Entwürfe zu untersuchen.

4.2 »Die Erziehung meines Sohnes, des Grafen Sergej Dmitrievič, erfolgt unter meiner persönlichen Aufsicht«: Adlige Erziehungsprinzipien im Zeitalter der Großen Reformen.

1853 entwarf Dmitrij Nikolaevič Šeremetev eine Instruktion, in der er klare Richtlinien für die Erziehung seines damals achtjährigen Sohns Sergej Dmitrievič formulierte. Die Šeremetevs besaßen in den 1840er Jahren knapp 300.000 Seelen sowie über 700.000 Hektar Land inklusive prächtiger Anwesen. Sie gehörten zu den fünf Prozent aller Gutsbesitzer, die 54 Prozent aller Gutsbauern besaßen.[63] Die Familie zählte zur Hocharistokratie des Russischen Kaiserreiches, bewegte sich in höfischen Kreisen und unterhielt Kontakte zur Zarenfamilie.[64] In Anbetracht ihres Status lag es nahe, die Erziehung und Ausbildung des Nachwuchses so zu regeln, wie es für wohlhabende adlige Familien insbesondere seit dem ausgehenden 18. und frühen 19. Jahrhundert gängige Praxis war.

Sergej Dmitrievič wurde 1844 als zweites Kind von Dmitrij Nikolaevič und dessen Ehefrau Anna Sergeevna Šeremeteva ein Jahr nach dem Tod seines älteren Bruders Nikolaj (geb. 1839) in St. Petersburg geboren. Sergejs Vater Dmitrij entstammte der gesellschaftlich geächteten Ehe seines Vaters Nikolaj mit der leibeigenen Künstlerin Praskovja Kovaleva, die zwei Jahre nach Dmitrijs Geburt starb.[65] Neben Aufgaben im militärischen und zivilen Dienst engagierte sich Dmitrij im Bereich der Wohltätigkeit. Er ließ Kirchen renovieren, spendete großzügig an Schulen und unterstützte Fürsorgeeinrichtungen, vor allem das 1802 von seinem Vater gegründete Armen- und Krankenhaus in Moskau.[66]

---

63 Gestwa, Klaus, Proto-Industrialisierung in Rußland. Wirtschaft, Herrschaft und Kultur in Ivanovo und Pavlovo, 1741–1932, Göttingen 1999, S. 350. Weiterführende Literaturangaben zur sozialen Differenzierung des russischen Adels finden sich ebd. in Fußnote 25.
64 Hildermeier, Der russische Adel, S. 186. Laut informierter Zeitgenossen galt D. N. Šeremetev als vermögendster Privatmann Europas (ebd.).
65 Smith, Douglas, Der letzte Tanz. Der Untergang der russischen Aristokratie, Frankfurt am Main 2014, S. 64; Jastrebcev, E., Šeremetev, Graf Dmitrij Nikolaevič, in: Russkij biografičeskij slovar', Bd. 23, St. Petersburg 1911, S. 164–166, hier S. 164. Zur Verbindung zwischen Nikolaj und Praskovja Kovaleva vgl. zuletzt Smith, Douglas, The Pearl. A True Tale of Forbidden Love in Catherine the Great's Russia, New Haven u. a. 2008.
66 Jastrebcev, Šeremetev, Graf Dmitrij Nikolaevič, S. 165; zur Geschichte des Armenhauses vgl. Lavrinovich, Maya B., The Role of Social Status in Poor Relief in a Modernizing

Dmitrijs Sohn Sergej erhielt eine häusliche Bildung und trat nach Absolvierung des Pagenkorps wie sein Vater in die Chevaliergarde ein. 1868 wurde er zum Adjutanten des Großfürsten Aleksandr berufen, und 1881 ernannte ihn Alexander III., mit dem er seit Kindertagen befreundet war, zum Flügeladjutanten.[67] Grundsätzlich bekleidete er »ansehnliche, jedoch keinesfalls Schlüsselpositionen«.[68] Weiter widmete er sich, der Tradition seiner Familie folgend, karitativen, kulturellen und öffentlichen Aufgaben. Er pflegte ein aktives Interesse an der Geschichte Russlands und engagierte sich für die Verbreitung und Bewahrung der Orthodoxie. Sergej Šeremetev starb 1918 in Moskau.[69]

Sergej Dmitrievič verbrachte seine Kindheit und Jugend sowohl im Petersburger Stadtpalast der Familie, dem »Haus an der Fontanka«, unterbrochen von Sommeraufenthalten auf der Datscha in Uljanka bei Peterhof, als auch in Moskau, das er als seine Heimatstadt »seit frühester Kindheit« bezeichnete.[70] In den Sommern ab 1847 weilte Sergej mit seiner Mutter auf dem Landsitz Kuskovo und besuchte mit ihr regelmäßig das Dreifaltigkeitskloster in Sergiev Posad.[71] Auch im Jahr 1849 hielt sich der Knabe mit seiner Mutter in Kuskovo auf, wo sie im Juni nach kurzer Krankheit starb.[72] Nach dem Tod der Mutter, den er in seinen Memoiren als »harte Wende« in seinem Leben beschreibt, lebte der fünfjährige Sergej mit seiner englischen Gouvernante, Verwandten und der Familie nahe stehenden Personen, wie der ehemalige Leibeigenen Tat'jana Vasil'evna Šlykova-Granatova, zusammen: zunächst in einem Häuschen in Moskau im Petrovskij Park, auf einer Datscha in Sokol'niki und dann in der Moskauer Residenz der Familie in der Vozdviženka Straße.[73] Der Vater hielt sich nur besuchsweise bei der Familie

---

Urban Society. The Case of Sheremetev's Almshouse, 1802–12, in: The Russian Review 76, 2 (2017), S. 224–252.
67 Smith, Der letzte Tanz, S. 66.
68 Belousova, O. V., Vospitanie Grafa S. D. Šeremeteva (Vtoraja polovina 1840-ch–načalo 1860-x gg.), in: Vestnik Moskovskogo Universiteta. Istorija 8, 1 (2014), S. 83–93, hier S. 84.
69 Ebd., S. 92–93; N. N., Šeremetev, Sergej Dmitrievič, in: Ènciklopedičeskij slovar' F. A. Brokgauza i I. A. Èfrona, Bd. 39, St. Petersburg 1903, S. 496.
70 Šeremetev, Sergej, Vospominanija detstva, St. Petersburg 1896, S. 7. Zu dieser Verbundenheit haben auch die Erzählungen Tat'jana Vasil'evna Slykova-Granatovas über das »Moskau vor dem Feuer« beigetragen, vgl. ebd. S. 42.
71 Ebd., S. 10–11.
72 Ebd., S. 32.
73 Ebd., S. 35. Tat'jana Vasil'evna (1773–1863) war eine ehemalige Leibeigene der Šeremetevs, die im Theater von Kuskova ausgebildet wurde und später zu dessen Tan-

auf.⁷⁴ Im Sommer 1852 verlegte die Familie ihren Lebensmittelpunkt nach St. Petersburg und verbrachte fortan die Sommermonate in Uljanka.⁷⁵ In der Retrospektive bedeutete die Übersiedlung in die Hauptstadt und damit verbunden nach Uljanka einen großen Einschnitt für Sergej: »[F]ür mich begann eine vollkommen andere Zeit [...] Ich verabschiedete mich von meiner Kindheit.«⁷⁶ Zu dieser Wahrnehmung trug sicherlich auch die Tatsache bei, dass die englische Kinderfrau Šarlotta Ivanovna – Sergejs »letzte Verbindung zur Vergangenheit« – just zu diesem Zeitpunkt Sergej verlassen und statt ihrer der Franzose Rouget seine Erziehung verantworten sollte.⁷⁷ Dmitrij Nikolaevič heiratete 1857 seine zweite Frau Aleksandra Grigor'evna Mel'nikova, die 1859 und 1860 die Kinder Aleksandr und Ekaterina (gestorben 1861) zur Welt brachte.⁷⁸

Anleitungen zur Erziehung des Grafen Sergej Dmitrievič Šeremetev

Mit der Erziehung des jungen Grafen Sergej Dmitrievič war zu Beginn der 1850er Jahre ein ganzer Stab an Personal beschäftigt, der den strikten Vorstellungen und Vorgaben folgen sollte, die Dmitrij Nikolaevič in einer umfassenden »Anweisung« niederschrieb bzw. fixieren ließ.⁷⁹

Bei dieser Erziehungsinstruktion (*instruction* in der französischen bzw. *rukovodstvo* in der russischen Variante) handelt es sich um ein in seiner Ausführlichkeit seltenes und in sich geschlossenes Dokument, das Einblick in die Erziehungsabsichten und damit in die Kindheitsvorstellungen der russischen Aristokratie Mitte des 19. Jahrhunderts gibt. Viele der knapp gehaltenen Pläne, die nach französischem Vorbild im 18. und beginnenden 19. Jahrhundert auch für russische Adelskinder erstellt wurden, beschränken sich auf

---

zensemble gehörte. 1803 aus der Leibeigenschaft entlassen, lebte sie weiterhin in der Familie Šeremetev, kümmerte sich um Dmitrij Nikolaevič nach dem Tod seiner Eltern und ebenso um Sergej, vgl. Starikova, L. M.; Granatova, Tat'jana Vasil'evna, in: Moskva. Ènciklopedija, Moskau 1997, S. 235.
74 Šeremetev, Vospominanija detstva, S. 37–38.
75 Ebd., S. 52.
76 Ebd., S. 59.
77 Ebd., S. 53–54.
78 Jastrebcev, Šeremetev, S. 164–166.
79 Die Instruktion ist Bestandteil des Archivs von Sergej Dmitrievič Šeremetev, das im RGADA aufbewahrt wird (f. 1287, op. 1, d. 3726). Erstellt wurden die Pläne allem Anschein nach von den zuständigen Lehrern, deren Entwürfe Dmitrij Nikolaevič dann intensiv bearbeitete.

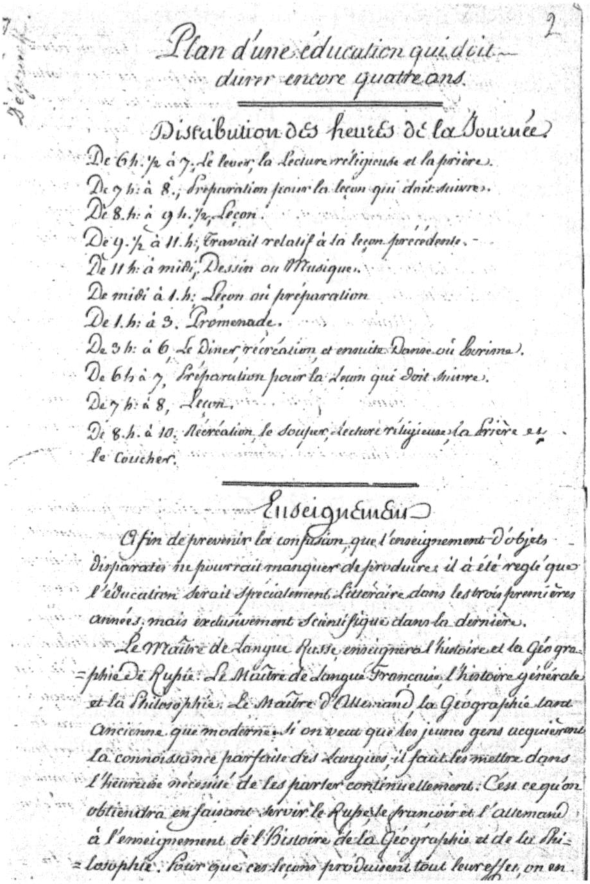

2

Plan d'une éducation qui doit durer encore quatre ans.

Distribution des heures de la Journée

De 6 h. ½ à 7; Le lever, la Lecture religieuse et la prière.
De 7 h: à 8.; Préparation pour la leçon qui doit suivre.
De 8. h: à 9 h. ½, Leçon.
De 9. ½ à 11. h; Travail relatif à la leçon précedente.
De 11 h: à midi; Dessin ou Musique.
De midi à 1. h: Leçon ou préparation
De 1. h: à 3. Promenade.
De 3 h: à 6 Le Diner, récréation, et ensuite Danse ou Escrime.
De 6 h à 7, Préparation pour la Leçon qui doit suivre.
De 7 h: à 8, Leçon.
De 8. h. à 10; Récréation, le souper, Lecture religieuse, la prière et le Coucher.

Enseignement

Afin de prevenir la confusion, que l'enseignement d'objets disparates ne pourrait manquer de produire: il à été reglé que l'éducation serait spécialement Litteraire dans les trois premières années; mais exclusivement Scientifique dans la dernière.

Le Maître de Langue Russe, enseignera l'histoire et la Géographie de Russie. Le Maître de Langue Française, l'histoire générale et la Philosophie. Le Maître d'Allemand, la Géographie tant ancienne que moderne. Si on veut que les jeunes gens acquièrent la connoissance parfaite des Langues, il faut les mettre dans l'heureuse nécessité de les parler continuellement. C'est ce qu'on obtiendra en faisant servir le Russe, le françois et l'allemand à l'enseignement de l'Histoire, de la Géographie et de la Philosophie. Pour que ces leçons produisent tout leur effet, on en

Abb. 59: Erziehungsinstruktion für Dmitrij Nikolaevič Šeremetev

ein Curriculum sowie wenige allgemeine Bemerkungen.[80] Auch für Dmitrij Nikoalaevič Šeremetev selbst existiert für die Jahre 1817–1820 ein solcher, wenige Seiten umfassender Plan (Abb. 59).[81] In diesem sind neben den Unterrichtszeiten die Zuständigkeiten der verschiedenen Lehrer festgehalten, der Stoff der einzelnen Schuljahre umrissen und die »Mittel des Zuspruchs« beschrieben (Führen eines Tagebuchs über den Fortgang des Lernprozesses,

80 Vgl. beispielsweise den in Kapitel 3.2 des vorliegenden Buchs erwähnten Erziehungsplan, den der Abbé Nicolle 1811 für Aleksandr Volkonskij entworfen hatte.

81 Plan vospitanija Gr. D. N. Šeremeteva na 1817–1820gg. (RGIA, f. 1088, op. 1, d. 439), hier l. 1.

regelmäßige Prüfungen). Ferner sind die zu erfüllenden religiösen Praktiken sowie die von den einzelnen Lehrern (für Französisch, Deutsch, Mathematik und Militärwesen) zu erstellenden Unterrichtsmaterialien dargelegt.[82] Das Dokument spiegelt das Curriculum wider, gibt darüber hinaus aber kaum Auskunft über die im Alltag anzuwendenden Erziehungsprinzipien.
Davon hebt sich die Instruktion für Sergej deutlich ab. Sie erinnert in ihrer Ausführlichkeit an Katharinas Anweisungen für den Erzieher ihrer Enkel.[83] Was kann die Motivation gewesen sein, ein solches Dokument, das fast aus der Zeit gefallen wirkt, zu erstellen? Als ein Grund kann die häufige Abwesenheit des Vaters angeführt werden, der auf diese Weise versuchte, ins Erziehungsgeschehen einzugreifen. Dafür sprechen die Briefe, die Rouget wöchentlich an Dmitrij Nikolaevič, zusammen mit kurzen Berichten, schreiben musste.[84] Oder beabsichtigte Dmitirij Nikolaevič mit diesem konservativen und fast hermetisch abgeschlossenen Regelwerk, zeitgenössisches pädagogisch-sozialkritisches Gedankengut außen vor zu halten? Weiter gilt es zu überlegen, welche Aussagekraft das Dokument besitzt. Die Tatsache, dass die Šeremetevs zu den reichsten russischen Familien zählten, weckt Zweifel, ob die in der Instruktion formulierten Vorstellungen geeignet sind, um daraus verallgemeinernde Schlüsse zu ziehen. Dem ist entgegenzuhalten, dass gerade die Exklusivität und die damit verbundenen Möglichkeiten die pädagogischen Vorstellungen beziehungsweise die Erwartungshaltung des Vaters an den Sohn in besonderer Klarheit hervortreten lassen. Darüber hinaus ist die Instruktion kein solitäres Dokument. Sergej Dmitrievič verfasste und publizierte ausführliche Erinnerungen an seine Kindheit, was die Möglichkeit eröffnet, das Dokument damit zu vergleichen und im familiären und ständisch-sozialen Kontext zu verorten.[85] Auf dieser Basis soll einerseits nach Kontinuitäten beziehungsweise Brüchen in Relation zu den bereits erörterten Erziehungscharakteristika Jurij Samarins gefragt und andererseits versucht werden, die Fallstudie in die Landschaft aristokratischer Erziehungspraktiken Mitte des 19. Jahrhunderts einzuordnen.

Die Instruktion besteht aus mehreren handschriftlichen Versionen samt Anlagen, die zwischen 1853 und 1858 angefertigt wurden. Eine genaue Da-

---

82 RGIA, f. 1088, op. 1, d. 439, l. 2–6. Ebenfalls beiliegend ist eine weitere französische Variante einer Instruktion für Sergej, aller Wahrscheinlichkeit nach von Rouget verfasst und von Dmitrij Nikolaevič korrigiert, ebd., l. 12–27ob.
83 Vgl. Kapitel 2.2 im vorliegenden Buch.
84 RGIA, f. 1088, op. 1, d. 575, l. 3.
85 Šeremetev, Sergej, Vospominanija 1853–1861, St. Petersburg 1897.

tierung der einzelnen Fassungen ist meist schwierig, da nur an wenigen Stellen konkrete Daten vermerkt sind und zudem die Seitennummerierung der Akteneinheit unsystematisch ist. Allerdings lässt sich in der Zusammenschau mit Sergejs Erinnerungen gerade durch die Verweise auf die zuständigen Lehrer eine Chronologie der Instruktion(en) feststellen und folgende Varianten ausmachen:

1. Eine »Anweisung«, die sich an den Hauslehrer Rouget (Ruže, Konstantin Ivanovič) richtet, der ab Beginn 1853 im Dienst der Familie stand.[86]
2. Eine »Anweisung für die Erziehung des Grafen Sergej Dmitrievič«, die sich an den Hauslehrer Rouget und seinen »Gehilfen« Julius Grening (Grening', Julij Federovič) richtet.[87] (Abb. 60) Der Kurlanddeutsche Grening lebte ab Sommer 1853 in der Familie Šeremetev.[88] Dazugehörig »Details zur Ergänzung der Instruktion von H. Ruže«.[89]
3. Eine »Anweisung« vom 10. August 1858, die sich nur noch an Julius Grening richtete, da Rouget im April 1858 aus den Diensten der Šeremetevs entlassen wurde.[90]
4. Zwei »Instruktionen« in französischer Sprache, die sich an Rouget und Grening richten, wobei eine auf das Jahr 1858 zu datieren ist, da Rougets Name ausgestrichen ist (Abb. 61).
5. Ein Entwurf einer Erziehungsinstruktion (in französischer Sprache, vermutlich von Rouget) für den Halbbruder Aleksandr, basierend auf einem für Sergej aufgestellten Erziehungsplan (nach 1853) (Abb. 63).[91]

Bei genauer Durchsicht und Kombination der einzelnen Textvarianten ergibt sich für die Instruktion (ohne Anlagen Stundenpläne, Budgets etc.) und die dazugehörigen Ergänzungen ein Umfang von insgesamt 40 Seiten (22 plus 18 Seiten), unterteilt in 31 Abschnitte, wobei die »Ergänzungen« mit dem Abschnitt 18 beginnen. Für die folgenden Ausführungen wurde versucht, die einzelnen Bestandteile so zu nutzen, dass ein vollumfängliches Bild der Erziehungsinstruktion entsteht. Im Wesentlichen stützen sich die

---

86 RGADA, f. 1287, op. 1, d. 3726, l. 53–65; Verweis auf Zeitpunkt: Šeremetev, Vospominanija detstva, S. 53–54.
87 Ebd., l. 10–20ob sowie l. 47–52ob.
88 Verweis auf Zeitpunkt: Šeremetev, Vospominanija 1853–1861, S. 3.
89 RGADA, f. 1287, op. 1, d. 3726, l. 44–46ob.
90 Ebd., l. 1–9. Die Entlassung Rougets stand im Zusammenhang mit der des Kochs Dussaux (Djuso), mit dessen Tochter Rouget verheiratet war (Šeremetev, Vospominanija 1853–1861, S. 55).
91 RGIA, f. 1088, op. 1, d. 689.

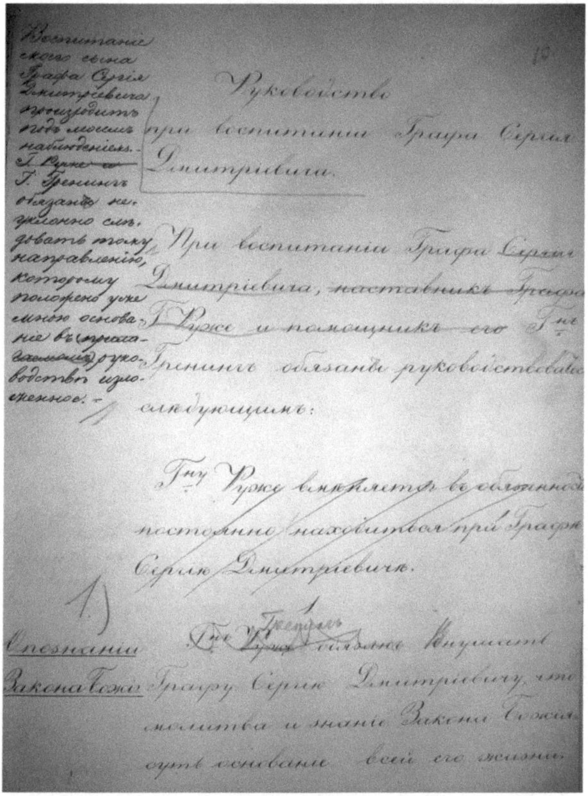
Воспитаніе моего сына Графа Сергія Дмитріевича происходитъ подъ моимъ наблюденіемъ. – Г. Руже и Г. Гренингъ обязаны неуклонно слѣдовать тому направленію, которому положено уже мною основаніе въ руководствѣ изложенное. –

Руководство при воспитаніи Графа Сергія Дмитріевича.

При воспитаніи Графа Сергія Дмитріевича, наставникъ Графа Г. Руже и помощникъ его Г-нъ Гренингъ обязаны руководствовать слѣдующимъ:

Г-ну Руже вмѣняется въ обязанность постоянно находиться при Графѣ Сергію Дмитріевичу.

1.) Опознаніи Закона Божія

Г-нъ Гренингъ обязанъ внушить Графу Сергію Дмитріевичу, что молитва и знаніе Закона Божія суть основаніе всей его жизни

Abb. 60: Erziehungsanweisung für Sergej Dmitrievič Šeremetev, ab 1853

folgenden Aussagen auf die Varianten der Jahre, in denen beide Lehrer für Sergejs Erziehung zuständig waren.

Die Dokumente weisen zahlreiche Ausstreichungen und Anmerkungen auf, die eine rege Auseinandersetzung mit den Erziehungspraktiken, die bei Sergej Dmitrievičs Anwendung finden sollten, belegen. Sergejs Vater wollte zweifellos die Erziehung seines Sohnes steuern, wovon auch die einleitenden Sätze der Instruktion zeugen:

»Die Erziehung meines Sohnes, des Grafen Sergej Dmitrievič, erfolgt unter meiner persönlichen Aufsicht. Die Herren Rouget und Grening sind verpflichtet, dem Weg, den ich im Folgenden detailliert aufzeichne, genauestens zu folgen.«[92]

92 RGADA, f. 1287, op. 1, d. 3726, l. 22.

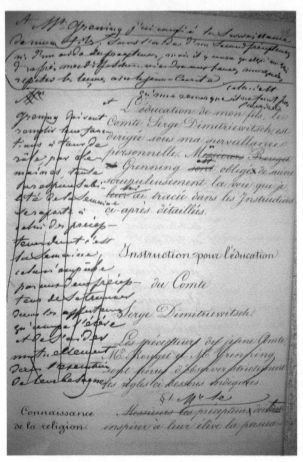

Abb. 61: Instruktion für Sergej Dmitrievič Šeremetev in französischer Sprache, 1858

Hauptverantwortlich für die Erziehung des Grafen war der seit Beginn 1853 in der Familie lebende »Konstantin Ivanovič« Rouget, Sohn eines in Russland verbliebenen französischen Kriegsgefangenen von 1812. In Russland geboren, sprach der selbstbewusste Lehrer »Russisch wie ein Russe«.[93] Sein »Gehilfe« war der »bescheidene« Musiklehrer Julius Grening, der, so Sergej in seinen Erinnerungen, von großer Empfindlichkeit und »außergewöhnli-

---

93 Šeremetev, Vospominanija 1853–1861, S. 3–4.

cher Naivität« war.[94] Dazu kamen verschiedene Lehrer für die Fächer Mathematik, Latein, Schönschrift und Tanz.[95]

Inhaltliche Aspekte der Instruktion

Die Punkte 1 bis 3 betreffen den *Glauben und die religiösen Praktiken* als Grundlage des Lebens.[96] Sergej wurde angehalten, unter genauer Beobachtung seiner Lehrer morgens und abends sowie vor und nach den Mahlzeiten zu beten. Die von dem Religionslehrer vorgegebenen Gebete sollte er »ohne Eile, die Worte klar ausgesprochen« lesen.[97] In das morgendliche Gebet hatte er das Wohl »seiner kaiserlichen Hoheiten: den Zaren, die Zarin, die Thronfolger und das gesamte kaiserliche Haus« einzuschließen.[98] Nach dem Abendgebet sollte sich der junge Graf unverzüglich ins Bett begeben und sich mit nichts mehr beschäftigen. An Feiertagen musste er die Kirche besuchen, um dort selbständig alle religiösen Handlungen »ohne Eile« und mit der »gebotenen Ehrfurcht« durchzuführen. Vor den Feiertagen war von Spiel und Musik abzusehen und erbauliche Lektüre zu studieren, ebenso wie für die Fastentage feste Regeln beachtet werden mussten.

Im nächsten, dem vierten Abschnitt wird gefordert, dem jungen Grafen die Hingabe an den Zaren und seine Familie sowie das Vaterland »einzuflößen«.[99] Die Vorgabe ist naheliegend, weil Sergej im nahen Umfeld der Zarenfamilie aufwuchs. Seine Familie fühlte sich dem Herrscher tief verbunden. Sergej erinnert sich beispielsweise, dass im Speisezimmer zum Gefallen seiner englischen Kinderfrau die Porträts von Königin Viktoria und Prinz Albert hingen, es allerdings für notwendig befunden wurde, das Ensemble um Bilder des Herrscherpaares Nikolaus I. und Alexandra Fedorovna in ihrer Jugend zu ergänzen.[100]

Die Šeremetevs pflegten persönliche Kontakte zum Hof und nahmen häufig an dort stattfindenden Festivitäten teil. Vor seiner Krönung verbrach-

---

94 RGADA, f. 1287, op. 1, d. 3726, l. 10; Šeremetev, Vospominanija 1853–1861, S. 4–5.
95 RGADA, f. 1287, op. 1, d. 3726, l. 83.
96 RGADA, f. 1287, op. 1, d. 3726, l. 10ob.–12.
97 Ebd., l. 11.
98 Ebd.
99 Ebd., l. 11ob.
100 Šeremetev, Vospominanija detstva, S. 23.

te Alexander II. sogar mit seiner Frau eine Woche in Ostankino.[101] Sergej selbst war regelmäßig Gast bei Kindergesellschaften der Großfürsten.

Die Kindheitserinnerungen Sergejs zeigen, dass es durchaus gelang, ihn zu einem überzeugten Patrioten und Anhänger der Zarenherrschaft zu formen. In der Rückschau beschreibt er, wie er die Reaktionen seiner Umgebung unmittelbar nach der Beerdigung Nikolaus I. empfand:

»Kaum hatten sie die Erde über dem Körper des Zaren geschlossen, hagelte es Tadel auf ihn ein. […] Mich haben die Angriffe auf Nikolaus nie in ihren Bann gezogen. Doch der Strom der Anschuldigungen war nicht aufzuhalten […]. Die Zeit zeigte, ob die Erwartungen sich erfüllten; und die unparteiische Geschichte lässt in allen seinen Angelegenheiten Gerechtigkeit walten; und viel Vergessenes und nicht Anerkanntes im Zaren Nikolaus kann über diesen bemerkenswerten Menschen wieder in Erinnerung gerufen werden.«[102]

Ganz offensichtlich folgen die ersten vier Punkte der Erziehungsinstruktion der militärischen Devise »Für Gott (*Bog*), Zar (*Car*) und Vaterland (*Otečestvo*)«, die im Laufe des 19. Jahrhunderts Verbreitung fand und im wachsenden Staatspatriotismus zu verorten ist. Ihren Ursprung hatte diese Losung im 18. Jahrhundert. Die Begriffe *Bog* beziehungsweise *Vera, Otečestvo* fanden sich in offiziellen Verlautbarungen sowie als Inschrift auf Orden. 1811 formulierte Sergej Glinka in der von ihm herausgegebenen Zeitschrift »Russkij Vestnik« (»Der Bote Russlands«) das patriotische Ideal »Gott, Glauben, Vaterland«.[103] Den Bezug zum Monarchen ergänzte im selben Jahr Nikolaj Karamzin in seinen »Aufzeichnungen über das alte und neue Russland«, die er mit einem klaren Bekenntnis zum »Vaterland«, dem »Zaren« und dem »Allmächtigen« beschloss.[104] Der konservative Admiral und Politiker Aleksandr Šiškov verwies 1811 in seinen »Überlegungen über die Liebe zum Vaterland« auf den Heroismus im Kampf für die »Kirche (*Cerkov*), den Zar, das Vaterland«.[105] Mit der Invasion Napoleons 1812 erstarkte der Patriotismus. Das Abzeichen (Kokarde) der Landwehr 1812 war ein Kreuz, versehen

---

101 Ebd., S. 30.
102 Ebd., S. 27.
103 Gajda, F. A., »Za Veru, Carja i Otečestvo«: K istorii proischoždenija znamenitogo rossijskogo voennogo deviza, in: Istorija. Naučnoe obozrenie OSTKRAFT 4 (2018), S. 5–9, hier S. 2.
104 Ebd., S. 2–3.
105 Ebd., S. 3. Ausführlich zur Gesinnung Šiškovs: Zorin, Andrej Leonidovič, Kormja dvuglavogo orla … Literatura i gosudarstvennaja ideologija v Rossii v poslednej treti XVIII–pervoj treti XIX v., Moskau 2001, S. 241–258.

mit der Inschrift »Für den Glauben und den Zaren«.[106] Im November 1812 verfasste Šiškov, mittlerweile zum Staatssekretär ernannt, eine »Bekanntmachung zur Verlesung in den Kirchen«, in der es heißt: »Ihr habt eure Schuld bei der Verteidigung von Glauben, Zar und Vaterland lobenswert erfüllt.«[107] Am 14. Juli 1826 wandte sich Nikolaus I. im Zuge der Hinrichtung der führenden Dekabristen an die anwesenden Truppen und verwies darauf, dass der Militärgouverneur Milradovič während des Aufstandes 1825 für »den Glauben, den Zaren und das Vaterland« gefallen war.[108] Diese Trias paraphrasierte Sergej Uvarov 1832/33 zur Formel »Orthodoxie, Autokratie und Volkstum«, die zur Staatsideologie Nikolaus I. wurde.[109] Die Uvarov'sche Trias formierte sich unter dem Einfluss einer europäischen antirevolutionären Philosophie und entsprach in ihrer finalen Ausprägung einer »gemeineuropäischen konservativen Wendung«.[110] 1848 bekräftigte Nikolaus I. in einem Manifest, »dass unser alter Ausruf: ›Für den Glauben, den Zaren und das Vaterland‹ auch heute den Weg zum Sieg weist«.[111] Schließlich erhielt die Landwehr des Krimkriegs eine Kokarde mit Kreuz und genau dieser Losung, deren Gebrauch bis 1917 in monarchistischen Kreisen verbreitet war.[112]

Dmitrij Šeremetev forderte aber nicht nur eine Erziehung zu Patriotismus, sondern auch zu guter Moral (Abschnitt 5). Er erwartete von den Erziehern, dafür zu sorgen, dass kein Besucher in den Zimmern des jungen Grafen nicht altersgerechte Gespräche führte oder über eine vergleichbar unpassende Lektüre sprach; Gespräche über Politik waren zu vermeiden. In der Variante aus dem Jahr 1858 fehlt allerdings die Anweisung, dass – falls doch

---

106 Gajda, »Za veru, carja, i otečestvo«, S. 3.
107 Damit bezieht er sich auf die Vertreibung des Feindes aus Moskau. Ob"javlenie dlja čtenija v cerkov', in: Rossija (1812–1815). Glavnokomandujuščij soedinennymi armijami, S. 344; Gajda, »Za veru, carja, i otečestvo«, S. 3. Gajda verweist in diesem Zusammenhang auf die Strahlkraft der Losung: Im Jahr 1813 erhielt die preußische Landwehr, die im Verbund mit den russischen Truppen gegen Napoleon kämpfte, Abzeichen in Form eines lateinischen Kreuzes mit der Inschrift »Mit Gott für König und Vaterland« (ebd.).
108 Šil'der, Nikolaj K., Imperator Nikolaj Pervyj. Ego žizn' i carstvovanie, St. Petersburg 1903, S. 457.
109 Zorin, Kormja dvuglavogo orla, S. 367; dazu auch: Ševčenko, M. M., Sergej Semenovič Uvarov, in: Bochanov, A. I. (Hg.), Rossijskie konservatory, Moskau 1997, S. 95–136, hier S. 105.
110 Zorin, Kormja dvuglavogo orla, S. 352 (hier Kapitel 10 ausführlich zur Ideologie Uvarovs, S. 339–374). Zitat: Hildermeier, Geschichte Russlands, S. 855; Gajda, »Za veru, carja, i otečestvo«, S. 4. Siehe dazu auch Kapitel 3.1 im vorliegenden Buch.
111 Zitiert nach Gajda, »Za veru, carja, i otečestvo«, S. 5.
112 Ebd., S. 5.

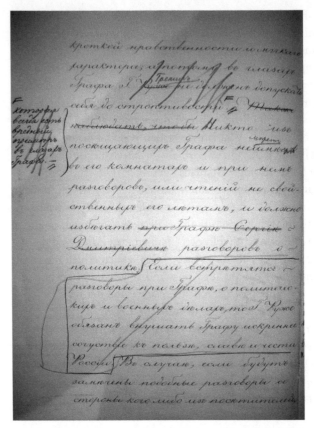

Abb. 62: *Erziehungsanweisung für Sergej Dmitrievič Šeremetev, ab 1853*

Unterhaltungen über politische und militärische Angelegenheiten geführt würden – Rouget dafür zu sorgen habe, »dem Grafen aufrichtigstes Verständnis für Nutzen, Ruhm und Ehre Russlands einzuflößen« (Abb. 62).[113] Die Lehrer wurden darüber hinaus verpflichtet, derartige Gespräche sofort abzubrechen und unverzüglich Dmitrij Nikolaevič davon in Kenntnis zu setzen.[114] Diese in der Variante des Jahres 1858 gestrichenen Passagen standen in unmittelbaren Zusammenhang mit dem Krimkrieg. Wie die Memoiren Sergejs belegen, waren die militärischen Ereignisse in seiner Umgebung vor allem in Gesprächen des (Lehr-)Personals allgegenwärtig. Dabei herrsch-

---

113 RGADA, f. 1287, op. 1, d. 3726, l. 12ob.
114 Ebd., l. 13–13ob.

te keinesfalls Einigkeit in der Bewertung des Krieges. Rouget, obwohl in Russland geboren, war ein »Bonapartist« und ergriff Partei für die Franzosen. Der Religionslehrer Speranskij war ein glühender Patriot, der kein anderes Thema mehr kannte und Sergej mit seinem Patriotismus »tröstete und unterstützte«. Tat'jana Vasil'evna legte die »Sankt-Petersburger Nachrichten« nicht mehr aus der Hand, wobei sie besonders die Reden und Handlungen Napoleons sowie das Schicksal des britischen Politikers Henry Palmerston verfolgte.[115] Zudem kamen gerade an den Winterabenden alle zusammen, um aus Baumwolllappen Verbandsmaterial für die Verwundeten des Kriegs anzufertigen. Die Nachricht vom Tod Nikolaus I. wurde als »gewaltiger Schlag« empfunden, und Dmitrij Nikolaevič ließ unverzüglich in der eigenen Kirche eine Totenmesse für den verstorbenen Zaren lesen. Im August 1855 erreichte die Kunde von der Einnahme Sevastopol's Uljanka, die der elfjährige Sergej sehr emotional aufnahm: »Ich konnte das lange nicht glauben [...]. Ich konnte die Tränen nicht zurückhalten [...].«[116] Allerdings teilten nicht alle Anwesenden seine Trauer:

»Ich erinnere mich, wie Tat'jana Vasil'evna kam, mich in diesem Zustand sah, von nichts wusste und sich fragend an Ruže [Rouget] wandte. ›Der Patriotismus leidet‹, antwortete dieser mit spöttischem Lächeln. Ich zuckte bei dieser Antwort zusammen.«[117]

Diese Begebenheit belegt, dass das Misstrauen seines Vaters gegenüber den Einflüssen, denen Sergej in seiner unmittelbaren Umgebung ausgesetzt war, durchaus berechtigt war. Zudem sorgte der zuständige Erzieher in der Praxis offenbar nur bedingt verlässlich für die gewünschte patriotische Indoktrination.

Neben dem klaren Bekenntnis zum Vaterland hatten die mit der Erziehung des jungen Grafen betrauten Lehrer sicherzustellen, dass im Charakter Sergejs kein »Starrsinn, keine Zerstreutheit und die Neigung zur sofortigen Erfüllung seiner Wünsche« herrschten. Er hatte mit »Geduld und Demut« die Anweisungen seiner Lehrer unverzüglich zu befolgen.[118] Gottgefälliges Handeln, Sparsamkeit ohne Geiz sowie Hilfsbereitschaft gegenüber Bedürf-

---

115 Šeremetev, Vospominanija 1853–1861, S. 21–22.
116 Ebd., S. 26.
117 Ebd.
118 RGADA, f. 1287, op. 1, d. 3726, l. 12ob.

tigen seien ebenso an Sergej zu vermitteln, wie Gespött und Ironie von ihm fernzuhalten seien.[119] Die beiden Lehrer hatten auch für die Höflichkeit des Grafen zu sorgen (Abschnitt 6).[120] Dem Vater und der Gräfin, der Stiefmutter Sergejs, waren »absolute Ehrerbietung« und Gehorsam zu erweisen und in Aufrichtigkeit gegenüberzutreten. Älteren Menschen mussten generell Respekt und Aufmerksamkeit gezollt werden. Nachdem Sergej bereits als Kind über einen beeindruckenden Stab an Bediensteten verfügte, sollte der Umgang mit ihnen von Anstand und bescheidener Ansprache geprägt sein.[121]

Großen Raum nehmen die genau formulierten Vorstellungen über Sergejs Unterricht ein (Abschnitte 7–10).[122] Dabei war eine der zentralen Aufgaben der Lehrer, die Lernfortschritte Sergejs genau zu beobachten. Lehrpersonal konnte von Rouget und Grening empfohlen werden, die Zustimmung zur Einstellung oblag jedoch allein Dmitrij Nikolaevič. Zu den Aufgaben Grenings zählte die Ausarbeitung von Stundenplänen, die die verschiedenen Lehrer in Absprache modifizieren konnten. Grening war verpflichtet, diese Änderungen Sergejs Vater mitzuteilen, ebenso wie ihm im Frühjahr und im Herbst der vorgesehene Unterrichtsstoff zur Annahme vorzulegen war.[123] Sergejs gewöhnlicher Tagesablauf war ab dem Aufstehen um 7 Uhr bis zur Schlafenszeit zwischen 21 und 22 Uhr klar aufgeteilt in Unterrichtseinheiten, Mahlzeiten und Spaziergänge.[124] Rouget und Grening hatten die Anwesenheit der übrigen Lehrer auf der Datscha samt An- und Abfahrt mit der Kutsche in Absprache mit dem Grafen zu regeln.[125]

Sergejs Aufmerksamkeit für den Unterricht sollte maximal gefördert und Dmitrij Nikolaevič darüber genau informiert werden:

»Um das Verhalten und die Wissenserfolge des Grafen konsequent verfolgen zu können, wird Herr Grening verpflichtet, zwei Tagebücher zu führen: in einem vermerken die Herren Lehrer seine Erfolge bezüglich seines Wissens, im anderen beschreibt Herr Grening sein Verhalten während des Tages. Jeden Morgen sollen mir die beiden

---

119 Ebd., l. 12.
120 Ebd., l. 13–13ob.
121 Im Jahr 1850 waren es zwei Hausmädchen, ein Koch samt Gehilfe, der Kammerdiener Šalin (gegenüber dem Sergej explizit keinesfalls Ausdrücke gebrauchen sollte) sowie ein Lakaj (ebd., l. 13ob).
122 Ebd., l. 13ob–16ob.
123 Eine Auswahl dieser Stundenpläne findet sich in der Anlage der Erziehungsinstruktion (ebd., l. 67–77).
124 Šeremetev, Vospominanija 1853–1861, S. 14–15.
125 RGADA, f. 1287, op. 1, d. 3726, l. 13ob–14ob.

Tagebücher von den Lehrern und Herrn Grening zur Unterschrift vorgelegt werden; an Feiertagen nur das Tagebuch über die Lernerfolge, das das Benehmen betreffende Herrn Grening. Spaziergänge und Vergnügungen werden von mir entsprechend der Erfolge, des Fleißes und des Verhaltens des Grafen festgelegt, ebenso die Strafen, wenn sie von mir für den Grafen festgelegt wurden, ist Herr Grening verpflichtet, sie genau zur Ausführung zu bringen.«[126]

Unterrichtsbücher (Abschnitt 9) mussten die Lehrer von Dmitrij Nikolaevič genehmigen lassen. Grundsätzlich sollte die Lektüre des jungen Grafen (Abschnitt 10) spannend und erbaulich, die Fantasie anregend und altersgerecht sein.[127] Keinesfalls sollten Sergej Erzählungen zugänglich sein, die nicht seiner Erziehung entsprachen; ausgewählte Bücher und Illustrationen konnten aus der Bibliothek für kurze Zeit entliehen werden – wobei darauf zu achten war, dass die Bücher wegen Brandgefahr nicht in der Nähe des Ofens gelagert wurden.[128] Die der Erziehungsinstruktion beigefügten Anlagen belegen die Kontrolle der Lektüre durch den Vater: 1853 genehmigte er die Bestellung der Zeitschriften »Journal des Debats«, »Illustration journal universel«, »Journal des mères et des enfans«, »Allgemeine Zeitung (Augsbourg)«, »Illustrierte Zeitung für die Jougend (Leipzig)«, »Signale für die musikalische Welt (Leipzig)«.[129]

Unter Punkt 11 der Instruktion sind die exklusiven Einladungen an den Hof geregelt. Erfolgten diese zu Kindergesellschaften, war ihnen unverzüglich nachzukommen, im Falle der Abwesenheit des Vaters sollte Sergej von einem Erzieher begleitet werden. Für Sergej unterbrachen die sonntäglichen Einladungen zu den Großfürsten die Eintönigkeit seines Alltags. In eine Husarenuniform gekleidet (die Großfürsten trugen diese ebenfalls), verbrachte er diese Abende bei Hof, und nicht selten beteiligten sich auch Zar Nikolaus I. und der Thronfolger Alexander an den Kinderspielen. Sergej hob in seinen Erinnerungen hervor, dass in den ersten Jahren diese Zusammenkünfte von großer Unbeschwertheit geprägt waren. Besonders großer Beliebtheit erfreute sich das Spiel »Bombardement«, bei dem sich die anwesenden Kinder auf »zwei feindliche Lager verteilten« und gegenseitig angriffen. Dem Sohn Alexanders II., Nikolaj, war es später nicht mehr gestattet, an diesen Vergnügungen teilzunehmen.[130]

---

126 Ebd., l. 15.
127 Ebd., l. 15–16.
128 Ebd., l. 16ob.
129 Ebd., l. 84 (alle Schreibweisen wie im Original).
130 Šeremetev, Vospominanija detstva, S. 39–41.

Darüber hinaus wies Dmitrij Nikolaevič an, dass anlässlich von Geburtstagen der kaiserlichen Familie – wenn die Umstände es erlaubten – Glückwünsche persönlich zu überbringen waren. Sergejs Briefe an die Großfürsten waren ihm mit dem Vorlauf von einer Woche zur Durchsicht vorzulegen.[131] Sergejs Sozialleben war klaren und festen Regeln unterworfen (Abschnitt 12). Nachdem er allein aufwachse, so Dmitrij Nikolaevič, würden »von Zeit zu Zeit Kameraden eingeladen, die im Alter dem Grafen entsprachen und Zeit mit ihm verbringen sollten«.[132] Diese Geselligkeiten durften nur gelegentlich und mit Zustimmung des Vaters erfolgen. Niemals war es Besuchern erlaubt, bei Sergej zu übernachten, und ihm selbst nur mit Erlaubnis seines Vaters gestattet Einladungen anzunehmen.[133] Grundsätzlich schien diesen einschränkenden Anweisungen Folge geleistet worden zu sein: Sergej beschrieb seine Kinder- und Jugendjahre über weite Strecken als einsam und eintönig. Insbesondere nachdem er von seiner englischen Kinderfrau dem Erzieher Rouget überantwortet wurde, spürte Sergeij »seine Einsamkeit voll umfänglich«.[134] Sergej hatte Moskau als Achtjähriger verlassen; Erst 1860 bot sich ihm die Gelegenheit, zurückzukehren und viele Angehörige wiederzusehen. Im Zusammenhang mit dieser Reise reflektierte er, dass die in Petersburg und Uljanka verbrachten Jahre »monoton und trostlos vergingen«, was vor allem daran lag, dass es ihm an vertrauten Personen und Austausch mit Altersgenossen mangelte.[135]

Briefe (Abschnitt 13) durften in Absprache mit Dmitrij Nikolaevič und nach Vorlage an Verwandte und andere Personen von Sergej verfasst werden. Auch Korrespondenz, die für den jungen Grafen bestimmt war, mussten die Lehrer dem Vater vorab zeigen.[136]

Geschenke (Abschnitt 14) sollte Sergej nur selten und nach Überprüfung und Genehmigung durch seinen Vater erhalten. Seine Geschenke hatte der Graf sorgfältig aufzubewahren, auch um seine Achtung gegenüber den Schenkenden zum Ausdruck zu bringen. Die Beschränkung hinsichtlich der Geschenke scheint funktioniert zu haben. Als Sergej im November 1857 von seiner Stiefmutter, die er als »liebevoll« empfand, »einen ganzen Karton Karamellbonbons« und einige Tage später zum Geburtstag eine Papierpresse

---

131 RGADA, f. 1287, op. 1, d. 3726, l. 17.
132 Ebd., l. 17ob.
133 Ebd., l. 17ob–18.
134 Šeremetev, Vospominanija detstva, S. 54
135 Šeremetev, Vospominanija 1853–1861, S. 60.
136 RGADA, f. 1287, op. 1, d. 3726, l. 18–19.

aus Malachit geschenkt bekam, wunderte er sich, da er, wie er in seinen Erinnerungen schreibt, »nicht daran gewohnt sei«.[137] Bei Verstößen gegen die herrschenden Regeln (Abschnitt 15) oblag es den Lehrern, den Grafen zu bestrafen. Als sanktionierende Maßnahmen kam der Entzug von Mahlzeiten und Spielsachen in Frage. Ausdrücklich verboten war es, Gebete als Strafmaßnahme einzusetzen.[138] Körperliche Züchtigung wird weder in den Instruktionen noch in den Erinnerungen Sergejs thematisiert.[139] Weiter zählte es zu den zentralen Aufgaben, die Gesundheit Sergejs zu beobachten (Abschnitt 16.). Bei Unwohlsein war der Vater zu benachrichtigen und mit dessen Zustimmung auch der Rat eines Arztes einzuholen. Im Falle einer Krankheit, »vor der uns Gott beschützen möge«, musste Grening unverzüglich den Arzt informieren und im Anschluss daran Dmitrij Nikolaevič in Kenntnis setzen. Selbstverständlich war den Anweisungen des Mediziners genau zu folgen, wobei Grening nach Genesung für sämtliche Aktivitäten Sergejs, die ein Verlassen des Zimmers voraussetzten, die Zustimmung des Vaters einzuholen hatte.[140] Die Sorge um die körperliche Gesundheit des Kindes, klassischer Bestandteil von Erziehungsinstruktionen, ist vor dem Hintergrund, dass Sergejs Bruder als Vierjähriger und die Mutter nur wenige Jahre nach Sergejs Geburt verstorben waren, nachvollziehbar. Bereits vor der Übersiedelung nach St. Petersburg war Sergej schwer an hohem Fieber und Typhus erkrankt. Die Situation des Kindes erschien so ernst, dass Dmitrij Nikolaevič nicht nur den Kinderarzt D. Weis, eine Koryphäe auf seinem Gebiet, konsultierte, sondern auch die Ikone der »Gottesmutter Freude aller, die sich Sorgen machen«, bringen ließ. Sergej erholte sich, war aber in der Rückschau überzeugt, dass die starke psychische Belastung, der er ausgesetzt war, seiner Gesundheit sehr geschadet habe.[141]

Die Ernährung stand zum einen im Zusammenhang mit dem körperlichen Wohlbefinden, zum andern stellte sie einen Bereich dar, der genutzt werden konnte, um Disziplin und Verzicht einzuüben. Dmitrij Nikoalevič reglementierte sowohl die Ernährung seines Sohnes während der Fastenzeit

---

137 Šeremetev, Vospominanija 1853–1861, S. 50.
138 RGADA, f. 1287, op. 1, d. 3726, l. 19–19ob.
139 Dies bedeutet aber nicht, dass physische Bestrafungen nicht erfolgten, waren diese doch auch Mitte des 19. Jahrhunderts weit verbreitet.
140 RGADA, f. 1287, op. 1, d. 3726, l. 19ob–20.
141 Šeremetev, Vospominanija detstva, S. 55–56.

(Abschnitt 17) als auch die alltäglichen Verpflegungsmaßnahmen.[142] Dabei hatten die zuständigen Lehrer stets bei Sergejs Mahlzeiten anwesend zu sein (Abschnitt). Der junge Graf nahm das Mittag- und Abendessen allein zu sich; die Lehrer speisten separat.[143] Der Koch Dussaux musste Sergejs Vater täglich den Speiseplan vorlegen. Zusätzliche »Naschereien« waren verboten. Gingen Sergej entsprechende Geschenke zu, waren die Erzieher gehalten, diese dem Kind nicht zu geben, sondern sie seinem Vater zu zeigen.[144] Wenn Sergej das Mittagessen zusammen mit seinem Vater einnahm, bestimmte dieser die Speisen. Auf seinem Zimmer stand Sergej Wasser zur Verfügung, weiter sollte er »Wasser mit wohltemperiertem Wein« erhalten.[145] Strengstens war darauf zu achten, dass niemand das Glas Sergejs benutzte. Kwas durfte er grundsätzlich nicht trinken; Beeren und Früchte erlaubte ihm der Vater im Sommer in geringem Umfang zu verzehren. Nach Spaziergängen und Spiel hatten die Lehrer darauf zu achten, dass er nicht unmittelbar danach Getränke zu sich nahm.[146]

Alle Ausflüge musste Dmitrij Nikolaevič genehmigen (Abschnitt 19). Täglich hatten die Erzieher die Anweisung abzuwarten, ob Sergej mit der Kutsche oder dem Schlitten ausfahren würde oder ein Spaziergang anstand. Ziele in der Stadt wählten die Lehrer aus, die auch darauf zu achten hatten, dass die Kutschfahrt nicht zu schnell geriet. Aus der Stadt heraus und auf die Inseln durften sich Sergej und seine Lehrer nur mit ausdrücklicher Genehmigung des Vaters begeben. Für die Aufenthalte in Uljanka legte Dmitrij Nikolaevič ebenfalls die Routen, Zeiten und Möglichkeiten der Kutschennutzung fest.[147] Keine Notwendigkeit sah Dmitrij Nikolaevič darin, im Winter Spaziergänge täglich zu absolvieren, bei feuchtem Wetter keinesfalls, nach Regenfällen nur mit Galoschen. Weder sollte der Graf durch Dreck und feuchte Wiesen noch in Teichnähe rennen, und von Wasser war grundsätzlich Abstand zu halten. Fahrten mit dem Ruderboot mussten speziell genehmigt werden.[148] Die Erinnerungen Sergejs belegen, dass er sich regelmäßig den strengen Vorgaben entzog. Er genoss es, durch Pfützen zu rennen, und

---

142 RGADA, f. 1287, op. 1, d. 3726, l. 20–20ob.
143 Ebd., l. 47.
144 Ebd., l. 44 (Ergänzungen zu Punkt 18).
145 Ebd., l. 47.
146 Ebd., l. 44 (Ergänzungen).
147 Ebd., l. 48. Für den Fall seiner Abwesenheit übertrug Dmitrij Nikolaevič den Lehrern die Verantwortung dafür.
148 Ebd., l. 44ob (Ergänzungen).

hatte eine Vorliebe für Orte und Spazierrouten, die von seinem Vater keinesfalls vorgesehen waren.[149] Dem Spiel (Abschnitt 20) mit Kameraden sollte sich Sergej in seiner unterrichtsfreien Zeit widmen. Dabei hatten die Lehrer darauf zu achten, dass es nicht zu Streitigkeiten kam. Vor Nachtmessen durfte nicht gerannt werden. Im Stadthaus hatte sich das Spiel auf seine »Hälfte im mittleren Zimmer« zu beschränken, auf der Datscha durfte mit Einverständnis des Vaters bei Regen der Salon genutzt werden. Zeiten für das Fechten, Reiten und die Gymnastik legte der Vater fest, ebenso wie er jedes neue Spiel zu genehmigen hatte.[150] Ergänzend wurde das Klettern auf Bäumen und über Zäune untersagt, und die Lehrer hatten strengstens darauf zu achten, dass Sergej, der seit seiner frühesten Kindheit begeisterter Jäger von Enten und Gänsen war, nichts in seine Flinte hineinsteckte und auf niemanden zielte.[151] Pfeil und Bogen sollten ihm nicht zugänglich sein, Schmetterlinge durften nicht gefangen, Vogelnester nicht berührt und Hunde nicht festgehalten werden. Blumen hatte er ebenso wenig auszureißen, wie er in der Nähe von Beeten nicht rennen sollte. Weiter galt es, Vorsicht beim Ballspiel walten zu lassen, nichts Schweres zu heben, nicht an Fenstern zu sitzen und keinesfalls in der Nähe von Öfen und Spiegeln herumzutollen.[152]

Im 21. Abschnitt der Instruktion wird der zuständige Lehrer angewiesen, darauf zu achten, dass sich der Graf nicht »in Gesellschaft der Bediensteten« befinde:[153]

»Von den im Haus lebenden [Dienstboten] und ihrem Anhang (storonniki) hat niemand Zugang zu dem Grafen Sergej Dmitrievič – nicht einmal um Glückwünsche zu überbringen, außer ich habe meine Zustimmung dazu gegeben.«[154]

Das tägliche Bad des Kindes (Abschnitt 22) sollte im Sommer morgens und im Winter in den Abendstunden stattfinden. Dabei war die vom anwesenden Arzt vorgegebene Wassertemperatur vom zuständigen Kammerdiener unbedingt zu berücksichtigen, und während des Bades musste stets einer der Hauslehrer anwesend sein.[155] Der Kammerdiener war für die angemessene

---
149 Šeremetev, Vospominanija detstva, S. 17; Šeremetev, Vospominanija 1853–1861, S. 18.
150 RGADA, f. 1287, op. 1, d. 3726, l. 48–48ob.
151 Ebd., l. 45 (Ergänzungen); Šeremetev, Vospominanija detstva, S. 15.
152 RGADA, f. 1287, op. 1, d. 3726, l. 45 (Ergänzungen).
153 Ebd., l. 48ob.
154 Ebd., l. 49.
155 Ebd., l. 49.

Beheizung und Belüftung der Zimmer Sergejs zuständig (Abschnitt 23).[156] Die Garderobe seines Sohnes (Abschnitt 24) war in der Zuständigkeit des Kammerdieners, der alles Notwendige zusammenstellen sollte.[157] Für Kleidung setzte Dmitrij Nikolaevič eine Summe von 1.500 Silberrubeln jährlich an und behielt sich die Auswahl des Schneiders vor, genauso wie Bekleidungsstücke nur mit seiner ausdrücklichen Genehmigung gekauft werden durften.[158]

Die folgenden letzten Punkte der Instruktion betrafen den Status der Lehrer im Hause Šeremetev. Neben der Verpflegung (Abschnitt 25) regelte Dmitrij Nikolaevič deren Rechte auf Nutzung einer Kutsche sowie die Zuweisung von Einrichtungsgegenständen (Abschnitt 26).[159] Die Lehrer waren gegenüber den Dienstboten, die in der »Hälfte« Sergejs angestellt waren, in Abstimmung mit dem Hausvorsteher Popov weisungsberechtigt (Abschnitt 27). Die Auswahl der Bediensteten oblag aber ausschließlich Sergejs Vater.[160] Dmitrij Nikolaevič verpflichtete die Lehrer zur genauen Einhaltung seiner Vorgaben (Abschnitt 28) und dazu, Sergej

»zu erklären, was ihm von mir erlaubt ist und was nicht; aber keineswegs ist dem Grafen etwas zu erlauben, was nicht von mir gewünscht ist, auch nicht bei Kleinigkeiten soll es Fälle geben, in denen dem Grafen etwas erlaubt wird, was ich vielleicht nicht erfahre.«[161]

Darüber hinaus sollten die Lehrer dem Kind vermitteln, dass alle diese Regelungen »zu seinem Nutzen« geschehen.[162]

Auch das Verhältnis der beiden Lehrer Rouget und Grening bemühte sich Dmitrij Nikolaevič festzulegen. Rouget war hauptverantwortlich, Grening sein Gehilfe. Ihr Verhältnis sollte von Vertrauen geprägt sein, und ihre Anweisungen an das Kind hatten im Einklang zu erfolgen. In der Praxis gestaltete sich das schwierig, weil »sich die beiden Mentoren feindlich gesinnt« waren.[163] Erschwerend kam hinzu, dass Rouget von Anfang an den Unbill Dmitrij Nikolaevičs auf sich zog:

---

156 Ebd., l. 45–46.
157 Ebd., l. 49ob.
158 Ebd., l. 46–46ob (Anmerkungen).
159 Ebd., l. 49ob–50.
160 Ebd., l. 50ob.
161 Ebd., l. 50ob–51.
162 Ebd., l. 51–51ob.
163 Šeremetev, Vospominanija, S. 5.

»Er verstand den Charakter meines Vaters nicht, in seinem Jähzorn und seiner Hitzigkeit verhielt er sich sofort feindlich und misstrauisch gegenüber jeglicher Einmischung meines Vaters in meine Erziehung. Das war ein großer Fehler, umso mehr als er mit mehr Sanftmut in der Herangehensweise meinen Vater hätte leicht nachgiebig stimmen können. Diese Atmosphäre konnte Ju. F. Grening, bei all seiner Schlichtheit, für sich nutzen: ihm vertraute der Vater mehr. Auf diese Art und Weise mangelte es meiner Erziehung an Einheitlichkeit und Systematik.«[164]

Nachdem Rouget 1858 die Familie verließ und Sergejs Erziehung von dem »unzurechnungsfähigen Grening« hauptverantwortlich übernommen wurde, hatte dies zur Folge, dass seine Ausbildung weniger von systematischer Anleitung als von beliebig gewählten Schwerpunkten geprägt wurde.[165] Allerdings hob er in seinen Erinnerungen auch die Vielzahl »hervorragender Lehrer« hervor, deren Unterricht ihm zuteilwurde. Sprachen fielen ihm leicht, am besten beherrschte er das Französische, das er dank dem Zusammenleben mit Rouget und der ihm folgenden muttersprachlichen Lehrer »frei sprach«. Deutsch praktizierte er mit seinem Erzieher Grening, Geschichte und Geografie studierte er mit großem Interesse, russische Geschichte unterrichtete der von Sergej sehr geschätzte Mosjagin. In den 1860er Jahren, nach der Bauernbefreiung vermittelte I. I. Grigorovič die allgemeine Historie, wobei der Unterricht nicht immer konform mit der Zensur ging. Sergej betonte im Rückblick allerdings, dass dies bei ihm eher den »gegenteiligen Eindruck« hervorrief. Militärisches Grundwissen ließ man dem Knaben angedeihen, als klar war, dass er nicht – wie vorübergehend in Erwägung gezogen – die Universität besuchen, sondern eine militärische Ausbildung im Pagencorps absolvieren würde.[166]

Grundsätzlich (Abschnitt 30) waren die Anweisungen Dmitrij Nikolaevičs, die auch ein Bediensteter überbringen konnte, vom verantwortlichen Lehrer unverzüglich umzusetzen; in seiner Abwesenheit galt es, sich strikt an die vorliegende Instruktion zu halten. In dringenden Fällen konnte seine Exzellenz Ivan Fedorovič um Hilfe gebeten werden.[167] Abschließend (Abschnitt 31) vermerkte Dmitrij Nikolaevič, dass bei Bedarf »Ergänzungen« zur vorliegenden Instruktion vorgenommen würden.[168]

---

164 Ebd., S. 5.
165 Ebd., S. 113.
166 Ebd., S. 116–117.
167 RGADA, F. 1287, op. 1, d. 3726, l. 52–52ob; mit Ivan Fedorovič ist der Senator und Verwalter der Šeremetevs, Ivan Fedorovič Aprelev gemeint.
168 Ebd., l. 52ob.

Adlige Erziehung: Kontinuität oder Wandel?

Die vorgestellte Erziehungsinstruktion zeigt die Ansprüche Dmitrij Nikolaevič Šeremetevs hinsichtlich einer adäquaten Erziehung seines Sohnes und umfasst viele Aspekte einer idealen, standesgemäßen Erziehung. Deren wesentliche Elemente waren die Identifikation mit dem Staat und seinem Herrscher, die Ausbildung klar umrissener Charaktereigenschaften, ein angemessenes Verhalten im familiären und gesellschaftlichen Umfeld, ein entsprechendes schulisches Curriculum, die Unterweisung in den Bereichen Fechten und Tanz sowie der fachgerechte Umgang mit einer Jagdwaffe. Zudem galt es Disziplin einzuüben, sei es im Hinblick auf Ernährungsgewohnheiten, den Umgang mit den Dienstboten oder in Bezug auf die Pflege sozialer Kontakte. Viele der genannten Punkte sind klassische Bestandteile von Erziehungstraktaten, zumal die Vorstellung, Erziehung durch ein strenges, aber vernünftiges Reglement zu strukturieren, auf die Gedankenwelt des 18. Jahrhunderts verweist, in deren Geist Dmitrij Nikolaevič selbst erzogen wurde. Allerdings hält sich das vorliegende Dokument im Vergleich zu Traktaten des 18. Jahrhunderts kaum mit der Reflexion pädagogischer Prinzipien auf. Eine intensive Auseinandersetzung mit Fragen der Erziehung, wie sie sich beispielsweise aus der Korrespondenz zwischen Fedor Samarin und Pako ablesen lässt, schien bei den Šeremetevs nicht mehr stattzufinden. Zentrales Moment des Dokuments ist die Autorität des Vaters in der omnipräsenten Anweisung, alle Handlungen, die Sergejs Erziehung betreffen, von ihm genehmigen zu lassen. Die Instruktion liest sich in dieser Hinsicht als Zeugnis einer Besessenheit, jeden Schritt, jede Unternehmung und jede Regung seines Sohnes vorzugeben und zu kontrollieren. Die aufgelisteten, zu entwickelnden Tugenden erscheinen deshalb wie anzutrainierende, emotionslose Reflexe. Die Nähe zu den Vorstellungen über Entwicklung und Erziehung in den militärischen Lehranstalten unter Nikolaus I. ist offensichtlich. Dort prägten Paradesucht und Drill zunehmend den Alltag der Kadetten, ebenso wie »ein Pauk- und Zuchtsystem, ein imitatives Lernen, auf einer etwas höheren Ebene Unterwerfung einübte«.[169]

Die Šeremetevs lebten aufgrund ihres familiären Status genau in der Sphäre, der Fedor Samarin durch das Ausscheiden aus dem Dienst zu entfliehen suchte. Dmitrij Nikolaevičs Erziehungsvorstellungen zeugen von einer klaren Ausrichtung auf die konservativ geprägte Gesellschaft im Um-

---

169 Beyrau, Militär und Gesellschaft, S. 141–142.

feld des Hofs. Die Loyalität gegenüber Staat und Herrscher wurde bei den Šeremetevs, wie die Erinnerungen Sergejs belegen, durch aktive Kontakte und symbolische Praktiken zum Ausdruck gebracht. Auch die Erziehungsinstruktion ist ein deutlicher Beleg für die konservativ-nationale Haltung Dmitrij Nikolaevičs. Die Übereinstimmung der Šeremetev'schen Erziehungsinstruktion mit der konservativen Ideologie Nikolaus I., die sich unmittelbar auf den ersten Seiten der Instruktion in der Referenz an die militärische Formel »Für Gott, Zar und Vaterland« findet, verweist auf eine uneingeschränkte Loyalität gegenüber dem russischen Staat und seinem Herrscher. Die Forderung des Zaren an den Adel, formuliert in dem Manifest anlässlich der Hinrichtung der führenden Dekabristen am 13. Juli 1826, insbesondere auf die moralische Erziehung seiner Kinder zu achten, bemühte sich Dmitrij Nikolaevič offensichtlich in vollem Umfang zu erfüllen.[170]

Diese bedingungslose Ergebenheit war in den 1850er Jahren angesichts von Strukturschwäche, Reformstau und sich andeutendem gesellschaftlichen Umbruch bereits keine Selbstverständlichkeit mehr. Die Abschottungsanweisungen sowie die verordnete Einsamkeit belegen nicht nur die konservative Haltung des Vaters, sondern sprechen gleichermaßen für eine Furcht vor Einflüssen, die diese Weltsicht in Frage stellen könnten. Die Tatsache, dass es für Sergej in Anbetracht wachsender Studentenunruhen nicht mehr in Frage kam, die Petersburger Universität zu besuchen, setzte diese Prinzipien konsequent fort. Ein Universitätsbesuch wäre für ein Mitglied der Hocharistokratie allerdings grundsätzlich unüblich gewesen. Sergej trat standesgemäß in das Pagencorps ein, das er 1863 mit dem Rang eines Offiziers abschloss.[171] Neue pädagogische Ansätze, die während Sergejs Kindheit und Jugend durchaus diskutiert wurden, spielten für Dmitrij Nikolaevič keine nachweisbare Rolle. Er setzte auf ein konservatives und traditionelles Erziehungsmodell, das im Vergleich zu adligen Erziehungspraktiken des ausgehenden 18. und frühen 19. Jahrhunderts als ein von Misstrauen geprägter Hort überkommener Ansichten erscheint. Damit lassen sich klare Parallelen zur politischen Entwicklung des russischen Kaiserreichs unter Nikolaus I. ziehen, der ebenfalls auf Reaktion und nicht auf Reformen setzte.

Die Analyse von Jurij Samarins Erziehung und häuslicher Bildung zeigt ein starkes Moment der Verflechtung von russischer und westeuropäischer

---

170 Wortman, Richard, Scenarios of power. Myth and Ceremony in Russian monarchy, Bd. 1: From Peter the Great to the Death of Nicholas I; Bd. 2: From Alexander II to the Abdication of Nicholas II, Princeton 1995, 2000, hier Bd. 1, S. 278.

171 Belousova, Vospitanie Grafa S. D. Šeremeteva, S. 92.

Kultur. Insbesondere die Auseinandersetzung um die Kenntnis der russischen Sprache spielte eine wichtige Rolle. Im Fall Sergej Dmitrievičs finden sich keine speziellen Anweisungen zum Erlernen der russischen Sprache und zu deren Stellenwert. Aus den Erinnerungen Sergejs gehen eine hohe Wertschätzung seines Russischlehrers Mosjagin sowie ein großes Interesse an der russischen Geschichte hervor. Französisch beherrschte er fließend, eine Konkurrenzsituation zum Russischen ist nicht auszumachen. Für Sergej schien eine Parallelität der Sprachen, zunächst mit dem Englischen, üblich gewesen zu sein. Beobachter scherzten, dass er in seiner frühen Kindheit an einem Tag auf Russisch betete und am anderen auf Englisch.[172] Die Versionen der Erziehungsinstruktionen sind sowohl auf Russisch wie auf Französisch niedergelegt und jeweils in der entsprechenden Sprache kommentiert. Diese Kindheit war gleichermaßen wie die Kindheit Samarins von Multikulturalität geprägt, die in der zweiten Hälfte des 19. Jahrhunderts noch selbstverständlicher gelebt wurde. Der national-konservativen Gesinnung Sergej Dmitrievičs, den Sergej Vitte als »erzkonservativ« und »reaktionär« bezeichnete, war seine Erziehung jedenfalls dienlich.[173] Dies belegen seine Karriere im Staatsdienst, seine zahlreichen und federführenden Aktivitäten in diversen Organisationen, wie der Kaiserlich Orthodoxen Palästina-Gesellschaft, der Russischen Geografischen Gesellschaft oder der Kaiserlichen Russischen Historischen Gesellschaft, sowie seine zahlreichen Publikationen zur russischen Geschichte. Auch die Familie und der Landsitz spielen in seinem nationalen Gedankengut eine zentrale Rolle, wie seine Ausführungen zu Michajlovskoe, einem Gut der Šeremetevs im Gouvernement Moskau, belegen:

»Es gab viele dieser Familiennester in der Rus' [...], aber viele sind nicht erhalten, fortgenommen im Wirbel Zeit und den Verwüstungen der jüngsten Vergangenheit; aber noch sind diese Flecken und die mit ihnen verbundenen Überlieferungen erhalten, noch ist unsere Rus' lebendig – selbständig und nicht seiner historischen Vergangenheit beraubt. Deshalb messe ich jedem wohlerhaltenen Landgut (neben seiner familiären und erzieherischen Bedeutung) auch eine staatliche Bedeutung zu.«[174]

Sergejs Erziehungsinstruktion verweist auf die Kindheit als Projektionsfläche einer konservativen Elite, für die der Status quo nicht zur Dispositi-

---

172 Ebd., S. 85.
173 Vitte, Sergej Ju., Vospominanija. Detstvo. Carstvovanija Aleksandra II i Aleksandra III (1849–1894), Berlin 1923, Bd. 1, S. 431.
174 Šeremetev, Sergej Dmitrievič, Michajlovskoe, Moskau 1906, S. 42. Šeremetev verfasste diese Skizze 1905 und bezog sich auf die Plünderungen und Gewaltausbrüche auf dem Land im Zusammenhang mit der Revolution von 1905.

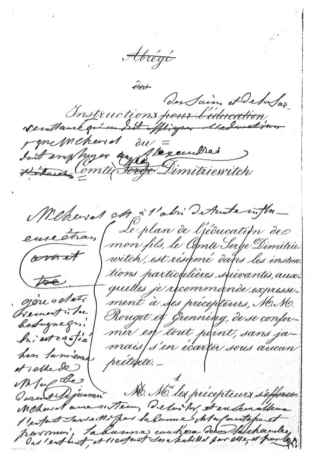

Abb. 63: Erziehungsinstruktion für Aleksandr Dmitrievič Šeremetev

on stand. Die Tatsache, dass Dmitrij Nikolaevič Sergejs Instruktion auch als Basis für die Erziehung seines 1859 geborenen Sohnes Aleksandr nahm (Abb. 63), spricht für dessen ungebrochenes Vertrauen in die dort formulierten Prinzipien sowie die klare Absicht, seine Nachkommen so zu erziehen, dass sie weder die Monarchie noch die familiäre Tradition in irgendeiner Form in Frage stellten.

Die Erziehungsinstruktion Sergej Šeremetevs ging in ihren Ansprüchen über den Rahmen einer privaten Anweisung hinaus; sie liest sich wie eine Anweisung zur Produktion idealer, kompromisslos loyaler Untertanen. Viele Abschnitte der Instruktion spiegeln gängige adlige Erziehungsprinzipien und allgemeingültige Ansprüche an diesen Stand wider. Damit belegt das Dokument deutlich die politische Dimension adligen Familienlebens. Allerdings hoben der Status und Reichtum der Šeremetevs sie von den meisten russischen Adelsfamilien ab. Deshalb ist danach zu fragen, welche Modelle adliger Erziehung und Kindheit ab der Mitte des 19. Jahrhunderts im Russischen Kaiserreich zudem auszumachen sind und welche Relevanz dieser Lebensphase in Zeiten politisch-gesellschaftlicher Veränderungen zukam.

»Glückliche Zeit der Kindheit« vs. »Seelenlose Kasernenatmosphäre«

Neben Erziehungstraktaten und -tagebüchern ist es vor allem die Belletristik, die das Bild der russischen adligen Kindheit des 19. Jahrhunderts beeinflusste. Herausragende Bedeutung erlangte in diesem Zusammenhang Lev Tolstojs Erstlingswerk »Kindheit«, das 1852 in der Zeitschrift »Der Zeitgenosse« erstmals erschien. Andrew Wachtel setzte dieses Werk gleich mit »dem Aufkommen einer speziellen russischen Konzeption von Kindheit«.[175] Wenngleich zweifellos – wie bereits in Kapitel 2 und 3 gezeigt – Vorstellungen von Kindheit lange vor diesem Zeitpunkt in Russland existierten, steht außer Frage, dass Tolstojs Text von zentraler Bedeutung ist, weil er zum »Referenzpunkt« zahlreicher und unterschiedlicher Kindheitsinterpretationen seit der zweiten Hälfte des 19. Jahrhunderts wurde.[176] Nicht nur Schriftsteller arbeiteten sich an Tolstoj ab, auch adlige Verfasserinnen und Verfasser von Erinnerungen sahen in Tolstojs »idyllischem Bild des Lebens auf dem Landgut« im Kreis der Familie nicht die »Beschreibung eines individuellen Lebens«, sondern eine »paradigmatische russische Kindheit«. Laut Wachtel erzählten sie ihre eigene Kindheit durch den »Filter von Tolstojs Werk«, weshalb Tolstoj das schuf, was man als »Mythen der russischen Kindheit« bezeichnen kann.[177]

Substantiell unterstützt wurde diese Mythenbildung von Sergej Aksakov (1791–1859), der sechs Jahre nach Tolstojs »Kindheit« 1858 als spätes Werk seine autobiografischen Kindheitserinnerungen »Die Jahre Bagrovs des Enkels« vorlegte.[178] Die Kritiker feierten Aksakovs Werk, das sie in engem Zusammenhang zu seinen bereits früher publizierten autobiografischen Erzählungen »Familienchronik« und »Erinnerungen« sahen, weshalb die drei

---

175 Wachtel, The Battle for Childhood, S. 2.
176 Ebd., S. 3.
177 Ebd., S. 4.
178 Ebd., S. 59.

Werke auch als Trilogie eingestuft werden.[179] Vergleichbar mit Tolstoj beschwört Aksakov in seinen Memoiren die »goldene Zeit der Kindheit«.[180] In »Die Jahre Bagrovs des Enkels« beschreibt Aksakov explizit eine Kindheit, wobei, ebenso wie Tolstojs »Kindheit«, das Werk dem Genre der »Pseudoautobiografie« zuzuordnen ist. Darunter versteht man eine in der »Ich-Form verfasste retrospektive Erzählung, die autobiografisches Material verarbeitet, in welcher der Autor und der Protagonist nicht die gleiche Person sind«.[181] Mit dem Rückgriff auf diese Form der Narration zielt Aksakov darauf ab, seinem Werk einen »allgemeineren Charakter« zu geben.[182] Er beschreibt das Leben des Protagonisten Sergej Bagrov auf dem Familiengut Bagrovo, das Leben in Ufa und dessen Besuche auf anderen Gütern. Jedoch scheiterte der Schriftsteller mit seinem Bemühen, »Die Jahre Bagrovs des Enkels« in ihrer Aussage über die eigene Kindheit hinauszuheben, um eine paradigmatische Geschichte eines russischen Adelssprösslings zu verfassen. Das Buch wurde stets als Autobiografie Aksakovs rezipiert und blieb deshalb als pseudoautobiografisches Modell hinter Tolstojs Werk zurück. Allerdings führte diese »falsche Lektüre« Aksakovs, so Andrew Wachtel, dazu, dass viele Adlige, denen der Rahmen von Tolstojs »Kindheit« zu restriktiv erschien, Aksakovs Werk zum Vorbild nahmen, um ihr Leben zu erzählen.[183]

In der Folge der prägenden Texte von Tolstoj und Aksakov beschreiben die einen Autoren eine Idylle, während andere die Existenz derselben negieren. Letztere sind diejenigen, deren Kindheit und Erziehung ihrer Meinung nach dazu beitrugen, sie nicht zu loyalen Untertanen, sondern, im Gegenteil, zu kritischen Zeitgenossen oder Regimegegnern zu formen. Die in diesen Erinnerungen skizzierten Kindheiten und Erziehungspraktiken sind häufig geprägt von der Wahrnehmung sozialen Unrechts sowie einer von Ignoranz und Härte geprägten häuslichen Atmosphäre. Solche Texte stehen Tolstojs Kindheitsbeschreibung entgegen und hängen doch eng mit ihr zusammen. Indem sie einen Gegenentwurf zu der von ihm postulierten »glücklichen russischen Kindheit« formulieren, arbeiteten sich diese adligen Autoren an Tolstojs Konzept ab und nutzten dieses sinnbildlich für die zu

---

179 Ebd., S. 59–60. Allerdings muss einschränkend vermerkt werden, dass die drei Werke unterschiedliche Genres bedienen: Bei der »Familienchronik« handelt es sich um eine Biografie, die »Memoiren« sind eine Autobiografie und »Die Jahre Bagrovs des Enkels« entsprechen einer Pseudoautobiografie.
180 Ebd., S. 64.
181 Ebd., S. 3.
182 Ebd., S. 65.
183 Ebd., S. 85.

überwindenden Verhältnisse als negativen Referenzpunkt.[184] Dies zeigt, dass Tolstoj mit seinem Buch nicht nur ein wirkmächtiges literarisches Genre schuf, sondern auch ein »soziokulturelles Thema« initiierte.[185] Laurie Manchester konnte in diesem Zusammenhang zeigen, dass sich auch Priestersöhne (*popoviči*) am Mythos der glücklichen adligen Kindheit abarbeiteten. Allerdings schufen sie keinen negativen, sondern häufig einen positiv besetzten Gegenentwurf, der auf engen Familienbanden, geistlich-moralischen Werten und starker Heimatverbundenheit beruhte.[186]

Lev Tolstojs »Kindheit« sowie die zugehörigen Teile »Knabenjahre« (*otročestvo*) (1854) und »Jugend« (*junost'*) (1857) bilden eine Erzählung, die jeweils in einzelne Episoden unterteilt ist. Eine liegt in der von Tolstoj angewandten narrativen Technik. Er beschreibt die Begebenheiten aus der Perspektive des zehnjährigen Knaben Nikolen'ka Irten'ev und lässt gleichzeitig einen »erwachsenen und lebenserfahrenen Erzähler« die Geschehnisse kommentieren.[187] Wachtel macht in »Kindheit« sogar drei Stimmen aus. Neben Nikolen'ka und dem erwachsenen Erzähler ist es der Autor selbst, der allgemeine Kommentare gibt, die weit über diejenigen des Erzählers, des erwachsenen Irten'ev, hinausgehen.[188] Die Trilogie ist zudem stark von Rousseaus »Confessions« beeinflusst.[189] Tolstoj griff zahlreiche Fragestellungen zur Entwicklung und moralischen Ausprägung von Kindheit auf, die auch der französische Philosoph und Schriftsteller in seiner Autobiografie behandelte.[190]

Tolstojs Werk ist eine Pseudoautobiografie, die ohne Zweifel auf autobiografischem Material basiert, allerdings verschränkte Tolstoj Dichtung und Wahrheit.[191] Er nutzte sowohl eigene Erlebnisse als auch die seiner Jugendfreunde und verwob diese zu einem Gesamtbild.[192] Wachtel machte in dieser

---

184 Ebd., S. 4.
185 Ebd., S. 5.
186 Manchester, Laurie, Holy Fathers, Secular Sons. Clergy, Intelligentsia and the Modern Self in Revolutionary Russia, DeKalb 2008, S. 94–95, 100.
187 Wedel, Erwin; Schuchart, Christiane, Jugendtrilogie (Lev Nikoalaevič Tolstoj), in: Arnold, Heinz Ludwig (Hg.), Kindlers Literatur Lexikon, Bd. 16, Stuttgart 2009, S. 324–327, hier S. 324; Tolstoi, Lew N., Kindheit, Knabenjahre, Jugendzeit (= Gesammelte Werke, Bd. 1), Berlin (DDR) 1967, S. 485 (Nachwort).
188 Wachtel, The Battle for Childhood, S. 20–37.
189 Bullitt, Margaret M., Rousseau and Tolstoy: Childhood and Confession, in: Comparative Literature Studies 16, 1 (1979), S. 12–20.
190 Ebd., S. 20–21.
191 Zu Tolstojs Kindheit und die Bezüge in seinen Werken vgl. Simmons, Ernest Joseph, Tolstoy's Childhood, in: Russian Review 3, 2 (1944), S. 44–64.
192 Tolstoi, Kindheit, Knabenjahre, Jugendzeit, S. 484.

Verflechtung einen großen Vorteil aus, da der Autor durch das autobiografische Material eine Illusion von Wahrheit erzeugen konnte, an die er aber nicht gebunden war und die es ihm dadurch ermöglichte, eine »fiktionale Welt« zu erschaffen. Nachdem bereits in der ersten Hälfte des 19. Jahrhunderts »marginale literarische Genres« wie Autobiografien, Tagebücher und Briefe Konjunktur hatten, traf die Publikation von Tolstojs Pseudoautobiografie auf eine Leserschaft, der diese Art der Literatur bereits vertraut war.[193]

Die »Kindheit« ist in 28 Kapitel unterteilt und beschreibt im Wesentlichen zwei Tage im Leben Nikolen'ka Irten'evs. Zunächst wird der Tagesablauf der Familie auf ihrem Landgut Petrovskoe beschrieben (Kapitel 1–15), bevor der Protagonist und sein Bruder Volodja mit dem Vater nach Moskau in das Haus der Großmutter übersiedeln, um dort ihre Ausbildung fortzusetzen und an das gesellschaftliche Leben herangeführt zu werden (Kapitel 16–28).

Die einzelnen Kapitel beschreiben Parameter, die die russische adlige Kindheit ausmachen, wobei sich übergreifende Schwerpunkte ausmachen lassen: das Lehrpersonal, der Unterrichtsablauf und die gängigen erzieherischen Maßnahmen, die leibeigenen Hausangestellten und deren Verhältnis zur Familie, das Landgut, die Familie (Eltern, Geschwister, Großmutter, der Familie Nahestehende) und ihre angestammten häuslichen Bereiche, Aufgaben und Charaktereigenschaften, Freizeitbeschäftigungen wie die Jagd und beliebte Kinderspiele, familiäre Zäsuren und deren Konsequenzen, soziale Beziehungen, Freundschaften, Abneigungen und erste Verliebtheit, die Herausforderung gesellschaftlicher Verpflichtungen, emotionale Empfindungen und Tugenden, Reisen und Ortswechsel.

In den ersten 15 Kapiteln entwirft Tolstoj das Bild einer russischen Kindheit auf dem Familiengut Petrovskoe. Eine durchgängige Handlung der Erzählung fehlt. Der Autor reiht Episode an Episode und verwebt so die Beschreibungen von Orten, Personen, emotionalen Empfindungen und Handlungen zu einem Ganzen. Im Gegensatz zum Erzählfluss der typischen Romane des 19. Jahrhunderts ähnelt die Struktur von Tolstojs »Kindheit« einem Album mit Standfotografien.[194] Dieser von Wachtel angestellte Vergleich bedeutet, dass der Autor aussagekräftige Bilder schafft, die in ihrer Zusammenschau eine adlige russische Kindheit ergeben. Dabei lassen sich einerseits konkrete Orte, Personen, Handlungsweisen und Gewohnheiten

---

193 Wachtel, The Battle for Childhood, S. 18–19.
194 Wachtel, The Battle for Childhood, S. 47; Standfoto, in: Lexikon der Filmbegriffe (https://filmlexikon.uni-kiel.de/doku.php/s:standfoto-2203 [8.2.2022]).

ausmachen und andererseits emotionale Befindlichkeiten sowie moralische Ansprüche und Überzeugungen feststellen.

Tolstoj entwirft eine Kulisse mit prägendem Charakter. Da ist zunächst das Gutshaus mit Auffahrt und seinen verschiedenen Räumlichkeiten und Einrichtungsgegenständen wie der Kinderstube, dem Wohnzimmer mit großem runden Tisch, Sofa und einem alten englischen Klavier (S. 13), dem Arbeitszimmer des Vaters (S. 16), dem kleinen Zimmer der Haushälterin Natal'ja Savišnja, dem Schulraum (S. 10–12) mit einem großen Tisch und von der langen Benutzung polierten Schemeln sowie »zerrissenen und von dem Lehrer wieder zusammengeklebten« Landkarten an der Wand (S. 11). Die einen Fenster dieses Zimmers geben den Blick frei auf »eine Allee aus gestutzten Linden«, eine Wiese mit einer Tenne und einem Wald; die anderen gingen auf die Terrasse hinaus, auf der sich die »Erwachsenen bis zum Mittagessen aufzuhalten pflegten« (S. 12).[195]

In der Wahrnehmung des Kindes gingen die Familienmitglieder Beschäftigungen nach, die dem vorherrschenden Rollenverständnis entsprachen:

»Die Mutter saß im Wohnzimmer und schenkte Tee ein. Mit der einen Hand hielt sie das Teekännchen, die andere ruhte auf dem Hahn des Samowars [...] Nachdem noch ein paar Worte über das Wetter gewechselt waren [...], legte Maman sechs Stückchen Zucker für einige bevorzugte Dienstboten aufs Tablett und schritt zum Stickrahmen hinüber, der am Fenster stand.«[196]

Der Vater wird als »Mensch des vorigen Jahrhunderts« bezeichnet, der über positive Eigenschaften wie »Ritterlichkeit« und »Unternehmungsgeist« verfügt bei gleichzeitiger »Hemmungslosigkeit im Genuss«, die sich insbesondere in seiner Leidenschaft für das Kartenspiel und Frauen aller Stände zeigte.[197] Er war mit der Verwaltung seines Gutsbesitzes und dem seiner Ehefrau befasst. In der Vorstellung des beobachtenden Kindes gab es »in der Welt nichts Wichtigeres als das, was im Arbeitszimmer des Vaters vor sich ging«.[198] Neben einer präziseren Beschreibung der Eltern finden standesgemäße Frei-

---

195 Tolstoi, Kindheit, in: ders. Kindheit, Knabenjahre, Jugendzeit, S. 10–16.
196 Ebd., S. 15.
197 Ebd., S. 39.
198 Ebd., S. 42. Zu den Besitzverhältnissen: Ebd., S. 17 (»Chabarowka war das Dorf von maman«). Offensichtlich hatte die Mutter keine Ambitionen, sich aktiv an der Verwaltung ihres eigenen Besitzes zu beteiligen. Dies geht aus ihrem letzten Brief an ihren Mann deutlich hervor: »Du schreibst mir, daß Du in diesem Winter Schwierigkeiten in der Wirtschaft hast und gezwungen sein wirst, Chabarowsches Geld anzugreifen. Ich verstehe gar nicht, daß Du hierzu um mein Einverständnis bittest. Gehört denn nicht alles, was ich besitze auch ebensogut Dir?« (S. 103).

zeitbeschäftigungen wie die Jagd sowie Vergnügungen und Spiele Eingang in die Erzählung. Besonders prominent hebt der Autor das auf dem »Schweizerischen Robinson« basierende Spiel »Robinson« hervor, das sich vor allem bei den jüngeren Kindern der Familie großer Beliebtheit erfreute.[199] Kontakte zu anderen Kindern und deren Familien nehmen ebenso Raum in der Entfaltung der Kindheit ein wie die gesellschaftlichen Verpflichtungen (Bälle, Einladungen), denen sich Nikolen'ka nur bedingt gewachsen fühlte. Die Themen Erziehung und Bildung werden mehrfach aufgegriffen. Die Kinder werden von ausländischen Lehrern unterrichtet. Zunächst ist es der schrullige und gutmütige deutsche Hauslehrer Karl Ivanyč, von der Moskauer Großmutter verächtlich als »Kinderwart« bezeichnet, der den Knaben nichts »beibringt als schlechte Manieren und Tiroler Lieder«.[200] Er wird auf ihr Betreiben hin abgelöst vom französischen Erzieher St. Jérôme, der im Gegensatz zu Karl Ivanyč Züge von »Egoismus, Eitelkeit, Dreistigkeit und übersteigertem Selbstbewußtsein« an den Tag legte.[201] Irten'ev hält ihn zwar für einen gebildeten und pflichtbewussten Franzosen, verabscheut aber dessen erzieherische Methoden. Wenngleich die Großmutter körperliche Züchtigung untersagt hatte, hält dies den Erzieher nicht davon ab, den Kindern regelmäßig mit Schlägen zu drohen:

»Gewiß, die Großmutter hatte ihm ihre Ansicht in bezug auf körperliche Züchtigungen mitgeteilt, und er wagte nicht, uns zu schlagen; doch nichtsdestotrotz drohte er, namentlich mir, oft mit Schlägen und sprach das Wort fouetter dabei so widerlich (etwa fouatter) und mit einer solchen Betonung aus, als ob es ihm die größte Freude bereiten würde, mich zu prügeln. […] und wenn er uns bestrafte, war ihm anzumerken, dass er es mehr zu seiner eigenen Befriedigung als zu unserem Besten tat. Er war hingerissen von seiner Erhabenheit. […] Karl Ivanytsch hatte uns in der Ecke knien lassen, und die Strafe bestand dann in dem physischen Schmerz, den man in einer solchen Stellung empfand: St. Jérôme warf sich in die Brust, machte eine gebieterische Handbewegung und rief mit tragischer Stimme: ›A genoux, mauvais sujet!‹ Wir mußten vor ihm niederknien und um Verzeihung bitten. Die Strafe bestand in der Erniedrigung.«[202]

---

199 Tolstoi, Kindheit, Kapitel 6, 7 zur Jagd (S. 28–35); zur Beschreibung des Robinson-Spiels siehe Kapitel 8, S. 36–37. Der »Schweizerische Robinson« war eine von dem Schweizer Johann David Wyss in den 1790er Jahren verfasste Robinsonade, eine Adaption des Romans »Robinson Crusoe« von Daniel Defoe, die sich im 19. Jahrhundert europaweit großer Beliebtheit erfreute.
200 Tolstoi, Knabenjahre, in: ders. Kinheit, Knabenjahre, Jugendzeit, S. 152–153.
201 Ebd., S. 185.
202 Ebd., S. 185–186.

An anderer Stelle findet ein Gespräch der Großmutter mit der Fürstin Kornakova statt, in dem beide ihre Ansichten zur Frage der körperlichen Züchtigung äußern. Die Fürstin umreißt ihre Position wie folgt:

»Soviel ich auch nachgedacht, soviel ich auch über diese Frage gelesen und andere zu Rate gezogen habe, durch die Erfahrung bin ich dennoch zu der Überzeugung gekommen, dass man auf Kinder nur einwirken kann, wenn man ihnen Furcht einflößt.«"[203]

Die Großmutter hingegen verweist auf die langfristigen Auswirkungen dieser Einstellung: »[...] nur sagen Sie mir bitte, wie Sie hiernach bei Ihren Kindern noch irgendein Zartgefühl erwarten können.«[204] Nachdem die Frage der körperlichen Bestrafung nicht nur einmal aufgegriffen wird, dienen die entsprechenden Situationen in der Erzählung offensichtlich als Vehikel, um zeitgenössische Debatten und damit einhergehend Tolstojs Vorbehalte gegen derartige pädagogische Maßnahmen zu platzieren. Ebenfalls äußert die Mutter in ihrem Brief an den Vater große Vorbehalte gegen dessen Plan, die Kinder in eine Institution zur Ausbildung zu geben.[205]

Sergej Šeremetevs Erziehungsinstruktion enthält patriotische Passagen, deren Referenz die offizielle Staatsdoktrin ist. Auch in Tolstojs Text findet sich eine große Zuneigung zu Russland, allerdings richtete sich diese weniger auf den Staat und seine Institutionen, sondern zeugt von tiefer Verwurzelung in dessen Kultur. Dies ist der Fall bei der Charakterisierung des Narren in Christo Griša, der die Familie aufsucht, dort empfangen und beherbergt wird.[206] Nikolen'ka ist von diesem Mann und seiner tiefen Religiosität höchst beeindruckt:

»[...] der Eindruck, den er auf mich gemacht, und das Gefühl, das er in mir wachgerufen hat, werden in meinem Gedächtnis nie erlöschen.
Oh, großer Christ Grischa! dein Glaube war so stark, daß Du die Nähe Gottes gespürt hast, deine Liebe so groß, daß die Worte von selbst über deine Lippen strömten – du hast sie nicht mit dem Verstand geprüft ... Und welch ein hohes Lob hast du der Größe Gottes dargebracht, als du dich, keine Worte findend in Tränen auf die Erde warfst.«[207]

---

203 Tolstoi, Kindheit, S. 69.
204 Ebd., S. 69.
205 Ebd., S. 104.
206 Ebd., S. 24–28 (Kapitel 5), S. 45–48 (Kapitel 12).
207 Ebd., S. 47–48.

Tolstoj beschreibt in dieser Szene nicht nur den ekstatischen Glauben Grišas, sondern auch ein spezifisch russisches Phänomen. Der Narr in Christo, *jurodivyj*, ist eine auf das Mittelalter zurückgehende Erscheinung. Es handelt sich dabei um einen in Armut vagabundierenden Menschen, der religiöse Askese praktiziert und mittels spezifischer Artikulation und »furchterregendlustigen Verhaltens« auf die Unzulänglichkeit der irdischen Welt verweist und die Wahrheit verkündet. Wenngleich man einzelne Züge der Narren in Christo auch in anderen Kulturen findet, ist das Phänomen in erster Linie ein russisches.[208]

Ebenso zeugt die detaillierte Beschreibung der alten Haushälterin und ehemaligen Leibeigenen Natal'ja Savišnja, ihres Zimmers und ihrer emotional vorbehaltslosen Ergebenheit gegenüber Nikolen'ka und seiner Familie von Respekt und tiefer Verbundenheit, wenngleich der Autor diese Person auch nutzt, um die herrschenden Standesunterschiede zu betonen. Zuständig für die Wäsche des Hauses weist sie den Jungen zurecht, nachdem dieser Kwas auf einer Tischdecke verschüttet hat. Sie reibt ihm mit der feuchten Stelle das Gesicht und ermahnt ihn, keine Tischtücher mehr zu beschmutzen. Der Knabe nimmt dies als große Beleidigung wahr: »Natalja Savischna, eigentlich einfach N a t a l j a, sagt zu m i r d u und schlägt mir dazu auch noch mit dem nassen Tischtuch ins Gesicht wie einem Hofjungen?«[209] Bestürzt von den Tränen des Jungen entschuldigt sie sich unterwürfig bei ihm und nimmt alle Schuld auf sich, was wiederum ein Gefühl von Liebe und Scham bei Nikolen'ka auslöst.[210] Neben dem einsamen Hauslehrer Karl Ivanyč, der als illegitimer Sohn eines Adligen keinen Platz in der Gesellschaft fand, ist es Ilenka Grap, der ebenfalls als sozialer Außenseiter beschrieben wird:

»Ilenka Grap war der Sohn eines armen Ausländers, der früher einmal zum Personal meines Großvaters gehört hatte, ihm irgendwie zu Dank verpflichtet war und es nun für unbedingt notwendig hielt, sehr oft seinen Sohn zu uns zu schicken. [...] Ilenka Grap war ein Junge von etwa dreizehn Jahren, hager, hochaufgeschossen und blaß, mit einem Vogelgesicht und gutmütig-ergebenem Gesichtsausdruck. Er war sehr ärmlich gekleidet, dafür aber stets so ausgiebig pomadisiert [...] Wenn ich mich jetzt

---

208 Isupov, Konstantin G., Narrentum in Christo, in: Franz, Norbert (Hg.), Lexikon der russischen Kultur, Darmstadt 2002, S. 318–319. Ausführlich zur Deutungsgeschichte des *jurodstvo* zuletzt: Münch, Christian, In Christo närrisches Russland. Zur Deutung und Bedeutung des »jurodstvo« im kulturellen und sozialen Kontext des Zarenreiches, Göttingen 2017.
209 Tolstoi, Kindheit, S. 52 (Sperrdruck im Original).
210 Ebd.

seiner erinnere, finde ich, daß er ein sehr zuvorkommender, stiller und guter Junge war; damals jedoch hielt ich ihn für ein durch und durch verächtliches Geschöpf, das weder eines Mitgefühls noch überhaupt irgendeiner Beachtung wert war.«[211] Nikolen'ka Irten'ev grenzte sich gegenüber Ilenka mehrmals durch abweisendes, unhöfliches und verletzendes Verhalten ab. Zwar reflektierte er dies jeweils im unmittelbaren Anschluss daran, allerdings währte die Einsicht des adligen Knaben, sich falsch verhalten zu haben, aufgrund seiner sozialen Einbindung und seines Standesvorrangs immer nur kurz.[212] Materielle Ungleichheit werden in einem Gespräch mit Katenka, Tochter einer Freundin der Familie, die mit Nikolen'ka und seinen Geschwistern aufwächst, thematisiert. Das Mädchen ist aufgrund seiner sozialen Stellung vor der Übersiedlung nach Moskau in das Haus der Großmutter sehr beunruhigt:

»Bei eurer verstorbenen Mutter konnte Mama leben, weil sie ihr eine Freundin war; aber ob mit der Gräfin [die Großmutter; Anm. K. K.], die so böse sein soll, auszukommen sein wird, das weiß Gott. Und irgendwann werden wir uns ja sowieso trennen: ihr seid reich, ihr habt Petrowskoe, wir aber sind arm – Mama besitzt gar nichts.«[213]

Die Beschreibung dieser Personen, ihres gesellschaftlichen Hintergrunds und ihrer ungerechten Behandlung sollte als »demokratische Tendenz« keinesfalls überbewertet werden. Gleichermaßen ist die vorherrschende Ansicht der sowjetischen Tolstoj-Forschung, die ihn als einen »Streiter für die Bauernschaft« einstufte, der die »korrupte und unterdrückende Aristokratie« ablehnte, mit Skepsis zu begegnen. Westliche und namhafte russische Wissenschaftler haben darauf verwiesen, dass sich Tolstoj im Kontext einer sich zunehmend ausdifferenzierenden und nicht mehr hermetisch in Stände unterteilten Gesellschaft durchaus als »Bewahrer aristokratischer Wertmaßstäbe« verstand.[214]

Andrew Wachtel und Anne Hruska sehen in dem von Tolstoj und Aksakov geschaffenen Mythos der russischen Kindheit die Etablierung eines spezifischen Erfahrungshorizonts, über den eine Person nur qua Geburt und nicht aufgrund intellektueller und professioneller Fähigkeiten verfügen konnte.[215] Dieser Ansatz zielte insbesondere auf die sogenannten *raznočincy*

---

211 Ebd., S. 80.
212 Hruska, Anne, Loneliness and Social Class in Tolstoy's Trilogy Childhood, Boyhood, Youth, in: The Slavic and East European Journal 44, 1 (2000), S. 64–78, hier S. 69–72.
213 Tolstoi, Knabenjahre, S. 141.
214 Hruska, Loneliness and Social Class, S. 64, 67.
215 Wachtel, The Battle for Childhood, S. 85.

ab, Angehörige verschiedener Stände, die sich auf der Basis einer Ausbildung an geistlichen Seminaren, Gymnasien, Fachschulen oder Universitäten zu einer ständeübergreifenden, nichtadligen Bildungsschicht entwickelten und ihren Wirkungsbereich sowohl in freien Berufen als auch im Staatsapparat fanden. Sie traten nicht nur in professionelle Konkurrenz zu vielen Adligen, sondern stellten als revolutionär gesinnte Intelligencija den Stand und seine Privilegien grundsätzlich in Frage.[216] Die Kanonisierung des Kindheitsmythos durch adlige Autobiografien in der Nachfolge von Tolstoj und Aksakov sei deshalb, so Wachtel, als »ideologischer Prozess« zu werten. Nachdem die Nichtadligen eine »Kindheitslücke« hätten, fungiere die Beschreibung der adligen Kindheit mit ihren festen Parametern als Nachweis des »blauen Blutes«.[217]

Adlige Distinktionsmerkmale spielen in Tolstojs Trilogie nicht nur in der Beschreibung von Personen, Erziehungsformen und -personal sowie der häuslichen Umgebung eine Rolle. Im letzten Teil der Trilogie widmet Nikolen'ka dem Begriff *Comme il faut* ein ganzes Kapitel, um sich »mit einem milden Lächeln und einer leichten Nostalgie« an seine jugendlichen Vorurteile zu erinnern.[218] Er betont, dass ihm dieser Begriff durch »Erziehung und Gesellschaft eingeimpft war« und auf sein Leben großen, wenngleich »verderblichsten und verlogensten« Einfluss hatte.[219] Unter *Comme il faut* ist eine Summe von Verhaltensweisen zu verstehen, die dem adligen Stand entsprechen und in einer Person so verankert sein müssen, dass sie wie ein Reflex funktionieren. *Comme il faut* ist eine Art der Kommunikation, die ohne Worte funktioniert, bei der eine Andeutung mit den Lippen genügt. Es hat nach Ansicht Svetlana Boyms die »perfekte Struktur eines kulturellen Mythos, weil der Prozess des An-sich-Arbeitens (*self-fashioning*) sorgfältig verhüllt ist«. *Comme il faut* bleibt deshalb eine »hermetische Ordnung, die sich in unausgesprochener und offensichtlich unbeschreiblich naturalisierter Konvention adligen Verhaltens und Weltsicht manifestiert«.[220] Für Nikolen'ka sind in seiner Kindheit und Jugend im Wesentlichen die Menschen in »comme il faut und in comme il ne faut pas« eingeteilt, wobei letz-

---

216 Ausführlich zu den *raznočincy* vgl. Wirtschafter, Elise Kimerling, Structures of Society. Imperial Russia's »People of Various Ranks«, DeKalb 1994.
217 Wachtel, The Battle for Childhood, S. 85.
218 Boym, Svetlana, Common Places. Mythologies of Everyday Life in Russia, Cambridge u. a. 1994, S. 57.
219 Tolstoi, Jugendzeit, in: Ders., Kindheit, Knabenjahre, Jugendzeit, S. 339.
220 Boym, Common Places, S. 58.

tere Gruppe sich aus Menschen, die »eben nicht comme il faut« waren, und »gemeinem Volk« zusammensetzten und von ihm mit Geringschätzung und Verachtung behandelt wurden. Seine konkreten Vorstellungen fasst er wie folgt zusammen:

»Mein Begriff von comme il faut bestand in erster Linie in einem tadellosen Französisch, wozu vor allem eine gute Aussprache gehörte. Ein Mensch, der im Französischen eine schlechte Aussprache hatte, war mir von vornherein verhasst. Warum eigentlich willst Du so sprechen wie wir, wenn du es nicht verstehst? [...]. In zweiter Linie gehörten zum comme il faut lange, gepflegte und saubere Fingernägel; drittens mußte man sich formvollendet verbeugen, gewandt unterhalten und gut tanzen können, und die vierte, sehr wichtige Bedingung bestand darin, allem gegenüber Gleichmut zu zeigen und ständig eine blasierte, verächtliche Langeweile zur Schau zu tragen. Darüber hinaus gab es für mich allgemeine Kennzeichen, nach denen ich mir, ohne mit den Menschen zu sprechen, ein Urteil darüber bildete zu welcher Gruppe sie gehörten. Außer der Zimmereinrichtung, dem Siegel, der Handschrift und dem Wagen waren das wichtigste Kennzeichen die Füße. Das Verhältnis der Stiefel zu den Hosen bestimmte in meinen Augen sofort die Stellung eines Menschen.«[221]

Nikolen'ka selbst genügte diesen Ansprüchen oft nicht, sei es, weil er nicht richtig tanzen konnte, ungepflegte Fingernägel hatte, seine Kleidung nicht *comme il faut* war oder er sich in Gesellschaft nicht angemessen verhalten und artikulieren konnte.

Nicht nur die Kenntnis des Französischen und eine gute Aussprache zeugen von Standeszugehörigkeit, ebenso wichtig sind die kleinen Bemerkungen, die auf einen selbstverständlichen Wechsel der Sprachen als typisch adliges Tribut, genauer vom Russischen ins Französische und Deutsche innerhalb der Familie und ihres Umfelds, verweisen. Die Mutter spricht beispielsweise Russisch mit ihren Kindern, parliert auf Deutsch mit Karl Ivanyč und wechselt in dem Brief an Nikolen'kas Vater zur Beschreibung ihres dramatisch schlechten Gesundheitszustandes ins Französische.[222] Der Vater schaltet im Gespräch mit der Mutter vom Russischen ins Französische um, und auch die Großmutter bediente sich ganz selbstverständlich des Russischen und Französischen.[223]

Mit den Ausführungen im 15. Kapitel, das den Titel »Kindheit« trägt, zieht Tolstoj schließlich eine Metaebene in den Text ein, in der sich der positiv besetzte Mythos der russischen adligen Kindheit endgültig manifestiert:

---

221 Tolstoi, Jugendzeit, S. 340.
222 Tolstoi, Kindheit, S. 15, 105.
223 Ebd., S. 27.

»Oh, du glückliche, glückliche, nie wiederkehrende Zeit der Kindheit! Wie sollte man die Erinnerungen an sie nicht lieben, nicht hegen und pflegen? Diese Erinnerungen erfrischen und erheben meine Seele, sie sind der Quell meiner schönsten Freuden.«[224]

Dieses Kapitel beschreibt retrospektiv Nikolen'kas Empfindungen, die er spürte, als er abends mit der Mutter noch allein im Wohnzimmer weilte, eingeschlafen war und sanft von ihr geweckt wurde. In diesen Momenten sind Mutter und Sohn von großer gegenseitiger Liebe ergriffen. Die – zu diesem Zeitpunkt unbegründete – Vorstellung, die Mutter zu verlieren, lässt Tränen bei dem Kind fließen, und in seinen Gebeten, dass Gott seine Eltern schützen möge,»verschmolz[en] die Liebe zu ihr und die Liebe zu Gott auf seltsame Weise zu einem einzigen Gefühl«.[225] Diese universale Liebe, die er im Halbschlaf spürte, übertrug sich auch auf Karl Ivanyč, den einzigen Menschen, den »er unglücklich wusste«.[226]

Der erwachsene Irten'ev erkennt die Besonderheit dieser Lebensphase, indem er sich fragt:

»Ob sie wohl jemals wiederkehren, jene Frische und Sorglosigkeit, jenes Bedürfnis nach Liebe und jene Kraft des Glaubens, die die Kindheit auszeichnen? Welche Zeit könnte glücklicher sein als die, in der die beiden höchsten Tugenden – unschuldige Fröhlichkeit und ein grenzenloses Bedürfnis nach Liebe – die einzigen Triebkräfte des Lebens sind?

Wo sind jene heißen Gebete geblieben? Wo die schönste Gabe – jene reinen Tränen der Rührung? [...]
Hat das Leben in meinem Herzen wirklich so schmerzhafte Spuren hinterlassen, dass mir jene Tränen und Freuden für immer verloren sind? Ist wirklich nichts zurückgeblieben als die Erinnerung?«[227]

In der detaillierten Reflexion von Nikolen'kas Kindheit erschuf Tolstoj wesentliche Bestandteile des Kindheitsmythos. Bedeutsam ist in diesem Zusammenhang aber nicht nur die Beschreibung der Kindheit selbst, sondern auch die Zäsur, die zu ihrem Ende führt: »Mit dem Tod der Mutter ging für mich die glückliche Zeit der Kindheit zu Ende, und es begann ein neuer Lebensabschnitt – die Periode der Knabenjahre [...].«[228]

---

224 Ebd., S. 58.
225 Ebd., S. 59.
226 Ebd., S. 60.
227 Ebd.
228 Tolstoi, Kindheit, S. 121.

Viele adlige Autobiografen nutzten fortan einschneidende Situationen, »Varianten« des Tolstoj'schen Themas, um ihre Kindheiten einzufassen und diese Lebensphase von der Welt der Erwachsenen deutlich abzugrenzen.[229] Diese Momente können die Übergabe der Kinder von der Njanja in die Hände eines Erziehers, ein Ortswechsel oder der Tod eines Elternteils sein. Sergej Šeremetev stellte beispielsweise fest: »Mit dem Jahr 1853 und meiner Gesundung, als wir nach Uljanka übersiedelten, beginnt für mich eine vollkommen andere Zeit. [...] Ich verabschiedete mich von meiner Kindheit.«[230] Und ebenso wie der Umzug nach Moskau und die Einstellung von St. Jérôme bereits kleinere, das Ende der Kindheit vorbereitende Zäsuren für Nikolen'ka darstellten, waren für Sergej der Tod seiner Mutter sowie die Ablösung der englischen Kinderfrau durch das Erzieherduo Rouget und Grening Vorboten der Zeitenwende.[231] Einen deutlichen Bezug zu Tolstoj stellte ebenfalls Nikolaj Egorovič Vrangel' in seinen zu Beginn der 1920er Jahre abgefassten Erinnerungen her, allerdings nutzte er keinen familiären kritischen Moment, sondern einen politischen Einschnitt als finale Zäsur:

»Es brach die Zeit der Reformen Alexanders II. an. Ein neues helles Leben löste die fahle Herrschaft von Unterdrückung und Gewalt ab. Und nicht mehr Kinderinteressen, sondern andere Gefühle und Gedanken erregten mich. Vorbei war die Zeit kindlicher Träumereien. Die ›Goldene Kindheit‹ gehörte der Vergangenheit an.«[232]

Die Tatsache, dass Vrangel' die »Goldene Kindheit« sowohl durch Anführungszeichen als auch durch Großschreibung hervorhebt, verweist zum einen darauf, dass es sich um eine Referenz handelt: Vrangel' spielt auf den Tolstoj'schen Kindheitsmythos und auf die zwischen 1907 und 1916 erschienene gleichnamige Kinderzeitschrift an.[233] Zum anderen ist es auch eine iro-

---

229 Wachtel, The Battle for Childhood, S. 90.
230 Šeremetev, Vospominanija detstva, S. 59.
231 S. Šeremetev leitet das II. Kapitel seiner Erinnerungen, das die Jahre nach dem Tod der Mutter, 1849–1853, behandelt, mit der Aussage ein: »In meinem Leben vollzog sich ein harter Umschwung, und auch wenn ich nicht in der Lage war, mir dessen bewusst zu sein, verstand ich doch die Veränderung und spürte die Leere um mich herum (Šeremetev, Vospominanija detstva, S. 35). Im Folgenden schildert er die anstehende Trennung von seiner englischen Kinderfrau als »neuen scharfen Einschnitt« in seinem Leben (ebd., S. 53).
232 Vrangel', Nikolaj E., Vospominanija. Ot krepostnogo prava do bol'ševikov, Moskau 2003, S. 75.
233 Die Zeitschrift »Zolotoe detstvo« (»Goldene Kindheit«) wurde von M. P. Čechov, dem Bruder des Schriftstellers Anton Čechov, in St. Petersburg herausgegeben und erschien zweimal monatlich.

nische Aussage, weil Vrangel' im ersten Kapitel seiner Erinnerungen alles andere als ein rosiges Bild von seiner Kindheit zeichnet. In seiner Erinnerung war dies über weite Strecken eine harte Lebensphase, geprägt von mangelnder Zärtlichkeit und fehlender elterlicher Liebe, einem verbitterten und zeitweilig brutalen Vater sowie von Zurücksetzung und Verspottung durch andere erwachsene Familienmitglieder. Zudem stand den Kindern trotz des Status der Familie zumindest im Stadthaus lediglich ein kleines, unwirtliches Zimmer zur Verfügung, vor dessen Fenster sich der Hof mit der Müllgrube befand.[234] Auch Vrangel' kündigte das Ende seiner Kindheit durch kleinere Einschnitte an: die Trennung von seiner Schwester und der Kinderfrau wie seine Abreise in die Schweiz, um dort zur Schule zu gehen.[235]

Er nutzte das Paradigma der glücklichen Kindheit, um sich auf zwei Ebenen abzugrenzen: Für ihn war diese Lebensphase sowohl untrennbar verknüpft mit seinem ungerechten und lieblosen Vater als auch mit der Leibeigenschaft, die er für einen »schrecklichen« Zustand hielt. In seinen Reflexionen übertrug er die bäuerliche Leibeigenschaft auf die gesamte Gesellschaft, die seiner Meinung hierarchisch von diesem herrschenden Unrechtsprinzip durchdrungen und verdorben war.[236] Für Vrangel' endete die Kindheit gleichzeitig mit den Reformen Alexanders II., die für die Befreiung Russlands von seiner überkommenen Gesellschaftsordnung standen.

Vrangel' widersprach mit der negativen Beschreibung seiner Kindheit dem Mythos der glücklichen adligen Kindheit und brachte damit zugleich seine Ablehnung der Leibeigenschaft zum Ausdruck. Mit diesem Vorgehen war er keinesfalls allein, denn sowohl Adlige als auch Nichtadlige setzten seit dem ausgehenden 19. Jahrhundert ihre autobiografischen Kindheitsdarstellungen ein, um sich politisch zu positionieren. Die kritischen Adligen zeigten mittels »unglücklicher Kindheiten« die Verkommenheit des gesamten Systems, in dem sie aufwuchsen. Die Nichtadligen verwiesen in ihren Kindheitsbeschreibungen darauf, dass ihnen aufgrund sozialen Unrechts eine glückliche Kindheit mit privilegierten Zügen verwehrt geblieben war.[237] Insbesondere die ab den 1860er Jahren aktiven Revolutionäre bedienten sich der Schilderung ihrer Kindheit, um ihre Abgrenzung von den herrschenden Verhältnissen zu verdeutlichen und ihren Wandel zu einer reformorientier-

---

234 Vrangel', Vospominanija ot krepostnogo prava do bol'ševikov, S. 20–75.
235 Ebd., S. 54, 71–73.
236 Ebd., S. 23.
237 Wachtel, The Battle for Childhood, S. 92–93.

ten oder revolutionär gesinnten Persönlichkeit zu begründen.[238] Sie brachten damit das Genre der »oppositionellen Autobiographie« hervor.[239] Ein berühmtes Beispiel in diesem Zusammenhang sind die Erinnerungen der 1852 geborenen Sozialrevolutionärin Vera Figner. Darin beschreibt sie eingangs eine Kindheit, die von einem strengen Vater und einer guten und sanften, aber machtlosen Mutter geprägt war. Die erzieherische Leitlinie des Vaters bestand aus »eiserner Disziplin und absoluter Unterwerfung«.[240] In der Retrospektive mutmaßte Figner, dass es »vielleicht der damals alles beherrschende Geist Nikolaus I.« war, »der seiner Erziehung und seiner Persönlichkeit das Gepräge aufgedrückt hatte«. Sie beschreibt den alltäglichen häuslichen Drill, die Lieblosigkeit im Umgang mit den Kindern, die Kargheit des Speiseplans, damit die Kinder nicht verwöhnt würden, und den Zwang, Kälte ohne »ein Wort der Klage« zu ertragen. Bei Fehlverhalten drohten der Zorn und die Gewalt des Vaters. Figner erinnert sich, dass sie als sechsjähriges Kind von ihm »fast zum Krüppel« geschlagen wurde.[241] Aber auch in dieser Kindheit gab es Lichtblicke, die allerdings nicht den Eltern geschuldet waren:

»Und mitten in dieser tödlichen, seelenlosen Kasernenatmosphäre war ein einziger heller Punkt, unser Trost und unsere Freude: unsere alte Wärterin. Rings um uns hatte niemand das geringste Verständnis für den kindlichen Charakter, die kindlichen Bedürfnisse. Keinerlei Nachsicht Kinderschwächen gegenüber, nichts als Unbarmherzigkeit und Härte.«[242]

Vera Figner reflektierte nicht nur in programmatischer Weise ihre eigene Entwicklung. Im Bemühen, in den 1920er Jahren ein Narrativ der Russischen Revolution zu etablieren, publizierte sie als Herausgeberin 44 Autobiografien von Revolutionären für die Enzyklopädie »Granat«.[243] Hilde Hoogenbloom hat anschaulich untersucht, inwiefern diese Selbstzeugnisse den revolutionären Werdegang der einzelnen Autorinnen und Autoren

---

238 Hoogenbloom, Hilde, Vera Figner and Revolutionary Autobiographies. The Influence of Gender on Genre, in: Marsh, Rosalind (Hg.), Women in Russia and Ukraine, Cambridge 1996, S. 78–93, hier S. 78–79.
239 Stephan, Anke, Erinnertes Leben. Autobiographien, Memoiren und Oral-History-Interviews als historische Quellen, München 2007, S. 8.
240 Figner, Vera Nikolaevna, Nacht über Russland. Lebenserinnerungen, Berlin 1928, S. 161.
241 Ebd.
242 Ebd., S. 162.
243 Figner, Vera N. (Hg.), Aftobiografii revoljucionnych dejatelej russkogo socialstističeskogo dviženija 70–80ch godov (Ènciklopedičeskij slovar' Granat, Bd. 40), Moskau 1927.

rechtfertigten, welche Kohäsion deren Texte aufweisen und damit ein Genre mit bestimmten Konventionen schufen.²⁴⁴ Vera Figner unterstützte dabei vor allem die Idee einer »bestimmten Kindheits-Lektion für das Leben«. Viele der Verfasser nutzten deshalb die Kindheit, um die »Perzeption revolutionären Bewusstseins« als »Bekehrungsszenen« zu schildern. Insbesondere war es eine Trias aus »Emotionen, Lebenserfahrung und sinnvoller Lektüre«, die zur Wahrnehmung von Ungerechtigkeit führte.²⁴⁵ Die Kindheiten vieler Revolutionäre fielen mit den Reformen Alexanders II. zusammen, wobei einige dies zur Beschreibung familiärer Veränderungen einbauten. Vera Figner selbst schrieb, dass ihr Vater sich nach 1861 moralisch wandelte und von einem Gutsbesitzer, der die Leibeigenschaft befürwortete, zu einem Liberalen wurde.²⁴⁶ Hoogenbloom machte in diesem Zusammenhang den Genderaspekt stark: Frauen berichteten öfter als Männer über ihre Kindheit als formative Phase. Die Ursache dafür sah sie im sozialhierarchischen Status der Frauen. Das liberale Denken verglich die Unterdrückung von Frauen mit der der Leibeigenen. Dies bedeutete, dass die weibliche Erfahrung von Unrecht zur Ausbildung eines revolutionären Bewusstseins führte. Diese Deutung erklärt auch die Tatsache, dass Männer aus den unteren Gesellschaftsschichten eher dazu neigten, über ihre Kindheit zu schreiben.²⁴⁷

Aber nicht nur radikalisierte Revolutionärinnen und Revolutionäre instrumentalisierten ihre negativen Kindheitserinnerungen für ihre gesellschaftliche Positionierung und die Erklärung ihres späteren Wirkens. Die adlige Pädagogin und Schriftstellerin Elizaveta Vodovozova (1844–1923, geb. Cvelovskaja) thematisierte in ihren Erinnerungen ihre Kindheit von 1861 ausführlich. Sie verbrachte diese Lebensphase im Gouvernement Smolensk, erst »in einem entlegenen öden Städtchen ausschließlich im Kreise ihrer Familie« und daran anschließend auf dem Familiengut Pogoreloe, das sie als »Krähenwinkel« bezeichnete.²⁴⁸ Sie nutzte die Darstellung ihrer Kindheit, um das ländliche Leben vor der Bauernbefreiung zu beschreiben, und verwob dabei persönliche Erlebnisse und Empfindungen mit einem kritischen Blick auf die Umgebung. Auch in ihrer Kindheit gab es eine Zäsur: Es waren der Tod des Vaters und die damit verbundene Übersiedlung auf das Familiengut. Die Mutter widmete sich fortan mit allen Kräften seiner Bewirtschaftung, um

---

244 Hoogenbloom, Vera Figner and Revolutionary Autobiographies, S. 79.
245 Ebd., S. 80–83.
246 Ebd., S. 87.
247 Ebd., S. 81.
248 Wodowosowa, Im Frührot der Zeit, S. 5.

ihre Familie vor der Verarmung zu schützen. Sie verließ bei Morgengrauen das Haus und kam erschöpft zum Mittagessen zurück. Vodovozova erinnerte sich, »dass sie sich in den ersten Jahren unseres dörflichen Lebens […] nicht einen Augenblick Zeit genommen« hat, »sich über uns [Kinder; Anm. K. K.] Gedanken zu machen«. Dies führte dazu, dass »jenes Gefühl familiärer Zusammengehörigkeit« verschwand und jeder begann, »sein Leben auf seine Weise zu führen«.[249] Im Vergleich zum verstorbenen Vater förderte die Mutter die Bildung ihrer Kinder, insbesondere die ihrer Töchter, nur in sehr begrenztem Umfang und, wenn ja, mit rabiaten Methoden. Phasenweise erteilte sie Elizaveta selbst Unterricht. Dies bedeutete, dass das Kind um vier Uhr morgens antreten musste, da die Mutter sich anschließend um die Gutswirtschaft zu kümmern hatte. Sie lehnte »herrschaftliche Gepflogenheiten«, zu denen sie neben ansprechendem Mobiliar und Kutschen auch Personal und aufwändige Speisen zählte, grundsätzlich ab.[250] Die Mutter begegnete sich selbst und ihren Kindern mit Härte und Verzicht. Nur mit Widerstreben unterstützte sie die Ausbildung ihrer ältesten Tochter Aleksandra in einem Institut. Als der geisteskranke Ehemann von Elizavetas älterer Schwester Anna nicht nur seine Frau, sondern auch Elizaveta unterdrückte und physischen Qualen aussetzte, bemerkte die Mutter dies nicht. Viele Jahre später kam es anlässlich eines Familientreffens in Pogoreloe zu einer Aussprache, und Elizaveta reagierte auf die Frage der Mutter »Es ist so angenehm, nicht wahr, sich an seine Kindheit zu erinnern?« vollkommen fassungslos und erklärte den Anwesenden, dass sie »jedes Zimmer an Furcht und schreckliche Quälereien« denken lasse. Sie erinnerte die Mutter darüber hinaus daran, dass sie sie während des Unterrichts, der zu nachtschlafender Zeit stattfand, von ihr »hart geschlagen und an den Haaren gezogen« wurde.[251] Später allerdings verzieh Elizaveta ihrer Mutter, weil sie zu dem Schluss kam, dass die »traurigen allgemeinen Lebensumstände schuld« an deren ungerechtem Verhalten waren.[252]

Elizaveta Vodovozova trat in der zweiten Hälfte der 1850er Jahre in das Smol'nyj Institut ein, das sie 1862 erfolgreich beendete.[253] Die Erfahrungen

---

249 Ebd., S. 70.
250 Ebd., S. 80, 133.
251 Ebd., S. 444.
252 Ebd., S. 401.
253 Ermakov, D. A., Vodovozov, Vasilij Ivanovič, in: Rossijskaja pedagogičeskaja Ėnciklopedija, Moskau 1993 (https://www.gumer.info/bibliotek_Buks/Pedagog/russpenc/03.php [8.2.2022]) sowie N. N., Vodovozova, Elizaveta Nikolaevna, in: Rossijskaja pedagogičeskaja Ėnciklopedija, Bd. 1, Moskau 1993, S. 155–156 (https://www.gumer.info/bibliotek_Buks/Pedagog/russpenc/03.php [8.2.2022]).

in dieser Lehranstalt, die sie in einem Kapitel umfassend niederlegte, waren zunächst ausgesprochen unerfreulich (»kein lebendiger Gedanke im Institut«). Mit der Berufung Konstantin Ušinskijs zum Inspektor der Lehranstalt im Jahr 1859 veränderte sich dies, da er begann, »das verrottete Fundament des Instituts zu beseitigen und eine neue Ordnung zu errichten«.[254] Gemeinsam mit ihrem Mann, dem Pädagogen Vasilij Vodovozov (1825–1886), den sie noch 1862 heiratete, widmete sie sich – im Kontext der Aufbruchsstimmung der 1860er Jahre – fortan der wissenschaftlichen wie praktischen Auseinandersetzung mit Fragen der Erziehung und Frauenemanzipation, publizierte entsprechende Abhandlungen sowie Literatur für Kinder.[255]

Immer wieder kam sie in ihren Erinnerungen auf die Kindheit als Lebensphase zurück. Mit ihren Ausführungen ging sie weit über die eigenen Erfahrungen hinaus. Eingangs sprach sie die überkommenen, die Gesundheit der Kleinkinder gefährdenden Bräuche in den Adelsfamilien an. Dabei verwies sie besonders auf mangelnde hygienische Verhältnisse, unzulängliche Achtung gegenüber Kindern sowie abergläubische Praktiken.[256] Mit diesen Ausführungen wandte sie sich klar gegen das alte, von Reformen noch weitgehend unberührte Russland. Diese Haltung zieht sich als roter Faden durch ihre Erinnerungen. In deren zweitem Teil beschrieb sie ihre Aktivitäten in den pädagogischen Zirkeln während der 1860er Jahre und nutzte in diesem Zusammenhang abermals die Kindheit, um grundsätzliche Kritik anzubringen:

»Nicht selten waren die Versammlungen des Pädagogischen Zirkels den Erinnerungen gewidmet. In diesem Fall sagte einer von den Anwesenden: ›Ich werde über meine Kindheit berichten, das heißt darüber, wie man nicht erziehen soll.‹ Und dann folgte eine ausführliche Beschreibung vom lasterhaften Leben im Kreis der Gutsbesitzer [...], vom Unverständnis den Kindern gegenüber, und der Erzähler oder die Erzählerin schlossen gewöhnlich mit den Worten: ›Und deshalb müssen wir einen Feldzug gegen die Tyrannei der Familie führen; deshalb haben wir begonnen, die Autorität unserer Väter abzulehnen.‹«[257]

Vodovozova reagierte mit Verständnis auf diese Ausführungen. Gleichzeitig äußerte sie aber, dass die Väter der Betroffenen »ohne Schuld schuldig wa-

---

254 Wodowosowa, Im Frühlrot der Zeit, S. 6.
255 Valkanova, Brehony, The Gifts and ›Contributions‹, S. 195–196.
256 Wodowosowa, Im Frühlrot der Zeit, S. 67–68.
257 Ebd., S. 399–400.

ren«, da die »wahren Mißstände« tiefer liegen und das »Ergebnis der Versklavung eines ganzen Volkes während zweieinhalb Jahrhunderten war«.[258]

Sowohl die Erziehungsinstruktion Sergej Šeremetevs als auch Tolstojs Pseudoautobiografie und die damit korrespondierenden Texte zeigen den Fortbestand adliger Erziehungsprinzipien und Kindheitsvorstellungen. Gleichzeitig lassen sich Wandlungsprozesse beobachten. Zwar waren nach wie vor Sprachkenntnisse und Umgangsformen sowie eine spezifische Lebensweise und Erziehung die konstituierenden Parameter einer adligen Kindheit. Allerdings führten Veränderungen innerhalb der Gesellschaft, die strukturellen Probleme des russischen Staates sowie die – häufig damit korrespondierenden – materiellen Voraussetzungen vieler Familien zu einer wachsenden Ausdifferenzierung der Kindheit. Dabei lassen sich zwei miteinander eng verschränkte Ebenen ausmachen. Zunächst ging es um konkrete Vorstellungen und Praktiken, wie im Falle Šeremetevs gezeigt oder durch Memoiren unterschiedlicher Autoren belegt. In einem nächsten Schritt wurde die Kindheit zu einer Plattform beziehungsweise einem Vehikel, um grundsätzliche Überzeugungen zum Ausdruck zu bringen. Zum einen spricht dies für den anerkannten Stellenwert dieser formativen Lebensphase. Zum anderen wurden die (Pseudo)Autobiografien und Memoiren ähnlich wie die eingangs besprochenen sozialkritischen Gemälde genutzt, um mittels der Darstellung von Kindheit nicht nur rational, sondern auch emotional grundsätzliche Kritik an überkommenen Lebensumständen zu üben. Die Ausführungen Šeremetevs, Vodovozovas, Figners oder Vrangel's stellen – wenngleich mit unterschiedlichen Vorzeichen – einen klaren Bezug zu den gesellschaftspolitischen Rahmenbedingungen ihrer Zeit her. Der von Tolstoj und Aksakov etablierte positive Mythos der russischen adligen Kindheit provozierte nicht nur Nachahmung, sondern auch negative Kindheitsentwürfe, wenngleich es – so Wachtel – erst Maksim Gor'kij zu Beginn des 20. Jahrhunderts mit seiner »Kindheit« gelang, ein Kindheitsmodell zu etablieren, das die adligen Mythen erfolgreich herausforderte.[259]

Für die einen war die Kindheit in der Rückschau der Grund, von einem vorgesehenen Lebensweg abzuweichen. Für die anderen war die Kindheit – selbst dann, wenn sie wie im Fall Šeremetevs keine besonders glückliche Phase war und er dies in seinen Erinnerungen, die wohl in Korrespondenz mit dem Tolstojschen Kindheitsmythos abgefasst worden sind, zum Ausdruck

---

258 Ebd., S. 400.
259 Wachtel, The Battle for Childhood, S. 94.

brachte – offensichtlich die Grundlage dafür, ein familiäres Lebensmodell beizubehalten. Sergej Šeremetev blieb, wie Douglas Smith es zuletzt gezeigt hat, ein Vertreter der alten Ordnung, für den das zarische Russland niemals zur Disposition stand.[260] Die dennoch seit der Mitte des Jahrhunderts verstärkt auftretende Ausdifferenzierung der Kindheit führte dazu, dass das lange den Kindheits- und Erziehungsdiskurs dominierende Modell der adligen Kindheit zunehmend konkurrierenden Entwürfen ausgesetzt war. Gesellschaftlicher Um- und Aufbruch sowie die ökonomischen und strukturelle Veränderungen im Zuge der Bauernbefreiung bedingten, dass der Erziehung und Bildung und damit zusammenhängend der Kindheit eine zukunftsweisende Bedeutung zugemessen wurden, die weit über den jeweiligen familiären Rahmen hinaus ging. Die Redaktion der Zeitschrift »Učitel'« (»Der Lehrer«) wies 1861 darauf hin, »dass die Befreiung der Bauern für ungefähr 40 Millionen Menschen den freien Zugang in die Kathedrale der Bildung eröffnete und ihnen gleiche Teilhabe an der Bildung wie allen anderen Schichten an der Bildung gewährte«.[261] Mit diesen Entwicklungen eng verbunden nahm der Bereich der Pädagogik ab Mitte des 19. Jahrhunderts einen großen Aufschwung. Dabei spielte der Transfer ausländischer Ansätze einhergehend mit der wachsenden Professionalisierung und Ausdifferenzierung erzieherischer Prinzipien eine wichtige Rolle. Dies schlug sich gerade auch in der Etablierung pädagogischer Fachzeitschriften und Institutionen nieder. Kindheit wurde über die Standesgrenzen hinaus als eine wichtige und schützenswerte Lebensphase erkannt und hörte auf, ein Privileg der Oberschichten zu sein.

4.3 Kindheit und gesellschaftlicher Wandel: Pädagogik und Lektüreempfehlungen

Der Pädagoge Petr Kapterev verwies 1897 in seiner Überblicksdarstellung zur »Neuen russischen Pädagogik« eindringlich auf die Relevanz von Bildungsfragen in der Zeit der Reformen. Die Bauern wurden mit der Entlassung aus der Leibeigenschaft zu Staatsbürgern und hatten als solche ein »Recht auf Bildung«. Ihnen, die einen Großteil der Bevölkerung stellten, diese zu verwehren, sei für den Staat »ungünstig« und sogar »gefährlich«, weil

---

260 Smith, Der letzte Tanz, S. 66–68.
261 Zit. nach Demkov, Istorija russkoj pedagogiki, Bd. 3, S. 465–466.

ungebildete Bürger den Staat nicht in der erforderlichen Form unterstützen könnten.[262] Ebenso musste sich der Adel umorientieren, weshalb auch für diese Gesellschaftsschicht unterschiedliche Formen der Aus- und Weiterbildung eine zunehmend wichtige Rolle spielten. Auch die Schulbildung für Mädchen wurde ein wichtiges Thema.[263] Weiter unterstrich Kapterev, dass es nicht nur um schulische Bildung ging, sondern um den Charakter der Bildung selbst. Aufgrund der langandauernden Leibeigenschaft und der starken Abgrenzung der verschiedenen Stände habe es der russischen Gesellschaft an »wahrer Humanität« gemangelt. Mit der Bauernbefreiung begann somit eine »neue Ordnung der Dinge, eine neue Periode des Seins«.[264] Betroffen von dieser Neuordnung waren nicht nur die verschiedenen Gesellschaftsgruppen, sondern auch die Familien, deren Strukturen vergleichbar hierarchisch-patriarchal geprägt waren. Das Verhältnis von Ehepartnern galt es ebenso wie die Beziehung zu den Kindern neu auszurichten. Für diese Phase des Umbruchs war die russische Pädagogik schlecht gerüstet, weil die existierenden Schulen doch vorwiegend auf künftige berufliche Tätigkeiten ausgerichtet gewesen seien und der Unterricht maßgeblich der Vermittlung von Wissen galt. Pädagogische Fragen erörterten nur wenige, weshalb es auch an entsprechenden Publikationen mangelte. Aus diesen Gründen galt es in der Reformepoche fast alles – Schulen, Lehrer, pädagogische Literatur, Theorie und Praxis – neu auszurichten. Diese Herausforderung wurde, so Kapterev, in der zweiten Hälfte des 19. Jahrhunderts erfolgreich gemeistert. Sowohl Theorie als auch Praxis der Pädagogik entwickelten sich rasant und Erziehung hörte auf, alleinige Angelegenheit des Staates zu sein. Sie wurde zu einer »lebendigen gesellschaftlichen Sache« und brachte Spezialisten hervor, die sich ihr voll und ganz verschrieben.[265]

Die Entwicklung der Pädagogik und eines neuen Verständnisses von Kindheit spiegelte sich in der Entwicklung der Fachperiodika. Ein 1937 von Nikolaj Ablov erstellter bibliografischer Überblick belegt, dass zwischen 1857 und 1869 insgesamt 30 pädagogische Zeitschriften neu gegründet wurden, und bis zum Regierungsantritt Alexanders III. kamen weitere 20 hinzu. Eine beachtliche Zahl angesichts der Tatsache, dass die pädagogische Publikationslandschaft (wie im vorangegangenen Kapitel gezeigt) in der ersten Hälf-

---

262 Kapterev, P., Novaja russkaja pedagogija i eja glavnejšie idei, napravlenija i dejateli, St. Petersburg 1898, S. 4.
263 Ebd., S. 4–5.
264 Ebd., S. 5–6.
265 Ebd., S. 7–9.

te des 19. Jahrhunderts nur rudimentär entwickelt war – gerade einmal zehn Journale befassten sich mit Fragen der Pädagogik im weiteren Sinne.[266] Die von dem Bibliothekar Ablov zusammengetragene Bibliografie zeigt die Dynamik, die die Auseinandersetzung mit Fragen von Bildung und Erziehung im Kontext der Reformen entfaltete. Selbst wenn vielen Organen nur eine kurze bis mittelfristige Erscheinungsdauer beschieden war, gelten die 1860er Jahre als »Goldenes Zeitalter« der russischen pädagogischen Publizistik.[267]

Tabelle 1: Herausgeber der bis 1881 erschienenen pädagogischen Zeitschriften[268]

Herausgeber	Periodika: Erscheinen bis 1857 aufgenommen	Periodika: Erscheinen 1857–1881 aufgenommen	Periodika gesamt bis 1916
Bildungsministerium	4	–	6
Lehrbezirke	–	14	26
Landwirtschaftsministerium	–	–	1
Hauptverwaltung der militärischen Lehrinstitutionen	–	1	1
Kirchliche Behörden	–	–	7
Lehranstalten versch. Behörden	–	1	17
Stadtdumen	–	–	1
Zemstvo	–	–	3
Lehrerverbände, pädagogische Gesellschaften	–	6	48
Kongresse und Ausstellungen	–	–	7
Privatpersonen	6	27	135
Gesamt	10	49	252

---

266 Ablov, N. N., Pedagogičeskaja periodičeskaja pečat' (1802–1916). Bibliografičeskij obzor, Moskau 1937, S. 18.
267 Puzyreva, L. V., O fenomene russkoj pedagogičeskoj žurnalistiki (vtoraja polovina XIX–načalo XX vv.), in: Problemy sovremennogo obrazovanija, 1 (2012), S. 49–59, hier S. 50.
268 Ablov, Pedagogičeskaja periodičeskaja pečat', S. 21–22.

Tabelle 2: Verteilung der Periodika nach Bereichen der Volksbildung sowie nach speziellen Fragen, denen diese gewidmet sind[269]

Fachrichtung Zeitschrift	Periodika: Erscheinen bis 1857 aufgenommen	Periodika: Erscheinen 1857–1881 aufgenommen	Periodika gesamt bis 1916
Allgemeine Fragen der Volksbildung und Erziehung	1	23	108
Vorschulische Erziehung	–	3	9
Kinderlektüre/Methodik	–	–	3
Elementarschule	–	4	26
Mittelschule	–	1	12
Oberschule	–	–	5
Außerschulische Bildung	–	–	12
Informationszeitschrift zur Volksbildung (spravočnyj žurnal po narodnomu obrazovaniju)	–	4	13
Beilagen zu Informationszeitschriften/ Zirkulare von Lehrbezirken	–	13	18
Gesamt	1	48	206

Die von Ablov angeführten Kriterien geben Aufschluss über die Herausgeber beziehungsweise die Träger der Periodika sowie deren inhaltliche Ausrichtung. Im Folgenden wird das Augenmerk auf die Publikationen bis 1881 gerichtet. Der von Ablov insgesamt bearbeitete Zeitraum bis 1916 findet nur für die Gesamtzahl Berücksichtigung, um die Zahl der erschienenen Periodika bis 1881 besser einordnen zu können. Zudem sei darauf verwiesen, dass das in Tabelle 3 verwendete Kriterium »ideologische Ausrichtung« ganz offensichtlich der zeitgenössischen Rhetorik entspricht. Die Tabelle wurde auch mangels Alternativen dennoch übernommen; zudem lassen sich die Kriterien dechiffrieren und einordnen.

---

269 Ebd., S. 22–23.

Tabelle 3: Verteilung der Periodika nach »Ausrichtung«[270]

Ideologische Ausrichtung	Periodika: Erscheinen bis 1857 aufgenommen	Periodika: Erscheinen 1857–1881 aufgenommen	Periodika gesamt bis 1916
Regierungs- und konservative Organe (der »adlig-gutsbesitzenden Reaktion«)	5	14	49
Organe kirchlicher Herrschaft (*oligarchi* und kirchlich-schulischer Pädagogik)	–	–	7
Organe der liberal-bourgeoisen Pädagogik	4	25	161
Organe der »demokratisch-kleinbürgerlichen Pädagogik und radikaler Ansichten über die Volksbildung«	–	3	30
Sozialdemokratische Zeitschriften zur Volksbildung	–	–	4
Gesamt	9	42	251

Die Tabellen zeigen, dass der Großteil der pädagogischen Journale erst nach 1881 sein Erscheinen aufnahm. Vor allem während der 1890er Jahre und dem Beginn des 20. Jahrhunderts sind eine dynamische Entwicklung der pädagogischen Publizistik sowie eine zunehmende Spezialisierung festzustellen.[271] Dies lässt sich mit der fortschreitenden Modernisierung und Ausdifferenzierung von Staat und Gesellschaft seit den 1880er Jahren, den damit zusammenhängenden sozialen Herausforderungen sowie einer sich stetig weiterentwickelnden wissenschaftlichen Auseinandersetzung mit Fragen der Erziehung und Bildung erklären.

Auf den hier interessierenden Zeitraum der Regierungszeit Alexanders II. entfallen 20–25 Prozent der Periodika. Dabei wird deutlich, dass sich besonders während der 1860er Jahre die meisten Zeitschriften mit allgemeinen Fragen zur Erziehung und Schulbildung sowie deren Theorie und Praxis befassten.[272] Hauptsächlich waren es von Privatpersonen initiierte und getragene Publikationen unterschiedlicher Couleur, gefolgt von offiziellen

---

270 Ebd., S. 24.
271 Puzyreva, O fenomene russkoj pededagogičeskoj žurnalistiki, S. 56.
272 Ebd., S. 52–53.

Zirkularen des Bildungsministeriums und der Schulbezirke sowie weiteren sechs Journalen, die pädagogische Vereinigungen publizierten. Entsprechend fallen die Zahlen bezüglich der Ausrichtung der Periodika aus. Die mit Abstand größte Herausgebergruppe stellen die Vertreter der sogenannten liberalen Pädagogik (»liberal-bourgeoisen«) im besagten Zeitraum, gefolgt von »konservativen« beziehungsweise von staatlichen Stellen herausgegebenen Schriften. An der weiteren Entwicklung bis 1916 lässt sich ablesen, dass dieses Verhältnis bestehen blieb und die pädagogische Publizistik erkennbar von einem liberalen Milieu getragen wurde.

Die im Folgenden beleuchtete Entwicklung der erziehungswissenschaftlichen Publizistik gibt keinesfalls einen vollständigen Überblick. Aufgezeigt werden exemplarisch die Ausdifferenzierung der Pädagogik und ihre inhaltlichen Schwerpunkte, um darauf beruhend die sich auffächernden Vorstellungen von Kindheit ab der Mitte des 19. Jahrhunderts herauszuarbeiten.

Pädagogische Zeitschriften und ihre Schwerpunkte

Den publizistischen Auftakt machte die Zeitschrift »Žurnal dlja vospitanija. Rukovodstvo dlja roditelej i nastavnikov« (»Zeitschrift für Erziehung. Ein Handbuch für Eltern und Erzieher«), die 1857 bis 1859 erschien; sie wurde von 1860 bis 1863 unter dem Titel »Vospitanie« (»Erziehung«) weitergeführt und ab 1864 bis zu ihrer Schließung im darauffolgenden Jahr als »Žurnal dlja roditelej i nastavnikov« (»Zeitschrift für Eltern und Erzieher«) herausgegeben.[273] Verantwortlicher Redakteur war der Lehrer und Pädagoge Aleksandr Čumikov (1819–1902), dem es gelang, eine Zeitschrift »europäischen Typs« zu formen und die wichtigsten Pädagogen der Zeit für eine Mitarbeit zu gewinnen.[274] Zu diesen zählten Petr Redkin, der auch einer der Mitinitiatoren war, der Literaturkritiker Nikolaj Dobroljubov und Konstantin Ušinskij.[275] Die Aufgaben des Journals hob die Redaktion 1858 in dem Artikel »Neues Jahr – Neue Wünsche« hervor.[276] Ziel sei eine umfassende Ausrichtung der Zeitschrift. Dabei gelte es sowohl Theorie als auch Praxis, historische und

---

273 Ablov, Pedagogičeskaja periodičeskaja pečat', S. 29–31, 34.
274 Karandašova, O. S., Žurnal »Vospitanie« v istorii russkoj pedagogičeskoj žurnalistiki, in: Vestnik TvGU. Serija: Filologija 3 (2012), S. 169–174, 170.
275 Ablov, Pedagogičeskaja periodičeskaja pečat', S. 30.
276 N. N., Novyj god – novyja želanija. Neskol'ko slov iz redakcii, in: Žurnal dlja vospitanija 3, 1–6 (1858), S. 5–14.

philosophische ebenso wie die physischen, intellektuellen und moralischen Aspekte der Erziehung zu berücksichtigen. Akzeptiert würde eine Vielfalt an Ansichten, solange sie durch Erfahrung oder wissenschaftliche Erkenntnisse untermauert seien, allerdings seien die »grundsätzlichen Überzeugungen« der Redaktion zu respektieren. Scharfe Meinungsäußerungen, die sich von Reformbemühungen klar unterschieden, seien zu vermeiden, da »Unordnung und Chaos« der Sache nicht dienten (S. 6). Weiter formulierten die Verantwortlichen fünf Aspekte, die der Zeitschrift ein besonderes Anliegen seien. Die Bildung der unteren Schichten stand an erster Stelle, weil elementare Kenntnisse, Lesen und Schreiben Voraussetzung für das Verständnis menschlicher und religiöser Entwicklung seien und sich somit auf die moralische Verfassung der bislang ungebildeten Bevölkerungsteile auswirke. Es folgten Überlegungen zur häuslichen Erziehung der mittleren und höheren Gesellschaftsschichten. Eltern, Hauslehrern und Erzieherinnen müssten sich ihrer Verpflichtung, die sie gegenüber den Kindern haben, im Klaren sein. Keinesfalls dürfe »ins Blaue hinein erzogen werden« (S. 7). Erziehung müsse sich bewusst vollziehen, was bedeute, dass Eltern ihre Gleichgültigkeit gegenüber der Erziehung aufzugeben hätten und sich wissenschaftlich entsprechend weiterbilden sollten. Als dritten Punkt führte die Redaktion die allgemeine Schulbildung an, die zu stark auf die reine Vermittlung von Wissen ausgerichtet sei und dabei die Ausbildung des Charakters vernachlässige. Es sollte die Prämisse gelten, dass die Schule auf das Leben vorbereite. Voraussetzung für die erfolgreiche Erfüllung dieser Aufgabe sei pädagogisch qualifiziertes Personal, weshalb als vierter Punkt die Lehrerausbildung aufgeführt wurde. Als wünschenswert in diesem Zusammenhang sahen die Redakteure die Einrichtung von pädagogischen Räten und Konferenzen ebenso wie ein breiteres Weiterbildungsangebot durch Abendvorlesungen. Mit zunehmender Kompetenz würde das Selbstbewusstsein der Unterrichtenden und damit auch deren gesellschaftliche Akzeptanz wachsen. Zuletzt hoben sie die Bedeutung von pädagogischen Gesellschaften hervor, die wesentlich helfen könnten, das Verständnis von Erziehung unter Eltern und Lehrern zu stärken und Kräfte zu bündeln.

Immer noch würden Pädagogen einschlägige Literatur nur unzureichend zur Kenntnis nehmen; Unter den Abonnenten der Zeitschrift fänden sich nur 50 Prozent Pädagogen. Von deren mangelnden Kenntnissen zeugten auch die Artikel, die die Redaktion zur Publikation erhielt. Häufig seien diese geprägt von »Unreife« (S. 10) und fehlenden Kenntnissen der europäischen Literatur. Dennoch sei die Zeitschrift grundsätzlich sehr an Berichten aus der Praxis interessiert, weshalb die Verantwortlichen erwägen würden, eine eigene Rubrik dafür einzurichten. Auch die nationale Ausrichtung von Erziehung wurde angesprochen: also inwiefern das deutsche oder das englische Modell zum Tragen kommen oder lieber auf die »Einflüsse fremder Elemente« (S. 12) verzichtet werden solle. Nach Meinung der Redaktion sei es »notwendig, das Gute zu entlehnen, wo und bei wem es sich findet. Bevor man sich an der nationalen Ausrichtung der Erziehung zu schaffen macht, muss man sich darum kümmern, dass das Verständnis, das in den Worten liegt: *Ich bin ein Russe*, gleichbedeutend ist mit der Auffassung: *Ich bin ein Mensch, ich bin ein Europäer*. Noch ist das russische Nationalbewusstsein nicht definiert, noch verstehen viele unter dem russischen Nationalbewusstsein die Zeit vor Peter I., d. h. das Asiatentum, – uns scheint es zu dieser Zeit noch zu früh, über eine Erziehung in russischem Geist zu träumen.«[277]

Abschließend verwiesen die Verantwortlichen darauf, dass es dringend gelte, die institutionelle Frauenbildung auszubauen sowie häusliche Erziehung in den Familien zu fördern. Die Zeitschrift, so die Redaktion, solle als »Organ der wahren Aufklärung und Verbreitung vernünftiger Ansichten in den Kreis derjenigen dienen, die die Jugend formten« (S. 14).

Entsprechend breit gefächert war die Palette der publizierten Artikel, darunter auch zahlreiche Übersetzungen. Sie verteilten sich über die Rubriken »Leitende Artikel«, »Erziehung und Unterricht«, »Biografische und pädagogische Skizzen«, »Diskussion und Skizzen«, »Offene Fragen und Antworten«, »Kursorisches«, »Sammlung und Vermischtes«, »Rezensionen und Bibliografie« sowie »Mitteilungen«.[278] Grundlegende Schriften wie Petr Redkins »Was ist Erziehung« oder Ušinskijs »Über das nationale Bewusstsein von Erziehung« fanden sich ebenso wie Darstellungen zur Frage der Frauenbildung, historische Abhandlungen, ärztliche Ratschläge, Anleitungen für Spiele zur Förderung der geistigen Entwicklung von Kindern, Ausführungen zu Leibesübungen sowie die Besprechung von Fach- und Kinderzeitschriften.[279] Auffällig ist zudem, dass sich die Zeitschrift 1862 mit elementaren Fragen

---

277 Ebd., S. 12.
278 Exemplarisch Rubriken: Žurnal dlja vospitanija, 1859, Bd. 7.
279 Redkin, Petr, Čto takoe vospitanie, in: Žurnal dlja vospitanija 1 (1857), S. 3–14 (Teil 1); Ušinskij, K. D., O narodnosti v obščestvennom vospitanii, in: Žurnal dlja vospitanija 2, 7–12 (1857), S. 6–69; 105–149; S. N., Igry sodejstvujuščija umstvennomu razvitiju detej, in: Vospitanie 2 (1857), S. 436–441; N. N., Telesnyja upražnenija kak element vospitanija, in: Žurnal dlja vospitanija 2 (1857), S. 422–434; N. N., Ideal drevne-russkago vospitanija, in: Žurnal dlja vospitanija 3, 1 (1858), S. 169–201; 1859, Bd. 5, S. 234–242 (Ratschläge für schwangere Frauen); zu Fragen der Frauenbildung exemplarisch: Žurnal dlja

wie »Wie kann der Lehrer das Niveau in einer armen Klasse heben?« auseinandersetzte und anhand eines Erfahrungsberichts den Umgang mit bedürftigen Schülern erläuterte.²⁸⁰ Nikolaj Dobroljubov unterzog die Zeitschrift 1858 einer kritischen Analyse und kam zu dem Schluss, dass es sich grundsätzlich um ein »ernsthaftes und gewissenhaftes Unternehmen« handele. Die Zeitschrift sei kein Spekulationsobjekt, das unter dem Deckmantel der Wissenschaft das leichtgläubige – da mit »pädagogischen Fragen wenig vertraute« – Publikum täusche. Allerdings missfiel ihm, dass nicht alle Artikel leicht zu lesen und mitunter lieblos verfasst seien. Aufgrund von Wiederholungen begegneten dem kundigen Leser Inhalte, mit denen er seit zwanzig Jahren vertraut sei.²⁸¹ Weiter kritisierte er die »Ratschläge eines Arztes«, die seiner Meinung nach oberflächlich waren und nichts enthielten, »was nicht jedem schon bekannt sei«.²⁸² Er vermisste außerdem in den ersten drei Bänden Rezensionen jüngst erschienener Unterrichtsmaterialien, was ihm insbesondere aufgrund des im Titel der Zeitschrift formulierten Anspruchs, ein »Handbuch« zu sein, auffiel.²⁸³

Aleksandr Čumikov übergab 1863 die Redaktion der Zeitschrift, die 1861 von St. Petersburg nach Moskau umgesiedelt war, an den Pädagogen Fedor Kejzer. Dies hatte zum einen finanzielle Gründe – die Zahl der Abonnenten war stetig gefallen.²⁸⁴ Zum anderen sah sich der Herausgeber permanent nervenaufreibenden Auseinandersetzungen mit wechselnden Vertretern der Zensurbehörde konfrontiert und musste sich obendrein stets gegen den

---

vospitanija 6 (1859), S. 252ff.; N. N., Obzor detskich žurnalach, in: Žurnal dlja vospitanija 7 (1859), S. 336–351.
280 N. N., Kakim sredstvam možet učitel' podnjat' nravstvennyj uroven' bednago klassa. Iz zapisok učitelja-turista), in: Vospitanie 11 (1862), S. 245–260.
281 Dobroljubov, Nikolaj A., O pedagogičeskich žurnalach. Otryvok, in: Ders., Pedagogika (= Polnoe Sobranie Sočinenija, Bd. 2), St. Petersburg 1911, S. 44–49, hier S. 44–45. Insbesondere kritisiert er in diesem Zusammenhang Redkin und Davydov.
282 Dobroljubov, O pedagogičeskich žurnalach, S. 46.
283 Ebd., S. 46–47.
284 1857 hatte die Zeitschrift bis zu 1.200 Abonnenten. Vgl. Čumikov, A. A., Moi cenzurnye mytarstva (Vospominanija), in: Russkaja starina 100, 10–12 (1899), S. 583–600, hier S. 587 – Kondrat'eva spricht in ihren Ausführungen von 1.100, vgl.: Kondrat'eva, G. V., Častnaja iniciativa v dele stanovlenija i razvitija otečestvennoj pedagogičeskoj periodiki (na materiale XIX veka), in: Problemy sovremennogo obrazovanija 2 (2011), S. 99–105, hier S. 104. Bis 1863 fiel die Zahl der Abonnenten auf 801, was das weitere Erscheinen der Zeitschrift unmöglich machte. Hauptsächlich waren es Institutionen, die die Zeitschrift bezogen, weshalb es eine existenzielle Frage war, als die Zeitschrift von der Liste der offiziell empfohlenen Organe genommen wurde.

Vorwurf der »Germanophilie« zur Wehr setzen.²⁸⁵ Kejzer versuchte 1864/65 die Zeitschrift als Journal für Eltern und Erzieher wiederzubeleben und versprach, sie zu einer Plattform pädagogischen Denkens und Handelns zu machen. Dabei sollten auch die Übersetzungen »kapitaler pädagogischer Werke« Bestandteil des Programms sein.²⁸⁶ Nachhaltiger Erfolg war ihm nicht beschieden – die Zeitschrift stellte 1865 ihr Erscheinen ein.²⁸⁷ Ebenso wenig vermochte sich die Zeitschrift »Bote der russischen Pädagogik (»Vestnik russkogo pedagogika«) dauerhaft durchzusetzen. Nikolaj Vyšnegradskij gab dieses Journal, das den »praktischen Erfordernissen der russischen Erziehung« dienen sollte, von 1857 bis 1861 heraus.²⁸⁸ Als Professor des Pädagogischen Instituts mit liberaler Gesinnung engagierte er sich für die Gründung weiblicher Bildungseinrichtungen.²⁸⁹ Er hoffte, mit seiner Zeitschrift und der Publikation entsprechender Artikel »die Gesellschaft und die Eltern auf diesen neuen Typ von weiblichen Lehranstalten« vorzubereiten.²⁹⁰ Dobroljubov zeigte sich nach der Lektüre der ersten Nummern wenig angetan. Er bemängelte, dass viele der inhaltlichen Versprechen nicht eingehalten würden und die Sprache des Journals – insbesondere die Artikel des Herausgebers – »stark an die geschraubte Sprache der ersten Hälfte des 18. Jahrhunderts erinnerten, Kirchenslawisch mit lateinisch-deutscher Konstruktion«.²⁹¹

Ebenfalls dem liberalen Lager zuzurechnen ist die Zeitschrift »Učitel'« (»Der Lehrer«). Sie erschien zwischen 1861 und 1870, und ihre Herausgeber, I. Paul'son und N. Vessel', rekrutierten sich aus dem Kreis von Aleksandr Čumikovs »Journal für Erziehung«.²⁹² Der »Učitel'« richtete sich an »Erzieher, Eltern und alle, die sich mit der Erziehung von Kindern beschäftigen möchten«.²⁹³ Zentrales Anliegen der Zeitschrift, die unter dem Leitsatz »Aus dem Leben für das Leben« erschien, war die Elementarschulbildung gerade der bäuerlichen Bevölkerung, eine Aufgabe, die nach der Aufhebung der

---

285 Ausführlich zu dieser Fragestellung siehe die Erinnerungen des Herausgebers, die 1899 in »Russkaja Starina« publiziert wurden: Čumikov, Moi cenzurnye mytarstva, S. 587–599. Zum Vorwurf der Germanophilie nahm er in der letzten Nummer vor Schließung des Journals 1863 nochmals ausführlich Stellung: Kapterev, Novaja russkaja pedagogika, S. 25.
286 N. N., K čitateljam, in: Žurnal dlja roditelej i nastavnikov 1–2 (1864), S. 1–9, hier S. 8.
287 Ablov, Pedagogičeskaja periodičeskaja pečat, S. 31.
288 Demkov, Istorija russkoj pedagogiki, Bd. 3, S. 465.
289 Ebd., Bd. 3, S. 299.
290 Ebd., Bd. 3, S. 298.
291 Dobroljubov, O pedagogičeskich žurnalach, S. 48–49, Zitat S. 49.
292 Čumikov, Moi cenzurnye mytarstva, S. 587.
293 So der Untertitel der Zeitschrift.

Leibeigenschaft sowohl Staat als auch Gesellschaft vor große Herausforderungen stellte. Die im »Učitel'« zahlreich publizierten Artikel zur Organisation der russischen Primarschulen flankierten diese zentrale Aufgabe der Bildungsreformen Alexanders II., in deren Folge zwischen 1864 und 1880 18.000 solcher Schulen neu gegründet und Lehrerseminare auf Kreis- und Gouvernementsebene eröffnet wurden.[294]

Das Journal beschränkte sich in seiner Ausrichtung aber keinesfalls auf die Belange der bäuerlichen Schichten, denn auch an die Bessergestellten appellierte der »Učitel'«. Gutsbesitzer müssten umdenken und ihre Söhne nicht mehr nur für den Dienst erziehen, sondern auch Voraussetzungen schaffen, dass diese sich kompetent in der Landwirtschaft engagieren könnten. Eltern sollten darauf verzichten, unzählige, verschiedene Sprachen sprechende Kinderfrauen zu beschäftigen, sondern stattdessen die Erziehung ihrer Kinder als eine zentrale Aufgabe annehmen und diese so intensiv wie möglich selbst gestalten. Grundsätzlich vertrat die Redaktion des Journals die Ansicht, dass Bildung und Erziehung zu sehr auf den »Dienst« ausgerichtet seien und die Heranwachsenden zu früh einer Spezialisierung unterworfen würden. Dieser Ansatz war ganz im Sinne des Arztes und Pädagogen Pirogov. In seinen Ausführungen »Fragen des Lebens« (1856), erschienen im »Morskij Sbornik« (»Sammelband der Marine«), beantwortete er die Frage, auf was er seinen Sohn vorbereite, mit der knappen Feststellung »Ein Mensch zu sein«. Dahingehend formulierten die Redakteure des »Učitel'« ihre Forderung, dass die Zöglinge weder durch ihre Erzieher und Lehrer noch ihre Eltern für irgendeine künftige Bestimmung ausgebildet und erzogen werden sollten. An erster Stelle habe die Entwicklung ihrer geistigen und körperlichen Kräfte zu stehen, die es ihnen zu einem späteren Zeitpunkt ermöglichte, die Tätigkeit auszuwählen, für die sie geeignet seien.[295]

Das Journal befasste sich ausführlich mit allgemeinen Fragen der Pädagogik, druckte historische Abhandlungen und stellte praxisorientierte Materialien zur Verfügung. Es wollte insbesondere die dringend benötigten Lehrer, »in deren Händen die Bildung der künftigen Bürger liegt«, in ihrer Ausbildung unterstützen.[296] Nach wie vor waren Schriften aus Deutschland wesent-

---

294 Froese, Leonhard, Ideengeschichtliche Triebkräfte der russischen und sowjetischen Pädagogik, Heidelberg 1963, S. 85.
295 N. N., Ot redakcii, in: N. N. (Hg.), Pedagogičeskija stat'i žurnala učitel za 1861 god, St. Petersburg 1866, S. 5–23, hier S. 19–23 (Zitat Pirogov S. 19).
296 Demkov, Istorija russkoj pedagogiki, Bd. 3, S. 465. Zitat: N. N., Programma žurnala »Učitel'«, in: N. N. (Hg.), Pedagogičeskija stat'i žurnala učitel za 1861 god, St. Peters-

licher Bestandteil des Journals, wobei ebenso »die Literatur anderer Völker« Beachtung fand. Auch für den »Učitel'« galt die Maxime, das »Gute dort zu nehmen, wo man es findet«.[297] So machte die Zeitschrift während der zehn Jahre ihres Bestehens ihre Leserschaft ausführlich mit dem kanonischen Gedankengut Komenskis, Lockes, Rousseaus, Basedows, Pestalozzis und Diesterwegs ebenso wie mit dem Fröbel'schen Erziehungssystem vertraut.[298] Die Zeitschrift bestand aus zwei Hauptteilen. Die erste Rubrik war auf Abhandlungen aus verschiedenen Wissenschaften zum Selbststudium ausgerichtet. Im zweiten Abschnitt fanden sich didaktisch-methodische und praxisorientierte Materialen sowohl für den Unterricht und die Erziehung im häuslichen Rahmen als auch für die Elementar- beziehungsweise Mittelschulen. Im letzten Teil der zweimal monatlich erscheinenden Hefte waren die Rubriken »Rezensionen und Bibliografie«, »Vermischtes« und »Die wichtigsten Regierungsverfügungen« platziert.

Das Journal stieß auf reges Interesse, und die Zahl der erhofften 2.000–3.000 Abonnenten, die die Herausgeber 1861 anstrebten, wurde mit 3.655 Bestellungen übertroffen.[299] Allerdings konnte sich auch der »Učitel'« angesichts des »Kerndilemmas« zwischen »Bildungsexpansion und Loyalitätssicherung« nicht dauerhaft behaupten: Die Zeitschrift, die im Vergleich zu anderen Organen die Reformen der Regierung und das klassische Bildungssystem vergleichsweise offen kritisierte und diskutierte, geriet in den Fokus der Zensurbehörde.[300] Das Attentat des Studenten Dmitrij Karakozov auf den Zaren 1866 führte zu einer Ablösung des liberalen Bildungsministers Aleksandr Golovnin durch Dmitrij Tolstoj, der zur »Verkörperung obrigkeitlicher Regulierung, strenger Aufsicht und [...] antiliberaler Bildungspolitik« wurde.[301] Nachdem im gleichen Jahr die Zeitschriften »Sovremennik« (»Der Zeitgenosse«) sowie »Russkoe Slovo« (»Das russische Wort«) geschlos-

---

burg 1866, S. 1–4, hier S. 1.
297 Ebd., S. 3–4.
298 Demkov, Istorija russkoj pedagogiki, Bd. 3, S. 467.
299 Programma žurnala »Učitel'« za 1861 god, S. 4. Zur Zahl der Abonnenten siehe Čumikov, Moi cenzurnye mytarstva, S. 587.
300 Hildermeier, Geschichte Russlands, S. 1245; Gončarov, M. A., Russkie pedagogičeskie žurnaly i ich vlijanie na obščee i pedagogičeskoe obrazovanie Rossii seprediny XIX–načala XX vv. (K 150-letiju so dnja vychoda žurnala »Učitel'«), in: Problemy sovremennogo obrazovanija 4 (2011), S. 47–59, hier S. 48.
301 Hildermeier, Geschichte Russlands, S. 1247; Froese, Ideengeschichtliche Triebkräfte, S. 85–86. Ausführlich zu den Auswirkungen des Attentats: Verhoeven, Claudia, The Odd Man Karakozov. Imperial Russia, Modernity, and the Birth of Terrorism, Ithaca 2009.

sen wurden, setzte der »Učitel'« auf Abhandlungen zur Geschichte des Unterrichts und der Erziehung, um sein Fortbestehen zu sichern. Allerdings ohne Erfolg: 1867 und 1868 konnte die Zeitschrift nur in verringertem Umfang erscheinen. Nachdem das Ministerium für Volksbildung den »Učitel'« von der Liste der Zeitschriften strich, die Bildungseinrichtungen zur Anschaffung empfohlen wurden, musste das Journal schließlich im Dezember 1870 sein Erscheinen einstellen.[302]

Die geführten Diskussionen um Erziehungskonzepte in der Publizistik spiegeln Vorstellungen wider, wie Heranwachsende erzogen, sozialisiert und ausgebildet werden sollten, um sich als Erwachsene gemäß ihrer Neigung und Eignung betätigen und damit dem Staat und seiner Entwicklung von Nutzen sein zu können. Durch Erziehung ließ sich ein wesentlicher Bestandteil von Kindheit regulieren. Deshalb ging es bei den pädagogischen Debatten immer auch darum, wie eine zeitgemäße Kindheit aussehen sollte. Die in der Publizistik geführten Erziehungsdebatten dieser Jahre sind deshalb Orte, an denen Vorstellungen von Kindheiten ausgehandelt wurden, und Plattformen, auf denen verschiedene Ansätze kollidierten. Eine Polemik, die der »Učitel'« 1861 und 1862 gegen die neugegründete Zeitschrift »Guvernantka« (»Die Gouvernante«) und ihre Herausgeberinnen veröffentlichte, sowie deren Reaktion auf den Angriff belegen dies eindrücklich.

Am 16. Dezember 1861 erschien in der Rubrik »Rezensionen und Bibliografie« des »Učitel'« eine Ankündigung der Zeitschrift »Guvernantka« für das kommende Jahr, vorgestellt als »Periodikum für Leiterinnen von Instituten und Pensionaten, Klassendamen, häusliche Erzieherinnen und Lehrerinnen und allgemein für Personen, die sich mit Erziehung und Bildung beschäftigen«.[303] Die »Guvernantka« sei das erste Journal in Russland, das sich im Namen erkennbar der Erziehung und Bildung von Frauen verschreibe – ein Vorhaben, das die Redakteure des »Učitel'« grundsätzlich begrüßten.[304] Das pädagogische Konzept der Zeitschrift blieb den Kritikern allerdings unklar, vor allem die Tatsache, dass die Herausgeberinnen der »Guvernantka« das im Untertitel angesprochene Personal für eine »normale Erscheinung hält«, stieß auf Unverständnis ebenso wie die von ihnen aufgeworfenen Fragen:

---

302 Gončarov, Russkie pedagogičeskie žurnaly, S. 48.
303 F. T., Novye žurnaly: Novoe liteaturnoe predprijatie: Guvernantka, in: Učitel' 24 (1861), S. 1024–1030, hier S. 1024–1027.
304 Ebd., S. 1024–1025.

»Was ist eine Gouvernante? Eine Bezeichnung, die ein Erziehungsprinzip zum Ausdruck bringt? Hat sich nicht das Institut des sogenannten Gouvernantentums [*guvernantstvo*] oder Hauslehrertums [*guvernerstvo*] überlebt? Kann man einem Journal den Namen einer sterbenden Institution geben? [...] Wie erschien bei uns diese Institution? Aus den Anforderungen einer rationalen Erziehung heraus, oder aus einer leeren Mode, aus dummen aristokratischen Gewohnheiten?«[305]

Die Redakteure des »Učitel'« beantworteten diese Fragen umgehend und definierten die Gouvernante als eine Frau, die in erster Linie darauf angewiesen sei, Geld zu verdienen, und »keiner schweren Arbeit nachgehen möchte oder kann«. Sie kann Ausländerin sein oder nicht, mindestens eine Fremdsprache beherrschen und in der Lage sein, Musik zu unterrichten ebenso wie Sprachen, Religion und Arithmetik. Mit spöttischem Unterton verwies der »Učitel'« auf die besonders geschätzte Eigenschaft der »guten Manieren«. Die »kindliche Natur« zu kennen, »Kinder zu lieben«, »Eine Berufung zur Erziehung zu haben« oder über einen Nachweis zur pädagogischen Qualifikation zu verfügen, seien hingegen für die Berufsausübung unerheblich. Die Eltern, die Gouvernanten engagierten, bräuchten in erster Linie jemanden, auf den sie die Sorge für ihre Kinder abwälzen könnten und der den Nachwuchs »für die vornehme Welt« dressiert.[306] Für die Herausgeber des »Učitel'« war es demzufolge vollkommen unverständlich, einem pädagogischen Journal einen so »antipädagogischen Namen« wie »Die Gouvernante« zu geben – ein politisches Organ würde man ja auch nicht »Blockwart« (»Kvartal'nyj nadziratel'«) nennen. Auch die Behauptung, dass der »Erfolg häuslicher Erziehung, das Aufblühen und der Niedergang der weiblichen Bildungseinrichtungen« von den »Müttern, Gouvernanten, Klassendamen und verschiedenen Leiterinnen abhängen würden und in den Händen dieser Personen die Zukunft der »heiligen Rus'« läge und über diese Gruppe bedauerlicherweise wenig in der pädagogischen Publizistik zu finden sei, quittierten die Rezensenten mit Unverständnis und verwiesen auf das »babylonische Durcheinander« in den Ausführungen des neuen Journals. Auch die wörtliche Übersetzung von *gouverner* (»verwalten«) müsse in diesem Zusammenhang reflektiert werden, da dieses Verb grundsätzlich mit Erziehung wenig gemein habe. »Kinder zu verwalten« beziehungsweise über Kinder »zu gebieten«, so eine andere Übersetzungsvariante, erschien den Redakteuren des »Učitel'« als Maxime eines pädagogischen Journals alles andere als nachvollziehbar.[307]

---

305 Ebd., S. 1025.
306 Ebd., S. 1026.
307 Ebd., S. 1027.

Die Redakteurinnen der »Guvernantka« ließen diese Polemik nicht auf sich beruhen.[308] In der ersten Ausgabe der Zeitschrift druckten sie eine Stellungnahme ab – einen Artikel, »den die Redaktion mit der städtischen Post zugestellt bekam«.[309] Allerdings stellten sie vorab klar, dass dies das »erste und letzte Mal« sei, dass sie sich an einer solchen Polemik beteiligten, denn der »Platz in der Presse und die Zeit der Abonnenten« seien zu schade dafür.[310] Zunächst einmal betitelte der anonyme Verfasser beziehungsweise die anonyme Verfasserin die Herausgeber des »Učitel'« als die »Herren Redakteure«, die Bezeichnung ist in deutscher Sprache und in Fraktur gesetzt, was eindeutig auf die starke, auch von anderen Seiten kritisierte Ausrichtung auf deutsches pädagogisches Gedankengut verweist. Die Angriffe auf die »Guvernantka« lägen in ökonomischen Interessen begründet, so dass die Befürchtung der Herausgeber des »Učitel'« durchaus naheliegend sei, dass das neue Journal den »Absatz ihrer Ware« gefährden könne. Weiter unterstellte der Artikel den »Herren Redakteuren«, den »Učitel'« für das Jahr 1862 inhaltlich entsprechend angepasst zu haben, er sich explizit auch an Erzieherinnen privater Institutionen richtete und eine neue Rubrik, »Pedagogičeskij spravočnyj listok« (»Pädagogisches Informationsblatt«), aufnähme. Hier könnten Eltern pädagogisches Personal suchen und umgekehrt dieses auch inserieren.[311] Genau eine solche Abteilung hatten die Herausgeberinnen der »Guvernantka« für ihr Journal fest eingeplant. Hervorgehoben wurde die Tatsache, dass die Ankündigung der neuen Zeitschrift – abgesehen von der massiven Kritik durch den »Učitel'« – durchweg positiv aufgenommen wurde. Die »Herren Redakteure« hätten die Ankündigung der »Guvernantka« viel zu spät gedruckt, worin der oder die anonyme Verfasserin eindeutig einen Beleg für die Profitorientierung des »Učitel'« sah.[312] Unverständnis äußert der anonyme Verfasser auch über die Kritik des »Učitel'« am Namen der neuen Zeitschrift oder an der Unterstellung, dass die Gouvernanten »nur in den Minuten nachdenken, in denen sie sich ihrer Toilette widmen«. Zwar würden viele Gouvernanten und weibliche Lehranstalten den »Anforderungen der Gesellschaft« nicht gerecht, aber aus den Fehlern der Vergangenheit solle gelernt werden, um die künftige Erziehungs- und Bildungslandschaft

---

308 Patriot, Vraždebnyj podchod na žurnal »Guvernantka«, in: Guvernantka 1 (1862), S. 38–45.
309 Ebd., S. 38.
310 Ebd.
311 Ebd., S. 39.
312 Ebd., S. 40.

Russlands besser zu gestalten. Der »Učitel'« sei an einer solchen Entwicklung offensichtlich nicht interessiert und ignoriere darüber hinaus, dass es auch in den Lehranstalten für Knaben Unzulänglichkeiten gäbe.[313] Der oder die anonyme Verfasserin hoffte, dass sich die Herausgeberinnen der »Guvernantka« nicht irritieren ließen, denn letztlich müsse die Leserschaft des neuen Journals urteilen.[314] Zudem ginge es darum, »eigene« Grundlagen zu schaffen und nicht nur ausländische »Schulen und écoles« zu verpflanzen, wie es die »Herren Lehrer Redakteure-Herausgeber« des »Učitel'« anhaltend forderten.[315] Kritisch verwies der oder die Verfasserin auf die hohe Zahl von Übersetzungen im »Učitel'« 1861 und das Ignorieren bzw. die Schmähung russischer pädagogischer Schriften.[316]

Der »Učitel'« antwortete postwendend auf die Anfeindungen der »Guvernantka« und nutzte dies gleichzeitig, um das erste Heft der Zeitschrift zu rezensieren. Die Herausgeber hielten es für wenig glaubhaft, dass der »Guvernantka« der Verfasser des Briefes unbekannt sei, da die Zensur es verbiete, Artikel von Autoren zu drucken, deren Name und Adresse der Redaktion unbekannt seien.

In der Anrede folgte der »Učitel'« dem Beispiel der »Guvernantka« (»Die Herren Redakteure«) und titulierte die Herausgeberinnen, die sich in ihrer »Instituts-Naivität« zum Zorn hätten hinreißen lassen, ausschließlich mit »Ces Dames«.[317] Der »Učitel'« setzte sich gegen die verschiedenen Vorwürfe der »Guvernantka« zur Wehr. Neben dem vermeintlich verspäteten Abdruck der Ankündigung der »Guvernantka« ging es insbesondere um den Vorwurf der inhaltlichen Anpassung des »Učitel'« aufgrund der angekündigten Neuerscheinung. Dies erschien den Redakteuren absurd, hätte doch im Gegenteil die »Guvernantka« großzügige konzeptionelle Anleihen bei ihrem pädagogisch fundierten Journal gemacht. Das Ganze wurde zudem spöttisch auf Französisch kommentiert: »Vous prodiguez votre poudre en pure perte, mesdame!«[318] Im weiteren Verlauf betonte der »Učitel'«, dass die Redaktion keinesfalls nur den Namen »Guvernantka« dämlich fände, sondern die

---

313 Ebd., S. 42
314 Ebd., S. 44.
315 Ebd. (Hervorhebungen im Original).
316 Ebd.
317 Red., Pervyj debjut Guvernantki, in: Učitel' 3 (1862), S. 129–131 (Hervorhebung im Original).
318 Ebd., S. 129 (Hervorhebung im Original).

gesamte Ankündigung. Den Herausgeberinnen sprach der »Učitel'« jegliche Logik ab und betonte abermals deren »Institutsnaivität«.³¹⁹ Im letzten Teil des Artikels wandten sich die Redakteure der ersten Ausgabe der »Guvernantka« zu. Bemängelt wurde die »Institutssprache«, denn die Worte, die die Redaktion an ihr Publikum richtete, glichen »einem Aufsatz zu einem gestellten Thema«. Auch die Abhandlung zur Geschichte der weiblichen Bildungsinstitutionen, die von der Zarin Maria verwaltet werden, fiel durch: Sie sei »[e]ine schlechte Kompilation«, bestehend aus »nichtssagenden Sätzen und chronologischen Daten«. Auch die übrigen Beiträge des Heftes stießen auf Kritik der Rezensenten:

»Obgleich wir nur wenig Glauben hatten an dieses neue Unternehmen, das unter dem Dach *de ces dames* erschien und sich der Öffentlichkeit in einer derartig holprigen, smol'nyj-russischen Sprache präsentiert, können wir den Grundgedanken des Unternehmens nicht gutheißen.«³²⁰

Am Ende kam der »Učitel'« zu dem Schluss, dass die Herausgeberinnen hauptsächlich daran interessiert seien, »gutgläubigen Abonnenten das Geld aus der Tasche zu ziehen«.³²¹

Die Auseinandersetzung zwischen den beiden Zeitschriften kreiste vordergründig um den inkompetenten Umgang der »Guvernantka« mit Fragen der weiblichen Bildung.³²² Bei genauerem Hinsehen ging es im Kontext der Reformzeit jedoch um weit mehr. Zur Debatte standen grundsätzliche Fragen von Pädagogik und Erziehung mit gesellschaftspolitischer Tragweite. Auf den Prüfstand kamen adlige Erziehungspraktiken, pädagogische Kompetenzen, weibliche Bildungsmöglichkeiten, inhaltliche Referenzpunkte und ökonomische Interessen.

Bereits der Zeitschriftentitel »Guvernantka« stand für eine pädagogische Institution, die geradezu sinnbildlich das alte Regime abbildete, das zu über-

---

319 Ebd., S. 130.
320 Ebd., S. 131.
321 Ebd.
322 Dies suggeriert ein Artikel von Varvara Ponomareva: Ponomareva, Varvara V., »Učitel'« protiv »Guvernantki«. Remarka ob odnoj žurnal'noj polemike po ženskomu obrazovaniju, in: Media al'manach 1 (2015), S. 58–62 (https://nobledamosels.wordpress.com/2016/08/18/888888/#more-181 [8.2.2022]). Auf die »Unerfahrenheit« der Herausgeberinnen verweist der anonyme Verfasser des abgedruckten Briefs. Zudem sind nach gegenwärtigem Kenntnisstand keine weiteren Informationen über die verantwortlichen Redakteurinnen Agnija Mamyševa und Zoja Travlinskaja verfügbar, was ebenfalls dafür spricht, dass sie in der »pädagogischen Szene« der 1860er Jahre keine etablierten Personen waren.

winden die progressiven und kritisch eingestellten Pädagogen der Reformzeit angetreten waren. Die Abneigung gegen das überkommene und auf privilegierte Schichten ausgerichtete Modell zeigte sich weiter in der Charakterisierung adliger Erziehungsziele (»Dressur«) sowie dem abschätzigen Verweis auf die sprachliche Unbeholfenheit der Herausgeberinnen, bedingt durch deren naive Verwurzelung im Französischen. Dabei wandten sich die Redakteure des »Učitel'« keinesfalls grundsätzlich gegen ausländisches Gedankengut. Sie lehnten aber dezidiert die oberflächliche und unreflektierte Adaption der französischen Sprache und Kultur sowie die damit zusammenhängende mangelhafte und nutzlose Frauenbildung ab. Diese waren bereits seit dem ausgehenden 18. Jahrhundert in Gestalt des Smol'nyj Gegenstand von Kritik und Spott gewesen.[323] Die Auseinandersetzung zwischen den Journalen offenbart eine konzeptionelle Konkurrenzsituation. Zudem bestand für die privat geführten Zeitschriften auch ein ganz praktischer Wettbewerb um die Gunst der Leserinnen und Leser, ohne die kaum eines der Organe bestehen konnte. Offensichtlich waren die Herausgeberinnen der »Guvernantka« ihrer Aufgabe nicht gewachsen – die Zeitschrift stellte bereits nach sechs Monaten ihr Erscheinen ein.

Unmittelbar nach der ersten Abhandlung über die »Guvernantka« kündigten die Herausgeber des »Učitel'« eine weitere, neue pädagogische Zeitschrift an, die ihrer Meinung nach »eine ganz andere Art von Reflexion« hervorrufe.[324] Dabei handelte es sich um das für ein monatliches Erscheinen geplante, von Lev Tolstoj herausgegebene und nach dem Namen seines Landgutes im Gouvernement Tula benannte Journal »Jasnaja Poljana«. Dabei sah Tolstoj, der »begabte Redakteur-Herausgeber«, zwei Publikationsorgane vor: eine »Schulausgabe« mit pädagogischen Artikeln sowie ein »Büchlein« mit »verständlicher und interessanter« Lektüre für das Volk.[325]

Der Schriftsteller hatte 1859 auf seinem Gut in Jasnaja Poljana eine Schule für die Kinder seiner Bauern gegründet. Ein erster Versuch zehn Jahre zuvor hatte keinen Erfolg gezeitigt – die ländliche Bevölkerung misstraute ihm und konnte mit seinen pädagogischen Absichten wenig anfangen.[326] 1860 reiste Tolstoj nach Westeuropa, um sich in Deutschland, Frankreich, England und in der Schweiz mit den dortigen Formen der pädagogischen Methodik sowie der Unterrichtspraxis vertraut zu machen. Als Anhänger

---

323 Vgl. Kapitel 2.2 im vorliegenden Buch.
324 F. T., »Jasnaja Poljana«, in: Učitel' 24 (1861), S. 1027–1030, hier S. 1027.
325 Ebd.
326 Froese, Ideengeschichtliche Triebkräfte, S. 98–99.

Rousseaus schätzte er dessen Betonung der individuellen Freiheit, wie sie in »Emile« zum Ausdruck kam. Er teilte die Ansicht, dass die »menschliche Natur von Haus aus unverdorben« sei und die herrschende Art der Erziehung den Menschen verderbe.[327] Demzufolge schreckten ihn die disziplinarischen Zwänge ab, die er besonders an deutschen Schulen kennengelernt hatte. Sie bestärkten ihn in der Ausrichtung seiner eigenen Pädagogik und Schule an dem Prinzip maximaler individueller Freiheit.[328] Ganz im Sinne der Romantik sah er Kinder als überlegene Wesen an, die »gesünder, weiser und moralischer als Erwachsene – insbesondere adlige Erwachsene« – seien.[329] Nach seiner Rückkehr aus dem Ausland errichtete er in Jasnaja Poljana ein Schulgebäude mit drei Klassenzimmern, über dessen Eingang er eine Tafel mit der programmatischen Aufschrift »Geh frei hinein und ebenso hinaus« anbrachte.[330]

In dieser »Versuchsphase« entwickelte Tolstoj die Grundzüge seiner pädagogischen Vorstellungen.[331] Diese beruhten auf Überzeugungen, die er in dem Aufsatz »Über die Volksbildung« formulierte, der in der ersten Ausgabe seiner Zeitschrift abgedruckt wurde. Er wandte sich darin vehement gegen die »Zwangsschule«, die seiner Meinung nach keine fruchtbaren Ergebnisse zeitige und darüber hinaus dazu führe, Kinder der »unbewussten Erziehung« in ihrer familiären Umgebung zu entziehen.[332] Für ihn bestand die Hauptaufgabe der Pädagogik darin, zu ergründen, wann die Bestrebungen von Erzieher (der etwas vermitteln möchte) und Zögling (der etwas lernen will) sich kreuzten, um so zu erkennen, in welchem Moment das »Kriterium der Freiheit« als Voraussetzung für das gelungene Lernen erfüllt sei.[333]

Grundsätzlich galt es, eine pädagogische Wissenschaft zu entwickeln, die auf Erfahrung und nicht auf Abstraktion beruhe. Deshalb würden – positive wie negative – Erfahrungsberichte aus Tolstojs eigener Schule und einigen

---

327 Haggenmacher, Otto, Leo Tolstoi als Pädagoge, in: Schweizerische pädagogische Zeitschrift 20, 4 (1910), S. 224–240, hier S. 227.
328 Cohen, Adir, The Educational Philosophy of Tolstoy, in: Oxford Review of Education 7, 3 (1981), S. 241–251, hier S. 242.
329 Vinitsky, Ilya, Tolstoy's Lessons. Pedagogy as Salvation, in: Allen, Elizabeth Cheresh (Hg.), Before They Were Titans. Essays on the Early Works of Dostoevsky and Tolstoy, Brighton 2015, S. 299–316, hier S. 301. Demkov bezeichnet Tolstoj in seinen Ausführungen sogar als den »russischen Rousseau« (Istorija russkoj pedagogiki, S. 346).
330 Cohen, The Educational Philosophy of Tolstoy, S. 243.
331 Froese, Ideengeschichtliche Triebkräfte, S. 98.
332 Tolstoj, Lev, O narodnom vospitanii, in: Jasnaja Poljana 1 (1862), S. 7–30, hier S. 19.
333 Ebd., S. 30.

Klassen des Tulaer Gymnasiums einen wichtigen Bestandteil des Organs ausmachen, um daraus Gesetzmäßigkeiten ableiten zu können. Für im Ausland bereits erprobte pädagogische Methoden zeigte Tolstoj sich grundsätzlich offen, schließlich müsse »Amerika nicht neu entdeckt werden«, denn »besser sei es, direkt dorthin zu fahren und etwas völlig Neues zu entdecken«. Guter Unterricht gründe weniger auf den Schulmeister und die unterrichtsmethodische Anleitung als auf den »Geist, in dem die Schule organisiert ist«.[334] Die erste Ausgabe der Zeitschrift erschien im Januar 1862, die letzte im Dezember desselben Jahres. Die einzelnen Hefte bestanden meistens aus vier Teilen. Eingangs fanden sich einführende Bemerkungen oder Aufrufe des Herausgebers. So wies dieser in der ersten Ausgabe unter der Rubrik »An das Publikum« darauf hin, dass Kritik willkommen sei, er aber darum bitte, von Polemiken abzusehen.[335] Im April wandte sich die Redaktion mit einer detailreichen Aufforderung an das Unterrichtspersonal der verschiedenen Schulformen, Artikel über ihre Erfahrungen in der Praxis zum Abdruck einzusenden. Dabei sollten die »Wissensvermittlung in den einzelnen Fächern«, »der Einfluss von Bestrafung und Belohnung«, die »außerschulische Bildung«, Misserfolge im Unterricht, Lektüreempfehlungen, die »Beziehungen zwischen Eltern und Schülern und Lehrern« sowie die »Forderungen der Eltern an die Bildung« im Zentrum des Interesses stehen.[336] In fast jeder Ausgabe äußerte sich Tolstoj grundsätzlich zu Fragen der Bildung und Erziehung. Dies erfolgte in Gestalt von Abhandlungen (»Über die Volksbildung«, »Bemerkungen über die Lektüre des Volkes«). Er beantwortete kritische Äußerungen zu seinen pädagogischen Vorstellungen (»Erziehung und Unterricht«) oder kommentierte die Volksschulpläne der russischen Regierung.[337] Großen Raum in der Zeitschrift räumte die Redaktion Berichten aus der Schulpraxis ein. Minutiös wurden Alltag und Ablauf sowohl in Tolstojs eigener Schule (»Die Schule von Jasnaja Poljana im November und Dezember«) als auch in umliegenden Lehranstalten nachgezeichnet (»Ein Unterrichtsversuch in der Schule von Žitov«, »Die Beschreibung einer der Schulen des

---

334 F. T., »Jasnaja Poljana«, S. 1029.
335 Tolstoj, Lev N., K publike, in: Jasnaja Poljana 1 (1862), S. V–VI.
336 Tolstoj, Lev N., Ot redakcii, in: Jasnaja Poljana 4 (1862), S. 5–8.
337 In der genannten Reihenfolge: Jasnaja Poljana, 1 (1862), S. 7–30; ebd. 5 (1862), S. 5–16; ebd. 7 (1862), S. 5–44; ebd. 3 (1862), S. 5–42.

Gouvernements Tver'«), oder es wurden grundsätzliche Erfahrungsberichte abgedruckt (»Erinnerungen an die Prüfungen«).³³⁸ Das vehemente Eintreten für eine selbstbestimmte und auf individuelle Freiheit abzielende Pädagogik, die Tolstoj selbst keinesfalls als politisch verstand, und die Eröffnung weiterer Schulen nach dem Vorbild Jasnaja Poljanas riefen selbst im vergleichsweise liberalen Klima der frühen 1860er Jahre konservative Kritiker auf den Plan. Suspekt waren diesen sowohl die Studenten, die Tolstoj in seinem Vorhaben unterstützten, als auch sein Bestreben, den »Unmündigen das Ideal höherer menschlicher Freiheit« zu lehren. Im Juli 1862 fand in Abwesenheit des Schriftstellers eine Hausdurchsuchung statt, die zwar keine Belege für die unterstellte revolutionäre Tätigkeit erbrachte, aber eine »Eindämmung des Tolstojschen Reformelans« zur Folge hatte.³³⁹ Das ihm entgegengebrachte Misstrauen, die zu geringe Zahl der Abonnenten seiner Zeitschrift gepaart mit den wachsenden Kosten sowie persönlichen Veränderungen führten Ende 1862 zur Einstellung der Zeitschrift und zum Niedergang seiner Schule.³⁴⁰ Allerdings kehrte der Schriftsteller im weiteren Verlauf seines Lebens immer wieder zu Fragen der Pädagogik und Kindheit zurück. Dies schlug sich in der Abfassung einer 1872 publizierten Fibel, weiteren Lehraktivitäten sowie in einem weiteren Aufsatz zum Thema »Volksbildung« nieder, den er 1874 schrieb.³⁴¹

Neben Tolstojs »Jasnaja Poljana« befassten sich weitere Organe mit Fragen der Volksbildung, wenngleich nicht mit vergleichbarer reformpädagogischer Radikalität. Zwischen 1869 und 1889 bemühte sich die ebenfalls privat initiierte Zeitschrift »Narodnaja škola« (»Die Volksschule«), »Volksschullehrern pädagogisches Mustermaterial zur Verfügung zu stellen« und gleichzeitig »die gebildete Öffentlichkeit über den zeitgenössischen Fortgang der Volksbildung zu informieren«.³⁴² Wenngleich es an Erfahrung für diese Schulform sowie an erfahrenem Personal noch mangelte, gelang es den Herausgebern, namhafte Pädagogen wie V. Vodovozov, N. Bunakov, N. Korf und I. Paul'son als Beiträger zu gewinnen. In Beilagen informierten sie über die Arbeit diverser pädagogischer Organisationen und politische Neuigkeiten für die Volksschulen oder publizierten Artikel zu Themen wie »Pädagogi-

---

338 In der genannten Reihenfolge: Jasnaja Poljana, 1 (1862), S. 35–86 sowie ebd. 3 (1862), S. 43–80; ebd. 5 (1862), S. 17–33; ebd. 7 (1862), S. 45–53, 54–63.
339 Froese, Ideengeschichtliche Triebkräfte, S. 104 (beide Zitate).
340 Vinitsky, Tolstoy's Lessons, S. 309–310.
341 Froese, Ideengeschichtliche Triebkräfte, S. 108.
342 Demkov, Istorija russkoj pedagogiki, Bd. 3, S. 468.

sche Psychologie« oder die »Pflege der Gesundheit von Kindern«.[343] Darüber hinaus erschien 1871–1888 in St. Petersburg das liberale Journal »Sem'ja i škola« (»Familie und Schule«), das sich die Förderung des Austauschs zwischen Eltern und Lehrern beziehungsweise Erziehern auf die Fahnen geschrieben hatte.[344] Als »herausragende« Zeitschrift der zweiten Hälfte des 19. Jahrhunderts gilt der »Pedagogičeskij sbornik« (»Pädagogischer Sammelband«), der von der Hauptverwaltung der Kadettenanstalten von 1864 bis 1917 herausgegeben wurde.[345] Im Zuge der Militärreformen seit den 1850er Jahren, die eine Hebung des Bildungsniveaus innerhalb der Armee forcierten, sollten die Kadettenanstalten von »militärischen Internaten« in Gymnasien umgewandelt werden, um Offiziersanwärtern mit neuen Methoden anspruchsvoller auszubilden.[346] Dafür wurden sowohl entsprechende Lehrerausbildungsstätten in Moskau und St. Petersburg gegründet als auch ein Publikationsorgan geschaffen. Stark beeinflusst von Ušinskij und Pirogov, waren die Herausgeber, Nikolaj Vessel' und Aleksej Ostrogorskij – beide ehemalige Mitarbeiter des »Učitel'«, – der Ansicht, dass sich »Fragen der militärischen Erziehung nur im Einklang mit der pädagogischen und psychologischen Wissenschaft lösen lassen«.[347] Es gelang ihnen, namhafte Pädagogen zur Mitarbeit heranzuziehen, die vor allem im nicht-offiziellen Teil der Zeitschrift Abhandlungen zu diversen pädagogischen Themen publizierten und damit zu Qualität und Akzeptanz dieser staatlich geförderten Publikation beitrugen.

Für die Phase bis 1881 sind zwei weitere Bereiche der Pädagogik und ihre Publikationsorgane zu erwähnen. Zum einen ist es das bereits mehrmals angesprochene und expandierende Feld der weiblichen Bildung. Dieses fand im »Pedagogičeskij listok Sankt Peterburgskich ženskich gimnazij« (»Pädagogisches Blatt der St. Petersburger Frauengymnasien«) zwischen 1872 und 1875 erstmals ein ernstzunehmendes Organ. Die Zeitschrift berichtete sowohl über den Unterricht an diesen Institutionen als auch zu »allgemeinpädagogischen Inhalten«.[348] Zwischen 1876 und 1891 wurde das Journal un-

---

343 Wie beispielsweise dem »Komitee der Schriftkundigkeit« oder der »St. Petersburger Pädagogischen Gesellschaft« (Ablov, Pedagogičeskaja periodičeskaja pečat', S. 39–40); Narodnaja škola, 11 (1876), Inhaltsverzeichnis o. S.
344 Puzyreva, O fenomene russkoj pedagogičeskoj žurnalistiki, S. 54.
345 Ablov, Pedagogičeskaja periodičeskaja pečat', S. 35.
346 Gončarov, Russkie pedagogičeskie žurnaly, S. 51.
347 Ebd., S. 52.
348 Kolomijceva, E. Ju., Problemy ženskogo obrazovanija na stranicach otečestvennych žurnalov vtoroj poloviny XIX veka, in: Kul'turnaja žizn' Juga Rossii 28, 3 (2008), S. 90–

ter dem Namen »Ženskoe obrazovanie« (»Frauenbildung«) weitergeführt, bevor es 1892 in »Obrazovanie« (»Bildung«) umbenannt wurde.³⁴⁹ Nicht zuletzt aufgrund von Anfeindungen sowie der Unterstellung, dass in den Gymnasien den Schülerinnen »verdorbenes Gedankengut nihilistischer Prägung« vermittelt würde, war es den Herausgeberinnen und Herausgebern ein Anliegen, über Erziehung und Lehre in diesen Schulen aufzuklären.³⁵⁰ Die Zeitschrift bemängelte das Bildungsgefälle innerhalb zahlreicher Familien zwischen den weiblichen und den männlichen Mitgliedern. Weiter hoben die Herausgeber 1876 die »junge Generation« als Multiplikator von Wissen hervor, weshalb es galt, die mittlere und höhere weibliche Bildung zu fördern, für die es bislang kaum Vorbilder gebe.³⁵¹ »Ženskoe obrazovanie« sollte die Leser mit in- und ausländischer Literatur zu Fragen der weiblichen Bildung vertraut machen, Unterrichtsmaterialien publizieren und vor allem im Elementarschulbereich zwischen Elternhaus und Schule vermitteln.³⁵² Entsprechend war das Organ gegliedert: Einem »offiziellen Teil« mit Beschlüssen von Schulkomitees, Regierungsanordnungen oder Haushaltsplänen von Frauengymnasien folgte ein »Inoffizieller Part« mit Artikeln zu verschiedenen Themen.

Neben der auf Schule und Kinder entsprechenden Alters ausgerichteten Pädagogik fand ab den 1860er Jahren zudem eine Auseinandersetzung mit der Erziehung von Kindern im Vorschulalter statt. Sie fand ihren sichtbaren Ausdruck in der ab 1866 herausgegebenen Zeitschrift »Detskij sad« (»Der Kindergarten«). Ähnlich wie »Pedagogičeskij listok« erschien auch »Detskij sad« unter verschiedenen Namen: Ab 1877 firmierte das Journal unter dem Titel »Vospitanie i obučenie« (»Erziehung und Unterricht«); ab 1888 bis 1917 erschien es als Beilage des »Rodnik« (»Der Quell«).³⁵³ Die Zeitschrift war Ausdruck des seit den späten 1850er Jahren auch in Russland stark zunehmenden Interesses an der Kindergartenidee Friedrich Fröbels. Dieser hatte 1840 den ersten Kindergarten in Blankenburg (Harz) gegründet. Der Name der Institution verweist auf einen Garten, ein Paradies, in dem Kinder in der Gruppe unter kompetenter Anleitung »Menschen-

---

92, hier S. 90; Lichačeva, Materialy dlja istorii ženskogo obrazovanija, Bd. 4, S. 287.
349 Ablov, Pedagogičeskaja periodičeskaja pečat', S. 41.
350 Lichačeva, Materialy dlja istorii ženskogo obrazovanija, Bd. 4, S. 287.
351 N. N., Naši zadači. Neskol'ko slov ot redakcii, in: Ženskoe obrazovanie, 3 (1876), S. 1–5, hier S. 3 (1876), S. 2.
352 Ebd., S. 4.
353 Ablov, Pedagogičeskaja periodičeskaja pečat', S. 37, 44.

erziehung« erfahren sollten.[354] In diesen »Anstalten für Kleinkinderpflege« verband sich die durch die Industrialisierung notwendige Beaufsichtigung von Kindern mit einem pädagogischen Programm. Als besonders prägend stufte Fröbel die Erfahrungen ein, die Kinder im strukturierten Spiel, bei praktischen Tätigkeiten oder in der Natur machen konnten.[355] Diese »Konstruktion der frühen Kindheit als einer kritischen Bühne der individuellen Entwicklung« rückte den Kindergarten in die Nähe von »Reform oder gar Revolution«. Indem Kinder aus der privaten Sphäre ihrer Familie herausgelöst würden und zumindest partiell in einem Kindergarten »öffentliche Werte« vermittelt bekämen, bestand die Gefahr, »durchsetzungsfähige, unabhängige, ›lästige‹ Bürger heranzuziehen«.[356] Gleichzeitig konnte der Kindergarten durch die »Regulierung« der Kinder auch auf die Familien »ordnend« zurückwirken.[357]

Grundsätzlich lässt sich der Kindergarten in seiner mannigfaltigen Ausprägung in Europa (inklusive Russland) und Nordamerika als ein Raum beschreiben, der »zwischen Heim und Schule, zwischen Privat- und Öffentlichkeit« angesiedelt ist.[358] Die Kindergartenidee verbreitete sich Ende der 1850er Jahre in Russland. Sie verbreitete sich aufgrund der vergleichsweise offenen Atmosphäre, in der sich Diskussionen um gesellschaftliche und kulturelle Reformen entfalten konnten. Für viele war mit dieser Institution die Hoffnung verknüpft, Kinder »in neuer und verbesserter Weise aufzuziehen«.[359] Die seit den 1860er Jahren auf private Initiative eröffneten Kindergärten sowohl in Moskau und St. Petersburg als auch in anderen Städten des russischen Kaiserreichs waren keinesfalls homogene Einrichtungen, da ihre Initiatoren den Fröbel'schen Ansätzen auf unterschiedliche Art und Weise folgten.[360] Die einen versuchten Fröbels Modell so strikt wie möglich zu nutzen, die anderen »implementierten Komponenten« seines Systems in selektiver Weise und wollten damit eine »nationalspezifische Interpretation« seiner Methode entwickeln.[361] Prominente Vertreterin der zweiten Gruppe war Elizaveta Vodovozova, eine Schülerin Ušinskijs, die sich – ebenso wie ihr

---

354 Heiland, Helmut, 175 Jahre Kindergarten. Friedrich Fröbel und sein pädagogisches Erbe, in: Diskurs Kindheits- und Jugendforschung 10, 4 (2015), S. 367–380, hier S. 369.
355 Ebd.; Kirschenbaum, Small Comrades, S. 9–10.
356 Kirschenbaum, Small Comrades, S. 11.
357 Ebd., S. 12.
358 Ebd., S. 13.
359 Ebd.
360 Valkanov, Brehony, The Gifts and ›Contributions‹, S. 194–197.
361 Ebd., S. 194, 196.

Mann – intensiv mit den Fragen der Vorschulerziehung und Fröbels Kindergartenidee auseinandersetzte. Sie identifizierte sich zwar mit Fröbels Ansätzen, bemühte sich aber besonders in ihrem 1871 erschienenen Buch »Die mentale und moralische Erziehung von Kindern von Beginn des Bewusstseins bis zum Schulalter«, dessen Methodik und Materialien an die russischen Verhältnisse anzupassen.[362] Den »deutschen Mystizismus« hielt sie im russischen Kontext für unpassend, weshalb sie stattdessen Geschichten, Lieder und Spiele, die auf russischer Folklore basierten, zusammentrug.[363]

Die Zeitschrift »Detskij sad« bot das Forum für die Diskussion über die Kindergartenidee. Die Herausgeberin, Adelaida Simonovič, die zusammen mit ihrem Mann einen Kindergarten in St. Petersburg eröffnet hatte, hoffte mit der Zeitschrift die vernachlässigte Erziehung der Vorschulkinder thematisieren zu können. Dieses Defizit trat – so die eröffnenden Worte der Zeitschrift – besonders deutlich dann zu Tage, wenn die Kinder zur Schule kamen und ganz offensichtlich von ihren Familien nicht darauf vorbereitet worden waren:

»Die Erwachsenen wandten sich an die Schule mit der Forderung, ihre Kinder zu korrigieren. Die einen baten darum, ihre Kinder vom Ungehorsam zu befreien, die anderen wollten sie von Starrsinn, Zerstreutheit usw. befreien. Wir werden hier nicht verbreiten, in welchem Maß es der Schule gelungen ist, die Kinder zu korrigieren. Darüber sprechen wir im Folgenden. Die Beseitigung von Unzulänglichkeiten gelingt natürlich gelegentlich, aber abgesehen davon entwickelt sich der Charakter des Kindes im weiteren Verlauf auf der Basis, die durch die Eindrücke in den ersten Lebensjahren gelegt wurde. Zweifellos soll die Erziehung der kleinen Kinder, die die Grundlage für ihren Charakter ist, so sein, dass man von der Schule nicht fordern muss, die Kinder moralisch zu korrigieren, denn das ist nicht Angelegenheit der Schule – das ist der Unterricht; sie [die Schule] kann sich nicht mit den verschiedenen moralisch-krankhaften Erscheinungen abgeben. Das Kind soll physisch, moralisch und geistig gesund und entwickelt in die Schule eintreten. Unsere Zeitschrift befasst sich mit der Erziehung der Vorschulkinder; und damit, wie seit der Zeit Fröbels der Kindergarten eine notwendige Voraussetzung für die Erziehung der kleinen Kinder wurde. Ihr Hauptziel wird die Aufklärung über die Erziehung in den Kindergärten sein sowie zu deren Verbreitung in Russland mittels praktischer Arbeitsanweisungen und Spielen für die Kindergärten beitragen. Zudem wird das Journal die häusliche Erziehung nicht missachten, weil diese in Einklang mit der Erziehung im Kindergarten stehen muss, da ansonsten dessen positives Handeln paralysiert würde.«[364]

---

362 Vodovozova, Umstvennoe razvitie ot pervago pojavlenija soznanija.
363 Valkanov, Brehony, The Gifts and ›Contributions‹, S. 196.
364 N. N., o.T., in: Detskij sad, 1 (1866), S. 1–2.

Eine gute Erziehung der Kleinkinder zu Hause war nach Meinung des »Detskij sad« kaum möglich: In den reichen Familien befassten sich die Mütter zu wenig mit ihren Kindern, weil sie deren Erziehung weitgehend den Ammen und Kinderfrauen überließen. Die Mütter der mittleren Schichten hätten zu viele Aufgaben und zu wenig Kenntnisse, um Kindern eine adäquate Erziehung angedeihen zu lassen, und in den Unterschichten seien die Kinder zu oft sich selbst überlassen. Aber selbst in einer Familie mit idealen Voraussetzungen fehle eine wesentliche Komponente, die der Kindergarten biete: die Gemeinschaft der Kinder.[365]

Der Aufbau des »Detskij sad« war nach gängigem Muster organisiert: Pädagogische Abhandlungen (»Zur Bedeutung von Spielen im Leben des Kindes«; »Welche Freiheiten sollte Kinder im Kindergarten haben«), Berichte und Artikel zur Kindergartenbewegung im In- und Ausland gesellten sich zu praktischen Materialien wie Anleitungen für Spiele oder Noten, »Vermischtes«, eine »Chronik« und Buchbesprechungen.[366] Die Lektüre für Kinder war anfangs in die Zeitschrift integriert, später wurde sie als Beilage publiziert (»Abteilung für Kinderlektüre«).[367] Im Laufe der 1870er Jahre verschob sich vor dem Hintergrund des sich verändernden politischen Klimas der Schwerpunkt der Zeitschrift von Themen der Kindergartenbewegung hin zu vergleichsweise allgemeinen Fragen der Theorie und Praxis der Erziehung.[368] Aus diesem Grund wurde auch der Name der Zeitschrift angepasst; sie erschien ab 1877 als »Vospitanie i obučenie«. Nach der Ermordung Alexanders II. kam es zu weiteren Veränderungen. Ab 1881 erschien das Organ nicht mehr als eigenständiges Periodikum, sondern dreimal jährlich als Beilage der illustrierten Zeitschrift »Rodnik«. Sie hatte sich zum Ziel gesetzt, »Kindern eine unterhaltsame und nützliche Lektüre« zu bieten, um in ihnen »Liebe zur Wahrheit und zum Schönen zu entwickeln«.[369] Die neue Ausrichtung des Journals war auch mit personellen Veränderungen verbunden. Marija Cebrikova (1835–1917), Publizistin und engagierte Vertreterin der Frauenbewegung mit regimekritischer Einstellung, die von Beginn an zu den prägenden Mitarbeiterinnen der Zeitschrift gehört hatte, wurde aus der Redaktion

---

365 N. N., Kto vospityvaet v semejstve, in: Detskij sad, 1 (1866), S. 2–7.
366 In der genannten Reihenfolge: Detskij sad, 2 (1866); ebd. 5 (1866).
367 Detskij sad, 1 (1875), o. S.
368 N. N., Ot redakcii, in: Vospitanie i obučenie 1 (1877), o.S.
369 Rodnik, 1 (1882), o.S.

gedrängt.³⁷⁰ Sie hatte 1876 faktisch die Redaktion des Journals übernommen. Aus Vorsicht gegenüber der Zensur war ihr Name nicht auf der Titelseite erschienen.³⁷¹ Unter mehreren Pseudonymen veröffentlichte sie weiterhin Artikel zur Pädagogik und Fragen der Kinderliteratur und forderte stets, dass diese Bücher »wahrheitsliebend, sozial und humanistisch« sein müssten.³⁷² Unter dem Eindruck der politischen Reaktion verfasste sie 1890 einen Brief an Alexander III., den sie über persönliche Netzwerke verbreitete. Darin plädierte sie für eine notwendige Fortsetzung des Reformkurses, da nur »in den Gesetzen, die die Rechte der Bürger erweitern, die Standesschranken abbauen, dem Volk den Weg zur Bildung und zu besseren Lebensverhältnissen in aller Breite ebnen, [...] die Garantie für ein gesundes Wachstum Russlands« liege.³⁷³ Die Reaktion der Staatsmacht ließ nicht lange auf sich warten, Marija Cebrikova wurde für drei Jahre in das Gouvernement Vologda verbannt.³⁷⁴

Erziehung und Lektüre

Hand in Hand mit dem wachsenden Interesse an Fragen der Erziehung, der Professionalisierung in der Pädagogik sowie dem Ausbau des Elementarschulwesens erfuhr die Lektüre für Kinder starke Aufmerksamkeit und eine wachsende Ausdifferenzierung, die sich auf mehreren Ebenen zeigte.

Pädagogen und Schriftsteller wie Konstantin Ušinskij und Lev Tolstoj verfassten Fibeln, die sich speziell an die Bauernkinder richteten. Durch die Aufhebung der Leibeigenschaft und die Bildungsreformen wurden sie zu einer wichtigen Zielgruppe. Der Realismus hielt auch in der Kinderliteratur Einzug, und wie in der Malerei kam es zur Darstellung »neuer Milieus«, die das Leben der verarmten Bauern oder der sich neu formierenden Arbeiter-

---

370 Sergienko, Inna Anatol'evna, Marija Konstantinovna Cebrikova. Strogij kritik, in: Istoriko-pedagogičeskij žurnal 1 (2017), S. 145–153, hier S. 147 (zu Person und Wirken Cebrikovas vgl. Fußnote 2 ebd.); Pietrow-Ennker, Russlands »neue Menschen«, S. 264.
371 Kostjuchina, Marina, Detskaja literatura kak prokljamacija, in: Detskie čtenija 13, 1 (2018), S. 310–318, hier S. 313.
372 Sergienko, Marija Konstantinovna Cebrikova, S. 148; Ablov, Pedagogičeskaja periodičeskaja pečat', S. 44.
373 Zit. nach Pietrow-Ennker, Russlands »neue Menschen«, S. 266.
374 Melamed, E. I.; Cebrikova M. K., Biobibliografičeskaja spravka, in: Russkie Pisateli. Biobibliografičeskij slovar', 2 Bde., Moskau 1990 (http://az.lib.ru/c/cebrikowa_m_k/text_0010.shtml [8.2.2022]).

schaft abbildeten.[375] Keineswegs verdrängte die realistische Kinderliteratur die beliebten Märchen, fantastischen Geschichten, Fabeln oder die auf junge Leser abzielende Sachliteratur. Dem wachsenden Bedarf an Kinderliteratur kamen geschäftstüchtige Verleger nach, die sowohl Bücher als auch Kinderzeitschriften auf den Markt brachten. An dieser Stelle sei exemplarisch auf Mavrikij Osipovič Vol'f verwiesen, der 1853 seine ersten Kinderbücher in St. Petersburg publizierte.[376]

Mit den gesellschaftlichen Veränderungen nahmen die Ansprüche an die Lektüre zu, was sich in den zahlreichen Rezensionen und Abhandlungen widerspiegelt. Sie wurden in pädagogischen Fachzeitschriften, allgemein ausgerichteten Journalen und speziellen Bibliografien publiziert. Schriftsteller wie Nikolaj Černyševskij, Nikolaj Dobroljubov und Dmitrij Pisarev waren – wie vor ihnen Vissarion Belinskij – engagierte Kritiker, die sich mit zeitgenössischer Kinderliteratur intensiv auseinandersetzten und stets deren gesellschaftlichen Auftrag und moralische Verpflichtung betonten.[377]

Die Kinderlektüre entwickelte sich zu einem festen Bestandteil des Erziehungsinstrumentariums, das sich infolge der sozialen Umwälzungen von der privaten Sphäre in die Öffentlichkeit schob. Noch zu Beginn des 19. Jahrhunderts war die Auswahl des Lesestoffs für Kinder Familienangelegenheit. Ab den 1830er Jahren begannen Zeitschriftenredaktionen damit, Empfehlungen für kindgerechte Literatur samt entsprechender Auswahl abzudrucken. Diese »öffentlichen« Empfehlungen unterschieden sich von den »privaten« darin, dass sich die Lektüreauswahl nicht mehr an einzelne Kinder, sondern an Heranwachsende als eine gesellschaftliche Gruppe richtete und eine bestimmte »Idee«, »einen Komplex von Bildung, Erziehung und Politik« vermittelte.[378]

1862 fasste Feliks Toll' (1823–1867) in dem Buch »Naša detskaja literatura« (»Unsere Kinderliteratur«) seine Rezensionen zu Kinderbüchern und -zeitschriften zusammen, die er seit den ausgehenden 1850er Jahren in der Zeitschrift »Učitel'« veröffentlicht hatte.[379] Der in Narva geborene Lehrer gehörte zum Kreis der *Petraševcy*, eine Gruppe kritisch denkender Intellektu-

---

375 Hellman, Fairy Tales and True Stories, S. 77.
376 Zu Vol'f und anderen Verlegern von Kinderbüchern in der zweiten Hälfte des 19. Jahrhunderts vgl. Seslavinskij, Girljanda iz knig i kartinok, Bd. 2.
377 Hellman, Fairy Tales and True Stories, S. 78–79.
378 Lučkina, Ol'ga, Siluéty rukovoditelej detskogo čtenija. Svjaščennik, ministr, general i drugie, in: Detskie čtenija 2, 2 (2012), S. 115–135, hier S. 115–116.
379 Toll', Naša detskaja literatura, o. S.

eller um Michail Butaševic-Petraševskij. Sie diskutierten ab Mitte der 1840er Jahre in St. Petersburg sozialistisches Gedankengut sowie die Missstände im Russischen Kaiserreich. 1849 wurde Toll' wie zahlreiche andere Mitlieder des Zirkels verhaftet und zum Tode verurteilt, um dann im Rahmen der berühmten »Scheinexekution« von Nikolaus I. zu Zwangsarbeit und Verbannung in Sibirien begnadigt zu werden.[380] 1859 konnte er nach St. Petersburg zurückkehren, wo er sich als Schriftsteller und Kritiker von Kinderliteratur einen Namen machte.[381] Seine Arbeit bildet für die systematische Auseinandersetzung mit Kinderliteratur einen zentralen Ausgangspunkt. Von hier aus lässt sich der Bogen bis 1888, der Veröffentlichung von Kristina Alčevskajas monumentalem Werk »Was das Volk lesen soll«, spannen.[382]

Feliks Toll' wollte Eltern und Erzieher bei der »Auswahl der Literatur« anleiten und ihnen die »Bedeutung der Kinderliteratur für die Erziehung« vermitteln. Dabei betonte er den großen Einfluss des Lesens: »Wenn sich das Lesen vollkommen auf den sich entwickelnden Menschen auswirkt, dann ist der Einfluss auf das Kind umso stärker.«[383] Wichtig sei es, auf eine gute Auswahl der Bücher zu achten, deren Sprache kindgerecht, ansprechend und korrekt sein müsse. Darüber hinaus sollte die Lektüre etwas enthalten, was die Kinder im Gedächtnis behalten könnten – bloße Unterhaltung, wie in Romanen, sei nutzlos, und Kinder würden stattdessen besser ein paar Stunden »hüpfen und rennen«.[384] Soziale Ungleichheit und menschliche Schwäche galt es angemessen darzustellen, um zu verhindern, dass die Welt für Kinder in »Tugendhafte und Lasterhafte« zerfalle.[385] Falsche Sentimentalität sowie Karikaturen, die Kinder auf die falsche Art zum Lachen brächten, verurteilte er ebenso wie Eitelkeit und Eigennutz, die unter dem Deckmantel so mancher »streng moralischer Erzählung« verborgen seien.[386] Toll' hoffte, mit seinem Buch Eltern zu helfen, sich gegen die »Erzeugnisse der Buchin-

---

380 Hildermeier, Geschichte Russlands, S. 867–868.
381 Semevskij, V., Toll' Felix Gustavovič, in: Ènciklopedičeskij slovar' F. A. Brokgauza i
 I. A. Efrona, Bd. 33, St. Petersburg 1901, S. 437–438; Kon, Feliks; Vilenskij-Sibirjakov,
 Vladimir; Toll', Feliks Gustavovič, in: Dejateli revoljucionnogo dviženija v Rossii. Ot
 predšestvennikov dekabristov do padenija carizma, 5 Bde., Bd.1, Moskau 1927–1933,
 S. 181.
382 Alčevskaja, Christina Danilovna (Hg.), Čto čitat narodu? Kritičeskij ukazatel' knig dlja
 narodnago i detskago čtenija, 3 Bde., St. Petersburg 1888–1906.
383 Toll', Naša destskaja literatura, o.S. (Vorwort).
384 Ebd., S. 4.
385 Ebd., S. 5.
386 Ebd., S. 6.

dustrie« zu wappnen und sie für nützliche Literatur zu sensibilisieren. Wesentliches Kriterium für diesen Nutzen war für ihn neben der Qualität der Sprache auch ihr altersgerechter Bezug. Deshalb versah Toll' die von ihm ausgewählten Bücher mit einer Altersempfehlung. Moral galt es zu vermitteln, ohne dass in den Texten Moral explizit erwähnt werde, da Kinder ansonsten nur das Sprechen darüber und nicht die entsprechende Einstellung lernten. Geistreich und unterhaltend waren weitere Lektüreeigenschaften, die Toll' für unabdingbar hielt. Auch wenngleich er Märchen ablehnte, sah er ein, dass es kaum möglich war, sie gänzlich zu verbannen. Er plädierte dafür, dass auch sie eine »Idee« zur »Weckung von Neugier« enthalten sollten. Am Ende der Einleitung sortierte er die Leseempfehlungen nach Alter. Für die Fünf- bis Achtjährigen stellte er Rezensionen zu Spiele-, Bilder- und Leselernbüchern, Märchen, Erzählungen und Gedichten bereit. Für die zweite Gruppe im Alter von 8–12 Jahren gab es verstärkt Empfehlungen zu sachbezogenen Themen wie Naturwissenschaften, Geografie und Reise, Geschichte, christliche Moral sowie Hinweise für Schulklassen. Die Lektüreauswahl für die letzte Gruppe der 12- bis 16-Jährigen spiegelte weniger unterrichtsnahe als vielmehr zerstreuende Inhalte wider. Insgesamt beinhaltet Toll's bibliografisches Werk 242 Besprechungen von Büchern sowie 6 Kinderzeitschriften. Letzteren stand der Autor allerdings aufgrund der Kürze der darin abgedruckten Texte grundsätzlich skeptisch gegenüber.[387]

Fast gleichzeitig mit der Publikation von Toll's Werk entwickelten staatliche Institutionen ein Interesse daran, einen verbindlichen Lesekanon zu entwickeln und ihn als »Instrument zur Konstruktion staatsbürgerlicher Identität« zu nutzen.[388] Ebenso wie in westeuropäischen Ländern ist dieser Kanon das »Ergebnis von Lese-, Deutungs- und Wertungsprozessen [...], in denen sowohl individuelle als auch institutionelle Faktoren auf komplexe Weise zusammenwirken, wobei »Individuen und Gruppen [...] eine Grenze ziehen zwischen kanonischer und nicht-kanonischer Literatur«.[389]

Um einen Lektürekanon für die wachsende Zahl von Lehrinstitutionen und Bibliotheken zu verbreiten, befassten sich staatliche Stellen des russi-

---

387 Ebd., S. 255–261. Insbesondere sah er die Gefahr, dass die Qualität der Beiträge durch die Kürze der Artikel leiden würde, Kinder durch das häufig angewandte Prinzip der Fortsetzungen den Faden verlieren und nicht daran gewöhnt würden, umfangreiche Werke zu lesen. Bei den abgehandelten Zeitschriften handelt es sich um »Zvezdočka«, »Podsnežnik«, »Čas dosuga«, »Kalejdoskop«, »Žurnal dlja detej« und »Razsvet«.
388 Lučkina, Siluėty rukovoditelej detskogo ctenija, S. 115–116.
389 Kümmerling-Maibauer, Bettina, Kinderliteratur, Kanonbildung und literarische Wertung, Stuttgart 2003, S. 28.

schen Kaiserreichs ab den 1860er Jahren verstärkt mit dessen Auswahl und Kontrolle. Die Auswertung und Beurteilung vollzogen Komitees, Kommissionen und Abteilungen verschiedener Institutionen, die ihre Empfehlungen in Form von Katalogen, Listen sowie Bibliografien vorlegten.[390] Zu diesen Institutionen zählten der Heilige Synod, das 1802 gegründete Ministerium für Volksbildung, das Kriegsministerium und die Behörde der Einrichtungen der Kaiserin Maria. Parallel dazu begutachteten Fachzeitschriften, gesellschaftliche und Fachvereinigungen in Abstimmung mit den Vorgaben staatlicher Institutionen Lehrmaterialien, pädagogische Schriften und Kinderliteratur, um sowohl das Lehrpersonal als auch die interessierte Öffentlichkeit fachkundig zu informieren und zu unterstützen.[391]

Der Heilige Synod galt als oberste Instanz der Regulierung von Kinderlektüre, denn der staatsfrommen religiösen Literatur kam eine besondere Bedeutung zu.[392] Daher rangierte die Rubrik »Religiös-moralische Literatur« üblicherweise an erster Stelle in den entsprechenden Verzeichnissen der Kinderliteratur. Der Oberprokurator des Heiligen Synods spielte für die Lektüreempfehlungen, die in kirchlichen Organen publiziert wurden, eine große Rolle. Konstantin Pobedonoscev, zentraler Vertreter des russischen Konservatismus, bekleidete dieses Amt von 1880 bis 1905 und agierte in der Überzeugung, dass religiöse Erziehung die Grundlage der Volksbildung sei.[393] Neben der zentralen Behörde bemühten sich Geistliche ebenfalls um die Empfehlungen für kirchliche und schulische Bibliotheken.[394] Der Heilige Synod empfahl aber nicht nur religiöse Literatur. Auch ausgewählte Werke von Schriftstellern wie Puškin, Lermontov, Krylov, Turgenev, Gogol' und Dickens galten der vom Synod herausgegebenen Zeitschrift »Narodnoe obrazovanie« (»Volksbildung«) als lesenswert.

Der Einfluss der kirchlichen Meinung war gewichtig. Das Ministerium für Volksbildung setzte ausschließlich die Bücher religiösen Inhalts, für die sich der Heilige Synod aussprach, auf seine Empfehlungslisten. Bibliografien, herausgegeben von beiden Institutionen, auch in Zusammenarbeit mit den Redaktionen von Kinderzeitschriften und privaten Kommissionen, be-

---

390 Lučkina, Siluėty rukovoditelej detskogo čtenija, S. 116.
391 Ebd., S. 116–117.
392 Ebd., S. 117.
393 Ebd., S. 118. Zu Pobedonoscev vgl. Byrnes, Robert Francis, Pobedonostsev. His Life and Thought, Bloomington; London 1968; Polunov, Aleksandr Jur'evič, K. P. Pobedonoscev. V obščestvenno-političeskoj i duchovnoj žizni Rossii, Moskau 2010; Sorenson, Thomas Calnan, The Thought and Policies of Konstantin P. Pobedonostsev, Washington 1977.
394 Lučkina, Siluėty rukovoditelej detskogo čtenija, S. 119.

legen zudem das übergeordnete Interesse an »der Konstruktion einer idealen Auswahl [*krug*] von Kinderlektüre«.[395] Das Ministerium für Volksbildung begann ab 1863 systematisch Bibliografien zu veröffentlichen. Unter den Mitarbeitern waren Wissenschaftler und Pädagogen, darunter N. Vessel', Redakteur des »Učitel'« und des »Pedagogičeskij sbornik«.[396] Ebenso wie der Synod beeinflusste das Ministerium maßgeblich die bibliografische Tätigkeit von Personenkreisen, die außerhalb der Behörde arbeiteten. Unter dem konservativen Minister Dmitrij Tolstoj beschnitt die Behörde die Rechte der mit Lektüre befassten pädagogischen Räte und Elternvereinigungen. Die bibliografischen Empfehlungen des Ministeriums waren in der zweiten Hälfte des 19. Jahrhunderts bindend: Schulen und Bibliotheken sollten nur diejenigen Bücher erwerben, die von staatlicher Stelle zur Anschaffung empfohlen wurden.[397] Am Beispiel einiger pädagogischer Fachblätter konnte die Macht dieses Kontrollinstrumentes bereits gezeigt werden – fehlte die offizielle Empfehlung, brachen die Lehranstalten und Bibliotheken als Abonnenten weg. Dies bedingte in vielen Fällen die Einstellung der Zeitschriften. Das Organ des Ministeriums veröffentlichte meist zu Jahresbeginn die entsprechenden Bibliografien und Listen, die vorrangig von Lehrern in der Provinz rezipiert wurden.

Zentrale Bedeutung maß das Kriegsministerium der Lektüre in den Kadettenanstalten zu. Die 1863 eingerichtete Hauptverwaltung der militärischen Lehranstalten kontrollierte die Unterrichtspraxis, unterhielt ein Pädagogisches Museum (»Pedagogičeskij muzej«) und gab die Zeitschrift »Pedagogičeskij sbornik« (»Pädagogischer Sammelband«) heraus.

Das Pädagogische Museum geht auf die Initiative N. Isakovs zurück, der mit großem Interesse 1862 die pädagogische Abteilung des *Kensington Museum* und die Lehrerseminare in London besucht hatte. Er trieb die Gründung einer entsprechenden Institution in St. Petersburg voran.[398] Aufgaben des 1864 gegründeten Pädagogischen Museums waren zunächst die Sammlung und Erstellung vorbildlicher Lehrmaterialien. Ab den 1870er Jahren kamen Lesungen und Ausstellungen für die Öffentlichkeit und die Soldaten hinzu ebenso wie kulturelle Veranstaltungen, die sich speziell an Kinder richteten.

---

395 Ebd., S. 121.
396 Ebd., S. 123.
397 Ebd., S. 124–125.
398 Barskov, Jakov L., Pedagogičeskij muzej voenno-učebnych zavedenij 1864–1914. Istoričeskij očerk, St. Petersburg 1914, S. XV.

Das Ansehen dieser Einrichtung war im In- und Ausland hoch, weshalb das Pädagogische Museum als Vorbild für Institutionen dieser Art diente.³⁹⁹ Der »Pedagogičeskij sbornik«, dessen leitender Redakteur zunächst N. Vessel und später A. Ostrogorskij waren, konnte namhafte zeitgenössische Pädagogen wie V. Vodovozov, N. Bunakov, L. Modzalevskij, K. Ušinskij und F. Simaško zu seinen Mitarbeitern zählen. Die Zeitschrift entstand im Zuge der Reformierung der militärischen Lehranstalten mit dem Ziel, das unterrichtende Personal mit aktuellem pädagogischem Fachwissen zu versorgen und eine Plattform für die Abhandlung pädagogischer und didaktischer Fragen und Erfahrungen im In- und Ausland zu bieten.⁴⁰⁰ Ergänzend bildete die »Pädagogische Bibliografie« einen wesentlichen Bestandteil der Zeitschrift. Hier wurden die wichtigsten pädagogischen und didaktischen Werke vorgestellt, die zur Lektüre der Zöglinge vorgesehen waren.⁴⁰¹ Als Beilage erschienen regelmäßig Bücher und Broschüren mit umfangreicheren Texten zu den einzelnen Schwerpunkten des »Pedagogičeskij sbornik«. Das systematische Verzeichnis der Artikel, die zwischen 1864 und 1914 zum Thema »Lektüre« in der Zeitschrift erschienen, zeugt von der Bedeutung, die die Verantwortlichen geeignetem Lesestoff beimaßen. Dabei befassten sich die Autoren sowohl mit schulischer als auch mit außerschulischer Lektüre. Sie publizierten neben »Überblicken« und systematischen Katalogen auch Artikel zur Bewertung von Kinderliteratur und erklärten, wie die Zöglinge der Lehranstalten für die außerschulische Lektüre zu gewinnen seien. Ab den 1880er Jahren differenzierte sich die Auseinandersetzung mit der Lektüre zusehends.⁴⁰² Der religiöse wie weltliche Literaturkanon wurde innerhalb der Militärbehörde ohne Einflussnahme anderer Institutionen festgelegt. Das Ministerium berief ausgewiesene Pädagogen und Geistliche in den Stab seiner Kommissionen und pädagogischen Komitees. Dabei spielte es sicher eine Rolle, dass der leitende Redakteur des »Pedagogičeskij sbornik« zwischen 1882 und 1910, A. N. Ostorgorskij, nicht nur ein erfahrener und ausgewiesener Pädagoge, Publizist und Kinderschriftsteller war, sondern auch Absolvent des Petersburger Kadettencorps sowie der Michailovskij-Artillerieakademie.⁴⁰³

---

399 Ebd., S. XX.
400 Pereselenkov, S. A., Sistematičeskij ukazatel' statej, napečatannych v neoficial'noj časti Pedagogičeskago sbornika za pjat'desjat let (1864–1914), Petrograd 1915, S. III–IV.
401 Ebd., S. VII.
402 Zum Überblick über die publizierten Artikel zum Thema »Lektüre« in der Zeitschrift vgl. Pereselenkov, Sistematičskij ukazatel' statej, S. 123–127.
403 Lučkina, Siluėty rukovoditelej detskogo čtenija, S. 127.

Die Behörde »Einrichtungen der Kaiserin der Marija Fedorovna« stellte die größte eigenständige Verwaltung von Wohlfahrtseinrichtungen im Zarenreich dar. Sie war keinem Ministerium unterstellt. Unter dem Dach des 1828 gegründeten Kuratoriums befanden sich unterschiedliche Einrichtungen, deren Zahl dessen Errichtung von 39 auf 236 im Jahr 1853 und schließlich auf 683 Ende des 19. Jahrhunderts gestiegen war. Neben Waisenhäusern, Kinderheimen und Krankenhäusern zählten dazu Lehranstalten. Ihr Spektrum reichte von Dorfschulen über Lyzeen bis hin zu höheren Frauenkursen.[404] Die Auswahl der richtigen Lektüre für die Zöglinge spielte demzufolge auch für diese Institution eine wichtige Rolle. Es existierte allerdings kein mit der bereits vorgestellten Behörde vergleichbares Auswahl- und Bewertungssystem. Dies lässt sich mit der Art der Einrichtungen erklären, die nicht zu den privilegierten und prestigeträchtigen Lehranstalten gehörten, weshalb in der Regel bereits ausgearbeitete Lehrprogramme und Lektüreempfehlungen Verwendung fanden. Eine besondere Stellung hatten allerdings die Lehranstalten für Mädchen – die Ergebnisse der betreffenden Sitzungen des Lehrkomitees, auf denen auch Literaturvorgaben beschlossen wurden, publizierte die bereits erwähnte Zeitschrift »Ženskoe obrazovanie« (»Frauenbildung«). Zudem verwiesen Zeitschriften und Bücher durch entsprechende Zusätze in der Titelei explizit auf ihre Wertschätzung durch die Behörde.[405] Bei der empfohlenen Literatur handelte es sich nicht ausschließlich um spezielle Kinderliteratur. Die Experten prüften detailliert die »allgemeine« Literatur im Hinblick auf ihren erzieherisch-bildenden Gehalt. Eine systematische Auswertung der Empfehlungen in den Publikationsorganen des Ministeriums für Volksbildung, des Kriegsministeriums und der Behörde der Institutionen der Kaiserin Marija für die Jahre 1863–1885, hat Ol'ga Lučkina im Rahmen eines Forschungsprojekts geleistet.[406] Ihre quantitative Analyse belegt, dass die Schriftsteller Aleksandr Puškin, Lev Tolstoj, Ivan Turgenev, Vasilij Žukovskij, Aleksandr Pogosskij, Dmitrij Grigorovič,

---

404 Bautz, Annegret, Sozialpolitik statt Wohltätigkeit. Der Konzeptionswandel städtischer Fürsorge in Sankt Petersburg von 1892 bis 1914, Wiesbaden 2007, S. 56–57.
405 Lučkina, Siluėty rukovoditelej detskogo čtenija, S. 131. Die zwischen 1842 und 1863 von A. Išimova herausgegebene Zeitschrift »Zvezdočka« (»Das Sternchen«) beispielsweise führte im Titel die Bezeichnung »Journal für Kinder, gewidmet den wohlgeborenen Zöglingen der Institute ihrer Kaiserlichen Hoheit«; die Werke von Vasilij Avenarius trugen den Vermerk »Ausgewählt vom Lehrkomitee des Ministeriums für Volksbildung und empfohlen vom Lehrkomitee der Einrichtungen der Kaiserin Marija [...]«.
406 Lučkina, Ol'ga, Raison d'être russkoj klassiki. Poėty-pedagogi i pisateli-vospitateli, in: Detskie čtenija 8, 2 (2015), S. 30–51.

Sergej Aksakov, Nikolaj Karamzin, Michail Zagoskin, Ivan Gončarov, Nikolaj Gogol', Ivan Krylov, und Aleksandr Ostrovskij am häufigsten in den Zeitschriften der Behörden mit Blick auf ihre pädagogische Tauglichkeit rezensiert wurden. Auf der Basis von Beiträgen in den Zeitschriften der drei Behörden kristallisieren sich vier wesentliche Kriterien heraus.[407] An erster Stelle standen die pädagogischen Aspekte. Dabei ging es um die »erzieherischen« Fragen, vor allem um den moralisch-sittlichen Inhalt sowie die Anleitungen zu Wahrheitstreue und Genauigkeit. Weiter spielten die ästhetischen Anforderungen, der Stil, die Zugänglichkeit und Korrektheit der Sprache sowie die Qualität der Abbildungen eine wichtige Rolle. Ebenso fielen die redaktionelle Sorgfalt im Umgang mit den Texten sowie das Preis-Leistungs-Verhältnis und die Zusammenstellung einzelner Bände ins Gewicht. Kurzum, die Bücher sollten – wie bereits im 18. Jahrhundert postuliert – »Nutzen und Vergnügen« bringen.[408] Es war nicht leicht, diese Ansprüche zu befriedigen, da nach Meinung der Kritiker die großen Schriftsteller selten gleichzeitig Pädagogen waren.[409] Dennoch filterten sie mit strengen Bewertungsmaßstäben aus der russischen Literatur des 19. Jahrhunderts einen Musterkanon beziehungsweise Nutzungskanon an Kinderliteratur heraus. Dieser »goldene Fundus« wiederum bot die Grundlage dafür, dass sich in der Folge ein Teil dieser Autoren als »Klassiker« etablieren konnte.[410]

Zwischen den 1860er bis zu den 1880er Jahren erschienen zwar Rezensionen von Kinderliteratur in pädagogischen Fachzeitschriften, eine umfassende Bibliografie, wie sie Feliks Toll' 1862 vorgelegt hatte, fehlte allerdings. Um die Lücke zu füllen, gaben M. Garšin und A. Gerb 1885 auf der Basis von Zeitschriften und einzelnen Bibliografien eine Bücherliste für Kinderbibliotheken heraus, die die Werke berücksichtigte, die zwischen 1861 und 1883 erschienen waren.[411] Im Anschluss daran beschloss eine Kommission von Lehrern einen »Überblick der Kinderliteratur« als Reihe herauszugeben, um Eltern und Erzieher bei der Auswahl angemessenen aktueller Kinderlek-

---

407 Zur Liste dieser Artikel siehe Anmerkung 4 in Lučkina, Raison d'être russkoj klassiki, S. 49.
408 Lučkina, Raison d'être russkoj klassiki, S. 48.
409 Ebd., S. 46.
410 Ebd., S. 49. Auf die Kanonisierung von Literatur als »wesentlicher Schritt bei der Auswahl von Klassikern« weist Kümmerling-Meibauer (Kinderliteratur, Kanonbildung und literarische Wertung, S. 29) hin.
411 Garšin, M. V.; Gerd, L. Ja., Obzor detskoj literatury. Knigi, izdannyja v 1883 godu, St. Petersburg 1885, S. III.

türe zu unterstützen. 1885 veröffentlichten sie im ersten Band der Serie Rezensionen zu 150 Kinderbüchern.⁴¹²

Die Pädagogin Kristina Alčevskaja (1841–1920), Vertreterin der Sonntagsschulbewegung und eine der Begründerinnen der Erwachsenenbildung im russischen Kaiserreich, erweiterte 1888 das Genre der Bibliografie grundlegend. In ihrem dreibändigen, ausführlich kommentierten Literaturverzeichnis »Was das Volk lesen soll«, ein »Kritisches Verzeichnis von Büchern zur Volks- und Kinderlektüre«, ließ sie nicht nur Erwachsene mit ihren Urteilen zu Kinderliteratur zu Wort kommen.⁴¹³ Das von Lehrerinnen der Charkover privaten Sonntagsschule zusammengestellte Werk basiert auf deren Unterrichtserfahrung, die sie in »Schultagebüchern« und Rezensionen festhielten. Auf dieser Grundlage entstand ein dreibändiges Werk, das Rezensionen zu religiöser, literarischer, naturwissenschaftlicher, historischer, biografischer, geografischer und volkswirtschaftlich ausgerichteter Literatur systematisch erschloss. Neben kurzen Inhaltsangaben und Einschätzungen der einzelnen Bücher enthalten die Abhandlungen Verständnisfragen für die Lesenden und Verweise auf publizierte Rezensionen.⁴¹⁴ Eine Besonderheit stellte dar, dass die einzelnen Besprechungen ausführlich auch Stellungnahmen und Antworten von Schülern nach erfolgter Lektüre einbezogen. Die Meinungen der Schülerinnen und Schüler konnten sich von der des Unterrichtspersonals durchaus unterscheiden. Weil die Schülerinnen und Schüler unterschiedlichen gesellschaftlichen und Altersgruppen entstammten, glaubte man auf diese Weise zu erfahren, was »das Volk« dachte.⁴¹⁵

Nach der Würdigung von Lev Tolstojs »Wovon die Menschen leben« (»Čem ljudi živy«) beispielsweise war zwar für die Lehrerin offensichtlich, dass die Schülerin Schwierigkeiten hatte, inhaltliche Fragen zu beantworten; sie hielt aber fest, dass die Erzählung dennoch Eindruck hinterlassen habe und »deren moralische Idee von dem Kind verstanden wurde«.⁴¹⁶ Inhaltlich umfasste die besprochene Literatur auch explizit alltagskritische Themen, wie die Rubrik »Erzählungen, die sich gegen den Alkoholismus wenden« belegt.⁴¹⁷

---

412 Garšin, Obzor detskoj literatury.
413 Die Bände erschienen in den Jahren 1888 (1), 1889 (2) und 1906 (3).
414 Alčevskaja, Čto čitat' narodu, Bd. 1, S. III–IV.
415 Ebd., S. V.
416 Ebd., S. 18.
417 Ebd., S. 213–233.

An Kinderbüchern wählten die Herausgeberinnen solche aus, die aufgrund von sprachlicher Qualität, Gestaltung, Bezahlbarkeit und Thematik für Schulbibliotheken geeignet schienen.[418] Grundsätzlich ging Alčevskaja davon aus, dass Kinder verschiedener Klassen vieles gemeinsam haben, ungeachtet ihrer unterschiedlichen Lebensbedingungen. Deshalb sollte die Auswahl an Kinderbüchern allen gleichermaßen zur Verfügung stehen. Wie Toll' war es Alčevskaja ein Anliegen, nicht nur »Bücher zu empfehlen«, sondern auch die Anschaffung »schlechter und nutzloser Bücher« zu verhindern.[419] Das außergewöhnliche Werk rief nicht nur in Russland positive Resonanz hervor. Im Rahmen der Weltausstellung 1889 in Paris wurde es im Russischen Pavillon ausgestellt und in der offiziellen Beschreibung der Schau wie folgt beschrieben:

»In der Gruppe II (Erziehung und Unterricht) zeichnen sich die russischen Objekte mehr durch Qualität als durch Quantität aus.
Ein kurioses Werk führt den Titel: ›Was soll man dem Volk zum Lesen geben?‹ [wörtliche Wiedergabe des ins Französische übersetzten Titels; Anm. K. K.] von Mme Christine Altchevsky, eine Sammlung, die das Ergebnis von mehr als zehn Jahren Arbeit ist. Die Autorin gründete in Charkov eine Schule für das Volk, die nur sonntags stattfindet und mehr als 379 Schüler zählt; in einem Land, das so rückständig ist wie Russland, verdient es aus sozialer Sicht ein solches Unternehmen, würdig belohnt zu werden: M. Altchevsky hat die Goldmedaille [*grand prix*] erhalten.«[420]

Kindheit zwischen Reform und Gegenreform

Das breite Spektrum der von Malern visualisierten Motive ebenso wie die von Schriftstellern, Pädagogen und Staatsvertretern aufgegriffenen Themen belegen eine große Ausdifferenzierung in der Wahrnehmung von Kindheit. Dabei spielten die sozialen und politischen Veränderungen der Reformära eine wichtige Rolle. Von einem Paradigmenwechsel zu sprechen, wäre jedoch nicht zutreffend. Viel eher ging es um eine Paradigmenverschiebung. Auf der einen Seite hielten sich in der Aristokratie die tradierten Vorstellungen von idealer Kindheit ungebrochen. Dies belegte das Beispiel Sergej

---

418 Ebd., S. VII.
419 Ebd., S. VIII.
420 Monod, Émile (Hg.), L'exposition universelle de 1889: Paris. Grand ouvrage illustré historique, encyclopédique, descriptif, Paris 1889, S. 151. Eine ausführliche Beschreibung ihrer Eindrücke in Paris 1889 bietet Alčevskaja in ihren Erinnerungen: Alčevskaja, Christina Danilovna, Peredumannoe i perežitoe, Moskau 1912, S. 285–406.

Šeremetevs eindrücklich. Eine Zeitschriftengründung wie die »Guvernantka« sowie das anhaltende Interesse an Fragen zur richtigen Auswahl und Qualifikation von Hauslehrern und Kinderfrauen zeigen, dass wesentliche Bestandteile des aristokratischen Erziehungsmodells in der Reformära weiterexistierten.[421] Auch Pseudoautobiografien und Memoiren verweisen auf die anhaltende Wirkmächtigkeit des adligen Kindheitsmythos, der zu Identifikation einerseits, aber auch zur Ablösung von den herrschenden Hierarchien andererseits führte. Die seit dem ausgehenden 18. Jahrhundert geführten Diskussionen um die Bedeutung der Fremdsprachenvermittlung und um den Einfluss ausländischer Erziehungsansätze in Russland verstummten Mitte des 19. Jahrhunderts keinesfalls, sie wurden aber ab den 1860er Jahren um viele Themen ergänzt. Journale und Buchpublikationen verhandelten regelmäßig internationale erziehungswissenschaftliche Ansätze und Formen des ausländischen Schulwesens. Pädagogen reisten zur Weiterbildung ins Ausland, und wohlhabende Familien orientierten sich nach wie vor an westeuropäischen Erziehungsmodellen. Vor diesem Hintergrund etablierten sich pädagogische Initiativen und Institutionen in Russland keinesfalls im »Container nationaler Grenzen«, was für eine anhaltende Transkulturalität der russischen Kindheit während der Reformära spricht.

Erziehung war in dieser Zeit wie nie zuvor mit der Umgestaltung und der Zukunft des russischen Staats verknüpft. Die Notwendigkeit von Reformen und der Formung der heranwachsenden Generation nach neuen oder zumindest veränderten Grundsätzen stand dabei außer Frage. Diese Verzahnung erfolgreicher Reform und Erziehung barg sowohl für den Staat als auch für das pädagogische Personal erhebliche Gefahren. Erzieher und Publizisten stellten regelmäßig einen Zusammenhang zwischen Reformbedarf, sozialen Missständen und struktureller Rückständigkeit her. Pädagogen entwarfen liberal bis radikal-liberal geprägte Konzepte, die der autoritären Linie des Staates nicht folgten. Konservative Vertreter des Staats fassten Ansichten zur Erziehung schnell als Kritik an den herrschenden Verhältnissen auf und reagierten mit rigiden Maßnahmen wie der Schließung von Zeitschriften und der Begrenzung von Handlungsspielräumen ihrer Redakteure. Dennoch setzte ab den 1860er Jahren eine nachhaltige und professionelle Auseinandersetzung mit Fragen der Kindheit ein, die sich von der Pädagogik über Neuerungen im Jugendstrafrecht und Entwicklungen in der Pädiatrie bis zur

---

421 Vgl. dazu exemplarisch: N. N., Knižka njanek. Nastavlenija, kak cholit' i vospityvat' malen'kich detej, St. Petersburg 1863; N. N., Guvernery i guvernantki, in: Syn Otečestva 2 (1860), S. 51–53; N. N., Vybor njani, in: Detskij sad 3 (1867), S. 94–101.

Kinderliteratur erstreckten. Deutlich zeigte sich, dass bei allen Restriktionen kritisches Gedankengut zwar eingeschränkt, aber nicht unterbunden werden konnte. Die Anpassungsfähigkeit der Akteure – wie am Beispiel der Zeitschrift »Detskij sad« gezeigt – spielte dabei ebenso eine Rolle wie die Erfahrungen einer gelockerten Zensur, die pädagogische Themen und Ansätze im Denken vieler Menschen verankerten und damit entsprechende Vorstellungen von Kindheit anregten. Sowohl die Sonntagsschulbewegung als auch die Aktivitäten der Narodniki veranschaulichen die Nähe von pädagogischem Engagement und sozialer Kritik. Insofern konnte Kindheit durchaus als Vehikel für politische Debatten dienen.

Kann man für die Zeit zwischen Reformen und Gegenreformen von rivalisierenden Erziehungs-konzepten und -praktiken sprechen? Im Hinblick auf die Unterschichten kaum. Sie hatten für die Ausgestaltung der Erziehung ihrer Kinder wenig Spielraum. Zu bezweifeln ist zudem, dass der wohlhabende Adel sich durch neue Erziehungskonzepte ernsthaft herausgefordert fühlte. Die Erziehungsinstruktionen Dmitrij Šeremetevs jedenfalls lieferten dafür keinen Anhaltspunkt. Vielmehr lässt sich an dieser Stelle argumentieren, dass verstärkt dann, wenn die materielle Situation adliger Familien deren Lebensbedingungen erschwerte, Paradigmen wechselten und gerade diese Kindheitserfahrungen dazu beitragen konnten, später Gewohntes in Frage zu stellen und neue Wege zu gehen.

In der zunehmenden Ausdifferenzierung der Kindheit ab Mitte des 19. Jahrhunderts zeigt sich ihr Potential als historische Kategorie. Folgt man der soziologischen Kindheitsforschung, ist Kindheit sowohl individuelle Lebensphase als auch als »strukturelles Merkmal« einer Gesellschaft, das sich im historischen Wandel oder interkulturellen Vergleich bestimmen lässt.[422] Gut zu erkennen war, dass die Kindheit und deren Wahrnehmung auch im Russischen Kaiserreich aufhörten, ein auf die Oberschichten beschränktes Privileg zu sein. Ab Mitte des 19. Jahrhunderts richtete sich die gesellschaftliche und staatliche Aufmerksamkeit aufgrund des tiefgreifenden sozioökonomischen Wandels auf immer mehr Bevölkerungsgruppen, deren Bedürfnisse keinesfalls homogen waren. Dies bedingte eine inhaltliche Auffächerung der Vorstellung von Kindheit. Als strukturelle Größe blieb sie aber eine Einheit, die sich aus festen Bestandteilen wie unterschiedliche Altersphasen und den Umgang damit, Formen emotionaler Bindung an Bezugspersonen sowie Ernährung, gesundheitliche Aspekte, Erziehung und Bildung zusammensetzte.

---

422 Honig, Lebensphase Kindheit, S. 64–65.

Auch wenn diese Aspekte dem Zeitgeist unterworfen waren und schichtenabhängig definiert wurden, änderte sich an der strukturellen Voraussetzung von Kindheit wenig. Dies bedeutet, dass Kindheit als ein gesamtgesellschaftlicher Nenner begriffen werden kann, der sich als soziale Konstruktion in Korrespondenz mit zeitgenössischen Anforderungen und Möglichkeiten ausgestaltete. Kindheit als historische Kategorie bietet somit die Chance, gerade für Phasen des Umbruchs geschichtswissenschaftliche Zugänge und Erkenntnisse um eine wichtige Perspektive zu erweitern, denn die Auswirkungen des Reformstaus ebenso wie die Großen Reformen selbst betrafen bei weitem nicht nur die erwachsene Bevölkerung. In vielen Bereichen wie der Fürsorge, Medizin, Bildung oder dem Recht waren es immer auch Kinder, deren Belange mittelbar und unmittelbar, im öffentlichen wie im privaten Bereich zur Debatte standen.

5. »Moderne Zeiten«: Kindheit im ausgehenden Zarenreich

Das ausgehende 19. Jahrhundert gilt als Zeit des beschleunigten Wandels. Dabei lässt sich keine präzise Zäsur vergleichbar mit den Großen Reformen ausmachen. Der Thronwechsel von Alexander III. zu seinem Sohn Nikolaus II. im Jahr 1894 ist mehr formaler denn realer Wendepunkt. Beide Herrscher pflegten einen konservativen Regierungsstil und setzten auf die Bewahrung der alten Ordnung. Auch wenn kein konkretes Ereignis einen »Neuanfang signalisierte«, lassen sich dennoch während der 1890er Jahre wichtige Impulse verorten, die zu nachhaltigen ökonomischen und gesellschaftspolitischen Veränderungen im Zarenreich führten.[1]

Von zentraler Bedeutung war die forcierte Industrialisierung, die der Finanzminister Sergej Vitte ab 1893 vorantrieb. Sie fand ihren sichtbarsten Ausdruck im Bau der Transsibirischen Eisenbahn. Wenngleich die Industrialisierung nicht mit einer flächendeckenden Urbanisierung einherging, schlugen sich dennoch soziale und gesellschaftsstrukturelle Veränderungen im städtischen Raum stark nieder. Dort formierten sich neue Gesellschaftsgruppen, zu denen Arbeiterinnen und Arbeiter gleichermaßen wie unternehmerisch tätige Personen zählten. Hinzu kam eine akademisch qualifizierte Bildungsschicht, die bereits erwähnte Intelligencija, der die Obrigkeit in politischer Hinsicht bereits seit den 1870er Jahren immer mehr Misstrauen entgegenbrachte. Viele der neuen Akteure passten nicht in die alte, ständisch gegliederte Gesellschaftsordnung. Sie waren deshalb von politischer Partizipation weitgehend ausgeschlossen. Damit formierte sich neben der liberal-konstitutionell orientierten Strömung, die von vielen Zemstvo-Adligen getragen wurde, eine zweite regierungskritische Strömung mit »politischer Sprengkraft«.[2]

---

[1] Hildermeier, Geschichte Russlands, S. 962.
[2] Ebd., S. 962–963; Neutatz, Dietmar, Träume und Alpträume. Eine Geschichte Russlands im 20. Jahrhundert, München 2013, S. 52, 79.

Diese gesellschaftspolitischen Entwicklungen vollzogen sich im Kontext einer einschneidenden demografischen Entwicklung. Zwischen 1897 und 1913 erhöhte sich die Einwohnerzahl des russischen Kaiserreiches um mehr als 52 Millionen Menschen auf 178 Millionen, wobei der größte Teil der Bevölkerung nach wie vor auf dem Land lebte. Russland hatte nicht nur die höchste Geburtenrate, sondern auch die höchste Sterberate Europas. Besonders signifikant war immer noch die Säuglingssterblichkeit. Um 1900 starben von 1.000 Neugeborenen im europäischen Teil Russlands 270 vor Erreichen des ersten Lebensjahres und weitere 150 Kinder bis zum Alter von fünf Jahren. Dies entsprach einer Sterblichkeitsrate von 42,5 Prozent.[3] Sowohl auf dem Land als auch in der Stadt wohnten und arbeiteten viele Menschen unter schweren Bedingungen. Unhygienische Zustände bedrohten das Leben vieler Kinder. Insbesondere Mütter aus dem bäuerlichen Milieu neigten dazu, die ärztlichen Anweisungen für die Ernährung und Pflege ihrer Säuglinge zu ignorieren. Vielen Familien fehlte wegen ihrer Erwerbstätigkeit die Zeit, sich angemessen um ihre Kinder zu kümmern.[4] Ältere Kinder lebten nicht nur mit ihren Eltern in elenden Verhältnissen, sie schufteten ebenso wie sie als billige Arbeitskräfte.[5] Die Jüngeren waren deshalb tagsüber häufig auf sich allein gestellt und Situationen ausgesetzt, die der Petersburger Friedensrichter Okunev 1910 mit großer Besorgnis wahrnahm:

---

3 Ebd., S. 31. Zum gleichen Zeitpunkt starben in Deutschland insgesamt 37,2 Prozent, in England 22,5 Prozent, in Frankreich 22,4 Prozent und in Schweden 15,5 Prozent der Kinder vor Erreichen ihres sechsten Lebensjahres (https://ourworldindata.org/grapher/child-mortality?tab=chart&country=FIN+SWE+FRA+GBR+RUS+DEU [8.2.2022]). Die Sterblichkeitsraten in Russland hatten sich noch Mitte des 19. Jahrhunderts weniger von denen westeuropäischer Länder unterschieden. Allerdings wirkten sich dort die seit Ende des 19. Jahrhunderts durchgesetzten Maßnahmen im Gesundheitswesen zunehmend positiv auf die Lebenserwartung von Kindern aus (vgl. auch Cunningham, Die Geschichte des Kindes in der Neuzeit, S. 217–219).

4 Kelly, Children's World, S. 287–299. Zu den Verhältnissen auf dem Land vgl. Frieden, Nancy M., Child Care. Medical Reform in a Traditionalist Culture, in: Ransel, David L. (Hg.), The Family in Imperial Russia. New Lines of Historical Research, Urbana u. a. 1976, S. 236–259. Ein eindrucksvolles Zeugnis der bedrückenden Lebensverhältnisse in St. Petersburg legt der Bericht der Zemstvo-Ärztin Ekaterina Slanskaja über ihre Hausbesuche in einem Armenviertel der Stadt ab (Slanskaia, Ekaterina, House Calls. A Day in the Practice of a Duma Woman Doctor in St. Petersburg, in: Clyman; Vowles (Hg.), Russia through Women's Eyes, S. 186–216). Zur Situation von Arbeitsmigrantinnen und ihren Familien vgl. Engel, Barbara Alpern, Between the Fields and the City. Women, Work, and Family in Russia 1861–1914, Cambridge 1996, bes. S. 198–238.

5 Vgl. dazu Kapitel 4 im vorliegenden Buch.

»[…], daheim, in den Höfen der Häuser oder auf der Straße nahe der Wohnung blieben, wenn sie nicht die Schule besuchten, nur die Kinder; zugleich blieb in den Höfen und Wohnungen der Teil der erwachsenen Bevölkerung zurück, der vorübergehend oder dauerhaft arbeitslos war, das heißt der verderbteste Teil der Bevölkerung, häufig Alkoholiker und wenig tugendhafte Menschen.«[6]

Die Professionalisierung der Pädagogik seit den 1860er Jahren lenkte die Aufmerksamkeit einer breiteren Öffentlichkeit auf die Lage benachteiligter Kinder. Die große Zahl erziehungswissenschaftlicher, juristischer und pädiatrischer Publikationen legt davon ebenso Zeugnis ab wie die von den jeweiligen Berufsverbänden zu Beginn des 20. Jahrhunderts initiierten und durchgeführten Fachkongresse.[7]

Die Industrialisierung, die um die Jahrhundertwende durch eine weltweite Wirtschaftskrise für einige Jahre ausgebremst wurde, führte aber nicht nur zu einer Migration vom Land in die Stadt und zur Verelendung der unteren Gesellschaftsschichten. Sie bedingte auch eine veränderte, transnational geprägte Konsumkultur, die zur Herausbildung neuer gesellschaftlicher Identitäten beitrug. Märkte, Kaufhäuser und Vergnügungsstätten boten einem kaufkräftigen Publikum in- und ausländische Konsumgüter und Mode sowie eine expandierende Unterhaltungskultur.[8] Die neuen Fertigungsmöglichkeiten brachten auch Waren für Kinder in größerer Zahl auf den Markt, Marina Kostjuchina spricht in diesem Zusammenhang sogar von einer »Kindheits-Industrie«.[9] Selbst wenn zunächst nur die Besserverdienen-

---

6 Zit. nach Sinova, Deti v gorodskom rossijskom sociume, S. 42.
7 Die erste allrussische Konferenz der Kinderärzte fand im Dezember 1912/Januar 1913 in St. Petersburg statt, ebenso wie der erste Kongress zu Fragen der Familienerziehung, den die Zeitschrift »Vospitanie i obučenie« initiiert hatte, vgl. Kelly, Children's World, S. 297; Mikirtičan, Galina, K 100-letiju sozyva pervogo vserossijskogo s"ezda pediatrov, in: Voprosy sovremennoj pediatrii 11, 2 (2012), S. 198–202; Vserossijskij s"ezd po semejnomu vospitaniju (10.12.1912–6.1.1913); 1890 fand in St. Petersburg der internationale Gefängniskongress statt, bei dem die russischen Teilnehmer, darunter der Jurist Dmitrij Dril', dem Erziehungsgedanken zum Durchbruch verhalfen (Mill, Zur Erziehung verurteilt, S. 110).
8 Vgl. dazu McReynolds, Louise, Russia at Play. Leisure Activities at the End of the Tsarist Era, Ithaca, London 2003; Konechnyj, Al'bin M., Shows for the People: Public Amusement Parks in Nineteenth-Century St. Petersburg, in: Steinberg, Mark D.; Frank, Stephen P. (Hg.), Cultures in Flux: Lower-Class Values, Practices and Resistance in Late Imperial Russia, Princeton 1994, S. 121–130; Kucher, Katharina, Der Gorki-Park. Freizeitkultur im Stalinismus 1928–1941, Köln u. a. 2007, S. 28–30; Malyševa, Svetlana Prazdnyj den', dosužij večer. Kul'tura dosuga rossijskogo provincial'nogo goroda vtoroj poloviny XIX–načala XX veka, Moskau 2011.
9 Kostjuchina, Detskij Orakul, S. 50.

den diese Produkte bezahlen konnten, schufen Spielsachen, Kinderbücher und auch Kinderkleidung im ausgehenden 19. Jahrhundert eine spezifische Konsumkultur, die dem Kindsein, dem Umgang mit Kindern und der Sicht auf Kindheit ein neues Gepräge verlieh.[10] Dieses letzte Kapitel behandelt den Umgang mit der Kindheit im ausgehenden Zarenreich. Dabei gilt es zu sehen, ob sich das Phänomen am Ende des »langen« 19. Jahrhunderts weiter ausdifferenzierte oder ob es zur Auf- beziehungsweise Ablösung einzelner, die Kindheit bis dahin konstituierender Elemente kam. Am Beispiel ausgewählter Fotografien werden Motive, Themen und Konstruktionsweisen herausgearbeitet und danach gefragt, in welchem Maß das Medium Fotografie zur Standardisierung des Kinderbildes im späten 19. Jahrhundert beigetragen hat.[11] Inwieweit bestand die Wirkmächtigkeit adliger Kindheitsmuster in einer Phase fort, in der viele Vertreter dieses Standes bereits unter ökonomischen und gesellschaftspolitischen Druck geraten waren? Wie manifestierte sich der gesamtgesellschaftliche Wandel, dem Kinder selbst und die Sicht auf sie im späten russischen Kaiserreich unterworfen waren?

5.1 Childhood matters

Im Juli 1913 kündigte die Zeitschrift »Solnce Rossii« (»Die Sonne Russlands«) das baldige Erscheinen einer Beilage in Form eines »großen Kunstbildbandes« (»Bol'šoj chudožestvenno-illjustrirovannyj al'bom«) zum Thema »Welt der Kinder« (»Mir detej«) an.[12] Geplant war, eine Sammlung von »Kinderporträts und Bilder kindlichen Lebens in den Werken bekannter russischer Künstler« zu veröffentlichen. Darüber hinaus sollten einige Seiten des Ban-

---

10 Vgl. dazu Kelly, Children's World, S. 43–44, 361–362, 441–443; Friedman, Rebecca, Home and Hearth. Representing Childhood in Fin de Siècle Russia, in: Darian-Smith, Kate; Pascoe, Carla (Hg.), Children, Childhood and Cultural Heritage, London 2013, S. 257–269, hier S. 260. Zu Kinderkleidung und -mode siehe Vasil'ev, Aleksandr, Detskaja moda Rossijskoj imperii, Moskau 2013; Serebrjakova, Detskij Kostjum, S. 126–173. Die Zeitschrift »Detskie mody« (Kindermoden) widmete sich als monatliche Beilage des Kinderjournals »Zaduševnoe slovo« (Das vertrauliche Wort) zwischen 1884 und 1915 der Kinderbekleidung.
11 Überlegungen in dieser Richtung finden sich auch bei Winkler, Kindheitsgeschichte, S. 142–146.
12 Solnce Rossii, 31, 1913, o.S. Alle folgenden Zitate des Absatzes ebd.

des »interessanten Fotostudien des kindlichen Lebens« gewidmet werden. Im Blick hatten die Herausgeber dabei sowohl die Aufnahmen von professionellen Fotografen als auch solche von Amateuren. Deshalb forderten sie die Leser auf, »interessante Kinderfotografien« an die Redaktion von »Solnce Rossii« zu schicken, und versprachen, diejenigen Aufnahmen abzudrucken, die »in künstlerischer Hinsicht zufriedenstellend erscheinen«.

Dieses Vorhaben ist aus mehreren Gründen bemerkenswert. Es belegt einerseits ein Interesse an der Kindheit als Phänomen und verweist andererseits auf die Etablierung der Fotografie im visuellen Horizont der russischen Gesellschaft. 1913 wurden Kinder längst nicht mehr nur von Malern porträtiert, sondern auch von unzähligen Fotografen mit der Kamera erfasst. Die Zahl der Fotografen und Studios war seit dem ausgehenden 19. Jahrhundert kontinuierlich gewachsen. Schon 1892 gab es über 90 Fotografen, die in St. Petersburg ihre Dienste anboten. 1913, im Erscheinungsjahr des Bandes »Mir detej«, zählte die Hauptstadt bereits 152 entsprechende Anbieter.[13]

Diese Zahlen spiegeln die Durchsetzung und Verbreitung der Fotografie seit Mitte des 19. Jahrhunderts in Russland wider. Die Kunde von der Entdeckung des Lichtbildes, von den Methoden Talbots und Daguerres gelangte über wissenschaftliche Kontakte bereits 1839 nach Russland. Noch im selben Jahr entstand eine der ersten Daguerreotypien des Landes, die den Bau der Isaaks-Kathedrale in St. Petersburg abbildet.[14] Als Nestor der russischen Fotografie gilt Sergej Levickij (1819–1898), ein im In- und Ausland geschätzter Fotograf. Er setzte sich seit den 1840er Jahren mit dem neuen Medium auseinander und entwickelte es weiter. Levickij galt als herausragender russischer Porträtfotograf, der auch die Zarenfamilie fotografieren durfte. Bereits in den 1850er Jahren gab es zahlreiche »Werkstätten und Daguerreotypien-Institute« in St. Petersburg. Viele Ausländer drängten auf diesen Markt. Seit den 1860er Jahren erschienen die ersten Zeitschriften, die sich mit Fotografie befassten.[15] Sie informierten ihre Leserinnen und Leser über technische Neuerungen und berichteten von den Aktivitäten in- wie ausländischer fotografischer Gesellschaften. Russische Fotografen und Fotografinnen beteiligten sich an Ausstellungen im Ausland, eine erste Schau der russischen Fotografie

---

13 Vgl. die Ausgaben von Ves' Peterburg der Jahre 1892 und 1913.
14 Barchatova, Elena, Wissenschaft? Handwerk? Kunst?, in: N. N. (Hg.), Das Russland der Zaren. Photographien von 1839 bis zur Oktoberrevolution, Berlin (DDR) 1989, S. 7–37, hier S. 7–8.
15 Barchatova, Wissenschaft? Handwerk? Kunst?, S. 7–8. Eine Bibliografie der Zeitschriften findet sich in: N. N. (Hg.), Das Russland der Zaren, S. 257.

sowie der damit verbundenen technischen Aspekte fand allerdings erst 1882 im Rahmen der Allrussischen Industrie- und Handwerksausstellung auf dem Chodynka-Feld statt. Ab 1888 gab es regelmäßig Fachausstellungen, die über die Entwicklung und »Anwendungsbereiche« der Fotografie informierten.[16] Zu den diskutierten Themen gehörten technische Entwicklungen, die notwendige Produktion einheimischer Fotoapparaturen, Fragen des Urheberrechts, die Unterscheidung von Berufs- und Laienfotografie sowie die Auseinandersetzung um den künstlerischen Gehalt der Fotografie.[17] Zu Beginn des 20. Jahrhunderts kam die Farbfotografie als wichtiges Thema hinzu. Ein Austausch mit dem westeuropäischen Ausland fand in Form von Reisen und regelmäßigen Ausstellungsbeteiligungen statt. In Russland wie in anderen Ländern lassen sich in der Fotografie unterschiedliche Sparten ausmachen, wie etwa die Porträt- und Landschaftsfotografie, die ethnografische oder wissenschaftlich-dokumentarische Fotografie oder die Reportagefotografie.

Analog zur Malerei bringen Kinderfotografien ein Spektrum an Ideen und die Rezeption von Kindheit im zeitgenössischen Kontext zum Ausdruck. Nach der Ansicht Anne Higonnets war es die Fotografie, in der die »romantische Kindheit« ihren vollen Ausdruck fand.[18] »Natürliche Unschuld und Spontanität« konnten »glaubhaft« übermittelt werden. Im Vergleich zur Malerei schien die Fotografie die »wahre Kindheit einfach festzuhalten«. Lange Zeit verhinderte der »scheinbar transparente Realismus«, dass Fotografie überhaupt als Kunst wahrgenommen und hinterfragt wurde. Die fotografische Visualisierung von Kindheit zählt nicht zu den Themen, die im Rahmen der »Fotografie als Kunst«-Diskussion Vorrang genossen, wenngleich Kinder bevorzugte Motive von Fotografien waren und bis heute sind. Die quantitative Präsenz von Kindern auf Fotografien trug maßgeblich dazu bei, bestimmte Kindheitsideale zu schaffen und diese im »Zeitalter der technischen Reproduzierbarkeit« zu verbreiten.[19] Kinder werden als Personen in jungem Alter auf Fotografien festgehalten, als gäbe es keine Entwicklung hin zu einem erwachsenen Menschen. Diese visuelle Momenthaftigkeit erlaubt es, Kindheit als eine eigene Sphäre darzustellen und sie zu einem »kul-

---

16 Barchatova, Wissenschaft? Handwerk? Kunst?, S. 18.
17 Ebd., S. 22–28.
18 Higonnet, Anne, Picturing Childhood in the Modern West, in: Fass (Hg.), The Routledge History of Childhood, S. 301.
19 Ebd. Das Zitat ist eine Anspielung auf Walter Benjamins Essay »Das Kunstwerk im Zeitalter seiner technischen Reproduzierbarkeit«, den er im Jahr 1936 publizierte.

turellen Ideal« zu überhöhen.[20] Ein frühes Beispiel dafür sind die Kinderporträts, die Lewis Carroll, der Autor von »Alice in Wonderland« und ein bekannter Fotograf des viktorianischen Zeitalters, ab Ende der 1850er Jahre anfertigte.[21] Carroll schuf mittels moderner Technik »dichte Zonen« von Kleidung und Umgebung, um einen »Effekt von leuchtender Kinderhaut und glänzenden Augen« zu erzeugen. Mit seiner Kamera stellte er genau die Distanz her, die Kinder auf den Fotografien »verlockend nah« und gleichzeitig »entfernt« zeigen.[22]

Für die Interpretation von Kindheit ist auch die Zugänglichkeit der Fotografie zu berücksichtigen. Vor der Durchsetzung dieser Aufnahmetechnik konnten es sich nur die Wohlhabenden leisten, ihren Nachwuchs auf Ölgemälden beziehungsweise Aquarellen verewigen zu lassen. Mit der Etablierung der Fotografie war es zwar immer noch vergleichsweise kostspielig, Bilder anfertigen zu lassen. Aber die neue Technik führte zu einer Vervielfachung und weiteren Ausdifferenzierung von Kinderbildnissen.[23] Die Fotografie ermöglichte es, innerhalb kurzer Zeit ein Bild zu erstellen. Das kam insbesondere Kindern entgegen, die nun nicht mehr zu langem Modellsitzen gezwungen waren.[24] Zudem wurden die Fotoapparate immer mobiler und waren einfacher zu handhaben. Deshalb konnten Kinder an immer mehr Orten und häufiger fotografiert werden. Zu den in Studios hergestellten Porträts kamen Aufnahmen im häuslichen Umfeld, in der Stadt und in der Natur hinzu. Darüber hinaus erlaubten seit den 1850er Jahren verschiedene Druck- und Abzugsverfahren die Vervielfältigung von Fotografien in hoher Auflage. Illustrierte und Zeitungen konnten diese ab den 1880er Jahren in unbegrenzter Zahl vervielfältigen.[25] Damit spielte auch die Fotografie eine

---

20 Ebd., S. 303.
21 Ausführlich dazu: Higonnet, Pictures of Innocence, S. 108–132.
22 Higonnet, Picturing Childhood in the Modern West, S. 302. Für nicht wenige heutige Beobachter verraten die Carroll'schen Bilder eine verallgemeinerbare »verdorbene Affinität« ihres Urhebers zu seinen Modellen (ebd., S. 4).
23 In England kostete beispielsweise 1841 ein Porträtfoto eine Guinee, was dem Wochenlohn eines Facharbeiters entsprach. In anderen Ländern lagen die Preise ähnlich, erst zu Beginn der 1890er Jahre machte der neu patentierte »Fotoautomat« Fotografien erschwinglich, wenngleich die Fotografie noch lange nicht zum »Allerweltsgegenstand« wurde (vgl. Jäger, Jens, Fotografie und Geschichte, Frankfurt am Main u. a. 2009, S. 61–62). Auch Timm Starl verweist darauf, dass sich die »überwiegenden Teile der Bevölkerung« die Anfertigung fotografischer Porträts nicht leisten konnten (Starl, Timm, Im Prisma des Fortschritts. Zur Fotografie des 19. Jahrhunderts, Marburg 1991, S. 29).
24 Winkler, Kindheitsgeschichte, S. 142.
25 Jäger, Fotografie und Geschichte, S. 65.

wichtige Rolle in dem Prozess, in dessen Verlauf Kindheit als gesamtgesellschaftliches Phänomen sichtbar wurde.

Kinderwelt(en)

Die Zeitschrift »Solnce Rossii« erhielt offensichtlich ausreichend Bildzusendungen für die Gestaltung des annoncierten Bandes »Mir detej«, der noch 1913 erschien. »Solnce Rossii« war ein illustriertes Journal, das zwischen 1910 und 1917 von einem der größten Verlage des vorrevolutionären Russlands, »Kopejka« (Die Kopeke), herausgegeben wurde.[26] Das großformatige »Literatur- und Kunstjournal« erschien monatlich. Es war ein Prestigeobjekt wegen der farbigen und schwarzweißen Illustrationen, hergestellt mit den besten im Ausland beschafften »Spezialillustrationsmaschinen«.[27] Als Vorbild für die Zeitschrift dienten dem Herausgeber Aleksandr Kogan, der sich später als Verleger der Zeitschrift »Žar Ptica« (»Der Feuervogel«) in der russischen Emigration einen Namen machen sollte, die illustrierte amerikanische Abendzeitung »The Daily Graphic« und die französische Wochenzeitung »L'Illustration«. »Solnce Rossii« berichtete nicht nur regelmäßig über verschiedene Kunstrichtungen, sondern publizierte auch Sonderhefte zu einzelnen Themen, wie etwa dem dreihundertjährigen Thronjubiläum der Romanovs, dem sechzigsten Jahrestag der Bauernbefreiung oder einzelnen Persönlichkeiten wie dem Komponisten Petr Čajkovskij oder dem Schriftsteller Anton Čechov. Zur großen Popularität des Journals trugen aber insbesondere die zwölf prächtigen Bildbände bei, die der Verlag zwischen 1913 und 1915 als Beilagen publizierte.[28] Elf dieser Bände zur Kultur Russlands waren Bestandteil thematischer Serien. Sie befassten sich mit den darstellenden und bildenden Künsten sowie der geografischen »Schönheit Russlands«.[29] Aus kunsthistorischer Perspektive lässt sich der 1913 erschiene-

---

[26] Šechurina, Ljudmila, Illjustrirovannye izdanija izdatel'stva »Kopejka«, in: (Hg.), Pečat' i Slovo Sankt-Peterburga (Peterburgskie čtenija 2009), Bd. 2: Kniznoe delo. Kul'turologija, St. Petersburg 2009, S. 28–33, hier S. 28.
[27] Ebd., S. 30–31.
[28] Šechurina, Ljudmila, Chudožestvennye al'bomy žurnala »Solnce Rossii«, in: Petrickij, V. A. (Hg.), Aktual'nye problemy teorii i istorii bibliofil'stva. Materialy XII meždunarodnoj naučnoj konferencii, St. Petersburg 2010, S. 125–134, hier S. 128.
[29] Ebd., S. 127. Die einzelnen Hefte nach ihrer inhaltlichen Gruppierung: Darstellende Kunst: »Das russische Ballett«, 1913, »Die russische Oper«, 1913, »Das russische Theater«, 1913, »Čechovs Stücke und das Moskauer Künstlertheater«, 1914, »Vera

ne Band »Die Welt der Kinder« mit den zahlreich abgedruckten Fotografien (202) und Gemälden (39) zwar dem Bereich der »Kunst« zuordnen, allerdings würde diese Kategorisierung zu kurz greifen. Die Tatsache, dass etwa fünf Mal so viele Fotografien wie Gemälde gezeigt wurden, spricht für eine große Resonanz auf den eingangs zitierten Aufruf und damit für eine hohe Akzeptanz und Verbreitung des Mediums. Die Fotografien stammen sowohl von professionellen Fotografinnen und Fotografen als auch von Amateurinnen und Amateuren. Augenfällig ist das Fehlen jeglichen erklärenden Textes. In fast allen anderen Heften der Reihe finden sich zumindest einführende Bemerkungen (beispielsweise über die russische Oper oder das Moskauer Künstlertheater), biografische Notizen (wie im Falle der Maler Levitan, Repin, Serov) oder informative Bildlegenden (so im Fall des Heftes über die russische Oper, das Theater, zeitgenössische Skulpturen).

Hinweise auf Provenienz, Autorenschaft und Aufnahmezeitpunkt der einzelnen Fotografien fehlen weitgehend. Die Kriterien für die Auswahl der Abbildungen sind unbekannt. Nur vereinzelt sind die Bilder mit den Namen der Studios, die sich bei weitem nicht auf die Hauptstadt beschränkten, oder der Fotografinnen und Fotografen versehen. Fotografien und Gemäldereproduktionen verteilen sich so größtenteils unstrukturiert über insgesamt 45 Seiten (vgl. exemplarisch Abb. 64–71, 73–76). Auch die Anordnung und Abfolge der Fotografien und Gemälde lassen kein System erkennen. In einigen Fällen wiederholen sich die Bilder beziehungsweise Ausschnitte von ihnen. Dennoch lohnt es sich, gerade diesen Bildband zur Auslotung des Phänomens Kindheit heranzuziehen; denn es handelt sich um eine Publikation, die sich weder an ein spezifisches Fachpublikum richtete noch auf die Darstellung eines bestimmten Kindertyps verlegte. Nicht zuletzt aus kommerziellem Interesse bemühte sich der Verlag, mit einem großen Spektrum an Abbildungen eine breite Leserschicht zu erreichen. Erstaunlich ist die Diversität der Motive und der Typen von Gemälden und Fotografien. Sie zeigen Kinder unterschiedlichen Alters und verschiedener Standeszugehörigkeit sowie deren Inszenierung in mannigfaltigen Räumen. Sie reichen vom Atelier über private Häuser und öffentliche Einrichtungen bis hin zu Dörfern und Urlaubsorten. Die Kinderbilder zeigen in ihrer Vielfalt deutlich, dass Kindheit in ihrer ganz unterschiedlichen Ausprägung wahrgenommen wurde.

Komissarževskaja«, 1915; Bildende Kunst: »I. E. Repin«, 1913, »V. Serov, 1913, »I. Levitan«, 1914, »Die zeitgenössische russische Skulptur«, 1915; Geografie: »Der Kaukasus«, 1913, »Die Krym«, 1914.

Abb. 64: Mir detej, S. 16

Abb. 65: Mir detej, S. 17

Abb. 66: Mir detej, S. 20

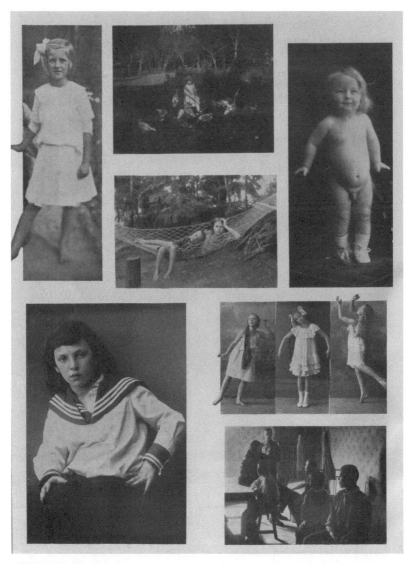

Abb. 67: Mir detej, S. 21

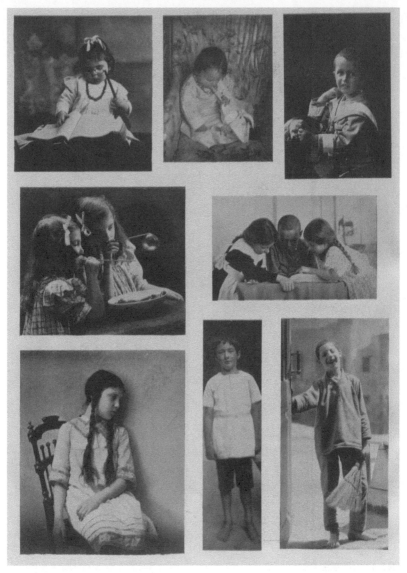

Abb. 68: Mir detej, S. 23

Abb. 69: Mir detej, S. 31

Abb. 70: Mir detej, S. 38

Abb. 71: Mir detej, S. 43

Welche Vorstellungen von Kindheit spiegeln sich in dieser Publikation wider? Lässt sich aus der Diversität eine russische Kindheit um 1913 konstruieren und nach der »sozialen und individuellen Rolle der Portraits« fragen?[30] Mit einer kategorisierenden Beschreibung der in dem Band ungeordnet publizierten Fotografien sollen thematische Schwerpunkte sichtbar und Darstellungskonventionen untersucht werden.

Auffällig ist zunächst, dass die Kinderbilder eine vollständige Abwesenheit von Kindern nicht-europäischer Völker des Russischen Reiches aufweisen.[31] Die »Welt der Kinder« wird als europäisch-russischer Kosmos visualisiert, in dem das Andere unsichtbar bleibt. Dies lässt sich mit der eingeschränkten Reichweite des Aufrufs von »Solnce Rossii« sowie den eingeschränkten technisch-ökonomischen Möglichkeiten an der Peripherie des Imperiums nur unzureichend erklären. Angesichts der um die Jahrhundertwende auch in Russland verbreiteten ethnografischen Dokumentarfotografie wäre es durchaus naheliegend gewesen, entsprechende Aufnahmen in den Band einzubeziehen.[32] Die Abwesenheit von ethnischer Vielfalt kann als Ignoranz oder, den *Postcolonial Studies* folgend, als radikale Form des Orientalismus bzw. *othering*, im Sinne der Visualisierung einer »asymmetrischen kulturellen Beziehung«, interpretiert werden: In der Absenz des Anderen manifestiert sich die Dominanz des russisch-europäischen Kindheitsmodells.[33]

---

30 In Anlehnung an die Überlegungen Jens Jägers zu fotografiegeschichtlichen Fragestellungen (Fotografie und Geschichte, S. 101).
31 Eine Ausnahme bildet das Foto, das einen Jungen auf einem Kamel vor der großen Sphinx von Gizeh zeigt. Das Kind ist noch jung und entsprechend klein, überragt aber durch seine überhöhte Position seinen einheimischen Begleiter deutlich. Zudem strahlen die Kleidung und Pose des Kindes eine gewisse Überlegenheit aus (»Mir detej«, S. 37).
32 Zu Reise- und Expeditionsfotografie vgl. im Überblick Jäger, Fotografie und Geschichte, S. 170–181. Bekanntes Beispiel für die visuelle Dokumentation des Imperiums sind die Farbfotografien von Sergej Prokudin-Gorskij, die er mit staatlicher Unterstützung zwischen 1909 und 1920 im Russischen Kaiserreich anfertigte. Seine Motive umfassten Dörfer und Städte, Sakral- und Industriebauten, Landschaften wie Menschen. Insbesondere seine Fotografien im Kaukasus und in Zentralasien zeigen den russischen Blick auf das Andere (Burghardt, Anja, Hierarchische Ordnungen im ethnografischen Bild, in: Fotogeschichte, 136 (2015), S. 15–24; die Sammlung von Prokudin-Gorskij ist über die Library of Congress online zugänglich: http://www.loc.gov/pictures/item/2002706200 [8.2.2022]).
33 Zu den Ansätzen der Postcolonial Studies im Überblick vgl. Lindner, Ulrike, Neuere Kolonialgeschichte und Postcolonial Studies, Version: 1.0, in: Docupedia-Zeitgeschichte, 15.4.2011 (http://dx.doi.org/10.14765/zzf.dok.2.303.v1 [8.2.2022]); Fischer-Tiné, Harald, Postkoloniale Studien, in: Europäische Geschichte Online (EGO), hg. vom In-

Das auf Edward Said und Gayatri Spivak zurückgehende Modell des *othering*, das das »Andere« in Opposition zu einem »hegemonialen ›Wir‹« konstruiert, lässt sich zudem nutzen, um die Anordnung der Bilder zu hinterfragen.[34] Die Mehrzahl der Fotos und Gemälde in dem Sonderheft zeigt Kinder in wohlsituierter Umgebung. Neben den Aufnahmen im Studio und im häuslichen Raum inszenieren diese Fotos unbeschwerte Kindheiten in der freien Natur, in familiärer Umgebung und in Urlaubs- beziehungsweise Erholungssituationen.

Die Aufnahmen folgen bekannten Mustern; die Kinder sind mit Attributen versehen, die Kindheit als abgegrenzte und behütete Sphäre zum Ausdruck bringen (exemplarisch Abb. 64–71). Sie posieren in den Studios der Fotografinnen und Fotografen oder im häuslichen Umfeld mit Spielzeug und Büchern, sitzen auf Stühlen und Dreirädern, lehnen an klassisch geformten Balustraden, tragen Matrosenanzüge oder sind ganz ernsthaft mit Malen oder Schreiben beschäftigt. Gängige Motive, etwa Kinder, die aus Strohhalmen Seifenblasen pusten, fehlen ebensowenig wie als Erwachsene verkleidete und deren Tätigkeiten imitierende Kinder.[35] Babys und Kleinkinder sind fotografisch häufig nackt festgehalten. Bei den Kindergruppen handelt es sich mit hoher Wahrscheinlichkeit um Geschwister oder Freundinnen und Freunde, bei den mitabgelichteten Erwachsenen um Eltern, Verwandte oder das Erziehungspersonal. Zudem finden sich Aufnahmen von Kindern im institutionellen Kontext, z. B. in einem Schlafsaal, als Kadettengruppe vor einem Schaufenster oder als (Kindergarten-)Gruppe von jüngeren Kindern beim beaufsichtigtem Spiel in einem Hof. Die Fotografien, die häufig wie Gemälde arrangiert sind, schließen an die in den obigen Kapiteln ausgemachten Darstellungskonventionen und Themen an und lassen sich zudem nahtlos im europäischen Kontext verorten.[36]

---

stitut für Europäische Geschichte (IEG), Mainz 2010-12-03 (http://www.ieg-ego.eu/fischertineh-2010-de URN: urn:nbn:de:0159-2010101196 [8.2.2022]); zum Orientalismus vgl. Said, Edward W., Orientalism, New York 1978; im Überblick und weiterführend: Wiedemann, Felix, Orientalismus, Version: 1.0, in: Docupedia-Zeitgeschichte 19.4.2012 (http://dx.doi.org/10.14765/zzf.dok.2.275.v1 [8.2.2022]).

34 Riegel, Christiane, Othering in der Bildungsarbeit. Zu pädagogischem Handeln in widersprüchlichen Verhältnissen, in: Außerschulische Bildung. Zeitschrift der politischen Jugend- und Erwachsenenbildung (2017), S. 16–22, hier S. 17.

35 Das bekannteste Beispiel für die Beliebtheit des Seifenblasenmotivs ist John Millais Gemälde »Seifenblasen« aus dem Jahr 1886, das zur Werbeikone für Pears-Seife wurde (dazu auch Burke, Augenzeugenschaft, S. 117–120).

36 Zu den gängigen Darstellungskonventionen von Kindern vgl. Starl, Timm, Bildbestimmung. Identifizierung und Datierung von Fotografien 1839–1945, Marburg 2009,

Die Inszenierungen des Bildbands folgen in den Fotografien wie in den Gemälden dem romantischen Ideal von Kindheit als einer eigenen, positiv besetzten und sich von der Welt der Erwachsenen unterscheidenden Sphäre. Die Abbildungen bringen eine Überhöhung der Kindheit zum Audruck, die auch Catriona Kelly für den Beginn des 20. Jahrhunderts betont.[37] In die idyllischen und positiv besetzen Fotografien sind Aufnahmen von weniger begüterten Kindern eingestreut. Sie zeigen Kinder, die entweder aus dem bäuerlichen Milieu stammen oder zu den städtischen Randgruppen zählen. Im Unterschied zu ihren bessergestellten Altersgenossinnen und -genossen sind die Kinder mit bäuerlichem Hintergrund weniger individuell, sondern mehr als große Gruppe festgehalten, beispielsweise als Schulklasse oder im Familienverbund (Abb. 73). Sie strahlen weniger Selbstbewusstsein aus und scheinen vor der Kamera mehr Objekt als agierendes Subjekt zu sein. Die idealisierte Lebensphase der Bessergestellten steht der perspektivenreduzierten Kindheit in Gestalt ärmerer und schutzbedürftiger Kinder gegenüber. Es gibt zwar Bilder, auf denen Kinder verschiedener Gesellschaftsschichten gemeinsam zu sehen sind. Allerdings stehen dann die Hierarchien meist außer Zweifel. Fotografien von Ammen oder Kinderfrauen mit ihren Schutzbefohlenen (Abb. 69, 71) bringen dies deutlich zum Ausdruck. Ein anderes Bild zeigt zwei Mädchen, die Hühner füttern (Abb. 72). Wegen ihres unterschiedlichen Erscheinungsbilds lassen sich die Mädchen gut ihrem jeweiligen gesellschaftlichen Stand zuordnen. Die eine trägt Kopftuch und eilt barfuß der Hühnergruppe nach – vermutlich, um die Tiere zusammenzutreiben. Diese Geschäftigkeit spricht dafür, dass sie diese Tätigkeit gewohnt ist und sich infolge anderer, noch wartender Aufgaben nicht allzu lange mit der Verteilung von Futter aufhalten kann. Das andere Mädchen hingegen trägt ein weißes Kleid, Schuhe und keine Kopfbedeckung. Es hat einen Teller in der Hand und schaut bedächtig und ohne zu handeln auf die Hühnerschar.

Wenn die Sorge um und die Förderung von Kindern Aufschluss über den Zivilisationsgrad und Entwicklungsstand eines Staates geben sollten, können die Bilder und Fotografien der bedürftigeren Kinder als Mahnung beziehungsweise Verweise auf die drängenden Fragestellungen des ausgehenden 19. und frühen 20. Jahrhunderts gelesen werden. Das Foto der Bauernschulklasse ebenso wie die Gemälde Bogdanov-Bel'skijs stehen für die Defizite im Elementarschulwesen und das Alphabetisierungsgefälle, das um 1900 im

---

S. 100–120. Vgl. insbesondere Kapitel 4.1 im vorliegenden Buch.
37 Kelly, Children's World, S. 25.

Abb. 72: Ausschnitt, Mir detej, S. 44

Russischen Reich herrschte (Abb. 73).[38] Des Weiteren stehen die vielen vor einer Hütte abgelichteten Bauernkinder unterschiedlichen Alters als Referenz für die enorme Bevölkerungszunahme Ende des 19. Jahrhunderts (Abb. 73). Das Bild eines einfach gekleideten lachenden Jungen, der einen Besen in der einen Hand hält und mit der anderen eine Tür aufhält (Abb. 68), verweist darauf, dass viele Kinder sich nützlich machen und mitarbeiten mussten. Das Leben der Bauernkinder, die durch die überschwemmte Dorfstraße wateten (Abb. 75), erscheint als Gegenpol zur organisiert-beaufsichtigten Kindheit der Bessergestellten (Abb. 70). Diejenigen Familien, die mit ihrem Hab und Gut am Ufer eines Flusses sitzen (Abb. 75), deuten den hohen ökonomischen Druck an, dem viele Bauern im Zusammenhang mit der enormen

---

38 Nur ein Viertel der über Zehnjährigen, die der bäuerlichen Schicht angehörten, konnte lesen, während es bei Adligen, Beamten und Geistlichen etwa 85 Prozent waren, vgl. Neutatz, Träume und Alpträume, S. 27; zu den elementaren Bildungsmöglichkeiten vgl. Kapitel 4.1 im vorliegenden Buch.

Abb. 73: Mir detej, S. 26

Abb. 74: Mir detej, S. 32

Abb. 75: Mir detej, S. 19

Abb. 76: Mir detej, S. 45

Bevölkerungszunahme und der Hungersnot 1891/92 ausgesetzt waren – Lebensumstände, denen sie durch Umsiedlung zu entgehen hofften.[39] Diese Fotografien sind ohne erkennbaren inhaltlichen Zusammenhang auf verschiedenen Seiten arrangiert. Sie finden sich aber stets in der Umgebung von Bildern, die wohlsituierte Kinder in vermeintlich ähnlichen Situationen zeigen. So sind die Bilder, die Bauernkinder vor ihrer Schule und der Hütte ihrer Eltern zeigen, unmittelbar neben einer großen Fotografie arrangiert, die fünf fröhliche und deutlich bessergekleidete Kinder im Garten des elterlichen Landguts oder Sommerhauses abbilden (Abb. 73). Das Kind mit dem Besen (Abb. 68) ist eingerahmt von Kinderporträts, die allesamt klassische Motive, von den Seifenblasen bis hin zu vermeintlichem Lesen, bedienen. Am deutlichsten prallen die Welten auf der Seite zusammen, die das Bild der Umsiedler zeigt. Direkt unter dieser Fotografie ist das Urlaubsfoto eines Jungen zu sehen, der mit ausgestreckten Armen und Beinen, mit Badehose und Sonnenhut bekleidet, entspannt im Sand liegt (Abb. 75).

Nur auf der letzten Seite des Albums scheinen die Herausgeber auf die Durchmischung verzichtet zu haben. Dort sind drei großformatige Fotografien abgebildet (Abb. 76), von denen zwei besonders eindrucksvoll sind. Eines zeigt Jungen und Mädchen im Alter von ungefähr 5 bis 11 Jahren, die an einem Ort institutioneller Fürsorge eine Mahlzeit einnehmen. Alle Kinder sind mit Essen beschäftigt; nur zwei Mädchen und ein Junge schauen in Richtung des Fotografen. Besonders im ernsten und traurigen Blick des jüngeren Mädchens, das mit Abstand die Kleinste der Gruppe ist, scheint sich die Not der Kinder zu spiegeln. Auf dem anderen Bild sind zwei Mädchen im Alter von etwa vier und acht Jahren zu sehen, die auf der Stufe eines heruntergekommenen Hauseingangs sitzen, die Jüngere auf den Knien der Älteren. Diese hält sie mit beiden Armen fest. Auch diese Mädchen fixieren den Betrachter mit Scheu und ängstlichem Blick. Diese Reaktion kann einerseits mit den miserablen Lebensumständen zusammenhängen, aber andererseits auch der Unerfahrenheit im Umgang mit der auf sie gerichteten Kamera geschuldet sein. Auf der dritten Fotografie sind zwei Jungen in der gleichen Badehose zu sehen, die, auf dem Boden sitzend, gutgelaunt ein Sonnenbad nehmen; im Hintergrund agiert eine Frau in einem Raum, eventuell einer Küche. Diese Szene ist mit hoher Wahrscheinlichkeit ebenfalls in einer Für-

---

39 Goehrke, Russland: Eine Strukturgeschichte, S. 39, 129; Hildermeier, Geschichte Russlands, S. 1176–1177.

Abb. 77: *Angehender Schuster*

sorgeeinrichtung aufgenommen, hat aber bei weitem nicht die erschütternde Ausstrahlung der anderen beiden Fotos.

Nach der Überzahl der Abbildungen mit fröhlichen, selbstbewusst und entspannt agierenden Kindern ruft die letzte Seite des Albums emotionale Betroffenheit hervor und trägt dazu bei, das Bewusstsein für die Not vieler Kinder und die herrschende Diskrepanz innerhalb der russischen Gesellschaft zu schärfen.

Die Fotografien des Bandes »Mir detej« decken eine große Spannbreite, wenngleich nicht das gesamte Spektrum an Kinderfotografien ab. Es fehlen Aufnahmen, die – wie bereits bemerkt – das russische Imperium als Vielvölkerstaat thematisieren. Ebenso vernachlässigten die Herausgeber Fotografien, die Zöglinge von und in Bildungs- und Erziehungsinstitutionen zeigen. Dies kann durch die Ausschreibung der Zeitschrift erklärt werden:

Abb. 78: Russische Ziseleure

Abb. 79: Abpackung von Tee, Čeljabinsk, 1903

Abb. 80: Spielende Kinder vor Fabrik, 1890–1909

Abb. 81: Blinder Banduraspieler

Abb. 82: Wandernde Tagelöhner bei einer Rast

ging es doch mehr um »Studien von Kindern« und weniger um Kindergruppen in Institutionen, wenngleich viele Porträts von Gymnasiasten, Kadetten oder *institutki* existieren. Fotos von Kindern im echten Arbeitsprozess fehlen ebenso. Wenn Kinder bei der Arbeit fotografiert wurden, dann geschah dies, um handwerkliche Tätigkeiten zu belegen und damit den Ausbildungsaspekt zu betonen (Abb. 77–79). Emotional aufgeladene Fotografien wie die von Lewis Hines, die arbeitende Kinder in amerikanischen Industriebetrieben zeigen, sucht man für Russland vergebens.[40] Allerdings verweist die Aufnahme, die spielende Bauernkinder vor einer Fabrikanlage zeigt, auf die Verflechtung der kindlichen und industriellen Welt (Abb. 80). Auch die meisten der in dem Band publizierten Fotografien armer Kinder erscheinen im Vergleich zu anderen existierenden Fotografien dieser Thematik (Abb. 81–83) fast geschönt – vermutlich wollten die Herausgeber aufgrund des kommerziellen Charakters der Publikation die Grenzen der Zumutbarkeit nicht überschreiten. Obendrein ist anzunehmen, dass Privatpersonen, aus deren Besitz ein Großteil der Bilder zu stammen scheint, nur in Ausnahmefällen über

---

40 Zu den Arbeiten von Lewis Hine zuletzt: Walther, Peter (Hg.), Lewis W. Hine. America at Work, Köln 2018. Ausführlich zu Kinderarbeit und den Maßnahmen zu ihrer Beschränkung vgl. Kapitel 4.1 im vorliegenden Buch.

Abb. 83: Blinde Bettler bei einer Rast

Fotografien von Kindern bei der Arbeit auf dem Lande, in Werkstätten, Geschäften oder Fabriken verfügten. Die »Welt der Kinder« belegt exemplarisch, dass die Fotografie mit ihren technischen Möglichkeiten auch in Russland maßgeblich dazu beitrug, Kindheitsbilder und -ideale zu verbreiten. Mit den sich wiederholenden Motiven etablierte und standardisierte die Fotografie Vorstellungen von Kindheit. Darüber hinaus verwiesen die Kinderfotografien mit ihrer Suggestion von Authentizität mindestens so stark wie die sozialkritische Malerei auf die sozialen gesellschaftlichen Gegensätze im ausgehenden 19. Jahrhundert.

5.2 Ende der Privilegien? Werte und Wandel adliger Kindheiten in der Spätphase des Zarenreichs und nach der Oktoberrevolution

Im ausgehenden 19. und frühen 20. Jahrhundert nahmen das gesellschaftspolitische Klima wie auch die ökonomische Situation der einzelnen Adelsfamilien Einfluß auf deren Praktiken und Werte. Im Zuge dessen wandelte sich der Stand. Zwar schlugen Adlige immer noch klassische Karrierewege ein; aber die Zahl derer, die hauptberuflich als Landwirte, Beamte, Unternehmer, Lehrer, Ärzte, Anwälte oder Journalisten arbeiteten, nahm stetig zu. Damit änderte sich auch der Lebensstil, zu dem Ausbildung und Erziehung ebenso wie Heiratsmuster, Vermögen und die häusliche Umgebung gehörten. Viele Vertreterinnen und Vertreter des adligen Standes waren wegen dieser Entwicklungen nicht mehr eindeutig als solche zu identifizieren.[41] Studien belegen zudem, dass der Adel auf den Wandel angemessener reagierte als lange angenommen. Viele Gutsbesitzer waren nach den Großen Reformen durchaus in der Lage, sich an die veränderten Gegebenheiten anzupassen.[42]

Das Jahr 1917 markierte dennoch einen unwiederbringlichen Wendepunkt und machte die Aristokratie sowie ihren Lebensstil endgültig zu einem Auslaufmodell. Unmittelbar nach der Oktoberrevolution wurde adliger Besitz konfisziert und der Stand als solcher per Dekret abgeschafft.[43] Der Machtergreifung der Bolschewiki schloss sich ein erbitterter und äußerst gewaltsam geführter Bürgerkrieg zwischen Roten und Weißen an, den die Bolschwiki Ende 1920 im europäischen Teil Russlands für sich entschieden.[44] Nachdem weite Teile des Adels auf die Weißen Truppen gesetzt hatten oder zu diesen gehörten, bestand keine Aussicht mehr auf ein gesichertes Dasein im neuen Staat.

Für den Adel verblieben vereinfacht gesprochen zwei Möglichkeiten: entweder ein beschwerliches Leben als *lišency* (von russ. lišit' – entziehen, wegnehmen), als Stigmatisierte, denen 1918 als »Ehemalige« oder »sozial fremde Elemente« das Wahlrecht und somit der Zugang zu den wesentlichen Resourcen des Alltags in Sowjetrussland entzogen wurden;[45] oder ein

---

41 Becker, Seymour, Nobility and Privilege in Late Imperial Russia, DeKalb 1985, S. 171.
42 Ebd., S. 173–176.
43 Vgl. das berühmte Dekret über Grund und Boden (8.11.1917) sowie das Dekret über die Aufhebung der Stände und der staatsbürgerlichen Rangbezeichnungen (24.11.1917), beide in: Altrichter, Helmut; Haumann, Heiko (Hg.), Die Sowjetunion. Von der Oktoberrevolution bis zu Stalins Tod, München 1987, Bd. 2, S. 25–29, 35–36.
44 In einigen Regionen dauerte die letzte Phase des Bürgerkriegs noch weiter an, beispielsweise im Ural, »wo sich die Frontlinien zwischen den Bürgerkriegsparteien von 1918 bis 1921 ständig verschoben« (Neutatz, Träume und Alpträume, S. 163). Zu Verlauf und Auswirkungen des Bürgerkriegs vgl. auch Hildermeier, Manfred, Russische Revolution. Voraussetzungen, Februarrevolution, Roter Oktober, Sozialistische Revolution, Sowjet, Räteverfassung, Köpfe der Revolution, Bürgerkrieg, Nationale Frage, Kulturelle Revolution, Interpretationen, Frankfurt am Main 2004, S. 56–79; Aust, Martin, Die Russische Revolution. Vom Zarenreich zum Sowjetimperium, München 2017, S. 156–201.
45 Neutatz, Träume und Alpträume, S. 174.

ungewisses Dasein in der Emigration. Die Fluchtbewegungen derjenigen, für die es in Sowjetrussland keinen Platz mehr gab, erfolgten »massenhaft und in großen Schüben«.[46] Der Süden des ehemaligen Kaiserreiches wurde mit dem Rückzug der Weißen Armeen für viele zum Ausgangspunkt der Flucht. Schiffe mit Hunderttausenden von Menschen an Bord verließen ab November 1920 die Häfen des Schwarzen Meeres, insbesondere der Krim, und des Asovschen Meeres in Richtung Konstantinopel. Von dort aus ging für viele die Reise weiter in die Länder, die bereit waren, russische Flüchtlinge aufzunehmen.[47] Andere suchten über Routen im Westen, Norden und Fernen Osten ihren Weg in die aufnehmenden Staaten Europas.[48] In dessen Metropolen lebten fortan viele Menschen aus dem russischen Kaiserreich, die von einem Provisorium ausgegangen waren und im Laufe der Jahre realisieren mussten, dass sie zu »Emigrantenexistenzen in Permanenz« geworden waren.[49] Dieses »Russland jenseits der Grenzen«, geschätzt zwischen einer und drei Millionen Menschen, war keine sozial homogene Gruppe. In ihr fanden sich Angehörige der geschlagenen Armeen, städtische Bildungsschichten, Kaufleute und Industrielle, einfache Soldaten, Politiker und Adlige.[50] Der ehemals reiche Gutsbesitzer, der sein Dasein in der Fremde als Nachtportier, Taxifahrer oder Toilettenmann fristen musste, gilt als prägender Typus der Emigration. Allerdings geht die einschlägige Forschung davon aus, dass der Anteil der Aristokraten an der Emigrationsbevölkerung in etwa dem der adligen Elite im Verhältnis zur Gesamtbevölkerung im alten Russland entsprach. Dies bedeutete, dass es sich um eine überschaubare Gruppe handelte.[51]

Revolution und Bürgerkrieg zerstörten die Welt der wohlhabenden und sozial höhergestellten Familien. Dies betraf immer auch die Kinder, so dass nach der Bedeutung dieser radikalen Einschnitte für die lange prägenden Vorstellungen von russischer Kindheit zu fragen ist.

---

46 Schlögel, Karl, Einführung. Die Zentren der Emigration, in: Ders. (Hg.), Der große Exodus. Die russische Emigration und ihre Zentren, München 1994, S. 9–20, hier S. 12.
47 Raeff, Marc, Russia Abroad. A Cultural History of the Russian Emigration, New York 1990, S. 17.
48 Ebd., S. 17.
49 Schlögel, Einführung. Die Zentren der Emigration, S. 12.
50 Ebd., S. 11–12; Raeff, Russia Abroad, S. 26; der Begriff »Russland jenseits der Grenzen« in Anlehnung an den Titel der Monographie von Marc Raeff.
51 Raeff, Russia Abroad, S. 26.

Bedeutungsverschiebungen

Die Wirkmächtigkeit privilegierter Kindheiten ließ seit Mitte des 19. Jahrhunderts nach. Die Gründe dafür sind bekannt. Sie sind in den sich verändernden Lebensbedingungen – vor allem in der finanziellen Situation – und in den gesellschaftspolitschen Einstellungen der Familien zu suchen. Zudem nahm das öffentliche und professionelle Interesse an Kindern und Kindheiten aller Schichten stetig zu. Dies schlug sich in Bereichen wie Gesetzgebung, Fürsorge, Pädagogik und Konsumkultur nieder und verankerte alternative Kindheitsmodelle in der Gesellschaft. Oktoberrevolution und Bürgerkrieg können als donnernder Schlussakkord dieser Entwicklung eingestuft werden. Allerdings darf bei dieser Einschätzung nicht außer Acht gelassen werden, dass das Spektrum der privilegierten Kindheiten in der zweiten Hälfte des 19. Jahrhunderts breit war. Bei den Šeremetevs, Trubeckojs, Obolenskijs oder Jusupovs, um nur einige wenige zu nennen, hielt der Wohlstand an, und die Ausgestaltung der Kindheit setzte nahtlos die bekannten Muster »des goldenen Zeitalters der russischen Kindheit« fort. Ihre Memoiren, die sich auf das ausgehende 19. Jahrhundert beziehen, belegen die anhaltende Präsenz von Ammen, Kinderfrauen, ausländischen Gouvernanten und Dienstboten. Sie beschreiben standesbewusste, mitunter distanzierte Eltern und ein Leben zwischen Stadtwohnsitzen sowie Landgütern; sie legen Zeugnis von Kutschfahrten und aufwendigen Auslandsreisen sowie gesellschaftlichen Verpflichtungen aller Art ab.[52] Noch Ende des 19. Jahrunderts zogen viele Adlige für ihre Kinder bis zum Erreichen des Knaben- beziehungsweise Mädchenalters den Hausunterricht einer institutionellen Bildung vor. Auch die Aufzeichnungen, die 1914 die Gouvernante V. V. Larina publizierte, zeugen von der Selbstverständlichkeit, mit der adlige Familien in den Städten wie in der Provinz auf die Dienste von Erziehungspersonal zurückgriffen.[53] Zum fortbestehenden Bildungskanon gehörte nach wie vor der frühkindliche Fremdspracherwerb, angeleitet durch muttersprachliches Personal.[54]

---

52 Vgl. exemplarisch die Kindheitsbeschreibungen von Sergej Trubeckoj (Minuvšee, Moskau 1991, S. 8–66), Feliks Jusupovs (Memuary 1887–1953, Moskau 2000), S. 1–33 (https://www.litmir.me/br/?b=113826&p=1 [8.2.2022]).
53 Larina, V. V., Zapiski staroj devy, Moskau 1914. Sie beschreibt in diesen Aufzeichnungen ihren Werdegang gleichermaßen wie die unterschiedlichen Familien und Orte ihrer Tätigkeit.
54 Vgl. dazu exemplarisch Nabokov, Vladimir, Erinnerung, sprich: Wiedersehen mit einer Autobiographie (Gesammelte Werke, Bd. 22), Reinbek bei Hamburg 1991. Der in St. Petersburg geborene Schriftsteller verweist darauf, dass er Englisch früher lesen lern-

Sergej Trubeckoj betont die positive Entscheidung seiner Eltern, ihm und seinem jüngeren Bruder zunächst eine häusliche Erziehung und Ausbildung angedeihen zu lassen. Dies habe es ihnen ermöglicht, dem »wohltuenden Einfluss der familiären Atmosphäre ohne jeglichen verwässernden Einfluss« ausgesetzt zu sein; zudem sei der Unterricht individuell zugeschnitten gewesen. Deshalb war es möglich, sehr viel Zeit für das Erlernen von Fremdsprachen zu verwenden.[55] Die Familien pflegten ihre Traditionen und führten ein Leben nach Mustern, die von Generation zu Generation weitergegeben wurden.[56] Zeitgenössisch moderne Erziehungsansätze drangen nur bedingt in diese privilegierten Sphären vor, was Trubeckoj im Nachhinein durchaus positiv bewertete:

»Ich bedaure es keinesfalls, dass unsere Bildung und Erziehung nicht ›frei‹ waren im Sinne von Nachsichtigkeit gegenüber dem Kind, wie es, bedauerlicherweise, schon damals in einigen Familien praktiziert wurde. Für kaum etwas bin ich meinen Eltern so dankbar, besonders meiner Mutter, die unsere Erziehung bestimmte, als für diese Disziplin, wenngleich streng, aber systematisch, die man uns von Kindheit an beibrachte.«[57]

Er fühlte sich traditionellen Werten verpflichtet und reflektierte seinen aristokratischen Status mit großer Ernsthaftigkeit:

»Ein reicher Taugenichts zu sein und nur für sein Vergnügen zu leben, schien äußerst peinlich, fast eine Schande zu sein. Der Begriff ›noblesse oblige‹ wurde stillschweigend als vollkommen verpflichtend verstanden. Aus den Gesprächen und kritischen Bemerkungen der Erwachsenen kam ich zur Erkenntnis, dass wir verpflichtet waren, irgendeiner, nicht persönlichen, sondern gesellschaftlichen Sache, Wissenschaft, Kunst zu dienen. [...] In unserer Familie, weder seitens meines Vaters noch meiner Mutter, brüstete sich niemand mit seiner Adligkeit. Überhaupt, mit dem Begriff ›Aristokratie‹ ist bei mir seit frühester Kindheit das Gefühl von Verpflichtung und Verantwortlichkeit verbunden, aber keinesfalls der Gedanke über Anderen zu stehen oder an Privilegien.«[58]

---

te als Russisch (S. 101), und beschreibt zudem die »wunderliche Reihe englischer Kindermädchen und Gouvernanten«, die sich um ihn und seinen Spracherwerb kümmerten (S. 110). Doch dabei blieb es nicht: Ab einem »bestimmten Zeitpunkt schwanden sie [die englischen Gouvernanten; Anm. K. K.] aus meinem Leben. Französisch und Russisch kamen an die Reihe [...]« (S. 111).
55 Trubeckoj, Minuvšee, S. 37.
56 Ebd., S. 19–20.
57 Ebd., S. 15–16.
58 Ebd., S. 48.

Viele Privilegierte versuchten, ihr gewohntes Leben aufrechtzuerhalten, wenngleich die sozialen und politischen Veränderungen in ihre Welt eindrangen. Trubeckoj nahm politische Diskussionen unter den Erwachsenen wahr und registrierte bei seinem Eintritt in das Gymnasium im Jahr 1905 einen hohen Politisierungsgrad unter den Schülern, die sich entweder mit den monarchistisch-nationalistischen Schwarzen Hundertschaften identifizierten oder zu den »Linken«, denen er einen höheren Bildungsgrad attestierte, hingezogen fühlten.[59] Er selbst merkte bereits zu dieser Zeit, dass »ein kultivierter Aristokrat keinesfalls in dieses simplifizierte Schema passte«.[60] Entsprechend lehnte er die Streiks ab, die 1905 auch von den Gymnasiasten in Kiew beschlossen wurden.[61]

Der 1902 geborene Paul Grabbe, Sohn des Generalmajors im Gefolge Nikolaus II., verbrachte ebenfalls eine standesgemäße Kindheit und hielt den Wohlstand und die Position seiner Familie für selbstverständlich. Für ihn war es »natürlich«, dass eine ganze Reihe von Gouvernanten und Kinderfrauen sich nur mit ihm befasste. Tagespolitische Realitäten drangen selten in diese Kindheit vor. Bis zu seinem Eintritt in das Alexander-Kadettenkorps 1914 kam er, abgesehen von seinen Geschwistern, kaum in Kontakt mit anderen Kindern.[62] Eine Ausnahme bildete Vanja Semenov, der Sohn des Verwalters, mit dem Grabbe während der Sommermonate auf dem Landgut seiner Eltern die Zeit verbrachte. Trotz der gemeinsamen Erlebnisse beim Angeln und Pilzesuchen blieb eine Distanz bestehen, der sich Grabbe durch einen Brief Vanjas, den er in St. Petersburg erhielt, schmerzlich bewusst wurde. Das Schreiben war an »Seine Exzellenz« gerichtet und enthielt die Bitte um eine Empfehlung für eine technische Lehranstalt. Grabbes Eltern lehnten dieses Ansinnen ab, und Paul ließ den Brief unbeantwortet.[63]

Im Juni 1915 machte Grabbe während eines Aufenthaltes auf dem Gut seiner Mutter bei Moskau eine Erfahrung, die zeigte, dass die Welt der Gutsbesitzer nicht mehr unantastbar war: Als er nach einem Jagdausflug durch

---

59 Ebd., S. 52–53.
60 Ebd., S. 53.
61 Ebd., S. 55.
62 Der mangelnde Kontakt zu gleichaltrigen Kindern ist ein typisches Phänomen der adligen beziehungsweise privilegierten Kindheit, das sich in vielen Memoiren findet, so z. B. auch bei Irina Skarjatina, die in ihren Memoiren festhält, dass »Eine Kindheit reich an Kindern« etwas war, das ihr völlig abging und die permanente Gesellschaft Erwachsener sie zu einem »altmodischen Kind« machte (Skarjatina, Irina V., A World Can End, New York 1931, S. 32).
63 Grabbe, Paul, Windows on the River Neva, New York 1977, S. 49–50.

ein Dorf in der Nähe des Landguts ritt, tauchten hinter einer Scheune plötzlich Bauernjungen auf, die johlten und anfingen, ihn mit Steinen zu bewerfen. In der Retrospektive war es für Grabbe das erste Mal, dass er die »Feindseligkeit der Bauern gegenüber wohlhabenden Gutsbesitzern – und ihren Söhnen« deutlich spürte.[64] Mit der Februarrevolution 1917 verschärfte sich die Lage und nahm für die Privilegierten bedrohliche Formen an. Aus dem Fenster beobachtete Grabbe in St. Petersburg Tumulte in den umliegenden Straßen, sah, wie Demonstranten Barrikaden durchbrachen, und erlebte die Durchsuchung der elterlichen Wohnung. Er erfuhr vom Tod eines Mitschülers, den die Aufständischen in den Kanal geworfen hatten, nachdem sie ihn anhand seiner Uniform als dem Pagencorps zugehörig und somit als Privilegierten identifiziert hatten.[65] Sein älterer Bruder wurde Zeuge, wie Soldaten in eine demonstrierende Menge schossen, und er selbst nahm wärend eines »Erkundungsgangs« einen Stapel mit den Leichen von Polizisten wahr, wie »Feuerholz geschichtet und teilweise mit Schnee bedeckt«.[66] Dennoch, bei allem Schrecken realisierte er – wie viele andere – die Tragweite der Ereignisse nicht. Für den 15-jährigen Knaben bedeutete die Februarrevolution in erster Linie »willkommene Schulferien«, ebenso wie sich Elena Šeremeteva, die Tochter Sergej Šeremetevs, langweilte, da sie nicht mehr »im Garten spielen oder ihre Freunde besuchen konnte«.[67]

Vladimir Nabokov, geboren 1899, genoß eine äußerst privilegierte Kindheit zwischen St. Petersburg, dem Familiengut bei Vyra und verschiedenen Stationen im Ausland. Allerdings betätigte sich sein Vater, Vladimir Dmitrievič, ein ausgebildeter Jurist, als Mitglied der Konstitutionell-Demokratischen Partei politisch und gab zudem von 1906 bis 1917 die liberale Tageszeitung »Reč'« (»Die Rede«) heraus.[68] V. D. Nabokov war Mitglied der ersten Duma, 1908 musste er wegen der Abfassung eines Manifestes eine dreimonatige Gefängnisstrafe verbüßen. Als Staatssekretär gehörte er 1917 kurzfristig der Provisorischen Regierung an. Der zukünftige Schriftsteller wuchs somit in einer äußerst wohlhabenden Familie auf, die sich adligen Traditionen und Bildungsidealen verpflichtet fühlte, aber gleichzeitig engen Kontakt zur Intelligencija pflegte. Um zu verhindern, dass sei-

---

64 Ebd., S. 113.
65 Ebd., S. 132–133.
66 Ebd., S. 135.
67 Ebd., S. 135; Smith, Der letzte Tanz, S. 109.
68 Zur Biografie Vladimir Dmitrievič Nabokovs vgl. Nabokov, Erinnerung, sprich, S. 234–243.

ne Kinder zu Snobs heranwuchsen, versuchte V. D. Nabokov auf Rat des deutschen Hauslehrers, sie einen »demokratischeren Lebenswandel führen zu lassen«.[69] In der Praxis bedeutete dies, dass die Familie während eines Berlin-Besuchs nicht mehr im »Adlon« residierte, sondern in eine »düstere Pension« umzog; »nicht mehr in internationalen Expreßzügen mit weichen Teppichen« reiste, sondern in »schlingernden Schnellzügen mit schmutzigen Fußböden und abgestandenem Zigarettenrauch«.[70] Die Haltung des Vaters führte auch dazu, dass Vladimir die Tenišev-Schule besuchte, eine erst 1898 gegründete Lehranstalt, die sich durch moderne Erziehungsmethoden, demokratische Prinzipien und den »Grundsatz, keine Klassen-, Rassen-, und Glaubensunterschiede gelten zu lassen«, auszeichnete.[71] Dennoch fiel er dort negativ auf:

»Sie warfen mir vor, daß ich mich meiner Umwelt nicht einfügte, daß ich ›angab‹ (hauptsächlich, indem ich meine russischen Aufsätze reichlich mit englischen und französischen Brocken spickte, die mir ganz selbstverständlich waren); daß ich mich weigerte, die schmutzigen nassen Handtücher auf der Toilette anzufassen; daß ich bei Schlägereien die Außenseite der Faust gebrauchte und nicht den ohrfeigenartigen Schwinger mit der Unterseite der Faust, der sich bei russischen Raufbolden eingebürgert hatte.«[72]

Die 1901 in St. Petersburg geborene Schriftstellerin Nina Berberova, Tochter eines armenischen hohen Beamten und einer Mutter, die aus dem russischen gutsbesitzenden Adel stammte, fühlte sich – so ihre Erinnerung – ihrer »Klasse« kaum verbunden. Sie identifizierte sich bereits früh mit der Intelligenzija und betonte, dass sie in Russland aufwuchs,

»als es keinen Zweifel daran gab, daß die alte Welt so oder so dem Untergang geweiht war und keiner mehr ernsthaft an den alten Prinzipien festhielt – zumindest nicht in den Kreisen, in denen ich aufwuchs. Im Rußland der Jahre 1912 bis 1916 geriet alles ins Schwanken, alles begann in unseren Augen so durchsichtig zu werden wie durchgescheuerte Lumpen. Protest lag in der Luft, Protest war mein erstes wirkliches Gefühl.«[73]

Die Beschreibung und rückblickende Wahrnehmung privilegierter Kindheiten im ausgehenden Zarenreich könnte an dieser Stelle fortgesetzt werden und weitere Belege sowohl für die Aufrechterhaltung standesgemäßer Erzie-

---

69 Ebd., S. 215.
70 Ebd., S. 215.
71 Ebd., S. 250.
72 Ebd., S. 250.
73 Berberova, Nina, Ich komme aus St. Petersburg, Reinbek bei Hamburg 1992, S. 13.

hungsvorstellungen als auch für deren Aufgabe oder Anpassung liefern. Das Leben adlig-privilegierter Familien verlief »in jenem seltsamen ersten Jahrzehnt [des 20. Jahrhunderts; Anm. K. K.], in dem das Alte und das Neue, das Liberale und das Patriarchalische, fatale Armut und fatalistischer Reichtum [...] phantastisch ineinader verwoben« waren, nicht einheitlich, sondern in Abhängigkeit von der jeweiligen materiellen Situation, der gesellschaftlichen Stellung und der politischen Einstellung.[74]

Dennoch, viele Autorinnen und Autoren beschwören glückliche und standesgemäße Kindheiten im ausgehenden 19. und frühen 20. Jahrhundert, die sich kaum von der ihrer Eltern- bzw. Großelterngeneration zu unterscheiden schienen. Viele der Beschreibungen lesen sich wie aus der Zeit gefallen, als eine Reminiszenz an das »goldene Zeitalter« der russischen Kindheit, abgeschirmt gegen jeglichen Einfluss zeitgenössischen pädagogischen und sozialkritischen Gedankenguts. Aus diesen Texten aber darauf zu schließen, dass sich die Kindheitsvorstellungen der Privilegierten seit der zweiten Hälfte des 19. Jahrhunderts kaum geändert hätten, würde zu kurz greifen.

Die Popularität des Kindheitsgenres in adligen Memoiren, die die ersten beiden Drittel des 19. Jahrhunderts abdecken, ist hinlänglich bekannt. In welchem Umfang fand die Kindheit in Texten Berücksichtigung, die das ausgehende Zarenreich behandeln? Eine lückenlose Gesamtübersicht publizierter Erinnerungen liegt leider nicht vor. Eine Quelle ist die Bibliografie Petr Zajončkovskijs zur Geschichte des vorrevolutionären Russlands in Tagebüchern und Erinnerungen.[75] Das Standardwerk ist ein umfangreiches Register der in Zeitschriften publizierten Tagebücher und Memoiren vom 15. Jahrhundert bis 1917 samt ausführlicher Kommentare. Der Zeitraum von 1801 bis 1917 ist in drei Zeitabschnitte unterteilt, die jeweils einen Band ausmachen und in thematische Blöcke gegliedert sind (Bde. 2–4). Darunter befindet sich die Rubrik »Adel«, in der sich Verweise auf die veröffentlichten Ego-Dokumente finden, die die verschiedenen Facetten adligen Lebens abdecken. Nimmt die Kindheit in den publizierten Erinnerungen nennenswerten Raum ein, ist dies in den Kommentaren vermerkt. Die Auswertung ergab folgende Tabelle:

---

74 Nabokov, Erinnerung, sprich, S. 35–36.
75 Zajončkovskij, Petr, Istorija dorevoljucionnoj Rossii v dnevnikach i vospominanijach. Annotirovannyj ukazatel' knig i publikacij v žurnalach, 5 Bde., Moskau 1976–1988.

Tabelle 1: Anzahl von Kindheitsbeschreibungen in Memoiren und Tagebüchern von Adligen in Russland 1801–1917

Zeitraum	Anzahl aufgeführter Titel gesamt	Anzahl nennenswerter Kindheitsbeschreibungen	Prozentualer Anteil von nennenswerten Kindheitsbeschreibungen an Gesamttexten (gerundet)
1801–1856[76]	84	35	41 %
1857–1893[77]	43	15	35 %
1894–1917[78]	22	2	9 %

Für den letzten Erinnerungszeitraum liegen im Vergleich zu den beiden anderen zwei Drittel weniger Verweise auf adlige Kindheitsbeschreibungen vor. Das kann bedeuten, dass ihre Zahl grundsätzlich zurückging. Eine Rolle spielte aber auch die Auswahl der Titel für das Register. Die Herausgeber des 4. Bandes verweisen in der Einleitung darauf, dass die Memoiren, die sich für die Zeit bis 1917 nur auf die Kindheit des Verfassers beziehungsweise der Verfasserin beziehen, nicht mehr aufgenommen wurden.[79] Damit fallen die Erinnerungen der ab 1905 geborenen Autoren weg. Zudem ist anzuzweifeln, dass Texte über adlige Kindheiten in der frühen Sowjetunion publizistische Verbreitung gefunden hätten.

Aus diesem Grund wurden die meisten der vielzitierten Reminiszenzen an die adlige Kindheit im ausgehenden Zarenreich in der Emigration abgefasst – zu einem Zeitpunkt, als für die jeweiligen Autorinnen und Autoren Russland, das »sagenhafte Land ihrer Kindheit«, bereits unwiederbringlich verloren war.[80] Der Mythos der russischen adligen Kindheit blühte deshalb in der Emigration nochmals auf. Nachdem die Emigranten fast all ihren Besitz zurücklassen mussten, gehörten die »rosa gefärbten Erinnerungen an die Tage, bevor die Bolschewiki die Macht übernahmen«, zu den wenigen Dingen, die sie mitnehmen konnten, und die »Tolstojsche Kindheit wurde zu einer Sache des Glaubens, der Nachweis einer wahren aristokratischen Herkunft«.[81] Viele beschworen ihre glückliche Kindheit und griffen dabei

---

76 Zajončkovskij, Istorija dorevoljucionnoj Rossii v dnevnikach i vospominanijach, Bd. 2.1, S. 59–69.
77 Ebd., Bd. 3.1, S. 128–132.
78 Ebd., Bd. 4.1, S. 112–116.
79 Ebd., Bd. 4.1, S. 5.
80 In Anlehnung an Vladimir Nabokov, Erinnerung, sprich, S. 156.
81 Wachtel, The Battle for Childhood, S. 177.

zweifellos auf die seit Mitte des 19. Jahrhunderts kultivierten Codes zurück.[82] Dabei waren die in den Memoiren festgehaltenen Erinnerungen nicht nur eine Möglichkeit, vor der harten Realität zu fliehen.[83] Die Kindheit in der Erinnerung stellte eine Verbindung zur Vergangenheit her. Sie wurde zur »Synekdoche eines ganzen Lebensstils« und damit zum Sinnbild für das verlorene Russland.[84] Die Autorinnen und Autoren verklärten dieses Russland aber keinesfalls unisono und unkritisch zu einem Paradies. Wie oben ausgeführt, beschrieben sie auch Welten, die sich in Auflösung befanden. Politisch bedingte negative Erlebnisse flossen gleichermaßen wie selbstkritische Reflexionen ein und bildeten innerhalb der Memoiren oftmals eine wesentliche Facette der musterhaft beschriebenen adligen Kindheiten.

Das »hypertrophe Bewußtsein einer verlorenen Kindheit« war für die Emigranten steter Begleiter im Exil.[85] Der Verlust der alten Lebenswelten, den die politischen Entwicklungen zementierten, trug in erheblichem Maße dazu bei, dass der glücklichen adligen Kindheit im Exil ein längeres Fortbestehen beschieden war, als es vermutlich in einem Russland unter liberaldemokratischen Vorzeichen der Fall gewesen wäre. Wie die Reflexionen Nabokovs über die ersten Jahre seines 1934 in Berlin geborenen Sohnes Dmitrij belegen, blieb die eigene Kindheit präsent und konnte zur Referenz für die Emigranten und deren im Exil geborene Kinder werden:

»In den ersten Lebensjahren unseres Sohnes, im Hitler-Deutschland wie im Maginot-Frankreich, ging es uns meist ziemlich schlecht, doch großzügige Freunde sorgten dafür, daß er das Beste bekam, was es gab. Obwohl es nicht in unserer Macht stand viel dagegen zu tun, hatten wir gemeinsam ein wachsames Auge auf jeden möglichen Riß zwischen seiner Kindheit und unserem eigenen Wiegendasein in der opulenten Vergangenheit [...].«[86]

Adlige Kindheiten im untergegangenen alten Russland sind aufgrund der Tatsache, dass zahlreiche Adlige in der Emigration ihre Memoiren abfassten, sehr präsent. Allerdings sei an dieser Stelle nochmals darauf verwiesen, dass der Großteil der Kinder, die nach 1917 von Flucht und Exil betroffen waren, nicht dem Adel angehörte.

---

82 Hildt, Julia, Der russische Adel im Exil. Selbstverständnis und Erinnerungsbilder nach der Revolution von 1917, Göttingen 2018, S. 104.
83 So die Interpretation von Julia Hildt, Der russische Adel im Exil, S. 93.
84 Wachtel, The Battle for Childhood, S. 203.
85 Nabokov, Erinnerung, sprich, S. 92.
86 Ebd., S. 406.

Die Frage, wie sich die Zukunft ihrer Kinder gestalten würde, war unter den Exilierten allgegenwärtig. Nicht nur Eltern sorgten sich um ihre Kinder, auch unterschiedliche Organisationen, Lehrer und Wissenschaftler engagierten sich für die jüngsten Mitglieder der Diaspora.[87] Dies fand seinen Ausdruck sowohl in zahlreichen Wohltätigkeits- und Kulturveranstaltungen als auch in Schul- und Unterrichtsprojekten. Besonders hervorzuheben ist die Sammlung von knapp 3.000 Aufsätzen zum Thema »Meine Erinnerungen seit 1917 bis zum Eintritt ins Gymnasium«, die russische Schülerinnen und Schüler in verschiedenen Ländern des Exils zwischen Dezember 1923 und März 1925 verfassten.[88] Knappe Auszüge dieser Erinnerungen, welche die persönlichen Wahrnehmungen des Umbruchs, darunter auch extreme Gewalterfahrungen widerspiegeln, wurden sowohl im Bulletin des Pädagogischen Büros 1924 als auch in einem schmalen Band 1925 publiziert, den Vasilij Zen'kovskij herausgab.[89] Diese Sammlung ergänzten namhafte emigrierte russische und ukrainische Pädagogen, Philosophen und Psychologen mit Beiträgen zur spezifischen Situation dieser Kinder.[90] Sie riefen unter

---

87 Exemplarisch seien hier das Russische Rote Kreuz und das Komitee für die Hilfe russischer Kinder genannt (Raeff, Russia Abroad, S. 30). Zur Situation von Kindern, Erziehung, Schulbildung und Pädagogik im Exil vgl. ebd., S. 47–58; White, Elizabeth, The Struggle Against Denationalisation. The Russian Emigration in Europe and Education in the 1920s, in: Revolutionary Russia 26, 2 (2013), S. 128–146; Lyčkovskaja, N. V., Osobennosti i osnovnye čerty pedagogiki russkoj ėmigracii pervoj volny, in: Vestnik PSTGU 18, 3 (2010), S. 104–113; Suchačeva, Veronika, Problemy obrazovanija detej i junošestva v Rossijskom Zarubež'e (1920–1940 gg.), in: Vestnik Moskovskogo gorodskogo pedagogičeskogo Universiteta 26, 3 (2008), S. 111–124; Mchitarjan, Irina, Prague as the Centre of Russian Educational Emigration. Czechoslovakia's Educational Policy for Russian Emigrants (1918–1938), in: Paedagogica Historica 45, 3 (2009), S. 369–402, sowie die erste Sektion des Sammelbandes von Beljakova, Irina Jur'evna (Hg.), Mir detstva v russkom zarubež'e. Kul'turologičeskie čtenija »Russkoe zarubež'e XX veka«, Bd. 3, Moskau 2011.
88 Petruševa, L. I. (Hg.), Deti russkoj ėmigracii. Kniga, kotoruju mečtali i ne smogli izdat' izgnanniki, Moskau 1997, S. 6.
89 Bjulleten' Pedagogičeskogo bjuro po delam srednej i nižšej russkoj škole za granicej 4 (1924); Zen'kovskij, Vasilij V. (Hg.), Deti ėmigracii. Sbornik statej, Prag 1925. Zu einer umfassenden Publikation der Aufsätze kam es erst 1997 in dem obengenannten von Lidija Petruševa herausgegebenen Buch (Deti russkoj ėmigracii). Dazu auch: Vološina, V., Obraz rodiny vo predstavelnijach detej-ėmigrantov v 1920-e gody, in: Beljakova (Hg.), Mir detstva v russkom zarubež'e, S. 34–46.
90 Neben Zen'kovskij, Detskaja duša v naši dni, S. 137–165 (Die Kinderseele in unseren Tagen), waren dies Petr Dolgorukij, Čuvstvo rodiny u detej, S. 167–193 (Das Gefühl von Heimat bei den Kindern), Al'fred Bem, Nabljudenija i vyvody, S. 195–233 (Beobachtungen und Schlußfolgerungen), Valerij Levitskij, U poslednej čerty, S. 235–243 (Mit

Emigrantinnen und Emigranten eine breite Resonanz hervor und sensibilisierten für die Probleme der »heranwachsenden Generation des Russlands jenseits der Grenzen«, die ihre Kindheit in den Wirren von Revolution, Bürgerkrieg und Flucht verloren hatte.[91]

Fotografie als Indikator

Adliger Habitus im Sinne von Handlungspräferenzen, die sich in Auftreten, normativen Vorstellungen und Idealen manifestierten, spielten für die Vorstellungen von idealer Kindheit im Russischen Kaiserreich weit über die erste Hälfte des 19. Jahrhunderts hinaus eine wichtige Rolle.[92] Die Wirkmächtigkeit dieser Kindheitsideale, die über den adligen Stand hinausreichte, lag in ihrer demonstrativen Präsenz, über die sie dank der materiellen und gesellschaftlichen Vorrangstellung der Aristokratie verfügte.[93] Kindheit bildete innerhalb des Adels einen zentralen Bestandteil der Identität, der selten eine Privatangelegenheit blieb. Öffentlich geführte Debatten über Erziehung sowie deren Nutzen für den Staat, einschlägige Lehranstalten mit Vorbildcharakter oder die sich entwickelnde materielle Kultur machten Parameter dieser privilegierten Kindheit deutlich sichtbar. Zudem existierten zahlreiche Bildnisse, insbesondere Gemälde des adligen Nachwuchses, die eine doppelte Funktion erfüllten. Zunächst ging es um die »zeitgenössische Verwendung«, die für die »adlige Sichtbarkeit auf Dauer« sorgte. Die Bilder von adligen Kindern fungierten so als »Instrumente zur Herstellung gesellschaftlicher Distinktion [...], stets an

---

dem letzten Strich) sowie V. Rudnev, Neskol'ko cifr, S. 246–251 (Einige Zahlen), alle Beiträge in: Zen'kovskij, Deti ėmigracii.
91 Petruševoj (Hg.), Deti russkoj ėmigracii, S. 6.
92 Peter Scholz und Johannes Süßmann verstehen in Anlehnung an Pierre Bourdieu Habitus im Sinne einer »Handlungspräferenz«, »die sich konkret in der Haltung manifestiert: im Auftreten, Mienenspiel und Gebaren von Individuen, ihrer Kleidung etc., darüber hinaus aber den Menschen und ihrem Handeln in noch viel mehr Hinsichten gruppenspezifische Züge verleiht: ihren Einstellungen und Überzeugungen, Normvorstellungen und Idealen« (Scholz, Peter; Süssmann, Johannes, Einführung, in: Dies. [Hg.], Adelsbilder von der Antike bis zur Gegenwart, München 2013, S. 7–28, hier S. 16). Habitus umfasst demzufolge auch alle Parameter der Kindheit, die von Erziehungsprinzipien und -inhalten über Lern- und Lektüreinhalte bis hin zu speziellen Diätvorschlägen reichen.
93 Zur Diffusion ursprünglich adliger Erziehungsmuster in andere gesellschaftliche Schichten vgl. auch Tchouikina, Sofia, Collective Memory and Reconversion of Elite. Former Nobles in Soviet Society after 1917, in: Packard, Noel (Hg.), Sociology of Memory. Papers from the Spectrum, Newcastle; Cambridge 2009, S. 62–89, hier S. 71.

eine Allgemeinheit adressiert, auch wenn nicht jedermann Zugang zu ihnen besaß.«[94] Ein weiterer Aspekt adliger Visualität, der »mnemotechnisch-ikonische«, liegt in dem Anspruch, für die kommenden Generationen sichtbar zu bleiben.[95] Für beide Aspekte spielte neben der Malerei ab Mitte des 19. Jahrhunderts die Fotografie eine wichtige Rolle, denn die Adligen nutzten – wenig überraschend – die neue Technik intensiv, um sich und ihren Nachwuchs zu präsentieren und zu verewigen. Dabei folgten die Fotografinnen und Fotografen gängigen Darstellungskonventionen.

Diesem Typ von Fotografien lassen sich grundsätzlich Kindheitsvorstellungen entnehmen, allerdings ist die Deutung im Vergleich zur Malerei schwieriger. Gemälde und Aquarelle, vor allem die Auftragsarbeiten, sind in der Regel datiert und mit den wesentlichen Angaben zum Künstler sowie zur porträtierten Person versehen. Sie lassen sich daher besser kontextualisieren und interpretieren. Wenngleich es viele solcher Porträts und entsprechende Genrebilder gibt, bleibt die Zahl der Gemälde doch überschaubar, da ihre Herstellung grundsätzlich einen hohen Aufwand erforderte. Die Fotografie übernahm zwar viele Motive aus der Malerei, funktionierte aber als Produkt anders. Fotografien waren schneller, mobiler, günstiger herzustellen und mit den sich neu etablierenden Druckverfahren in großer Zahl reproduzierbar. Der vorgestellte Bildband »Mir detej« hat exemplarisch gezeigt, dass Studiodekorationen mit ihren deutlichen Rückgriffen auf bewährte Darstellungskonventionen der Malerei (Landschafts- bzw. Gebäudehintergründe, Balustraden, Tiere, entsprechende Attribute als Beigaben) ständische Grenzen verwischten. Ebenso verhält es sich bei der Kinderkleidung und den in der Natur inszenierten Kindern. Ohne Legende lässt sich kaum bestimmen, ob es sich bei den fotografierten Kindern um Adlige, Sprösslinge von Unternehmern oder einigermaßen wohlhabenden Bildungsschichten handelt. Aus diesem Grund war im vorangegangenen Kapitel häufig von wohlsituierten beziehungsweise Kindern aus wohlhabenden Familien die Rede.

Gut gekleidete, nicht adlige Kinder, im Studio der Fotografinnen und Fotografen entsprechend drapiert oder in der freien Natur beim Spiel festgehalten, verkörperten keine andere Vorstellung von Kindheit als die in den gleichen Situationen fotografierten adligen Kinder. Grundsätzlich diffundierten Werte und Praktiken höherstehender Gesellschaftsgruppen in andere soziale Schichten und wurden dort aufgegriffen. Die Bedeutung von ständi-

---

94 Scholz, Süssmann, Einführung, S. 15.
95 Ebd., S. 14.

scher Herkunft nahm ab, die von wirtschaftlicher Potenz sowie gesellschaftlichem Selbstbewusstsein Nicht-Adliger hingegen zu. Die Fotografie leistete in diesem Prozess mit der Standardisierung von Kinderbildern einen wichtigen Beitrag. Sie führte die lange einer gesellschaftlichen Gruppe zugeordneten Attribute den Kindheiten anderer Gesellschaftsschichten zu und verfestigte sie im visuellen Gedächtnis. Auf eine Wechselwirkung zwischen adligen und bürgerlichen Porträts verwies 1991 auch Timm Starl in seiner Abhandlung über »Die Physiognomie des Bürgers«.[96] Er arbeitete heraus, dass sich während der 1860er bis 1880er Jahren Adlige in Österreich wie Bürgerliche ablichten ließen. Diese waren den Adligen zwar häufig wirtschaftlich überlegen, respektierten aber dennoch deren hohes soziales Ansehen. Das schlug sich auch im Erwerb der fotografischen Konterfeis der Adligen durch die nicht-adligen Bürger nieder. Somit war »das Portrait des erfolgreichen Bürgers [...] dem Adeligen ebenso Vorbild, wie dessen Bildnis jenen zur Nachahmung beflügelte«.[97] Die Abbildungspraktiken belegen das hohe Suggestionspotential der Fotografie, das außerhalb der Studios aber auch an seine Grenzen stoßen konnte. Dies gilt insbesondere für wohlhabende Kinder, die auf Fotografien als Bauernkinder verkleidet oder als Vertreter städtischer Unterschichten inszeniert waren. Sie lassen sich meist ohne Mühe als Mitglieder einer anderen, höhergestellten gesellschaftlichen Gruppe identifizieren.

In der Emigration erhielten die Einzel- und Familienporträts noch eine weitere Bedeutung. Die ins Exil geretteten Fotografien bildeten nicht nur nahestehende Personen und Umgebungen ab, sie belegten in ihrer Gegenständlichkeit auch die Existenz einer Welt, die es nicht mehr gab. Sie gehörten zu den wenigen Dingen, die in die Fremde mitgenommen werden konnten, und wurden entsprechend gehütet und in Ehren gehalten. Nabokovs Mutter wollte in ihrer bescheidenen Wohnung im Prager Exil stets »die verblichenen kleinen Photographien [...] neben ihrer Couch« haben.[98] Fotografien waren in dieser Hinsicht nicht nur das visuelle Pendant zu den schriftlich fixierten Erinnerungen an das Leben im alten Russland. Viele Emigranten ergänzten ihre Memoiren mit Bildern, von denen ein Gutteil aus der vorrevolutionären Vergangenheit stammte.

Im Gegensatz zu individuellen Einblicken bietet das sechsbändige Werk »La Noblesse Russe: Portraits« von Jacques Ferrand (1943–2007) eine kompakte Ikonografie der zentralen adligen Lebensstationen im ausgehenden

---

96 In: Starl, Im Prisma des Fortschritts, S. 25–48.
97 Ebd., S. 31.
98 Nabokov, Erinnerung, sprich, S. 61.

Zarenreich.[99] Bei diesem Bildband, erstellt auf der Grundlage von Familienalben russischer Emigranten, handelt es sich um ein in mehrerer Hinsicht außergewöhnliches Dokument.

Der französische Autor war weder russischer Abstammung noch Historiker oder Genealoge, sondern ein Angestellter des französischen Verkehrsministeriums, der sich die Beschäftigung mit dem russischen Adel zum Hobby gemacht hatte.[100] 1970 erschien sein erstes Buch über die Herkunft Alexander Suvorovs, dem zahlreiche Veröffentlichungen zur Genealogie einzelner Adelsfamilien folgten.[101] Die im Selbstverlag publizierte Fotosammlung ist kein wissenschaftliches Œuvre und kommt mit wenig begleitendem Text aus. In den ersten Band führte nebst Ferrand der aus russischem Adel stammende Kirchenhistoriker Dimitrij Schakhovskoy ein. Er präsentierte in seinen knappen Ausführungen einige Zahlen zur Entwicklung des Adelsstandes in Russland, angereichert mit Vergleichen zum europäischen Adel. Die großteils zum ersten Mal abgedruckten Fotografien sollten nicht nur »die Vergangenheit beschwören«, sondern auch verhindern, dass manche Personen ganz verschwinden oder in der Anonymität versinken.[102] Von anderen Fotobänden, die das alte Russland zeigen, hebe sich die Publikation deutlich ab, weil sie sich ausschließlich dem Adel als Motiv zuwende.[103] Ferrand fasste sich noch kürzer in seinem Vorwort »Was wäre die Geschichte ohne Bilder«. Er vertrat die Meinung, dass die »Bilder für sich selbst sprechen«. Der thematisch geordnete »Schatz an Bildern« sollte illustrieren, nicht überzeugen oder suggerieren und es dem neugierigen Betrachter ermöglichen, ein »ikonographisches Wissen« zu erlangen.[104]

In den sechs Bänden sind jeweils zwischen 400 und 500 Fotografien abgedruckt, aufgeteilt in die Kapitel »Kindheit«, »Studium und Hochschulen«, »Das Pagencorps«, »In der Familie«, »Ländereien, Besitztümer«, »Leben auf

---

99 Ferrand, Noblesse Russe. Portraits, 6 Bde., Montreuil 1985–1996.
100 Rykova, O., Izdanija Ž. Ferrana po istorii, genealogii i ikonografii rossijskogo dvorjanstva, in: Archeografičeskij ežegodnik za 1995 god (1997), S. 322–326; dies., Žak Ferran, in: Genealogičeskij vestnik 31 (2007), S. 101–102.
101 Eine fast vollständige Übersicht bietet Rykova, Izdanija Ž. Ferrana, S. 325–326.
102 Ferrand, Noblesse Russe. Portraits, Bd. 1, S. 2. Schakhovsky verfasste zu jedem der sechs Bände eine Einführung, wobei er darin weniger auf die konkreten Inhalte des Bandes eingeht, sondern in erster Linie weitgefasste historische Informationen zum russischen Adel liefert.
103 Darauf verweist auch Dimitri Schakhovksoy in der Einleitung zum ersten Band (Ebd., S. 1).
104 Ebd., S. 3.

Abb. 84: Michel A. Tolstoj (geb. 1873)

dem Land«, »Eremitage-Ball« (1913), »Kaiserliche Marine«, »Armee«, »Hof und gesellschaftliches Leben«, »Portraits« sowie »Minister und Funktionäre in der Emigration«. Diese Struktur bestätigt die Kindheit als zentralen Bestandteil adliger Identität. Im Vergleich zu anderen Publikationen wie die »Welt der Kinder« ist die Herkunft der Fotografien nachgewiesen, und die meisten abgebildeten Personen sind identifiziert.

Die Fotografien enstanden zwischen den 1870er Jahren und den 1920er/1930er Jahren. Dabei wurde ein Großteil der Kinderporträts ab den 1890er Jahren angefertigt. Die Motive bieten wenig Überraschendes. Kinder wurden alleine oder mit ihren nächsten Verwandten (Vater, Mutter, Geschwister, Großeltern) abgebildet. Im Kreis der Großfamilie findet man sie ebenso wie mit ihren Ammen, Kinderfrauen und Gouvernanten. Es gibt

Abb. 85: *Tamara (1905–1920) und Natalia (190?–198?) Kolotinsky*

Studioporträts und Aufnahmen im häuslichen Kontext. Die Bekleidung der Kinder reichte vom »Russischen Hemd« (Abb. 84), Kleidern aller Art für Mädchen, modischen Hemden und Hosen für die Knaben über national geprägte Verkleidungen wie Kosakenuniform oder altrussische Tracht (Abb. 86) sowie Uniformen von Lehranstalten bis hin zu den obligatorischen Matrosenanzügen.[105] Im Kontext des Ersten Weltkriegs durften für die Mäd-

---

105 Der Matrosenanzug war ab Mitte des 19. Jahrhunderts ein zunächst in England verbreitetes Kinderkleidungsstück, das vorzugsweise von Knaben, aber auch von Mädchen in Form des Matrosenkleides getragen wurde. Seit den 1870er Jahren erfreute sich der Anzug auch in anderen Ländern, insbesondere in Deutschland, großer Popularität, da die

Abb. 86: Sophia A. (1895–1968) und (links) Maria A. Koudacheff (geb. 1901)

chen Krankenschwestertracht (Abb. 85) ebensowenig fehlen wie militärisch geprägte Kleidung bei den Knaben. An Attributen sind den Kindern die üblichen Spielsachen beigegeben. Insbesondere Schaukelpferde erfreuten sich

---

Söhne Wilhelms II. Matrosenanzug trugen (die ein Geschenk ihrer Großmutter, der englischen Königin Viktoria, waren) und auf populären Fotografien entsprechend abgebildet waren. Während der Regierungszeit des letzten Kaisers avancierte der Matrosenanzug auch im Kontext der Flottenbegeisterung und -propaganda zur »>Standeskleidung der Kinder des gehobenen Bürgertums<« und zur »Wertmarke bürgerlichen Nationalstolzes«. Dieses Kleidungsstück, dessen Massenproduktion der Stuttgarter Textilfabrikant Wilhelm Bleyle ab 1889 betrieb, »wurde zur ›Kinderkleidung schlechthin‹ und markierte eher den Status der Kindheit als eine konkrete nationale Gesinnung« (Heimerdinger, Der Seemann, S. 170–171, dort auch zum Forschungsstand).

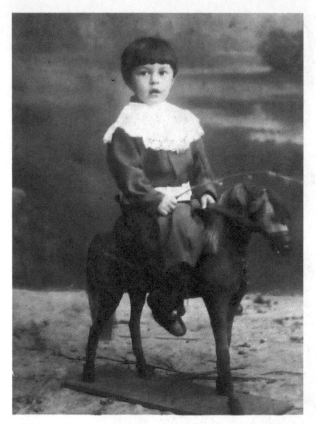

Abb. 87: *Paul S. Bobrikoff, 1911*

großer Beliebtheit (Abb. 87); aber auch eine Armbrust, eine Schaufel oder ein Schachbrett (Abb. 89) konnten Teil der Inszenierung sein. Der Laufreifen in den Händen eines Knaben (Abb. 88) wirkt fast altmodisch und verweist auf ein frühes Aufnahmedatum in den 1870er Jahren. Tiere waren geschätzter Bestandteil der Bildkompositionen. Der Nachwuchs wurde häufig mit Hunden und Pferden abgelichtet. Die Fotografien belegen darüber hinaus, dass einige Familien sogar über spezielle Kinderkutschen bzw. -mobile verfügten (Abb. 90). Dazu kommen Familien- und Einzelporträts, deren Anordnung stark an Gemälde des 19. Jahrhunderts erinnert.

Die genannten Beispiele belegen eine Fortexistenz adliger Kindheitsmuster bis zum Ende des Zarenreichs, wenngleich es sich bei den für diese Publikation ausgewählten Bildern um eine selektive Perspektive handelt. Das Sample ist allerdings in doppelter Hinsicht von Interesse. Zum einen ist nicht bekannt,

Abb. 88: *Vladimir N. Orloff (1869–1927)*

welche Bilder Ferrand nicht publizierte. Weil die Adelsfamilien die Bilder zur Verfügung stellten, kann man zudem davon ausgehen, dass sie ein Mitspracherecht bei der Auswahl hatten. Ein Foto beispielsweise zeigt die Prinzessin Ščerbatov zusammen mit einer Bäuerin und deren Kindern auf einer Bank im Wald sitzend (Abb. 91). Sie drückt eines der Kinder an sich und lächelt in die Kamera. Wir kennen die Hintergründe nicht. Auf dem Foto scheint es keinerlei Feindseligkeiten zwischen den verschiedenen gesellschaftlichen Klassen zu geben. Das Foto könnte aber auch als Beleg des oft bemühten Narrativs gelesen werden, demzufolge ein gutes Verhältnis zu den Bauern auf den eigenen Gütern herrschte. Dabei deckte sich das Narrativ häufig nicht mit der Realität. Zum anderen ist es gerade die Auswahl, die diesen Band bedeutsam macht.

Abb. 89: Alexis W. Guedroitz (1904–1918), 1914

Die Fotografien stammen aus Alben, die die Emigrantinnen und Emigranten ins Exil gerettet hatten. Es handelt sich mithin um Abbildungskonvolute, welche die Familien bereits vor ihrer Flucht als repräsentative Schau ihres Lebens zusammengestellt hatten. Wenn sie nicht aus einem Album hervorgingen, dann waren die Fotografien als Einzelstücke ihren Besitzern so wichtig gewesen, dass sie sie mitgenommen haben. Vor diesem Hintergrund kann der Auswahl ein erhebliches Maß an adliger Identifikation zugesprochen und damit ein durchaus repräsentativer Charakter bescheinigt werden.

Ferrand ist mit dieser sechsbändigen Publikation die verdichtete Visualisierung einer Klasse gelungen. Der Kindheit kommt in diesen (Selbst-) Zeugnissen ein vergleichbarer Stellenwert zu, wie ihn Adlige dieser Lebensphase in ihren Memoiren zuschreiben. Ohne Zweifel haben die politischen Erfahrungen und das Leben in der Diaspora dazu beigetragen, die Kindheit als zentrale und formative Phase zu betonen und den Tolstoj'schen Mythos abermals zu beschwören.

Doch nicht nur im Exil kam es zu einem Rückgriff auf den bekannten Kindheitsmythos. In ihrer Untersuchung zu »früheren Adligen« in der sowjetischen Gesellschaft hat Sofia Tchouikina unter Nutzung der Konzepte des »kollektiven Gedächtnisses« und der »Rekonversion (*reconversion*)« die-

Abb. 90: Wladimir V. Gmelin (1911–1983), 1913

sen ebenfalls nachgewiesen.¹⁰⁶ Unter Rekonversion versteht sie in Anlehnung an Pierre Bourdieu, Luc Boltanski und Monique de Saint-Martin »Mechanismen der indirekten Reproduktion der sozialen Position einer Elite, die von sozialem Niedergang bedroht ist« und sich nicht unter »gewöhnlichen Umständen« reproduzieren lässt.¹⁰⁷ Sie betont, dass viele Adlige trotz der offenkundigen Krise, in der sich der Stand befand, sich sehr bemühten, ihren

---

106 Zu den im ehemaligen russischen Kaiserreich verbliebenen Adligen vgl. grundsätzlich Brown, Douglas, Doomsday 1917. The Destruction of Russia's Ruling Class, New York 1973, und zuletzt Smith, Der letzte Tanz.
107 Tchouikina, Collective Memory and Reconversion, S. 63.

Abb. 91: Hélène P. Stcherbatoff (1893–1985) mit Bauernkindern auf dem Gut Némirovo

habituellen Lebensstil beizubehalten, wobei die »Instrumentalisierung der Vergangenheit« eine große Rolle spielte.¹⁰⁸ Mit der Revolution wurden die Privilegien zu einem »negativen Kapital«: Je bekannter und wohlhabender die adlige Familie war, desto schwieriger wurde es für sie unter der sowjetischen Herrschaft. Vor diesem Hintergrund wurde die Erziehung der Kinder für die in der Sowjetunion verbliebenen adligen Familien zu einer großen Herausforderung.¹⁰⁹ Vor allem diejenigen, die in der sowjetischen Gesellschaft erfolgreich Fuß gefasst hatten, griffen auf bewährte Erziehungsmuster zurück und bemühten sich, »Praktiken, Ansichten und moralische Prinzipien ihres Herkunftsmilieus« zu vermitteln.¹¹⁰ Das auf dem Tolstoj'schen Modell basierende Konzept der »glücklichen Kindheit« spielte auch noch eine Rolle. Dabei waren es besonders die häusliche Erziehung, die der sowjetische Staat bis 1930 erlaubte, und das von ehemaligen Adligen beibehaltene soziale

---

108 Ebd., S. 63.
109 Ebd., S. 65–66.
110 Ebd., S. 71. Der Heimunterricht konnte die sozialen Kontakte der Kinder stark einschränken, eine Zeitzeugin sprach in diesem Zusammenhang sogar von einer »Isolation des neunzehnten Jahrhunderts« (ebd., S. 72).

Umfeld, die dabei wichtig waren.[111] Gleichzeitig hatte eine Anpassung an die herrschenden Umstände existentielle Bedeutung. Deshalb entwickelten viele »Ehemalige« spezielle Kommunikationsformen, um sich gegen mithörende Nachbarn zu schützen, ebenso wie Strategien, um die eigene Herkunft für eine sowjetische Biografie tauglich zu machen.[112] Viele Bestandteile adliger Erziehung waren in der sowjetischen Gesellschaft unwiederbringlich obsolet geworden. Für übertriebenen Stolz auf die Vorfahren, religiöse Praktiken und Verhaltensrituale in aristokratischen Kreisen gab es kaum noch Verwendung. Die an die sowjetische Realität adaptierten Erziehungspraktiken zielten deshalb vorrangig auf traditionelle Bildungsinhalte. Dies führte dazu, dass die Grenzen zur »alten Intelligencija« fließend wurden und sich aus den Nachkommen adliger und nichtadliger Bildungseliten ein neues soziales Milieu formierte, das sich wiederum von den proletarischen Bildungsaufsteigern der 1930er Jahre abzugrenzen suchte.[113] Für Sofia Tchouikina ist das immaterielle Erbe des Adels, in Form von Norm- und Moralvorstellungen, überlieferten Gewohnheiten und Interessen ebenso wie ein an die Intelligencija angelehnten Erziehungsmodell, die Voraussetzung für die erfolgreiche Rekonversion des Standes. Diese ließ Adlige verschwinden und brachte rechtschaffene Sowjetbürger hervor.[114] Das Muster, den familiären Bildungshintergrund als Ressource zu nutzen, setzte sich bis in die späte Sowjetunion fort. Dies belegt die Studie von Nikolaj Mitrokhin über biografische Aspekte der Mitarbeiter des Zentralkomitees der KPdSU zwischen 1970 und 1985. Diese stammten häufig aus den gebildeten Schichten, verfügten über eine überdurchschnittliche Schulbildung und zu einem hohen Prozentsatz über einen höheren Bildungsabschluss.[115] Zudem stammten etwa 15 Prozent der untersuchten Personen aus Familien, in denen die Großväter dem Adel, dem Klerus oder dem kaiserlichen Beamtentum angehörten.[116] Die Oktoberrevolution entzog der adligen Kindheit endgültig die Existenzgrundlage. Ihre Wirkmächtigkeit als Referenzpunkt und Ressourcenreservoir blieb aber bis weit ins 20. Jahr-

---

111 Ebd., S. 71–72.
112 Ebd., S. 73–74. Betroffene bemühten sich, die Kategorisierung »adlig« in offiziellen Dokumenten zu verbergen oder eine revolutionäre Kontinuität herzustellen, wie im Falle von Nachkommen der Dekabristen geschehen (ebd., S. 75–76).
113 Ebd., S. 77–78. Zu den neuen Bildungseliten vgl. Fitzpatrick, Sheila, Education and Social Mobility in the Soviet Union 1921–1931, Cambridge u. a. 1970.
114 Tchouikina, Collective Memory and Reconversion, S. 86.
115 Mitrokhin, Nikolay, The CPSU Central Committee Apparatus, 1970–85. Personnel and Role in the Soviet Political System, in: Russian History 41 (2014), S. 307–328, hier S. 320.
116 Damit ist gemeint, dass die Eltern über eine höhere Bildung verfügten.

hundert hinein sowohl in der Sowjetunion als auch im Exil, wenngleich mit unterschiedlichen Vorzeichen, bestehen.

5.3 Kindheit als Objekt der Professionalisierung: Pädagogik und Gesetzgebung

Die Zeitschrift »Vestnik vospitanija« (»Bote der Erziehung«), eines der zentralen pädagogischen Organe des ausgehenden Zarenreiches, publizierte 1915 anläßlich des Jubiläums ihres 25-jährigen Erscheinens einen ausführlichen Rückblick auf die eigene Geschichte.[117] Dabei ging die Redaktion, die für den Artikel verantwortlich zeichnete, auf inhaltliche Schwerpunkte der Zeitschrift ebenso wie auf deren wissenschaftlich-politische Positionierung ein. 1890 war der »Vestnik« angetreten, Pädagogik und medizinisches Wissen zusammenzuführen. Nach Meinung des ersten Herausgebers, E. Pokrovskij wirkten beide Disziplinen auf den »gleichen Boden, den Boden des kindlichen Organismus ein« und waren seiner Meinung nach bis dato zu wenig bei der Erziehung von Kindern verknüpft worden.[118] Mit den Jahren wuchs der Umfang der Zeitschrift, und der medizinisch-physiologische Schwerpunkt wurde für die Bereiche Psychologie und Ethik geöffnet. Die Zeitschrift bemühte sich, »Fragen der Erziehung und Bildung auf der Basis der wissenschaftlichen Pädagogik im Geiste von Öffentlichkeit, Demokratie und der freien Entfaltung der Persönlichkeit« zu behandeln und zu klären.[119] Das Interesse an psychologisch-pädagogischen Fragen wuchs unter dem Einfluss der westlichen Entwicklungspsychologie (*Child Study*), die zwischen 1880 und 1890 auch im Zarenreich förmlich »explodierte«.[120] Vor allem die Werke des Physiologen William Preyer (»Die Seele des Kindes«, 1882) sowie der Psychologen James Sully (»Studies of Childhood«, 1885) und Stanley Hall (»Aspects of Child Life and Edu-

---

117 N. N., Iz istorii »Vestnika vospitanija« (1890–1915), in: Vestnik Vospitanija 1 (1915), S. 8–57.
118 Vestnik vospitanija 1 (1890), zit. nach N. N., Iz istorii, S. 10.
119 N. N., Iz istorii, S. 19.
120 Wooldridge, Adrian, Measuring the Mind. Education and Psychology in England, 1860–1990, Cambridge 1994, S. 27; Byford, Parent Diaries and the Child Study Movement in Russia, S. 212–214.

cation«, 1907) wurden nach ihrer Übersetzung ins Russische breit rezipiert.¹²¹
Als Pionier der russischen Kinderpsychologie gilt Ivan Sikorskij, der Preyer übersetzt hatte und 1909 mit seinem eigenen Werk, »Die Seele des Kindes« (»Duša rebenka«), auf große Resonanz stieß.¹²² Auf den nahtlosen Anschluss Russlands an die westliche Entwicklungspsychologie verweist die Tatsache, dass Mütter und Väter auch im Zarenreich begannen, Tagebücher über die Entwicklung ihrer Kinder zu führen.¹²³

Das Journal »Vestnik vospitanija« verortete sich selbst auf der »progressiv-demokratischen« Seite und geriet deshalb regelmäßig mit der Zensur in Konflikt. Vor dem Hintergrund seiner konstanten inhaltlichen Anpassung an die zeitgenössischen Anforderungen lesen sich die dort publizierten Texte wie eine Tour d'Horizon der Themen, die den gesellschaftlichen Stellenwert von Kindheit im ausgehenden Russischen Kaiserreich definierten.¹²⁴ Sämtliche Fragen, die die Kindheit betrafen und Handlungsbedarf signalisierten, sprach das Journal an. Darüber hinaus räumte es der Werbung für kindgerechte Produkte wie Seifen, aber auch Schulmöbeln und

---

121 Hall, Verfasser zahlreicher Artikel und Bücher sowie Begründer verschiedener Zeitschriften und Gesellschaften, gilt unter den genannten Kinderpsychologen als der einflussreichste, vgl. Woolridge, Measuring the Mind, S. 28–30.
122 Kelly, A Children's World, S. 38. Der nationalistisch eingestellte Sikorskij, der seit 1885 in Kiew den Lehrstuhl für Nerven- und Geisteskrankheiten bekleidete, publizierte umfassend zu Fragen der Entwicklungspsychologie, gründete mehrere Fachzeitschriften sowie 1912 das weltweit erste Institut für Kinderpsychopathologie. Sein wissenschaftliches Renommee litt allerdings im In- wie im Ausland erheblich darunter, dass er als Sachverständiger im Bejlis-Prozess die Anklage stützte (Vorob'ev, V. S., K 175-letiju so dnja roždenija krupnogo otečestvennogo psichiatra i psichologa I. A. Sikorskogo, in: Teoretičeskaja i ėksperimental'naja psichologija 10, 2 (2017), S. 82–91, hier S. 86); zu Sikorskijs Nationalismus vgl. Mogilner, Marina, Homo Imperii. A History of Physical Anthropology in Russia, Lincoln 2013, S. 167–197.
123 »Elterntagebücher« gelten als Schlüsselgenre der internationalen Entwicklungspsychologie-Bewegung (Byford, Parent Diaries and the Child Study Movement in Russia, S. 213). Unter Anleitung von Experten wurden »gebildete Eltern«, die ihre Erziehungsbeobachtungen festhielten, Bestandteil der Bewegung (ebd.), wenngleich langfristig den Tagebüchern der Ruf eines dilettantischen Genres anhaftete (ebd., S. 241). Die Eltern, die Tagebuch führten, stammten meist aus der Intelligencija, wobei sie keinesfalls alle im pädagogisch-psychologischen Bereich tätig waren, wie auch das Beispiel des Geologen Vladimir Vernadskij (1863–1945) belegt. Er führte über die Entwicklung seines 1887 geborenen Sohn Grigorij, den späteren Historiker George Vernadsky, Tagebuch und notierte akribisch dessen Lebensumstände und motorische, emotionale und kognitive Fortschritte (GATO, f. 52, op. 1, d. 2).
124 Zur Zensur der Zeitschrift siehe vor allem N. N., Iz istorii, S. 12–14, 48–53.

Musterschulhäusern Platz ein.[125] Neben medizinischen und psychologischen Abhandlungen wurden Beiträge zur elementaren, höheren, verpflichtenden und Frauen(schul)bildung, zu erziehungswissenschaftlichen Strömungen wie der Sozial- und experimentellen Pädagogik, der »freien Erziehung« oder dem »Arbeitsprinzip« publiziert.[126] Aspekte (staats-)bürgerlicher Erziehung (*graždanskoe vospitanie*) fanden ebenso Berücksichtigung wie Fragen zur religiösen und ästhetischen Unterweisung und zur Sexualerziehung.[127] Die mit dem Modernisierungsprozess des Landes einhergehenden sozial einschneidenden, negativen Auswirkungen ignorierten die Herausgeber keineswegs:

»Der ›Vestnik Vospitanija‹ beachtet die tiefgreifenden Veränderungen der europäischen Wirtschaftsordnung, die auch bei uns [in Russland; Anm. K. K.] in erheblichem Maße zu Tage treten, Veränderungen, die zum Niedergang der patriarchalen Familie führen und Kinder von ihren Eltern trennen, und [er] bemüht sich, über Einrichtungen wie Krippen, Kinderheime, Kindergärten u. a. zu berichten, die diesen familienfeindlichen Bedingungen entgegenwirken. Mit Aufmerksamkeit strebt das Journal danach, sich auch erschütternden Erscheinungen der Gegenwart wie dem Anwachsen von Straffälligkeit, Verwahrlosung, Alkoholismus, Prostitution und Selbstmorden zu stellen. Jugendstrafgerichte, Vormundschaften, Kinderschutz in verschiedenen Industrie- und Handelszweigen und weitere Maßnahmen zum Schutz der Kinder werden häufig und ausführlich auf den Seiten des Journals beschrieben und bewertet.«[128]

Mit Ausbruch des Ersten Weltkrieges, der »alles und jeden betraf«, thematisierte der *Vestnik* auch dessen Einfluss auf die Volksbildung, die Stimmung unter der Jugend und unter den Pädagogen.[129] Das Organ sah sich in Zeiten des Krieges in der Pflicht, dem Gefühl von »Rache, Bösartigkeit und Chauvinismus« entgegenzuwirken, um insbesondere unter der Jugend »Humanität, Gerechtigkeit und Pflichtgefühl (*dolg*)« zu stärken.[130]

---

125 Vestnik Vospitanija, 7 (1892). Werbung zu Schulmöbeln und Musterschulhäusern findet sich in der Beilage »Pedagogičeskij kalendar'« (»Pädagogischer Kalender«), 1891–1892 bzw. 1892–1893.
126 N. N., Iz istorii, S. 23–30, 33.
127 Ebd., S. 31–32.
128 Ebd., S. 34.
129 Ebd., S. 47.
130 Ebd., S. 48. Zu Kindern und Kindheiten im Zusammenhang mit dem Ersten Weltkrieg vgl. Cohen, Aaron J., Flowers of Evil. Mass Media, Child Psychology, and the Struggle for Russia's Future during the First World War, in: Marten, James Alan (Hg.), Children and War. A History Anthology, New York 2002, S. 38–49; Neumann, Matthias, Mobilizing Children. Youth and the Patriotic War Culture in Kiev during World War I, in: Lindenmeyr, Adele; Read, Christopher; Waldron, Peter (Hg.), Russia's Home Front in War and Revolution, 1914–22, Bd. 2: The Experience of War and Revolution, Blooming-

Der Jubiläumsartikel des »Vestnik vospitanija« spiegelt ein enormes Spektrum an diskutierten Themen über Erziehung und Bildung wider. Er veranschaulicht zugleich die Ausdifferenzierung der Sicht auf die Kindheit und das breite, öffentlich-fachlich verankerte Interesse an der heranwachsenden Generation. Diese Entwicklung belegt auch die Veränderung des Abonnentenprofils. Waren es bei Gründung des Journals hauptsächlich Privatpersonen (»Mütter«), die die Zeitschrift bezogen, stellte in den 1910er Jahren das Lehrpersonal von Schulen die Mehrheit der Leserschaft.[131] Das Interesse an pädagogischen Themen beschränkte sich keinesfalls auf die Hauptstädte. Im Laufe des 25-jährigen Bestehens der Zeitschrift fanden immer mehr Exemplare Abnehmer in der Provinz des Russischen Kaiserreiches; auch ins Ausland wurde das Journal ausgeliefert.[132]

Am Ende des 19. Jahrhunderts hatte sich die Kindheit als Thema über das familiäre Umfeld hinaus nachdrücklich in den öffentlichen Raum geschoben. Der Vorsitzende der Kiewer Fröbel-Gesellschaft sprach in einem Vortrag, den er 1910 anlässlich einer Ausstellungseröffnung zum Thema »Kinder und Arbeit« hielt, sogar von einem »Kult der Kindheit«. Er sei »Ruhm und bedeutendes Merkmal« der Zeit. Er brachte Kindheit und Moderne, genauer, die aufmerksame Behandlung von Kindern mit »zivilisatorischen Werten« in Zusammenhang.[133] Für den Redner leisteten Gesetzgebung und Fürsorgeinitiativen, ebenso wie eine gewandelte Erziehungswissenschaft, neue Zweige der Anthropologie und der Psychologie dazu einen wichtigen Beitrag.[134]

Ein Bereich, in dem sich das Verhältnis von Gesellschaft und Staat gegenüber Kindern und Jugendlichen ablesen lässt, ist das Jugendstrafrecht. Dieses erlebte nicht nur in westlichen Staaten, sondern auch in Russland als Folge der politischen und sozioökonomischen Veränderungen und unter dem Ein-

---

ton 2016, S. 273–300; Ščerbinin, Pavel Petrovič, Povsednevnjaja žizn' detej i podrostkov v period Pervoj mirovoj vojny 1914–1918, Tambov 2017.
131 Im ersten Jahr des Erscheinens machten Mütter mit 48 Prozent fast die Hälfte der Abonnenten aus, gefolgt von 22 Prozent Pädagogen (Ot redakcii, in: Vestnik Vospitanija, 1 (1891), S. III). 1913 waren es nur noch 10 Prozent Privatpersonen in Relation zu 73 Prozent Schulen und 17 Prozent Bibliotheken, die den »Vestnik Vospitanija« regelmäßig bezogen (N. N., Iz istorii, S. 56).
132 Im ersten Erscheinungsjahr entfielen 32 Prozent der Abonnenten auf die beiden Hauptstädte und 40 Prozent auf die Provinz; 1913 waren es nur noch 10,4 Prozent in Moskau und St. Petersburg und 86 Prozent in der Provinz (N. N., Iz istorii, S. 57).
133 Zit. nach Kelly, Children's World, S. 25.
134 Ebd., S. 25.

fluss verschiedener pädagogischer Strömungen seit den 1860er Jahren eine konstante Weiterentwicklung.

Kinder im Fokus des Rechts

Gesetzgebung und Rechtsprechung sind für die Auslotung des gesellschaftlichen Stellenwerts von Kindern auch dann ein aussagekräftiger Gesichtspunkt, wenn Kinder – wie in Russland bis 1917 – als »juristische Subjekte« nur über einen »begrenzten Status« verfügten.[135] In erster Linie waren Kinder – wie auch in anderen Ländern – durch ihre Beziehung zu Erwachsenen, im Normalfall ihren Eltern, definiert. Sie mussten die Versorgung und den Schutz der Kinder gewährleisten. In Russland hatte der Familienvater eine dominante Stellung in seinem Haushalt und besaß uneingeschränkte Rechte über seine Nachkommen. Eltern verfügten gegenüber ihren Kindern – ungeachtet deren Alters – über große Machtbefugnisse, an die aber auch Pflichten gekoppelt waren. Bei Vernachlässigung drohten ihnen rechtliche Konsequenzen.[136] Eltern standen grundsätzlich für das moralische Verhalten ihrer Kinder ein und waren berechtigt, ihren Nachwuchs, sofern notwendig, zu disziplinieren. Kinder unter 14 Jahren besaßen nur eingeschränkte Eigentumsrechte. Sie durften im Falle persönlicher Beleidigung beziehungsweise Kränkung (*obida/oskorblenie*) rechtlich nicht gegen ihre Eltern vorgehen. Gleichzeitig erlaubte es das Gesetz aber, Kinder zwischen 10 und 14 Jahren wegen krimineller Handlungen vor Gericht zu stellen.[137]

Vor diesem Hintergrund diskutierten liberale Juristen die rechtliche Stellung von Kindern und stellten sich damit dem repressiven Charakter des geltenden Rechts entgegen. Im Einzelfall wirkte sich ihr Engagement aus: 1891 und 1902 wurden immerhin die Rechte unehelicher Kinder gestärkt und 1882 die Arbeit von Kindern verboten beziehungsweise einschneidend reguliert.[138] Für den rechtlichen Schutz von Kinder setzten sich zu Beginn

---

135 Ebd., S. 26.
136 Ebd., S. 27.
137 Ausführlich zur rechtlichen Stellung von Kindern vgl. Kantorovič, Ja. A., Zakony o detjach. Sbornik postanovlenij dejstvujuščego zakonodatel'stva, otnosjaščichsja do maloletnich i nesoveršennoletnich, s priloženiem svoda raz"jasnenij po kassacionnym rešenijam senata, St. Petersburg 1899. Zu den Altersgrenzen: Mill, Zur Erziehung verurteilt, S. 15–18.
138 Kelly, Children's World, S. 27–28; Madison, Bernice, Russia's Illegitimate Children before and after the Revolution, in: Slavic Review 22, 1 (1963), S. 82–95, hier S. 82–83 (die Autorin gibt in ihrem Aufsatz einen Überblick über den staatlich-rechtlichen Um-

des 20. Jahrhunderts zunehmend private Initiativen ein. Dabei stießen die in diesem Umfeld engagierten Spezialistinnen und Spezialisten schnell an ihre Grenzen, wenn Kinder in begründeten Fällen von ihren Eltern getrennt werden sollten. Grundsätzlich veränderte sich die rechtliche Situation von Kindern erst mit der Machtergreifung der Bolschewiki im Jahr 1917.[139] Bis zum Alter von 10 Jahren galten Kinder im russischen Kaiserreich als strafunmündig.[140] Das danach beginnende Jugendalter war zivil- und strafrechtlich seit der Regierungszeit Katharinas II. im Wesentlichen in drei Phasen aufgeteilt: Sie reichten von 10 bis 14 Jahre, von 14 bis 17 Jahre und von 17 bis 21 Jahre.[141] Angesichts der europaweiten Diskurse und der Rezeption westlicher Ansätze durch russische Juristen seit den Großen Reformen begann auch in Russland eine intensive Auseinandersetzung um die Strafmündigkeit von Minderjährigen und den Strafvollzug. Kriminalpolitische Erwägungen bezogen nun den Erziehungsgedanken mit ein und hinterfragten die Zurechnungsfähigkeit von straffälligen Jugendlichen.[142] Zunehmend rückte die Persönlichkeit des minderjährigen Straftäters ins Zentrum der Aufmerksamkeit, weil Juristen registrierten, dass häufig das »kriminelle Potential [...] bereits im Kindesalter in Erscheinung trat«.[143] Im Zuge der einsetzenden Professionalisierung der Pädagogik debattierten Experten über die Grenzen ihrer Disziplinen hinweg neben der »strafrechtlichen Verantwortlichkeit« auch über die »Psyche des Kindes und seine soziale Umgebung«.[144] Der liberale Jurist Dmitrij Dril' (1846–1910), der sich im Rahmen von Auslandsaufenthalten mit westlichen Konzepten vertraut gemacht hatte, setzte

---

gang mit unehelichen Kindern von der Zeit Peters I. bis in die 1950er Jahre). Zur Situation unehelicher adliger Kinder im russischen Kaiserreich vgl. Krylova, Anastasija Andreevna, Nezakonnoroždennye deti dvorjan v Rossijskoj imperii. Prava i social'nyj status, in: Vestnik Južno-Ural'skogo gosudarstvennogo universiteta 16, 4 (2016), S. 38–42; Glagoleva, The Illegitimate Children of the Russian Nobility. Zu den Gesetzen vgl. exemplarisch Jurasovskij, A., O detjach zakonnych, nezakonnych, uzakonennych i usynovlennych i pripisannych k semejstvam krest'janskim i meščanskim, Moskau 1893; Nikolin, Nikolaj S., Vnebračnye deti (Zakon 3-go ijunja 1902 g.). Uzakonenie i usynovlenie s raz'jasnenijami Senata i obrazcami prošenij, Moskau 1902. Das 1882 erlassene Gesetz zum Verbot bzw. zur Regulierung der Arbeit von Minderjährigen wurde in Kapitel 4.1 des vorliegenden Buches beleuchtet.
139 Kelly, Children's World, S. 28–29.
140 Mill, Zur Erziehung verurteilt, S. 14.
141 Ebd., S. 16.
142 Ebd., S. 25–30.
143 Ebd., S. 65. Ausführlich zu jugendlichen Delinquenten in St. Petersburg um die Jahrhundertwende vgl. Neuberger, Hooliganism, S. 158–215.
144 Mill, Zur Erziehung verurteilt, S. 66.

sich bereits früh mit der Kriminalanthropologie, der Psychologie von Straftätern und den Ursachen der Kinder- und Jugendkriminalität auseinander.[145] Als Vorsitzender der Verwaltung von Zwangserziehungsanstalten und später als Leiter der zentralen Gefängnisverwaltung befürwortete er die »Umerziehung« von Minderjährigen und plädierte in seinen umfangreichen Schriften und im Rahmen von Expertenkongressen dafür, »Vergeltung« durch »pädagogische Einwirkung« zu ersetzen.[146] Anknüpfend an die Arbeiten Dril's leitete und publizierte der Jurist Michail Gernet (1874–1953) zu Beginn des 20. Jahrhunderts eine vielbeachtete große Studie über »Kinder-Straftäter« unter juristischen, soziologischen und kriminalpolitischen Aspekten.[147] Für Gernet stand der Zusammenhang zwischen der Kriminalität und Prostitution von Kindern und der sozialen Ordnung (*uklad*) der Gesellschaft außer Frage. Seine Thesen vertrat er 1912 in einem breit angelegten Sammelband, der nicht nur das juristisch interessierte Publikum erreichen sollte.[148] Die gesetzlichen Voraussetzungen für die Strafmündigkeit Minderjähriger und deren Stellung in der geltenden Strafprozessordnung wurden in einem ersten Teil beleuchtet, machten aber im Verhältnis zu den übrigen Abhandlungen den geringsten Teil des Buches aus. Im Mittelpunkt standen einerseits das Wesen der Jugendkriminalität und die Straffälligen selbst und andererseits eine Analyse der praktizierten Straf- und Präventionsmaßnahmen. Gestützt auf Akten und Statistiken verschiedener Institutionen gewährten die empirischen Beiträge tiefe Einblicke in die schwierigen Familienverhältnisse und

---

145 Ausführliche Informationen zu Dril' und den verschiedenen Aspekten seines Wirkens liefert der Band, der 1910 anlässlich seines Todes publiziert wurde: Kovalevskij, M. M.; Gogel', S. K.; Beklešov, M. P. u. a. (Hg.), Dmitrij Andreevič Dril', kak učenyj i obščestvennyj dejatel', St. Petersburg 1911.
146 Beklešov, M. P., Dmitrij Andreevič Dril', kak pedagog i rukoroditel' dela perevospitanija nesoveršennoletnych prestupnikov, in: Kovalevskij; Gogel'; Beklešov (Hg.), Dmitrij Andreevič Dril', S. 28–39, hier S. 34. Zur Entwicklung von Dril's Werdegang und juristischen Ansichten Gogel', S. K., Dmitrij Andreevič Dril', kak čelovek, učenyj i obščestvennyj dejatel', in: Kovalevskij; Gogel'; Beklešov (Hg.), Dmitrij Andreevič Dril', S. 13–27. Dril' publizierte zahlreiche und vielbeachtete Aufsätze in juristischen, pädagogischen und allgemein ausgerichteten Zeitschriften. Als Meilenstein in Bezug auf den Umgang mit minderjährigen Straftätern gilt seine zweibändige Monografie »Straffällige Minderjährige« (»Maloletnye prestupniki«, 1884 und 1888).
147 Gernet, Michail (Hg.), Deti-Prestupniki, Moskau 1912. Gernet verweist am Ende seiner Einleitung explizit auf Dmitrij Drill' und A. Kistjakovskijs, die sich um die Auseinandersetzung mit der Straffälligkeit von Kindern verdient gemacht hatten (ebd., S. 6).
148 Gernet, Michail N., Predislovie, in: Ders. (Hg.), Deti-Prestupniki, S. 1–6, hier S. 3.

miserablen Lebensbedingungen der Minderjährigen.[149] Beigefügte Fotografien ergänzten die Beschreibung des Elendes, dem viele Kinder bei ihren Familien oder in der Obdachlosigkeit ausgesetzt waren.[150] Die Fotografien sollten darüber hinaus bestimmte »Typen« von Kindern sowie deren miserable Lebensumstände festhalten.[151] Die Verbreitung der Kriminalität in Abhängigkeit vom Alter der Jugendlichen analysierten andere Wissenschaftler auf der Grundlage von Statistiken; Gleiches taten sie ebenso für den Alkoholkonsum und die Prostitution Minderjähriger. Neben den Strafmaßnahmen widmete sich der letzte Teil des Buches der zu dieser Zeit verhältnismäßig neuen Institution der Jugendgerichte.

Eine spezifische Kriminalität von Kindern und Jugendlichen konnten die Wissenschaftler am Ende nicht ausmachen. Das Abrutschen in die Straffälligkeit sahen sie vorrangig den prekären familiären und sozialen Verhältnissen, in denen die Minderjährigen aufwuchsen, geschuldet. Ihrer Meinung nach sollten die Jugendgerichte institutionell ausgebaut werden, um mittels »sozialer Prävention« Einfluss nehmen zu können.[152] Michail Gernet lieferte mit diesem Sammelband eine Bestandsaufnahme der Situation um 1910. Die Ergebnisse dokumentieren eindrücklich die negativen Seiten der Industrialisierung, die Kinder besonders hart trafen. Gleichzeitig belegen die Analysen und Lösungsvorschläge, dass sich in Russland – in enger Korrespondenz mit den Entwicklungen im Ausland – das Verständnis gegenüber minderjährigen Straftätern grundlegend wandelte. Kinder und Jugendliche wurden zunehmend differenziert betrachtet. Außer Frage stand die Bedeutung der Kindheit als »Fundament für's Leben«. Deshalb wurde der Umgebung, in der Kinder aufwuchsen, große Bedeutung beigemessen. Interessanterweise diente auch hier Lev Tolstojs Kindheit als Referenz- und Kontrastmodell:

»Das Kind öffnet seine Augen und sieht um sich herum nichts als Alkoholismus und Verderbnis; es lauscht und hört nichts außer andauerndem Geschimpfe. Man lässt ihm nicht den Anteil an Zärtlichkeit zukommen, ohne den es keine richtige Kind-

---

149 Ausgewertet wurden Akten der Moskauer Friedens- und Bezirksgerichte, einer Erziehungsanstalt, eines Arbeitshauses sowie Gefängnisstatistiken für die Jahre 1908/09.
150 Makovskij, N. N., Social'no-ėkonomičeskie faktory detskoj prestupnosti v Moskve, in: Gernet (Hg.), Deti-Prestupniki, S. 235–263, hier S. 248.
151 Ebd., S. 241, 243.
152 Trajnina, A. N., Obščie vyvody, in: Gernet (Hg.), Deti-Prestupniki, S. 543–550, hier S. 547–550.

heit gibt: wie irgendeinen Lumpen wirft man es zuweilen auf die Straße und verurteilt es zu allen Schrecken, zu aller Härte des Überlebenskampfes.

Und unwillkürlich erscheint vor uns als Kontrast das Bild einer anderen, normalen Kindheit, der Kindheit, die Lev Tolstoj mit solch genialer Eindringlichkeit beschrieben hat.«[153]

Der Autor, A. Zak, schien zudem die Sätze zu paraphrasieren, mit denen Pako das Erziehungstagebuch für Jurij Samarin im Jahr 1824 eröffnete: »Das Kind öffnet kaum seine Augen und ist von der Gesinnung umgeben, die ihn überrascht und zu interessieren beginnt.«[154] Dies belegt, dass die liberalen Juristen zwar von Tolstoj beeinflusst wurden, die Wurzeln ihrer Erziehungsvorstellungen aber bis weit ins 18. Jahrhundert reichten.

Erziehen und Strafen

Im ausgehenden 19. Jahrhundert kamen immer mehr Eltern(-teile) ihren Erziehungsverpflichtungen nicht oder kaum nach. Dies hatte für die Entwicklung ihrer Kinder schwerwiegende Folgen. Daher entwickelte sich eine intensiv geführte Debatte um Formen der öffentlichen Zwangserziehung. Neben der Einweisung von Kindern in Anstalten diskutierten Experten ab den 1870er Jahren die Übergabe von Kindern und Jugendlichen zur Erziehung an Ersatzfamilien. Dies stellte allerdings aus rechtlichen Gründen erst ab 1897 tatsächlich eine Alternative dar.[155] Die Einschränkung der elterlichen Gewalt erwies sich in Russland wegen der patriarchalen Gesellschaftsordnung und der damit einhergehenden Familienvorstellungen als grundsätzlich schwierig. Deshalb kamen juristische Vorschläge zu deren Beschränkung oder Aufhebung einem Sakrileg gleich.[156]

---

153 Zak, A. I., Charakteristika detskoj prestupnosti, in: Gernet (Hg.), Deti-Prestupniki, S. 79–120, hier S. 117. Er zitiert im weiteren Verlauf ausführlich aus der »Kindheit« sowie Tolstojs »Erinnerungen an die Kindheit« und kommt zu dem Schluss, dass Tolstojs Liebe zu den Menschen in dessen glücklicher Kindheit begründet liege und grundsätzlich »in der Kindheit das Fundament für die Beziehung des Menschen zur Welt gelegt wird« (ebd., S. 118–119).
154 RGB NIOR, f. 265, kart. 99, ed. chr. 1, l. 2. Ausführlich zum Erziehungstagebuch und seinem Kontext Kapitel 3.2 im vorliegenden Buch.
155 Kritiker sahen bei der Unterbringung in Familien eine hohe Gefahr von Missbrauch und Ausbeutung der Jugendlichen (Mill, Zur Erziehung verurteilt, S. 100–101).
156 Ebd., S. 102–104.

Im Rahmen der Justizreformen war es 1864 per *Ustav* (Statut) ermöglicht worden, für Minderjährige zwischen 10 und 17 Jahren Gefängnishaft durch die Einweisung in eine Erziehunganstalt zu ersetzen. Allerdings existierten zu diesem Zeitpunkt kaum Institutionen dieser Art, weshalb diese Regelung nur ein symbolischer Schritt bei der juristischen Durchsetzung des Erziehungsgedankens in Russland war.[157] Eine kleine Novelle stärkte 1892 zwar grundsätzlich den Erziehungsgedanken des Jugendstrafgesetzes. Seither konnten die Anstaltsleitungen über den Entlassungszeitpunkt der Minderjährigen in Abhängigkeit vom Erziehungserfolg entscheiden; allerdings zeigte diese Option in der Praxis kaum Wirkung.[158] Vertreter der Zwangserziehungsanstalten und Juristen führten in den 1890er Jahren im Rahmen von internationalen Kongressen intensive Debatten, in denen sie die Form der Gerichtsverfahren, Straf- und Erziehungsmaßnahmen sowie die Altersgrenzen der Strafmündigkeit diskutierten. Eine 1892 erlassene Novelle zum *Ustav* von 1864 erlaubte es schließlich, Kinder ohne Einverständnis der Eltern zu Erziehungszwecken anderen Personen zu unterstellen. Die Novelle sah vor, Minderjährige zwischen 10 und 17 Jahren differenzierter zu behandeln, indem sie zwei Altersgruppen unterschied: Die jüngeren Delinquenten (10 bis 14 Jahre) sollten nur in Ausnahmefällen in Anstalten überführt, ältere Minderjährige (14 bis 17 Jahre) in erster Linie in Erziehunganstalten und allenfalls in Gefängnisse mit besonderen Unterbringungsmöglichkeiten eingewiesen werden. Die verantwortlichen Friedensrichter konnten auf der Basis dieser Novelle auch eine »häusliche Besserung« älterer Minderjähriger anordnen.[159] Dennoch ging kritischen Beobachtern das Gesetz nicht weit genug. Sie verwiesen sowohl auf den Mangel an geeigneten Familien zur Unterbringung jugendlicher Delinquenten als auch auf die nur in geringer Zahl überhaupt existierenden Anstalten.[160]

Das neue Strafgesetzbuch von 1903 stärkte zwar den Erziehungsgedanken – insbesondere für die Minderjährigen zwischen 14 und 16 Jahren –, es blieb aber in Bezug auf die strafrechtliche Verantwortlichkeit der herrschenden Rechtstradition verhaftet. Nach wie vor war das zehnte Lebensjahr die Altersgrenze der absoluten Strafunmündigkeit. Die unter reformorientierten

---

157 Ebd., S. 139–140.
158 Ebd., S. 141–142.
159 Ebd., S. 161–162.
160 Ebd., S. 163–164.

Juristen diskutierten Altersgrenzen von 12, 14 oder – wie von Drill' befürwortet – gar 16 Jahren fanden keine Berücksichtigung.[161] Westeuropäische Staaten wie Frankreich, England oder Preußen verfügten im Gegensatz zum russischen Kaiserreich bereits seit Mitte der 1860er Jahre über ein Netz an Erziehungsanstalten, deren Einrichtung auf private Initiativen zurückging. Die gesetzliche Regelung dieser Einrichtungen erfolgte nach deren Etablierung. In Russland verlief dieser Prozess umgekehrt. An erster Stelle stand 1866 die gesetzliche Regelung zur Errichtung von Anstalten, und erst dann folgte das gesellschaftliche Engagement.[162] Das System der Zwangserziehung galt zunächst ausschließlich als Alternative zur Gefängnishaft; die Aufnahme von »strafunmündigen und verwahrlosten« Kindern war formal nicht vorgesehen.[163] Ein anhaltendes Problem blieb die Finanzierung. In England trug der Staat bis zu 50 Prozent der Kosten, in Russland waren es lediglich 10 Prozent, die der Staat in Form von Steuervergünstigungen oder Erlösen aus Lottospielen zur Verfügung stellte.[164] Chronische Unterfinanzierung sowie das restriktive politische Klima unter Alexander III. ließen die Zahl der Erziehungsanstalten nur sehr langsam wachsen. Zu einem Aufschwung kam es erst in den 1890er Jahren. Die Zahl der Einrichtungen stieg seit den ausgehenden 1880er Jahren von 11 auf 38 bis zur Jahrhundertwende an. Ebenso kam es zur Gründung von Kinderschutzvereinen. In dieser Zeit wuchs das Interesse am Schicksal der durch die Industrialisierung benachteiligten Kinder. Für diese Entwicklung lassen sich mehrere Gründe anführen. Seit den 1890er Jahren lebten die liberalen Diskussionen von Juristen und Kriminologen um jugendliche Delinquenten wieder auf. Boulevardzeitungen berichteten ebenso wie die konservative Presse regelmäßig über vernachlässsigte Kinder, deren schwierige Familienverhältnisse und miserable Lebensbedingungen. Vorgezeichnet schien deren Weg in die Kriminalität, weshalb die wachsende Zahl jugendlicher Delinquenten auch langfristig als gesellschaftliche Bedrohung wahrgenommen wurde.[165]

Dennoch gestaltete sich die Bereitstellung von Plätzen in den Anstalten schwierig. Im Gouvernement Tambov schlug ein Zemstvo-Abgeordneter 1885 die Einrichtung eines Heimes zur »moralischen Besserung« für minder-

---

161 Ebd., S. 175–177.
162 Ebd., S. 200–202.
163 Ebd., S. 203.
164 Ebd., S. 206.
165 Ebd., S. 210–212; Neuberger, Hooliganism, S. 168.

jährige Straftäter vor.[166] Der Vorschlag konnte aus finanziellen Gründen erst 1894 realisiert werden. Das neuerrichtete Heim bot nur Platz für 15 Kinder und Jugendliche – ein Bruchteil des Bedarfs. Insgesamt benötigten 198 Kinder eine entsprechende Unterbringung.[167] 1912 verwies die Juristin Rubaševa darauf, dass lediglich 2.000 von 10.000 bedürftigen Minderjährigen untergebracht werden konnten und Russland in dieser Hinsicht weit hinter anderen Ländern zurückbliebe.[168] Die Situation hatte sich auch zu Beginn des 20. Jahrhunderts kaum gebessert: Noch 1917 deckten die vorhandenen Heime lediglich 10 Prozent der eigentlich benötigten Plätze ab. Die Ursache hierfür lag neben dem fehlenden staatlichen Engagement auch in der gesellschaftlichen Struktur des Zarenreiches. Im Vergleich zu westlichen Staaten fehlte ein finanziell potentes und selbstbewusstes Bürgertum, das eine entsprechende Verantwortung hätte übernehmen können.[169]

Im April 1909 trat das Gesetz über die Erziehungsanstalten in Kraft. Das Gesetz nahm in seine Regularien auf, was sich »in der Praxis russischer Besserungseinrichtungen erfolgreich etabliert hatte« und was die Verantwortlichen bei Kongressen der russischen Besserungsanstalten regelmäßig diskutiert hatten.[170] Das Gesetz stand für Erziehung, nicht für Freiheitsentzug, weshalb der Text Minderjährige auch nie als »Verbrecherinnen und Verbrecher« titulierte.[171] Zudem fixierten die Verantwortlichen die bereits praktizierte Option, auch bedürftige, aber nicht straffällige Kinder und Jugendliche aufzunehmen. Eine Klassifizierung der Zöglinge, wie beispielsweise in England oder den USA, sah das Gesetz – auch aus finanziellen Gründen – nicht vor, wenngleich die grundsätzlich nach Geschlecht getrennten Einrichtungen individuelle Differenzierungskriterien anlegten. Die meisten Heime versuchten familienähnliche Strukturen zu etablieren und hielten sich damit an westeuropäische Vorstellungen. Diese gingen auf Pestalozzi zurück und wurden im 19. Jahrhundert beispielsweise von Hinrich Wichern im »Rauen Haus« praktiziert. Ebenso fanden die russischen reformpädagogischen Ansätze Berücksichtigung.[172] Das Gesetz regelte zudem die Dauer des Aufent-

---

166 Ščerbinin, »Pustite detej ko mne ...«, S. 55.
167 Ebd., S. 56–57.
168 Rubaševa, A. M., Sud dlja maloletnich i obščestvo, Moskau 1912, S. 5–6.
169 Mill, Zur Erziehung verurteilt, S. 214.
170 Ebd., S. 231.
171 Ebd., S. 236.
172 Ebd., S. 239–256. Zu den Ansätzen der russischen Reformpädagogik vgl. Kapitel 4.3 im vorliegenden Buch.

haltes, die nun mindestens ein Jahr betragen sollte und auch eine dreijährige Fürsorgepflicht für entlassene Zöglinge vorschrieb.[173] Die Anwendung von Strafen in Heimen als Mittel der Erziehung diskutierten die Experten kontrovers. Insbesondere der Karzer wurde von vielen als den Kindern unzumutbar empfunden und im Jahr 1900 mehrheitlich abgelehnt. Ebenso umstritten war die körperliche Züchtigung. Anhänger der Reformpädagogik lehnten sie ab, Traditionalisten hingegen sahen in ihr eine große und abschreckende Wirkungskraft. Das Justizministerium nahm 1909 das Verbot der Anwendung körperlicher Strafen in seinen Gesetzentwurf über die Anstalten auf. Die Staatsduma stimmte dem zu, aber der Reichsrat lehnte ein grundsätzliches Verbot ab. Als Kompromiss wurde schließlich die Unzulässigkeit der Körperstrafe und des Gebrauchs des Karzers in das Gesetz integriert, allerdings nicht als eigener Paragraf, sondern als Anmerkung zu dem Artikel, der die Satzung der Anstalten regelte. Damit war Russland zwar Ländern wie England und Deutschland voraus, die die körperliche Züchtigung in Heimen noch gestatteten.[174] Allerdings stieß die 1909 für die Anstalten verordnete Fortschrittlichkeit in der Realität schnell an ihre Grenzen. Ein Hauptproblem blieb die chronische Unterfinanzierung, die einen bedarfsorientierten Ausbau der Anstaltsplätze sowie eine adäquate Unterbringung verhinderte. Wie Statistiken belegen, landete die Mehrheit der straffälligen Minderjährigen immer noch in Gefängnissen, wo sie nur teilweise separat untergebracht, unterrichtet und angemessen beschäftigt werden konnten.[175]

Im ausgehenden 19. Jahrhundert diskutierten Experten neben Prävention und Umerziehung auch die Reform des Strafprozesses. Bis 1897 galten für Minderjährige keine speziellen Regelungen. Grundsätzlich wurden sie im Strafverfahren wie Erwachsene behandelt.[176] Am 2. Juni 1897 trat das Gesetz über die Strafbarkeit Minderjähriger und die sie betreffende Prozessordnung in Kraft. Zwar konnten Minderjährige nach wie vor ab dem Alter von 10 Jahren verurteilt werden, das Gericht musste aber das Strafmaß in Abhängigkeit von der Einsichtsfähigkeit der Angeklagten festsetzen. Weiter hatten Gerichte die Eltern oder Vormünder der Minderjährigen von dem Prozess in

---

173 Ebd., S. 287–291.
174 Ebd., S. 263–265.
175 Zusammenfassend: Mill, Zur Erziehung verurteilt, S. 294–296. Detaillierte Ausführungen und Statistiken finden sich bei Dril', D. A., Tjur'ma i pruditel'noe vospitanie, St. Petersburg 1900 sowie bei Zak, Charakteristika detskoj prestupnosti und Vsesvjatskij, P., Nesoveršennoletnie v tjurme, in: ebd., S. 413–427.
176 Mill, Zur Erziehung verurteilt, S. 297.

Kenntnis zu setzen und konnten diese ebenso wie Ärzte, Lehrer und Betreuer zur Unterstützung vorladen. Die Minderjährigen selbst mussten während des nur bedingt öffentlichen Prozesses nicht durchgängig anwesend sein, sondern lediglich für Erklärungen zur Verfügung stehen. Damit versuchte man die Belastung und negativen Einflüsse durch die Strafverfahren auf ein Minimum zu verringern.[177] Wenngleich das Gesetz Unzulänglichkeiten in der Praxis aufwies und es vielen Juristen nicht weit genug ging, war es ein wichtiger Schritt. Es spielte hinsichtlich der Einrichtung spezieller Jugendgerichte, die sich seit Ende des 19. Jahrhunderts in westlichen Staaten etablierten, eine wichtige Rolle.[178] Diskutiert wurde diese Option seit den 1890er Jahren auch in Russland, die schließlich 1910 mit der Spezialisierung eines zusätzlichen Friedensrichters in St. Petersburg auch in die Praxis umgesetzt wurde. Bis 1917 folgte die Einrichtung weiterer Jugendgerichte. Diese Maßnahme beschränkte sich auf größere Städte wie Moskau, Char'kov, Kiew, Odessa, Warschau, Libau, Riga, Tomsk und Saratov.[179]

Zuständig waren die Jugendgerichte, die Experten als »eine der wirksamsten Maßnahmen im Kampf gegen die Straffälligkeit Minderjähriger« bezeichneten, nicht nur für minderjährige Straffällige; sie wurden auch aktiv, wenn es sich bei den Opfern einer Straftat um Minderjährige handelte.[180] Aufgrund der in Russland gesetzlich kaum eingeschränkten elterlichen Gewalt blieben allerdings im Vergleich zum Verantwortungsbereich amerikanischer Jugendgerichte verwahrloste und mißhandelte Minderjährige im Zarenreich außen vor. Delikte wie schwere Körperverletzung und Totschlag – die allerdings nur einen geringen Anteil der von Minderjährigen begangenen Straftaten ausmachten – befanden sich ebenfalls außerhalb der Zuständigkeit der russischen Jugendgerichte. Für adlige Minderjährige als Träger von Ehrenrechten und Titeln waren ausschließlich die Kreisgerichte zuständig. Deshalb waren sie grundsätzlich allgemeinen Strafverfahren ohne altersgerechte Ausprägung ausgesetzt. Die eigentlich privilegierten Jugendli-

---

177 Kelly, A Children's World, S. 181.
178 Das erste Jugendgericht wurde 1899 in Chicago eröffnet, wobei in einzelnen Bundesstaaten schon seit den 1870er Jahren Fürsorgeaufsichtssysteme für Minderjährige etabliert waren. Die Jugendgerichtsbewegung im Ausland wurde auch im russischen Kaiserreich aufmerksam rezipiert: Tarasova, E. P., Detskie sudy zagranicej, in: Gernet (Hg.), Deti-Prestupniki, S. 429–482.
179 Mill, Zur Erziehung verurteilt, S. 314. Über die Tätigkeit der Gerichte legte der Petersburger Jugendrichter Okunev regelmäßig Rechenschaft in Berichten ab.
180 Bočarov, Ju., Pervye osobye sudy po delam o maloletnich v Rossii, in: Gernet (Hg.), Deti-Prestupniki, S. 525–542, hier S. 533.

chen wurden mithin zu »unterprivilegierten Delinquenten«. Bezogen auf die Gesamtzahl der minderjährigen Straffälligen handelte es sich dabei nur um eine geringe Zahl.[181] Die Jugendrichter agierten nach pädagogischen Prinzipien und machten häufig vom »bedingten Urteilsaufschub« Gebrauch.[182] Dies bedeutete, dass sie das Urteil für einige Monate aussetzen konnten, wenn die Minderjährigen Einsicht zeigten und zusicherten, ihr Verhalten zu ändern, und die Eltern sich zugleich verpflichteten, ihrer Aufsichtspflicht gewissenhaft nachzukommen. Bewährten sich die Jugendlichen, konnte der zuständige Richter das Verfahren beenden. Für diese Praxis existierte keine rechtliche Grundlage, sie wurde aber von der Obrigkeit toleriert.

Zentrale Bedeutung in den Verfahren kam den Fürsorgerinnen und Fürsorgern (*popečiteli*) zu, die als »die Verkörperung der pädagogischen Funktion der Jugendgerichte« galten.[183] Diese Jugendgerichtshelferinnen und -helfer – ehrenamtlich Tätige sowie von der lokalen Selbstverwaltung finanzierte Personen – existierten seit der Gesetzesreform von 1897. Diese führte die Möglichkeit zur »verantwortlichen Aufsicht« ein.[184] Sie waren meist Angehörige der Intelligencija, agierten nach westlichem Vorbild und spielten in allen Phasen des Strafverfahrens eine wichtige Rolle. Ihre Aufgaben erstreckten sich von der Einschätzung der Persönlichkeit der Minderjährigen über die Begleitung der Gerichtsverhandlungen bis zur Betreuung und Beaufsichtigung der Jugendlichen während der Laufzeit der Verfahren. Darüber hinaus hielten sie die Jugendrichter mit regelmäßigen Berichten über die Entwicklung der Minderjährigen auf dem Laufenden. Im Kontext der sich formierenden Frauenbewegung und korrespondierend mit der Entwicklung in anderen Bereichen der Pädagogik engagierten sich in der Jugendgerichtsbewegung auch zahlreiche Frauen.[185] Wohltätigkeitsorganisationen und private Spenden unterstützten die Arbeit der Jugendgerichte finanziell. So konnten in St. Petersburg bedürftige Minderjährige mit Kleidung ausgestattet und ein kleines Wohnheim eingerichtet werden, in dem die Kinder und Jugendlichen »nie unbeaufsichtigt waren«.[186]

---

181 Mill, Zur Erziehung verurteilt, S. 335–338.
182 Ebd., S. 342–343.
183 Rubaševa, Sud dlja maloletnych, S. 5 (zit. nach Mill, Zur Erziehung verurteilt, S. 345).
184 Mill, Zur Erziehung verurteilt, S. 345.
185 Ebd., S. 350–351.
186 Bočarov, Pervye osobye sudy po delam o maloletnych v Rossii, S. 529–530. Ausführlich zur Einrichtung der »Moskauer Gesellschaft des Patronats über Minderjährige« vgl. ebd. S. 540; Neuberger, Hooliganism, S. 204.

Die Kapazitäten waren auch in diesem Bereich knapp. In St. Petersburg agierten 1910 fünf hauptamtliche, von den Jugendrichtern bestellte Fürsorger sowie weitere Ehrenamtliche, deren Engagement allerdings aus Zeit- und Qualifikationsgründen eingeschränkt blieb. Auf einen Betreuer kamen in St. Petersburg rund 110 straffällige Jugendliche. Zudem gestaltete sich die Zusammenarbeit mit den Jugendlichen schwierig, da diese ihre »schlechten und verkommenen Instinkte« kaum in den Griff bekamen.[187] Der Erste Weltkrieg verschärfte die Situation zusätzlich – viele Jugendfürsorger traten den Wehrdienst an, und gleichzeitig nahm die Zahl der verwahrlosten und straffälligen Minderjährigen kriegsbedingt zu.[188] Die Jugendgerichte passten sich den Umständen an, indem sie neben Delinquenten auch verwahrloste Minderjährige betreuten. Sie entwickelten sich im Zuge dessen immer mehr zu »lokalen Zentren der Jugendfürsorge«, die allerdings dem enormen Bedarf bei Weitem nicht nachkommen konnten.[189]

Jugendstrafrecht und Kindheit

Die Entwicklung des Jugendstrafrechts belegt die sich verändernde Wahrnehmung minderjähriger Delinquenten im russischen Kaiserreich seit den 1860er Jahren. Interdisziplinär interessierte und über Entwicklungen im In- und Ausland bestens informierte Juristen und Juristinnen bemühten sich um einen zeitgemäß-pädagogischen und den Lebensumständen angemessenen Umgang mit straffälligen Kindern und Jugendlichen. Aus den Analysen der Juristen und den gesetzgeberischen Konsequenzen lassen sich aber mehr als nur strafrechtliche Anpassungen ablesen. Sie zeigen auch, dass Expertinnen und Experten sowie die interessierte Öffentlichkeit Kindheit und Jugend im letzten Drittel des 19. Jarhunderts als eigene und im Hinblick auf die Zukunft von Staat und Gesellschaft unbedingt zu schützende Lebensphase einstuften. Zudem dienten die juristischen Debatten als Projektionsfläche für Kritik an den herrschenden Verhältnissen. Das offensichtliche Elend, dem viele Kinder ausgesetzt waren, ließ die sozialen Missstände, die der wirtschaftliche Wandel bei fehlender sozialstaatlicher Abfederung verursacht hatte, wie im Brennglas erkennen und rief Experten und Gesellschaft auf den Plan.

---

187 Neuberger, Hooliganism, S. 204.
188 Mill, Zur Erziehung verurteilt, S. 354.
189 Ebd., S. 355–357.

Einen Zusammenhang zwischen Krisensituationen, Kinderbevölkerung und gesellschaftlicher Intervention im ausgehenden Zarenreich und der frühen Sowjetunion griff auch Andy Byford 2016 auf. Seine Annahmen bekräftigen die oben skizzierten Überlegungen und verweisen auf deren Wirkung auch nach 1917. Er untersuchte die Folgen normativer Krisen, die grundsätzlich dann eintraten, wenn »Institutionen, Diskurse und Praktiken« durch einschneidende Ereignisse und Erfahrungen ge- oder sogar zerstört wurden, wie im Falle der Revolution von 1905, des Ersten Weltkriegs oder der Revolution 1917 und des folgenden Bürgerkriegs geschehen.[190] Die Auswirkungen dieser Ereignisse auf Kinder und Jugendliche reichten von einer deutlich erhöhten Selbstmordrate bis hin zu Gewaltverherrlichung im Zusammenhang mit dem Kriegsgeschehen und zur Verwahrlosung beziehungsweise Delinquenz in den frühen 1920er Jahren.[191] Staat und Gesellschaft reagierten auf diese Erscheinungen mit medizinischen und sozialen Gegenmaßnahmen, die auf die Verbesserung der Situation der Minderjährigen abzielten. Byford betonte in diesem Zusammenhang die »wesentliche Rolle«, die gerade Kindern bei den Bemühungen, »die aufeinanderfolgenden normativen Krisen zu überwinden«, zukam.[192] Sie seien nicht nur das Ziel öffentlichen Interesses und entsprechender Interventionen gewesen, sondern auch »Objekte«, auf die wissenschaftliche Vorstellungen von »biologischen, psychologischen und sozialen Normen« projiziert wurden.[193] In dieser »dualen Funktion« standen Kinder einerseits – indem sie sichtbar »moralisch« gestört reagierten – für den »Zusammenbruch der Normen«. Andererseits verkörperten sie durch ihr kindliches Wesen ein »verlorenes oder ersehntes normatives Ideal«, das es »von Grund« auf »neu aufzubauen« galt.[194] Nach 1917 trugen, so Byford, gerade die *besprizorniki*, verwahrloste Kinder und Jugendliche, zur »normative[n] Umdeutung« bei, weil sie die soziale und normative Krise, die Krieg und Re-

---

190 Byford, Trauma and Pathology, S. 462.
191 Ausführlich zu den Selbstmordwellen unter Schülern und Studenten vgl. Ljarskij, Aleksandr Borisovič, Samoubijstva učaščichsja kak fenomen sistemy socializacii v Rossii na rubeže XIX–XX vekov, St. Petersburg 2010; Morrissey, Susan K., Suicide and the Body Politic in Imperial Russia, Cambridge 2006.
192 Byford, Trauma and Pathology, S. 463.
193 Ebd., S. 463.
194 Ebd., S. 463. Diese Ambiguität lässt sich nach Meinung Byfords in engem Zusammenhang mit einer der »Schlüsseldichotomien in der Geschichte der Konstruktion von Kindheit« zwischen »Verderbtheit und Unschuld« verorten. Ausführlich dazu vgl. Heywood, A History of Childhood, S. 32–35.

volution verursacht hatten, besonders augenscheinlich verkörperten.[195] Die Bekämpfung der Verwahrlosung in Form einer Auseinandersetzung mit den »Defekten« der Minderjährigen bei gleichzeitiger Etablierung neuer Rahmenbedingungen machte diese Gruppe zum »Kern« aller Kinder, für deren Zukunft sich der bolschewistische Staat verantwortlich sah.[196]

Die Voraussetzungen für diese Entwicklungen allein im pädagogischen Impetus der Bolschewiki zu suchen, greift allerdings zu kurz. Die Wirkmächtigkeit des pädagogischen Gedankenguts im Umgang mit jugendlichen Delinquenten nahm in der Spätphase des russischen Kaiserreichs in diversen Reformbemühungen, Gesetzen und Institutionen ihren Ausgang. Die Revolution von 1917 war zwar eine radikale Zäsur, aber auch im Jugendstrafrecht lassen sich durchaus Kontinuitäten ausmachen. So wurden auf privaten Spenden basierende Fürsorgeeinrichtungen für Minderjährige in staatliche Institutionen überführt. Die speziellen Strafverfahren spielten bei der Einrichtung von vormundschaftlichen Behörden, die nach 1917 die Strafgerichte für Jugendliche ersetzten, eine Rolle. Ebenso lässt sich ein Zusammenhang zwischen den zarischen Erziehungsanstalten und den von Anton Makareno initiierten Kinderkolonien herstellen.[197] Zudem setzten zahlreiche Juristen und Pädagogen ihr Engagement in Sowjetrussland fort – in der Hoffnung, ihre Reformvorstellungen ohne behördliche Restriktionen und mit Unterstützung des Staates umsetzen zu können.

---

195 Byford, Trauma and Pathology, S. 465. Grundlegend zu den *besprizorniki*: Ball, And Now my Soul is Hardened; Caroli, Dorena, L'enfance abandonnée et délinquante dans la Russie soviétique (1917–1937) Paris 2004.
196 Byford, Trauma and Pathology, S. 465.
197 Mill, Zur Erziehung verurteilt, S. 360. Zur Übernahme von Fürsorgeeinrichtungen für Minderjährige durch den Staat nach 1917 vgl. Ščerbinin, »Pustite detej ko mne ...«, S. 197–214. Zu Makarenkos pädagogischen Ansätzen vgl. Makarenko, Anton Semenovič, Pedagogičeskaja poèma, Moskau 1957 (»Ein pädagogisches Poem«, 1931 als erster Tonfilm der UdSSR von Nikolaj Ekk als »Putevka v žizn'« verfilmt); zu Biografie und Wirken Makarenkos vgl. die zahlreichen Arbeiten von Götz Hillig, darunter: Die Arbeitskommune der OGPU in Bolševo. Genese und pädagogische Konzeption, in: Jahrbuch für Forschungen zur Geschichte der Arbeiterbewegung 5, 3 (2006), S. 42–58; ders., Stand und Perspektiven der Makarenko-Forschung. Materialien des 6. internationalen Symposions (28. April–2. Mai 1989) = Sovremennoe sostojanie i perspektivy Makarenkovedenija (6. Internationales Makarenko-Symposion). München 1994; Lüpke, Friedemann, Pädagogische Provinzen für verwahrloste Kinder und Jugendliche. Eine systematisch vergleichende Studie zu Problemstrukturen des offenen Anfangs der Erziehung, die Beispiele Stans, Junior Republic und Gorki-Kolonie, Würzburg 2004.

6. Schluss: Kindheit als historische Kategorie

Gesellschaftliche Vielfalt prägte die Geschichte der Kindheit im Russland des 19. Jahrhunderts ebenso wie politische und wirtschaftliche Dynamiken. Damit korrespondierend bemühten sich Familien und staatliche Institutionen, Kinder entsprechend den jeweiligen Anforderungen zu erziehen und deren Kindheiten entsprechend auszugestalten. Wissenschaftler und eine zunehmend interessierte Öffentlichkeit begleiteten diesen Prozess und brachten sich im Rahmen ihrer Möglichkeiten ein. Die vorliegende Studie hat Kindheit als eine permanente strukturelle Größe angenommen und sie gleichzeitig als soziale Konstruktion verstanden, die sowohl in visuellen Quellen als auch in Texten ihren Ausdruck fand. Dieser methodisch hybride Zugang hat es ermöglicht, in chronologischen Etappen nach den jeweiligen Vorstellungen von Kindheit und deren Entstehung zu fragen und damit einhergehend gesamtgesellschaftliche und politische Entwicklungen in den Blick zu nehmen.

Die »Entdeckung der Kindheit« schritt in Russland ebenso wie im westlichen Europa im 18. Jahrhundert voran. Peter I. unternahm große Anstrengungen hinsichtlich der Ausbildung von Fachkräften in Russland und verlieh der Kindheit damit neue Bedeutung. Für Katharina II. war die Erziehung künftiger Staatsbürgerinnen und Staatsbürger eines der Hauptanliegen ihrer Regierungszeit. Neben praktischen Maßnahmen wie der Etablierung von Lehranstalten und Waisenhäusern erschienen sowohl zahlreiche Erziehungstraktate, darunter auch solche, die von ihr selbst verfasst worden waren, als auch Publikationen, die sich erstmals direkt an Kinder richteten. Darüber hinaus zeigten die zeitgenössischen Gemälde Kinder nicht mehr nur als kleine Erwachsene, sondern verwiesen explizit auf die Kindheit als Lebensphase.

Die Studie befasste sich intensiv mit dem adligen Milieu. Im ausgehenden 18. Jahrhundert wandelte sich die Atmosphäre in vielen Adelsfamilien. Häusliche Belange erfuhren mehr Aufmerksamkeit, und Eltern, auch die Väter, interessierten sich verstärkt für die Erziehung ihrer Kinder und hatten dabei stets das Wohl des Staates im Blick. Deutlich wurde, dass viele Entwicklungen, die im 19. Jahrhundert zum Tragen kommen sollten, bereits im 18. Jahrhundert, dem »Schwellenjahrhundert zur modernen Welt« (Rudolf Vierhaus) angelegt waren.[1] In der Romantik nahm die Kindheit als eigene Welt deutliche Formen an; allerdings blieb sie weitgehend Projektionsfläche erwachsener Vorstellungen. Die exemplarisch untersuchten Kindheiten von Jurij Samarin und Sergej Šeremetev lieferten wertvolle Einblicke in die Welt aristokratischer Kindheiten während der ersten Hälfte des 19. Jahrhunderts. Insbesondere Pakos Tagebuch ist ein Dokument, das nicht nur eine hierarchische Lehrer-Schüler-Beziehung zeigt, sondern aufgrund der darin enthaltenen Reflexionen des Hauslehrers einen substantiellen Einblick in die adlige Erziehungspraxis bot. Beide in dieser Studie erstmals ausführlich genutzten Quellen, das Erziehungstagebuch sowie die Instruktion Šeremetevs, belegen den immensen Aufwand, den die Familien betrieben, um hauptsächlich ihrem männlichen Nachwuchs eine angemessene Erziehung angedeihen zu lassen und die Kontrolle über die Ausgestaltung der Kindheit zu behalten.

Bei allen Gemeinsamkeiten dieser beiden Kindheiten traten jedoch auch Unterschiede hervor, die einen Wandel des Kindheitsmodells andeuteten. Jurij Samarins Kindheit wurzelte während der 1820er Jahre noch stark in den Erziehungsprinzipien des späten 18. Jahrhunderts, die sich aus der Struktur des Tagebuchs und den pädagogischen Reflexionen des französischen Hauslehrers ablesen lassen. Šeremetevs Instruktion aus den 1850er Jahren hingegen, die von der Route des kindlichen Spaziergangs bis zu den Konversationsthemen Sergejs alles zu regeln versuchte, ist starr und restriktiv in ihrem Inhalt. Sie weckt Assoziationen an die Reglements militärischer Lehranstalten und kann als Anpassung an den autoritären Staat unter Nikolaus I. interpretiert werden.

Fedor Samarin sah die Erziehung seiner Kinder als »Dienst am Vaterland«, ebenso wie Dmitrij Šeremetev die Loyalität zu »Gott, Zar und Vaterland« in der Instruktion verankerte. Die Organisation beider Kindheiten bestätigte anschaulich die These von der öffentlichen Dimension adligen Familienlebens, die Historikerinnen und Historiker seit einigen Jahren betonen.[2] Die Familie wird dabei als »zentrale Arena« verstanden, in der in-

---

1 Vierhaus, Rudolf, Vom Nutzen und Nachteil des Begriffs »Frühe Neuzeit«. Fragen und Thesen, in: Ders., Frühe Neuzeit, Göttingen 1992, S. 13–26, hier S. 21.
2 Zusammenfassend dazu: Kucher; von Winning, Adlige Familie und Kindheit in Russlands langem 19. Jahrhundert.

nerfamiliäre Angelegenheiten auf gesamtgesellschaftliche, politische und wirtschaftliche Fragestellungen trafen und entsprechend ausgehandelt werden mussten.[3] Die Kindheit spielte in diesem Zusammenhang eine elementare Rolle. Als Basis für das künftige Erwachsenenleben war sie *die* Projektionsfläche für traditionelle Ansprüche und zukunftsorientierte Entwürfe. In Form häuslicher Erziehung nahmen diese in der Interaktion von Erwachsenen und Kindern konkrete Gestalt an und fanden zu einem späteren Zeitpunkt häufig ihre Fortsetzung, wenn die Heranwachsenden in eine standesgemäße Bildungsinstitution eintraten.

Die eingehende Untersuchung der adligen russischen Kindheit im Zusammenhang mit Fragen nach der eigenen Identität belegte, wie aufschlussreich der von Sarah Maza formulierte Ansatz sein kann, Geschichte »through children« zu betrachten. Spätestens seit der Regierungszeit Peters I. spielten Einflüsse aus dem westlichen Ausland eine wichtige Rolle. Ausländisches Personal im Staatsapparat und Bildungswesen sowie die Vorbildfunktion westeuropäischer Verwaltungsstrukturen waren omnipräsent. Diese Entwicklung erreichte in der Reorganisation des Russischen Kaiserreichs unter Katharina II. einen neuen Höhepunkt. Dazu prägten westeuropäisches, aufklärerisches Gedankengut und ein insbesondere an der französischen Kultur ausgerichteter Lebensstil den Alltag wohlhabender Adliger. In vielen Familien war Französisch die *lingua franca* und darüber hinaus die Kenntnis des Deutschen sowie Englischen unabdingbarer Bestandteil einer standesgemäßen Erziehung. Diese Tatsache brachte es mit sich, dass ganze Stäbe ausländischen Lehrpersonals dauerhaft in den Familien beschäftigt waren.

So anhaltend wie der ausländische Einfluss im Russischen Kaiserreich war auch die Kritik daran. Europa war Vorbild und gleichzeitig die negative Kontrastfolie. Die Französische Revolution erschütterte die Idealisierung Europas und zu Beginn des 19. Jahrhunderts mehrten sich die Stimmen, die eine Rückbesinnung auf die eigene, russische Kultur und Sprache forderten. Damit einhergehend erzeugten der Einmarsch der napoleonischen Truppen und insbesondere das Jahr 1812 einen allgegenwärtigen Patriotismus sowie Nationalismus in den Oberschichten des Russischen Kaiserreichs. Dieser schrieb sich über literarische Zeugnisse, Gemälde und familiäre Diskurse auch in die Kindheit ein. Dennoch blieb der französische Einfluss weit-

---

3 Ebd., S. 235; Winning, Alexa von, The Empire as Family Affair, in: Geschichte und Gesellschaft 40, 1 (2014), S. 94–116, hier S. 94–95.

gehend ungebrochen und wurde von den Familien auch kaum als Widerspruch zu dem wachsenden Nationalbewusstsein empfunden.

In der dichten Beschreibung von Jurij Samarins Kindheit ließ sich minutiös ablesen, wie kulturelle Prägung funktionierte. Die Familie schuf für ihren ältesten Sohn einen Erziehungsraum, in dem die französische und russische Sprache und Kultur ineinandergriffen. Michelle Marrese hat die These vertreten, dass die russische Elite im ausgehenden 18. und frühen 19. Jahrhundert von einem unkomplizierten »kulturellen Bilingualismus« geprägt war. Dies gilt ebenso für die zeitgenössische adlige Kindheit. Ihr kommt in diesem Zusammenhang aber noch eine besondere Bedeutung zu, weil in der Kindheit die Voraussetzungen für das spätere selbstverständliche Agieren zwischen den Welten geschaffen wurden. Vor diesem Hintergrund bot sich das Konzept der »transnationalen Kindheit« an, um die russische adlige Kindheit im frühen 19. Jahrhundert angemessen zu verorten. Dieser Zugang ermöglichte es, konstant betonte Ambivalenzen aufzulösen und stattdessen nachhaltige Verflechtungen auszumachen. Zudem verhielt sich der russische Adel nicht ungewöhnlich, sondern folgte einem paneuropäischen Muster.

Die vorliegende Untersuchung kann deshalb nicht nur als Beitrag zu einer Geschichte der Kindheit betrachtet werden, sondern auch als Ergänzung zu einem der zentralen Themen der Russland-Historiografie, dem Komplex »Russland und Europa«. Die Frage nach der Verortung Russlands im Zusammenhang mit der Europäisierung der Oberschichten stellte sich zwar seit dem ausgehenden 18. Jahrhundert; sie nahm aber im ersten Drittel des 19. Jahrhunderts mit Petr Čaadaevs »Erstem Philosophischen Brief« 1836 und der daran anschließenden Auseinandersetzung zwischen Slawophilen und Westlern deutlich an Fahrt auf. Die Westler glaubten die Defizite Russlands nur durch eine starke Orientierung an Westeuropa überwinden zu können, während die Slawophilen die Zukunft des Landes im vorpetrinischen orthodoxen Russland sahen. Diese Debatten, die in modifizierter Form bis heute anhalten, führten zur Konstruktion von Gegensätzlichkeiten. Der Blick auf die adlige Kindheit zeigte, dass es durchaus sinnvoll sein kann, diese zu hinterfragen. Bikulturalität bedeutete keinesfalls zwingend Entfremdung, im Gegenteil: In der Verflechtung der Kulturen ließ sich ein typisches Merkmal der russischen adligen Kindheit ausmachen. Damit zeigt sich, dass die gesellschaftliche Praxis deutlich komplexer war, als es die auf Gegensätze ausgerichteten Erklärungsmuster nahelegen.

Nach dem verlorenen Krimkrieg nahm Alexander II. mit den Großen Reformen die Modernisierung des Staats in Angriff, wenngleich er das autokratische Herrschaftssystem weitgehend unangetastet ließ. Die Auswirkungen des Reformprozesses reichten in sämtliche Bereiche des Staats hinein und betrafen alle Gesellschaftsschichten. Die einsetzende Industrialisierung veränderte die Lebens- und Arbeitsbedingungen grundlegend. Dies wirkte sich auch auf die heranwachsende Bevölkerung aus. Einerseits gewann die Schulbildung für die Bauern an Bedeutung und auch der Adel musste sich umorientieren, um dem sich verändernden Sozial- und Wirtschaftssystem gerecht werden zu können. Andererseits führten die ökonomischen Entwicklungen und die beginnende Urbanisierung zu einer neuen Form von Elend, von der Kinder in besonderem Maß betroffen waren. Die Lebensumstände benachteiligter Kinder fanden nun verstärkte Aufmerksamkeit und hatten ein gesellschaftliches Engagement in verschiedenen Hilfsorganisationen zur Folge. In diesem Kontext differenzierten sich das Verständnis von und die Verantwortung für Kindheit zunehmend aus. Kindheit entwickelte sich zu einem Phänomen, dem schichtenübergreifend ein erheblicher Stellenwert eingeräumt wurde. Es entstand ein verstärktes wissenschaftlich-professionelles Interesse an Kindheit; die Bedeutung gut ausgebildeter Experten, wie Juristen und Pädagogen, nahm zu. Allerdings offenbarten sich gleichzeitig die Grenzen von professionellem und gesellschaftlichem Engagement: Ein Mangel an qualifiziertem Personal, nicht ausreichend zur Verfügung gestellte finanzielle Mittel sowie das grundsätzliche Misstrauen des autoritären Staats verhinderten viele grundlegende Verbesserungen der Lebenssituation sozial benachteiligter Kinder. Damit lassen sich an der Kindheit sowohl die Fortschritte als auch die verpassten Chancen zur Modernisierung des Russischen Kaiserreichs ablesen.

Neue Forschungsfelder wie die (Reform-)Pädagogik, die Pädiatrie oder das Jugendstrafwesen entfalteten sich und etablierten eine wachsende Zahl von Fachzeitschriften. Allerdings mussten sich die pädagogischen Zeitschriften dem politischen Klima anpassen. Gingen die Inhalte nicht mit den Vorgaben der Zensurbehörde konform, wurden die Zeitschriften den Bildungseinrichtungen nicht mehr offiziell zur Anschaffung empfohlen. In diesem Fall hatten sie kaum Überlebenschancen, wie die Beispiele des »Žurnal dlja vospitanija« oder des »Učitel'« zeigten. Der »Detskij sad« behandelte ab den 1870er Jahren deshalb weniger Fragen der Kindergartenbewegung, die als progressiv-westlich galt, sondern widmete sich allgemeinen Fragen der Erziehungspraxis. Nach der Ermordung Alexanders II. 1881 konnte das Journal nur noch als Beilage einer illustrierten Zeitschrift erscheinen, die langjährige Mitarbeiterin Maria Cebrikova wurde aus der Redaktion gedrängt und wegen eines kritischen Briefes später in die Verbannung geschickt. Dieses Beispiel verweist auf die sensible Nähe von pädagogischem Engagement und der Kritik an den herrschenden politischen Verhältnissen. Als Wissenschaft von der Erziehung hatte Pädagogik stets einen maßgeblichen Anteil an der Konstruktion von Kindheit. Das rigide Vorgehen gegen die Zeitschriften und ihr Personal zeigt die politische Dimension von Kindheit – der autoritäre Staat sah die künftige Loyalität seiner Bürgerinnen und Bürger gefährdet.

Studien zur russischen und sowjetischen Geschichte beziehen sich häufig auf das Deutungsmuster der »nachholenden Modernisierung«.[4] Dieses lässt sich in Bereichen wie der medizinischen Versorgung, der Bildungsmöglichkeiten, der gesetzlichen Regulierung der Kinderarbeit und der staatlichen Fürsorge auch auf die Kindheit übertragen. Gleichzeitig diskutierten russische Intellektuelle sowie Expertinnen und Experten durchaus auf Augenhöhe mit ihren westlichen Kolleginnen und Kollegen über Pädagogik, Erziehung, Bildungsmöglichkeiten und Formen des Strafrechts. Im Einzelfall konnten die Maßnahmen in Russland sogar »fortschrittlicher« sein als diejenigen im Ausland. Am Beispiel des Jugendstrafrechts war einerseits unschwer zu erkennen, dass der russische Staat angesichts der zunehmenden Verwahrlosung von Heranwachsenden völlig überfordert war, dem Anspruch seiner eigenen Gesetze und den Empfehlungen der Expertinnen und Experten gerecht zu werden.[5] Andererseits zeigten die Regelungen zum Verbot der Körperstrafen in den Erziehungsanstalten, dass gesetzliche Vorgaben in Russland strikter ausfallen konnten als in westlichen Staaten. Auch die Organisation des Smol'nyj-Instituts wies in diese Richtung. Dort waren – zumindest auf dem Papier – die Ansprüche an die Schülerinnen höher als in der französischen Vorbildinstitution. Die Tatsache, dass Kristina Alčevskaja auf der Weltausstellung 1889 in Paris für ihr Werk »Was das Volk lesen soll« eine Goldmedaille erhielt, unterstreicht zudem, dass die Entwicklungen in Russland aufmerksam verfolgt und als zeitgemäß gewürdigt wurden. Diese Beobachtungen sprechen für das oft konstatierte Ungleichgewicht zwischen Anspruch und Umsetzungsmöglichkeiten. Sie bele-

---

4 Plaggenborg, Stefan, Experiment Moderne. Der sowjetische Weg, Frankfurt am Main u. a. 2006, S. 124.
5 Jörg Baberowski zeigte 1996 in seiner Monografie »Autokratie und Justiz« am Beispiel der Justizreformen ausführlich, dass die zarische Regierung sich in Form einer neuen Gerichtsverfassung durchaus bemühte, Rechtsstaatlichkeit nach westeuropäischem Vorbild herzustellen, diese Anstrengungen aber an den »vormodernen Realitäten des Reiches« (Dietrich Geyer) scheiterten.

gen aber auch, dass sich das russische Kaiserreich als Teil einer europäischen Entwicklung verstand. Der Zusammenbruch des Zarenreichs bedeutete keinesfalls das Ende transnationaler Entwicklungen. Sie fanden im pädagogischen Bereich zunächst ihre Fortsetzung. Viele westliche Konzepte, die im Verlauf des 19. Jahrhunderts ihren Weg nach Russland gefunden hatten, wurden nach 1917 im jungen Sowjetstaat angewendet und weiterentwickelt. Dies stieß wiederum bei Pädagogen im Ausland auf großes Interesse. Einige besuchten die Sowjetunion als Mitglieder von Delegationen und bestaunten dort die Umsetzung von reformpädagogischen Konzepten als etwas Kennzeichnendes für den neuen Staat.[6]

Die vorliegende Untersuchung zog in erheblichem Umfang Bilder heran. Dabei wurden die Gemälde und Fotografien keinesfalls nur zur Illustration verwendet, sondern als Quellen intensiv analysiert und interpretiert. Die exemplarisch ausgewählten Gemälde und Fotografien zeigten, wie eng die gesellschaftspolitischen Entwicklungen und ihre künstlerische Verarbeitung miteinander verwoben waren. Die Darstellungskonventionen differenzierten sich mit dem Wandel der sozialen, politischen und ökonomischen Verhältnisse aus. Die ausgewählten Bilder lieferten eine Interpretation bestehender Verhältnisse und transportierten gleichzeitig zentrale kulturelle oder politische Botschaften. Tropinin verwies mit dem »Jungen mit Kanone« im Jahr 1812 auf die Anteilnahme am Schicksal des Vaterlands und die unbedingte Pflicht, sich künftig in dessen Dienste zu stellen. Im Falle des Porträts von Vladimir Filosofov griff die stilisierte bäuerliche Kleidung das wachsende nationale Bewusstsein auf. Die Peredvižniki machten benachteiligte Kinder ab den 1860er Jahren zu Protagonisten ihrer Genremalerei. Diese Künstler brachen mit den klassisch-akademischen Darstellungskonventionen und gaben der Kindheit in der Reformära ein neues Gesicht. Sie porträtierten nicht mehr die drapierten Sprösslinge der Oberschichten, sondern Kinder, die im bäuerlichen Milieu aufwuchsen, in entfremdeten Arbeitswelten schufteten oder im Rahmen ihrer bescheidenen Möglichkeiten nach Bildung strebten. Als ein unfertiger, formbarer und auf die Zukunft ausgerichteter Zustand eignete sich Kindheit in ganz besonderem Maße in der Malerei

---

[6] Hohendorf, Gerd, Reformpädagogik und Arbeiterbewegung, Oldenburg 1989, S. 44; Skiera, Ehrenhard, Reformpädagogik in Geschichte und Gegenwart. Eine kritische Einführung, München; Wien 2003, S. 129–131; Anweiler, Oskar, Geschichte der Schule und Pädagogik in Rußland vom Ende des Zarenreiches bis zum Beginn der Stalin-Ära, Heidelberg 1964, S. 64–65.

als Projektionsfläche von Visionen und Ängsten, Erfahrungen und Erwartungen. Die kontinuierlich und vielseitig visualisierte Kindheit ermöglichte es, historische Zusammenhänge in ihrer Vielschichtigkeit besser zu erkennen und neue Zusammenhänge und Perspektiven einer ständisch geprägten Welt im Aufbruch in die Moderne sichtbar zu machen. Die Öffentlichkeit im 19. Jahrhundert nahm Kinder als schützenswerte Wesen wahr und richtete ihr Augenmerk zunehmend auf die spezifisch mit ihnen verbundenen Themen. Die visuelle Darstellung von Kindern hatte in diesem Prozess eine Schlüsselfunktion: Bilder von Kindern trugen stets ein stark emotionales Moment in sich und entfalteten so im Vergleich zu schriftlichen Quellen eine stärkere Wirkmächtigkeit und Verbreitung.

Die Studie nahm Kindheit in Anlehnung an Jens Qvortrup als festes Element der Sozialstruktur an und ging gleichzeitig von einer sozialen sowie kulturellen Konstruktion von Kindheit aus, die sich im Laufe des 19. Jahrhunderts wandelte. Zentral hierfür waren ein wachsender Patriotismus und Modernisierungsbestrebungen, aber auch die fortbestehende Autokratie. Für die Kindheit ließen sich die beiden methodischen Zugänge gewinnbringend nutzen, um Gesellschaften im Wandel in angemessener Vielschichtigkeit zu analysieren. Transnational definierte Kindheit und konkrete nationale Voraussetzungen und Ansprüche konnten so analytisch zusammengeführt werden.

Einer der Ausgangspunkte dieses Buches war der Verweis auf Kindheit als ein moralischer Indikator von Gesellschaft. Wie eingangs zitiert, setzte Jürgen Osterhammel in diesem Zusammenhang die Kinder in eine Reihe mit »Alten, Behinderten und chronisch Kranken«. Grundsätzlich ist dieser Feststellung zuzustimmen. Allerdings gibt es bei genauerem Hinsehen doch Unterschiede bei den genannten Kategorien. Kinder sind zwar in ihrer frühen Lebensphase von der Unterstützung Erwachsener abhängig und insofern durchaus mit Alten, Behinderten und chronisch Kranken zu vergleichen. Wenn man Kindheit aber als begrenzten, biologisch determinierten Zeitraum im Leben eines Menschen versteht, dann handelt es sich um eine Lebensphase, die einen Übergang darstellt und im Erwachsenenalter endet. Wie ein gesunder Mensch dieses Lebensalter erreicht und ob die Entwicklung gelingt, hängt von vielen Faktoren ab. Aber in Bezug auf die Kinder gibt es eine klare Zukunftsperspektive. Diese macht die Kindheit über den individuellen Rahmen hinaus für die Interpretation einer Geschichte von Staat und Gesellschaft interessant. Eine vergleichbare Perspektivität lässt sich weder für Alte noch Behinderte oder chronisch Kranke feststellen.

Schluss

Die vorliegende Studie setzte sich sowohl mit dem Phänomen Kindheit selbst als auch mit gesamtgesellschaftlichen Entwicklungen vom ausgehenden 18. bis ins frühe 20. Jahrhundert »through childhood« auseinander. Dabei konnten bestehende Forschungslücken bei der Kindheitsgeschichte des Russischen Kaiserreichs geschlossen werden. Gleichzeitig zeigte sich, dass der Blick durch die Kindheit überaus lohnend sein kann, um unsere Perspektive auf die Kultur- und Gesellschaftsgeschichte Russlands zu erweitern. Die für die adlige Kindheit entwickelte Interpretationsfigur der Verflechtung beispielsweise ließe sich auch für andere Themen fruchtbar machen, für die sich die Frage nach dem Verhältnis vom »Eigenen« (Russischen) und »Fremden« (Westlichen) stellt.

Die Geschichte der Kindheit in Russland wurde in diesem Buch für das lange 19. Jahrhundert zusammenhängend erzählt. Dafür wurden vielfältige Aspekte in ihrer Entwicklung aufgenommen, im ereignisgeschichtlichen Kontext verortet und in ihrer Bedeutung hinterfragt und verknüpft. Wie gezeigt, lohnt sich der Blick über die nationalen Grenzen hinaus auf den gesamteuropäischen Zusammenhang. Das Thema Kindheit im vorrevolutionären Russland ist damit keinesfalls erschöpft. Es bleiben noch viele Themen, die darauf warten, intensiv erforscht zu werden. Dazu zählen Fragen nach der imperialen Dimension von Kindheit in einem multiethnischen Staat, nach der Rolle von religiösen Vorstellungen und Institutionen oder nach genderspezifischen Aspekten von Kindheit in einer patriarchal geprägten Gesellschaft. Darüber hinaus fehlen Studien zu zentralen Institutionen wie dem Smol'nyj, die nicht nur quellengesättigt, sondern auch methodisch informiert sind. Einen Impuls für die weitere Erschließung dieses wichtigen Forschungsfelds zu geben, war daher auch ein Ziel dieses Buches.

Danksagung

Dieses Buch stellt eine überarbeitete Fassung meiner Studie zu Kindheit im Russland des 19. Jahrhunderts dar, mit der ich im Juli 2020 an der Philosophischen Fakultät der Eberhard Karls Universität in Tübingen habilitiert wurde. Die Arbeit an diesem Buch erstreckte sich über viele Jahre, während derer ich sehr viel Unterstützung erfahren habe.

An erster Stelle möchte ich Klaus Gestwa nennen. Ihm danke ich für die außergewöhnlich produktive, stimulierende und von großem Vertrauen geprägte langjährige Zusammenarbeit am Institut für Osteuropäische Geschichte und Landeskunde in Tübingen ebenso wie für die Freundschaft, die uns seit langer Zeit verbindet. Seine Bereitschaft, sich auf mein Habilitationsthema, das nicht mit seinen Forschungsschwerpunkten zusammenfällt, einzulassen, war hoch. Er hat mir viele wichtige Impulse gegeben und mich immer wieder motiviert über einzelne Punkte abermals nachzudenken. Ebenso Dietrich Beyrau, in dessen Amtszeit noch die Wahl des Themas fiel. Interessiert, mit Geduld, Scharfsinn und Pragmatismus hat er während der Abfassung Kapitel für Kapitel gelesen und kommentiert. Ich danke ihm wie auch Ingrid Schierle, die ihr immenses Wissen nicht nur über das 18. Jahrhundert stets großzügig mit mir geteilt hat. Sie und Alexa von Winning haben mir im Laufe der vielen Jahre wertvolle Quellen- und Literaturhinweise gegeben, einzelne Kapitel kritisch gelesen und immer wieder großen Zuspruch vermittelt.

Auch andere Mitglieder der »Tübinger Familie« haben zum Werden dieser Studie beigetragen. Zuzana Křižová und seit 2014 Katrin Wagner sorgten stets prompt und zuverlässig für die Bereitstellung notwendiger Literatur und die Anfertigung von Scans. Ihnen und dem Team in der Institutsbibliothek, Karolina Belina, Evgeny Kurganov und Alyona Banina (die mich darüber hinaus auch unterstützte, russische Handschriften aus dem 19. Jahrhundert zu entziffern) sei an dieser Stelle herzlich gedankt. Nicht nur eine Generation »Allstars«, studentische Hilfskräfte, hat mir im Laufe der Jahre zugearbeitet: Insbesondere sind hier Viktoria Benzel, Judith Seidel, Elena Arkaykina,

Ilya Gottwald und Dmitro Vakhromov zu nennen. Julian Windmöller und Daniel Weinmann haben bei der Endredaktion der Habilitationsschrift mit unnachgiebiger Akribie mitgewirkt. Daniel hat auch dafür gesorgt, dass die vielen Abbildungen ihren festen Platz im Text gefunden haben. Lenka Fehrenbach danke ich für ihre konstruktiven Hinweise hinsichtlich meiner Ausführungen zur Fotografie im vorrevolutionären Russland. Sehr verbunden bin ich darüber hinaus Elise Kimerling Wirtschafter, die mir ein substanzielles Feedback zu meinem Manuskript gegeben hat.

Ich hatte mehrfach die Gelegenheit, Teile dieser Studie im Rahmen von Konferenzen und Forschungskolloquien in Köln, Bochum, Berlin, Tübingen, Heidelberg, Konstanz, Hamburg, Boston, New Orleans, Paris und Moskau vorzustellen. Für die vielen fruchtbaren Diskussionen und Anregungen möchte ich den Veranstalterinnen und Veranstaltern sehr danken.

Eine Forschungsarbeit zur Geschichte Russlands steht und fällt mit der Verfügbarkeit von Originalquellen und -literatur. Großer Dank gebührt daher den Mitarbeiterinnen und Mitarbeitern der Russischen Staatsbibliothek sowie ihrer Handschriftenabteilung, der Historischen Bibliothek sowie dem Russischen Staatsarchiv für alte Akten in Moskau, der Staatsbibliothek und dem Russischen Staatlichen Historischen Archiv in St. Petersburg sowie dem Staatlichen Archiv des Tambover Oblast. Ich habe es als Privileg empfunden, in der Slavonic Library in Helsinki zu arbeiten. Diese Bibliothek verfügt nicht nur über ausgezeichnete Bestände, sondern auch über perfekt organisierte Abläufe. Die Tretjakow-Galerie, das Historische Museum, das Tropinin Museum (alle Moskau) ebenso wie das Russische Museum in St. Petersburg sowie das Staatliche Museum Schloss und Park Gatschina waren so freundlich, mir Bilddateien und -rechte zur Verfügung zu stellen. Olg'a Koševela, Pionierin der Kindheitsgeschichte in Russland, danke ich für Austausch und wichtige Hinweise. Sehr behilflich waren mir zudem Larisa Kondrateva (DHI Moskau) und Pavel Ščerbinin (Tambov).

John Randolphs beeindruckendes Buch über die Bakunins stellte eine wichtige Inspiration für meinen Zugang zu einer Geschichte der Kindheit in Russland dar. Er war freundlicherweise bereit, ein Gutachten für die Habilitationsschrift zu übernehmen, ebenso wie Schamma Schahadat und Ewald Frie. Allen danke ich sehr für ihre Mühen und die konstruktiven Hinweise, die im vorliegenden Buch hoffentlich angemessene Berücksichtigung gefunden haben.

Die Quellensammlung und Abfassung einer großangelegten Forschungsarbeit sind schwerlich mit den Pflichten einer vollen Mitarbeiterinnenstelle an der Universität zu vereinbaren. Sehr dankbar bin ich deshalb, dass ich mich im Rahmen des Brigitte-Schlieben-Lange-Programms des Landes Baden-Württemberg, eines Stipendiums der Gerda Henkel Stiftung sowie des DHI Moskau beurlauben lassen konnte, um meine Habilitationsschrift entscheidend voranzubringen.

Dem Campus Verlag und den Herausgeberinnen und Herausgebern der Reihe »Historische Studien« danke ich für die Annahme des Manuskripts; Jürgen Hotz bin ich sehr verbunden für die angenehme und konstruktive Begleitung des gesamten Publikationsprozesses. Christoph Roolf hat das überarbeitete Manuskript umsichtig lektoriert, und Raphael Rothschink hat mit großer Sorgfalt ebenfalls zur Fertigstellung des Buches beigetragen. Die Drucklegung wurde von der Geschwister Boehringer Ingelheim Stiftung großzügig unterstützt, wofür an dieser Stelle herzlich gedankt sei.

Corinna Kuhr-Korolev hat auch dieses Mammutprojekt mit ihrer Freundschaft, ihrem Interesse und ihrer unermüdlichen Bereitschaft, sich kritisch mit meinen Überlegungen und Texten auseinanderzusetzen, begleitet. Ihr verdanke ich wichtige Anregungen, die weit über die Kindheitsgeschichte hinausreichen.

Mein Mann, Joerg Naumburger, hat mich in jeder Hinsicht tatkräftig unterstützt und mir in entscheidenden Phasen den Rücken freigehalten. Unsere Söhne Julian und David führten mir stets die praktischen Aspekte und Anforderungen von Kindheit vor Augen und sind eine wunderbare Bereicherung. In Zeiten, in denen ihre Eltern beruflich sehr belastet oder abwesend waren, sorgten neben einem Netz von Freundinnen und Freunden vor allem ihre Großmütter, Heidi Kucher und Rosemarie Naumburger, dafür, dass sie stets bestens behütet waren. Ich danke meiner Familie von ganzem Herzen und widme ihr dieses Buch.

Stuttgart/Regensburg, im Juni 2022 *Katharina Kucher*

Quellen und Literatur

Archive

RGB NIOR Rossijskaja gosudarstvennaja biblioteka, Naučno-issledovatel'skij otdel rukopisej – Russische Staatsbibliothek, Wissenschaftliche Forschungsabteilung Handschriften
    F. 265   Samariny
    F. 137   Korsakovy

RGADA Rossijskij gosudarstvennyj archiv drevnych aktov – Russisches Staatsarchiv für Alte Akten
    F. 1287 Šeremetevy

RGIA Rossijskij gosudarstvennyj istoričeskij archiv – Russisches Staatliches Historisches Archiv
    F. 1088 Šeremetevy

GATO Gosudarstvennyj archiv Tambovskoj oblasti – Staatliches Archiv des Tambover Oblast
    F. 52   Ličnyj fond Vladimira Ivanoviča Vernadskogo

Verwendete Abkürzungen bei den Archivangaben:

f.	fond (Fonds)
op.	opis' (Verzeichnis)
d.	delo (Akte)
l.	lista (Blatt)
kart.	karton (Karton)
ob.	oborot (Rückseite)
ed. chr	edinica chranenija (Aufbewahrungseinheit)

Periodika

Biblioteka dlja vospitanija
Detskij sad (Vospitanie i obučenie, Rodnik)
Detskoe čtenie dlja serdca i razuma
Drug junošestva
Guvernantka
Jasnaja Poljana
Novaja biblioteka dlja vospitanija
Patriot
Pedagogičeskij listok S.-Peterburgskich ženskich gimnazij (Ženskoe obrazovanie, Obrazovanie)
Pedagogičeskij sbornik
Učitel'
Vestnik Evropy
Vestnik vospitanija
Žurnal dlja vospitanija. Rukovodstvo dlja roditelej i nastavnikov (Vospitanie, Žurnal dlja roditelej i nastavnikov)

Publizierte Quellen

Aksakov, Sergej T., Bagrovs Kinderjahre, Zürich 1978
ders., Semejnaja chronika, Moskau 1991
ders., Detskie gody Bagrova-vnuka, Moskau 1996
Aksakow, Sergei T., Familienchronik, Stuttgart 1982
Alčevskaja, Christina Danilovna (Hg.), Čto čitat narodu? Kritičeskij ukazatel' knig dlja narodnago i detskago čtenija, 3 Bde., St. Petersburg 1888–1906
dies., Peredumannoe i perežitoe, Moskau 1912
Altrichter, Helmut; Haumann, Heiko (Hg.), Die Sowjetunion. Von der Oktoberrevolution bis zu Stalins Tod, München 1987
Andreev, I., Mysli na razvalinach Kremlja, in: Drug junošestva, 1 (1813), S. 46–49
Andreev, P. P., Domovedenie. Rukovodstvo dlja chozjaek doma, domašnich učitel'nic i guvernantok, St. Petersburg 1893
Annenskaja, A.; Gerd, V.; Licharjova, N. u. a. (Hg.), O detskich knigach. Kritiko-bibliografičeskij ukazatel' knig, vyšedšich do 1 janv. 1907 g., rekomenduemych dlja čtenija detjam v vozraste ot 7-mi do 16-ti let, Moskau 1908
Bazilevskij, Petr, O pol'ze učenija voobšče, i v osobennosti o pol'ze i neobchodimosti znanija jazyka otečestvennogo, in: Drug junošestva, 6 (1812), S. 79–86
Beckoj, Ivan I., Allgemeiner Erziehungs-Plan, von Ihro Kayserl. Majestät den 12ten März 1764 bestätiget, St. Petersburg 1765

Beklešov, M. P., Dmitrij Andreevič Dril', kak pedagog i rukovoditel' dela perevospitanija nesoveršennoletnych prestupnikov, in: Kovalevskij, M. M.; Gogel', S. K.; Beklešov, M. P. u. a. (Hg.), Dmitrij Andreevič Dril', kak učenyj i obščestvennyj dejatel', St. Petersburg 1911, S. 28–39
Belinskij, Vissarion G., Svod Belinskogo o detskoj literature, St. Petersburg 1884
ders., Ausgewählte pädagogische Schriften, Berlin 1953
Belov, I. (Hg.), Sbornik statej i materialov dlja besed i zanjatij doma i v detskom sadu, dlja čtenija v gimnazijach, učitel'skich seminarijach i gorodskich učiliščach, St. Petersburg 1873
Bem, Al'fred, Nabljudenija i vyvody, in: Zen'kovskij, Vasilij V. (Hg.), Deti ėmigracii. Sbornik statej, Prag 1925, S. 195–233
Berberova, Nina, Ich komme aus St. Petersburg, Reinbek bei Hamburg 1992
Bezrogov, Vitalij; Kelli, Katriona (Hg.), Gorodok v tabakerke. Detstvo v Rossii ot Nikolaja II do Borisa El'cina (1890–1990), Antologija tekstov, vzroslye o detjach i deti o sebe, 2 Bde. (Bd. 1: 1890–1940; Bd. 2: 1940–1990), Moskau; Tver' 2008
Birkfellner, Gerhard (Hg.), Domostroj (Der Hausvater): Christliche Lebensformen, Haushaltung und Ökonomie im alten Rußland, Osnabrück 1998
Bjulleten' Pedagogičeskogo bjuro po delam srednej i nižej russkoj škole za granicej 4 (1924)
Blekuell', Ė., Osnovy žizni i fizičeskoe vospitanie devic, St. Petersburg 1872
Bočarov, Ju., Pervye osobye sudy po delam o maloletnich v Rossii, in: Gernet, Michail (Hg.), Deti-Prestupniki, Moskau 1912, S. 525–542
Bogaevskaja, A., Veselaja azbuka. Posobie dlja materej, vospitatel'nic i detskich sadov, St. Petersburg 1894
Bogdanovič, Ivan F., O vospitanii junošestva, in: Lebedev, Petr A. (Hg.), Antologija pedagogičeskoj mysli Rossii pervoj poloviny XIX v., Moskau 1987, S. 103–114
Bokova, Vera; Zacharova, Larisa (Hg.), Institutki: Vospominanija vospitannic institutov blagorodnych devic, Moskau 2008
Burjanov, V., Progulki s detmi po zemnomu šaru, St. Petersburg 1836
ders., Progulki s detmi po Rossii, St. Petersburg 1837
ders., Progulki s detmi po St. Peterburgu i ego okrestnostjam, St. Petersburg 1838
Burnašev, Vladimir, Detskaja knižka na 1835 god, St. Petersburg 1835
Buš, V. V. (Hg.), Pamjatniki starinnogo russkogo vospitanija, Petrograd 1918
Buslaev, Fedor I., O vospitanie v načal'nom obučenii rodnomu jazyku, in: Vestnik dlja vospitanija 1, 2 (1845), S. 1–27
Buslaev, Fedor I., Moi vospominanija, Moskau 1897
Čechov, N. V., Narodnoe obrazovanie v Rossii s 60-ch godov XIX veka, Moskau 1912
Certelev, Nikolaj, O narodnom vospitanii, in: Vestnik Evropy 146, 4 (1826), S. 141–253
Čičerin, Boris N., Vospominanija. Moskva sorokovych godov. Putešestvie za granicu, Moskau 2010
Clyman, Toby W.; Vowles, Judith (Hg.), Russia through Women's Eyes. Autobiographies from Tsarist Russia, New Haven 1996

Dobroljubov, Nikolaj A., O pedagogičeskich žurnalach. Otryvok, in: Ders. (Hg.),
 Pedagogika (= Polnoe Sobranie Sočinenija, Bd. 2), St. Petersburg 1911, S. 44–49
Dolgorukij, Petr, Čuvstvo rodiny u detej, in: Zen'kovskij, Vasilij V. (Hg.), Deti ėmi-
 gracii. Sbornik statej, Prag 1925, S. 167–193
Dril', Dmitrij, Maloletnie prestupniki. Etjud po voprosu o čelovečeskoj prestupnos-
 ti, ee faktorach i sredstvach bor'by s nej, 2 Bde., Moskau 1884, 1888
ders., Tjur'ma i prinuditel'noe vospitanie, St. Petersburg 1900
Edževort, M., Praktičeskoe vospitanie, in: Vestnik dlja vospitanija 1, 1 (1843), S. 1–363
Ekaterina II, Instrukcija Knjazju Nikolaju Ivanoviču Saltykovu 1764, in: Sočinenija
 imperatricy Ekateriny II, Bd. 1, St. Petersburg 1849, S. 197–248
dies., Sočinenija imperatricy Ekateriny II., 3 Bde., St. Petersburg 1849–1850
Engalyčev, Parfenij N., O fizičeskom i nravstvennom vospitanii (1824), in: Lebedev,
 Petr A. (Hg.), Antologija pedagogičeskoj mysli Rossii pervoj poloviny XIX v.,
 Moskau 1987, S. 162–165
ders., Slovar' fizičeskogo i nravstvennogo vospotanija (1827), in: Lebedev, Petr A.
 (Hg.), Antologija pedagogičeskoj mysli Rossii pervoj poloviny XIX v., Moskau
 1987, S. 165–169
Engel'gardt, Anna, Očerki institutskoj žizni bylogo vremeni, in: Bokova, Vera; Zach-
 arova, Larisa (Hg.), Institutki. Vospominanija vospitannic institutov blagorod-
 nych devic, Moskau 2008, S. 127–214
F. S., Rozgavor o tom, čto preimuščestvenno zanimat'sja dolžno jazykom otečestven-
 nym, in: Vestnik Evropy 61, 3 (1812), S. 173–202
F. T., Novye žurnaly: Novoe liteaturnoe predprijatie: Guvernantka, in: Učitel' 24
 (1861), S. 1024–1030
F. T., »Jasnaja Poljana«, in: Učitel' 24 (1861), S. 1027–1030
Feoktistov, Ivan, Svod mnenij Belinskogo o detskoj literature, St. Petersburg 1898
Ferrand, Jacques, Noblesse Russe. Portraits, 6 Bde., Montreuil 1985–1996
Figner, Vera N. (Hg.), Aftobiografii revoljucionnych dejatelej russkogo socialis-
 tičeskogo dviženija 70–80ch godov (Bd. 40: Ėnciklopedičeskij slovar' Granat),
 Moskau 1927
Garšin, M. V.; Gerd, L. Ja., Obzor detskoj literatury. Knigi, izdannyja v 1883 godu,
 St. Petersburg 1885
General'noe učreždenie o vospitanii oboego pola junošestva, konfirmovannoe Eja
 Imperatorskim veličestvom 1764 goda marta 12 dnja, St. Petersburg 1766
Gernet, Michail N. (Hg.), Deti-Prestupniki, Moskau 1912
ders., Predislovie, in: Ders. (Hg.), Deti-Prestupniki, Moskau 1912, S. 1–6
Gjugo, M., Vospitanie i nasledstvennost', St. Petersburg 1891
Godon, Margarita, Domašnee vospitanie, ili nravstvennoe obrazovanie pervogo voz-
 rasta oboich polov, posvjaščjaemoe vsem materjam i licam zastupajuščim ich
 mesto, Moskau 1837
Goes, Gudrun (Hg.), Nicht Narren, nicht Heilige. Erinnerungen russischer Volks-
 tümler, Leipzig 1984

Gogel', S. K., Dmitrij Andreevič Dril', kak čelovek, učenyj i obščestvennyj dejatel', in: Kovalevskij, M. M.; Gogel', S. K.; Beklešov", M. P. u. a. (Hg.), Dmitrij Andreevič Dril', kak učenyj i obščestvennyj dejatel', St. Petersburg 1911, S. 13–27

Gorbunov-Posadov, I., Polovoe vospitanie. Sbornik statej, učitelej, roditelej i vospitatelej, Moskau 1913

Grabbe, Paul, Windows on the River Neva, New York 1977

Gretchanaia, Elena; Viollet, Catherine, »Si tu lis jamais ce journal …«. Diaristes russes francophones, 1780–1854, Paris 2008

Gutt, Michail, Detskaja ènciklopedičeskaja panorama v dvuch častjach, 2 Bde., Moskau 1844

Helbig, Gustav Adolf Wilhelm von, Biographie Peter des Dritten, Bd. 2, Tübingen 1808

Herzen, Aleksandr, Mein Leben. Memoiren und Reflexionen, Berlin (DDR) 1962

Išimova, Aleksandra, Istorija Rossii v rasskazach dlja detej, 6 Bde., St. Petersburg 1862

Izmajlov, Vladimir, Molodoj Filosof, in: Vestnik Evropy 8, 5 (1803), S. 3–24

Jablokov, Nikolaj V., Prizrenie detej v vospital'nych domach, St. Petersburg 1901

Jullien de Paris, Marc-Antoine, Essai général d'éducation physique, morale et intellectuelle. Suivi d'un plan d'éducation-pratique pour l'enfance, l'adolescence et la jeunesse, ou recherches sur les principes et les bases de l'éducation à donner aux enfants des première familles d'un État, pour accélérer la marche de la Nation vers la civilization e la prospérité, Paris 1808

ders., Essai sur une méthode qui a pour objet de bien régler l'emploi du temps, premier moyen d'être heureux: à l'usage des jeunes gens de l'âge de 16 à 15 ans: Extrait d'un travail plus général, plus étendu, sur l'éducation, Paris 1808 (dt.: Versuch über die beste Methode, die Zeit als erstes Mittel zum glücklichen Leben gehörig anzuwenden, Regensburg 1811)

ders., Agenda général; ou mémorial portatif universel pour l'anné 18 …; Libret pratique d'emploi du temps composé de tablettes utiles, et commodes d'un usage journalier, Paris 1815

Jurasovskij, A., O detjach zakonnych, nezakonnych, uzakonennych i usynovlennych i pripisannych k semejstvam krest'janskim i meščanskim, Moskau 1893

Jusupov, Feliks Memuary, Moskau 2000

Kačenovskij, M., Vzgljad na Blagorodnyj Pansion pri Imperatorskom Moskovskom Universitete, in: Vestnik Evropy 17, 19 (1804), S. 223–239

Kantorovič, Ja. A., Zakony o detjach. Sbornik postanovlenij dejstvujuščego zakonodatel'stva, otnosjaščichsja do maloletnich i nesoveršennoletnich, s priloženiem svoda raz"jasnenij po kassacionnym rešenijam senata, St. Petersburg 1899

Kapterev, P., Novaja russkaja pedagogija i eja glavnejšie idei, napravlenija i dejateli, St. Petersburg 1898

Karamzin, N. M., O ljubvi k otečestvu i narodnoj gordosti, in: Vestnik Evropy 1, 4 (1802), S. 67–69

Katharina II., Von den Pflichten des Menschen und des Bürgers, ein Lesebuch für die Volksschulen in den Städten des russischen Reichs, St. Petersburg 1785
Kološin, Akim, Razgovor o neobchodimosti učenija vo vsjakoj službe, in: Vestnik Evropy 91, 1 (1817), S. 3–13
Larina, V. V., Zapiski staroj devy, Moskau 1914
Lebedev, Petr A., Vasilij Vasil'evič Popugaev, in: Ders. (Hg.), Antologija pedagogičeskoj mysli Rossii pervoj poloviny XIX v., Moskau 1987, S. 86–88
ders. (Hg.), Antologija pedagogičeskoj mysli Rossii vtoroj poloviny XIX–načala XX v., Moskau 1990
Lesgaft, P., Semejnoe vospitanie rebjonka i ego značenie, 2, St. Petersburg 1990
Levitskij, Valerij, U poslednej čerty, in: Zen'kovskij, Vasilij V. (Hg.), Deti ėmigracii. Sbornik statej, Prag 1925, S. 235–243
Lichačeva, Elena, Materialy dlja istorii ženskago obrazovanija v Rossii, 4 Bde., St. Petersburg 1890–1901
Ljubimov, Lev, Zwischen Petersburg und Paris, Berlin (DDR) 1977
ders., Na čužbine. Vospominanija, Moskau 1963
Locke, John, Gedanken über Erziehung, Stuttgart 2002
M., EGO IMPERATORSKOMU VELIČESTVU ot vernopoddanych vospitannikov Blagorodnago Pansiona, učreždennago pri Imperatorskom Moskovskom Universitete, in: Vestnik Evropy 48, 24 (1809), S. 301–302
Makarenko, Anton Semenovič, Pedagogičeskaja poėma, Moskau 1957
Makovskij, N. N., Social'no-ėkonomičeskie faktory detskoj prestupnosti v Moskve, in: Gernet, Michail N. (Hg.), Deti-Prestupniki, Moskva 1912, S. 235–263
Maroger, Dominique (Hg.), The Memoirs of Catherine the Great, New York 1961
Medynskij, E.; Lapšov, I., Sistematičeskij ukazatel' knig i statej po vneškol'nomu obrazovaniju, Moskau 1916
Merzljakov, Aleksandr [Mrzlkv], Chor detej malen'koj Nataše, in: Vestnik Evropy 58, 13 (1811), S. 11–18
Mežov, V. I., Materialy dlja narodago prosveščenija v Rossii. Literatury russkoj pedagogiki, metodiki i didaktiki s 1866–1872 vključitel'no, St. Petersburg 1874
Michail, Vinogradov, Putešestvie po sožžennoj Moskve, in: Drug junošestva, 4 (1813), S. 38–53 (Fortsetzung: ebd., 6 (1813), S. 36–55, ebd., 7 (1813), S. 101–120)
Modzalevskij, L., Očerk istorii vospitanija i obučenija s drevneišich do našich vremen. Dlja pedagogov i roditelej, St. Petersburg 1877
Monod, Émile (Hg.), L'exposition universelle de 1889: Paris. Grand ouvrage illustré historique, encyclopédique, descriptif, Paris 1889
Müller, Klaus, Altrussisches Hausbuch »Domostroi«, Leipzig u. a. 1987
N., O knižnoj torgovle i ljubvi ko čteniju v Rossii, in: Vestnik Evropy 9, 3 (1802), S. 57–64
N. N., Katharina der Zweiten, Kaiserin und Gesetzgeberin von Rußland, Instruction für die zu Verfertigung des Entwurfs zu einem neuen Gesetzbuche verordnete Commißion, Riga u. a. 1768

N. N., Detskaja kniga, Ili Obščija mnenija i iz"jasnenie veščej, koim detej obučat' dolžno, Moskau 1770

N. N., Blagorodnomu rossijskomu junošestvu, in: Detskoe čtenie dlja serdca i razuma 1 (1785), S. 3–8

N. N., Povest' o Seleme i Ksamire, in: Detskoe čtenie dlja serdca i razuma 1 (1785), S. 8–16

N. N. (Hg.), Von den Pflichten des Menschen und des Bürgers, ein Lesebuch für die Volksschulen in den Städten des russischen Reichs, herausgegeben auf den allerhöchsten Befehl der regierenden Kaiserin, Katharina der Zweiten, St. Petersburg 1785

N. N., Razgovor meždu otcom i cynom o tom, dlja čego v svete odni bednye a drugie bogaty, in: Detskoe čtenie dlja serdca i razuma 3 (1785), S. 129–137

N. N., O novych blagorodnych učiliščach, zavodimych v Rossii. Pis'mo iz T*, in: Vestnik Evropy 2, 8 (1802), S. 358–366

N. N., Russkaja čestnost', in: Vestnik Evropy 3, 10 (1802), S. 139–143

N. N., Strannost', in: Vestnik Evropy 1, 2 (1802), S. 52–57

N. N., Reč', govorennaja v sobranii Char'kovskogo Dvorjanstva Deputatom ego Kolležskim sovetnikom Karazinym, isprosivšim vysočajšee soizvolenie na osnovanie v gorode Char'kove universiteta, in: Vestnik Evropy 10, 16 (1803), S. 235–243

N. N., Lekarstvo ot kokljuša, ili sudorožnogo detskogo kašlja, in: Vestnik Evropy 16, 13 (1804), S. 70

N. N., Nečto o vospitanii, in: Vestnik Evropy 15, 9 (1804), S. 62–67

N. N., O russkom starinnom vospitanii, in: Patriot 2, Fevral' (1804), S. 3–19

N. N., Pis'mo k izdatelju Parižskogo modnogo žurnala, in: Vestnik Evropy 18, 22 (1804), S. 99–105

N. N., Vvedenie, in: Patriot 1, Janvar' (1804), S. 5–23

N. N., Pervyj institut v Rossii dlja vospitanija detej glucho-nemych ot roždenija, in: Vestnik Evropy 23, 18 (1805), S. 90–97

N. N., Stat'ja iz vospominanij Felicii, in: Vestnik Evropy 20, 7 (1805), S. 210–217

N. N., O novoj metode vospitanija, isobretennoj Pestalocciem, Švejcarskim pedagogom, in: Vestnik Evropy 27, 11 (1806), S. 183–204

N. N., Ob učebnoj knige G-na Mantelja, in: Vestnik Evropy 26, 6 (1806), S. 113–116

N. N., Smes', in: Vestnik Evropy 30, 21 (1806), S. 42–45

N. N., Utrennjaja Zarja. Trudy vospitannikov Universitetskogo blagorodnogo pansiona. Knižka III, Moskva, 1805, in: Vestnik Evropy 26, 6 (1806), S. 120–125

N. N., Anglijskaja promyšlennost', in: Vestnik Evropy 31, 3 (1807), S. 190

N. N., Dobroj pomeščik, in: Vestnik Evropy 35, 20 (1807), S. 281–289

N. N., Mysli o Rossii, ili nekotorye zamečanija o graždanskom i nravstvennom sostojanii Russkich do carstvovanija Petra Velikogo, in: Vestnik Evropy 31, 2 (1807), S. 107–120

N. N., Ne dolžno vremeni terjat' naprasno, in: Drug junošestva, 8 (1807), S. 103–115

N. N., O upražnenijach, nužnych dlja blagorodnogo vospitanija, in: Drug junošestva, 7 (1807), S. 112–123

N. N., O vrednoj strasti k igre kartežnoj, in: Drug junošestva, 5 (1807), S. 115–124

N. N., Objazannosti roditelej k detjam, in: Drug junošestva, 2 (1807), S. 107–111

N. N., Predislovie, in: Drug junošestva, 1 (1807), S. VII–XIV

N. N., Reč' o sravnenii obščestvennogo vospitanija s domašnim, in: Drug junošestva, 12 (1807), S. 67–101

N. N., Ob objazannostjach materej kormit' detej svoich, in: Drug junošestva, 1 (1808), S. 1–15

N. N., Pervonačal'nyj urok junomu rossijaninu ob otečestve, in: Drug junošestva 9 (1809), S. 74–82

N. N., Kritičeskij razbor Kantemirovskych satir, in: Vestnik Evropy 50, 6 (1810), S. 126–150

N. N., Moi Peterburgskie sumerki, in: Vestnik Evropy 51, 9 (1810), S. 72–81

N. N., Nekotorye izvestija o detstve pokojnogo Imperatora Pavla pervogo, in: Vestnik Evropy 52, 15 (1810), S. 193–240

N. N., Moskovskie zapiski, in: Vestnik Evropy 60, 24 (1811), S. 318–327

N. N., Moskovskie zapiski, in: Vestnik Evropy 55, 1 (1811), S. 59–61

N. N., O vospitanii ženščin, in: Vestnik Evropy 57, 10 (1811), S. 146–150

N. N., Pis'mo k izdatelju Vestnika Evropy, in: Vestnik Evropy 59, 18 (1811), S. 159–161

N. N., Razgovory o slovesnosti, in: Vestnik Evropy 58, 13 (1811), S. 34–51

N. N., Vypiski, izvestija, zamečanija, in: Vestnik Evropy 63, 12 (1812), S. 317–320

N. N., Načertanie vnov'-zavodimogo častnogo učilišča dlja vospitanija blagorodnych detej, in: Vestnik Evropy 72, 21 (1813), S. 117–139

N. N., O pamjati, in: Vestnik Evropy 71, 18 (1813), S. 123–138

N. N., Moim detjam, in: Vestnik Evropy 74, 5 (1814), S. 3–17

N. N., Reč', govorennaja pri toržestvennom otkrytii Imperatorskogo Kazanskogo Universiteta, in: Vestnik Evropy 77, 18 (1814), S. 83–105

N. N., Pariž, in: Vestnik Evropy 4, 13 (1815), S. 80–81

N. N., Kratkie vypiski, izvestija i zamečanija, in: Vestnik Evropy 88, 13 (1816), S. 66–75

N. N., O metode Bellja i Lankastera, in: Vestnik Evropy 96, 21 (1817), S. 26–35

N. N., Kratkoj otčet blagorodnogo Pansiona pri Imperatorskom Moskovskom Universitete, so vremeni vozobnovlenija ego, s 1814–1817, in: Vestnik Evropy 97, 1 (1818), S. 71–76

N. N., O pojavlenii detskoj natural'noj ospy posle privivnoj korov'ej, in: Vestnik Evropy 107, 17 (1819), S. 48–50

N. N., Ot domašnego li vospitanija, ili ot publičnogo bolee ožidat' nadobno pol'zy dlja blaga obščestva, in: Vestnik Evropy 114, 24 (1820), S. 283–290

N. N., Russkaja literatura. Istoričeskoe i kritičeskoe obozrenie Rossijskich Žurnaly, in: Syn Otečestvo, 1 (1821), S. 3–20

N. N., Uvedomlenie ob izdanii Novogo detskogo čtenija, in: Vestnik Evropy 120, 120 (1821), S. 238–239

N. N., Uvedomlenie o Detskom čtenii na 1823-j god, in: Vestnik Evropy 127, 22 (1822), S. 171–174

N. N., Nekotorye zamečanija na stat'ju: O narodnom vospitanii, in: Vestnik Evropy 147, 7 (1826), S. 177–191

N. N., O pogrešnostjach v otnošenii k otečestvennomu vospitaniju, in: Vestnik Evropy 159, 5 (1826), S. 57–74

N. N., O tom, čto nravstvennost' naroda zavisit ot vospitanija i zakonov, in: Vestnik Evropy 149, 16 (1826), S. 260–270

N. N., Pis'mo k odnoj Nemeckoj Dame, Načal'nice učebnoj zavedenija, in: Vestnik Evropy 172, 11 (1830), S. 188–201

N. N., Položenie o domašnych nastavnikach i učiteljach (1.7.1834). Ukaz Pravitel'stvujuščemu Senatu, in: Sbornik postanovlenij po Ministerstvu Narodnago Prosveščenija, St. Petersburg 1834, S. 785–798

N. N., Pako (Pascault), Adol'f Ivanovič, in: Biografičeskij slovar' professorov i prepodavatelej Imperatorskogo moskovskogo Universiteta, Bd. 2, Moskau 1855, S. 200–202

N. N., Kačenovskij, Michail Trofimovič, in: Biografičeskij slovar' professorov i prepodavatelej Imperatorskogo moskovskogo Universiteta, Bd. 1, Moskau 1855, S. 383–403

N. N., Telesnyja upražnenija kak élement vospitanija, in: Žurnal dlja vospitanija 2 (1857), S. 422–434

N. N., Novyj god – novyja želanija. Neskol'ko slov iz redakcii, in: Žurnal dlja vospitanija 3, 1–6 (1858), S. 5–14

N. N., Ideal drevne-russkago vospitanija, in: Žurnal dlja vospitanija 3, 1 (1858), S. 169–201

N. N., Guvernery i guvernantki, in: Syn Otečestva 2 (1860), S. 51–53

N. N., Kakim sredstvam možet učitel' podnjat' nravstvennyj uroven' bednago klassa. Iz zapisok učitelja-turista, in: Vospitanie 11 (1862), S. 245–260

N. N., Knižka njanek. Nastavlenija, kak cholit' i vospityvat' malen'kich detej, St. Petersburg 1863

N. N., K čitateljam, in: Žurnal dlja roditelej i nastavnikov 1–2 (1864), S. 1–9

N. N. (Hg.), Pedagogičeskie stat'i žurnala učitel za 1861 god, St. Petersburg 1866

N. N., Ot redakcii, in: N. N. (Hg.), Pedagogičeskie stat'i žurnala učitel za 1861 god, St. Petersburg 1866, S. 5–23

N. N., Programma žurnala »Učitel'«, in: N. N. (Hg.), Pedagogičeskie stat'i žurnala učitel za 1861 god, St. Petersburg 1866, S. 1–4

N. N., Kto vospityvaet v semejstve, in: Detskij sad 1 (1866), S. 2–7

N. N., Vybor njani, in: Detskij sad 3 (1867), S. 94–101

N. N., Naši zadači. Neskol'ko slov ot redakcii, in: Ženskoe obrazovanie, 3 (1876), S. 1–5

N. N., Ot redakcii, in: Vospitanie i obučenie 1 (1877), o. S.

N. N., Domašnee vospitanie. Rukovodstvo dlja roditelej i vospitatelej k vospitaniju i obučeniju detej, St. Petersburg 1883

N. N., General'nyj plan imperatorskago vospitatel'nago, dlja prinosnych detej, doma i gospitalja dlja bednych rodil'nic v Moskve (1763–1767 gg.), 3 Bde., St. Petersburg 1889

N. N., Ot redakcii, in: Vestnik Vospitanija 1 (1891), S. I–X

N. N., Sistematičeskij ukazatel' statej, napečatannych v neoficial'noj časti pedagogičeskogo sbornika za vremja ot 1893 po 1907 vključitel'no, St. Petersburg 1908

N. N., Russkie portrety XVIII i XIX stoletij, St. Petersburg 1909

N. N., Kak ja razvivaju v detjach sposobnosti i ljubov k muzyke. Pedagogičeskie zametki, St. Petersburg 1910

N. N., Mir Detej. Al'bom Solnca Rossii, Nr. 4, St. Petersburg 1912

N. N., Vserossijskij s"ezd po semejnomu vospitaniju (30.12.1912–6.1.1913), St. Petersburg 1913

N. N., Iz istorii »Vestnika vospitanija« (1890–1915), in: Vestnik Vospitanija 1 (1915), S. 8–57

Nabokov, Vladimir, Erinnerung, sprich: Wiedersehen mit einer Autobiographie (Gesammelte Werke, Bd. 22), Reinbek bei Hamburg 1991

Nevzorov, Maksim I., Kritičeskoe razsmotrenie Šillerovoj tragedii »Razbojniki«, in: Drug junošestva, 2 (1811), S. 94–154

ders., Uvedomlenie ob izdanii žurnala Drug junošestva, na 1812 god in: Drug junošestva, 10 (1811), S. 126–128

ders., Ischod moj iz Moskvy vo vremja našestvija francuzov, in: Drug junošestva, 10 (1812), S. 140–150

ders., Oda. Na slučaj vojny s francuzami. 1812 goda, in: Drug junošestva, 7 (1812), S. 131–135

Nikol', D. K., Zapiska Abbata Nikolja o vospominanii molodogo knjazja A. N. Volkonskogo, in: Russkij Archiv 3 (1895), S. 486–496

Nikolin, Nikolaj S., Vnebračnye deti (Zakon 3-go ijunja 1902 g.). Uzakonenie i usynovlenie s raz'jasnenijami Senata i obrazcami prošenij, Moskau 1902

Novokova, T. O., Detstvo glazami Ja. K. Grota, in: Filosofskij vek 38 (2012), S. 88–93

Patriot, Vraždebnyj podchod na žurnal »Guvernantka«, in: Guvernantka 1 (1862), S. 38–45

Pereselenkov, S. A., Sistematičeskij ukazatel' statej, napečatannych v neoficial'noj časti Pedagogičeskago sbornika za pjat'desjat let (1864–1914), Petrograd 1915

Petruševa, L. I. (Hg.), Deti russkoj ėmigracii. Kniga, kotoruju mečtali i ne smogli izdat' izgnanniki, Moskau 1997

Pokrovskij, E. A., Detskie igry. Priemuščestvenno russkie, Moskau 1895

Poludenksij, M., Ukazatel' k Vestniku Evropy 1802–1830, Moskau 1861

Popov, Gavril, Reč' o glavnych objazannostijach obrazovannogo molodogo čeloveka, vstupajuščego v obščestvo, in: Vestnik Evropy 97, 1 (1818), S. 3–23

Prevo, Andrej (Hg.), Detskij Karamzin, ili russkaja istorija v kartinkach, St. Petersburg 1836

ders. (Hg.), Živopisnyj Karamzin, ili russkaja istorija v kartinach, St. Petersburg 1838

Preyer, William T., Die Seele des Kindes. Beobachtungen über die geistige Entwickelung des Menschen in den ersten Lebensjahren, Leipzig 1882
Prokopovič-Antonskij, Nikolaj, Stichotvorenija. K bogu, in: Vestnik Evropy 79, 2 (1815), S. 94–98
Raeff, Marc, Russian Intellectual History. An Anthology, New York u. a. 1978
Rastorguev, E. (E. R.), Detskie prijuty v Rossii, St. Petersburg 1848
Red., Pervyj debjut Guvernantki, in: Učitel' 3 (1862), S. 129–131
Redkin, Petr, Ob izučenii novych jazykov, in: Vestnik dlja vospitanija 1 (1845), S. 28–90
ders., Na čem dolžna osnovyvat' nauka vospitanija, in: Biblioteka dlja vospitanija 3, 2 (1846), S. 1–46
ders., Čto takoe vospitanie, in: Žurnal dlja vospitanija 1 (1857), S. 3–14
Reklam, K., Krasota i zdorov'e ženščiny, St. Petersburg 1872
Rousseau, Jean-Jacques, Emile oder über die Erziehung, Stuttgart 2006
Rudnev, V., Neskol'ko cifr, in: Zen'kovskij, Vasilij V. (Hg.), Deti ėmigracii. Sbornik statej, 1925, S. 246–251
Rul'e, Karl F., O vlijanii naružnych uslovij na žizn' životnych, in: Biblioteka dlja vospitanija 2, 1 (1845), S. 51–86
S. N., Igry sodejstvujuščija umstvennomu razvitiju detej, in: Žurnal dlja vospitanija 2 (1857), S. 436–441
Samarin, Jurij, Pis'mo N. V. Gogolju, 6.7.1846, in: Russkaja Starina, 7 (1889), S. 171–172
ders., Sočinenija, 12 Bde., Moskau 1898
Semenov-Tjan'-Šanskij, P. P., Memuary. Detstvo i junost' (1827–1855), St. Petersburg 1917
Šeremetev, Sergej, Vospominanija detstva, St. Petersburg 1896
ders., Vospominanija 1853–1861, St. Petersburg 1897
ders., Michajlovskoe, Moskau 1906
Ševyrev, S., Ob otnošenii semejnogo vospitanija k gosudarstvennomu, Moskau 1842
Sikorskij, Ivan A., Vospitanie v vozraste pervogo detstva, St. Petersburg 1884
ders., Duša rebenka. S krat. opisaniem duši životnych i duši vzroslogo čeloveka, Kiew 1909
Šil'der, Nikolaj K., Imperator Nikolaj Pervyj. Ego žizn' i carstvovanie, St. Petersburg 1903
Širinskij-Šichmatov, Aleksej Aleksandrovič, Pis'ma o vospitanii blagorodnoj devicy i o obraščenii eja v mire, Moskau 1901
Skarjatina, Irina V., A World Can End, New York 1931
Slanskaia, Ekaterina, House Calls. A Day in the Practice of a Duma Woman Doctor in St. Petersburg, in: Clyman, Toby W.; Vowles, Judith (Hg.), Russia through Women's Eyes. Autobiographies from Tsarist Russia, New Haven 1996, S. 186–216
Sobolev, M. V., Ukazatel' statej, pomeščennych v detskich žurnalach, St. Petersburg 1875

Sokolovskij, A. Z., O bračnom sojuze. O rastorženii braka (razvode). O vlasti roditelej. O pravach zakonnych, usynovlennych i nezakonnych detej i učreždenie opek i popečitel'stv (prava opekunov i popečitelej), St. Petersburg 1889

Tarasova, E. P., Detskie sudy zagranicej, in: Gernet, Michail (Hg.), Deti-Prestupniki, Moskau 1912, S. 429–482

Terebenev, I. I., Azbuka 1812 goda, St. Petersburg 1815 (http://www.museum.ru/museum/1812/Library/Azbuka/p1.html [8.2.2022])

Terent'ev, A., Poučitel'noe slovo v naputstvovanie vypuskaemych vospitannikov Universitetskogo Blagorodnogo pansiona, proiznesennoe v Moskve 29 Marta, v den' toržestvennogo sobranija, in: Vestnik Evropy 135, 7 (1824), S. 165–175

Timofeev, A. G., Istorija telesnych nakazanij v russkom prave, St. Petersburg 1897

Toll', F., Naša detskaja literatura. Opyt bibliografii sovremennoj otečestvennoj detskoj literatury, preimuščestvenno v vospitatel'nom otnošenii, St. Petersburg 1862

Tolstoi, Lew N., Kindheit, Knabenjahre, Jugendzeit (Gesammelte Werke, Bd. 1), Berlin (DDR) 1967

Tolstoj, D. A., Ein Blick auf das Unterrichtswesen Russlands im XVIII Jahrhundert bis 1782, St. Petersburg 1884

Tolstoj, Lev N., Ausgewählte pädagogische Schriften, Paderborn 1960

ders., O narodnom vospitanii, in: Jasnaja Poljana, 1 (1862), S. 7–30

ders., K publike, in: Jasnaja Poljana, 1 (1862), S. V–IV

ders., Ot redakcii, in: Jasnaja Poljana, 4 (1862), S. 5–8

ders., Detstvo, Otročestvo, Junost', Moskau 1989

Trajnina, A. N., Obščie vyvody, in: Gernet, Michail N. (Hg.), Deti-Prestupniki, Moskau 1912, S. 543–550

Trubeckoj, Sergej E., Minuvšee, Moskau 1991

Trubicyn, Nikolaj, Dostoevskij i deti, Kronštadt 1903

Ušinskij, K. D., O narodnost' v obščestvennom vospitanie, in: Žurnal dlja vospitanija 2, 7–12 (1857), S. 6–69, 105–149

Vagabond, Antoinette; Vagabond, Charles, O pansione dlja modnogo vospitanija devic, in: Vestnik Evropy 36, 22 (1807), S. 127–134

Vikulin, Sergej, Čuvstvie otečestvennago sčastija, in: Drug junošestva, 5 (1813), S. 74–77

Vinogradov, Michail, Bezrukoj ostavnoj soldat, in: Drug junošestva, 3 (1813), S. 134–141

Vitte, Sergej Ju., Vospominanija. Detstvo. Carstvovanija Aleksandra II i Aleksandra III (1849–1894), Berlin 1923

Vodovozova, Elizaveta Nikolaevna, Umstvennoe razvitie detej ot pervogo pojavlenija soznanija do vos'miletnjago vozrasta. Kniga dlja vospitatelej, St. Petersburg 1871

dies., Na zare žizni, 2, Moskau 1964

Volkov, Genrich; Egorov, S. F.; Kopylov, A. N. (Hg.), Antologija pedagogičeskoj mysli Rossii XVIII v., Moskau 1985

Vsesvjatskij, P., Nesoveršennoletnie v tjurme, in: Gernet, M. N. (Hg.), Deti-Prestupniki, Moskau 1912, S. 413–427

Wieland, Christoph, Der goldne Spiegel oder die Könige von Scheschian, Bd. 4, Leipzig 1772
Wodowosowa, Jelisaweta Nikolajewna, Im Frührot der Zeit. Erinnerungen 1848– 1863, Weimar 1972
Zak, A. I., Charakteristika detskoj prestupnosti, in: Gernet, Michail N. (Hg.), Deti-Prestupniki, Moskau 1912, S. 79–120
Zamengof, M., Mery presečenija i nakazanija, primerenjaemyja k junym prestupnikam, in: Gernet, Michail (Hg.), Deti-Prestupniki, Moskau 1912, S. 383–411
Zen'kovskij, Vasilij V. (Hg.), Deti ėmigracii. Sbornik statej, Prag 1925
ders., Detskaja duša v naši dni, in: Ders. (Hg.), Deti ėmigracii. Sbornik statej, Prag 1925, S. 137–165

Darstellungen

A. Ja., Vospitatel'nye doma, in: Ėnciklopedičeskij slovar' F. A. Brokgauza i I. A. Ėfrona, Bd. 7, St. Petersburg 1892, S. 274–280
Abakumov, Aleksej; Epatko, Jurij G. (Hg.), Dmitrij Levickij »Smoljanki«. Novye otkrytija. K 275-letiju so dnja roždenija chudožnika St. Petersburg 2010
Ablov, N. N., Pedagogičeskaja periodičeskaja pečat' (1802–1916). Bibliografičeskij obzor, Moskau 1937
Adick, Christel, Vergleichende Erziehungswissenschaft. Eine Einführung, Stuttgart 2008
Afanas'eva, Irina (Hg.), Portret sem'i, St. Petersburg 2014
Allard, Sébastien; Laneyrie-Dagen, Nadeije; Pernoud, Emmanuel, L'enfant dans la peinture, Paris 2011
Alston, Patrick L., Education and the State in Tsarist Russia, Stanford 1969
Althans, Birgit; Winzen, Matthias (Hg.), Kindheit – eine Erfindung des 19. Jahrhunderts (Ausstellungskatalog), Oberhausen 2013
Amšinskaja, Aleksandra M., V. A. Tropinin, Moskau 1976
Anderson, Michael, Approaches to the History of the Western Family 1500–1980, London 1980
Anweiler, Oskar, Geschichte der Schule und Pädagogik in Rußland. Vom Ende des Zarenreiches bis zum Beginn der Stalin-Ära, Heidelberg 1964
Ariès, Philippe, L'enfant et la vie familiale sous l'ancien régime, Paris 1960
ders., Centuries of Childhood. A Social History of Family Life, New York 1962
ders., Geschichte der Kindheit, München [15]2003
Astbury, Katherine, Rezension zu Łukasz Szkopiński L'Œuvre romanesque de François Guillaume Ducray-Duminil, in: French Studies 71, 3 (2017), S. 418–419
Aurova, Nadežda N., Ot kadeta do generala. Povsednevnaja žizn' russkogo oficera v konce XVIII–pervoj polovine XIX veka, Moskau 2010

Aust, Martin, Die Russische Revolution. Vom Zarenreich zum Sowjetimperium, München 2017
Baader, Meike; Eßer, Florian; Schröer, Wolfgang (Hg.), Kindheiten in der Moderne. Eine Geschichte der Sorge, Frankfurt am Main u. a. 2014
Baberowski, Jörg, Autokratie und Justiz. Zum Verhältnis von Rechtsstaatlichkeit und Rückständigkeit im ausgehenden Zarenreich 1864–1914, Frankfurt am Main 1996
Babuškina, Antonina P., Istorija russkoj detskoj literatury, Moskau 1948
Bachmann-Medick, Doris, Cultural turns. Neuorientierungen in den Kulturwissenschaften, Reinbek bei Hamburg 2006
Balina, Marina (Hg.), Russian Children's Literature and Culture, New York u. a. 2008
Ball, Alan M., And now my soul is hardened. Abandoned children in Soviet Russia, 1918–1930, Berkeley 1994
Barašev, M. A., Vospitanie i obrazovanie russkogo dvorjanstva vtoroj poloviny XVII–načala XIX vekov, Vladimir 2005
Barchatova, Elena, Wissenschaft? Handwerk? Kunst?, in: N. N. (Hg.), Das Russland der Zaren. Photographien von 1939 bis zur Oktoberrevolution, Berlin (DDR) 1989, S. 7–37
dies., Bilderalltag – Alltagsbilder. Das Archiv der öffentlichen Bibliothek M. E. Saltykov-Ščedrin, Leningrad, in: N. N. (Hg.), Das Russland der Zaren. Photographien von 1939 bis zur Oktoberrevolution, Berlin (DDR) 1989, S. 74–99
Barinova, Ekaterina P., Rossijskoe dvorjanstvo v načale XX veka ėkonomičeskij status i sociokul'turnyj oblik, Moskau 2008
Barran, Thomas Paul, Russia reads Rousseau, 1762–1825, Evanston 2002
Barskov, Jakov L., Pedagogičeskij muzej voenno-učebnych zavedenij 1864–1914. Istoričeskij očerk, St. Petersburg 1914
Bautz, Annegret, Sozialpolitik statt Wohltätigkeit: Der Konzeptionswandel städtischer Fürsorge in Sankt Petersburg von 1892 bis 1914, Wiesbaden 2007
Becker, Seymour, Nobility and Privilege in Late Imperial Russia, DeKalb 1985
Behnken, Imbke; Zinnecker, Jürgen (Hg.), Kinder, Kindheit, Lebensgeschichte: Ein Handbuch, Seelze-Velber 2001
Beketova, N. A., Očerk russkoj detskoj žurnalistiki (1785–1855), in: Dies.; Čechov, N. V. (Hg.), Materialy po istorii russkoj detskoj literatury (1750–1855), Bd. 1.1, Moskau 1927, S. 89–134
Beljakova, Irina Jur'evna (Hg.), Mir detstva v russkom zarubež'e. Kul'turologičeskie čtenija »Russkoe zarubež'e XX veka«, Bd. 3, Moskau 2011
Belousova, O. V., Vospitanie Grafa S. D. Šeremeteva (Vtoraja polovina 1840-x–načalo 1860-x gg.), in: Vestnik Moskovskogo Universiteta. Istorija 8, 1 (2014), S. 83–93
Belova, Anna V., »Četyre vozrasta ženščiny«. Povsednevnaja žizn' russkoj provincial'noj dvorjanki XVIII–serediny XIX vv., St. Petersburg 2010
Benecke, Werner, Militär, Reform und Gesellschaft im Zarenreich. Die Wehrpflicht in Russland 1874–1914, Paderborn u. a. 2006

Benua, Aleksandr, Istorija russkoj živopisi v XIX veke, St. Petersburg 1902
Berezina, Valentina G.; Zapadov, Aleksandr V., Istorija russkoj žurnalistiki XVIII–XIX vekov, Moskau 1963
Beyrau, Dietrich, Militär und Gesellschaft im vorrevolutionären Russland, Köln u. a. 1984
Bezrogov, Vitalij (Hg.), Učebniki detstva. Iz istorii školnoj knigi XVII–XXI vekov, Moskau 2013
Bezrogov, Vitalij; Kelly, Katriona (Hg.), Kakoreja. Iz istorii destva v Rossii i drugich stranach, Moskau; Tver' 2008
Bezrogov, V. G.; Tendrjakova, M. V. (Hg.), »Vsja istorija napolnena detstvom«. Nasledie F. Ar'esa i novye podchody k istorii detstva, Moskau 2012
Bezrogov, Vitalij Grigor'evič; Košeleva, Ol'ga Evgen'evna; Tendrjakova, Marija Vladimirovna (Hg.), Maloletnie poddannye bol'šoj imperii. Filipp Ar'es i istorija detstva v Rossii (XVIII–načalo XX veka), Moskau 2012
Bim-Bad, Boris M. (Hg.), Pedagogičeskij ėnciklopedičeskij slovar', Moskau 2003
Black, Joseph L., Citizens for the Fatherland. Education, Educators, and Pedagogical Ideals in Eighteenth Century Russia. With a translation of Book on the Duties of Man and Citizen (St. Petersburg, 1783), Boulder 1979
Boas, George, The Cult of Childhood, London 1966
Bochanov, A. I., Rossijskie konservatory, Moskau 1997
Bojko, Nina, Portret Syna, in: Molodaja gvardija 5 (2010), S. 247–252
Bokova, Vera, Detstvo v carskom dome. Kak rastili naslednikov russkogo prestola, Moskau 2011
dies., Otroku blagočestie bljusti … Kak nastavljali dvorjanskich detej, Moskau 2010
Bolotina, M. V., »Rossijskoe junošestvo dolžno byt' vospityvaemo … chotja i v domach svoich, no vsegda v Rossii«: Semejnoe obrazovanie v Rossii v pervoj polovine XIX v., in: Vestnik Rossijskogo universiteta družby narodov 2, 12 (2008), S. 24–31
Borisov, Sergej B., Russkoe detstvo XIX–XX vv. kul'turno-antropologičeskij slovar', 2 Bde., St. Petersburg 2012
Boškovska, Nada, Die russische Frau im 17. Jahrhundert, Köln u. a. 1998
Boym, Svetlana, Common Places. Mythologies of Everyday Life in Russia, Cambridge, Mass. u. a. 1994
Brjancev, Michail V., Kul'tura russkogo kupečestva. Vospitanie i obrazovanie, Brjansk 1999
Bronfenbrenner, Urie, Two Worlds of Childhood. U. S. and U. S.S. R., New York 1970
Brown, Douglas, Doomsday 1917. The Destruction of Russia's Ruling Class, New York 1973
Brown, Marilyn R. (Hg.), Picturing Children. Constructions of Childhood between Rousseau and Freud, Aldershot u. a. 2002
dies., Introduction, in: Dies. (Hg.), Picturing children. Constructions of Childhood between Rousseau and Freud, Aldershot u. a. 2002, S. 1–23

dies., Images of Childhood, in: Encyclopedia of Children and Childhood in History and Society, Bd. 2, New York 2004, S. 449–463

Brugger, Marianne, Kindheit im zaristischen Rußland des 19. Jahrhunderts, Diss. Zürich 1991

Bullitt, Margaret M., Rousseau and Tolstoy: Childhood and Confession, in: Comparative Literature Studies, 16, 1 (1979), S. 12–20

Burbank, Jane; Ransel, David L. (Hg.), Imperial Russia. New Stories for the Empire, Bloomington, Indianapolis 1998

Burghardt, Anja, Hierarchische Ordnungen im ethnografischen Bild, in: Fotogeschichte, 136 (2015), S. 15–24

Burke, Peter, Augenzeugenschaft. Bilder als historische Quellen, Berlin 2003

Burns, Virginia M.; Burns, Katya, Pushkin's »Poltava«. A literary structuralist interpretation, Lanham 2005

Byford, Andy, Psychology at High School in Late Imperial Russia (1881–1917), in: History of Education Quarterly 48, 2 (2008), S. 265–297

ders., Turning Pedagogy into a Science. Teachers and Psychologists in Late Imperial Russia (1897–1917), in: Osiris 23 (2008), S. 50–81

ders., Parent Diaries and the Child Study Movement in Late Imperial and Early Soviet Russia, in: The Russian Review 72, 2 (2013), S. 212–241

ders., Trauma and Pathology. Normative Crises and the Child Population in Late Tsarist Russia and the early Soviet Union, 1904–1924, in: Journal of the History of Childhood and Youth 9, 3 (2016), S. 450–469

ders., Science of the Child in Late Imperial and Early Soviet Russia, Oxford 2020

Byrnes, Robert Francis Pobedonostsev: His Life and Thought, Bloomington; London 1968

Calvert, Karin, Children in the House. The Material Culture of Early Childhood, 1600–1900, Boston 1992

Caroli, Dorena, L'enfance abandonnée et délinquante dans la Russie soviétique (1917–1937) Paris 2004

Carr, Edward Hallett, Michail Bakunin, New York 1975

Cavender, Mary W., Nests of the Gentry. Family, Estate, and Local Loyalties in Provincial Russia, Newark 2007

Čechov, Nikolaj V., Detskaja literatura (s priloženiem »Bibliografii po voprosam detckoj literatury i detskago čtenija«, sostavlennoj E. A. Korol'kovym), Moskau 1909

ders., Očerki istorii russkoj detskoj literatury, in: Čechov, N. V. (Hg.), Materialy po istorii russkoj detskoj literatury 1750–1855, Moskau 1927, S. 17–87

Čerepnin, N. P., Imperatorskoe vospitatel'noe obščestvo blagorodnych devic. Istoričeskij očerk 1764–1914, 3 Bde., St. Petersburg 1914/15

Christoff, Peter K., An Introduction to Nineteenth Century Russian Slavophilism (Bd. 4): Iu. F. Samarin, Princeton, NJ 1991

Clements, Barbara Evans, A History of Women in Russia. From Earliest Times to the Present, Bloomington 2012

Cohen, Adir, The Educational Philosophy of Tolstoy, in: Oxford Review of Education 7, 3 (1981), S. 241–251
Cohen, Aaron J., Flowers of Evil. Mass Media, Child Psychology, and the Struggle for Russia's Future during the First World War, in: Marten, James Alan (Hg.), Children and war. A History Anthology, New York 2002, S. 38–49
Colin, A. R.; Colon, P. A., A History of Children. A Socio-Cultural Survey Across Millennia, Westport u. a. 2001
Condette, Jean-François, Les recteurs d'académie en France de 1808 à 1940. Bd. 2: Dictionnaire biographique, Paris 2006
Coninck-Smith, Ning de, Industrious Children. Work and Childhood in the Nordic Countries 1850–1990, Odense 1997
Creuziger, Clementine G. K., Childhood in Russia. Representation and Reality, Lanham u. a. 1996
Cross, Anthony G., N. M. Karamzin's Messenger of Europe, in: Herald of Europe, September (2004), S. 1–26
Čudinov, A. V.; Ržeuckij, V. S. (Hg.), Frankojazyčnye guvernery v Evrope XVII–XIX vv., Moskau 2011
Čumikov, A. A., Moi cenzurnye mytarstva (Vospominanija), in: Russkaja starina 100, 10–12 (1899), S. 583–600
Cunningham, Hugh, Die Geschichte des Kindes in der Neuzeit, Düsseldorf 2006
ders., The Invention of Childhood, London 2006
Daškova, Ekaterina, O smysle slova »vospitanie«, in: Volkov, Genrich N.; Solovkov, Ivan A. (Hg.), Antologija pedagogičeskoj mysli Rossii vosemnadcatogo veka, Moskau 1985, S. 282–288
de Madariaga, Isabel, Katharina die Grosse. Das Leben der russischen Kaiserin, Wiesbaden 2004
deMause, Lloyd (Hg.), The History of Childhood, London 1974
ders. (Hg.), Hört ihr die Kinder weinen. Eine psychogenetische Geschichte der Kindheit, Frankfurt am Main 1994
Demkov, Michail, Istorija russkoj pedagogii, 3 Bde., Moskau 1909–1913
Derevenskij, Joanna Sofaer (Hg.), Children and Material Culture, London 2000
Detstvo (= Teorija Mody. Odežda, Telo, Kul'tura, 8, 2008)
Dimock, George, Children's studies and the Romantic Child, in: Brown, Marilyn R. (Hg.), Picturing Children. Constructions of Childhood between Rousseau and Freud, Burlington 2002, S. 189–199
Disson, Julia, Privileged Noble High Schools and the Formation of Russian National Elites in the First Part of the 19th Century, in: Historical Social Research 33, 2 (2008), S. 174–189
Dlugač, R. V., Deti i knigi, in: Pokrovskaja, A. K.; Čechov, N. V. (Hg.), Materialy po istorii russkoj detskoj literatury (1750–1855). Trudy komissii po istorii russkoj detskoj literatury, Bd. 1.1, Moskau 1927, S. 264–301
Dolgich, E. V., K probleme mentaliteta rossijskoj administrativnoj elity pervoj poloviny XIX veka: M. A. Korf, D. N. Blydov, Moskau 2006

Dolgov, Vadim, Detstvo kak social'nyj fenomen v kontekste drevnerusskoj kul'tury XI–XIII vv. Otnošenie k rebenku i stadii vzroslenija, in: Social'naja istorija. Ežegodnik 2007, S. 67–86

Dowler, Wayne, A History of Education in Modern Russia. Aims, Ways, Outcomes, London 2021

Dunn, Patrick P., »Der Feind ist das Kind«. Kindheit im zaristischen Rußland, in: deMause, Lloyd (Hg.), Hört ihr die Kinder weinen. Eine psychogenetische Geschichte der Kindheit, Frankfurt am Main 1994, S. 535–564

Dyhouse, Carol, Girls growing up in Late Victorian and Edwardian England, London u. a. 1981

Ebert, Christa, Erziehung des idealen Menschen? Das Smol'nyj-Institut – Katharinas Modellversuch für Frauenbildung in Russland, in: Lehmann-Carli, Gabriela (Hg.), Russische Aufklärungsrezeption im Kontext offizieller Bildungskonzepte (1700–1825), Berlin 2001, S. 261–282

Egorova, Ekaterina Valer'evna, Das Bildungswesen in Russland unter dem Gesichtspunkt der Individualisierung, Hildesheim 2016

Eibach, Joachim; Schmidt-Voges, Inken; Bonderer, Roman (Hg.), Das Haus in der Geschichte Europas. Ein Handbuch, Berlin u. a. 2015

Eklof, Ben, Russian Peasant Schools. Officialdom, Village Culture, and Popular Pedagogy, 1861–1914, Berkeley 1987

ders. (Hg.), School and Society in Tsarist and Soviet Russia. Selected Papers from the Fourth World Congress for Soviet and East European Studies, Harrogate 1990, Basingstoke u. a. 1993

ders.; Bushnell, John; Zakharova, Larissa (Hg.), Russia's Great Reforms, 1855–1881, Bloomington 1994

ders.; Peterson, Nadezhda, Laska i Poriadok. The Daily Life of the Rural School in Late Imperial Russia, in: The Russian Review 69, 1 (2010), S. 7–29

Ėl'bek, V. E.; Svetov, Ju.; Bjurganovskij, D. A. (Hg.), Dinastija Bulla. Karl, Aleksandr, Viktor, Jurij, St. Petersburg 2017

Ely, Christopher, This Meager Nature. Landscape and National Identity in Imperial Russia, DeKalb 2009

Emmons, Terence, The Russian Landed Gentry and the Peasant Emancipation of 1861, Cambridge 1968

Enalieva, N. I., Child Labor and Industrial Apprenticeship in Prerevolutionary Russia, in: Russian Education & Society 37, 11 (1995), S. 11–18

Engel, Barbara, Between the Fields and the City. Women, Work, and Family in Russia 1861–1914, Cambridge 1996

dies., Mothers and Daughters. Women of the intelligentsia in nineteenth-century Russia, Evanston 2000

dies., Women in Russia, 1700–2000, Cambridge u. a. 2004

dies., Breaking the Ties that Bound the Politics of Marital Strife in Late Imperial Russia, Ithaca u. a. 2011 dies., Marriage, Household and Home in Modern Russia. From Peter the Great to Vladimir Putin, London 2021

Engelstein, Laura, Slavophile Empire. Imperial Russia's Illiberal Path, Ithaca u. a. 2016

Erikson, Erik H., Kindheit und Gesellschaft, Stuttgart ¹³1965

Ermakov, D. A., Vodovozov, Vasilij Ivanovič, in: Rossijskaja pedagogičeskaja Ėnciklopedija, Moskau 1993, (https://www.gumer.info/bibliotek_Buks/Pedagog/russpenc/03.php [8.2.2022])

Esin, Boris I., Istorija russkoj žurnalistiki XIX veka, Moskau 2008

Evreinov, Nikolaj N., Istorija telesnych nakazanij v Rossii, St. Petersburg 1913

Fass, Paula (Hg.), Encyclopedia of Children and Childhood in History and Society, 3 Bde., New York u. a. 2004

Fass, Paula (Hg.), The Routledge History of Childhood in the Western World, London 2013

dies., Is There a Story in the History of Childhood?, in: Dies. (Hg.), The Routledge History of Childhood in the Western World, London 2013, S. 1–14

dies.; Mason, Mary Ann (Hg.), Childhood in America, New York u. a. 2000

Fatueva, L. A., »Miloe Tarusovo, kak ne ljubit' tebja!«, in: Russkaja usad'ba, 13–14 (2012), S. 742–839

Feest, David (Hg.), Die Zukunft der Rückständigkeit. Chancen – Formen – Mehrwert, Festschrift für Manfred Hildermeier zum 65. Geburtstag, Köln 2013

Fieseler, Beate, Besonderheiten des mittleren Mädchenbildungswesens im Russischen Reich (19. Jahrhundert), in: Wilhelmi, Anja (Hg.), Bildungskonzepte und Bildungsinitiativen in Nordosteuropa, Wiesbaden 2011, S. 278–291

Figner, Vera Nikolaevna, Nacht über Russland. Lebenserinnerungen, Berlin 1928

Fischer-Tiné, Harald, Postkoloniale Studien, in: Europäische Geschichte Online (EGO), 3.12.2010 (http://www.ieg-ego.eu/fischertineh-2010-de, URN: urn:nbn:de:0159-2010101196 [8.2.2022])

Fitzpatrick, Sheila, Education and Social Mobility in the Soviet Union 1921–1931, Cambridge u. a. 1970

Fletcher, Anthony, Growing up in England. The Experience of Childhood, 1600–1914, New Haven, London 2010

Fomina, Ju. V., Išimova, A. O., in: Čechov, N. V.; Pokrovskaja, A. K. (Hg.), Materialy po istorii russkoj detskoj literatury, Moskau 1927, S. 215–224

Formanek-Brunell, Miriam, Made to Play House. Dolls and the Commercialization of American Girlhood, 1830–1930, Baltimore 1998

Foucault, Michel, Die Politik der Gesundheit im 18. Jahrhundert, in: Foucault, Michel (Hg.), Schriften in vier Bänden. Dits et écrits, Bd. 3, Frankfurt am Main 2003, S. 19–37

Foyster, Elizabeth; Marten, James (Hg.), A Cultural History of Childhood and Family, 6 Bde., London u. a. 2010

Frappaz, La vie de l'Abbé Nicolle, Paris 1857

Frevert, Ute; Schmidt, Anne, Geschichte, Emotionen und die Macht der Bilder, in: Geschichte und Gesellschaft 37, 1 (2011), S. 5–25

Frieden, Nancy M., Child Care. Medical Reform in a Traditionalist Culture, in: Ransel, David L. (Hg.), The Family in Imperial Russia. New Lines of Historical Research, Urbana u. a. 1976, S. 236–259

Friedman, Rebecca, Home and Hearth. Representing Childhood in Fin de Siècle Russia, in: Darian-Smith, Kate; Pascoe, Carla (Hg.), Children, Childhood and Cultural Heritage, London 2013, S. 257–269

Frierson, Cathy A., Peasant Icons. Representations of Rural People in Late Nineteenth-Century Russia, New York u. a. 1993

dies., Silence was Salvation. Child Survivors of Stalin's Terror and World War II in the Soviet Union, New Haven u. a. 2015

dies.; Vilenskij, Semen S., Children of the Gulag, New Haven u. a. 2010

Froese, Leonhard, Ideengeschichtliche Triebkräfte der russischen und sowjetischen Pädagogik, Heidelberg 1963

Funck, Marcus; Malinowski, Stephan, Geschichte von oben, in: Historische Anthropologie 7, 2 (1999), S. 236–270

Funck, Marcus; Malinowski, Stephan, »Charakter ist alles!« Erziehungsideale und Erziehungspraktiken in deutschen Adelsfamilien in Kaiserreich und Weimarer Republik, in: Jahrbuch für historische Bildungsforschung 6 (2000), S. 71–92

Gagaev, P. A., Westernizers and Slavophiles in Russian Pedagogy, in: Russian Education & Society 44, 9 (2002), S. 64–74

Gajda, F. A., »Za Veru, Carja i Otečestvo«: K istorii proischoždenija znamenitogo rossijskogo voennogo deviza, in: Istorija. Naučnoe obozrenie OSTKRAFT 4 (2018), S. 5–9

Gankina, Ėlla, Russkie chudožniki detskoj knigi, Moskau 1963

Gautherin, Jaqueline, Marc-Antoine Jullien (»Jullien de Paris«), in: Prospects: The Quarterly Review of Comparative Education XXIII, 3/4 (1993), S. 757–773

Geertz, Clifford, Dichte Beschreibung. Beiträge zum Verstehen kultureller Systeme, Frankfurt am Main ⁵1997

Gestrich, Andreas; Krause, Jens Uwe; Mitterauer, Michael, Geschichte der Familie, Stuttgart 2003

Gestwa, Klaus, Proto-Industrialisierung in Rußland. Wirtschaft, Herrschaft und Kultur in Ivanovo und Pavlovo, 1741–1932, Göttingen 1999

ders.; Kucher, Katharina (Hg.), Visuelle Geschichte Russlands. Der Blick auf das 19. Jahrhundert (= Jahrbücher für Geschichte Osteuropas 60, 4, (2013))

dies., Visuelle Geschichte Russlands: der Blick auf das 19. Jahrhundert, in: Jahrbücher für Geschichte Osteuropas 60, 4 (2012), S. 482–488

Giesen, Josef, Europäische Kinderbilder. Die soziale Stellung des Kindes im Wandel der Zeit, München 1966

Glagoleva, Olga E., Russkaja provincial'naja starina, Tula 1993

dies., Dream and Reality of Russian Provincial Young Ladies. 1700–1850, Pittsburgh 2000

dies., The Illegitimate Children of the Russian Nobility in Law and Practice, 1700–1860, in: Kritika 6, 3 (2005), S. 461–499
Glinskij, B. B., Carskie deti i ich nastavniki. Istoričeskie očerki, Moskau 1899
Goehrke, Carsten, Russischer Alltag. Eine Geschichte in neun Zeitbildern, 3 Bde. (Bd. 1: Die Vormoderne; Bd. 2: Auf dem Weg in der Moderne; Bd. 3: Sowjetische Moderne und Umbruch), Zürich 2003–2005
ders., Russland. Eine Strukturgeschichte, Paderborn 2010
Goetz, Helmut, Marc-Antoine Jullien de Paris, 1775–1848. L'évolution spirituelle d'un révolutionnaire. Contribution à l'histoire de précurseurs des organisations internationales du XXe siècle, Paris 1962
Golczewski, Frank; Pickhan, Gertrud, Russischer Nationalismus. Die russische Idee im 19. und 20. Jahrhundert, Göttingen 1998
Goldovskij, Grigorij Naumovič, Detskij Portret: Katalog vystavki, Leningrad 1990
ders., Detskij portret v russkoj živopisi XVIII–nacala XX vekov, Leningrad 1991
ders., »Smoljanki« D. G. Levickogo (k istorii bytovanija), in: Abakumov, Aleksej; Epatko, Jurij G. (Hg.), Dmitrij Levickij »Smoljanki«. Novye otkrytija. K 275-letiju so dnja roždenija chudožnika St. Petersburg 2010, S. 4–13
Golowina, Aleksandra, Für die Nachkommen aufbewahren. Die Photographische Sammlung des Zentralarchivs für Film- und Photodokumente, Leningrad, in: N. N. (Hg.), Das Russland der Zaren. Photographien von 1939 bis zur Oktoberrevolution, Berlin (DDR) 1989, S. 170–211
Gončarov, M. A., Russkie pedagogičeskie žurnaly i ich vlijanie na obščee i pedagogičeskoe obrazovanie Rossii serediny XIX–načala XX vv. (K 150-letiju so dnja vychoda žurnala »Učitel'«), in: Problemy sovremennogo obrazovanija 4 (2011), S. 47–59
Gorbatov, Inna, Catherine the Great and French Philosophers of the Enlightenment. Montesquieu, Voltaire, Rousseau, Diderot and Grim, Bethesda 2006
Gorer, Geoffrey; Rickman, John, The People of Great Russia. A Psychological Study, New York 1950
Gorshkov, Boris B., Factory Children. An Overview of Child Industrial Labor and Laws in Imperial Russia, 1840–1914, in: Melancon, Michael; Pate, Alice K. (Hg.), New Labor History. Worker Identity and Experience in Russia, 1840–1918, Bloomington 2002, S. 9–33
ders., Towards a Comprehensive Law. Tsarist Factory Labor Legislation in European Context, 1830–1914, in: McCaffray, Susan; Melancon, Michael (Hg.), Russia in the European Context, 1789–1914: A Member of the Family, New York 2005, S. 49–70
ders., Russia's Factory Children. State, Society, and Law, 1800–1917, Pittsburgh 2009
Grant, Steven A., Rezension zu: Russian Children's Literature and Culture / Encyclopedia of Children and Childhood. In History and Society / Children's Worl. Growing Up in Russia, 1890–1991 / Russkie deti: Osnovy narodnoi pedagogiki. Illiustrirovannaia entsiklopediia, in: Kritika 10, 3 (2009), S. 730–742

ders., The Russian Nanny, Real and Imagined. History, Culture, Mythology, Washington 2012
ders., The Russian Gentry Family. A Contrarian View, in: Jahrbücher für Geschichte Osteuropas 60, 1 (2012), S. 1–33
Gray, Rosalind P., Russian Genre Painting in the Nineteenth Century, Oxford 2000
Green, Anna, French Paintings of Childhood and Adolescence, 1846–1886, Burlington 2007
Grekov, V. A., Igruški v detskich portretach, in: Chudožnik, 1–2 (2009), S. 112–114
ders. (Hg.), Detskij dvorjanskij portret v sobranii muzeja igruški. Al'bom katalog, Sergiev Posad 2011
Griščenko, V. V., Rol' semi v vospitanii junogo dvorjanina, in: Analitika kul'turologii, 9 (2007), o. S.
Gutman, Marta (Hg.), Designing Modern Childhoods. History, Space, and the Material Culture of Children, New Brunswick u. a. 2008
dies.; De Coninck-Smith, Ning (Hg.), Designing Modern Childhoods. History, Space, and the Material Culture of Children, New Brunswick 2008
Haggenmacher, Otto, Leo Tolstoi als Pädagoge, in: Schweizerische pädagogische Zeitschrift 20, 4 (1910), S. 224–240
Hall, G. Stanley, Aspects of Child Life and Education, Boston 1907
Harwin, Judith, Children of the Russian State, 1917–95, Aldershot u. a. 1996
Hawes, Joseph M.; Hiner, Ray M., Children in Historical and Comparative Perspective. An International Handbook and Research Guide, New York u. a. 1991
Hedström, Per, Die Peredvižniki und Europa, in: Mössinger, Ingrid; Ritter Beate (Hg.), Die Peredwischniki. Maler des russischen Realismus (Katalog anlässlich der Ausstellung »Die Peredwischniki. Maler des Russischen Realismus« in den Kunstsammlungen Chemnitz vom 26. Februar bis 28. Mai 2012), Chemnitz 2012, S. 40–53
Heesen, Kerstin te (Hg.), Pädagogische Reflexionen des Visuellen, Münster u. a. 2014
Heiland, Helmut, 175 Jahre Kindergarten. Friedrich Fröbel und sein pädagogisches Erbe, in: Diskurs Kindheits- und Jugendforschung 10, 4 (2015), S. 367–380
Heimerdinger, Timo, Der Seemann. Ein Berufsstand und seine kulturelle Inszenierung (1844–2003), Köln u. a. 2005
Hellman, Ben, Fairy Tales and True Stories. The History of Russian Literature for Children and Young People (1574–2010), Boston; Leiden 2013
Hess, Remi, Die Praxis des Tagebuchs. Beobachtung – Dokumentation – Reflexion, Münster 2009
Heywood, Colin, Childhood in Nineteenth-Century France. Work, Health and Education Among the »Classes Populaires«, Cambridge 1988
ders., A History of Childhood. Children and Childhood in the West from Medieval to Modern Times, Cambridge 2001 (Neuauflage 2018)
ders., Growing up in France. From the Ancien Regime to the Third Republic, Cambridge 2007

ders. (Hg.), In the Age of Empire (= Foyster; Marten (Hg.), A History of Childhood and Family, Bd. 5), Oxford u. a. 2010

Higonnet, Anne, Pictures of Innocence. The History and Crisis of Ideal Childhood, London 1998

dies., Picturing Childhood in the Modern West, in: Fass, Paula (Hg.), The Routledge History of Childhood in the Western World, London u. a. 2013, S. 296–312

Hildermeier, Manfred, Der russische Adel von 1700 bis 1917, in: Wehler, Hans-Ulrich (Hg.), Europäischer Adel. 1750–1950, Göttingen 1990, S. 166–216

ders., Russische Revolution. Voraussetzungen, Februarrevolution, Roter Oktober, Sozialistische Revolution, Sowjet, Räteverfassung, Köpfe der Revolution, Bürgerkrieg, Nationale Frage, Kulturelle Revolution, Interpretationen, Frankfurt am Main 2004

ders., Geschichte Russlands. Vom Mittelalter bis zur Oktoberrevolution, München 2013

Hildt, Julia, Der russische Adel im Exil. Selbstverständnis und Erinnerungsbilder nach der Revolution von 1917, Göttingen 2018

Hillig, Götz (Hg.), Stand und Perspektiven der Makarenko-Forschung. Materialien des 6. internationalen Symposions (28. April–2. Mai 1989) = Sovremennoe sostojanie i perspektivy Makarenkovedenija (6. Internationales Makarenko-Symposion), München 1994

ders., Die Arbeitskommune der OGPU in Bolševo. Genese und pädagogische Konzeption, in: Jahrbuch für Forschungen zur Geschichte der Arbeiterbewegung 5, 3 (2006), S. 42–58

Himmelbach, Nicole; Schröer, Wolfgang, Die transnationale Kindheit, in: Baader, Meike; Eßer, Florian; Schröer, Wolfgang (Hg.), Kindheiten in der Moderne. Eine Geschichte der Sorge, Frankfurt am Main u. a. 2014, S. 492–507

Hohendorf, Gerd, Reformpädagogik und Arbeiterbewegung, Oldenburg 1989

Holmgren, Beth, The Russian Memoir. History and Literature, Evanston 2007

Honig, Michael-Sebastian, Entwurf einer Theorie der Kindheit, Frankfurt am Main 1999

ders., Kindheiten, in: Scherr, Albert (Hg.), Soziologische Basics, Wiesbaden 2006, S. 97–100

ders., Lebensphase Kindheit, in: Abels, Heinz; Honig, Michael-Sebastian; Saake, Irmhild u. a., Lebensphasen. Eine Einführung, Wiesbaden 2008, S. 9–76

Hoogenbloom, Hilde, Vera Figner and Revolutionary Autobiographies. The Influence of Gender on Genre, in: Marsh, Rosalind (Hg.), Women in Russia and Ukraine, Cambridge 1996, S. 78–93

Hruska, Anne, Loneliness and Social Class in Tolstoy's Trilogy Childhood, Boyhood, Youth, in: The Slavic and East European Journal 44, 1 (2000), S. 64–78

Hucke, Gerda, Jurij Fedorovič Samarin. Seine geistesgeschichtliche Position und politische Bedeutung, München 1970

Hughes, Michael, »Independent Gentlemen«. The Social Position of the Moscow Slavophiles and its Impact on their Political Thought, in: The Slavonic and East European Review 71, 1 (1993), S. 66–88
ders., State and Society in the Political Thought of the Moscow Slavophiles, in: Studies in East European Thought 52, 3 (2000), S. 159–183
Hunt, David, Parents and Children in History. The Psychology of Family Life in Early Modern France, New York u. a. 1972
Ihanus, Juhani, Shame, Revenge and Glory. On Russian Childrearing and Politics, in: The Journal of Psychohistory 23, 3 (1996), S. 260–268
ders., Swaddling, Shame and Society. On Psychohistory and Russia, Helsinki 2001
Iljucha, Olga P., Škola i detstvo v karel'skoj derevne v konce XIX–nacale XX v., St. Petersburg 2007
Illick, Joseph E., American Childhoods, Philadelphia 2002
Isupov, Konstantin G., Narrentum in Christo, in: Franz, Norbert (Hg.), Lexikon der russischen Kultur, Darmstadt 2002, S. 318–319
Ivanova, L. V. (Hg.), Mir russkoj usad'by. Očerki, Moskau 1995
dies., Domašnjaja škola Samarinych, in: Dies. (Hg.), Mir russkoj usad'by. Očerki, Moskau 1995, S. 20–33
Jackson, David, Aufruhr und Tradition. Die Kunst der Peredwischniki, in: Mössinger, Ingrid (Hg.), Die Peredwischniki. Maler des russischen Realismus (Katalog anlässlich der Ausstellung »Die Peredwischniki. Maler des Russischen Realismus« in den Kunstsammlungen Chemnitz vom 26. Februar bis 28. Mai 2012), Chemnitz 2012, S. 16–36
Jaeger, Friedrich, Enzyklopädie der Neuzeit, Bd. 12, Stuttgart 2010
Jäger, Jens, Fotografie und Geschichte, Frankfurt am Main u. a. 2009
James, Allison, Childhood as a Structural Form, in: Qvortrup, Jens (Hg.), The Palgrave Handbook of Childhood Studies, Houndmills u. a. 2011, S. 34–45
ders.; Jenks, Chris; Prout, Alan, Theorizing Childhood, Cambridge 1998
ders.; Prout, Alan (Hg.), Constructing and Reconstructing Childhood. Contemporary Issues in the Sociological Study of Childhood, London u. a. 1990
Jančuk, A., Detskie Učreždenija Moskvy. Kratkij Spravočnik, Moskau 1964
Jastrebcev, E., Šeremetev, Graf Dmitrij Nikolaevič, in: Russkij biografičeskij slovar', Bd. 23, St. Petersburg 1911, S. 164–166
Jones, Gareth, Russia's First Magazine for Children. Novikov's Detskoe Chtenie dlia Serdtsa i Razuma (1785–1789), in: Bartlett, Roger; Cross, Anthony; Rasmussen, Karen (Hg.), Russia and the World of the Eighteenth Century. Proceedings of the III International Conference of the Study Group on Eighteenth-Century Russia, held at Indiana University, Bloomington, September 1984, Columbus 1988, S. 177–185
ders., The Nature of the Communication between Author and Reader in Tolstoy's »Childhood«, in: The Slavonic and East European Review 55, 4 (1977), S. 506–516
ders., Nikolay Novikov. Enlightener of Russia, Cambridge, New York 1984

Juskin, Albert, Russlands unvergeßliche Gestalt. Das Zentralarchiv für Film- und Photographie der UdSSR, Krasnogorsk, in: N. N. (Hg.), Das Russland der Zaren. Photographien von 1939 bis zur Oktoberrevolution, Berlin (DDR) 1989, S. 212–253

Kahan, Arcadius, The Costs of Westernization in Russia. The Gentry and the Economy in the Eighteenth Century, in: Slavic Review 25, 1 (1966), S. 40–66

Kal'vert, Karin, Deti v dome. Material'naja kul'tura rannego detstva, 1600–1900, Moskau 2009

Kamenskij, A. B., Povsednevnost' russkich gorodskich obyvatelej, Moskau 2006

Kanzlerin direkt: Kinder sind unsere Zukunft, 11.10.2008 (https://www.bundeskanzlerin.de/bkin-de/mediathek/die-kanzlerin-direkt/kinder-sind-unsere-zukunft-1148398 [8.2.2022])

Karandašova, O. S., Žurnal »Vospitanie« v istorii russkoj pedagogičeskoj žurnalistiki, in: Vestnik TvGU. Serija: Filologija 3 (2012), S. 169–174

Karpov, T. L. (Hg.), Nikolaj Nikolaevič Ge (1831–1894) k 180-letiju so dnja roždenija, Moskau 2011

Kelly, Catriona, Refining Russia. Advice Literature, Polite Culture, and Gender from Catherine to Yeltsin, Oxford 2001

dies., Comrad Pavlik. The Rise and Fall of a Soviet Boy Hero, London 2005

dies., Shaping the »Future Race«. Regulating the Daily Life of Children in Early Soviet Russia, in: Kiaer, Christina; Naiman, Eric (Hg.), Everyday Life in Early Soviet Russia. Taking the Revolution Inside, Bloomington u. a. 2006, S. 256–281

dies., Children's World. Growing up in Russia, 1890–1991, New Haven u. a. 2007

dies., Petrushka. The Russian Carnival Puppet Theatre, Cambridge; New York 2010

dies., »Thank you for the Wonderful Book«. Soviet Child Readers and the Management of Children's Reading, in: Morrison, Heidi (Hg.), The Global History of Childhood Reader, London 2012, S. 278–304

Kienitz, Werner, Leo Tolstoi als Pädagoge, Berlin (DDR) 1959

Kirschenbaum, Lisa A., Small Comrades. Revolutionizing Childhood in Soviet Russia, 1917–1932, New York u. a. 2001

Klemm, Ulrich, Anarchistische Pädagogik. Über den Zusammenhang von Lernen und Freiheit in der Bildungskonzeption Leo N. Tolstoi's, Siegen-Eiserfeld 1984

ders., Die libertäre Reformpädagogik Tolstois und ihre Rezeption in der deutschen Pädagogik, Reutlingen 1984

Knobloch, Phillip D. Th., Die Konstituierung der Vergleichenden Erziehungswissenschaft im kulturellen Kontext von modernity/coloniality, in: Hummrich, Merle; Pfaff, Nicolle; Dirim, İnci u. a. (Hg.), Kulturen der Bildung. Kritische Perspektiven auf erziehungswissenschaftliche Verhältnisbestimmungen, Wiesbaden 2016, S. 19–28

Kolbach, Claudia, Aufwachsen bei Hof. Aufklärung und fürstliche Erziehung in Hessen und Baden, Frankfurt am Main u. a. 2009

Kolesova, Larisa N., Detskie žurnaly Rossii. XX vek, Petrozavodsk 2009

Kolomijceva, E. Ju., Problemy ženskogo obrazovanija na stranicach otečestvennych žurnalov vtoroj poloviny XIX veka, in: Kul'turnaja žizn' Juga Rossii 28, 3 (2008), S. 90–92

Komarovskaja, Antonina, Otec i syn Samariny, in: Moskovskij Žurnal 2 (2001), S. 7–14 (https://rusk.ru/st.php?idar=800437 [8.2.2022])

dies., Molodye gody Jurija Samarina, in: Bogoslovksij Sbornik 3 (2001), S. 284–311

dies., Studenčeskie gody Jurija Samarina, in: Bogoslovskij Sbornik 7 (2001), S. 273–278

Kon, Feliks; Vilenskij-Sibirjakov, Vladimir, Toll', Feliks Gustavovič, in: Dejateli revoljucionnogo dviženija v Rossii. Ot predšestvennikov dekabristov do padenija carizma, 5 Bde., Bd. 1, Moskau 1927–1933, S. 181

Kon, Igor' S., Rebenok i obščestvo (istoriko-ėtnografičeskaja perspektiva), Moskau 1988

ders., Telesnye nakazanija detej v Rossii. Prošloe i nastajaščee, in: Istoričeskaja psichologija i sociologija istorii 1 (2011), S. 74-101

ders., Bit' ili ne bit'?, Moskau 2013

Kondrat'eva, G. V., Častnaja iniciativa v dele stanovlenija i razvitija otečestvennoj pedagogičeskoj periodiki (na materiale XIX veka), in: Problemy sovremennogo obrazovanija 2 (2011), S. 99–105

Konechnyj, Al'bin M., Shows for the People: Public Amusement Parks in Nineteenth-Century St. Petersburg, in: Steinberg, Mark D.; Frank, Stephen P. (Hg.), Cultures in Flux: Lower-Class Values, Practices and Resistance in Late Imperial Russia, Princeton 1994, S. 121–130

Korotkova, Marina V., Ėvoljucija povsednevnoj kul'tury moskovskogo dvorjanstva v XVIII–pervoj polovine XIX vv. Avtoreferat dis., Moskau 2009

dies., Sem'ja, detstvo i obrazovanie v povsednevnoj kulture moskovskogo dvorjanstva v XVIII–pervoj polovine XIX vv (unveröffentlichte Dissertation), Moskau 2010

Košeleva, Olga, Graždanstvo obyčaev detskich, in: Bim-Bad, Boris M. (Hg.), Pedagogičeskij ėnciklopedičeskij slovar', Moskau 2003 (http://www.otrok.ru/teach/enc/txt/4/page92.html [8.2.2022])

dies., Istorija detstva. Filipp Ar'es i Rossija, in: Bezrogov, Vitalij; Košeleva, Ol'ga (Hg.), Maloletnie poddannye bol'šoj imperii. Filipp Ar'es i istorija detstva v Rossii (XVIII–načalo XX veka), Moskau 2012, S. 9–18

dies., Deti kak nasledniki v russkom prave s drevnejšich vremen do petrovskogo vremeni, in: Social'naja istorija. Ežegodnik 1998/99, S. 177–202

dies., »Svoe detstvo« v Drevnej Rusi i v Rossii ėpochi Prosveščenija (XVI–XVIII vv.). Učebnoe posobie po pedagogičeskoj antropologii i istorii detstva, Moskau 2000

Kostjuchina, Marina, Igruška v detskoj literature, St. Petersburg 2008

dies., Detskij Orakul. Po stranicam nastol'no-pečatnych igr, Moskau 2013

dies., Detskaja literatura kak proklamacija, in: Detskie čtenija 13, 1 (2018), S. 310–318

dies., Russkaja detskaja povest' 20–40-ch godov XIX veka i tipolotija charakterov, St. Petersburg 1994

dies., Zolotoe Zerkalo. Russkaja literatura dlja detej XVIII–XIX vekov, St. Petersburg 2008
Kretschmer, Hildegard, Lexikon der Symbole und Attribute in der Kunst, Stuttgart 2008
Kroll, Frank-Lothar, Rousseau in Preußen und Russland. Zur Geschichte seiner Wirkung im 18. Jahrhundert, Berlin 2012
Krylova, Anastasija Andreevna, Nezakonnoroždennye deti dvorjan v Rossijskoj imperii. Prava i social'nyj status, in: Vestnik Južno-Ural'skogo gosudarstvennogo universiteta 16, 4 (2016), S. 38–42
Kucher, Katharina, Der Gorki-Park. Freizeitkultur im Stalinismus 1928–1941, Köln u. a. 2007
dies., Rezension zu: Gorshkov, Boris B.: Russia's Factory Children. State, Society, and Law, 1800–1917. Pittsburgh 2009, in: H-Soz-Kult, 11.08.2010 (www.hsozkult.de/publicationreview/id/reb-13939 [1.2.2020])
dies., Die visualisierte Kindheit im Russland des 19. Jahrhunderts. Stilisierte Welten zwischen Kanonen, Birken und Schulbänken, in: Jahrbücher für Geschichte Osteuropas 60, 4 (2012), S. 510–532
dies.; Winning, Alexa von, Privates Leben und öffentliche Interessen. Adlige Familie und Kindheit in Russlands langem 19. Jahrhundert, in: Jahrbücher für Geschichte Osteuropas 63, 2 (2015), S. 233–255
Kuhr-Korolev, Corinna, »Gezähmte Helden«. Die Formierung der Sowjetjugend 1917–1932, Essen 2005
Kümmerling-Maibauer, Bettina, Kinderliteratur, Kanonbildung und literarische Wertung, Stuttgart 2003
Kusber, Jan, Eliten- und Volksbildung im Zarenreich während des 18. und in der ersten Hälfte des 19. Jahrhunderts. Studien zu Diskurs, Gesetzgebung und Umsetzung, Stuttgart 2004
Kuxhausen, Anna, From the Womb to the Body Politic. Raising the Nation in Enlightenment Russia, Madison 2013
Lauer, Reinhard, Falsche und schlechte Bildung: Bildungskritik in den Komödien Denis Fonvizins, in: Lehmann-Carli, Gabriela (Hg.), Russische Aufklärungsrezeption im Kontext offizieller Bildungskonzepte (1700–1825), Berlin 2001, S. 383–390
ders., Aleksandr Puškin. Eine Biographie, München 2006
Lavrent'eva, Elena V. (Hg.), Chorošo bylo žit' na dače … Dačnaja i usadebnaja žizn' v fotografijach i vospominanijach, Moskau 2008
dies.; Štul'man, V., Detstvo moe. Deti v russkoj fotografii vtoroj poloviny XIX–načala XX vv., Moskau 2008
Lavrinovich, Maya B., The Role of Social Status in Poor Relief in a Modernizing Urban Society. The Case of Sheremetev's Almshouse, 1802–12, in: The Russian Review 76, 2 (2017), S. 224–252

Lebedev, Petr A., Škola i pedagogičeskaja mysl' Rossii pervoj poloviny XIX v. (do reform 60-x gg.), in: Ders. (Hg.), Antologija pedagogičeskoj mysli Rossii pervoj poloviny XIX v., Moskau 1987, S. 7–26

Lebedeva, I. V., Nikolaj Nikoalevič Ge 1831–1894. K 180-letiju so dnja roždenija, Moskau 2011

Lebedewa, Jekatherina, Russische Träume. Die Slawophilen – ein Kulturphänomen, Berlin 2008

Lehmann-Carli, Gabriela (Hg.), Russische Aufklärungsrezeption im Kontext offizieller Bildungskonzepte (1700–1825), Berlin 2001

Lemberg, Hans, Die nationale Gedankenwelt der Dekabristen, Köln 1963

Leščenko, V. Ju., Russkaja sem'ja, St. Petersburg 2004

Lieven, Dominic C.; Brumm, Walter, Abschied von Macht und Würden. Der europäische Adel 1815–1914, Frankfurt am Main 1995

Lincoln, W. Bruce, The Great Reforms: Autocracy, Bureaucracy, and the Politics of Change in Imperial Russia, DeKalb 1990

Lindenmeyr, Adele, Poverty is not a Vice. Charity, society, and the State in Imperial Russia, Princeton 1996

dies., The Ethos of Charity in Imperial Russia, in: Journal of Social History 23, 4 (Sommer) (1990), S. 679–694

Lindner, Ulrike, Neuere Kolonialgeschichte und Postcolonial Studies, Version: 1.0, in: Docupedia-Zeitgeschichte, 15.4.2011 (https://docupedia.de/zg/lindner_neuere_kolonialgeschichte_v1_de_2011 [8.2.2022])

Ljarskij, Aleksandr Borisovič, Samoubijstva učaščichsja kak fenomen sistemy socializacii v Rossii na rubeže XIX–XX vekov, St. Petersburg 2010

Lorence-Kot, Bogna, Child-rearing and reform. A Study of the Nobility in Eighteenth-Century Poland, Westport u. a. 1985

Lotman, Iurii M., The Poetics of Everyday Behavior in Eighteenth-Century Russian Culture, in: Nakhimovsky, Alexander D. (Hg.), The Semiotics of Russian Cultural History, Ithaca 1985, S. 67–94

ders., Rußlands Adel. Eine Kulturgeschichte von Peter I. bis Nikolaus I., Köln u. a. 1997

Lovell, Stephen (Hg.), Generations in Twentieth-Century Europe, Basingstoke 2007

Luchta, A. V., »Tatevskij dnevnik« S. A. Račinskogo (oktjabr'–nojabr' 1882 goda), in: Vestnik PSTGU IV: Pedagogika. Psichologija 3 (2006), S. 165–207

Lučkina, Ol'ga, Siluėty rukovoditelej detskogo čtenija. Svjaščennik, ministr, general i drugie, in: Detskie čtenija 2, 2 (2012), S. 115–135

dies., Raison d'être russkoj klassiki. Poėty-pedagogi i pisateli-vospitateli, in: Detskie čtenija 8, 2 (2015), S. 30–51

Lüpke, Friedemann, Pädagogische Provinzen für verwahrloste Kinder und Jugendliche. Eine systematisch vergleichende Studie zu Problemstrukturen des offenen Anfangs der Erziehung, die Beispiele Stans, Junior Republic und Gorki-Kolonie, Würzburg 2004

Lyčkovskaja, N. V., Osobennosti i osnovnye čerty pedagogiki russkoj ėmigracii pervoj volny, in: Vestnik PSTGU 18, 3 (2010), S. 104–113
Machova, Ksenija A., K istorii žurnalov dlja detej. »Biblioteka dlja vospitanija« i »Novaja biblioteka dlja vospitanija«, in: Vestnik RGGU 12, 134 (2014), S. 37–47
Madison, Bernice, Russia's Illegitimate Children before and after the Revolution, in: Slavic Review 22, 1 (1963), S. 82–95
Makarevič, G. L. (Hg.), Kakoreja. Iz istorii detstva v Rossii i drugich stranach. Sbornik statej i materialov, Moskau; Tver' 2008
Mal'kovskaja, Tat'jana N., Sem'ja i vlast' v Rossii. XVII–XVIII stoletij, Moskau 2005
dies., Sem'ja v ob"jatijach vlasti: XIX vek, St. Petersburg 2008
Malyševa, Svetlana, Prazdnyj den', dosužij večer. Kul'tura dosuga rossijskogo provincial'nogo goroda vtoroj poloviny XIX–načala XX veka, Moskau 2011
Manchester, Laurie, Holy Fathers, Secular Sons. Clergy, Intelligentsia and the Modern Self in Revolutionary Russia, DeKalb 2008
Marasinova, Elena N., Psichologija ėlity rossijskogo dvorjanstva poslednej treti XVIII veka (po materialam perepiski), Moskau 1999
Marker, Gary, Publishing, Printing, and the Origins of Intellectual Life in Russia, 1700–1800, Princeton 1985
Marrese, Michelle, Gender and the Legal Order in Imperial Russia, in: Lieven, Dominic (Hg.), The Cambridge History of Russia, Bd. 2: Imperial Russia, 1689–1917, Cambridge 2006, S. 326–343
dies., A woman's Kingdom. Noblewomen and the Control of Property in Russia, 1700–1861, Ithaca 2002
dies., »The Poetics of Everyday Behavior« Revisited. Lotman, Gender, and the Evolution of Russian Noble Identity, in: Kritika: Explorations in Russian and Eurasian History 11, 4 (2010), S. 701–739
Marsh, Rosalind (Hg.), Women and Russian Culture. Projections and Self-Perceptions, New York u. a. 1998
Martianova, Irina Ju., Mesto nacional'nogo samosoznanija v povsednevnoj žizni detej rossijskich dvorjan po vospominanijam XIX–načala XX veka, in: Izvestija Rossijskogo gosudarstvennogo pedagogičeskogo universiteta imeni A. I. Gercena 114 (2009), S. 59–65
dies., Povsednevnaja žizn' detej rossijskich dvorjan po memuaram sovremennikov XVIII–načala XX veka, Krasnodar 2010
Martin, Alexander M., Russia and the Legacy of 1812, in: Lieven, Dominic C. B. (Hg.), The Cambridge History of Russia, Bd. 2: Imperial Russia, 1689–1917, Cambridge 2006, S. 145–162
Martin, Alexander M., The Alienated Russian Nobility?, in: Kritika, 21, 4 (2020), S. 861–875.
Martynov, Ivan I., O vlijanii jazyka na nravy, in: Lebedev, Petr A. (Hg.), Antologija pedagogičeskoj mysli Rossii pervoj poloviny XIX v., Moskau 1987, S. 99–100
Marvick, Elizabeth W., Louis XIII. The Making of a King, New Haven u. a. 1986

dies., Louis XIII and His Doctor. On the Shifting Fortunes of Jean Héroard's Journal, in: French Historical Studies 18, 1 (1993), S. 279–300
dies., Natur und Kultur. Trends und Normen der Kindererziehung in Frankreich im siebzehnten Jahrhundert, in: deMause, Lloyd (Hg.), Hört ihr die Kinder weinen, Frankfurt am Main ⁹1997, S. 364–421
Matveenko, Irina, Social'no-kriminal'nyj roman Č. Dikkensa »Oliver Tvist« v vosprijatii russkogo literaturnogo Processa 1840-ch gg, in: Vestnik Tomskogo gosudarstvennogo universiteta, 331 (2010), S. 14-19
Maxwill, Peter, »Solche Bilder brennen sich in die Netzhaut ein« (Interview von Peter Maxwill mit dem Medienethiker Alexander Filipovic), in: Spiegel online, 3.9.2015 (https://www.spiegel.de/kultur/gesellschaft/medienethiker-alexander-filipovic-foto-ist-kaum-auszuhalten-a-1051262.html [8.2.2022])
Maza, Sarah, The Kids Aren't All Right: Historians and the Problem of Childhood, in: American Historical Review 125, 4 (2020), S. 1261–1285
dies., Getting Personal with Our Sources: A Response, in: American Historical Review 125, 4 (2020), S. 1317–1322
Mazaev, M., Vestnik Evropy in: Ènciklopedičeskij slovar' F. A. Brokgauza i I. A. Èfrona, Bd. 7, St. Petersburg 1892, S. 646–647
McCaffray, Susan; Melancon, Michael (Hg.), Russia in the European Context, 1789–1914: A Member of the Family, New York u. a. 2005
McGrew, Roderick E., Russia and the cholera, 1823–1832, Madison 1965
Mchitarjan, Irina, Der russische Blick auf die deutsche Reformpädagogik. Zur Rezeption deutscher Schulreformideen in Rußland zwischen 1900 und 1917, Hamburg 1998
dies., Prague as the Centre of Russian Educational Emigration. Czechoslovakia's Educational Policy for Russian Emigrants (1918–1938), in: Paedagogica Historica 45, 3 (2009), S. 369–402
McReynolds, Louise, Russia at Play. Leisure Activities at the End of the Tsarist Era, Ithaca, London 2003
Mead, Margaret; Gorer, Geoffrey; Rickman, John (Hg.), Russian Culture, Oxford u. a. 2001
Meiner, Jörg, Zeichnungen und Zeichen. Die Weltsicht Friedrich Wilhelms IV. auf dem Papier, in: Meiner, Jörg; Werquet, Jan (Hg.), Friedrich Wilhelm IV. von Preußen, Berlin 2014, S. 31–46
Melamed, E. I.; Cebrikova M. K.: Biobibliografičeskaja spravka, in: Russkie Pisateli. Biobibliografičeskij slovar', 2 Bde., Moskau 1990 (http://az.lib.ru/c/cebrikowa_m_k/text_0010.shtml [8.2.2022])
Meschewetski, Peisach, Die Fabrikgesetzgebung in Russland, Tübingen 1911
Michajlova, Ljudmila B., Carskosel'skij Licej i tradicii russkogo prosveščenija, St. Petersburg 2006
Mienert, Marion, Grossfürstin Marija Pavlovna. Ein Leben in Zarenreich und Emigration. Vom Wandel aristokratischer Lebensformen im 20. Jahrhundert, Frankfurt am Main u. a. 2005

Mikirtičan, Galina, K 100-letiju sozyva pervogo vserossijskogo s"ezda pediatrov, in: Voprosy sovremennoj pediatrii 11, 2 (2012), S. 198–202

Milanich, Nara, Comment on Sarah Maza's »the Kids Aren't All Right«, in: American Historical Review 125, 4 (2020), S. 1293–1295

Mill, Tatjana, Zur Erziehung verurteilt. Die Entwicklung des Jugendstrafrechts im zaristischen Russland 1864–1917, Frankfurt am Main 2013

Mills Todd, William, Periodicals in Literary Life of the Early Nineteenth Century, in: Martinsen, Deborah A. (Hg.), Literary Journals in Imperial Russia, Cambridge 1998, S. 37–63

Mintz, Steven, Children's History Matters, in: American Historical Review 125, 4 (2020), S. 1286–1292

Mirsky, D. S., Tolstoy, in: The Slavonic and East European Review 7, 19 (1928), S. 77–80

Mitrokhin, Nikolay, The CPSU Central Committee Apparatus, 1970–85. Personnel and Role in the Soviet Political System, in: Russian History 41 (2014), S. 307–328

Mogilner, Marina, Homo Imperii. A History of Physical Anthropology in Russia, Lincoln 2013

Möhring, Maren, Das Haustier. Vom Nutztier zum Familientier, in: Eibach, Joachim; Schmidt-Voges, Inken; Bonderer, Roman (Hg.), Das Haus in der Geschichte Europas. Ein Handbuch, Berlin u. a. 2015, S. 389–405

Morozov, Igor' A. (Hg.), Mužskoj sbornik. »Mužskoe« v tradicionnom i sovremennom obščestve. Konstanty maskulinnosti, dialektika pola, inkarnacii »mužskogo«, mužskoj fol'klor, Moskau 2004

Morrison, Heidi (Hg.), The Global History of Childhood Reader, London 2012

Morrissey, Susan K., Suicide and the Body Politic in Imperial Russia, Cambridge 2006

Mössinger, Ingrid; Ritter, Beate (Hg.), Die Peredwischniki. Maler des russischen Realismus (Katalog anlässlich der Ausstellung »Die Peredwischniki. Maler des Russischen Realismus« in den Kunstsammlungen Chemnitz vom 26. Februar bis 28. Mai 2012), Chemnitz 2012

Müller, Eberhard, Das Tagebuch Ivan Vasil'evic Kireevskijs, 1852–1854, in: Jahrbücher für Geschichte Osteuropas 14, 2 (1956), S. 167–194

Münch, Christian, In Christo närrisches Russland. Zur Deutung und Bedeutung des »jurodstvo« im kulturellen und sozialen Kontext des Zarenreiches, Göttingen 2017

Murav'eva, Ol'ga Sergeevna, Kak vospityvali russkogo dvorjanina, St. Petersburg 1999

N. N., Obzor detskich žurnalach, in: Žurnal dlja vospitanija 7 (1859), S. 336–351

N. N., Naždin, Nikolaj Ivanovič, in: Ènciklopedičeskij slovar' F. A. Brokgauza i I. A. Èfrona, Bd. 20, St. Petersburg 1897, S. 432–434

N. N., Šeremetev, Sergej Dmitrievič, in: Ènciklopedičeskij slovar' F. A. Brokgauza i I. A. Èfrona, Bd. 39, St. Petersburg 1903, S. 496

N. N., Račinskij, Sergej Aleksandrovič, in: Ėnciklopedičeskij slovar' F. A. Brokgauza i I. A. Ėfrona, Bd. 26, St. Petersburg 1907, S. 390–391

N. N., Nadeždin, Nikolaj Ivanovič, in: Polovcov, Aleksandr A. (Hg.), Russkij biografičeskij slovar', Bd. 11, St. Petersburg 1914, S. 19–34

N. N. (Hg.), Das Russland der Zaren. Photographien von 1839 bis zur Oktoberrevolution, Berlin (DDR) 1989

N. N., Vodovozova, Elizaveta Nikolaevna, in: Rossijskaja pedagogičeskaja Ėnciklopedija, Bd. 1, Moskau 1993 (https://www.gumer.info/bibliotek_Buks/Pedagog/russpenc/03.php [8.2.2022])

N. N., Standfoto, in: Lexikon der Filmbegriffe (https://filmlexikon.uni-kiel.de/doku.php/s:standfoto-2203 [8.2.2022])

N. N., »Ihr liebt eure Kinder über alles. Aber im Moment wirkt das nicht so«, in: Die Welt online, 24.5.2019 (https://www.welt.de/politik/deutschland/article194133553/Greta-Thunberg-Ihr-liebt-eure-Kinder-ueber-alles-Aber-im-Moment-wirkt-das-nicht-so.html [8.2.2022])

Napp, Antonia, Russische Porträts. Geschlechterdifferenz in der Malerei zwischen 1760 und 1820, Köln u. a. 2010

Nash, Carol, Students and Rubles. The Society for the Education of Noble Girls as a Charitable Institution, in: Bartlett, Roger; Cross, Anthony; Rasmussen, Karen (Hg.), Russia and the World of the Eighteenth Century. Proceedings of the III International Conference of the Study Group on Eighteenth-Century Russia, held at Indiana University, Bloomington, Columbus 1988, S. 258–272

Naumenko, G. M., Etnografija detstva. Zapis', sostavlenie, notacii i fotografii, Moskau 1998

Neuberger, Joan, Hooliganism. Crime, Culture, and Power in St. Petersburg, 1900–1914, Berkeley 1993

Neumann, Daniela, Studentinnen aus dem Russischen Reich in der Schweiz (1867–1914), Zürich 1987

Neumann, Matthias, Mobilizing Children. Youth and the Patriotic War Culture in Kiev during World War I, in: Lindenmeyr, Adele; Read, Christopher; Waldron, Peter (Hg.), Russia's Home Front in War and Revolution, 1914–22, Book 2: The Experience of War and Revolution, Bloomington 2016, S. 273–300

Neumeister, Mirjam (Hg.), Die Entdeckung der Kindheit. Das englische Kinderporträt und seine europäische Nachfolge (Katalog der gleichnamigen Ausstellung im Städel Museum, Frankfurt am Main, 20.4.–15.7.2007), Köln 2007

Neutatz, Dietmar, Träume und Alpträume. Eine Geschichte Russlands im 20. Jahrhundert, München 2013

Nevolina, Ekaterina, Moj angel. Detskij portret v russkoj živopisi, Moskau 2004

Nikulina-Kositskaia, Liubov, Notes, in: Clyman, Toby W.; Vowles, Judith (Hg.), Russia through Women's Eyes. Autobiographies from Tsarist Russia, New Haven 1996, S. 109–157

Nol'de, Boris Emmanuilovič, Jurij Samarin i ego vremja, Paris 1926

Norris, Stephen M., A War of Images. Russian Popular Prints, Wartime Culture, and National Identity, 1812–1945, DeKalb 2006

Novikov, Nikolai, On the Upbringing and Instruction of Children. With a View to the Dissemination of Useful Knowledge and the Promotion of General Well-Being, in: Raeff, Marc (Hg.), Russian Intellectual History. An Anthology, New York u. a. 1978, S. 68–86

ders., O vospitanii i nastavlenii detej, in: Volkov, Genrich N.; Solovkov, Ivan A. (Hg.), Antologija pedagogičeskoj mysli Rossii vosemnadcatogo veka, Moskau 1985, S. 288–329

Ofenbach, Birgit, Geschichte des pädagogischen Berufsethos. Realbedingungen für Lehrerhandeln von der Antike bis zum 21. Jahrhundert, Würzburg 2006

Offord, Derek, Francophonie in Imperial Russia, in: Rjéoutski, Vladislav; Argent, Gesine; Offord, Derek (Hg.), European Francophonie. The Social, Political and Cultural History of an International Prestige Language, Oxford u. a. 2014, S. 371–404

Okenfuss, Max J., V. O. Kliuchevskii on Childhood and Education in Early Modern Russia, in: History of Education Quarterly 4 (1977), S. 417–447

ders., The Discovery of Childhood in Russia. The Evidence of the Slavic Primer, Newtonville 1980

Okenfuss, Max J., From School Class to Social Caste. The Divisiveness of Early-Modern Russian Education, in: Jahrbücher für Geschichte Osteuropas 33, 3 (1985), S. 321–344

Olich, Jaqueline, Review Essay. The Russianists Love Their Children, too, in: The Journal of the History of Childhood and Youth 1, 3 (2008), S. 445

dies., Competing Ideologies and Children's Literature in Russia, 1918–1935. How Powerful Actors Attempted to Establish Cultural Uniformity, how the Process was Contested, and how it Failed, München 2009

Onasch, Konrad, Prokopowitsch, Feofan, in: Biographisch-Bibliographisches Kirchenlexikon (BBKL), 7, Hamm (Westfalen) 1994, Sp. 995–998 (https://www.bbkl.de/index.php/frontend/lexicon/P/Pr/prokopowitsch-feofan-66865 [8.2.2022])

Osterhammel, Jürgen, Die Verwandlung der Welt. Eine Geschichte des 19. Jahrhunderts, München 2009

Ostrogorskij, Aleksej N., Izbrannye pedagogičeskie sočinenija, Moskau 1985

Palmer, Robert R. (Hg.), From Jacobin to Liberal. Marc-Antoine Jullien, 1775–1848, Princeton 1993

Pande, Ishita, Is the History of Childhood Ready for the World? A Response to »the Kids Aren't All Right«, in: American Historical Review 125, 4 (2020), S. 1300–1305

Paperno, Irina, What Can Be Done with Diaries?, in: The Russian Review 63, 4 (2004), S. 561–573

Paperno, Irina, Introduction: Intimacy and History. The Gercen Family Drama Reconsidered, in: Russian Literature 61, 1–2 (2007), S. 1–65

Paul, Gerhard, Die Geschichte hinter dem Foto. Authentizität, Ikonisierung und Überschreibung eines Bildes aus dem Vietnamkrieg, in: Zeithistorische Forschungen/Studies in Contemporary History, Online-Ausgabe, 2, H. 2 (2005), Druckausgabe: S. 224–245

ders. (Hg.), Visual History. Ein Studienbuch, Göttingen 2006

ders., Von der historischen Bildkunde zur Visual History. Eine Einführung, in: Ders. (Hg.), Visual History. Ein Studienbuch, Göttingen 2006, S. 7–36

Paustovskij, Konstantin G., Ferne Jahre. Erinnerungen an Kindheit und Jugend im alten Rußland, München 1964

Pavlovskaja, Anna V., Obrazovanie v Rossii. Istorija i tradicii, Moskau 2003

Pernau, Margrit, Transnationale Geschichte, Göttingen 2011

Perry, Claire (Hg.), Young America. Childhood in 19th-century Art and Culture, New Haven u. a. 2006

Pickering Antonova, Katherine, An Ordinary Marriage. The World of a Gentry Family in Provincial Russia, New York u. a. 2013

dies. (= Pikkering Antonova, Kėtrin), Kto otvečal za vospitanie detej v XIX v.? Predstavlenija A. I. Čichačeva o vospitanii kak o službe gosudarstvu, in: Vestnik RGGU 37, 2 (2015), S. 59–71

Pietrow Ennker, Bianka, Rußlands »Neue Menschen«. Die Entwicklung der Frauenbewegung von den Anfängen bis zur Oktoberrevolution, Frankfurt am Main 1999

dies. (= Pikkering Antonova, Kėtrin) (Hg.), Kultur in der Geschichte Russlands. Räume, Medien, Identitäten, Lebenswelten, Göttingen 2007

Piller, Gudrun, Private Körper. Spuren des Leibes in Selbstzeugnissen des 18. Jahrhunderts, Köln u. a. 2007

Plaggenborg, Stefan, Experiment Moderne. Der sowjetische Weg, Frankfurt am Main u. a. 2006

Poddubnaja, R. P., Samariny. Stranicy žizny, Samara 2008

Pokrovskaja, A. K.; Čechov, N. V. (Hg.), Materialy po istorii russkoj detskoj literatury (1750–1855). Trudy komissii po istorii russkoj detskoj literatury, 2 Bde., Moskau 1927, 1929

Polikarov, Vasilij, Obrazy detstva (O detskom potrete XVII–načala XX v.), in: Naše Nasledie 26 (1993), S. 22–31

Pollock, Linda A., Introduction, in: Brown, Marilyn R. (Hg.), Picturing children. Constructions of Childhood between Rousseau and Freud, Aldershot 2002, S. XV–XIX

dies., Forgotten Children. Parent-Child Relations from 1500 to 1900, Cambridge u. a. 1983

Polovcov, Aleksandr A. (Hg.), Russkij biografičeskij slovar', 25 Bde., St. Petersburg 1896–1918

Polunov, Aleksandr Jur'evič, K. P. Pobedonoscev. V obščestvenno-političeskoj i duchovnoj žizni Rossii, Moskau 2010

Polz, Peter, Theodor Janković und die Schulreform in Russland, in: Lesky, Erna (Hg.), Die Aufklärung in Ost- und Südosteuropa. Aufsätze, Vorträge, Dokumentationen, Köln 1972, S. 119–174
Ponomareva, Varvara; Chorošilova, Ljubov', Mir russkoj ženščiny. Sem'ja, professija domašnij uklad, XVIII–načalo XX veka, Moskau 2009
dies., »Učitel« protiv »Guvernantki«. Remarka ob odnoj žurnal'noj polemike po ženskomu obrazovaniju, in: Media al'manach 1 (2015), S. 58–62
Pouncy, Carolyn, The Origins of the Domostroj. A Study in Manuscript History, in: The Russian Review 46 (1987), S. 357–373
dies. (Hg.), The Domostroi. Rules for Russian Households in the Time of Ivan the Terrible, Ithaca u. a. 1994
Preuß, Hilmar, Vorläufer der Intelligencija?! Bildungskonzepte und adliges Verhalten in der russischen Literatur und Kultur der Aufklärung, Berlin 2013
Privalova, E. P., O sotrudnikach žurnala »Detskoe čtenie dlja serdca i razuma«, in: XVIII vek. Sbornik 6 (1964), S. 258–268
dies., »Detskoe čtenie dlja serdca i razuma« v ocenke čitatelej kritiki, in: XVIII vek. Sbornik 7 (1966), S. 254–258
dies., Social'naja problem na stranicach žurnala Novikova »Detskoe čtenie dlja serdca i razuma«, in: XVIII vek. Sbornik 11 (1976), S. 104–112
Puhar, Alenka, Childhood in Nineteenth-Century Slovenia, in: The Journal of Psychohistory 12 (1984/85), S. 191–312
Puškareva, Natal'ja, Die häusliche Erziehung adliger Mädchen in Russland am Ende des 18. und zu Beginn des 19. Jahrhunderts. Inhalte, Entwicklung und die Rolle der Mütter, in: Wilhelmi, Anja (Hg.), Bildungskonzepte und Bildungsinitiativen in Nordosteuropa (19. Jahrhundert), Wiesbaden 2011, S. 259–277
Puttkamer, Joachim von, Fabrikgesetzgebung in Russland vor 1905. Regierung und Unternehmerschaft beim Ausgleich ihrer Interessen in einer vorkonstitutionellen Ordnung, Köln u. a. 1996
Puzyreva, L. V., O fenomene russkoj pedagogičeskoj žurnalistiki (vtoraja polovina XIX–načalo XX vv.), in: Problemy sovremennogo obrazovanija, 1 (2012), S. 49–59
Qvortrup, Jens, Childhood as a Structural Form, in: Qvortrup, Jens; Corsaro, William; Honig, Michael-Sebastian (Hg.), The Palgrave Handbook of Childhood Studies, Houndmills u. a. 2011, S. 21–33
ders.; Corsaro, William; Honig, Michael-Sebastian (Hg.), The Palgrave Handbook of Childhood Studies, Houndmills u. a. 2011
R. V., Obolenskij, Michail Andreevič, in: Ėnciklopedičeskij slovar' F. A. Brokgauza i I. A. Efrona, Bd. 21a, 1897, S. 546
Raeff, Marc, Home, School, and Service in the Life of the 18th-Century Russian Nobleman, in: The Slavonic and East European Review 40, 95 (1962), S. 295–307
ders., Origins of the Russian Intelligentsia. The Eighteenth-Century Nobility, New York u. a. 1966
Raeff, Marc, Russia Abroad. A Cultural History of the Russian Emigration, New York 1990

Rahlf, Thomas, Deutschland in Daten. Zeitreihen zur Historischen Statistik, Bonn 2015 (https://www.bpb.de/shop/buecher/zeitbilder/211002/deutschland-in-daten [8.2.2022])

Ramer, Samuel, Childbirth and Culture. Midwifery in the Nineteenth-Century Russian Countryside, in: Ransel, David L. (Hg.), The Family in Imperial Russia. New Lines of Historical Research, Urbana u. a. 1976, S. 218–235

Randolph, John, The Old Mansion. Revisiting the History of the Russian Country Estate, in: Kritika 1, 4 (2000), S. 719–749

ders., »That Historical Family«. The Bakunin Archive and the Intimate Theater of History in Imperial Russia, 1780–1925, in: The Russian Review 63, 4 (2004), S. 574–593

ders., The House in the Garden. The Bakunin Family and the Romance of Russian Idealism, Ithaca 2007

Ransel, David L. (Hg.), The Family in Imperial Russia. New Lines of Historical Research, Urbana u. a. 1978

ders., Mothers of Misery. Child Abandonment in Russia, Princeton 1988

ders., Infant-Care Cultures in the Russian Empire, in: Clements, Barbara E.; Engel, Barbara Alpern; Worobec, Christine D. (Hg.), Russia's Women. Accommodation, Resistance, Transformation, Berkeley 1991, S. 113–132

ders., Russia and the USSR, in: Hawes, Joseph M.; Hiner, N. Ray (Hg.), Children in Historical and Comparative Perspective. An International Handbook and Research Guide, New York u. a. 1991, S. 471–489

ders., A Russian Merchants Tale. The Life and Adventures of Ivan Alekseevich Tolchenov based on his diary, Bloomington 2009

Rendle, Matthew, Defenders of the Motherland. The Tsarist Elite in Revolutionary Russia, Oxford u. a. 2010

Renner, Andreas, Die Autokratie der Aufklärung, in: Kraus, Alexander; Renner, Andreas (Hg.), Orte eigener Vernunft. Europäische Aufklärung jenseits der Zentren, Frankfurt am Main 2008, S. 125–142

ders., Russische Autokratie und europäische Medizin. Organisierter Wissenstransfer im 18. Jahrhundert, Stuttgart 2010

Riasanovsky, Nicholas, Russland und der Westen. Die Lehre der Slawophilen. Studie über eine romantische Ideologie, München 1954

Riegel, Christiane, Othering in der Bildungsarbeit. Zu pädagogischem Handeln in widersprüchlichen Verhältnissen, in: Außerschulische Bildung. Zeitschrift der politischen Jugend- und Erwachsenenbildung (2017), S. 16–22

Rjéoutski, Vladislav; Tchoudinov, Alexandre (Hg.), Le précepteur francophone en Europe. XVIIe–XIXe siècles, Paris 2013

ders. (Hg.), Quand le français gouvernait la Russie. L'éducation de la noblesse russe 1750–1880, Paris 2016

ders.; Argent, Gesine; Offord, Derek (Hg.), European Francophonie. The Social, Political and Cultural History of an International Prestige Language, Oxford 2014

Robel, Gert, Kärrner der Aufklärung. Hauslehrer im Rußland des 18. Jahrhunderts, in: Lehmann-Carli, Gabriela; Schippan, Michael; Scholz, Birgit; Brohm, Silke (Hg.), Russische Aufklärungsrezeption im Kontext offizieller Bildungskonzepte (1700–1825), Berlin 2001, S. 325–343

Rödiger-Diruf, Erika, Auf leisen Pfoten. Die Katze in der Kunst (Katalog der gleichnamigen Ausstellung, Städtische Galerie Karlsruhe, 9.12.2006–15.4.2007), Heidelberg 2006

Roeck, Bernd, Das historische Auge. Kunstwerke als Zeugen ihrer Zeit – von der Renaissance zur Revolution, Göttingen 2004

Rogger, Franziska; Bankovski, Monika; Frey-Wettstein, Franziska, Ganz Europa blickt auf uns! Das schweizerische Frauenstudium und seine russischen Pionierinnen, Baden 2010

Rogger, Hans, National Consciousness in Eighteenth-Century Russia, Cambridge 1960

ders., Russia in the Age of Modernisation and Revolution 1881–1917, London u. a. 1983

Rollins, Nancy, Child Psychiatry in the Soviet Union. Preliminary Observations, Cambridge 1972

Roosevelt, Priscilla, Life of the Russian Country Estate. A Social and Cultural History, New Haven; London 1995

Rose, Clare, Children's Clothes since 1750, London 1989

Rosenblum, Robert, The Romantic Child. From Runge to Sendak, London 1988

Rosslyn, Wendy (Hg.), Women and Gender in 18th-Century Russia, Aldershot u. a. 2003

Ruane, Christine, Clothes Shopping in Imperial Russia. The Development of a Consumer Culture, in: Journal of Social History 28, 4 (1995), S. 765–782

dies., The Empire's New Clothes. A History of the Russian Fashion Industry, 1700–1917, New Haven u. a. 2009

Rubaševa, A. M., Sud dlja maloletnich i obščestvo, Moskau 1912

Rüthers, Monica, Lauter kleine Gagarins. Kosmosfieber im sowjetischen Alltag, in: Myrach, Thomas; Weddigen, Tristan; Wohlwend, Jasmine u. a. (Hg.), Science & Fiction. Imagination und Realität des Weltraums, Berlin 2009, S. 220–240

dies., Kindheit, Kosmos und Konsum in sowjetischen Bildwelten der sechziger Jahre. Zur Herstellung von Zukunftsoptimismus, in: Historische Anthropologie 17, 1 (2009), S. 56–74

dies., Unter dem Roten Stern geboren. Sowjetische Kinder im Bild, Köln u. a. 2020

Rykova, O., Izdanija Ž. Ferrana po istorii, genealogii i ikonografii rossijskogo dvorjanstva, in: Archeografičeskij ežegodnik za 1995 god (1997), S. 322–326

Rykova, O., Žak Ferran, in: Genealogičeskij vestnik 31 (2007), S. 101–102

Ržeuckij, Vladislav Stanislavovič; Fedjukin, Igor' Igorevič; Berelovič, Vladimir, Ideal vospitanija dvorjanstva v Evrope XVII–XIX veka, Moskau 2018

Rževskaja, G. I., Pamjatnye zapiski, in: Bokova, Vera Michajlovna (Hg.), Institutki. Vospominanija vospitannic institutov blagorodnych devic, Moskau 2008, S. 33–66

Saburova, Tat'jana, Andenken an die Landesgeschichte. Archiv des Historischen Museums, Moskau, in: N. N. (Hg.), Das Russland der Zaren. Photographien von 1939 bis zur Oktoberrevolution, Berlin (DDR) 1989, S. 38–73

Sachs-Hombach, Klaus (Hg.), Bildwissenschaft. Disziplinen, Themen, Methoden, Frankfurt am Main 2005

Said, Edward W., Orientalism, New York 1978

Sal'nikova, Alla Arkad'evna, Rossijskoe detstvo v XX veke. Istorija, teorija i praktika issledovanija, Kazan' 2007

dies., Istorija eločnoj igruški, ili kak narjažali sovetskuju elku, Moskau 2011

Samarin, Dmitrij, Samarin, Jurij Fedorovič, in: Polovcov, Aleksandr A. (Hg.), Russkij biografičeskij slovar', Bd. 18, St. Petersburg 1904, S. 133–146

Sandin, Bengt, History of Children and Childhood – Being and Becoming, Dependent and Independent, in: American Historical Review 125, 4 (2020), S. 1306–1316

Šangina, Izabella I., Russkie deti i ich igry, St. Petersburg 2000

dies., Russkie deti. Osnovy narodnoj pedagogiki, illjustrirovannaja ėnciklopedija, St. Petersburg 2006

Sarab'janov, Dmitrij V., Orest Adamovič Kiprenskij, Leningrad 1982

Šarikova, Ljubov', Semejnyj albom Russkogo muzeja, in: Afanas'eva, Irina (Hg.), Portret Sem'i, St. Petersburg 2014, S. 5–15

Ščerbinin, Pavel Petrovič, »Pustite detej ko mne …«. »Deti bedy« i popečitel'stvo do i posle 1917 goda, Tambov 2018

ders., Povsednevnaja žizn' detej i podrostkov v period Pervoj mirovoj vojny 1914–1918, Tambov 2017

Schedewie, Franziska, Selbstverwaltung und sozialer Wandel in der russischen Provinz: Bauern und Zemstvo in Voronež, 1864–1914, Heidelberg 2006

Scheidegger, Gabriele, Gewickelte russische Seelen. Osteuropäische Themen auf den Seiten des »Journal of Psychohistory«, in: Jahrbücher für Geschichte Osteuropas 49, 4 (2001), S. 581–601

Schelting, Alexander von, Russland und Europa im russischen Geschichtsdenken. Auf der Suche nach der historischen Identität, Bern 1948

Schindler, Stephan K., Das Subjekt als Kind. Die Erfindung der Kindheit im Roman des 18. Jahrhunderts, Berlin 1994

Schlafly, Daniel L., True to the Ratio Studiorum? Jesuit Colleges in St. Petersburg, in: History of Education Quarterly 37, 4 (1997), S. 421–434

Schlögel, Karl, Einführung. Die Zentren der Emigration, in: Ders. (Hg.), Der große Exodus. Die russische Emigration und ihre Zentren, München 1994, S. 9–20

Schlumbohm, Jürgen, Kinderstuben. Wie Kinder zu Bauern, Bürgern, Aristokraten wurden. 1700–1850, München 1983

Schmidt, Christoph, Ständerecht und Standeswechsel in Rußland 1851–1897, Wiesbaden 1994
ders., Gemalt für die Ewigkeit. Geschichte der Ikonen in Russland, Köln 2009
ders., Russische Geschichte 1547–1917, München 2009
Scholz, Peter; Süssmann, Johannes (Hg.), Adelsbilder von der Antike bis zur Gegenwart, München 2013
dies., Einführung, in: Dies. (Hg.), Adelsbilder von der Antike bis zur Gegenwart, München 2013, S. 7-28
Schönebaum, Herbert, Pestalozzis Geltung in Rußland seit 1827, in: Jahrbücher für Geschichte Osteuropas 6, 2 (1958), S. 177–200
Schrader, Abby M., Languages of the Lash. Corporal Punishment and Identity in Imperial Russia, DeKalb 2002
Schuppener, Georg, Die Jesuiten im Bildungswesen Russlands vom 17.–19. Jahrhundert, in: Schweizerische Zeitschrift für Religions- und Kulturgeschichte 106 (2012), S. 585–609
Šechurina, Ljudmila, Illjustrirovannye izdanija izdatel'stva »Kopejka«, in: Taborisskaja, E. M. (Hg.), Pečat' i Slovo Sankt-Peterburga (Peterburgskie čtenija 2009), Bd. 2: Knižnoe delo. Kul'turologija, St. Petersburg 2009, S. 28–33
dies., Chudozestvennye al'bomy žurnala »Solnce Rossii«, in: Petrickij, V. A. (Hg.), Aktual'nye problemy teorii i istorii bibliofil'stva. Materialy XII meždunarodnoj naučnoj konferencii, St. Petersburg 2010, S. 125–134
Semenova-Tian-Shanskaia, Olga, Village Life in Late Tsarist Russia, Bloomington u. a. 1993
Semevskij, V., Toll', Felix Gustavovič, in: Ènciklopedičeskij slovar' F. A. Brokgauza i I. A. Efrona, Bd. 33, St. Petersburg 1901, S. 437–438
Serebrjakova, Ksenija, Detskij kostjum. XVIII–pervoj četverti XX veka, Moskau 2010
Sergienko, Inna Anatol'evna, Marija Konstantinovna Cebrikova. Strogij kritik, in: Istoriko-pedagogičeskij žurnal 1 (2017), S. 145–153
Šerichina, E. I., Smol'nyj. Istorija zdanij i učreždenij, St. Petersburg 2002
Seslavinskij, Michail, Girljanda iz knig i kartinok. Detskoe čtenie v dorevoljucionnoj Rossii, 2 Bde., Moskau 2011
Ševčenko, M. M., Sergej Semenovič Uvarov, in: Bochanov, A. I. (Hg.), Rossijskie konservatory, Moskau 1997, S. 95–136
Shorter, Edward, The Making of the Modern Family, London 1976
Simmons, Ernest Joseph, Tolstoy's Childhood, in: Russian Review 3, 2 (1944), S. 44–64
Sinel, Allen, The Classroom and the Chancellery. State Education Reform in Russia under Count Dmitry Tolstoi, Cambridge 1973
ders., The Socialization of the Russian Bureaucratic Elite, 1811–1917. Life at the Tsarskoe Selo Lyceum and the School of Jurisprudence, in: Russian History 3, 1 (1976), S. 1–31

Sinova, Irina V., Deti v gorodskom rossijskom sociume vo vtoroj polovine XIX veka–
načale XX v. Problemy socializacii, deviantnosti i žestokogo obraščenija, St. Petersburg 2014

Širle, Ingrid, Peremena mest. Dvorjanstvo v raz'ezdach i v gostjach, in: Glagoleva, Ol'ga; Širle, Ingrid (Hg.), Dvorjanstvo, vlasť i obščestvo v provincial'noj Rossii XVIII veka, Moskau 2012, S. 598–623

Skiera, Ehrenhard, Reformpädagogik in Geschichte und Gegenwart. Eine kritische Einführung, München, Wien 2003

Skorochodova, S. I., Vospitanie Ju. F. Samarina kak istok mirovozzrenija, in: Nauka i škola 2 (2012), S. 168–172

Smagina, Galina, Die Schulreform Katharinas II. Idee und Realisierung, in: Scharf, Claus (Hg.), Katharina II., Russland und Europa. Beiträge zur internationalen Forschung, Mainz 2001, S. 479–503

dies., Spodvižnica Velikoj Ekteriny. Očerki o žizni i dejatel'nosti direktora Peterburgskoj Akademii nauk knjagini Ekateriny Romanovny Daškovoj, St. Petersburg 2006

Smiljanskaja, Elena B., Dvorjanskoe gnezdo serediny XVIII veka. Timofej Tekuť ev i ego »Instrukcija o domašnich porjadkach«, Moskau 1998

Smith, Douglas, The Pearl. A True Tale of Forbidden Love in Catherine the Great's Russia, New Haven u. a. 2008

ders., Der letzte Tanz. Der Untergang der russischen Aristokratie, Frankfurt am Main 2014

Smith-Peter, Susan, Educating Peasant Girls for Motherhood. Religion and Primary Education in Mid-Nineteenth Century Russia, in: The Russian Review 66, 3 (2007), S. 391–405

Šokareva, Alina, Dvorjanskaja sem'ja. Kul'tura obščenija, Russkoe stoličnoe dvorjanstvo pervoj poloviny XIX veka, Moskau 2017

Solodjankina, Ol'ga Ju., Inostrannye guvernantki v Rossii (vtoraja polovina XVIII–pervaja polovina XIX vekov), Moskau 2007

dies., Francuzkie guvernery i guvernantki v moskovskom i peterburgskom učebnych okrugach, (1820-e–1850-e gg.), in: Francuzkij ežegodnik. Frankojazyčnye guvernery vo Evrope XVII–XIX vv. (2011), S. 127–149

Solodjankina, Ol'ga Ju., Žiznennaja traektorija dvorjanina v postpetrovskuju ėpochu. Dva predstavitelja roda Šeremetevych, in: Učenye zapiski Čerepoveckogo gosudarstvennogo universiteta, 1 (2016), S. 59–67

Sorenson, Thomas Calnan, The Thought and Policies of Konstantin P. Pobedonostsev, Washington 1977

Sovetskoe Detstvo. Meždu zabotoj i nakazaniem (= Neprikosnovennyj zapas. Debaty o politike i kul'ture 58, 2, 2008)

Starikova, L. M., Granatova, Tať jana Vasil'evna, in: Moskva. Ėnciklopedija, Moskau 1997, S. 235

Stark, Vadim P. (Hg.), Dvorjanskaja semja. Iz istorii dvorjanskich familij Rossii, St. Petersburg 2000

Starl, Timm, Im Prisma des Fortschritts. Zur Fotografie des 19. Jahrhunderts, Marburg 1991
ders., Bildbestimmung. Identifizierung und Datierung von Fotografien 1839–1945, Marburg 2009
Stearns, Peter, Kindheit und Kindsein in der Menschheitsgeschichte, Essen 2007
Stein-Redent, Rita, Zum Wandel der Familie in Russland. Eine Bestandsaufnahme ihrer Veränderungen seit 1917, Hamburg 2008
Stephan, Anke, Erinnertes Leben. Autobiographien, Memoiren und Oral-History-Interviews als historische Quellen, München 2007
Stites, Richard, Serfdom, Society, and the Arts in Imperial Russia. The Pleasure and the Power, New Haven u. a. 2005
Stone, Lawrence, The Family, Sex and Marriage in England 1500–1800, London 1977
Stuebig, Heinz, Nationalerziehung zwischen Revolution und Reichsgründung, in: Zeitschrift für internationale erziehungs- und sozialwissenschaftliche Forschung 7, 2 (1990), S. 305–323
Suchačeva, Veronika, Problemy obrazovanija detej i junošestva v Rossijskom Zarubež'e (1920–1940 gg.), in: Vestnik Moskovskogo gorodskogo pedagogičeskogo Universiteta 26, 3 (2008), S. 111–124
Sulimova, A. V.; Nikoforova, I. A., V krugu sem'i (Katalog k vystavke 29.4.–2.7.2008), Moskau 2008
Sully, James, Studies of Childhood, New York 1896
Svetov, Ju. I. (Hg.), Pervyj fotoreporter Rossii Karl Bulla, St. Petersburg 2015
Tartakovskij, Andrej G., Russkaja memuaristika XVIII–pervoj poloviny XIX v. Ot rukopisi k knige, Moskau 1991
Tchouikina, Sofia, Collective Memory and Reconversion of Elite. Former Nobles in Soviet Society after 1917, in: Packard, Noel (Hg.), Sociology of Memory. Papers from the Spectrum, Newcastle; Cambridge 2009, S. 62–89
Telesko, Werner, Das 19. Jahrhundert. Eine Epoche und ihre Medien, Wien u. a. 2010
Tempest, Snejana, Acquiring an Identity. Gender Distinctions in Russian Childlore and Rituals, in: Barta, Peter (Hg.), Gender and Sexuality in Russian Civilisation, London 2001, S. 89–104
Thaden, Edward C., Yurii Fedorovich Samarin, in: The Modern Encyclopedia of Russian and Soviet History, Bd. 33, Gulf Breeze 1983, S. 56–61
Thomas, Greg M., Impressionist Children. Childhood, Family, and Modern Identity in French art, New Haven u. a. 2010
Tilk, Maria, The Domostroy as an Educational Narrative in the Medieval and Modern Russian Pedagogical Paradigm, in: Acta Paedagogica Vilnensia 33 (2014), S. 128–147
Timasheff, N. S., Overcoming Illiteracy. Public Education in Russia, 1880–1940, in: The Russian Review 2, 1 (1942), S. 80–88
Timofeev, A. G., Telesnoe nakazanie, in: Ėnciklopedičeskij slovar' F. A. Brokgauza i I. A. Ėfrona, Bd. 34, St. Petersburg 1907, S. 290–295

Tovrov, Jessica, The Russian Noble Family. Structure and Change, New York u. a. 1987
Treadgold, Donald W., The West in Russia and China. Religious and secular thought in modern times, Bd. 1: Russia, 1472–1917, Cambridge 1973
Trošina, Svetlana, Guvernerstvo v domašnem obrazovanii Rossii pervoj poloviny XIX veka (unveröffentlichte Dissertation), Moskau 1995
Tschekalow, Alexander K., Russisches Volksspielzeug, Dresden 1972
Tuchtenhagen, Ralph, Zentralstaat und Provinz im frühneuzeitlichen Nordosteuropa, Wiesbaden 2008
Turton, Katy, Children of the Revolution. Parents, Children, and the Revolutionary Struggle in Late Imperial Russia, in: Journal of the History of Childhood and Youth 5, 1 (2012), S. 52–86
Tyrras, Nicholas, Russian Intellectual and Cultural History from the Ninth to the Twenty-First Century, Lewiston u. a. 2010
Ulianova, Galina, Female Entrepreneurs in Nineteenth-Century Russia, London u. a. 2009
Unicef (Hg.), Jedes Kind hat das Recht auf eine Kindheit. Eine Einführung in das Thema Kinderrechte, 2019 (https://www.unicef.de/blob/195364/c6a35c5fca3acb-1d29e00011a014338c/info-30-jahre-kinderrechte-2019-data.pdf [8.2.2022])
Utz, Raphael, Rußlands unbrauchbare Vergangenheit. Nationalismus und Außenpolitik im Zarenreich, Wiesbaden 2008
Valkanova, Yordanka; Brehony, Kevin J., The Gifts and »Contributions«. Friedrich Froebel and Russian Education (1850–1929), in: History of Education: Journal of the History of Education Society 35, 2 (2006), S. 189–207
Vasil'ev, Aleksandr, Detskaja moda Rossiskoj imperii, Moskau 2013
Vasjutinskaja, Elena-Florenc (Hg.), Dva veka russkogo detstva. Portrety, bytovye sceny, kostjum, mebel', risunki, učebnye tetradi, pis'ma, knigi, igruški. XVIII–načalo XX veka, Moskau 2006
dies., Na detskoj polovine. OTMA i Aleksej (Katalog vystavki GIM, 29 dekabrja 2000–31 marta 2001), Moskau 2000
Vdovin, G. N. u. a. (Hg.), Graf Nikolaj Petrovič Šeremetev. Ličnosť, Dejateľnosť, Suďba. Ètjudy k monografii, Moskau 2001
Veremenko, Valentina A., Dvorjanskaja sem'ja i gosudarstvennaja politika Rossii (vtoraja polovina XIX–načalo XX v.), St. Petersburg 2007
Verhoeven, Claudia, The Odd Man Karakozov. Imperial Russia, Modernity, and the Birth of Terrorism, Ithaca 2009
Veselova, Aleksandra Ju., Vospitatelnyj dom v Rossii i konceptcija vospitanija I. I. Beckogo, in Otečestvennye zapiski 3 (2004) (https://magazines.gorky.media/oz/2004/3/vospitatelnyj-dom-v-rossii-i-konczepcziya-vospitaniya-i-i-beczkogo.html [8.2.2022])
Vierhaus, Rudolf, Vom Nutzen und Nachteil des Begriffs »Frühe Neuzeit«. Fragen und Thesen, in: Ders., Frühe Neuzeit, Göttingen 1992, S. 13–26
Vinickij, Il'ja Ju., Vasily Zhukovsky's Romanticism and the Emotional History of Russia, Evanston 2015

Vinitsky, Ilya, Tolstoy's Lessons. Pedagogy as Salvation, in: Allen, Elizabeth Cheresh (Hg.), Before They Were Titans. Essays on the Early Works of Dostoevsky and Tolstoy, Brighton 2015, S. 299–316

Vološina, V., Obraz Rodinz vo predstavelnijach detej-ėmigrantov v 1920-e gody, in: Beljakova, Irina Jur'evna (Hg.), Mir detstva v russkom zarubež'e. Kul'turologičeskie čtenija »Russkoe zarubež'e XX veka«, čast 3, Moskau 2011, S. 34–46

Vorob'ev, V. S., K 175-letiju so dnja roždenija krupnogo otečestvennogo psichiatra i psichologa I. A. Sikorskogo, in: Teoretičeskaja i ėksperimental'naja psichologija 10, 2 (2017), S. 82–91

Vrangel', Nikolaj E., Vospominanija. Ot krepostnogo prava do bol'ševikov, Moskau 2003

Wachtel, Andrew Baruch, The Battle for Childhood. Creation of a Russian Myth, Stanford 1990

Wagner, William G., Marriage, Property, and Law in Late Imperial Russia, Oxford u. a. 1994

ders., Family Law, the Rule of Law, and Liberalism in Late Imperial Russia, in: Jahrbücher für Geschichte Osteuropas 43, 4 (1995), S. 519–535

Walicki, Andrzej, The Slavophile Controversy. History of a Conservative Utopia in 19th-Century Russian Thought, Notre Dame 1989

Walther, Peter (Hg.), Lewis W. Hine. America at Work, Köln 2018

Walvin, James, A Child's World, Harmondsworth 1982

Wasyliw, Patricia Healy, Martyrdom, Murder, and Magic. Child Saints and Their Cults in Medieval Europe, New York 2008

Wedel, Erwin; Schuchart, Christiane, Jugendtrilogie (Lev Nikoalaevič Tolstoi), in: Arnold, Heinz Ludwig (Hg.), Kindlers Literatur-Lexikon, Bd. 16, Stuttgart 2009, S. 324–327

Wedel, Lilija, Lebens-, Mentalitäts- und Kulturwelten des russischen Adels zwischen Tradition und Wandel am Beispiel der Gouvernements Moskau, Tver' und Rjazan' 1762–1861, Hamburg 2018

White, Elisabeth, A Modern History of Russian Childhood. From the Late Imperial Period to the Collapse of the Soviet Union, London 2020

dies., The Struggle Against Denationalisation. The Russian Emigration in Europe and Education in the 1920s, in: Revolutionary Russia 26, 2 (2013), S. 128–146

Whittaker, Cynthia H., The Ideology of Sergei Uvarov. An Interpretive Essay, in: The Russian Review 37, 2 (1978), S. 158–176

dies., The Origins of Modern Russian Education. An Intellectual Biography of Count Sergei Uvarov, 1786–1855, DeKalb 2011

Wiedau, Kristin, Eine adlige Kindheit in Coburg. Fürstenerziehung und Kunstunterweisung der Prinzen Ernst und Albert von Sachsen-Coburg und Gotha, Coburg 2001

Wiedemann, Felix, Orientalismus, Version: 1.0, in: Docupedia-Zeitgeschichte, 19.4.2012 (https://docupedia.de/zg/wiedemann_orientalismus_v1_de_2012 [8.2.2022])

Wild, Reiner, Die Vernunft der Väter. Zur Psychographie von Bürgerlichkeit und Aufklärung in Deutschland am Beispiel ihrer Literatur für Kinder, Stuttgart 1987
dies. (Hg.), Bildungskonzepte und Bildungsinitiativen in Nordosteuropa (19. Jahrhundert), Wiesbaden 2011
Wilpert, Gero von, Sachwörterbuch der Literatur, Stuttgart 2013
Winkler, Martina (Hg.), Children on Display. Children's History, Socialism and Photography (= Jahrbücher für Geschichte Osteuropas 67, 1, 2019)
dies., Kindheitsgeschichte. Motive und Beteiligte, Version 1.0, in: Docupedia-Zeitgeschichte, 17.10.2016 (https://docupedia.de/zg/winkler_kindheitsgeschichte_v1_de_2016 [8.2.2022])
dies., Kindheitsgeschichte. Eine Einführung, Göttingen 2017
Winning, Alexa von, The Empire as Family Affair. The Mansurovs and Noble Participation in Imperial Russia, 1850–1917, in: Geschichte und Gesellschaft 40, 1 (2014), S. 94–116
Wirtschafter, Elise Kimerling, Structures of Society. Imperial Russia's »People of Various Ranks«, DeKalb 1994
Wittram, Reinhard, Peter I. Czar und Kaiser. Zur Geschichte Peters des Großen in seiner Zeit, 2 Bde., Göttingen 1964
Wooldridge, Adrian, Measuring the Mind. Education and Psychology in England, 1860–1990, Cambridge 1994
Wortman, Richard, Scenarios of Power. Myth and Ceremony in Russian Monarchy, Bd. 1: From Peter the Great to the Death of Nicholas I; Bd. 2: From Alexander II to the Abdication of Nicholas II, Princeton 1995, 2000
Yefimova, Luisa V.; Aleshina, Tatyana S., Russian elegance. Country and City Fashion from the 15th to the Early 20th Century, London 2011
Zacharova, Larisa G., Velikie reformy v Rossii. 1856–1874, Moskau 1992
Zajončkovskij, Petr A., Istorija dorevoljucionnoj Rossii v dnevnikach i vospominanijach. Annotirovannyj ukazatel' knig i publikacij v žurnalach, 5 Bde., Moskau 1976–1988
Zelizer, Viviana A., Pricing the Priceless Child. The Changing Social Value of Children, New York 1985
Žerichina, E. I., Smol'nyj. Istorija zdanij i učreždenij, St. Petersburg 2002
Zimenko, Vladislav M., Orest Adamovič Kiprenskij, 1782–1836, Moskau 1988
Zimin, Igor' Viktorovič, Povsednevnjaja žizn' rossijskogo imperatorskogo dvora. Detskij mir imperatorskich rezidencij. Byt monarchov i ich okruženie, Moskau; St. Petersburg 2010
Žitomirskoj, S. V. (Hg.), Vospominanija i dnevniki XVIII–XX vv. Ukazatel' rukopisej, Moskau 1976
Zorin, Andrej Leonidovič, Kormja dvuglavogo orla. Literatura i gosudarstvennaja ideologija v Rossii v poslednej treti XVIII–pervoj treti XIX v., Moskau 2001
Žuravlev, Sergej; Sokolov, Andrej, »Sčastlivoe detstvo«, in: Social'naja istorija. Ežegodnik (1997), S. 159–202

Abbildungen

Kapitel 2

Abb. 1: Porträt des Großfürsten Pavel Petrovič in der Kindheit (A. P. Losenko, 1759) © Staatliches Museum Schloss und Park Gatčina, mit freundlicher Genehmigung

Abb. 2: Knabe mit Büchern (Unbekannter Künstler, 1770er) © Staatliches Historisches Museum, Moskau, mit freundlicher Genehmigung

Abb. 3: Lehrer mit zwei Schülern (M. I. Bel'skij, 1773) © Staatliches Russisches Museum, St. Petersburg (Vasjutinskaja, Dva veka russkogo detstva, S. 62)

Abb. 4: Porträt von R. S. Rževskaja und N. M. Davydova (D. Levickij, 1772) © Staatliches Russisches Museum, St. Petersburg (Abakumov, Dmitrij Levickij »Smoljanki«, S. 72)

Abb. 5: Porträt von E. N. Chruščeva und E. N. Chovanskaja (D. Levickij, 1773) © Staatliches Russisches Museum, St. Petersburg (Abakumov, Dmitrij Levickij »Smoljanki«, S. 42)

Abb. 6: Porträt von E. I. Nelidova (D. Levickij, 1773) © Staatliches Russisches Museum, St. Petersburg (Abakumov, Dmitrij Levickij »Smoljanki«, S. 36)

Abb. 7: Porträt von A. P. Levšina (D. Levickij, 1775) © Staatliches Russisches Museum, St. Petersburg (Abakumov, Dmitrij Levickij »Smoljanki«, S. 48)

Abb. 8: Porträt von G. I. Alymova (D. Levickij, 1776) © Staatliches Russisches Museum, St. Petersburg (Abakumov, Dmitrij Levickij »Smoljanki«, S. 54)

Abb. 9.: Porträt von E. I. Molčanova (D. Levickij, 1776) © Staatliches Russisches Museum, St. Petersburg (Abakumov, Dmitrij Levickij »Smoljanki«, S. 60)

Abb. 10: Porträt von N. S. Borščeva (D. Levickij, 1776) © Staatliches Russisches Museum, St. Petersburg (Abakumov, Dmitrij Levickij »Smoljanki«, S. 66)

Abb. 11:   Porträt des Grafen Aleksej Grigor'evič Bobrinskij als Kleinkind (F. S. Rokotov, um 1764) © Staatliches Russisches Museum, mit freundlicher Genehmigung

Abb. 12:   Porträt der Großfürsten Aleksandr Pavlovič und Konstantin Pavlovič (R. Brompton um 1781) © Staatliches Museum Eremitage, St. Petersburg (Vasjutinskaja, Dva veka russkogo detstva, S. 71)

Abb. 13:   Porträt von Elizaveta Petrovna Strešneva in der Kindheit (I. P. Argunov, 1769), Abbildung © Staatliches Historisches Museum Moskau (Vasjutinskaja, Dva veka russkogo detstva, S. 87)

Abb. 14:   Porträt von E. A. Naryškina in der Kindheit (V. L. Borovikovskij, 1790er Jahre) © Staatliches Russisches Museum, St. Petersburg, mit freundlicher Genehmigung

Kapitel 3

Abb. 15:   Porträt von A. A. Čeliščev (Orest A. Kiprenskij, 1790er Jahre) © Staatliche Tretjakow-Galerie, Moskau, mit freundlicher Genehmigung

Abb. 16:   Porträt von Arsenij Vasilevič Tropinin, Sohn des Künstlers (Vasilij Andreevič Tropinin, 1818) © Staatliche Tretjakow-Galerie, Moskau, mit freundlicher Genehmigung

Abb. 17:   Junge mit Kanone, Porträt des Fürsten Michail Andreevič Obolenskij (Vasilij Andreevič Tropinin, um 1812) © Tropinin Museum, Moskau, mit freundlicher Genehmigung

Abb. 18:   Schlafender Hirtenjunge (Aleksej Venecianov, zwischen 1823 und 1826) © Staatliches Russisches Museum, St. Petersburg, mit freundlicher Genehmigung

Abb. 19:   Junge mit Ball (Z. Petrovskij, 1825) © Staatliches Historisches Museum, Moskau, mit freundlicher Genehmigung

Abb. 20:   Porträt des Senators Aleksandr Aleksandrovič Bašilov mit seinen Neffen und seiner Nichte, den Kindern des Grafen de Bal'men (E. F. Krendovskij, um 1824) © Staatliche Tretjakow-Galerie (Vasjutinskaja, Dva veka russkogo detstva, S. 147)

Abb. 21:   Im Zimmer (I. F. Chruckij, 1854) © Staatliche Tretjakow-Galerie (Vasjutinskaja, Dva veka russkogo detstva, S. 156)

Abb. 22:   Auf der Datscha. Mädchen beim Beerenputzen (N. M. Bykovskij, 1880) © Staatliche Tretjakow-Galerie, Moskau, mit freundlicher Genehmigung

Abbildungen 463

Abb 23: Junge mit Spielzeug (Unbekannter Künstler, 1820er) © Staatliches Museum – Schutzgebiet Pskov (Vasjutinskaja, Dva veka russkogo detstva, S. 123)

Abb. 24: Die Panaev-Kinder mit ihrer Njanja (Aleksandr Venecianov, 1841) © Staatliche Tretjakow-Galerie, Moskau (Vasjutinskaja, Dva veka russkogo detstva, S. 126)

Abb. 25: Familienporträt (Fedor Petrovič Tolstoj, 1830) © Staatliches Russisches Museum, St. Petersburg (Vasjutinskaja, Dva veka russkogo detstva, S. 146)

Abb. 26: Die Geografiestunde (Unbekannter Künstler, erste Hälfte des 19. Jahrhunderts) © Staatliches Historisches Museum, Moskau (Vasjutinskaja, Dva veka russkogo detstva, S. 25)

Abb. 27: Familienporträt mit Lehrer (Unbekannter Künstler, 1830/40er Jahre) © Staatliches Historisches Museum, Moskau (Vasjutinskaja, Dva veka russkogo detstva, S. 140)

Abb. 28: Porträt von D. P. Voejkov mit seiner Tochter V. D. Voejkova und der englischen Miss Sorok (Vasilij Andreevič Tropinin, 1842) © Staatliche Tretjakow-Galerie, Moskau (Nevolina, Moj angel, S. 142)

Abb. 29: Fedor V. Samarin mit seiner Tochter Marija (Jule Vernet, 1824) (https://ru.wikipedia.org/wiki/%D0%A4%D0%B0%D0%B9%D0%B B:Samarin_and_daughters.jpg [18.2.2022])

Abb. 30: Sofija Ju. Samarina mit ihrem Sohn Jurij (Jule Vernet, 1824) (Russkie portrety XVIII i XIX stoletij, Bd. 1, Abb. 98)

Abb. 31: Tagebuch Pako © RGB NIOR (f. 265, kart. 99, ed. chr. 1, l. 4), mit freundlicher Genehmigung

Abb. 32: Tagebuch Pako © RGB NIOR (f. 265, kart. 99, ed. chr. 1, l. 14), mit freundlicher Genehmigung

Abb. 33: Cinquième tableau du plan d'éducation-pratique (1808) (Jullien, Essay General d'Education, S. 168–169)

Kapitel 4

Abb. 34: Trojka. Die Lehrlinge des Meisters ziehen Wasser (Vasillij Perov, 1866) © Staatliche Tretjakow-Galerie, Moskau, mit freundlicher Genehmigung

Abb. 35: Das letzte Geleit (Vasilij Perov, 1865) © Staatliche Tretjakow-Galerie, Moskau (https://commons.wikimedia.org/wiki/File:%D0%9F%D1%8 0%D0%BE%D0%B2%D0%BE%D0%B4%D1%8B_%D0%BF%D 0%BE%D0%BA%D0%BE%D0%B9%D0%BD%D0%B8%D0%BA %D0%B0.jpg [18.02.2022])

Abb. 36: Die Schlange am Brunnen (Vasilij Perov, 1865) © Nationales Kunstmuseum der Republik Belarus, Minsk (https://commons. wikimedia.org/wiki/File:%D0%9F%D0%B5%D1%80%D0%BE%D 0%B2_%D0%9E%D1%87%D0%B5%D1%80%D0%B5%D0%B4 %D0%BD%D1%8B%D0%B5.jpg [18.02.2022])

Abb. 37: Reparaturarbeiten an der Eisenbahnstrecke (Konstantin Savickij, 1874) © Staatliche Tretjakow-Galerie, Moskau (Mössinger; Ritter, Die Peredwischniki, S. 222)

Abb. 38: Arme Leute sammeln Kohle in einer stillgelegten Grube (Nikolaj Kasatkin, 1894) © Staatliches Russisches Museum, St. Petersburg, mit freundlicher Genehmigung

Abb. 39: Kinder, die Ostereier rollen lassen (Nikolaj Andreevič Košelev, 1855) © Staatliches Russisches Museum, St. Petersburg (Vasjutinskaja, Dva veka russkogo detstva, S. 190)

Abb. 40: Das Knöchelspiel (Vladimir Egorovič Makovskij, 1870) © Staatliche Tretjakow-Galerie, Moskau (Vasjutinskaja, Dva veka russkogo detstva, S. 184)

Abb. 41: Schlafende Kinder (Vasilij Perov, 1870) © Staatliche Tretjakow-Galerie, Moskau (Vasjutinskaja, Dva veka russkogo detstva, S. 182)

Abb. 42: Die Kraniche ziehen (Aleksej Stepanovič Stepanov, 1891) © Staatliche Tretjakow-Galerie, Moskau (Vasjutinskaja, Dva veka russkogo detstva, S. 185)

Abb. 43: Der zukünftige Ernährer (Vasilij Maksimovič Maksimov, 1869) © Staatliche Tretjakow-Galerie, Moskau (Vasjutinskaja, Dva veka russkogo detstva, S. 182)

Abb. 44: Verwaist (Nikolaj Kasatkin, 1881) © Staatliches Russisches Museum, St. Petersburg (Mössinger; Ritter, Die Peredwischniki, S. 100)

Abb. 45: Treffen (Konstantin Makovskij, 1833) © Staatliche Tretjakow-Galerie, Moskau, mit freundlicher Genehmigung

Abb. 46: Rückkehr aus der Stadt (Aleksej Korzuchin, 1870) © Staatliche Tretjakow-Galerie, Moskau (Nevolina, Moj angel, S. 166–167)
Abb. 47: Die kostenlose Zemstvo-Schule (Aleksandr Morozov, 1865) © Staatliche Tretjakow-Galerie, Moskau, mit freundlicher Genehmigung
Abb. 48: Die Rückkehr aus der Schule (Gavriil Rybakov, 1884) © Staatliche Tretjakow-Galerie, Moskau, mit freundlicher Genehmigung
Abb. 49: Die Kopfrechnung. In der Volksschule von S. A. Račinskij (Nikolaj Bogdanov-Bel'skij, 1895) © Staatliche Tretjakow-Galerie, Moskau, mit freundlicher Genehmigung
Abb. 50: Am Eingang zur Schule (Nikolaj Bogdanov-Bel'skij, 1899) © Staatliches Russisches Museum, St. Petersburg, mit freundlicher Genehmigung
Abb. 51: Die Überprüfung der Zöglinge des Waisenhauses (Vasilij Kalistov, 1866) © Staatliche Tretjakow-Galerie, Moskau (Nevolina, Moj angel, S. 152)
Abb. 52: Die Pensionatsschülerinnen (Michail Petrov, 1827) © Staatliche Tretjakow-Galerie, Moskau (Vasjutinskaja, Dva veka russkogo detstva, S. 202)
Abb. 53: Mädchen durch ein Stereoskop schauend (Ivan Polključnikov, 1865) © Tropinin Museum, Moskau (Vasjutinskaja, Dva veka russkogo detstva, S. 203)
Abb. 54: Porträt der Söhne des Grafen A. M. Gorčakov (Nikez de Kejzers, 1848) © Staatliches Museum Eremitage, St. Petersburg (http://www.hermitagemuseum.org/wps/portal/hermitage/digital-collection/01.+paintings/168556?lng=ru [18.2.2022])
Abb. 55: Die Schwestern Perov (Ivan K. Makarov, 1859) © Staatliche Kunstgalerie Perm (Vasjutinskaja, Dva veka russkogo detstva, S. 169)
Abb. 56: Die Calmady Kinder (Thomas Lawrence, 1823) © Metropolitan Museum of Art, New York (Neumeister, Die Entdeckung der Kindheit, S. 185)
Abb. 57: Familienporträt (Ivan Chruckij, 1854) © Staatliches Russisches Museum, St. Petersburg (https://commons.wikimedia.org/wiki/File:Khrutsky-Family_portrait.jpg [18.2.2022])
Abb. 58: Familienporträt (auf dem Balkon) (Fedor Slavjanskij, 1851) © Staatliches Russisches Museum, St. Petersburg, mit freundlicher Genehmigung
Abb. 59: Erziehungsinstruktion für Dmitrij Nikolaevič Šeremetev © RGIA (f. 1088, op. 1, d. 439, l. 1), mit freundlicher Genehmigung

Abb. 60: Erziehungsanweisung für Sergej Dmitrievič Šeremetev, ab 1853 © RGADA (f. 1287, op. 1, d. 3726, l. 10), mit freundlicher Genehmigung
Abb. 61: Instruktion für Sergej Dmitrievič Šeremetev in französischer Sprache, 1858 © RGADA (f. 1287, op. 1, d. 3726, l. 22), mit freundlicher Genehmigung
Abb. 62: Erziehungsanweisung für Sergej Dmitrievič Šeremetev, ab 1853 © RGADA (f. 1287, op. 1, d. 3726, l. 12ob), mit freundlicher Genehmigung
Ab. 63: Erziehungsinstruktion für Aleksandr Dmitrievič Šeremetev © RGIA (f. 1088, op. 1, d. 689, l. 4), mit freundlicher Genehmigung

Kapitel 5

Abb. 64: Mir detej, S. 16
Abb. 65: Mir detej, S. 17
Abb. 66: Mir detej, S. 20
Abb. 67: Mir detej, S. 21
Abb. 68: Mir detej, S. 23
Abb. 69: Mir detej, S. 31
Abb. 70: Mir detej, S. 38
Abb. 71: Mir detej, S. 43
Abb. 72: Mir detej, S. 44
Abb. 73: Mir detej, S. 26
Abb. 74: Mir detej, S. 32
Abb. 75: Mir detej, S. 19
Abb. 76: Mir detej, S. 45
Abb. 77: Angehender Schuster (Natal'ja Nordman, um 1900) © Historisches Museum Moskau (Das Russland der Zaren, S. 69)
Abb. 78: Russische Ziseleure (1880–1890) © Archiv der Russischen Nationalbibliothek St. Petersburg (Das Russland der Zaren, S. 85)
Abb. 79: Abpackung von Tee (Čeljabinsk, 1903) © Staatliches Historisches Museum Südural (https://russiainphoto.ru/search/archive/6084/?index=8 [18.2.2022])
Abb. 80: Spielende Kinder vor Fabrik (1890–1909) © Multimedia Kunst Museum / Moskauer Haus der Fotografie (https://russiainphoto.ru/search/archive/6092/?index=6 [18.2.2022])

ABBILDUNGEN 467

Abb. 81: Blinder Banduraspieler (1914) © Russisches Staatsarchiv für Film- und Fotodokumente Krasnogorsk (Das Russland der Zaren, S. 237)
Abb. 82: Wandernde Tagelöhner bei einer Rast (um 1900) © Zentrales Staatsarchiv für Film- und Fotodokumente St. Petersburg (Das Russland der Zaren, S. 171)
Abb. 83: Blinde Bettler bei einer Rast (1900) © Zentrales Staatsarchiv für Film- und Fotodokumente St. Petersburg (Das Russland der Zaren, S. 173)
Abb. 84: Michel A. Tolstoj (geb. 1873), 1886 (Ferrand, La Noblesse russes [LNR], Bd. 4, S. 17)
Abb. 85: Tamara (1905–1920) und Natalia (190?–198?) Kolotinsky zu Beginn des Ersten Weltkriegs (LNR, Bd. 2, S. 6)
Abb. 86: Sophia A. (1895–1968) und Maria A. Koudacheff, 1901 (LNR, Bd. 3, S. 7)
Abb. 87: Paul S. Bobrikoff, 1911 (LNR, Bd. 2, S. 17)
Abb. 88: Vladimir N. Orloff (1869–1927) (LNR, Bd. 3, S. 12)
Abb. 89: Alexis W. Guedroitz (1904–1918), 1914 (LNR, Bd. 3, S. 17)
Abb. 90: Wladimir V. Gmelin (1911–1983), 1913 (LNR, Bd. 2, S. 16)
Abb. 91: Hélène P. Stcherbatoff (1893–1985) mit Bauernkindern auf dem Gut Némirovo, 1916 (LNR, Bd. 4, S. 143)

Personen- und Sachregister

1812   101, 103, 109–112, 129, 179, 184, 195–197, 205, 252, 254f., 405, 409

Ablov, Nikolaj 290–292
Achmatova, Anna A. 201
Aksakov, Konstantin S. 117
Aksakov, Sergej T. 24, 34, 92–93, 96, 270f., 278f., 288, 323
Alčevskaja, Kristina D. 34, 317, 324–325
Alexander I. 85, 132, 152, 163, 180f., 226
Alexander II. 9, 191, 210, 236, 254, 406
Alexander III. 246, 315, 329, 394
Ammen 24, 52, 121f., 232f., 314, 348, 362, 375
Aprelev, Ivan F. 265
Argunov, Ivan. P. 75, 462
Ariès, Philippe 12, 13, 15, 17, 20, 144
Aufhebung der Dienstpflicht 48, 61, 71, 100
Autobiografie 271–273, 279, 284, 288
Azadovskij, Mark K. 201

Bakunin (Familie) 24–25, 174
Bakunin, Aleksandr M. 174
Bakunin, Michail A. 125
Baratynskij, Evgenij A. 200
Bašilov, Aleksandr A. 114, 116
Beckoj, Ivan I. 33, 35, 39, 50–53, 55, 58, 68, 70, 99, 163, 231

Bel'skij, Michail I. 75f.
Belinskij, Visarion G. 34, 92f., 198, 200, 204, 316
Benua, Aleksandr N. 113, 120
Berberova, Nina N. 35, 366
Bestrafung 138, 146, 160–165, 261, 276, 308
Bestužev, Anton 116
Bibliografien (Pädagogik, Kinderliteratur) 34, 291, 296, 300f., 316, 319– 321, 323f., 333, 367
Biblioteka dlja vospitanija 199f.
Bielfeld, Jakob Friedrich von 97
Bildung (Ausbildung, Inhalte, Konzeption, Möglichkeiten, Bildungswesen) 21 f, 25f., 29, 31, 37, 40, 43–71, 72, 75f., 79, 81, 84, 99, 111, 127–130, 132–134, 136, 165–173, 176, 179–181, 183–189, 191–193, 210–212, 225–237, 244–270, 275f., 286, 289–328, 355, 358, 360, 362–365, 383–387, 403, 405, 407, 408f.
Bildungseinrichtungen 40, 298, 301f., 407
Bildungskanon 64, 362
Bildungspolitik 9, 37, 180, 235, 300
Bobrinskij, Aleksej Grigor'evič 81, 83
Bogdanov-Bel'skij, Nikolaj P. 228–231, 348
Bogdanovič, Ivan F. 190
Bolotov, Andrej T. 95
Borovikovskij, Vladimir L. 87

Brompton, Richard 85
Buffon, Georges-Louis Leclerc de 168
Bunakov, Nikolaj F. 244, 309, 321
Burjanov, Viktor (Burnašov, Vladimir) 197
Buslaev, Fedor 34, 134f., 200
Bykovskij, Nikolaj M. 114, 118

Čaadaev, Petr Ja. 175, 406
Campe, Joachim 90, 96f.
Carroll, Lewis 335
Cebrikova, Marija K. 314f., 407
Čeliščev, Aleksandr A. 104–106
Cernyševskij, Nikolaj G. 214, 316
Certelev, Nikolaj A. 188–189
Childhood Studies 9, 13, 16
Chomjakov, Aleksej S. 117, 200, 206
Chruckij, Ivan F. 114, 117, 241
Čičerin, Boris N. 34, 135f., 157
Čichačev, Andrej I. 26, 173
Comenius, Johann Amos 44
Čumikov, Aleksandr A. 294, 297f.
Curriculum 99, 136, 168, 174, 177, 206, 248f., 266

Daškova, Ekaterina R. 33, 65–67, 139
Del'vig, Anton A. 200
Demkov, Michail I. 199
Deržavin, Gavril R. 182
Detskij sad (Vospitanie i obučenie, Rodnik) 34, 311, 313f., 327, 331, 407
Detskoe čtenie dlja serdca i razuma 33, 66, 88–93, 96, 182
Deutsch (Sprache) 62, 67, 88f., 94, 97, 168, 175f., 181, 183, 203, 249, 265, 280, 298, 405
Deutschland 8, 11, 99, 193, 299, 306, 330, 369, 376, 396
Dickens, Charles 10, 200, 319
Dienstboten, Bedienstete 64, 69, 122–124, 147 158f., 194, 258, 263–265, 266, 274, 362
Dmitriev, Ivan I. 182

Dobroljubov, Nikolaj 244, 294, 297f., 316
Domostroj 38–40, 72, 162
Dorf 52, 124, 131, 149, 233f., 274, 337, 346, 349, 365
Dril', Dmitrij A. 35, 244, 331, 389f.
Drug junošestva 34, 193–195, 199

Einfluss aus Westen, von Aufklärung 17–19, 21f., 37f., 40, 46, 52, 61, 64, 72, 86, 99–101, 103, 128f., 162, 207, 243f., 255, 296, 326, 384f., 389, 395, 398, 405–407, 409
Elementarschulbildung 298
Eltern-Kind-Beziehung, Verhältnis 14, 23–24, 38, 55, 124, 126, 130, 147, 162, 290, 308, 388
Emigration 30, 336, 361, 368–370, 373, 375
Emotionen, Gefühle 40, 108, 137, 149, 159, 178, 195, 276f., 281f., 263, 266, 285f., 358, 386
Engalyčev, Parfenij N. 190
England 10, 99, 187, 193, 306, 330, 376, 394–396
Englisch (Sprache) 86, 96, 127, 246f., 253, 260, 274, 282, 296, 363, 366, 377
Ermenev, Ivan A. 220
Ermolov, Petr N. 114
Ernährung, Verpflegung, Essen 32, 57, 146, 169, 233, 261f., 264, 266, 327, 330, 354
Eršov, Petr P. 201
Erzieherinnen 57, 95, 233, 295, 301, 303
Erziehungsinstruktion, Erziehungsplan 32f., 35, 61–66, 70, 137, 139, 140, 212, 247f., 250, 254, 259, 266–269, 276, 288
Erziehungsmuster 130, 244, 371, 382

Fabrik, Fabrikgesetzgebung 214f., 218, 220, 244, 357–359
Fedorov, Boris 202
Fedorovna, Marija 53, 135, 235, 322
Fénelon, François 48, 192
Ferrand, Jacques 373f., 379f.
Figner, Vera N. 34, 284f., 288
Filosofov, Vladimir D. 117, 129, 409
Florian 168
Fonvizin, Denis I. 70, 96
Fotografie, Fotografien 12, 15, 27f., 30, 35, 273, 332–336, 337, 346–348, 354f., 358f., 371–380, 409, 414
Foucault, Michel 154
Frankreich 46, 69f., 99, 109, 133, 144, 148, 179, 193, 218f., 226, 306, 369, 394
Französisch (Sprache) 57, 62, 69, 88, 94, 97, 100, 109, 133, 139, 165, 169, 171, 175, 177–179, 181, 183f., 191, 203, 205f., 233, 249, 265, 268, 280, 304, 306, 325, 363, 366, 405f.
Fremdsprachen 44, 46f., 56, 66, 88, 97, 178f., 188, 190, 302, 326, 362f.
Fröbel, Friedrich 300, 311–313, 387
Für Gott, Zar und Vaterland, Glauben, Zar und Vaterland 254f., 267, 404

Gainsborough, Thomas 72
Garšin, M. 323
Ge Nikolaj N. 122
Gegenreformen 211, 325, 327
Genlis, Stéphanie-Félicité de 92, 186, 192
Gerb, A. 323
Gernet, Michail N. 35, 390f.
Geschichte
– Kinderlektüre 89, 195, 196f., 204, 318

– Curriculum 46f., 56, 64, 103, 132, 139, 146, 168, 176, 191, 193, 205, 265, 269
Gesetz, Gesetzgebung, gesetzliche Bestimmungen (mit Bezug auf Kinder) 11f., 22, 43, 48, 54, 162, 165, 187f., 214f., 219f., 234, 362, 387–390, 393–399, 401, 408
Gesundheit 42, 62, 88, 132, 153f., 189f., 193, 261, 287, 310
Glinka, Sergej N. 97, 196, 254
Gogol', Nikolaj V. 130, 135, 319, 323
Golovnin, Aleksandr V. 300
Gor'kij, Maksim 288
Gorčakov, A. M. 238
Gouvernante 34, 60, 246, 301f., 362
Grabbe, Paul 364f.
Grening, Julius 250–252, 258f., 261, 264f., 282
Grigorovič, Dmitrij 322
Grigorovič, I. I. 265
Grimm, Friedrich Melchior 61, 65, 202
Große Reformen 22, 30, 161, 210f., 226f., 243, 282f., 285, 287, 289, 291, 300, 327, 328, 329, 360, 389, 406
Großeltern 152, 201, 243, 273, 275–278, 280, 375, 377, 383
Grotius, Hugo 97
Guvernantka 34, 301–306, 326
Gymnasium 31, 308, 364, 370

Hauff, Wilhelm 200
Hauslehrer, Erzieher 25, 31f., 60f., 64, 68–70, 97, 99–100, 126, 132–135, 138, 145, 147, 149, 152f., 156, 158–160, 165–166, 169, 175f., 182, 185, 187f., 192f., 236, 249f., 255, 257, 259f. 262f., 265, 275, 277, 282, 294f., 299f., 302, 307, 310, 317, 323, 326, 366, 404
Héroard, Jean 144–145

Herzen, Alexander I. 34, 123, 197
Hoffmann, E. T. A. 200

Industrialisierung 9f., 22, 105, 211,
 215f., 221, 312, 329, 331, 391,
 394, 407
institutka, institutki 59, 358
Intellectuel (Physique, Moral, Intellectuel)
 137–139, 141, 170, 172, 174, 206
Intelligencija 211 f., 279, 329, 365,
 383, 385, 398
Irving, Washington 201
Isakov, Nikolaj V. 320
Išimova, Aleksandra O. 196, 204, 322
Ivanov, Ivan A. 196
Izmajlov, Vladimir V. 182, 186

Janković de Mirievo, Theodor 58, 60
Jasnaja Poljana 34, 306–309
Jazykov, Nikolaj M. 200
Jugendstrafrecht 12, 22, 30, 244, 326,
 387, 399, 408
Jullien, Marc-Antoine 139–143, 145

Kačenovskij, Michail T. 175 f., 182 f.
Kadettenanstalt 46, 128, 160, 163 f.,
 310, 320
Kalistov, Vasilij E. 232 f.
Kantemir, Antioch D. 186
Kapterev, Petr F. 289 f.
Karakozov, Dmitrij V. 300
Karamzin, Nikolaj M. 33, 91 f., 97,
 109, 181–183, 186 f., 196 f., 254,
 323
Kasatkin, Nikolaj A. 217 f., 223
Katharina II. 29, 33, 37 f., 45, 48–50,
 52–55, 57–66, 68, 70, 80–81, 84,
 90, 98 f., 115, 138 f., 158, 161,
 183, 249, 389, 403, 405
Kejzer, Fedor 297 f.
Keyser, Nicaise de 238
Kinderarbeit 10, 22, 214–220, 358,
 408

Kinderfrau, Njanja 24 f., 95, 121–123,
 125, 185, 243, 247, 253, 260,
 282 f., 299, 314, 326, 348, 362,
 364, 375
Kindergarten 311–314, 347, 386, 407
Kinderkleidung 15, 26, 37, 40, 56, 62,
 64, 71, 75, 84–87, 114–120, 129,
 144, 228 f., 236, 264, 280, 332,
 335, 346, 371 f., 375 f., 377, 398,
 409
Kinderliteratur 92–97, 180, 196–205,
 315–325, 327
Kindersterblichkeit 42, 52 f., 233 f.,
 330
Kinderzeitschrift 12, 29, 33, 88–93,
 192 f., 196, 199–205, 282, 296,
 314, 316, 318 f., 322
Kiprenskij, Orest A. 104–106, 108, 128
Kireevksij, Ivan V. 206
Kjuchel'beker, Vil'gel'm K. 116
Ključevskij, Vasilij O. 39
Kontrolle (über Erziehung, Inhalte)
 154, 173, 188, 235, 259, 319, 404
Korf, Nikolaj A. 309
Körperliche Züchtigung, Prügelstrafe
 160–165, 261, 275, 286, 396
Korsakov (Familie) 31 f., 120 f., 124,
 126
Korsakov, Semen N. 173
Korzuchin, Aleksej S. 223, 225
Košelev, Nikolaj A. 219, 221
Kovaleva, Praskovja I. 245
Krankheit 62, 151, 153 f., 189, 232,
 246, 261, 313, 385
Krendovskij, Evgraf F. 114, 116
Krieg, 7–9, 43, 92, 103 f., 132, 179,
 184, 195–197, 205, 210, 255-257,
 360–362, 371, 376, 386, 400
Krylov, Ivan A. 151, 204, 319, 323

Labzina, Anna E. 88
La Fontaine, Jean de 168
Lamoth 168

Land (dörfliche Umgebung) 92, 150,
155, 167, 169, 177, 214, 231–233,
268, 330–331, 374–375
Landgut 99, 121, 124, 131, 173, 268,
270, 273, 306, 354, 362, 364–365
Landschaft 112f., 209, 228, 241, 372
Larina, V. V. 362
Lawrence, Thomas 72, 239, 240
Lebenswelten
– adlige 29, 103, 114, 174, 204,
205, 206
– bäuerliche 29, 114, 223, 243
Lehranstalt 29, 41, 44, 46f., 51,
54–56, 57-59, 60, 70, 97f., 100,
132, 134, 162f., 183–185, 205,
234–236, 266, 287, 291, 298,
303f., 308, 320–322, 364, 366,
371, 376, 403f.
Leibeigene, Leibeigenschaft, leibeigen
9, 46, 52, 96, 107, 120, 123, 131,
181, 190, 210, 245–247, 273, 277,
283, 285, 289 f., 299, 315
Lektüre 34, 37, 57, 60, 88, 92, 96 f.,
99, 128, 146, 161, 166, 179, 188,
189, 193, 198f., 204f., 253, 255,
259, 271, 285, 292, 298, 306, 308,
314–324, 371
Lektüreempfehlungen, Lektürekanon,
Lektüreauswahl 30, 175, 212, 289,
318
Leprince de Beaumont, Marie 95, 191
Lermontov, Michail Ju. 200, 319
Lesgaft, Petr F. 244
Levickij, Dmitrij G. 76–82
Levickij, Sergej L. 333
Locke, John 42, 48, 139, 147, 190,
192, 300
Lomonosov, Michail V. 47
Losenko, Anton P. 73, 75
Lotman, Jurij M. 18, 178

Mädchenbildung 54, 59, 234f.
Makarov, Ivan K. 238–240

Makovskij, Vladimir E. 220 f., 223f.
Maksimov, Vasilij M. 221f.
Marrese, Michelle 100 f., 178–180,
406
Matrosenanzug 347, 376f.
Mel'nikova, Aleksandra G. 247
Memoiren 33–35, 55, 58 f., 93, 116,
126, 136, 147, 158, 163 f., 186,
204, 212, 246, 256, 270f., 288,
326, 362, 364, 367–369, 373, 380
Merzljakov, Aleksandr 190
Militär, Militär-, militärisch 110f.,
205, 231, 249, 255, 265, 310, 321
Mobilität (Fortbewegung) 148, 150f.
Modzalevskij, Lev N. 321
Moral, Moral-, moralisch 10, 26, 46,
64, 89, 95, 98, 109, 132, 137, 164,
170, 183 f., 187f., 190, 192–194,
196, 202, 206, 233, 235, 255, 267,
272, 274, 285, 295, 307, 313,
316–319, 323f., 382f., 388, 394,
400, 410
Moral (Physique, Moral, Intellectuel)
138–142, 150, 152f., 155f., 165,
172, 174, 206
Morozov, Aleksandr I. 226 f.
Morvan de Bellegardes, Jean-Babtiste
47
Mosjagin 265, 268
Musik, Musik-, Musiker, musikalisch
46, 78, 80, 84, 111, 167, 213,
252f., 259, 302
Mutter, mütterlich 24, 38f., 51, 54–56,
59–61, 68, 74, 87, 92, 95, 125,
129, 136, 150f., 157, 160, 165f.,
174, 179, 181, 185, 187, 189, 190,
194, 197, 218, 223, 231, 233f.,
241, 246, 258, 260f., 274, 278,
280–282, 284, 285f., 302, 314,
330, 363f., 366, 373, 375, 385,
387
Muttersprache, muttersprachlich 179,
184, 188, 194, 200, 265, 362

Mythos der russischen adligen Kindheit 24, 30, 369, 272, 278–283, 288, 326, 368, 380

Nabokov, Vladimir V. 34, 362, 365, 369, 373
Nabokov, Vladimir D. 365 f.
Nadeždin, Nikolaj I. 154, 158, 160, 167 f., 172 f., 175–178, 182
Naryškina, Elena 87 f.
Nationalismus, nationalistisch 109, 112–114, 364, 385, 505
Nevzorov, Maksim I. 193–195
Nicolle, Dominique-Charles 132 f., 136, 143, 148
Nikolaus I. 114, 134, 163 f., 175, 179, 231, 235, 253–255, 257, 259, 266 f., 284, 317, 404
Nikolaus II. 329, 364
Novaja biblioteka dlja vospitanija 200
Novikov, Nikolaj I. 33, 65–69, 85, 88–91, 93, 95, 99, 139, 182, 190, 193

Obolenskij, Michail A. 109 f.
Obrazovanie 311
Odoevskij, Vladimir F. 201, 204
Orthodoxie, Autokratie und Volkstum 114, 255
Ostrogorskij, Aleksej N. 310, 321
Ostrovskij, Aleksandr N. 323
Othering 346 f.

Pako, Stepan Ivanovič 32, 133 f., 136–141, 143–161, 165–180, 205, 266, 392, 404
Pascault, Adolphe *siehe* Pako, Stepan Ivanovič
Patriot 34, 191–193
Patriotismus, patriotisch 46, 103, 111, 129, 130, 179, 181 f., 195–197, 205, 254 f., 257, 276, 405, 410
Paul I. 73–75, 186

Paul'son, Iosif I. 298, 309
Pavlovič, Aleksandr *siehe* Aleksandr I.
Pavlovič, Konstantin 85
Pedagogičeskij listok S.-Peterburgskich ženskich gimnazii (Ženskoe obrazovanie, Obrazovanie) 311
Pedagogičeskij sbornik 320 f.
Pensionat 132, 176, 187, 193
Peredvižniki (Wandermaler) 212 f., 217, 228, 243, 409
Perov, Vasilij G. 210, 212, 215 f., 221
Perret, M. 171
Pervo, Andrej 197
Pestalozzi, Johann Heinrich 186, 395
Pestel', Pavel I. 116
Peter I. 22, 37, 43 f., 46, 48, 61, 66, 71 f., 99, 121, 186, 403
Peter III. 49
Petrov, Aleksandr 91
Petrov, Michail 234 f.
Petrovič, Pavel *siehe* Paul I.
Petrovskij, Z. 114 f.
Physique (Physique, Moral, Intellectuel) 137–142, 147 f., 150, 153, 155 f., 165, 172, 174, 206
Physis, physische Entwicklung, Erziehung 24, 56, 62, 66–68, 71, 138 f., 144, 152–155, 161, 170, 192, 295, 313, 284
Pirogov, Nikolaj I. 93, 244, 299, 310
Pisarev, Dmitrij 316
Pogorel'skij, Antonij (Perovskij, Aleksej A.) 201
Pokrovskij, Egor A. 384
Polključnikov, Ivan 236 f.
Polockij, Simeon 41
Popugaev, Vasilij V. 190
Prägung 70, 101, 177 f., 180, 194, 200, 206, 406
Preyer, William 384 f.
Prokopovič-Antonovskij, Anton A. 191
Prokopovič, Feofan 45

Pseudoautobíografie 24, 271–273, 288, 326
Puškin, Aleksandr S. 97, 115, 121, 125, 164, 182, 196, 200 f., 319, 322
Račinskij, Sergej A. 228 f.
Ratgeber, Ratgeberliteratur, Erziehungsratgeber 12, 24, 33, 41, 44, 59, 65, 181
raznočincy 278
Redkin, Petr G. 199 f., 204, 294, 296 f.
Reisen 132, 148, 151, 168, 191, 260, 273, 318, 334, 361
Religion 42, 56, 131, 168 f., 302
Repin, Ilja E. 122, 337
Revolutionär (Revolutionärin), russische 283–285
Reynolds, Joshua 72, 106
Rodionovna, Arina 121
Rodnik siehe *Detskij sad*
Rokotov, Fedor S. 81, 83
Romantik 10, 81, 103–105, 108, 128, 201 f., 204 f., 239, 307, 404
Rouget, Konstantin Ivanovič (Ruže) 247, 249–252, 256–258, 260, 264 f., 282
Rouillier, Karl 199
Rousseau, Jean-Jacques 10, 50, 61, 84, 92, 114 f., 162, 186, 190–193, 300, 307
Rückständigkeit 9, 175, 210, 217, 326
Runge, Philipp Otto 106
Russisch (Sprache) 10, 63, 65, 69, 88 f., 92, 139, 165 f., 168 f., 171 f., 175–179, 187, 190 f., 252, 268, 280, 305, 366, 406
Russische Revolution 226, 284, 361, 371, 382, 400 f.
Russisches Hemd (stilisierte volkstümliche Kinderkleidung) 114–120, 241, 376
Rybakov, Gavriil F. 227 f.

Ryleev, Kontratij F. 116
Saltykov, Nikolaj I. 61–64
Samarin Fedor V. 130, 132 f., 134–136, 145–147, 149 f., 154, 157, 159 f., 165, 167, 173–177, 179, 206, 266, 404
Samarin, Aleksandr F. 151
Samarin, Michail F. 132, 151, 168
Samarin, Nikolaj F. 151, 168
Samarin, Petr F. 151, 168
Samarina, Marija F. 132, 136, 151, 155
Samarina, Ekaterina F. 151
Samarina, Sof'ja Ju. 136, 150 f., 157, 160, 165 f., 179
Savickij, Konstantin A. 217
Schulbildung 38, 187 f., 226, 236, 244, 290, 293, 295, 298, 370, 283, 407
Semenov-Tjan-Šanskij, Petr P. 97, 123
Šeremetev, Aleksandr D. 247, 250, 269
Šeremetev, Dmitrij N. 32, 245–249, 255–262, 264–267, 269, 327, 404
Šeremeteva, Anna S. 245 f.
Ševyrev, Stepan 200
Šibanov, Michail 220
Simaško, F. 321
Simonovič, Adelaida S. 313
Šiškov, Aleksandr S. 96, 254 f.
Slavjanskij, Fedor M. 242
Slawophile, slawophil 18, 29, 114 f., 117, 131, 199 f., 206, 406
Šlykova-Granatova, Tat'jana V. 246
Smirnovksij, I. 128
Smol'nyj-Institut 29, 33, 37, 50, 53–60, 70, 79, 86, 97, 99, 237, 286, 305 f., 408, 411
smoljanki 54, 56–58, 60, 76–82
Solncev, Fedor G. 220
Sozialkritik, sozialkritisch 30, 212 f., 218, 244, 249, 288, 259, 367
Spiel, Spielzeuge, Spielsachen 15, 37, 40, 52, 62, 64, 71, 84, 89, 94, 96, 98–100, 106, 109 f., 117, 119 f.,

123 f., 129, 136, 138, 144, 146, 151, 155 f., 159 f., 174, 192, 198, 202 f., 206, 253, 259, 261–263, 275, 296, 312–314, 318, 332, 347, 357, 372, 377
Stepanov, Aleksej S. 221 f.
Stojunin, Vladimir Ja. 244
Strešneva, Elizaveta P. 75, 86 f.
Stundenpläne 31, 167–169, 170 f., 250, 258
Sumarokov, Aleksandr P. 95
Sumarokov, Pankratij P. 182

Tagebuch, Erziehungstagebuch, Reisetagebuch 12, 30–34, 108, 121, 124, 126, 137, 139, 140–148, 150 f., 153–157, 160 f., 165, 167 f., 170, 172–175, 178–180, 182, 197, 206, 248, 258 f., 270, 273, 324, 367 f., 385, 392, 404
Tatiščev, Vasilij N. 46 f.
Teplov, Grigorij N. 95
Terebenev, Ivan I. 196
Ternovksij 171
Toll', Feliks G. 316–318, 323, 325
Tolstoj, Dmitrij A. 300, 320
Tolstoj, Fedor P. 122 f.
Tolstoj, Lev N. 24, 30, 34, 92, 104, 212, 244, 270–282, 288, 306–309, 315, 320, 322, 324, 368, 380, 382, 391 f.
Transfer 38, 100, 205, 289
Transkulturalität 101, 180, 326
Transnationalität, transnational 18, 38, 101, 103, 204 f., 207, 212, 331, 406, 409 f.
Tropinin, Vasilij A. 106–111, 127 f., 409
Trubeckoj Sergej E. 35, 362–364
Tugendhaftigkeit 56, 62, 71, 119, 191
Turgenev, Ivan S. 319, 322
Turgenev, Andrej I. 182

Übersetzung (von Literatur) 27, 41, 47, 67, 90 f., 94, 96, 100, 181, 185, 192, 200 f., 203, 296, 298, 304, 385
Učitel' 32, 289, 298–306, 310, 316, 320, 407
Ušinskij, Konstantin D. 237, 244, 287, 294, 296, 310, 312, 315, 321
Utilitarismus, utilitaristisch 43, 59, 61, 71, 99, 205, 245
Uvarov, Sergej S. 114, 255

Valuev, Dmitrij A. 199 f.
Varnek, Aleksandr G. 129
Vater, väterlich 26, 38 f., 51, 55, 66, 68., 90, 96 f., 100, 125, 130, 136, 145–147, 150 f., 155, 157 f., 160 f., 164, 166 f., 169, 171, 173 f., 179, 185–188, 224, 245–247, 249, 251, 257–267, 273 f., 276, 280, 283–287, 363, 366, 375, 385, 403 187 f., 190, 192 f., 195–197, 201, 204, 253–255, 257, 267, 404
Vaterland 49–51, 66, 68, 88, 103, 109, 111, 135, 154, 174, 183–185,
Vencianov, Aleksej G. 112 f., 122, 196
Verflechtung 17 f., 122 f., 129, 207, 244, 267, 273, 358, 406, 411
Vernet, Jules 136
Vessel', Nikolaj Ch. 298, 310, 320 f.
Vestnik Evropy 33, 109, 175, 181–191, 194, 205
Vestnik vospitanija 34, 384, 386 f.
visuelle Darstellung 99, 103, 121, 130, 204, 243 f., 410
visuelle Quellen 15, 28, 35, 17, 212, 403
Vitte, Sergej Ju. 268, 239
Vodovozov, Vasilij I. 287, 309, 321
Vodovozova, Elizaveta N. 34, 55, 285–288, 312
Voejkov, Dmitrij P. 127
Vol'f, Mavrikij O. 316

Volkonskij, Aleksandr N. 137, 176, 248
Volksschulen 57 f., 61, 228 f., 309
Vospitanie siehe Žurnal dlja vospitanija.
  Rukovodstvo dlja roditelej i nastavnikov
Vospitanie i obučenie siehe Detskij sad
Vrangel', Nikolaj E. 34, 282 f., 288
Vyšnegradskij, Nikolaj A. 298,

Waisen, Waisenhäuser 55, 96, 163, 29, 52 f., 54, 99, 231–234, 322, 403
Westler 18, 406,
Wieland, Christoph Martin 67

Zacharov-Čečenec, Petr Z. 114
Zeichnen 56, 132, 155, 166, 168 f., 171
Zemstvo 210 226, 227, 123, 226 291, 329 f., 394

Ženskoe obrazovanie 311, 322
Zensur, Zensurbehörde 90, 97, 99, 181, 265, 297, 300, 304, 315, 327, 385, 407
Zontag, Anna 201
Žukovskij, Vasilij A. 97, 182, 191, 201, 322
Zukunft (Ausrichtung auf, Vorstellungen von) 7, 8, 9, 44, 71, 99, 104, 111, 113 f., 146, 180, 221 f., 289, 302, 326, 370, 399, 401, 405 f., 409 f.
Žurnal dlja roditelej i nastavnikov siehe Žurnal dlja vospitanija. Rukovodstvo dlja roditelej i nastavnikov
Žurnal dlja vospitanija. Rukovodstvo dlja roditelej i nastavnikov (Vospitanie, Žurnal dlja roditelej i nastavnikov) 294–297